S. FISCHER

Slavko Goldstein

1941 Das Jahr, das nicht vergeht

Die Saat des Hasses auf dem Balkan

Aus dem Kroatischen
von Marica Bodrožić

S. FISCHER

Die Zeit des Nationalsozialismus
Eine Buchreihe
Begründet und bis 2011 herausgegeben
von Walter H. Pehle

Die Herausgabe dieses Werks wurde gefördert durch TRADUKI, ein literarisches Netzwerk, dem das Bundesministerium für Europa, Integration und Äußeres der Republik Österreich, das Auswärtige Amt der Bundesrepublik Deutschland, die Schweizer Kulturstiftung Pro Helvetia, das Bundeskanzleramt der Republik Österreich, KulturKontakt Austria, das Goethe-Institut, die Slowenische Buchagentur JAK, das Ministerium für Kultur der Republik Kroatien, das Ressort Kultur der Regierung des Fürstentums Liechtenstein, die Kulturstiftung Liechtenstein, das Ministerium für Kultur der Republik Albanien, das Ministerium für Kultur und Information der Republik Serbien, das Ministerium für Kultur der Republik Rumänien und die S. Fischer Stiftung angehören.

Die Übersetzung wurde außerdem gefördert vom Ministerium für Kultur der Republik Kroatien.

FSC
www.fsc.org
MIX
Papier aus verantwortungsvollen Quellen
FSC® C083411

Erschienen bei S. FISCHER
2. Auflage Oktober 2018

Die kroatische Originalausgabe ist 2007
unter dem Titel ›1941. Godina koja se vraća‹
bei Novi liber, Zagreb, erschienen.

Satz: Dörlemann Satz, Lemförde
Druck und Bindung: CPI books GmbH, Leck
Printed in Germany
ISBN 978-3-10-002537-1

Time present and time past
Are both perhaps present in time future,
And time future contained in time past.
… involved with past and future
Only through time time is conquered.

T. S. Eliot *Four Quartets*

Zeit Gegenwart und Zeit Vergangenheit
Sind vielleicht beide in Zeit Zukunft gegenwärtig,
Und Zeit Zukunft enthalten in Vergangenheit.
… verwoben mit Vergangenheit und Zukunft.
Nur durch die Zeit lässt sich Zeit überwinden.

T. S. Eliot *Vier Quartette*

Inhalt

I MEIN VATER

II DIE WURZELN DES BÖSEN

III EIN FRÜHLING IN KARLOVAC

IV JADOVNO

V MEINE MUTTER, DIE USTASCHE UND DIE PARTISANEN

I MEIN VATER

1 Zwei Spaliere (1941–1945)

Ich war ein neugieriger, nicht allzu großer Junge und musste auf ein Gatter klettern, um über die Menschenmenge hinwegsehen zu können. Der Tag zuvor war ein Donnerstag gewesen, der 10. April 1941, der Himmel war dunkel bestirnt, ein wenig Neuschnee war gefallen, der rasch auf den Straßen von Karlovac schmolz. Über Nacht klarte der Himmel auf. Der Karfreitag badete im Sonnenlicht des Frühlings, auf den Dächern, an den Fenstern und Balkonen flatterte die kroatische Trikolore. In der Banija-Straße drängten sich die Menschen in einem langgezogenen Spalier aneinander, um den Einzug der deutschen Soldaten in die Stadt zu feiern. Die Kinder schwenkten Papierfähnchen. Die Menschenmenge skandierte freudig: »Ganz ohne Krieg haben wir einen eigenen Staat bekommen!«

Der erste deutsche Panzer hielt vor der improvisierten Tribüne an der Ecke Banija- / Kolodvorska-Straße. Neben der Tribüne stand die Blaskapelle der Freiwilligen Feuerwehr und spielte Militärmärsche. Die heißwangigen Redner sprachen ihre Willkommensgrüße. Ich konnte sie nicht gut hören, weil die Lautsprecher schlecht abgestimmt waren. Gemeinsam mit meinen Freunden Tonček Strzalkowski und Bogdan Lasić hatte ich vom Gatter einen guten Überblick. Wir konnten alles genau sehen. Unsere Neugierde war zwar gestillt, aber wir waren froh, nicht in der Masse aufzugehen, deren Glück wir an diesem Tag kein bisschen teilten.

Unser Schulkamerad Lončarić, der drei, vier Jahre älter war als ich und den wir beim Fußballspielen Lonac, Topf, nannten, marschierte mit einem Gewehr im Arm durch die Menge. Er trug jetzt eine Mütze mit Abzeichen und war offensichtlich stolz darauf, einer von denen zu sein, die hier für Ordnung sorgten. Auch Herr Livadić paradierte beflissen mit einem Gewehr im Arm umher, wie irgendein Oberstleutnant in einer kroatischen Heimwehr-Uniform mit einer frisch angenähten Kokarde. Eigentlich hieß er Leitner und war ein vor kurzem zum Katholizismus konvertierter Jude und der Besitzer eines Eisenwarenladens, der sich unweit unseres Hauses auf dem Korso befand. Flink hatte er sich den neuen politischen Gegebenheiten angepasst, aber das konnte sein Leben nicht retten. Da er von Geburt an Jude war, wurde er noch im gleichen Jahr in das Konzentrationslager Jadovno deportiert. Als ich nach oben schaute, glaubte ich einen kurzen Augenblick lang im ersten Stock Smiljka Kozomarić hinter einem Vorhang am Fenster gesehen zu haben. Sie war genauso alt wie ich. Noch letzten Sommer hatte ich sie beim Baden am Fluss Korana, als sie ihre sich entwickelnden weiblichen Rundungen Sonne und Wasser zur Schau stellte, schamhaft und voller Sehnsucht betrachtet. Ihr Vater war ein wohlhabender Händler aus Karlovac, ein Unterstützer serbischer Kulturvereine und der Jugoslawischen Sokol,[1] Smiljka hatte also ebenfalls keinen Anlass, sich zu freuen – weder über die Ankunft der Deutschen noch über die Ausrufung des Unabhängigen Staates Kroatien und diesen ganzen Glücksrummel unter ihrem Fenster.

Ein junger deutscher Soldat (vielleicht war er auch Offizier), der bis zur Hüfte in der Panzerluke steckte und sich geradezu entspannt die Willkommensreden in einer ihm fremden Sprache anhörte, schielte, so kam es mir jedenfalls aus der Ferne vor, heimlich auf seine Uhr. Sechzig Jahre später erzählte mir mein Freund Vaništa, damals hätten ihn das jugendlich schöne Gesicht dieses Soldaten und seine feine Erscheinung auf jenem riesigen hässlichen Panzer sehr überrascht.

Die deutschen Militärs bahnten sich ihren Weg durch die Menschenmenge in Richtung Banija-Brücke, marschierten in Karlovac ein und verteilten sich allmählich in der Stadt. Als wir nach Hause gingen, sagte Bogdan niedergeschlagen: »Bei diesem Militär ist Widerstand sinnlos.« Noch immer stand er unter dem Eindruck der deutschen Panzer. Bogdan war ein glühender Verehrer der Jungen Jugoslawischen Kommunisten. Drei Jahre später wurde er bei den Partisanen Anführer einer Kompanie in der Žumberak-Brigade.

In den nächsten Tagen sahen wir von unseren Fenstern aus die deutschen motorisierten Einheiten kommen und gehen. Sie marschierten vor dem örtlichen Kulturzentrum Zorin Dom auf und ab, als wären sie jederzeit einsatzbereit. Gepanzerte Kleinlastwagen zogen Artillerie mit Gewehrläufen hinter sich her, die länger waren als die Wagen selbst. Die Jugoslawisch-Königliche-Armee, die bei diesem Aufmarsch der motorisierten deutschen Vorhut in sich zusammengefallen war, hatte ebenfalls Geschütze, aber diese wurden von Ochsen gezogen. In der nahe gelegenen Stadt Glina, so hat es ein Historiker aus dieser Gegend festgehalten, stellte eine solche mit Ochsen ausgestattete Artilleriedivision ihre Zelte auf und übernachtete in den Gärten und im Stadtpark. Als am nächsten Morgen die deutschen Panzer durch Glina donnerten, lösten sich die Stellungen der königlichen Artillerie eilig auf. Die von ihnen zurückgelassenen hungrigen und durstigen Ochsen zogen traurig blökend durch die Straßen und Parks.

Vier Jahre später strömten erneut auf beiden Seiten der Banija-Straße glückliche Menschen in langen Reihen in die Stadt. Das war am späten Abend des 8. Mai 1945. Der Krieg war zu Ende. Durch diesen lärmenden Menschenkordon kehrte die Karlovac-Stoßtrupp-Brigade nach Hause zurück. An der Ecke der Kolodvorska- und Banija-Straße stellte sich wieder eine Blaskapelle auf, vielleicht sogar genau jene, die schon vor vier Jahren beschwingte Märsche gespielt hatte. Die Menschen in der Menge schwenkten kleine Flaggen, begrüßten laut und freudig die Soldaten. Die bemühten sich, ihre Reihen ordentlich gerade zu halten, hätten sich aber am liebsten selbst zu den Städtern gesellt, denn sie kamen aus dem Krieg zu ihren Familien und in ihre Häuser zurück.

An der Ecke der Kolodvorska- und Banija-Straße stand dieses Mal keine Tribüne. Wir Rückkehrer wurden an der zerstörten Brücke empfangen. Die Redner habe ich von dort weder gesehen noch gehört, weil ich weit entfernt in den hinteren Reihen unserer Brigade stand, im 4. Bataillon. Vor dem Hotel *Evropa* glaubte ich in der Menge wieder den Radiotechniker Kiš zu sehen, den Mann mit dem prachtvollsten Haar der ganzen Stadt, der genau an dieser Stelle schon vor vier Jahren gestanden hatte. Die Vorhänge an den Fenstern von Smiljkas Haus waren dieses Mal nicht zugezogen, an einem stand Smiljka und winkte. Auf beiden Seiten des Spaliers rannten immer wieder Menschen in die Reihen der Brigade, um den Sohn, die Tochter, den Bruder, den Freund zu umarmen. Die Reihen strammstehender Soldaten lösten sich dann langsam auf. Die Männer verschwanden in der Menschenmenge. Kurz vor der Brücke sah ich plötzlich meine Mutter auf mich zurennen. Wir weinten lange vor lauter Glück, wieder zusammen zu sein, aber auch aus Traurigkeit, weil einige unserer nahen Angehörigen und so viele andere Menschen nicht mehr am Leben waren. Der Krieg war nun wirklich zu Ende. Für uns war das die Befreiung. Erst später haben wir gesehen, dass diese Freude nicht von allen geteilt wurde. Das Ende des Krieges brachte vielen anderen Leiden und Not. Wir waren stark genug gewesen, um dem Bösen Widerstand entgegenzusetzen, aber unsere Kraft reichte nicht aus, um unseren Sieg auch auf eine menschliche Weise zu krönen. Wie so viele andere militärische Siege in der Geschichte blieb unser Sieg nicht frei von Makel.

Vier Jahre, die zwischen dem ersten und dem zweiten Spalier auf der Banija-Straße lagen, hat dieser Krieg gedauert, der unser aller Schicksal bestimmt hat. Er zerstörte Millionen von Familien, verkrüppelte unzählige Menschen und trieb sie in alle Himmelsrichtungen auseinander. Einstige Nachbarn und Freunde hatten einander durch die Zielfernrohre ihrer Maschinengewehre angesehen. Dieser Krieg hat ein Erbe hinterlassen, das noch lange nach unserem Tod nachwirken wird. Die Deutschen haben dreißig Jahre später – ein bisschen selbstzufrieden – den Neologismus »Vergangenheitsbewältigung« kreiert, aber ich befürchte, die Vergangenheit ist keineswegs vollständig bewältigt, weder dort noch in den osteuropäischen Gesellschaften und auch nicht in Kroatien. Die Schatten, deren dunkelste Untiefen mit 1941 verwoben sind, sind noch nicht ganz verschwunden. Aber auch die Zeit vor dem Zweiten Weltkrieg und danach kann man nicht gerade frei von Schuld nennen.

Das Schreiben über meine Angehörigen in diesem Buch hat mir die Mühe abverlangt, die Schicksale in meiner Familie nicht vom Leben der anderen Menschen oder dem Land selbst getrennt zu sehen. Ich schreite hierfür in Gedanken meine eigenen Erinnerungen an Freunde und Bekannte ab, versuche aber auch, jene Menschen mit zu bedenken, die ich damals nicht persönlich gekannt habe, die ich aber von heute aus verstehen möchte, obwohl uns die Geschichte auf verschiedenen Seiten der Ereignisse platziert hat. Ich glaube, dass das Schicksal meiner Familie, mit der ich diese Rückschau beginne, das Gesamtbild der Ereignisse vervollständigen kann. Dieses Gesamtbild hat sich mir durch die Sichtung unzähliger Dokumente und mittels meiner eigenen Recherchen erschlossen. Es kann helfen, das Geschehene besser zu verstehen – das, was den mir nahen Menschen, mir selbst und so vielen anderen widerfahren ist, und warum es geschah.

Ich kann auf den Tag und die Stunde genau sagen, wann meine Kindheit zu Ende ging. Es war an einem Sonntag, dem 13. April 1941. Die Katholiken begingen das Osterfest. Es war ein Vormittag im Frühling. Auf der Promenade vor dem Kulturzentrum Zorin Dom, ganz in der Nähe unseres Hauses, waren akkurat aufgestellte deutsche Panzer, eine Militärküche auf großen, dicken Gummirädern und gepanzerte Autos zu sehen. Meine Freunde Tone Orešković und »Cujo« Pasek waren vorbeigekommen, um mit mir nach draußen zu gehen. Mein Vater hielt mich an der Tür auf.

– Wo gehst du hin?
– Ich gehe mit den Jungs spielen.
– Spielen?
Mein Vater sah mich erstaunt an, ich sah, dass er Bedenken hatte.
– Ja, in Ordnung, du kannst gehen. Komm aber nicht zu spät zum Mittagessen.

Als ich zum Mittagessen zurückkam, war mein Vater nicht mehr zu Hause. Und er ist nie wieder nach Hause gekommen.

Ich erinnere mich nicht mehr, ob wir an diesem Morgen wirklich auf der Promenade miteinander gespielt haben. Oder ob wir nur in kindlicher Neugier umhergestromert sind, um uns die deutschen Panzer anzusehen. Sie wirkten wie große Ungeheuer auf uns, so etwas hatten wir bisher nur in der Kinowochenschau von *Fox Movietone* gesehen. Die deutschen Soldaten redeten unbekümmert miteinander, schlürften irgendetwas aus Blechbüchsen, witzelten und rauchten. Stanko Lasić, der mit mir in Karlovac zur Schule ging und heute ein bekannter Literaturhistoriker ist, beobachtete sie damals am gleichen Ort und zur gleichen Zeit wie meine Freunde und ich. Er schreibt darüber in seinen autobiographischen Aufzeichnungen:[2]

»Alles, was ich bis dahin über die Deutschen zu wissen geglaubt hatte, lässt sich auf einen Nenner bringen: böse und hässliche Menschen. Aber in Karlovac standen diese jungen lächelnden Menschen vor uns, sie waren charismatisch, höflich, kraftvoll, ja sogar freundlich kamen sie uns vor, und vor allem – sie waren schön. Nichts schien ihnen Mühe zu machen. Wir sahen sie uns vor dem Kulturzentrum Zorin Dom auf der Promenade an, den ganzen Tag waren sie tätig, sie reinigten ihre Gewehre, polierten die Panzer, entfernten den Schlamm von den Rädern, lasen Zeitung, hörten Radio, wuschen ihre Hemden und schnitten sich ihre Nägel. Uns gegenüber waren sie offen, wirkten aber insgesamt in sich gekehrt. Sofort spürte ich, dass sie unverfälscht waren, sich nicht inszenierten und uns nicht aufs Glatteis führen wollten. Sie führten uns also nicht hinters

Licht, sie zeigten sich als das, was sie wirklich waren: eine Armee, Eroberer, disziplinierte Mörder.«

Worüber lachen sie? Was sagen sie denn?, wollten meine Freunde wissen und drängten mich, den Gesprächen der Deutschen zu lauschen. Die deutschen Soldaten konnten nicht wissen, dass einer der kleinen neugierigen Jungen sehr gut Deutsch verstand. Sie lachten, redeten offen miteinander, über junge Frauen, über ihre Siege und die Pakete, die sie nach Hause schicken wollten. Eine dieser Unterhaltungen hat sich mir besonders eingeprägt. An die Wand gelehnt, mit einem Fuß auf dem Fahrzeug, zog ein Unteroffizier nachdenklich an seiner Zigarette, er wandte sich an zwei, drei seiner jüngeren Kameraden, um ihre Einschätzungen über den weiteren Verlauf des Krieges abzuklopfen.

– Na, was sagt ihr? Wohin geht es jetzt für uns weiter?
– In die Türkei.
– Davon kann keine Rede sein. Es geht nach Russland!

Der siegesgewisse Unteroffizier war sich seiner Sache sicher, so, als wüsste er mehr als die anderen und hätte nur bisher nicht darüber sprechen dürfen.

– Aber die Türkei würde uns besser zupasskommen, wir wären doch sofort am Suezkanal, hätten dann die Spanier vor Augen in Gibraltar, das Mittelmeer wäre uns schon sicher. Und auch das irakische Erdöl. Persien. Bis nach Indien könnten wir kommen.
– Wir werden Russland angreifen, du wirst es sehen.

Als ich nach Hause kam, sah mich unsere Haushälterin Jaga niedergeschlagen an. Von ihr wird in diesem Buch noch oft die Rede sein. Seitdem sie 1932 in unser Haus gezogen war, war sie immer das Ideal einer Köchin, Haushälterin und Erzieherin gewesen, aber auch eine vertrauensvolle Ratgeberin, Trösterin und treueste Freundin. Bis zu ihrem Tod 1990 haben wir sie als Mitglied unserer Familie behandelt. Mein Bruder und ich haben sie auf dem Mirogoj-Friedhof in unserem Familiengrab neben unserer Mutter bestattet. Bis heute ist es mir ein Rätsel, woher diese damals noch junge, unerfahrene, nur halbgebildete Frau aus dem bitterarmen Dorf Banski Kovačevac ihre selbstsichere Lebensweisheit nahm und mit ihrem unfehlbaren Instinkt immer wieder aufs Neue das Gute vom Bösen zu unterscheiden vermochte. Bis heute ist mir kaum jemand wie sie begegnet.

Eine Stunde zuvor hatten zwei junge Männer meinen Vater abgeholt, beide waren stadtbekannte Frankisten[3] – der Jurastudent Ratko Demut und Stjepan Augustinović, zu jener Zeit arbeitslos. Sie waren in Zivilkleidung gekommen, aber mit Revolvern an den Hüften und mit einer frisch angenähten kroatischen Trikolore sowie dem U-Symbol der Ustasche an den Ärmeln. Es hieß, sie seien höflich gewesen: »Entschuldigen Sie, Herr Goldstein, wir brauchen nur eine Aussage von Ihnen, Sie können danach gleich wieder nach Hause gehen.« Meine Mutter ist ihnen hinterhergelaufen, wahrscheinlich bis zur Polizeiwache. Jaga war wütend, versuchte aber, sich zusammenzureißen. Den Abend zuvor hatte sie meinen Vater noch davon überzeugen wollen, sich in ihrem Dorf Banski Kovačevac zu verstecken, bis sich die erste Hysterie gelegt haben würde. Aber Vater und Mutter wollten unsere Familie nicht auseinanderreißen. Sie zögerten diesen Schritt hinaus, weil sie glaubten, genug Zeit für alles zu haben. Mein jüngerer Bruder Danko, der kurz nach mir nach Hause kam, erinnert sich genauso wie ich an das kummervoll-ängstliche Gesicht unserer Jaga, das wir nur besonnen kannten. Stanko Lasić erinnert sich in seiner Autobiographie an die Verhaftung und das Schicksal meines Vaters:

> »Slavkos Vater besaß eine Buchhandlung mit Papierwaren im unmittelbaren Zentrum der Stadt, nur hundert Meter von der Kirche der Heiligen Dreifaltigkeit entfernt. Sein Geschäft lief sehr gut. Neben der Buchhandlung betrieb er im hinteren Teil des gleichen großen Raumes eine Leihbibliothek. Dort war es relativ dunkel, aber gemütlich. Ruhig. In dieser ›Bibliothek‹ lieh man sich die Bücher aus, aber konnte sie auch dort lesen.

Herr Goldstein (…) war immer besonnen, immer sanft. Und er war ein gebildeter Mann … Bald darauf wurde Slavkos Vater verhaftet und war wahrscheinlich einer der Ersten, die man an einer Grotte erschossen hat. Ein solches Schicksal hätte mich selbst dann schockiert, wenn es irgendeinen mir fremden Menschen oder selbst den größten Verbrecher ereilt hätte, einfach weil mich ein gewaltsamer Tod immer schockiert. Und wie erging es mir erst bei einem Menschen, den ich als die reine Güte kannte und von dem ich viel gelernt habe. Herr Goldstein war ein feiner Herr, der die Bücher genauso wie ich liebte (…). In der Buchhandlung war ich oft Zeuge seines gelebten Mitgefühls für andere Menschen. Er wusste, wie man mit den Leuten ins Gespräch kam, war freundlich, bescheiden und ruhte in sich. Man erzählte sich, dass er ein Linker war. Die Leute sagten das oft, aber wussten auch, dass er nie Mitglied in einer politischen Partei war. Es hieß, er sei ein Humanist, deshalb kenne ich dieses Wort, ich lernte es damals, und seine Bedeutung war für mich identisch mit Goldsteins Charakter. In einem Augenblick, in dem wir Christen unser Osterfest und unsere ›Auferstehung‹ feierten, verlor er sein Leben. Warum? Weil er ein Jude war. Weil er ein Humanist war.«

Vaters Verhaftung und die Apriltage des Jahres 1941 markieren in meiner Erinnerung eine klare Grenze in der Zeit. Bis zu diesem Tag, bis zu meinem dreizehnten Lebensjahr, waren Erinnerungen für mich in der Regel einfach nur flimmernde, unverbundene Bilder jenseits von Zeit und Raum. Aber von jenem Augenblick im April an erinnere ich unser Leben in miteinander verbundenen Zusammenhängen, in beweglichen Bildern, die alle aufeinander aufbauen, ganze Episoden räumlich konkreter und von Zeit durchtränkter Begebenheiten haben sich mir eingeprägt. Ich erinnere mich auch an einige Gespräche, an ihren Kontext, manchmal auch an sehr wichtige Satzstränge, an die genaue Wortfolge, obgleich ich nicht mehr sagen kann, was davon meine eigenen Erinnerungen sind und welchen ausschmückenden Anteil die später erfolgten Gespräche und Erkenntnisse haben. Am ehesten glaube ich noch an die Wahrheit der Bilder und dass sie authentisch sind, vor allem die vielen Details in ihnen, die der Verstand sich gar nicht ausdenken kann. Was die Gespräche betrifft, bin ich mir nicht so sicher, und die Gefühle und Gedanken, die mit den Bildern einhergehen, sind eher heutigen Datums. Der dreizehnjährige Junge, der durch die Zwänge einer äußeren Situation schneller als unter normalen Umständen gereift ist, war sich damals nicht der allumfassenden Tragik bewusst, die heute mit dem Jahr 1941 in Verbindung gebracht wird. Beim Schreiben dieses Buches habe ich alle Erinnerungen seziert. Die Lücken und Begebenheiten von damals zu deuten gelang mir, indem ich sie mit den damaligen Zeitungen, mit offiziellen Dokumenten, persönlichen Briefen und Memoiren jener Zeit abgeglichen habe. Mit meinem Bruder Danko und mit Freunden von damals, die ich noch heute gerne treffe, habe ich immer wieder alles besprochen. Ich habe mich bemüht, mir und meinen zukünftigen Lesern gegenüber aufrichtig zu sein. Wichtig war mir aber genauso, den in diesem Buch vorkommenden Menschen, die nicht mehr am Leben sind, mit Ehrlichkeit zu begegnen.

»Den Lebenden schulden wir Respekt, den Toten nur die Wahrheit«, heißt es bei Voltaire. Ich denke aber, dass wir allen gleichermaßen die Wahrheit schuldig sind, den Lebenden und den Toten. Respekt schulden wir gewiss vielen, Lebenden und Toten, aber nicht ausnahmlos allen.

2 Im Bezirksgefängnis

An dem Ostersonntag, an dem mein Vater ins Bezirksgefängnis kam, wurden noch zwanzig weitere Menschen aus Karlovac verhaftet. Unter ihnen befanden sich angesehene Bürger serbischer Nationalität, Anführer serbisch-jugoslawischer Vereine, einige der bekanntesten Kommunisten (Ivo Vejvoda, Branko Priselac, Puba Drakulić) und nur zwei Juden – mein Vater und sein bester Freund Filip Reiner, ein Rechtsanwalt und einer der führenden Karlovacer Zionisten. Weder sie noch ihre Familien haben je erfahren, warum sie verhaftet wurden. Erst später gelang es uns, das eine oder andere Puzzlestück zusammenzufügen.

An jenem 13. April 1941 traf gegen acht Uhr abends der Ustascha-Führer Dr. Ante Pavelić aus Duga Resa in Karlovac ein. Er fuhr im Militär-Mercedes des deutschen Oberstleutnants Saltzer vor, der Abgesandter des Militärattachés für das Königreich Jugoslawien war. Eine oder zwei Stunden später trafen, angeführt vom italienischen Oberstleutnant Sangiorgio, mehrere Busse in der Stadt ein, in denen an die zweihundert Ustascha-Emigranten ins Land zurückkehrten, nach langjährigen Verhandlungen und sechseinhalb in italienischen Internierungslagern verbrachten Jahren. Sie hatten »ausgezehrte Gesichter, sichtbare Spuren der Qual und des Leidens in den Lagern und Gefängnissen auf den Liparischen Inseln, auf Sardinien und auf Sizilien«, heißt es bei Eugen Dido Kvaternik, dessen »Erinnerungen und Reminiszenzen 1925–1945« zu den interessantesten Ustascha-Memoiren zählen.[4] Von Triest nach Karlovac waren sie genau vierundzwanzig

Stunden unterwegs gewesen, mit häufigen Zwischenstopps, aber ohne Ruhepausen. Sicher waren sie glücklich, dass sie sich in der ordentlichen Kaserne der Karlovacer Kadettenschule ausschlafen konnten, aber vielleicht auch enttäuscht, dass sie hier noch den ganzen folgenden Tag und die Nacht verbringen mussten, ungeduldig, möglichst bald nach Zagreb aufzubrechen. Dort hätte man ihnen, als der neuen Führungselite des Landes, alle Ehren zuteilwerden lassen. Sie hätten nach all den entbehrungsreichen Jahren, in denen sie sich geduldig zusammengerissen hatten, endlich ihren Triumph auskosten können. Das Leiden, die schmerzliche Ungewissheit, die Hoffnungslosigkeit und die Nöte der politischen Emigration wären für sie in diesem einen glorreichen Augenblick vorbei gewesen.

Pavelić war aber gezwungen, weitere dreißig Stunden in Karlovac zu verbringen und auf den Bevollmächtigten des Auswärtigen Amts, SS-Standartenführer Edmund Veesenmayer, zu warten, der aus Zagreb anreiste. Ebenso wurde Filippo Anfuso erwartet, ein Mitarbeiter des italienischen Außenministers, der sich aus Rom auf den Weg gemacht hatte. Sie sollten die Verpflichtungen des Ustascha-Staates ihren beiden Ländern gegenüber festzurren. Pavelić versprach Mussolini per Telegramm, die Rechte der Italiener bezüglich der dalmatinischen Grenzen zu respektieren. Ein weiteres Telegramm schickte er an Hitler. Darin bekundete er der deutschen Armee seine Dankbarkeit und äußerte den Wunsch, Kroatien möge in der neuen europäischen Ordnung ein eigener Platz gewährt sein. Veesenmayer verlangte jedoch Garantien von Pavelić, vor allem dass die kroatische Armee Seite an Seite mit der deutschen marschieren und gemeinsam gegen ihre Feinde kämpfen werde. Nachdem Pavelić mit seiner Unterschrift diese Vereinbarung besiegelt hatte, durfte er schließlich nach Zagreb weiterfahren. Früh am Morgen, als es noch dunkel war, traf er sich am 15. April auf dem Sankt-Markus-Platz mit seinen Ustascha-Rückkehrern, »um für Kroatien das Ruder in die Hand zu nehmen«, wie es Ratko Demut in der Wochenzeitung *Hrvatska sloboda (Kroatische*

Freiheit) schrieb, »und um Kroatiens Schicksal zu gestalten, das unzulängliche fremde Eroberer acht Jahrhunderte lang an sich gerissen hatten«. Weiter schrieb Demut: »Die Kroaten haben achthundert Jahre auf einen solchen Führer gewartet«, dessen persönliche Qualitäten ihn zu einem der »größten Männer Europas gemacht haben«. Karlovac habe ihn deshalb »mit Stolz empfangen und die Gunst der Stunde ergriffen, um einen der größten Kroaten aller Zeiten genau in dem Augenblick zu beherbergen, in dem er sich nach zwölf Jahren Abwesenheit endlich wieder in seinem Heimatland einfand. Das war der größte Tag in der Geschichte unserer Stadt.«

Die meisten Häftlinge, die man im vorauseilenden Gehorsam während des Aufenthalts von Pavelić festgenommen hatte, wurden nach dessen Abreise wieder auf freien Fuß gesetzt. Mein Vater blieb mit den »politisch Unerwünschten« im Gefängnis zurück. Ein weiterer dieser im Gefängnis verbliebenen Männer war Milan Radeka. Als Einziger publizierte er später seine Memoiren, in denen er festhält, Goldstein habe für jene Zeit einfach »zu viele negative Attribute« auf sich vereint: Er war Jude, ein Linker und ein bekannter Buchhändler, einstiger zionistischer Pionier in Palästina, zudem Nachfahre einer alteingesessenen Familie von Rabbinern und Buchhändlern, ein Mensch also, von dem man wusste, dass er in der Stadt sehr einflussreich war. In seine Buchhandlung kamen viele Karlovacer Bürger, denen man nachsagte, Anhänger des Schriftstellers Miroslav Krleža[5] zu sein, Sozialisten, Kommunisten, profilierte Individualisten, rebellische Liberale, Zionisten, Antifaschisten, Gewerkschafter, Angehörige der Volksfront – allesamt politisch Verdächtige. Schon unter der alten Regierung bekam es mein Vater ihretwegen mit den damaligen Behörden und der jugoslawischen Polizei zu tun. Er wurde zu »informativen Gesprächen« vorgeladen, weil aus seiner Buchhandlung Pakete an die freiwilligen Kämpfer im Spanischen Bürgerkrieg verschickt worden waren. Außerdem nutzte er jede neue Veröffentlichung von Krleža, um alle drei Schaufenster demonstrativ mit dessen Werken, Bildern und Zitaten zu schmücken. 1932 gründete mein Vater die Wochenzeitung *Karlovačke novosti*, musste aber auf Druck der Polizei nach ein paar Nummern die Publikation wieder einstellen.

Mein Vater verstärkte daraufhin sein politisches Engagement in der Buchhandlung. Er bewarb die Werke der Antikriegsschriftsteller (wie Erich Maria Remarque, Henri Barbusse), setzte sich für Bücher mit sozialkritischen Inhalten ein (wie die von Maxim Gorki, John Dos Passos, Upton Sinclair, Jack London), für die deutschsprachigen Exilschriftsteller, die sich öffentlich gegen die Nationalsozialisten positioniert hatten (wie Thomas und Heinrich Mann, Erich Kästner, Bertolt Brecht, Alfred Döblin, Ernst Toller, Stefan Zweig), und – allen voran – für Krleža.

Als geschäftstüchtiger Buchhändler fuhr mein Vater anfangs auf seinem Motorrad und später in seinem klapprigen Fiat in die Dorfschulen der Region Pokuplje und des Kordun, um sie mit Büchern, Schreibwaren und Papier einzudecken. Auf diese Weise schloss er Freundschaften mit progressiven Bauern und wissensdurstigen Lehrern, besonders mit dem Lehrer und Schriftsteller Hasan Kikić, der uns oft besucht hat (bis heute erinnere ich mich an sein schönes Profil und den kraftvollen, angenehmen Bariton, als er nostalgische bosnische Liebeslieder sang und mit seiner Stimme das Rattern unseres Fiats auf den holprigen Landstraßen übertönte).

1938 organisierten Lehramtstudierende und Oberstufenschüler Demonstrationen und einen Streik, weil zwei beliebte Lehrkräfte (ein Linker und ein kroatischer Nationalist) versetzt werden sollten. Einige der Streikkoordinatoren kamen zu uns nach Hause, um die Meinung meines Vaters einzuholen. Schon 1937 hatte sich mein Vater für Ivo Marinković eingesetzt, einen der führenden Kommunisten in Karlovac. Als dieser nach einer dreijährigen Haft nach Hause kam, durfte er seinen Beruf als Oberstufenlehrer für klassische Sprachen nicht mehr ausüben. Mein Vater vermittelte ihm daraufhin eine Arbeit als Buchhalter.

Zu den besten Freunden meines Vaters zählten die Slowenin Mia Veličković und ihr Mann, der Serbe Aleksandar Veličković, sowie der Zionist Filip Reiner und seine Frau Ružica Bonači Reiner, eine Literaturlehrerin und Dichterin aus Split, und ihre beste Freundin Marica Marinković, eine Oberstufenlehrerin und die Schwester von Ivo Marinković. Wie hatte sich doch Milan Radeka über meinen Vater geäußert? – Es stimmte, er hatte für diese Zeit eindeutig zu viele negative Attribute und war umgeben von vielen schwarzen Schafen.

Man hielt meinen Vater bis zum 26. April im Bezirksgefängnis von Karlovac fest. Meine Mutter ging jeden Tag dorthin und brachte ihm etwas zu essen. Ich bin mehrmals mit ihr dort gewesen. Ein Gefängnisvorsteher namens Berger hat oft ein kurzes Gespräch mit meinem Vater ermöglicht, manchmal gleich auf dem Flur, wo wir kurz mit ihm allein sein konnten. Ich weiß nicht, ob das mit den Regeln im Einklang stand oder ob der Vorsteher einfach ein freundlicher Mensch war. Berger sprach sehr leise, sein Gesicht drückte Mitgefühl aus, als wollte er andeuten, dass es ihm leidtat, nicht mehr für uns tun zu können. Einer der Gefängniswärter, ein bärtiger Mann namens Đuro, nannte meinen Vater respektvoll Herr. Jedes Mal wenn ich ihm begegnete, versuchte er, mich zu trösten. Meine Mutter zerbrach sich den Kopf darüber, wie wir meinen Vater aus dem Gefängnis holen könnten. Er selbst war ruhig und besonnen, vielleicht ging er sogar davon aus, dass alles wieder gut werden würde. Als wir uns einmal von ihm verabschiedeten, meine ich durch das Gitter im Hof zu ihm zurückgesehen und Angestrengtheit in seinem Lächeln, auch Sorge in seinem Blick gesehen zu haben. Ob ich das aber damals wirklich so erlebt habe, kann ich nicht mehr mit Gewissheit sagen.

Drei Tage nach Vaters Verhaftung, am 16. April 1941, stand der neunte Geburtstag meines Bruders Danko an. Weder Mutter noch Jaga waren in der Lage, eine Feier für ihn zu organisieren. Aber Mia Veličković schenkte ihm eine Armbanduhr. Damals machte man so etwas selten, es war ein teures Geschenk, und keiner von Dankos

Ivo Goldstein (1900–1941)

Freunden besaß eine solche Armbanduhr. Jüdische Jungen erhielten Geschenke dieser Art erst an ihrem dreizehnten Geburtstag zur Bar Mizwa. Meiner stand kurz bevor, und eine Armbanduhr war mir schon in Aussicht gestellt worden. Danko aber spürte bereits als neunjähriges Kind, wie traurig ein Geburtstag ohne seinen Vater war. Mia gelang es, ihn mit diesem überraschenden und großzügigen Geschenk aufzuheitern. Der Gefängnisvorsteher erlaubte ihm überdies, mit unserem Vater zu reden. Stolz zeigte ihm Danko seine Uhr.

Damals ging ich Mutter öfter zur Hand und half ihr in der Bibliothek, die man wenige Wochen später jedoch versiegelte. Unsere besten Kunden waren anfangs die deutschen Soldaten, die alles mit frisch gedruckten Geldscheinen bezahlten, auf denen »Reichskreditkassenschein« stand und die wir »Okkupationsmark« nannten. Wir hatten den Eindruck, dass die Soldaten Unmengen von diesem Geld besaßen, denn sie kauften einfach alles, was ihnen in den Sinn kam und irgendwie von Wert war. Diese Einkäufe schickten sie an ihre Familien nach Deutschland. Unter uns etablierte sich die Redewendung »Wimpy isst alles«, in Anspielung auf die unersättliche Figur aus dem *Popeye*-Comic. Einmal sah ich deutsche Soldaten mit Notenbündeln aus einem großen Lastwagen steigen. Kindlich wie wir waren, dachten wir, dass sie die Geldscheine in diesem Lastwagen druckten, aber wahrscheinlich befand sich dort einfach nur die Kasse – eine Art bewegliche Geldstation, mit der die Wehrmacht ihre Soldaten für einen weiteren siegreichen Blitzkrieg belohnte. (Laut Vertrag vom 16. Mai 1941 musste die faschistische Ustascha-Regierung alle Kosten für den Aufenthalt der deutschen Armee auf dem Gebiet des Unabhängigen Staates Kroatien, der ein Marionettenstaat Hitlerdeutschlands war, tragen und die entsprechenden finanziellen Mittel zur Verfügung stellen.) Solange sie da waren, kauften die Deutschen die Regale zahlreicher Geschäfte leer. Dadurch kam es zu einer ersten Knappheit mancher Artikel. Unser Bürochef Rubčić war begeistert von diesem schnellen Abverkauf, er wollte sich für neue Bestellungen sogar auf den Weg nach Zagreb machen und die Regale und Schaufenster auffüllen. Aber meine Mutter war damit nicht einverstanden. Dragec Starešinić, unserem vertrauenswürdigsten Mitarbeiter, der vor dem Krieg Mitglied in der illegalen kommunistischen Partei gewesen war, erlaubte sie aber, zwei Schreibmaschinen aus dem Geschäft mitzunehmen. Schon zwei, drei Monate später tippten auf ihnen Maca Majstorović und Josip Kraš ihre antifaschistischen Flugblätter. Meine Mutter tauschte jeden Tag die im Geschäft eingenommenen Okkupationsmark in Dinar um. Davon kaufte sie wiederum auf dem Schwarzmarkt italienische Lira ein, die damals in Kroatien die einzige einigermaßen vertrauenswürdige Währung war.

Obwohl einige der verhafteten Karlovacer Bürger nach ein paar

Tagen wieder auf freien Fuß gesetzt wurden, waren alle drei Gefängnisse der Stadt zum Bersten voll. Vor dem Bezirksgericht versammelten sich in Windeseile viele Familienangehörige der Inhaftierten. Sie brachten etwas zu essen, warteten aber auch auf Neuigkeiten und Erklärungen der lokalen Behörden. Die Menschenmenge wuchs von Tag zu Tag an. Hungrig nach Informationen, stand man zusammen und wartete darauf, seinen Angehörigen helfen zu können. Die Leute tauschten sich aus, gaben einander Ratschläge und irgendwann auch »heiße Tipps«. Unendlich begierig darauf, positive Nachrichten zu erhalten, fingen irgendwann die Betroffenen selbst an, sie in Umlauf zu bringen. »Was immer man über die Deutschen sagen kann«, hieß es dann, »die wollen doch wenigstens die Ordnung wiederherstellen. Ich habe gehört, sie verlangen von Pavelić, dass er die Leute nicht ohne Gerichtsanhörung ins Gefängnis wirft, und die Gerichte sind doch am Ende verpflichtet, sich an das Gesetz halten.« Um solche Dinge ging es jetzt. Während sich ein Teil der kroatischen Öffentlichkeit über den neuen Staat freute und noch glaubte, so einfach dem Krieg davongekommen zu sein, versetzte die Ustascha-Regierung eine Menge anderer Menschen bereits mit ihren ersten öffentlichen Auftritten in Angst und Schrecken. Sie ahnten schon jetzt, dass sie ihren Status als gleichberechtigte Bürger verlieren würden, vielleicht ihren Arbeitsplatz, vielleicht sogar ihren Besitz. Aber dass es auch ihr nacktes Leben sein könnte, darauf kamen sie nicht. Milan Radeka hat in seinen Memoiren, einem der besten Bücher über das Jahr 1941, diese Phase eindrücklich beschrieben:

> »Zwar hatte ich viel über die Lager Hitlers gelesen, in die vor dem Krieg Deutsche und Juden gesteckt wurden, war aber dennoch davon überzeugt, dass so etwas in Kroatien nie passieren würde. Die kroatische Geschichte und Kultur respektierte seit jeher – so hatte ich es selbst noch als Student gelernt – die Unantastbarkeit des Gesetzes, seine illegale Aushebelung gleich welcher Art war mir deshalb einfach nicht vorstellbar. ›Kroatentum‹ war für mich immer eng mit Gerechtigkeit verknüpft.«[6]

Am Donnerstag, dem 17. April 1941, bekam Milan Radeka im Gefängnis Besuch von Ivo Klarić, einem der sieben Mitglieder in der städtischen Ustascha-Führung, die in Karlovac in der Anfangszeit des NDH-Unrechtsstaates sehr einflussreich waren. Klarić und Radeka waren Kollegen. Beide unterrichteten als Lehrer in der Oberstufe. Klarićs Fächer waren Sprachen und Literatur. Es war bekannt, dass er ein Nationalist war. Milan Radeka war Religionslehrer, Rechtsanwalt und ein hervorragender Historiker, den man in der Stadt als einen kultivierten Mann mit demokratischen Überzeugungen achtete, der in religiöser und politischer Hinsicht tolerant war. Bei den Wahlen hatte er für Vladko Mačeks Partei »Vereinigte Opposition« gestimmt. Klarić ließ Radeka wissen, er habe ihn schon zweimal von der Verhaftungsliste streichen lassen, ein drittes Mal war ihm das nicht gelungen. Immerhin hatte er es geschafft, einen kürzeren Hafturlaub für Radeka zu erwirken, damit dieser mit seiner Familie das orthodoxe Osterfest feiern konnte.

Es ist nicht ganz klar, ob Klarić mit seinem »Ostergeschenk« Radeka eine Gelegenheit bieten wollte, sich aus dem Staub zu machen. Wahrscheinlicher ist aber, dass zu diesem Zeitpunkt selbst in der Ustascha-Führung niemand wusste, dass auf diese Häftlinge Massenexekutionen warteten. In seinen Memoiren sagt Radeka nichts darüber, ob ihn damals Zweifel und Ängste plagten, als er, nachdem er das Osterfest mit seiner Familie verbracht hatte, am 21. April 1941 abends allein durch die Karlovacer Straßen ins Gefängnis zurückging. Hätte er damals überhaupt wissen können, dass dies einem Selbstmord gleichkam? Keiner der Häftlinge, zu denen Radeka an diesem Abend zurückkehrte, war Ende 1941 noch am Leben. Radeka selbst hatte Glück. Er profitierte von einer Vereinbarung, die die deutschen Generäle mit den Regierungsvertretern des nun auseinandergefallenen Königreichs Jugoslawien getroffen hatten. Diese sah vor, dass katholische Priester aus den slowenischen Gebieten, die von den Deutschen annektiert wurden, nach Kroatien umgesiedelt werden sollten.

Im Gegenzug musste die gleiche Anzahl orthodoxer serbischer Priester von Kroatien nach Serbien umziehen. So kam es, dass Radeka am 1. August 1941 zusammen mit seiner Familie nach Belgrad geschickt wurde. Bevor sie sich aber auf den Weg machten, zwang man sie noch, ihr gesamtes Vermögen auf den Unabhängigen Staat Kroatien zu überschreiben.

Auch Klarić hatte Glück, oder besser gesagt, er war bei Verstand. Alles in allem arbeitete er nur sechs Wochen lang in der städtischen Ustascha-Regierung von Karlovac. Schnell hatte er das Ausmaß des bereits begangenen Bösen begriffen und gespürt, dass die Gewalt noch längst nicht den Höhepunkt erreicht hatte. Er wollte nicht zu den Tätern gehören. »Von einer exponierten politischen Funktion in der Ustascha-Führung nahm Ivo Klarić daraufhin schnell Abstand. Seinen kurzlebigen Patriotismus nutzte er, um sich eine Arbeit in einer weniger exponierten Position als Direktor eines Zagreber Gymnasiums zu beschaffen«, heißt in Radekas Memoiren. Später gewährte Klarić heimlich den Partisanen Unterschlupf in seiner Schule. Das kam ihm nach dem Krieg zugute und bewahrte ihn vor größeren Unannehmlichkeiten wegen seiner Funktionärszeit bei den Ustasche im April und Mai 1941. Er arbeitete bis zu seiner Pensionierung als Mittelstufenlehrer in Zagreb.

Im Bezirksgefängnis von Karlovac freundete sich Radeka mit meinem Vater an. Er glaubte, in ihm eine »getaufte Seele« zu erkennen, weil »Goldstein immer ein greifbarer Mensch war, und zwar ein selbstloser, humaner, aber auch praktischer, kluger Mann, sanft, entgegenkommend, gutmütig und milden Herzens«. Ich kenne meinen Vater auch in weniger liebenswürdigen Augenblicken. Seine blauen Augen konnten durchaus in heftigem Zorn aufblitzen, der sich hin und wieder seiner Kontrolle entzog. Dann wurde er irgendwann ganz plötzlich wieder ruhig und verfiel in ein abgründiges Schweigen, bis er seine Freundlichkeit und Zuversicht zurück erlangt hatte. In Gesellschaft hielt man ihn immer für einen fröhlichen Menschen. Er war tatsächlich mit der Gabe eines sonnigen Gemüts beschenkt und sorgte manchmal für übermäßige Freude, etwa wenn er jauchzend aus dem Stand einen übermütigen kleinen Kasatschok tanzte.

Aber ich habe auch seine Erzählungen und Gedichte gelesen, die er in seiner Studentenzeit und dann auch in Palästina in jüdischen Zeitschriften veröffentlicht hat. Seine Tagebucheintragungen und die Briefe, die er meiner Mutter geschrieben hat, zeigen mir seine Lebendigkeit und Ironie, aber auch einen unruhigen, melancholischen Menschen, der zeitweise seinen Zweifeln und seiner Ohnmacht erlag. Manchmal scheint er sich am Rande einer Depression bewegt zu haben, aus der ihn dann meine bei weitem weniger meditative und durchweg robuste, hingebungsvolle Mutter befreite. Wir lieben und betrauern unsere Eltern nicht deshalb, weil sie perfekte Menschen waren, sondern weil wir ein Teil von ihnen sind und sie der wichtigste Teil von uns.

Ein Jahr vor dem Ausbruch des Krieges gab mein Vater Jagas Bruder Mata Đerek tausend Dinar und bat ihn, in seinem Dorf Banski Kovačevac ein Zimmer für uns in seinem Holzhaus anzubauen, »weil uns vielleicht schwierige Zeiten bevorstehen, in denen wir uns verstecken müssen«. Mata, ein fleißiger Bauer und Zimmermann, war damals dreiundzwanzig Jahre alt, ein kluger junger Mann, der sich später ohne jede Schulbildung, allein aufgrund seiner Lebenserfahrung, zu einem der tiefsinnigsten und weisesten Menschen entwickelt hat, die mir je begegnet sind. Er baute also sein Holzhaus für uns aus. Seitdem stand ein zusätzliches Zimmer für uns Goldsteins bereit: »Nur für den Fall, dass es in schlechten Zeiten einmal nützlich sein würde.«

Mein Vater hat gewusst, dass uns schlechte Zeiten bevorstanden. Er konnte darüber sogar Witze machen. Manchmal nahm mein Vater Danko und mich sowie einige unserer Freunde mit, wenn er bis zur Stadtmauer von Karlovac lief. Bei einer solchen Gelegenheit fragte ihn eine unserer Nachbarinnen: »Sagen Sie mal, Herr Goldstein, warum laufen Sie denn ständig diese weiten Strecken?« »Wir trainieren«, antwortete ihr mein Vater im Scherz. »Schlechte Zeiten kommen auf uns zu, und wir trainieren jetzt schon, damit wir noch weitere Strecken meistern können.« Bereits 1939 waren jüdische Flüchtlinge aus Wien für kurze Zeit in unserem Haus untergekommen. Es handelte sich um Kindheitsfreunde meiner Mutter und Freunde meines Vaters von der Wiener Universität, aber auch um Bekannte von Bekannten. Mein Vater gehörte zu den Organisatoren, die sich um ungefähr zweihundert Flüchtlinge kümmerten, die in Baracken neben der Eisenbahnstation in der Nähe von Draganić untergebracht waren. Er besuchte sie dort oft und nahm mich manchmal mit. Greta und Paul Hermann, Freunde meiner Mutter, kamen für einige Wochen bei uns unter, während sie auf ihr Visum nach Mexiko warteten. Mit einem One-Way-Visum war es ihnen als Emigranten nicht gestattet, größere Wertsachen mitzunehmen, deshalb reiste meine Mutter zweimal nach Wien (1940 war das mit einem jugoslawischen Pass noch möglich) und brachte Gretas wertvollen Schmuck und andere Kostbarkeiten mit, die sie bei ihren Wiener Freunden zurückgelassen hatten. In den Wochen, in denen die Hermanns bei uns waren, brachte meine Mutter ihrer Freundin Greta ein paar Kosmetiktricks bei. Mit diesen neuen Fertigkeiten und dem Geld, das ihnen der Verkauf ihrer Wertsachen einbrachte, konnten die Hermanns in Mexiko ein neues Leben beginnen. Nach dem Krieg überraschten sie uns häufig mit Flugtickets. Meine Mutter war bei Greta immer willkommen und konnte in Mexiko bleiben, solange sie Lust hatte. Als Greta 1958 hörte, dass meine Mutter Großmutter geworden war und ihr Enkelkind Ivo hieß, schickte sie einen Scheck mit einer Gratulationskarte aus Mexiko. Sie sei glücklich über einen neuen Ivo in unserer Familie, schrieb sie, aber auch traurig, dass der kleine Ivo nie seinen Großvater zu Gesicht bekommen würde, den er, wie wir alle, mit Sicherheit geliebt und bewundert hätte.

In den beiden Vorkriegsjahren, und ganz besonders nach dem Sommer 1940, wussten mehr oder weniger alle jugoslawischen Juden, dass Schwierigkeiten auf sie zukamen, sollte Hitler auch diese

Region unter seine Kontrolle bringen. Die Karlovacer Jüdische Gemeinde organisierte in dieser Zeit Handwerkskurse für ihre Mitglieder. Es hieß, dass »vielleicht mit Zeiten gerechnet werden muss, in denen wir solche Fertigkeiten brauchen werden«. Mein Vater hatte sich zum Glasbläser ausbilden lassen, meine Mutter hatte in Czernowitz zwischen 1919 und 1922 eine jüdische Sekundarschule besucht und sie mit einem Abschluss in Sozialarbeit beendet. 1936 belegte sie bei Helena Rubinstein in Paris einen mehrwöchigen Kurs in Kosmetik. Sie war fest entschlossen, uns mit ihren praktischen Fähigkeiten durch alle Schwierigkeiten zu bringen. Die Juden dieser Gegend wussten also wahrscheinlich bereits 1940 und Anfang 1941 relativ genau, was sie zu erwarten hatten. Sie gingen davon aus, dass man sie verfolgen, diskriminieren und vielleicht auch vertreiben, ihre Geschäfte konfiszieren und ihre Wohnungen enteignen und sie selbst höchstwahrscheinlich in Konzentrationslager verfrachten würde. Aber sie konnten sich nicht vorstellen, dass man bereits ihren Tod plante. Bis April 1941 waren Juden im Dritten Reich nicht umgebracht worden (wenn wir die Toten der Novemberpogrome 1938 und vereinzelte Mordfälle ausnehmen). Der Plan einer »Endlösung der Judenfrage« und der totalen Liquidierung kam in der obersten Regierungsebene der Nazis erst im März und im April 1941 auf. Reinhard Heydrich, der Leiter des Reichssicherheitshauptamtes und Himmlers Stellvertreter, begann erst im Mai in einer streng geheimen Aktion mit der Bildung von vier Einsatzgruppen, die aus jeweils fünfhundert bis neunhundert ausgesuchten SS-Männern zusammengesetzt waren und die sich der radikalen »Endlösung« annehmen sollten. Die Massenmorde an den Juden, also das, was wir heute als Holocaust bezeichnen, begannen Ende Juni, Anfang Juli 1941 in Kaunas, Vilnius, Lemberg und Minsk. Parallel erfolgte der Vormarsch deutscher Truppen nach dem Überfall Nazideutschlands auf Russland. Erst im Nachhinein, am 31. Juli 1941, erhielt Heydrich die Autorisierung von Hermann Göring, die Aktion zu koordinieren, die nun zum ersten Mal offiziell und in schriftlicher

Form als die »Endlösung der Judenfrage« beschrieben wurde. Auch in den Ustascha-Todeslagern im Velebit-Gebirge und auf der Insel Pag setzte die Ermordung der Juden ein (die Massentötungen von Serben hatten schon Anfang Mai begonnen), aber die Erkenntnis, dass die Lager im Ustascha-Kroatien nicht nur Arbeits- und Gefangenenlager, sondern Todeslager waren, drang erst langsam Ende August und im September zu den noch lebenden kroatischen Juden vor. Als beispielsweise die Zagreber Ustascha-Behörde, die für Juden zuständig war, gegen Ende Mai 1941 an die einhundertachtzig jüdische junge Männer ins Konzentrationslager Danica bringen wollte, gingen ausnahmslos alle, die den Befehl erhielten, freiwillig mit. Ein junger Mann namens Željko Šrenger, den man vorzuladen vergessen hatte, kam sogar von sich aus mit seinem Rucksack zum Amt, um »mit seinen Freunden aufzubrechen«. Der Ustascha-Polizist Šuprina, der mit Željkos Eltern gut bekannt war, scheuchte ihn wieder nach Hause. »Dass du mir hier nie wieder auftauchst!«, sagte er zu ihm. Er rettete ihn auf diese Weise vor dem Tod an der Šaran-Höhle im karstigen Velebit-Gebirge. Željkos Freunde, die er hatte begleiten wollen, starben dort.

Er hatte sich nicht von ihnen trennen wollen. Vielleicht ist das eine von vielen möglichen Antworten auf eine Frage, die seit sechzig Jahren unbeantwortet geblieben ist: Warum haben alle so lange gewartet? Warum sind sie nicht geflohen, als es noch möglich war? Auch meine Eltern haben gezögert und müssen noch an jenem 12. April 1941 geglaubt haben, es bleibe ihnen genug Zeit. Jaga hatte an diesem Abend versucht, meinen Vater zu überreden, sich sofort in Banski Kovačevac zu verstecken, wo »sein« von Mata Đerek angebautes Zimmer schon auf ihn wartete. Den ganzen Abend und bis spät in die Nacht haben sie darüber gesprochen und mit Jaga hin- und herüberlegt, ob es sinnvoll ist, sich als Familie in solchen Zeiten zu trennen, und ob mein Vater allein oder wir alle zusammen nach Banski Kovačevac aufbrechen sollten. Am nächsten Morgen aber war es bereits zu spät.

Ich weiß nicht, zu welchem Zeitpunkt mein Vater im Gefängnis oder später im Lager seine Entscheidung bereut hat, an jenem Abend nicht auf Jaga gehört zu haben. Aber meine Mutter hat bis zu ihrem Lebensende diese schwere Last mit sich herumgetragen. Sehr selten sprach sie darüber, machte nur manchmal eine Andeutung, hielt aber nach ein, zwei Worten stets inne und formulierte ihren Gedanken nie zu Ende. Ich konnte ihr beharrliches Schweigen und ihr stockendes Atmen immer zutiefst nachempfinden, habe sie aber nie nach etwas gefragt, denn ich wusste, dass es keine Antworten gab.

3 Zelle Nr. 15

An einem späten Samstagabend, es war der 26. April 1941, wurden sechs Männer mittleren Alters am Karlovacer Bahnhof unter Polizeiaufsicht in einen Spezialwaggon zweiter Klasse verladen, der sie nach Zagreb bringen sollte. Es handelte sich um die erste Gruppe der Inhaftierten aus dem Bezirksgefängnis, denen man gesagt hatte, sie würden in Zagreb vor Gericht gestellt werden. Sie sollten dort nie ankommen. In dieser Gruppe befanden sich Marko Sablić (Anführer der Jugosokol-Vereinigung[7] von Karlovac und Dozent am Lehrerkolleg), der Rechtsanwalt Nikica Badovinac (ein früherer Abgeordneter und führender Politiker im Nationalparlament von Karlovac), Milan Kozomarić (ein wohlhabender Kaufmann und Unterstützer der Jugoslawien befürwortenden Vereine), Josip Gjurić (ein bekannter Journalist aus Karlovac), Milan Radeka und mein Vater. Der Transport der sechs Gefangenen in der zweiten Klasse war geradezu komfortabel. So etwas kam nur in der Anfangsphase des Ustascha-Staates vor, als noch ein Anstrich von Respekt für die Häftlinge vorhanden war.

Etwa zwanzig Jahre nach dem Krieg traf ich mich in Rijeka einige Male mit dem jüngsten Häftling aus dieser Sechsergruppe, Josip »Pepić« Gjurić, geboren 1911. Er war damals ein sehr geschätzter und bekannter Sportredakteur. Er sprach schnell und mit sehr hoher Stimme, seine Gesten waren lebhaft, doch seine Gefühle schien er zu unterdrücken, angesichts seiner schlimmen Erinnerungen ein typisches Verhalten. Er hat mir sehr genau den Weg beschrieben, den sie damals in der Dunkelheit der frühen Morgenstunden des 27. April

1941 zurücklegten und der durch den menschenleeren Zrinjevac-Park in das Polizeigefängnis in der Petrinjska-Straße führte. Es habe ihn gewundert, sagte er, dass es in Zagreb keinen Strom gab. Sonst aber deutete noch nichts darauf hin, dass zwei Wochen später der Krieg ausbrechen würde. Alle sechs Männer wurden in die bereits überfüllte Zelle Nr. 15 im ersten Stock geschoben. Sie mussten in absoluter Schwärze über die schlafenden Körper anderer Gefangener hinwegsteigen. Mit ein bisschen Glück fanden sie dann endlich ein kleines Plätzchen für sich. Hier saßen sie eng zusammengekauert beieinander und warteten auf den nächsten Morgen. »Mein Gott, Pepić, bist du das?« In der Dunkelheit der Gefängniszelle war die Stimme des Zagreber Journalisten Turkalj zu hören, der die fiepsige Stimme seines Kollegen sofort erkannt hatte. »Diese Begegnung hat mich ein wenig beruhigt«, erinnerte sich Pepić zwanzig Jahre später. »Ich glaube, Turkalj hat mir damals geholfen, aus dem Gefängnis entlassen zu werden.«

Turkalj riet Gjurić, beim Verhör vor allem seine Arbeit als Sportjournalist hervorzuheben. »Du bist ein Građanski-Fan, das musst du ihnen sofort unter die Nase reiben.« Dieser Fußballclub hatte, anders als HAŠK Concordia, viele nationalistisch gesinnte Fans. So kam es laut Gjurić schon beim ersten Verhör dazu, dass ihn der damals mächtige Aleksandar Seitz aus dem Gefängnis entließ mit den Worten: »Aber Gjurić, bitte, Sie sind doch ein Purger!« Dieser Ausdruck leitete sich vom deutschen Wort »Bürger« ab und war die größte Ehre, die man einem Zagreber zuteilwerden lassen konnte.

Gjurić schlug sich im Krieg als Mitarbeiter kleiner Wirtschaftszeitungen durch. Entgegen seinem eigentlichen Temperament lebte er äußerst zurückgezogen, die Unsicherheiten seiner Existenz müssen ihm sehr zu schaffen gemacht haben. Vor allem sorgte er sich um seine Frau Mira, geborene Berger, eine zum Christentum konvertierte Jüdin. Erst nach dem Krieg war Gjurić wieder als Journalist tätig und in seinem Element. Die Arbeit eines Journalisten bei einer Tageszeitung ist immer eng an die Gegenwart gekoppelt. Die Zukunft reicht nur bis zur Ausgabe des nächsten Morgens, während die Vergangenheit schon mit der Zeitung von gestern vorbei ist. Gjurić kam bei unseren Begegnungen manchmal auf das Jahr 1941 in Karlovac zu sprechen und sagte, nach seiner Pensionierung werde er etwas über die Zeit im Gefängnis schreiben. Er hat es nicht bis zu diesem Punkt geschafft – er starb im Alter von achtundfünzig Jahren einen typischen Journalistentod, erschöpft vom ständigen Druck, den die Abgabetermine erzeugten. Doch auch ohne diesen frühen, unglücklichen Tod hätte er, da bin ich mir sicher, nie über Karlovac und das Jahr 1941 geschrieben, denn er konnte diese kurze, für ihn durchweg schmerzliche Episode nie wirklich verarbeiten.

Während ich für dieses Buch recherchierte, las ich viele Zeitungen von damals. In *Hrvatski narod (Das kroatische Volk)* stieß ich auf eine kurze Notiz vom 27. April 1941 aus Karlovac:

> »Gestern ist hier die erste Wochenblattnummer der kroatischen Ustascha-Bewegung *Hrvatska sloboda* erschienen. Redakteur ist der Schriftsteller Stjepan Mihalić. Als Josip Gjurić vor einigen Tagen mit der Publikation der Wochenzeitung *Hrvat* begann, beschloss das Ustascha-Führungsgremium, sie zu verbieten.«

Eine Begründung für das Verbot gab es nicht, aber das Datum ist aufschlussreich – am 26. April wurde Gjurićs Blatt *Hrvat (Der Kroate)* verboten, und noch am selben Abend warf man ihn ins Gefängnis.

Natürlich wollte ich wissen, welches Verbrechen man Gjurić anlastete. In den Archiven und Buchhandlungen von Zagreb und Karlovac suchte ich ohne Erfolg nach seiner verbotenen Zeitung. Eines Tages übermittelte mir dann der in Karlovac allseits bekannte Radovan Radovinović jeweils ein Exemplar der beiden einzigen Ausgaben, die am 17. und am 24. April 1941 erschienen waren. Beide Ausgaben waren im ökonomischen DIN-A4-Format gedruckt. Verantwortlich für alles zeichnete der Redakteur Josip Gjurić, am Ende der vierten Seite stand seine Adresse: Karlovac, Gundilićeva 3. Der Anfangssatz der Erstausgabe vom 17. April lautet: »An Ostern hat Karlovac den größten Tag seiner Geschichte erlebt: Nach mehr als einem Jahrzehnt im Exil ist der Poglavnik – der Befreier und Erneuerer des großen kroatischen Staates – nach Hause zurückgekommen.« Und auf der letzten Seite der gleichen Nummer hat der flinke Journalist Gjurić als einer der Ersten in Kroatien *Das Lied des kroatischen Sieges* veröffentlicht, einen Marsch, der von Lovro Matačić vertont worden war. Die Verse stammten von Jerko Skračić:

»Überall nur ein Gedanke / überall nur eine Stimme / der Kroate hat nun einen eigenen Staat / ein Gebieter nun ist er / der Führer hat seinem Volk die Rettung gebracht.«

Der Refrain lautete:

»Alle Kroaten schwören ihrem Führer / ihr Schicksal in seine Hände zu legen / sie alle werden die Freiheit wählen / wenn er sie ruft / in den blutigen Kampf.«

Die anderen Artikel in der Wochenzeitung *Hrvat* waren Tagesmeldungen, die lediglich für die regionale Leserschaft von Interesse waren: »Bahnverkehr wiederhergestellt«, »Schwarzmarkthändler verurteilt«, »Die für die aufgelöste jugoslawische Armee mobilisierten Karlovacer Bürger sind heimgekehrt« usw. Beide Ausgaben waren voll mit Anzeigen. Stadtbekannte Kaufleute, die mit der kroatischen Bauernpartei sympathisierten, ermöglichten also die Publikation der Zeitschrift, indem sie Werbung schalteten – darunter waren ein Bettdeckenfabrikant, der als ausgemachter Nazisympathisant galt, ein beliebter Möbelhersteller namens Vejvoda (der Vater des berühmten Karlovacer Kommunisten und Freiwilligen im Spanischen Bürgerkrieg Ivo Vejvoda) und der Miteigentümer einer großen Holzfabrik, Josip Rendeli, der auch Präsident der Jüdischen Gemeinde von Karlovac war.

Ermutigt durch die finanzielle Unterstützung dieser sehr unterschiedlichen Sponsoren, kündigte Gjurić in seiner zweiten Ausgabe an, seine Zeitung regelmäßig einmal wöchentlich herausgeben zu wollen. Diese optimistische Ankündigung irritierte offenbar Gjurićs Konkurrenz in der Ustascha-Führung, die genau zu diesem Zeitpunkt die Publikation der ersten Nummer ihrer Wochenzeitung *Hrvatska sloboda* (mit dem Untertitel »Das Organ der kroatischen Ustascha-Bewegung in Karlovac«) plante. Ich bin überzeugt, dies war der vornehmliche, wenn nicht der einzige Grund für Gjurićs Verhaftung und das Verbot seiner Wochenzeitung. Diese effektive und einfache Art, Konkurrenten durch Verbote oder Verhaftungen auszuschalten, war im Ustascha-Staat an der Tagesordnung. Als dann am 26. April die erste Ausgabe der *Hrvatska sloboda* zu kaufen war, befand sich der lästige Konkurrent Josip Gjurić bereits auf dem Weg in das Zagreber Gefängnis.

Für Karlovacer Journalisten war Josip Gjurić ein schwer zu übertrumpfender Konkurrent. Mehr als zehn Jahre hatte er Erfahrung als erfolgreicher Korrespondent beim führenden kroatischen Blatt *Novosti* gesammelt. Er war ein gewissenhafter, selbstbewusster, schlagfertiger und talentierter Journalist. Bekannt für seinen Wissensdurst, war er im kulturellen Leben der Stadt, besonders im Sport, allgegenwärtig. Sein Redaktionsschreibtisch in Zagreb war jeden Tag aufs Neue übersät mit kurzen, klugen Bonmots über das Leben in Karlovac, die er in der Zeitung *Novosti* veröffentlichte. An den Sonntagnachmittagen versammelten sich vor Gjurićs Wohnung, die zugleich sein *Novosti*-Korrespondentenbüro war, Hunderte Karlovacer Bürger. Sie wollten dabei sein, wenn er die Ergebnisse der Fußball-Liga »übertrug«. Sobald sich etwas am Spielstand änderte, schrieb Gjurić (er gehörte zu den damals noch wenigen Menschen, die ein Radio und ein Telefon besaßen) mit großen Buchstaben die Ergebnisse auf das Fenster. Sein Publikum freute sich sehr, wenn die Änderung zugunsten der Zagreber Mannschaft ausfiel, seufzte aber enttäuscht, wenn die anderen ein Tor geschossen hatten.

Mir ist nie klargeworden, was sich Gjurić eigentlich erhofft hatte, als er sich in den ersten Tagen des Unabhängigen Staates Kroatien derart beeilte, seine Wochenzeitung zu veröffentlichen. Vielleicht hat er geglaubt, auf diese Weise von seiner vorherigen Karriere als langjähriger *Novosti*-Korrespondent ablenken zu können. Denn diese Zeitung wurde von Hrvoje Macanović und Ive Mihovilović herausgegeben, die lange vor dem Krieg eine projugoslawische und antifaschistische Haltung eingenommen hatten. Gjurić war außerdem verantwortlicher Redakteur der *Karlovačke Novosti*, jenes Wochenblatts, das mein Vater seit 1932 herausgab und das weder dem Jugoslawienregime noch den verbissenen kroatischen Nationalisten in den Kram passte. Überdies war er im Vorstand der Karlovacer Sportvereinigung, in der auch viele Serben trainierten, und sein regelmäßiger Tennispartner war sein jüdischer Freund Stanko Polak. Nimmt man noch seine jüdische, wenn auch getaufte Frau Mira hinzu, hatte Gjurić nach den Kriterien des Jahres 1941 einige »Schönheitsfehler« aufzuweisen, die man vor der neuen Regierung besser verheimlichte. Womöglich hat er genau das mit der Herausgabe seiner Zeitschrift *Hrvat* versucht. Oder war er einfach nur von der Idee eines ambitionierten Journalisten angetrieben, in politisch undurchsichtigen Zeiten »sein eigenes« Wochenblatt zu publizieren? Aber wie konnte er dann so naiv sein zu glauben, die neidischen und ehrgeizigen Emporkömmlinge der neuen Regierung würden ausgerechnet ihn dulden? Oder war er so verängstigt, so rückgratlos und opportunistisch, dass er, um durchzukommen, diesen Nebenschauplatz in Kauf nahm?

Tatsächlich haben damals viele geglaubt, die Ustascha-Regierung würde Kroatien eine glückliche Zukunft oder zumindest Schutz vor einem größeren Übel bieten. Aber ich kann mir nicht vorstellen, dass Josip Gjurić so gedacht hat. Er war ein politisch differenzierter, gut informierter Journalist, der es hätte besser wissen müssen, zumindest hätte er durchaus ahnen können, was Kroatien unter Hitlers und Mussolinis Schirmherrschaft zu erwarten hatte. In verrückten und unsicheren Zeiten machen Menschen freilich mitunter Dinge, deren sie sich normalerweise schämen und zu denen sie sich sonst nicht hinreißen lassen würden. Gjurić war diese kurze Zeit, in der er sich heuchlerisch der Karlovacer Ustascha-Führung unterworfen hatte, für den Rest seines Lebens peinlich.

Radeka ist der Einzige aus der Gefangenengruppe meines Vaters geblieben, der schließlich die Tage im Gefängnis in der Petrinjska-Straße beschrieben hat:

> »Am nächsten Tag sah ich, dass sich in der Zelle Nummer fünfzehn an die fünfzig Menschen befanden; später waren es dann mehr als sechzig. Ein einziges Fenster, mit Brettern vernagelt, winzig klein und typisch für ein Verließ, war sehr weit oben angebracht und trennte uns vom Tageslicht. In der Zelle standen zwölf harte Pritschen, auf denen vierundzwanzig Männer lagen, und vierundzwanzig weitere auf dem Boden. Und der Rest kauerte auf den letzten kleinen, übrig gebliebenen Fleckchen. (…) Wenn tagsüber alle saßen, war mehr Platz zum Bewegen da, und man konnte sich auch unter das Fenster stellen, ein bißchen frische Luft einatmen und sogar die Zelle durchschreiten. An Luft mangelte es ansonsten immer; es war stickig, roch nach menschlichem Schweiß und den Ausdünstungen aus dem Abort. Der Abort, und das war in einer solchen Zelle wichtig, war kein Eimer, sondern eine in den Boden eingelassene Toilette mit Wasserabzug, die durch ein Mäuerchen vom Rest des Raumes abgetrennt war. (…) Morgens stand eine Stunde lang die Zellentür offen: Es wurde gelüftet, der Boden wurde gewischt, wir wuschen uns, unsere Socken, unsere Unterwäsche, und auf dem Flur wurden Schwätzchen gehalten usw. – die übliche Gefängnisroutine. Am Abend war dann alles anders in der Zelle, wir stellten kleine Auftritte auf die Beine, sangen, rezitierten, erzählten uns aus Spaß Witze und kleine Anekdoten, tauschten Neuigkeiten aus und schmiedeten regelmäßig Verse, die unser Leben im Gefängnis spiegelten, wir trugen uns alles gegenseitig vor, alles auswendig, alles im Dunkeln. Der Regisseur des Ganzen war Turkalj und später dann Pepi Gjurić und Ivo Goldstein. Die Zusammensetzung war so vielfältig, dass keine Darbietung zu kurz kam. Wir hatten einen professionellen Sänger leichter Melodien, einen kleinen dunklen Juden aus Niš.

> Wenn unsere Aufführungen abends um neun anfingen und das Licht ausgemacht wurde, öffneten die Gefängniswärter unsere Tür, damit sie das Programm mithören konnten. Dann wehte eine erfrischende Maibrise in die Zelle, wir atmeten diese Frische ein und reinigten unsere Lungen von der feuchten, abgestandenen Luft.«[8]

Die Verwaltung und die Gefängniswärter stammten alle noch aus der Zeit des alten Regimes, obwohl bereits die Ustascha-Behörden die Gefangenen vernahmen und über ihr Schicksal entschieden. Im Gefängnis wurden dennoch die alten Regeln befolgt, soweit das unter diesen Bedingungen mit den überfüllten Zellen möglich war. Es handelte sich um ein sogenanntes Primärgefängnis, eine Art Aufnahmestelle mit großem Empfangsraum, der Tag und Nacht geöffnet war und in dem sich alle möglichen Sonderlinge aufhielten. Verdächtige und Angeklagte befanden sich alle in einem riesigen Wartesaal, sie alle sollten irgendwohin transferiert werden – aber niemand wusste, wohin.

In der Zelle meines Vaters befand sich damals auch »ein junger Mann aus Dalmatien«, schreibt Radeka, »ein promovierter Jurist, der in dieser ganzen Menschenmasse jugendlich elegant wirkte, ein Mann von großer Feinheit. Er war noch unverheiratet, hatte keine Geschwister, und er bekam jeden Tag eine frisch zubereitete Mahlzeit in einem Korb mit Serviette gereicht. In jedem Fall war es das beste Essen in der ganzen Zelle. Es versteht sich von selbst, dass die anderen auch immer in den Genuss davon kamen.« In den Jahren danach sah ich diesen Dalmatier oft. Wir wurden Freunde und machten manchmal Spaziergänge in den Bergen von Kalnik und Medvednica bei Zagreb. Sein Name war Ante Mladineo. In der Zeit nach dem Krieg fand er eine bescheidene Anstellung in der Filmbranche, wurde dann später ein respektabler Rechtsanwalt und der Präsident der Anwaltskammer in Zagreb. Er war auch der Verteidiger meines Bruders Danko, der 1966 wegen der Mitgliedschaft in Mihajlo Mihajlovs Dissidentengruppe, die sich für eine Demokratisierung des Tito-Regimes einsetzte, in Untersuchungshaft genommen wurde.[9] Im Unterschied zu Pepić Gjurić versprach mir Mladineo nicht, eines Tages über die Ereignisse in der Petrinjska-Straße einen Text zu schreiben. Aber auf meine Fragen antwortete er sehr bereitwillig, wenn auch im Duktus knapp, man könnte sagen, er tat es juristisch präzise. Mladineo kam 1941 ins Gefängnis, weil er vor dem Krieg ein Verfechter des Jugoslawentums und Mitglied des Jugoslawischen Akademischen Klubs gewesen war. Das Gefängnis konnte er bald verlassen, weil er in Zadar zur Welt gekommen und in Split aufgewachsen war. Nach den römischen Verträgen vom 18. Mai 1941 bedeutete dies, dass er ein Bürger Italiens war. An meinen Vater erinnerte er sich als den »Beschützer von der Zelle Nr. 15«. Die Hausordnung im Gefängnis sah für die Insassen ein Mittagessen zwischen zwölf und dreizehn Uhr vor. Die Übergabe der Essenspakete in den einzelnen Zellen ging aber wegen der großen Anzahl von Menschen nur sehr langsam voran, manchmal zog sich die Prozedur sogar bis vier Uhr nachmittags hin. Das ging so lange, erzählte mir Mladineo, bis mein Vater die Wärter davon überzeugte, anders vorzugehen. Aus unserer Buchhandlung ließ er Kartons und Kordeln in verschiedenen Farben bringen. Für jedes Gefängnisstockwerk wählte er eine andere Farbe und für jede Zelle eine Nummer. Nach der schnellen und routinierten Überprüfung des Pakets legte der Wärter es in den entsprechenden Korb. So ließ sich alles schneller verteilen, und bis vierzehn Uhr war jeder versorgt.

Mladineo spürte, dass die Erinnerungen an meinen Vater schmerzhaft für mich waren. Vielleicht hat er deshalb manchmal auf seine juristische Knappheit verzichtet und mir dann doch mehr über meinen Vater erzählt. An manches aus seinen Erzählungen erinnert sich auch Radeka:

> »Wenn etwas in der Zelle innovativ war und den Leuten zugutekam, war es fast immer von Goldstein initiiert. Wir hatten jetzt sogar eine Kasse, unsere Mithäftlinge, die man freigelassen hatte, schickten uns nun Geld. Eines Tages lenkte Goldstein meine Aufmerksamkeit auf einen alten Priester, der mit bloßen Händen den Müll auf dem Hof einsammelte und

diesen im Ärmel seines Priestergewands verschwinden ließ. Goldstein fand schnell heraus, dass es sich um einen aus Bosnien stammenden orthodoxen Priester namens Popović handelte. Niemand weiß, wie, aber es gelang ihm, achthundert Dinar einzutreiben und sie dem alten Mann von einem Polizisten bringen zu lassen. (…) Eines Tages rief mich Goldstein zu sich. Auf unserem Flur fand gerade die übliche Prozedur statt, bei der uns die Fingerabdrücke abgenommen wurden. Das Gesicht eines Mannes fiel uns in der Menschenmenge plötzlich auf. Am roten Besatz seines schmutzigen und zerrissenen Gehrocks glaubten wir zu erkennen, dass es sich um einen orthodoxen Bischof handelte. Und tatsächlich war der Mann ein Bischof aus der Zagreber Kirchenprovinz. Obwohl ich ihm vorher schon persönlich begegnet war, hätte ich ihn fast nicht erkannt, so sehr hatte man ihn misshandelt, sein Gesicht war voller Blutergüsse und verquollen. Goldstein tat damals etwas, was mir nie in den Sinn gekommen wäre – er steckte dem Bischof eine Zitrone und eine Orange in die Tasche. Danach erfuhr Goldstein, dass der Geistliche die Nacht zuvor mitten in Zagreb gefoltert worden war. Es hieß, eine Ustascha-Fanatikerin habe dabei eine wichtige Rolle gespielt, eine Friseurin, die der Bischof am Ende gefragt habe: ›Tochter, bist du nun zufrieden?‹ Ich habe ihn später noch einmal bei einem Spaziergang in Belgrad gesehen. Er war nicht mehr bei Verstand und ist bald darauf verstorben.«[10]

Im Mai 1941 waren die älteren Gefängniswärter noch bestrebt, sich korrekt zu verhalten und die Häftlinge nicht zu misshandeln. Bei den neu eingesetzten Ustascha-Kriminalbeamten und Polizei-Inspektoren gehörten Schläge und Folter aber von Beginn an zum System. Deswegen, so Radeka, aßen die Gefängnisinsassen weniger, »denn es ging das Gerücht um, die Gedärme könnten ihnen sonst bei vollem Magen während der Schläge reißen. Noch ein anderer Trick war gängig – sich ein Handtuch um den Bauch zu wickeln. So hörten sich die Schläge lauter an, und die Ustasche waren zufriedener, aber so tat es auch weniger weh und schützte die Nieren.«[11]

Mein Vater wurde nur einmal in der Petrinjska-Straße auf die Schnelle verhört, aber nie gefoltert. Seine größte Sorge dieser Tage dürften die beunruhigenden Nachrichten in den Zeitungen gewesen sein, die, dem relativ milden Gefängnisregime sei Dank, ihren Weg auch in die Zelle Nr. 15 fanden. Wenn mein Vater in der Lage war, seinem Schicksal offen ins Auge zu sehen, dann müssen durch die Zeitungslektüre all seine dunklen Vorahnungen zur schmerzlichen Gewissheit geworden sein.

In diesen Maiwochen von 1941 befand sich Hitler auf dem Gipfel seiner Macht. In einem weiteren Blitzkrieg besetzten die deutschen Truppen Griechenland, drängten ein britisches Expeditionskorps ins Meer ab, griffen zum Monatsende die Insel Kreta mit Fallschirmjägern an und brachten sie in ihre Gewalt. General Rommels Afrikakorps gelang es, die britische Armee in der libyschen Cyrenaika zurückzudrängen und sich bis zur ägyptischen Grenze durchzuschlagen. Raschid Ali al-Gailani, der neue irakische Premierminister und Nazi-Sympathisant, forderte die Briten auf, Flughäfen und andere irakische Militärstützpunkte, die sie nach dem anglo-irakischen Abkommen von 1930 für sich beanspruchten, sofort zu verlassen. Dann wandte al-Gailani sich am 2. Mai 1941 direkt an Hitler und bat um militärische Unterstützung. Die Marionettenregierung von Vichy-Frankreich stellte der deutschen Armee ihre Flughäfen und Häfen in Syrien zur Verfügung, die Italiener jene in Libyen. Die Einkesselung Kretas, der Cyrenaika, Iraks, Syriens und Libanons weitete sich nun auf Ägypten und Palästina und die letzten britischen Bastionen im östlichen Mittelmeerraum aus. Die kriegsstrategischen Militärschläge bestimmten mehr und mehr die Lage. Mit ihnen verflüchtigten sich die Hoffnungen all jener Menschen, denen unter dem Ustascha-Regime Unrecht geschah und die hofften, von den Kampfschauplätzen des Zweiten Weltkriegs die eine oder andere gute Nachricht zu vernehmen.

Im Mai 1941 stand das geschwächte Großbritannien nahezu allein einem erstarkten Dritten Reich und dem mit diesem verbündeten Italien gegenüber. Europa war unterworfen. Der U-Boot-Krieg im Atlantik und die Luftangriffe auf Großbritannien hungerten die britische Bevölkerung aus. Stalins Sowjetunion sah seelenruhig zu. Nach dem deutsch-sowjetischen Nichtangriffspakt von 1939 hielt sie Hitlers Kriegsmaschinerie mit regelmäßigen Weizen- und Rohstofflieferungen am Laufen.

Mein Vater war immer der Ansicht gewesen, man müsse lernen, eine Zeitung zwischen den Zeilen zu lesen. Aber im Mai 1941 war das gar nicht nötig, es reichte aus, die Schlagzeilen zu überfliegen, um zu begreifen, was in all jenen Menschen vorgegangen sein muss, deren Leben bedroht war. Anfangs wirkte mein Vater im Karlovacer Gefängnis nicht besonders besorgt, aber als ich ihn in der Zagreber Haftanstalt in der Petrinjska-Straße besuchte, wirkte er bereits weniger lebendig, und seine Augen wanderten unruhig umher. Oder kommt mir das nur jetzt so vor, da ich selbst die unheilvollen Zeitungsmeldungen von damals lese, die auch er im Gefängnis gelesen haben muss?

Der einzige Strohhalm, an den ein Gefangener sich damals klammern konnte, war der Punkt sechs eines Dekrets, das Ante Pavelić verabschiedet und am 29. April in der Wochenzeitung *Hrvatska sloboda* hatte drucken lassen. Darin hieß es: »Alle inhaftierten Personen müssen dem bestehenden Gesetz gemäß sofort angehört werden und innerhalb von achtundvierzig Stunden erfahren, welches Urteil über sie gefällt worden ist.« Die anderen fünf Punkte beschränkten die Macht des örtlichen Ustascha-Gremiums und verteilten sie auf die Ministerien, die Polizei, die Gerichte und andere öffentliche Institutionen. Ganz offensichtlich hatte hier jemand versucht, ein bisschen Ordnung in das ausufernde Chaos zu bringen. Doch diese Ordnung war beängstigend. Sie trat am 17. April 1941 mit dem ersten legalen Dekret zur Verteidigung des Volkes und des Staates nur zwei Tage nach der Machtübernahme durch Pavelić in Kraft. Dieses Gesetz sah nichts Geringeres als die Todesstrafe für jeden vor, »der, gleich auf welche Weise, die Ehre und die Lebensinteressen des kroatischen Volkes verletzt oder bereits verletzt hat, selbst dann, wenn es sich dabei nur um ein noch nicht ausgeführtes Vorhaben handelt«. Dieses Dekret bildete die Grundlage einer quasi-legalen Rechtfertigung für alles, was später an Unrecht und Gewalt im Ustascha-Kroatien geschehen sollte. Es legitimierte die Massenmorde in serbisch-orthodoxen Dörfern genauso wie alles, was in den Todeslagern geschah. Auch konnten aufgrund dieses Dekrets Standgerichte eingeführt werden, die schnelle Todesurteile fällten, ohne dass die Betroffenen sich wehren oder in Berufung gehen konnten.

Obwohl die *Hrvatska sloboda* nicht in das Gefängnis in der Petrinjska-Straße geliefert wurde, konnten die Häftlinge in der Zelle Nr. 15 natürlich die Zagreber Zeitung *Novi list (Neues Blatt)* lesen, in der am 11. Mai 1941 ein Artikel aus der *Hrvatska sloboda* zitiert wurde. Darin hieß es: »Dr. Ivo Lipovšćak (ehemaliger Polizeichef), Milan Radeka (Lehrer), Marko Sablić (pensionierter Schullehrer), Ivo Goldstein (Ingenieur und Buchhändler), Josip Gjurić (Journalist) und zwölf andere Karlovacer Bürger sind wegen der Verletzung der kroatischen Volksehre in Zagreb vor Gericht gestellt worden.« Mit einer solchen Anklage vor einem außerordentlichen Standgericht und den im April und Mai verabschiedeten Gesetzen konnten die Angeklagten nur mit einem einzigen Urteil rechnen: mit der Verhängung der Todesstrafe. Aber keiner der Genannten wurde je dem Gericht überstellt, und dennoch sind bis auf Radeka und Gjurić alle diese Männer ums Leben gekommen. Ihr Leben hing von den Urteilen obskurer Gerichte ab, die in der gesamten Zeit des faschistischen Regimes des Unabhängigen Staates Kroatien parallel zu den offiziellen juristischen oder quasi-juristischen Organen agiert haben. Diese willkürlichen, halb im Geheimen arbeitenden Gerichte waren in einem noch größeren Ausmaß für Tod und Leiden verantwortlich als die offiziellen Organe und gingen weitaus brutaler und grausamer vor.

4 Das Lager mit dem schönen Namen

Am 6. Juni 1941 wurde mein Vater zusammen mit ein paar Karlovacer Bürgern und einer Gruppe weiterer Gefangener in das Konzentrationslager Danica am Stadtrand von Koprivnica gebracht. Radeka erinnert sich an den besonders schönen Tag ihrer gemeinsamen Zugfahrt von Zagreb nach Koprivnica: »Im Zug genossen von allen Reisenden offenbar nur wir zwei die schöne frische Luft und das Tageslicht und die sanften Felder und Wälder und die Weite des Blicks. Mit unserem ganzen Wesen nahmen wir die Helligkeit der wohltuenden Landschaft in uns auf.«

Nur wenig später »standen wir im Lager zum ersten Mal den Ustasche Auge in Auge gegenüber«. Bis dahin, im Gefängnis von Karlovac und Zagreb, hatten sie es nur mit Polizisten zu tun gehabt, die sie bewachten und selten grob angingen. Hier wurden sie von den älteren Lagerinsassen sofort gewarnt. Die Neuankömmlinge müssten damit rechnen, dass man sie nach dem Mittagessen schlagen und ausrauben werde. Und so kam es auch, gleich nach dem Essen ging es los, die Wachleute, sattgegessen und schon halb betrunken, begannen sofort mit Durchsuchungen und kleinen Erpressungen:

> »Ein gedrungener, rotgesichtiger, untersetzter junger Mann in Uniform und Stiefeln schlug jemanden mit der Faust in die Rippen. Dieser Typ ist mir als Einziger in Erinnerung geblieben. Er traf Kozomarić nur ein einziges Mal, und ohne einen Mucks von sich zu geben, fiel dieser kraftvolle Mann auf der Stelle hin. Dann schlug er dem kleinen krummbeinigen Juden Adler eins über, der bewusstlos wurde und ausgerechnet in meinen

> Schoß fiel, während ich auf meinem Koffer saß und mich gegen die Wand lehnte. Goldstein musste er einige Male schlagen, bis er hinfiel. ›Bist du Jude?‹, fragte er ihn. ›Ja, ich bin ein Jude, na und? Ich habe noch nie jemandem etwas Schlechtes angetan!‹ Später ärgerte sich Goldstein, weil er nicht kapiert hatte, dass dieser Mann ihn auf die Probe stellen und testen wollte, wann es ihm gelingen würde, sein Gegenüber in die Knie zu zwingen. Hätte er es verstanden, hätte Goldstein das Ganze zu seinem Vorteil abkürzen können. Wie auch immer, niemand war in der Lage, Vojko Besarović aus Sarajevo in die Knie zu zwingen. Sie schlugen ihn und versuchten es vergebens. Er fiel einfach nicht hin. Stevan Čurčić, ein bekanntes Mitglied einer Genossenschaft, der zuerst in Bović und dann in Ogulin Spiritus Rector einer serbisch-orthodoxen Gemeinde gewesen war, war zusammen mit uns aus Zagreb angekommen. (…) Sie schlugen ihn in Rage brutal zusammen, selbst als er schon am Boden lag, traten sie noch nach ihm. Und am Ende rannte einer der Männer schreiend zur Wand, zog einen großen Eisenhaken heraus und schlug ihm damit mehrmals gegen das Schienbein. Einen anderen fragten sie, wer er sei. ›Ein Polizist.‹ ›Ach du bist ein Polizist, du Hurensohn.‹ ›Schlag mich nicht‹, flehte der Mann, ›ich bin ein Kroate!‹ ›Und zu allem Übel bist du auch noch ein Kroate!‹ Nun wurden sie erst recht wütend auf ihn. Und ich saß da die ganze Zeit auf meinem Koffer mit Adler auf meinem Schoß und war zu Tode erschrocken.«[12]

»Als das alles vorbei war«, schreibt Radeka weiter, »verharrten wir eine halbe Stunde in Totenstille.« Damals konnte er keine Worte finden, nichts, was mit Sprache dieses Schweigen hätte durchbrechen können. Und auch später war es ihm nie möglich gewesen, das Erlebte in Worte zu fassen. An einem einzigen Tag hatten sie sowohl die berauschende Schönheit der Frühlingslandschaft als auch eine grausame Erniedrigung durch einen betrunkenen, verbohrten und rotznasigen Tyrannen erlebt, der sie Stück für Stück ihrer Menschlichkeit berauben wollte. »Da merkten wir zum ersten Mal, dass unsere Sprache keine Worte hat, diese Schmach zu äußern, diese Vernichtung des Menschen«, heißt es einmal bei dem italienischen Schriftsteller Primo

Levi, der selbst diesem »Schock des ersten Tages« im Lager Monowitz bei Auschwitz ausgesetzt war. Im Sinne Immanuel Kants waren sie mit dem »radikalen Bösen« in Berührung gekommen.

Levis von Ohnmacht begleitete Empfindung, aller Worte beraubt zu sein, und Radekas Erfahrung der »Totenstille« gleichen dem Zustand, in dem sich meine verstorbene Ehefrau Vera fast zehn Jahre lang befunden hat. Weil sie in Jugoslawien politische Witze weitererzählt und vielleicht auch selbst welche erfunden hatte, wurde sie als einundzwanzigjährige Studentin 1951 für sechs Monate ins Gefängnis gesteckt. Danach kam sie für ein volles Jahr ins Lager auf der Insel Sveti Grgur. Ein Offizier des jugoslawischen Geheimdienstes UDBA, der sie wegen »subversiver Propaganda zur Unterstützung der Kominform« zu einer »administrativen Strafe« von achtzehn Monaten verurteilt hatte, hielt in seiner schriftlichen Begründung fest:

> »Die Witze, die in deiner Gruppe an der Journalisten- und Diplomatenschule kursierten und die, wie du es sagst, nach eurem subjektiven Empfinden einfach nur Ausdruck eures Humors waren, haben sich aber ganz objektiv gegen unsere Staatsführung und ihre ausführenden Organe gerichtet. Deshalb waren sie schädlich. Da die Staatsführung in der derzeitigen politischen Situation unseres Landes alles tut, um sich gegen die Kominform zu positionieren, waren eure staatsfeindlichen Witze eindeutig nur der Kominform von Nutzen.«

Als sie nach achtzehn Monaten nach Hause entlassen wurde, setzte Vera ihr Studium fort. Dank der Vorkriegsbekanntschaft ihres Vaters mit Ivan Šibl[13] bekam Vera eine Arbeit bei Radio Zagreb. Dort lernten wir uns kennen, verliebten uns ineinander und heirateten. Über ihre Jahre im Gefängnis und im Lager sprach sie mit mir selten, und wenn, dann nur in Andeutungen, aus denen hervorging, wie schmerzhaft die Erinnerung an diese Erfahrungen für sie war. Sie öffnete sich mir erst im fünften Jahr unserer Ehe. Das war an einem sonnigen Sommertag bei einer sorglosen kleinen Urlaubswanderung auf der Insel Krk.

Am Strand von Baška starrte sie auf das Meer und die umliegenden Berge. Sie äußerte den Wunsch, mit mir auf den Berg in Richtung Stara Baška zu spazieren. Von dort konnte man auf die Insel Sveti Grgur sehen. Es war ein klarer Tag, und die Sicht war hervorragend. Die Abendsonne strahlte prachtvoll auf das Velebit-Gebirge, unter uns erstreckte sich die Stadt Senj, die Insel Prvić und der Meereskanal von Senj waren zu sehen. In der Ferne ragten die Bergspitzen der Insel Rab in die Höhe, unter ihnen lagen die Inseln Sveti Grgur und Goli Otok. Erst hier, auf dem Berg oberhalb von Baška, konnte Vera den Ballast von ihrer Seele abwerfen und mir erzählen, was ihr widerfahren war. Acht Jahre zuvor, im Spätfrühling 1952, hatte man sie an einem sonnigen Tag von Bakar über den Kanal von Senj auf die Insel Sveti Grgur gebracht. Vera hatte zu diesem Zeitpunkt schon sechs Monate in den dunklen Zellen des Belgrader Glavnjača-Gefängnisses verbracht. Bei der Überfahrt setzte man sie im Unterdeck des Schiffes fest. Nur durch eine kleine Luke konnte sie hinaussehen und die Weite des Meeres beobachten, die Sonnenstrahlen, die großzügig auf den Wellen und auf den Berggipfeln flimmerten. Als sie sich der Mole von Sveti Grgur näherten, drangen vom Hafen Gesänge zu ihr, sie vernahm einen harmonischen Chor vieler Frauenstimmen. Es war Mittag. Die Felsen funkelten gleißend in der Sonne, und Vera atmete tief den Geruch des Meeres ein. Ihr war klar, dass sie nun ein ganzes Jahr im Lager verbringen musste, aber diesem Lager – in der Sonne, am Meer, begleitet vom Gesang – sah sie sorglos entgegen. Nach der Dunkelheit im Gefängnis kam ihr hier alles wie eine erträgliche Etappe auf dem Weg in eine helle Freiheit vor. Die Melodie des Liedes, das von den Frauen gesungen wurde, kannte sie sehr gut, etwas Verführerisches ging davon aus, aber sie wunderte sich über den Wortlaut, den sie so noch nie gehört hatte. Hier und da schnappte sie einen Satz auf, und spürte, dass etwas Bedrohliches von diesem Lied ausging. Erst aus der Nähe, als sie die Insel betrat, konnte sie die Worte genauer hören: »Wir töten jeden Bastard, der es wagt, gegen die Kommunistische Partei Jugoslawiens zu sein.« Und dann, durchdringender: »Für wen tun wir das? Für Tito! Für die Partei! Wir stehen alle zusammen! Wir sind eins!«

Die Neuankömmlinge wurden durch ein Spalier älterer Lagerinsassinnen getrieben, die sie bespuckten und schlugen und beschimpften. »Du Sau! Du Nutte! Du Verräterin!« Vera stolperte, fiel unter den Schlägen hin, stand wieder auf, wischte sich Tränen und Spucke aus dem Gesicht. Unter den Hieben fiel sie am Ende in Ohnmacht. In null Komma nichts waren ihr auf dieser im Sonnenlicht gleißenden Insel alle Hoffnungen auf eine menschliche Behandlung genommen worden.

In den Konzentrationslagern der Nazis, der Kommunisten und anderer diktatorischer Regime unterschieden sich die Methoden der »Begrüßung« durchaus, sie hatten aber immer das gleiche Ziel. Dem neuen Lagerinsassen sollte gleich am Anfang gezeigt werden, wer das Sagen hat und wer ein Niemand ist, den man demütigen, erniedrigen und seiner Menschlichkeit berauben darf. In Mauthausen und in Buchenwald gab es ein pedantisch ausgetüfteltes Ritual beim Betreten des Lagers. Man nahm den Neuankömmlingen alles Persönliche ab. Schuhe, Anzug, die Brieftasche mit den Fotos der Kinder. Am Ende tätowierte man ihnen eine Nummer auf den Unterarm, mit der sie später gerufen wurden. Ihre Vor- und Nachnamen existierten nicht mehr. Für jene, die nach Auschwitz und Treblinka kamen, fing die »Begrüßung« bereits im versiegelten Viehwaggon an und setzte sich während der mehrtägigen Transportfahrten fort, als sie ohne einen Tropfen Wasser und ohne Nahrung den Gaskammern entgegenfuhren. In Norilsk wiederum, einem der nördlichsten Gulag-Arbeitslager, in dem Temperaturen von minus vierzig Grad herrschten, wurde Karlo Štajner von dem erfrorenen Leichnam eines Lagerinsassen begrüßt, auf dem ein beschriebenes Blatt angebracht war: »Dieses Schicksal erwartet jeden, der den Versuch unternimmt, aus Norilsk zu fliehen.«[14]

Wie die Begrüßung der Neuankömmlinge, so war auch die Organisation des Ustascha-Konzentrationslagers Danica primitiv und willkürlich. Die Lagerinsassen wurden nach Konfessionen aufgeteilt und getrennt voneinander untergebracht, die orthodoxen Christen und die Juden hatten ihre eigenen Behausungen, die Katholiken und die wenigen Muslime quartierte man in einer alten Fabrik ein. Dennoch gelang es Radeka und meinem Vater irgendwie zusammenzubleiben. In der winzigen Unterkunft, der man den Namen »kleiner Käfig« gegeben hatte, quetschten sie sich mit ein paar anderen Männnern aus Karlovac zusammen. Die Nähe und die Freundschaft zwischen ihnen hatte sich schon im Zagreber Gefängnis geformt und erleichterte ihnen die fünfunddreißig Tage im Lager Danica. Der »Schock des ersten Tages« hatte sie dennoch während der ersten Lagernacht fest im Griff:

»Die Nacht brachte uns nichts als Schlaflosigkeit. Wir hörten Wimmern und dumpfe Schläge von der anderen Seite des Schuppens, wo die Serben aus Ogulin untergebracht waren. Sie wurden von den einheimischen Oguliner Ustasche ins Lager überführt, die den Lagervorstehern schreckliche Dinge über sie auftischten. Wir waren uns ziemlich sicher, dass man sie deshalb die ganze Nacht lang schlug und folterte. Am nächsten Tag wurde einer von ihnen – es war der Bahnarbeiter Jovetić, ein Vater von sechs Kindern – im bewusstlosen Zustand in ein Auto gekarrt und ins Krankenhaus gebracht. Dort stellten die Ärzte einen Totenschein aus, in dem stand, der Mann sei an Herzschwäche gestorben.«[15]

Radekas Beschreibung dieses ersten Tages im Lager hat einen zehn Jahre später einsetzenden Epilog:

»Ich habe schon erwähnt, dass der auffälligste Schläger des Lagers jener junge Ustascha war, der wie ein wildgewordener Ochse immer nach einer Gelegenheit Ausschau hielt, jemandem von uns zusetzen zu können. Er ging niemals an einem der Männer vorbei, ohne ihn auszupeitschen. Es wurde erzählt, er zwinge sie, ihren Penis hervorzuholen, damit er mit dem Gummi darauf einschlagen konnte. Nach dem Krieg musste er sich vor Gericht verantworten. Eine Frau, deren Vater im Lager Danica ums Leben gekommen war, hatte Anklage gegen ihn erhoben. Irgendwie kamen sie dabei auf mich, und ich musste als Zeuge aussagen. Bei der Gegenüberstellung in Karlovac im Staatssekretariat für Innere Angelegenheiten habe ich ihn inmitten der Menge sofort erkannt. Damals sagte man mir, er sei schon 1941 unter Tito in den antifaschistischen Befreiungskrieg der jugoslawischen Völker gezogen und sei ein ausgezeichneter Kämpfer gewesen! Danach hatte er geheiratet, und als er angeklagt wurde, war er bereits Vater zweier kleiner Söhne. ›Sie hassen mich!‹, rief er mir zu, als ich in Varaždin gegen ihn aussagte. Schon seine bloße Erscheinung wühlte mich auf und weckte in mir Erinnerungen an das Lager. (…) Er wurde zu ein paar Jahren Gefängnis verurteilt. Jetzt ist er wieder auf freiem Fuß, übt seinen Beruf aus und kümmert sich um seine Familie.«[16]

Das Lager Danica (»Morgenstern«, für Radeka war es »das Lager mit dem schönen Namen«) war das erste Konzentrationslager, das im faschistischen NDH errichtet wurde. Es befand sich auf dem Gelände der stillgelegten Chemiefabrik Danica, der es seinen Namen verdankte. Die Fabrik hatte einige Vorteile aufzuweisen. Die Haupthalle und die Lagerhalle eigneten sich für die Unterbringung der Gefangenen, der Bahnhof von Koprivnica war nur drei Kilometer entfernt, die Gleise führten direkt auf das Fabrikgelände. Zudem handelte es sich um ein großes, abgesperrtes Terrain, das gut zu überblicken war. In den Dokumenten wird das Lager unterschiedlich bezeichnet – als »Arbeitslager« oder »Sammellager«, am häufigsten jedoch als »Konzentrationslager Danica«. In den Dokumenten aus der Anfangszeit findet sich auch die Bezeichnung »Lager Drnje«, benannt nach dem Vorort von Koprivnica, in dem sich die Post für das Lager Danica befand.

Das NDH-Ministerium für Innere Angelegenheiten eröffnete das Lager Danica mit dem Beschluss vom 15. April 1941. In der Morgendämmerung dieses Tages trafen via Karlovac unter der Führung von Dr. Pavelić an die zweihundert Ustasche aus dem italienischen Exil in Zagreb ein und übernahmen sofort die Macht. Noch am gleichen Tag gewährte ihnen das Ustascha-Hauptkommando volle Handlungsfreiheit. Stjepan Pižeta, ein Offizier aus der Leibgarde des Ustascha-Führers, wurde zum »politischen Lageroffizier im Sammellager Danica« ernannt. Zusammen mit ihm wurden sieben weitere Ustascha-Rückkehrer im Lager stationiert. Da alle mehrere Jahre in der politischen Emigration verbracht hatten, bekamen sie zunächst drei Tage Urlaub, um zu Hause ihre Familien besuchen zu können. Ihren Dienst traten sie am 18. April 1941 an.[17]

Unter den ersten Inhaftierten im Lager waren die Bürger serbischer Nationalität aus Koprivnica und Umgebung in der Mehrzahl. Der erste größere Gefangenentransport kam am 26. und 27. April 1941 aus Grubišno Polje, wo man bei einer Massenrazzia an die 530 serbische Männer in Gewahrsam genommen hatte. Am 30. April trafen schließlich auch die ersten Gefangenentransporte aus Bjelovar und Zagreb ein. Noch immer waren die Serben in der Mehrzahl, aber auch erste Juden und »ungeeignete« Kroaten waren jetzt darunter. Im Verlauf des Mai füllte sich das Lager. Den regelmäßig erfolgten offiziellen Berichten zufolge waren am 5. Mai schon 763 Insassen zu vermelden, am 18. Mai stieg die Zahl auf 1107, und im Verlauf des Monats waren es schon an die 3000 Gefangene. Insgesamt haben im Frühling und Sommer 1941 an die 5600 Inhaftierte das Lager durchlaufen. Zdravko Dizdar[18] hat die Namen und die persönlichen Daten von 3358 Lagerinsassen recherchiert. 2259 von ihnen waren Serben, 600 Juden, 434 Kroaten, und 65 gehörten einer anderen Nationalität an. Er hat herausgefunden, dass 2862 Lagerinsassen ums Leben gekommen sind. Die Mehrzahl von ihnen wurde im Velebit-Gebirge und auf der Insel Pag ermordet. 496 Menschen wurden aus dem Lager entlassen oder konnten sich auf eine andere Weise retten.

Das Lager Danica war nicht für die Ermordung der Gefangenen vor Ort konzipiert. Die Lagersicherung und die Bewachung der Gefangenen übernahmen zwischen Mai und August 1941 an die

120 Ustascha-Wachmänner und einige andere Offizielle. Unter den Diensthabenden waren in den ersten Wochen die bereits erwähnten sieben Ustasche, die aus dem italienischen Exil zurückgekehrt waren. Alle anderen waren junge Leute aus Koprivnica und Umgebung, vorwiegend ungebildete Handwerker und ärmere Bauern, die sich in der Hoffnung auf ein paar Vorzüge, regelmäßiges Gehalt, kostenfreie Nahrung und Kleidung zwischen April und Mai freiwillig bei der Ustascha-Armee gemeldet hatten. Zeugenberichten Überlebender zufolge waren die aus dem Exil zurückgekehrten Ustasche gegenüber den Häftlingen bei weitem brutaler als die einheimischen Ustasche. Die wenigen Grobiane ausgenommen, unter denen der besagte perverse »Boxer« war, war die Mehrzahl der lokalen Wachmänner mit der einen oder anderen Bestechung und kleinen Diebstählen zufriedenzustellen. Einige waren auch bereit, mit den Gefangenen mehr oder weniger menschliche Beziehungen einzugehen. Auch beklagten sie sich irgendwann darüber, dass man sie hereingelegt und mit allerlei Versprechungen angelockt habe.

Die Insassen erinnern sich an Martin Nemec als einen der brutalsten unter den Ustascha-Rückkehrern. Bis 1933 war er Kaufmann in Koprivnica gewesen. Im Mai 1941 war er für kurze Zeit Kommandant im Lager. 1946 wurde er vom Amtsgericht in Bjelovar zum Tod durch Erhängen verurteilt. Die öffentliche Hinrichtung fand am 17. März 1947 im ehemaligen Lager Danica statt. Sein Nachfolger, der Barbier Nikola Herman, wurde im Sommer 1945 zum Tod durch Erschießen verurteilt, ebenso Pavel Gaži-Jandrin, der Befehlshaber der Lagerwache. Radeka beschreibt ihn als den Einzigen in der Lagerleitung, der umgänglich sein konnte und den Gefangenen mitunter die Prügelstrafe erließ und ein gutes Wort für sie übrighatte. Er geriet im November 1943 in Gefangenschaft, als die Partisanen Koprivnica einnahmen. Von den Verantwortlichen aus der Lagerleitung schaffte es im Frühling 1945 allein Stjepan Pižeta, über Österreich nach Italien und von dort nach Spanien zu fliehen. Dort war er unter den Ustascha-Emigrés aktiv und arbeitete eine Weile für kroatische Radiosender in Madrid.

Am Anfang war Danica nur als Arbeitslager vorgesehen. In den ersten Wochen schütteten die körperlich gesunden Gefangenen die Gräben zu, die auf den Feldern um Koprivnica für Panzersperren ausgehoben worden waren, und arbeiteten an der Instandsetzung der Straßen. Allerdings ergriffen einige Lagerinsassen sofort die Gelegenheit zur Flucht, und die einheimischen Bauern beschwerten sich, dass die auf ihren Feldern arbeitenden Gefangenen brutal behandelt wurden. Damit wollten sie nichts zu tun haben. Als mein Vater Anfang Juni ins Lager Danica gebracht wurde, wurde dort kaum noch außerhalb des Lagers gearbeitet, er selbst wurde nie dafür eingesetzt. So blieb Danica ein Sammel- und Durchgangslager für Häftlinge, die größtenteils nach ein, zwei Monaten in andere Lager überführt wurden. In Danica harrten sie ohnmächtig ihres Schicksals, ohne zu wissen, wer über ihr Leben entschied und auf welcher Grundlage. Sie waren Erniedrigungen und Misshandlungen ausgesetzt, hatten aber Bewegungsfreiheit innerhalb des Lagers, denn das Gelände war viel zu groß, um durchweg effizient kontrolliert werden zu können.

Wenn Gefangene wie in Danica ihrer Menschlichkeit beraubt werden sollen, hängen sie umso mehr an dem verbliebenen Rest ihrer Würde, denn in einer unmenschlichen Umgebung ist dies oftmals die einzig mögliche Form von Widerstand. Über dieses Drama, die tragische und bewundernswerte Anstrengung, sich im Lager die Menschlichkeit zu bewahren, hat am eindrücklichsten Primo Levi in seinem Buch »Ist das ein Mensch?« geschrieben. Mit größtmöglicher Knappheit hat er sich dazu in den Monologen des Lagerhäftlings Steinlauf geäußert, eines k.u.k. Unteroffiziers, der sich in der Baracke jeden Morgen am eifrigsten von allen das Gesicht wusch, seine Holzpantinen säuberte, sein Hemd wusch und »sich nicht gehen ließ«:

> »Eben darum, weil das Lager ein großer Mechanismus ist, der uns zu Tieren herabwürdigen soll, dürfen wir keine Tiere werden (…). Wenn wir auch Sklaven sind, bar allen Rechts, jedweder Beleidigung ausgesetzt und dem sicheren Tod verschrieben, so ist uns doch eine Möglichkeit geblieben, und die müssen wir, weil es die letzte ist, mit unserer ganzen Energie verteidigen: die Möglichkeit nämlich, unser Einverständnis zu versagen.«[19]

Aus diesem Grund geht der k. u. k. Unteroffizier Steinlauf in Monowitz aufrecht wie ein Soldat umher. Halb verhungert und am Ende seiner Kräfte, mit verschlissenen Holzpantinen, die ihm jede Bewegung erschweren, schreitet er, allem zum Trotz, gleichmäßig und entschieden voran.

Im Lager Buchenwald, Block 56, unweit von Weimar, tauscht sich der im Sterben begriffene, hungrige und nahezu stimmlose Pariser Philosophieprofessor Maurice Halbwachs mit seinem Kollegen Henri Maspero über Goethes Gedankenwelt aus, während auf dem Ettersberg, auf dem einst Goethe mit Eckermann spazieren ging, der graue Rauch der Krematorien schwebt, in dem sich bald darauf auch die Körper der beiden Professoren in Luft auflösen werden.

Im Konzentrationslager Stara Gradiška im Norden Kroatiens erkannte damals im Mondlicht der Gefangene Ilija Jakovljević durch die Gitterstäbe seiner Gefängniszelle Gesichter ihm bekannter Menschen, die von den Ustascha-Wachmännern zur Hinrichtung abgeführt wurden. Auf den Fluren vernahm er den Widerhall von Schritten und wusste nicht, ob sie auf dem Weg zu ihm waren, ob man auch ihn abholen würde. Die ganze Zeit schrieb er heimlich an seinen Aufzeichnungen, aus denen später das wertvollste literarische Zeugnis über die Konzentrationslager der Ustasche entstanden ist.

Im Lager Danica zeichnete zur selben Zeit Zlatko Prica mit einem Bleistift an der »Esplanade« die ausgemergelten Lagergesichter seiner Mithäftlinge. Das Papier hatte er auf dem Schwarzmarkt ergattert. Radeka kam auf diese Weise zu seinem Porträt, eine sehr gelungene

Zlatko Prica: Milan Radeka im Lager Danica, Juni 1941

Miniatur, die genaue Zeugenschaft über das Lager ablegt. Fast sechzig Jahre später zierte die Zeichnung das Cover von Radekas Memoiren, in denen er beschreibt, wie es in der jüdischen Baracke des Lagers Danica zuging:

> »(Hier) ist es immer lebendig, es wird ständig über irgendetwas diskutiert, keine Rechthabereien, kein Streit. Goldstein hat mich eines Abends zum Vortrag eines älteren Rechtsanwalts mitgenommen, der, niemand weiß, wie es überhaupt dazu kam, aus Berlin in unserem Lager gestrandet war. Das Referat handelte nicht von unserer persönlichen Situation, es fiel kein Wort darüber, das Thema war die politische Weltlage nach dem 22. Juni 1941 und dem Überfall der deutschen Wehrmacht auf Sowjetrussland.«

Die fünfzig Kommunisten, die es insgesamt im Lager Danica gab, bildeten kleine Gruppen, die alle einen eigenen Sprecher hatten und regelmäßig Geld und Nahrung aus der »roten Hilfe« verteilten. Über geheime Kanäle fanden diese Dinge irgendwie den Weg ins Lager. Mein Vater sammelte bei den bessergestellten jüdischen Lagerinsassen Nahrung für die ausgehungerten serbischen Gefangenen aus Bosnien und half ihnen. Einige berichteten davon nach dem Krieg. Erwähnt wird er auch von Hieromonachos Nektarije Dazgić, der 1941 Vorsteher des Klosters Gomirje war. Dazgić wurde mit ungefähr hundert anderen bekannten orthodoxen Serben aus Gomirje und Umgebung ins Lager Danica gebracht. Vorher hatte man sie fünf Nächte lang im Turm von Ogulin gefoltert. Am ersten Tag im Lager mussten sie die übliche brutale »Begrüßung« durch die Ustascha-Wärter überstehen. Dazgić legte darüber 1962 Zeugnis ab:

> »Die Leute haben vor Angst und in ihrer Not grauenhafte Schreie von sich gegeben. Die Mehrzahl von uns war grün und blau geschlagen. Wir bluteten. Unter uns befanden sich an die dreißig Priester. Andere Gefangene waren Lehrer, Händler, Leute, die bei der Gemeindeverwaltung angestellt waren, Bauern, Arbeiter, Einheimische mit ihren Söhnen. Nach all der Qual hieß es dann, wir sollten uns ein Schlaflager auf dem Beton bereiten, ohne Heu und ohne irgendein anderes Hilfsmittel. So verbrachten wir einige Nächte auf dem blanken Boden, bis sich ein reicher Jude fand, ein Buchhändler und Ingenieur namens Ivo Goldstein, ein Kaufmann aus Karlovac, der uns Geld gab, damit wir ein paar Heuballen kaufen konnten (…).[20] Etwas zu essen bekamen wir vormittags um elf Uhr und dann erst wieder am darauffolgenden Tag um sechs Uhr abends. Es war nur so viel, dass man etwas Warmes im Magen hatte. Den Rest unserer Nahrung erhielten wir von den einzelnen jüdischen Insassen, die von zu Hause Pakete geschickt bekamen und das, was sie selbst hatten, mit denen teilten, die gar nichts hatten.[21]

Einige Lagerinsassen erinnerten sich an meinen Vater als einen hartnäckigen Optimisten, der zu Leichtgläubigkeit neigte. Auch Radeka hat das hervorgehoben. Am Vorabend des 13. Juni[22] ging unter den Häftlingen das Gerücht um, das Lager Danica werde an Ante Pavelićs

Namenstag aufgelöst. Mein Vater soll dieses Gerücht voller Hoffnung in Umlauf gebracht haben. Ob er es selbst geglaubt hat? Oder ob er versuchte, Optimismus an den Tag zu legen? Die Lagerinsassen wurden keineswegs entlassen. Die Enttäuschung darüber muss groß gewesen sein. War es also klug, Hoffnungen in den anderen zu wecken, die notwendigerweise enttäuscht werden mussten? Oder war ihm die Hoffnung das einzige Mittel des Selbsterhalts, selbst dann, wenn sie eine Lüge war, ein notwendiges Mittel, um den unmenschlichen Bedingungen auf diese Weise den eigenen inneren Widerstand entgegenzusetzen?

Im Juni 1941 beschloss die für die Juden zuständige Ustascha-Verwaltung, die Jüdische Gemeinde für das Essen der jüdischen Häftlinge in den Konzentrationslagern aufkommen zu lassen. Die Zagreber Jüdische Gemeinde war damals noch finanziell gutgestellt und verfügte über genügend Mittel, um regelmäßig und großzügig für die Juden im Lager Danica zu sorgen. Sie wickelte das Ganze über die Jüdische Gemeinde in Koprivnica ab, der es eine Weile gelang, eine mit dem Ustascha-Kommandanten Nikola Herman getroffene Vereinbarung auch durchzusetzen. Auf diese Weise bekamen die Juden wenigstens einen Teil der Nahrungsmittel, die für sie bestimmt waren. Da einige von ihnen zusätzlich Pakete von zu Hause erhielten, wenn auch in »zensierter« Form, konnten sie anderen bedürftigen Lagerinsassen helfen, die über der einmal am Tag ausgeteilten dünnen Lagersuppe regelrecht verhungerten. Bis zum 22. Juli 1941 hielt man sich an die Vereinbarung mit der Jüdischen Gemeinde. Doch dann wurden alle Juden aus Koprivnica bei einer Massenrazzia verhaftet. Bis auf zehn Personen, die aus unterschiedlichsten Gründen der Verhaftung entgehen konnten, wurden alle Juden aus Koprivnica ins Lager Danica deportiert. Insgesamt waren es 337 Menschen. Am 24. Juli wurden sie bereits auf andere Lager umverteilt. Die meisten von ihnen kamen nach Gospić, wo sich ihre Spur verliert. Genauso ist es der Mehrzahl der 600 übrig gebliebenen jüdischen Häftlinge ergangen, die im Lager

Danica inhaftiert waren. Irgendwo im Velebit-Gebirge oder auf der Insel Pag sind sie ums Leben gekommen. Nur zwölf dieser Menschen konnten sich retten.

Jeden Sonntag im Juni und jeden einzelnen Tag der ersten Juliwoche fuhr meine Mutter nach Koprivnica, um meinen Vater zu besuchen. Am Haupteingang des Lagers konnte man zu einer bestimmten Zeit Nahrungspakete und andere Mitbringsel abgeben, ohne dass man jedoch wusste, ob und wie viel von alledem den Gefangenen überhaupt erreichen bzw. was davon der »Zensur« der Ustascha-Wärter zum Opfer fallen würde. Meine einfallsreiche Mutter machte sehr schnell die Bekanntschaft von zwei, drei Ustasche, die gerne einen »Lohn für ihre Arbeit« in Empfang nahmen. Deshalb kamen ihre Pakete in aller Regel bei meinem Vater an, manchmal sogar vollständig. Auf ähnliche Weise – und manchmal sogar auf offiziellem Weg – konnte meine Mutter oft kurz mit meinem Vater reden. Ich erinnere mich nicht mehr daran, ob und was sie uns von ihren Gesprächen mit ihm erzählte. Aber ich weiß noch genau, dass sie nach diesen Begegnungen immer betrübt nach Hause kam. Sie versuchte nicht mehr, uns auch nur einen Hauch von Optimismus vorzutäuschen.

Einmal nahm mich meine Mutter mit. Es ist mir gelungen, das Datum dieses Tages genau zu rekonstruieren. Es war der 29. Juni 1941. Nur wenige konkrete Erinnerungen sind in meinem Gedächtnis so klar abgespeichert wie diese Reise zu meinem Vater in das Lager Danica. In einer langen Kolonne standen auf der Straße von Koprivnica viele Frauen mit Körben, Taschen und Rucksäcken. Am Haupteingang des Lagers nahmen ihnen schroffe Ustascha-Wärter die Nahrungsmittelpakete und andere Bündel für die Insassen ab. Es ging das Gerücht um, an diesem Tag sei nicht mehr mit einer Gesprächserlaubnis zu rechnen. Meine Mutter tuschelte mit einem jungen Ustascha, dem sie Geld zusteckte und etwas von dem mitgebrachten Essen zuschob. Kurz darauf saßen meine Mutter und ich vor einer kleinen, gut versteckten Tür am Hintereingang des riesigen Lagers. Der junge Ustascha tauchte auf mit einem Karabiner über dem Arm. Als würde er meinen Vater abführen, schubste er ihn vor sich her. Im Schutz eines dichten Gebüschs hielt er an und erlaubte uns, dort mit Vater zu reden. Obwohl er sich ordentlich hatte bezahlen lassen, drehte der Ustascha sich ständig zu uns um. Er hatte Angst, bei seinem Verstoß entdeckt zu werden, war nervös und forderte uns auf, uns zu beeilen. Er dachte nicht einmal daran, wenigstens zur Hälfte unsere Vereinbarung einzuhalten, und stand die ganze Zeit dicht bei uns. Ein vertrauliches Gespräch war unmöglich. Meine Eltern sprachen verschlüsselt miteinander: »Gestern habe ich Herrn Iton gesehen. Er hat erzählt, dass es bei Onkel Šajo nicht gut aussieht.«

»Iton« bedeutet im Hebräischen »Zeitung«, und Šajo war der Bruder meiner Mutter aus der Stadt Czernowitz, die 1940 von Russland besetzt worden war. Mein Vater teilte uns also mit, er habe Zeitung gelesen und so von den deutschen Siegen in Russland erfahren.

– Herr Iton übertreibt und lügt sehr viel. Onkel Šajo ist vielleicht ein bißchen überrascht, aber er wird sich schon bald wieder fangen.

Meine Mutter bemühte sich, überzeugend zu wirken.

– Das denke ich auch.

Vater tröstete sie.

Auf dem Rückweg zum Zug stellte meine Mutter mir eine Frage.

– Hast du bemerkt, dass Papa ein bisschen geschwollen und überhaupt etwas eigenartig aussah?

– Nein, habe ich nicht.

Nach längerem Zögern setzte sie zu einer Erklärung an.

– Ich denke, sie haben ihn geschlagen. Er wollte es nicht zugeben, aber ich bin mir sicher, dass sie ihn geschlagen haben.

Sie war am Boden zerstört.

Ich muss lange geschwiegen haben. Aber geglaubt habe ich ihr nicht. In meiner kindlichen Wahrnehmung konnte ich mir einfach nicht vorstellen, dass jemand die Hand gegen meinen Vater erhoben hatte, denn er war für mich der Inbegriff von Autorität. Obwohl wir Radeka nach dem Krieg zwischen 1945 und 1947 sehr oft trafen, sprach er diese Episode nie an, weil er nicht an die Erschütterungen meiner Kindheit rühren wollte. Aber die Wunden von damals sind nie richtig verheilt. Und als ich 1981 in der Wochenzeitung *Oko* im dritten Teil von Radekas Memoiren las, welche Demütigungen mein Vater zu ertragen hatte, konnte ich mich davon lange nicht erholen. Die Bilder, die Radeka beschrieb, wurden Teil meiner Gedankenwelt. In meiner Vorstellung ergänzte ich sie und dachte sie weiter. Sie verselbständigten sich und nahmen schmerzhaft überhand. Heute noch gehen diese Bilder mit innerer Not einher.

An jenem Sonntag, dem 29. Juni 1941, hatte meine Mutter im Zug von Koprivnica nach Zagreb und Karlovac mit ihrer Bemerkung recht gehabt. Mein Vater war an jenem Tag geschlagen worden. Sie hat es in seinen Augen gesehen, an seinem Gesicht, an seinen Händen. Vielleicht hat ihn sogar genau jener Ustascha geschlagen, der von meiner Mutter eine ziemlich große Summe Geld einkassiert hatte, um uns dafür nur einen winzigen Augenblick lang mit Vater sprechen zu lassen. Es war das letzte Mal, das wir uns gesehen haben.

Im kroatischen Staatsarchiv von Zagreb befindet sich unter der Ablage »Ustascha-Ausschuss für Stadt und Landkreis Koprivnica, NDH, Akte Nr. 1«, Nummer 887/41, ein Dokument, das von einem der letzten Versuche meiner Mutter zeugt, meinen Vater doch noch freizubekommen. Es handelt sich um ein Gesuch vom 18. Juni 1941, das sie mit dem Betreff »Ing. Ivo Goldstein aus Karlovac, Lager Drnje – Bitte um Entlassung« an das Ministerium für Innere Angelegenheiten gerichtet hat. Mir ist nicht bekannt, wer für sie diesen Brief aufgesetzt hat, es scheint kein ausgebildeter Rechtsanwalt gewesen zu sein. Dennoch ist das Ganze juristisch flüssig und das Anliegen inhaltlich klar formuliert, ohne Unterwürfigkeit, wie es damals in den Korrespondenzen allgemein üblich war. Ich gebe den Text so wieder, wie er mir vorliegt, und lasse ihm seine kleinen Holprigkeiten:

Mein Ehemann Ing. Ivo Goldstein, Inhaber einer Buchhandlung in Karlovac, wurde am 13. bis 26. April 1941 ins Karlovacer Bezirksgefängnis abgeführt. In dieser Zeit ist es nie zu einer Anhörung gekommen. Dann wurde er am 6. Juni in ein Gefängnis nach Zagreb gebracht. In dieser Zeit wurde er nur einmal von der Polizei befragt, man wollte von ihm wissen, warum er in Karlovac als Kommunist bekannt war, es dafür aber keine Beweise gab. Bei diesem Gespräch konnte man ihm aber nichts Belastendes nachweisen.

Am 6. Juni 1941 wurde mein Ehemann in das Lager Drnje (Danica) bei Koprivnica versetzt, wo er sich auch heute noch befindet.

In den zwölf Jahren, die er in Karlovac verbracht hat, ist es seinerseits nie zu einem Konflikt mit dem Gesetz gekommen.

Aus dem Obigen ist zu erkennen, dass mein Ehemann schon mehr als zwei Monate inhaftiert ist, obwohl man ihm nichts nachweisen kann, deshalb trage ich in aller Bescheidenheit dem Ministerium mein Anliegen mit der Bitte vor, mir zu sagen, was getan werden muss, damit Ing. Ivo Goldstein aus Karlovac nach abgesessener zweimonatiger Haft freigelassen werden kann, weil wir uns in einer materiell schwierigen Lage befinden und zwei Kinder haben, von denen eines die zweite Klasse der Volksschule und das ältere die zweite Klasse des Realgymnasiums abgeschlossen hat. Der Beistand des Vaters ist für uns unverzichtbar.

Karlovac, 18. Juni 1941
Lotte Goldstein, Ehefrau von Ing. Ivo Goldstein

Dieses Mal funktionierte der gesetzliche Ustascha-Apparat reibungslos. Aus den Dokumenten wird ersichtlich, dass die Bitte meiner Mutter dem NDH-Ministerium für Innere Angelegenheiten am 19. Juni vorlag und am gleichen Tag unter der Nummer 10038 an die Staatsdirektion für öffentliche Ordnung und Sicherheit (RAVSIGUR) mit dem Vermerk »Gesuch erstattet« weitergeleitet wurde. Das Amt erhielt ihren Antrag am 20. Juni 1941 und schickte ihn gleich am 23. Juni an die Ustascha-Verwaltung nach Koprivnica weiter. Den Antrag unterschrieb und genehmigte der Abteilungsleiter Dr. Aleksandar Benak. In der Ustascha-Verwaltung der Stadt und des Landkreises Koprivnica traf das Schreiben am 24. Juni ein und wurde unter der Nummer 887 abgelegt. Unterzeichnet und direkt an die Leitung des Lagers Danica weitergeschickt hatte es Nikola Herman. Er ordnete an, den Internierten zu verhören, und erbat sich einen Bericht.

Aus dem Lager kam nie ein solcher Bericht. Im Archiv und in der fein säuberlich angelegten Akte 887/41 ist über diesen Vorgang nichts auffindbar. Der Ustascha-Justizapparat funktionierte nur an gewissen Stellen reibungslos, parallel herrschte ein anderes System. Mein Vater wurde im Lager Danica nicht angehört, trotz offizieller Anordnung. Man teilte ihm weder mündlich noch schriftlich mit, was mit ihm geschehen sollte. Über sein Schicksal entschied ein einziger Befehl, der am 30. Juni 1941 in einem Ustascha-Quartier in Zagreb ausgesprochen wurde. Damals erhielt der Ustascha-Beauftragte und zeitweise verantwortliche Lagerkommandant Nikola Herman die Anweisung, alle Serben und Juden aus dem Lager Danica innerhalb eines Monats nach Gospić zu überbringen und sie dann den Ordnungskräften vor Ort zu überlassen. Für die meisten Häftlinge war Gospić nur ein Durchgangsort auf dem Weg nach Jadovno im Velebit-Gebirge und nach Slana auf der Insel Pag. Dort wurden die ersten Todeslager im Ustascha-Kroatien errichtet.

5 Der Brief

Als ich den Anfang dieses Buches bereits geschrieben hatte, erreichte mich eine überraschende Nachricht aus der Zagreber National- und Universitätsbibliothek, die mich zutiefst erschütterte. Ivan Kosić, Direktor der Abteilung Handschriften und Antiquarische Bücher, teilte mir mit, im Nachlass von Vinko Nikolić[23] seien zwei Seiten eines Briefes entdeckt worden, den mein Vater 1941 im Zagreber Gefängnis an mich geschrieben hatte. Sie schickten mir eine kaum lesbare Kopie. Ich erkannte sofort die Handschrift meines Vaters. Oben rechts war deutlich der Vermerk mit Datum und Ort zu sehen – Zagreb, Gefängnis, 2. Mai 1941. Die Anrede richtete sich an mich. Der Brief war dreiundsechzig Jahre lang unterwegs zu mir gewesen. Es fühlte sich an, als schreibe mir mein Vater aus der Todesgrube im Velebit-Gebirge, die sein Grab geworden ist.

Am nächsten Tag ging ich zum Tresor der National- und Universitätsbibliothek, wo ich ein großes, schon angegilbtes Blatt Papier in der Hand hielt, das von beiden Seiten mit Bleistift beschrieben war. Das Blatt war achtmal in gleich große Rechtecke gefaltet worden. Das war typisch für Gefängnisbriefe, die Häftlinge heimlich ihren Familien schickten. Die dünne Schrift des Gefängnisbleistifts war mit der Zeit ausgeblichen. Stellenweise waren die Worte meines Vaters kaum lesbar. Aber mit Hilfe eines Vergrößerungsglases und eines Scanners ist es mir gelungen, den ganzen Text zu entziffern. Man kann an der Handschrift erkennen, dass der Brief ohne Eile und frei von Nervosität geschrieben worden ist. Die erste Seite umfasst dreißig, die zweite einunddreißig Zeilen. Zum Schluss konnte mein Vater offenbar einen Gedanken nicht mehr zu Ende denken, denn der Brief bricht mitten im Satz ab. Was ist mit dem Rest des Briefes passiert? Wie kam überhaupt dieser Brief, der von meinem Vater an mich adressiert worden war, in den Nachlass von Vinko Nikolić, zu einem Mann also, der in der Ustascha-Bewegung eine wichtige Propagandaposition innehatte, am bewaffneten Kampf des Unrechtsstaates bis 1945 teilnahm und dann von 1945 bis 1990 im argentinischen Exil Redakteur der Zeitschrift *Hrvatska revija (Kroatische Revue)* war? Wofür brauchte ausgerechnet dieser Mann den Brief meines Vaters? Und warum hat er ihn ein halbes Jahrhundert lang auf all seinen Fluchtstationen zwischen Buenos Aires und Barcelona und dann wieder zurück nach Zagreb in seinem Archiv mit sich herumgetragen? Obwohl wir uns nach seiner Rückkehr in Kroatien öfter über den Weg gelaufen sind und hin und wieder über unterschiedliche Dinge miteinander gesprochen haben, hat Nikolić diesen Brief nie erwähnt.

Hier nun der Inhalt des Briefes:

Zagreb – Gefängnis, 2. V. 1941

Lieber Slavko!

Ich habe von Mutti gehört, dass Du letzten Samstag geweint hast, weil ich im Gefängnis bin. Diese Nachricht hat mich mehr traurig als froh gemacht. Ich weiß, dass Du nicht aus Scham um mich geweint hast oder weil Dein Vater hinter Gittern sitzt. Es gibt diese Zeiten, in denen es eine größere Adelung für einen Menschen ist, im Gefängnis zu sitzen, als sich außerhalb von ihm zu befinden. Vielleicht hast Du ja geweint, weil Deinem Vati Unrecht geschehen ist. Aber es ist besser, Unrecht zu ertragen, als Unrecht zu tun. Oder hast Du geweint, weil ich Dir in meiner jetzigen Situation leidtue? Es stimmt natürlich, dass es weder schön noch angenehm ist, nicht in Freiheit zu leben, aber meine Lage ist nicht so, dass Du mich bemitleiden musst. Und selbst wenn es schlimmer um mich stünde, als es im Grunde zur Zeit der Fall ist, würden Deine Tränen nicht die angemessene Reaktion darauf sein. Du bist schon dreizehn Jahre alt, und ich habe immer gewollt, dass aus Dir ein tapferer Held wird. Als Du ein kleiner Junge warst, habe ich Dir diese Art des Heldentums auf der körperlichen Ebene beigebracht (Du bist ein besserer Boxer als ich, stärker als der heldenhafte König Marko), später aber habe ich Dich auf eine andere Art des Heroischen aufmerksam gemacht. Sosehr mich auch Deine sportlichen und schulischen Leistungen erfreuen, wünsche ich mir doch, dass Du vor allen anderen Dingen und in jenem anderen Sinn ein Kämpfer wirst. Die Rede ist hierbei nur von einer unter vielen anderen geistigen Eigenschaften. Ich werde sie Dir hier nicht aufzählen, weil ich mir jetzt nicht alle in Erinnerung rufen kann, aber ich denke, ich habe sie Dir bei jeder Gelegenheit vorgelebt, die sich uns geboten hat.

Helden und Nicht-Helden kann man sehr gut in einer Gefängniszelle erkennen. Darüber werde ich Dir viel Witziges und Ernsthaftes zu berichten haben, Du wirst mich dann noch besser als jetzt verstehen und wissen, was ich mir von Dir erwarte. Zum Beispiel – wir haben im Zimmer unter anderem drei Slowenen, die ziemlich dick, rotwangig und wohlhabend sind. Man schickt ihnen körbeweise Nahrung. Sie haben sich den besten Platz in der Zelle gesichert – nämlich den direkt am Fenster. Du musst wissen, dass die meisten von uns auf dem Boden liegen (Beton) und dass der Mangel an frischer Luft die schlimmste aller Entbehrungen ist, die wir zu erleiden haben. (Nur dass Mutti jetzt nicht gleich in Tränen ausbricht: Es ist schon besser geworden, weil wir weniger als vierzig Mann sind, aber wir waren schon zu sechzig in einem Raum.) Aber diese drei Männer rühren sich nicht einmal nachts von der Stelle, sie teilen weder ihr Essen noch ihre Zigaretten mit den anderen, nicht einmal mit ihren armen Landsleuten, denen niemand Nahrung schickt. Du musst wissen, dass man von dem Essen im Gefängnis gar nicht überleben kann, weil man es uns nur einmal am Tag austeilt. Es besteht aus einem Viertellaib Brot, so an die 200 Gramm, alle zwei Tage bekommen wir dazu irgendein übles fettfreies Gemisch in einer Schüssel gereicht. Deswegen ist es hier unter uns, und bestimmt auch in allen anderen Zellen, eigentlich Sitte, dass jene, die zusätzliche Nahrungsmittel von außen bekommen, es mit denen teilen, die auf das Essen aus dem Gefängnis angewiesen sind. Das machen alle, ganz egal welche Religion sie haben oder welchen Überzeugungen sie anhängen. Das gehört zu den wertvollsten Dingen, die man hier als Mensch erleben kann. Aber diese drei machen das nie. Sie unterlassen auch noch etwas anderes, und ich muss sagen, dass ich ihnen das als eine richtige Sünde anrechne. Sie haben nie und für niemanden ein einziges gutes und tröstendes Wort übrig, und das brauchen manche Menschen in bestimmten Augenblicken mehr als irgendeine Nahrung, ja selbst mehr als die frische Luft. (Eines Abends habe ich einen Mann getröstet und versucht, ihn zu beruhigen, weil ich gesehen habe, dass er sehr bedrückt war. Er ist zusammengebrochen und hat mir weinend erzählt, dass er mit dem Gedanken gespielt hat, sich in der kommenden Nacht, wenn wir alle eingeschlafen wären, in der Zelle zu erhängen.) Die drei hier tragen kein bisschen dazu bei, dass sich die Stimmung in der Zelle etwas hebt und wir gemeinsam diese Zeit überstehen. Slowenische Egos, so nennen wir sie jetzt. Einer von ihnen liest die ganze Zeit in der »Heiligen Schrift«. In der Zelle sammelt sich deshalb natürlich Ärger an, hier und da bekommen sie auch mal zu hören, dass alle Slowenen selbstsüchtig sind. Du weißt, dass eine solche Verallgemeinerung genauso wenig richtig ist wie jene, die man wegen eines einzelnen Menschen über uns Juden macht. Aber daran kannst Du erkennen, wie schädlich das Verhalten solcher Leute für ihre ganze Umgebung ist, vor allem aber für sie selbst. Das genaue Gegenteil haben wir hier in einem Juden, der unglücklich wird und die ganze Zeit schimpft und herumschreit, wenn sich niemand meldet, der mit ihm den letzten Bissen Essen teilt, den letzten Schluck Tee (aus der Thermosflasche) trinkt und eine letzte gemeinsame Zigarette mit ihm raucht. Ist das nicht ein Held? – Wir hatten auch einen Österreicher hier, wir nennen ihn Kraut. Er war für die Deutschen in eine gefährliche Spionage verwickelt. Man hat ihn eingesperrt, weil er sich nicht ausweisen konnte (sagt er zumindest selbst), aber uns mu…

Das letzte Wort am Ende der zweiten Seite hat mein Vater nicht mehr ausgeschrieben, und die dritte Seite existiert nicht. Was wollte mein Vater mir mit diesen letzten Zeilen noch sagen? Wo ist der Rest des Briefes geblieben? Oder hat es mein Vater nie geschafft, ihn zu Ende zu schreiben, weil er im Gefängnis durch irgendetwas davon abgehalten wurde?

Ich sehe mir jeden einzelnen Buchstaben an, lese wieder und wieder seine Worte und halte nach jedem Satz inne. Ich stelle mir meinen Vater im Halbdunkel der überfüllten Zelle und unter dem dürftigen Licht des mickrigen Gefängnisfensters vor, male mir aus, wie er sich an das Holzgestell des Gefängnisbettes anlehnt, auf dem er mir diesen Brief schreibt, denn einen Tisch hatten sie vielleicht gar nicht in der Zelle. In jeder Zeile, an jedem seiner Sätze sehe ich, wie sehr er sich bemüht, ruhig zu wirken. Das lässt mir jetzt seinen Brief noch trauriger erscheinen. Aber war Vater damals wirklich so gefasst, wie er in diesem Brief unbedingt wirken wollte? Stand er so sehr über der Situation, in die er hineingeworfen worden war? War er allen Ernstes immer noch nicht zumindest ein wenig besorgt? Ich denke an sein Lächeln zurück, als er mir beibrachte, dass man lernen muss, zwischen den Zeilen zu lesen. Aber selbst diese Lesart seines Briefes kann mich weder trösten noch beruhigen. Ist es möglich, dass ich wirklich seine Anspannung fühle? Oder bilde ich sie mir ein? Ein Mann schrieb aus dem Gefängnis einen Brief an seinen Sohn, dem er viel erzählen wollte, aber seine Möglichkeiten waren begrenzt. Er ahnte offenbar, dass sowohl ihm als auch seinem Sohn die Zeit davonrannte, und war sich selbst in dieser Lage sicher, dass meine Tränen keine angemessene Reaktion darauf sein konnten und dass man ein tapferer Held sein musste. Was wollte er mir auf der unauffindbaren dritten Seite des Briefes sagen? Zum Zeitpunkt seiner Niederschrift fanden im ganzen Land massenweise Verhaftungen statt. Das Morden aber hatte erst begonnen. Vielleicht hat er doch etwas davon in seiner Zelle Nr. 15 gewusst und deshalb befürchtet, zum letzten Mal seinem Sohn einen Brief zu schreiben.

Sosehr ich es auch Vinko Nikolić übelnehme, dass er mir den Brief meines Vaters über so viele Jahre hinweg vorenthalten hat, so sehr bin ich ihm auch dankbar, dass er ihn auf den Stationen seiner Emigration von Ort zu Ort mit sich herumgetragen hat. Er hat es mir damit ermöglicht, die Worte meines Vaters doch noch zu lesen und innerlich wieder seine Stimme zu vernehmen, die vielen Bilder von ihm in mir aufsteigen zu lassen, Bilder vom Glück, die sich mit den Bildern vom Schmerz über meinen so frühen Verlust vermischen. »Ihr naht euch wieder, schwankende Gestalten« – mein Vater liebte diesen Vers aus Goethes »Faust«, aus dem er oft und gerne zitiert hat, wenn er einen persönlichen Gedanken oder eine Empfindung untermalen wollte. Ich habe für mich die (kroatische) Übersetzung von Tito Strozzi ein wenig umgearbeitet, sie zeigt am besten, was ich gefühlt habe, als ich den Brief meines Vaters las:

> Ihr naht euch wieder, verabschiedete Gestalten,
> Die früh sich einst dem traurigen Blick gezeigt …
> Ihr bringt mit euch die Bilder froher Tage,
> Und manch einen Schatten wunderbarer Freunde;
> Gleich einer alten, halbverklungenen Sage,
> kommt gestohlene Kindheit mit herauf;
> Der Schmerz wird neu, er wiederholt die Klage
> Des Lebens labyrinthisch irren Lauf,
> Und benennt die guten, die schönen Schicksalsstunden,
> vom Tod verschluckt, für immer verschwunden.

Obwohl mein Vater viel Zeit mit mir und meinem Bruder verbracht hat, kann ich nicht behaupten, dass ich ihn wirklich gut gekannt habe. Ein Junge im Alter von dreizehn Jahren beginnt gerade erst zu ahnen, welche Schwierigkeiten und Herausforderungen die Erwachsenen zu meistern haben. Ich glaube, dass ich meinen Vater erst mit den Jahren zu verstehen begonnen habe. Zum einen fing das Verstehen an, als ich selbst in sein Alter kam, und zum anderen, als ich seine publizierten literarischen Texte und Reiseskizzen gelesen und seine unveröffentlichten Notizen zu Gesicht bekomme habe, die uns, was einem Wunder gleichkommt, noch erhalten geblieben sind.

Manche Briefe meines Vaters an meine Mutter waren feine, literarische Texte – tiefgründig, manchmal selbstironisch und humorvoll oder innig und zärtlich. Als mein Vater Student in Wien war, hat er in jüdischen Zeitschriften in Zagreb und Sarajevo beachtenswerte Prosa veröffentlicht. Seine Reisetexte und journalistischen Arbeiten aus Palästina zeugen jedoch von einem zu großen Aktivismus und sind manchmal allzu optimistisch, was nicht immer überzeugend ist. In der Wochenzeitung *Židov (Der Jude)* vom Februar 1927 sind sechs Gedichte meines Vaters mit dem Titel »Erste Gedichte aus Palästina« erschienen. Anders als der Herausgeber es in seiner Einführung sagt, glaube ich, dass die lyrische Begabung meines Vaters seinen Möglichkeiten als Prosaschriftsteller weit hinterherhinkte. Aber selbst die schlechteste Poesie erzählt mehr Persönliches über den Autor, als es Prosa vermag.

Die im *Židov* veröffentlichten Gedichte stammen aus dem Jahr 1925, also aus einer Zeit, in der mein Vater gerade in Palästina angekommen war. Sie sind, obschon von ersten Schwierigkeiten und Enttäuschungen vor Ort durchsetzt, voller Begeisterung über den Aufbau eines jüdischen Heimatlandes. Über diese Spannweite seiner Gefühle geben die Titel seiner Gedichte Auskunft: »Träumerei«, »Wunden«, »Aufschwung« und »Niedergang«, »Fortschritt« und »Phantasie«. Im Gedicht »Wunden« (in dem das Gedicht »Notturna« des kroatischen

Dichters Matoš anklingt), erinnert er sich nostalgisch an die alte Heimat und das alte Land, während er in der neuen Umgebung einsam ist:

Der Schakal heult in der Ferne,
Seine Stimme erstirbt.
Ein Einsamer in der Stille bin ich,
Den die Nacht umsingt.

In »Träumerei« sehnt er sich aber schon nach einem Mädchen, meiner zukünftigen Mutter (da heißt es »ihre Seele hat mich erobert«). In den anderen Gedichten wird immerzu ein kämpferischer Aktionismus ins Spiel gebracht, der aber in schmerzhafte Enttäuschung mündet:

Gebe nicht auf, säe und pflanze ohne Not,
Baue das neue Haus, baue die neue Straße,
Festige dich in deinem Glauben,
Suche noch unbegangene Wege zu Gott!

Aber nahezu zeitgleich heißt es dann an anderer Stelle:

Hass und Lüge, alle Laster,
Wohin mein Fuß auch immer tritt …
Peitschen und Tränen, Lügen und Nacht,
Der Weg des Lichtes wird verlacht.

Das lange Abschlussgedicht kehrt mit seinen ersten Strophen wieder zum Idealismus zurück, aber der Titel »Phantasie« unterwandert bereits den Höhenflug:

Komm, lass uns einen Tempel bauen,
Ein Heim für Mensch und Gott.
Komm, lass mich nicht alleine leben,
Steh auf, du lebst nicht auf dem Schafott! …
Fest wie ein Diamant soll der Grundstein sein.
Komm, lass uns einen Tempel bauen,
Für Gerechtigkeit, zum Schutz der Wahrheit!

Im Gedicht »Der Sturz« ist dem allerdings eine letzte Enttäuschung vorausgegangen:

Seele und Herz gab ich euch,
Aber Frieden erhielt ich nicht …
Schenkt mir Frieden,
Damit ich in Ruhe sterben kann,
Einmal nur – ungestört träumen.

Wenn ich über diese Verse, die mein Vater in Palästina geschrieben hat, nachdenke und mir gleichermaßen seine Begeisterung und Enttäuschung vor Augen führe, komme ich zu dem Schluss, dass er 1941 im Zagreber Gefängnis gewusst haben muss, dass er seinem Sohn den letzten Brief seines Lebens schrieb. Wohl deshalb schwört er mich auf den »tapferen Helden« ein. Aber auf einer anderen Bewusstseinsebene glaubte er noch immer oder hoffte zumindest, zu seiner Familie zurückkehren zu können. Denn wenn er mir schreibt, eines Tages werde er mir noch mehr aus dem Gefängnis berichten können, ist das sicher kein Selbstbetrug gewesen, sondern die Haltung eines optimistischen Aktivisten, der sich so möglicherweise bis zu seinem letzten Augenblick treu bleiben konnte.

Ich ahne die Anstrengung, ahne die Not, mit der er mir diesen Brief geschrieben haben muss. Mein Vater war fähig, seine Sorgen offenzulegen, äußert aber keine Ängste. Er schaffte es in einer durchweg dramatischen Lage, ruhig zu bleiben, Pathos und Drama und dunkle Gedanken außen vor zu lassen. Ein bisschen Humor war ihm sogar auch möglich, ohne dass es angestrengt oder verfälscht wirkt. Es hat ihn bestimmt sehr geschmerzt, einen solchen Brief zu schreiben. Ich bin traurig, dass mein Vater es tun musste. Und ich bin ihm unendlich dankbar, dass er es getan hat.

Im Archiv lagen bei dem Brief meines Vaters fünf weitere Seiten in der breiten Handschrift von Nikolić: die wortgenaue Abschrift des Briefes mit kurzen Angaben zu meiner Mutter, meinem Bruder und mir. Aus diesen Notizen kann man einiges über die Umstände folgern, in denen sich der Ustascha-Propaganda-Offizier Nikolić befand, als er in den Besitz des Briefes kam, und die ihn dazu bewogen hatten, ihn so lange unter Verschluss zu halten.

Über der Abschrift des Briefes hat Nikolić notiert: »Brief eines Juden aus dem Zagreber Gefängnis an seinen vierzehnjährigen Sohn Slavko, der bei der Mutter in Karlovac lebt.« Und am Ende der Abschrift heißt es:

»Ing. Ivo Goldstein war in Karlovac Inhaber der Buchhandlung ›Reich‹ (Name des Schwiegervaters), Zionist, er wurde 1941 verhaftet und nach Zagreb gebracht. Irgendwann im Juli von dort ins Lager Danica, ein Sammel- und Übergangslager in Koprivnica. Verschwunden. Ehefrau hat in Karlovac einen Schönheitssalon, rumänische Jüdin, neben dem Sohn Slavko hat sie noch ein kleineres Söhnlein, dieser Junge lebt in Tuzla. Anfang August wurde auch die Ehefrau Lea verhaftet. Um den Sohn kümmerte sich die Jüdische Gemeinde ›Bogoš‹ und vermittelte ihn zu einem Juden. Im Oktober wurde die Frau wieder freigelassen, kam zurück nach Karlovac, stellte ihre Sachen bei nichtjüdischen Freunden unter und ging zusammen mit ihrem Sohn Slavko zu den Partisanen. Sie war dort Krankenschwester. Der Sohn Slavko arbeitete als Kurier. Er hatte sehr wichtige Dokumente bei sich, als er bei Ogulin im Frühjahr 1943 von den Italienern abgefangen wurde. Sie haben ihn vor das Militärgericht in Rijeka gestellt.

Ivo Goldstein hat sich vor 1930 in Palästina aufgehalten und wurde in einer jugoslawisch-jüdischen Kolonie eingesetzt, er hat dort an der Verbesserung des Bodens und der dortigen Lebensbedingungen mitgearbeitet und den Alltag für die jugoslawischen Juden organisiert. In seinem Tagebuch hat er über seine Enttäuschungen geschrieben. ›Zionimus ist Betrug.‹ ›Sie wollen nicht arbeiten.‹ Er glaubt also nicht an die Möglichkeit eines jüdischen Staates. ›Niemand will arbeiten, das ist alles Hochstapelei. Sie wollen nur Handel treiben.‹ Deshalb ist er zurückgekehrt.«

Ich bin weder Maigret noch Poirot und werde sicher nie alle Geheimnisse lösen können, die sich im Zusammenhang mit dem Brief meines Vaters auftun, aber die Angaben in Nikolićs Notizen und die Art, wie sie gemacht worden sind, ermöglichen mir, einzelne Puzzlestücke zueinander in Beziehung zu setzen. Die Angaben zu meiner Familie stammen eindeutig aus dem Frühling des Jahres 1943. Schon im Sommer jenes Jahres wären Teile davon nicht mehr richtig gewesen. Italien hatte kapituliert, das Militärgericht in Rijeka war kurz davor aufgelöst worden – ich hätte also nie dort hingebracht werden können. Es entspricht der Wahrheit, dass ich in jenem Frühling unweit von Ogulin als Kurier der Partisanen in Gefangenschaft geraten war. Ich hatte ein paar Propaganda-Rundschreiben der Kroatischen Kommunistischen Partei des Landkreises Ogulin bei mir, würde aber diese Rundschreiben nicht gerade »wichtige Dokumente« nennen.

Nach ein paar Tagen im Gefängnis von Ogulin sagten mir die italienischen Carabinieri, dass sie mich dem Militärgericht in Rijeka überstellen würden. Der Vernehmungsoffizier Giustini tröstete mich und sagte, dass man mich – obwohl ich »wie ein bewaffneter Bandit« auf frischer Tat ertappt worden war – nicht zum Tode verurteilen werde. Bei Jugendlichen unter fünfzehn Jahren war eine Umwandlung der Todesstrafe in eine zwanzigjährige Haftstrafe vorgesehen. Um mir seine Zuneigung zu zeigen, schenkte mir Giustini noch ein kleines italienisch-kroatisches Wörterbuch und das von Benito Mussolini verfasste Buch *La Doctrina del Fascismo*. Es sei, so sagte er, »in einem sehr schönen Italienisch« geschrieben. Es solle mir dabei helfen, meine Italienischkenntnisse zu verbessern und die Wartezeit im Gefängnis bis zu meiner Überführung nach Rijeka sinnvoll zu überbrücken.

Giustini ließ nicht zu, dass man mich folterte oder schlug. Zwei-, dreimal versuchten sie es freilich. Giustini gab mir so viel Wasser zu trinken, wie ich wollte, aber zu essen bekam ich von ihm nichts. Durch das Aushungern wollte er mich weichklopfen und Informationen aus mir herauslocken. Obwohl ich durchaus ein paar Kleinigkeiten wusste, rückte ich mit nichts heraus. In den zehn Tagen der Befragung hielt mich Giustini in Einzelhaft. Er erlaubte mir, ein paar Schritte im Hof zu machen, die aber nur so lange dauern durften, bis ich etwas Luft geschnappt und mir rasch das Gesicht gewaschen hatte und zur Toilette gegangen war. Er konnte aber nicht wissen, dass es sinnlos war, durch Nahrungsentzug Druck auf mich auszuüben, denn ich litt durchaus keinen Hunger.

In einer meiner ersten Nächte im Gefängnis nämlich tauchte aus dem Nichts heraus mein Schutzengel auf, mein unverhoffter Retter. Es war ein italienischer Soldat, der in dieser Nacht Wache hielt und mich durch die Klappe der Gefängnistür hindurch weckte. Heimlich schob er mir ein Stück Brot, Salami und Käse zu und eine Flasche Wasser, ich konnte so viel trinken, wie ich wollte. In der nächsten Nacht wiederholte sich das Ganze. Jetzt wurden mir Grüße der Gefangenen aus den Nachbarzellen überbracht. »Halte durch«, ließen sie mir ausrichten, »verhungern wirst du hier jedenfalls nicht.« Auf dem gleichen Weg erreichte mich dann eines Nachts aus dem von Partisanen gehaltenen Ort Drežnica ein Brief meiner Mutter. Ein paar Tage später händigte mir mein Schutzengel eine Nachricht von Maca Gržetić aus, der Sekräterin der Kommunistischen Partei Kroatiens, die für die Region Gorski Kotar zuständig war. In ihrer Gewalt befanden sich ein italienischer Offizier und vier Soldaten, die sie gegen ein paar inhaftierte Partisanen austauschen wollten, und ich war einer von ihnen.

Zu einem Austausch ist es aber dann gar nicht gekommen. Wahrscheinlich gab es zwischen den italienischen Militärs und den Zivilbehörden einige Unstimmigkeiten, die dazu führten, dass sich meine Überführung nach Rijeka in die Länge zog. Mein Schutzengel, der mich über Tage hinweg in der Isolationshaft mit Essen versorgt hatte, war mir auch weiterhin bei vielem behilflich. Er hieß Vinci, hatte einen dunklen Teint und war ein kleiner dünner Sizilianer. Er hatte einen Freund, ebenfalls Sizilianer, und gemeinsam standen sie im geheimen Kontakt zu den Partisanen-Kurieren aus Ogulin. An einem heißen Sommertag, während eines meiner kurzen Spaziergänge, trat Vincis Freund an mich heran (dessen Namen ich leider vergessen habe) und flüsterte mir zu: »Vinci ist den Carabinieri verdächtig geworden, sie hatten ihn auf dem Schirm, er ist zu den Partisanen durchgebrannt. Die Verbindung läuft jetzt über mich.« Und schon nach der ersten Nachricht von der Kapitulation Italiens am 8. September 1943 schloss Vincis Freund unsere Gefängniszellen auf, schleuste uns über den Hinterausgang nach draußen und zeigte uns den Weg in die Vorstadt von Žegar. Wir gingen, am großen Bunker und den verdutzten Wachen vorbei, bis zum Berg Krpelj und schnurstracks weiter zu den Partisanen.

Vinko Nikolić konnte all diese Einzelheiten nicht wissen, als er voreilig notierte, ich sei dem italienischen Militärgericht in Rijeka überstellt worden. Nikolić war in dieser Zeit Lehrer für kroatische Literatur am ersten Realgymnasium in Zagreb und offizieller Vertreter der Ustascha-Jugendbewegung, die dem Propaganda-Ministerium unterstand. Als Propaganda-Offizier muss Nikolić im Frühling 1943 mit dem Memorandum der RAVSIGUR in Berührung gekommen sein, das der Leiter der Mediensektion, ein gewisser Ivančević, unterschrieben hatte. In der Anordnung hieß es, »man muss wieder beginnen, mehr über die Juden zu schreiben (...). Exaktere Anordnungen folgen Anfang kommender Woche.« Etc. Diese abermalige antijüdische Propagandakampagne wurde von der Polizei initiiert und stand im Zusammenhang mit der großen Deportation der im Ustascha-Staat übrig gebliebenen Juden nach Auschwitz. Bei einer Sitzung der RAVSIGUR wurde der Abtransport der Juden am 19. Januar 1943 beschlossen. Franz Abromeit, ein SS-Mann und Vertreter der Nazis, handelte die Einzelheiten mit den beiden Dienststellen der Polizei aus, die für die Durchführung dieser Aktion zuständig waren. Nach pedantischen Vorbereitungen, zu denen eine parallel verlaufende antijüdische Propagandamaschinerie in Gang gebracht wurde, wurde diese letzte große Deportation am 3. Mai 1943 durchgeführt. 1600 kroatische Juden kamen nach Auschwitz. Die meisten von ihnen stammten aus Zagreb. Unter ihnen befanden sich auch bekannte Persönlichkeiten wie der Oberrabbiner Miroslav Šalom Freiberger, die junge Künstlerin Lea Deutsch und Hugo Kon, der Vorsitzende der Zagreber Jüdischen Gemeinde. Soweit bekannt ist, kam niemand aus dieser Gruppe nach dem Krieg zurück nach Hause.

Alles was ich in meinen privaten Nachforschungen herausfinden konnte, weist darauf hin, dass der Brief meines Vaters im Frühjahr 1943 an Vinko Nikolić im Rahmen dieser neuerlichen antijüdischen Kampagne weitergeleitet wurde. Bis dahin hatte der Brief wohl in irgendeinem Polizeidossier gelegen, wahrscheinlich in unserer Familienakte bei der Karlovacer Lokalpolizei.

In Übereinkunft mit der Direktion des Amtes wurde mit dem Brief auch »der Vorgang mit allen Anordnungen« weitergeleitet, die Nikolić in seiner begleitenden Notiz zusammengefasst hat. Wie ich schon an einem Beispiel dargelegt habe, sind die Angaben teilweise richtig, teilweise unvollständig oder auch ganz falsch. Und den letzten Passus seiner Notizen hat Nikolić sich schlicht ausgedacht. Es war nicht schwer herauszufinden, dass er die Informationen nur von dem Karlovacer Polizeichef Franjo Družak bekommen haben konnte. Ihm allein war damals einiges über uns zugänglich, und wenn er seinerzeit nicht alles weitererzählt hat, dann aus gutem Grund.

Eines Morgens Anfang August 1941 befand ich mich allein in unserer Wohnung, als es plötzlich an der Tür klingelte. Mein Vater war in das Lager Jadovno deportiert worden, meine Mutter und unsere Wirtschafterin Jaga saßen im Karlovacer Gefängnis, und mein Bruder war bei der Familie Trontl untergebracht. Ein mittelgroßer Mann stand vor mir an der Wohnungstür. Er war relativ schlank, keine dreißig Jahre alt, trug einen sehr schönen Sommeranzug und stellte sich mir als Franjo Družak vor. Bevor er über die Schwelle trat, hielt er mir ein Schreiben hin, aus dem hervorging, dass ihm unsere Wohnung zugeteilt worden war. Ich kann nicht sagen, dass er brüsk oder unhöflich gewesen wäre. Im Gegenteil, wenn ich jetzt an diese Situation zurückdenke, kommt es mir vor, als habe sich Družak in seiner Haut nicht wohl gefühlt. Um sich die Wohnung anzueignen, musste er ein Kind aus ihr hinauswerfen. Er wollte die Situation etwas abmildern und sagte mir gleich, die Jüdische Gemeinde werde sich um mich kümmern, es sei schon alles mit dem Vorsitzenden besprochen worden. Mit meinem Auszug müsse ich mich nicht beeilen, er räume mir dafür eine Frist von drei, vier Tagen ein. Er brauche die Wohnung erst bei der Rückkehr seiner Frau aus Samobor. Als er sich dann in unserer Wohnung etwas umsah, sagte er mir ohne Umschweife, ich solle doch die Möbel einfach dalassen. Unsere persönlichen Dinge möge ich aber bitte alle entfernen, auch die Bettwäsche, die Teppiche könnten bleiben. Er schlich um unsere Bücher und Bilder herum, zögerte etwas, und sagte dann schließlich, dass ich sie mitnehmen dürfe, sie aber, fände ich anderswo keinen Platz dafür, auch dalassen könne. »Wenn du das eine oder andere Buch brauchst, kannst du es dir ja jederzeit hier holen«, sagte Družak.

So blieben die Bücher und die Bilder bei ihm. Wir bekamen sie erst wieder zurück, als er sich über Österreich nach Argentinien ins Exil abgesetzt hatte und wir, meine Mutter, mein Bruder und ich – eine gebrochene Familie ohne Vater – nach dem Krieg als Partisanen in unsere Wohnung zurückkehrten.

Franjo Družak war von 1941 bis 1942 für die Ustascha-Propaganda der Gespanschaften Pokuplje und Karlovac zuständig. Er gehörte zu einer Familie wohlhabender Händler aus Šišljavić und kam während seines Jurastudiums in Zagreb mit einer Ustascha-Organisation in Kontakt. Schon in der Anfangszeit des Ustascha-Staates verschaffte er sich bei den neuen Machthabern Ansehen, indem er dreihundert bewaffnete Dörfler von der Kroatischen Bauernpartei aus der Region Pokuplje bei einem Aufstand in Richtung Karlovac anführte und die auseinanderfallende alte jugoslawische Armee entwaffnete, um dem neuen Staat Stabilität zu verschaffen. Obwohl mich Franjo Družak im Frühling 1941 aus unserer Wohnung hinauswarf, machte er damals auf mich nicht den Eindruck eines bösen Menschen. Später hat man ihm in einigen Texten diese Eigenschaft zugeschrieben. Zum Beispiel wird Družak in einem Bericht der zuständigen Ministerien vom 3. März 1944 vom Kreisvorsitzenden Ivan Betlehem beschuldigt, sich in seiner Stellung persönlich bereichert und sowohl Gefangene als auch Kolleginnen sexuell belästigt zu haben. Zudem habe er einem anderen Kreisvorsitzenden mehrmals geholfen, sexuelle Begegnungen zu organisieren. Das ist vielleicht eine weitere Bestätigung dafür, dass Regierungen, die niemandem Rechenschaft ablegen müssen, viele auf den ersten Blick freundliche Menschen moralisch ins Verderben stürzen können.

Die Informationen, die Nikolić im Frühjahr 1943 über uns übermittelt wurden, konnten also nur von Družak kommen. Nur er wusste, dass die Jüdische Gemeinde sich meiner angenommen und mich zu einem Juden vermittelt hatte, dass mein Großvater meinen Bruder abgeholt und ihn nach Tuzla gebracht hatte und dass Družaks Frau meiner Mutter – als sie im Oktober aus dem Gefängnis entlassen wurde – erlaubte, ein paar Sachen aus unserer Wohnung zu holen. Es ging dabei um einige unserer Dokumente, Papas Notizhefte, ein bisschen Porzellan, Kristall und ein paar andere Kleinigkeiten, die Mama bei »einem Freund, einem Nichtjuden« (wie es Nikolić festhielt), untergestellt hatte, nämlich bei Pavica Vine.

Die enttäuschende Reise meines Vaters nach Palästina war in Karlovac kein Geheimnis. Družak hat vielleicht die eine oder andere Einzelheit einem Polizeidossier entnommen, oder er hat sich von Mitarbeitern informieren lassen. Es ist auch möglich, dass er in unserer

Wohnung Dokumente gesichtet und sich einen Reim darauf gemacht hat. Als er dann neben dem abgefangenen Brief meines Vaters auch andere Informationen über uns weitergeben musste, muss ihm in einer Zeit, in der wieder »mehr über die Juden geschrieben werden sollte«, »das Material« aus Palästina gerade recht gekommen sein: Ein begeisterter Zionist, der als Pionier erster Stunde bei der jüdischen Staatsgründung selbst vor Ort angepackt, sich aber enttäuscht vom Zionismus abgewandt hatte und nun schrieb, es sei alles Hochstapelei und Betrug, und der über die dortigen Juden sagte, sie hätten nicht arbeiten, sondern nur Handel treiben wollen.

Natürlich hat mein Vater so etwas über den Zionismus weder gesagt noch geschrieben, weil er sich über seine Erfahrungen und Sorgen viel detaillierter Rechenschaft abgelegt hat. Nach der Rückkehr aus Palästina wurde er in der Jüdischen Gemeinde von Karlovac aktiv. Er blieb ein stiller Sympathisant der Zionisten, der seine Söhne zu Sportwettkämpfen und in die Sommerlager der zionistischen Jugend schickte. Manchmal spendete er Geld für den Aufbau in Palästina. Ich habe immer noch seine blauweiße Sammelbüchse vom Keren Kayemetl Leisrael Fonds. Družak aber war, bevor er Chef der Lokalpolizei wurde, nahezu zwei Jahre lang in der Ustascha-Propaganda tätig gewesen. Dort hatte er gelernt, dass die Propaganda keine Sklavin der Wahrheit ist, sondern ihr lediglich ein paar greifbare Fakten zugrunde liegen müssen, als Gerüst, das den Nebel der zahlreichen Lügen trägt. In der Zeitschrift *Pokuplje* bin ich auf einen von Družaks zentralen Texten gestoßen, der im Frühling 1942 unter dem Titel »Das kroatische Blut hat gesprochen« erschienen ist. Er enthält bemerkenswerte Faktenverdrehungen über die Partisanenkämpfe und den Genozid an den Serben in der Region Kordun. In seinem Artikel »Im Angesicht der zweiten Revolution« zeigt sich Družak sehr zufrieden darüber, dass »die Juden nicht mehr die herrschende Kaste darstellen« und aus dem »öffentlichen, politischen, kulturellen und ökonomischen Leben« verdrängt worden sind. Er war in der Propaganda sehr versiert und nahm es mit der Wahrheit nicht so genau. Deshalb wird es ihm nicht schwergefallen sein, meinen Vater des Antizionismus und Antijudaismus zu bezichtigen, nachdem auf Regierungsebene angeordnet worden war, »wieder mehr über die Juden zu schreiben«.

Nikolić hat das ihm vorgelegte »Material« mit seinen eigenen Notizen ergänzt, damit es noch von weiterem Nutzen sein konnte. Am Ende hat er nichts davon publiziert. Als erfahrener Redakteur muss er gleich gespürt haben, dass ihm der Brief meines Vaters kaum Möglichkeiten für eine antijüdische Kampagne bot. Vielleicht aber hat der Brief meines Vaters, als er ihn dann genauer gelesen hat, den Ustascha Vinko Nikolić emotional bewegt. Das Vokabular seiner Notizen deutet darauf hin. Seiner Abschrift des Briefes hat er die Notiz »Brief eines Juden an seinen Sohn Slavko« in der typischen Manier der Ustascha-Sprache vorangestellt. Deshalb ist mein Vater nicht mehr der Ingenieur Ivo Goldstein, sondern nur ein Jude. Aber am Ende, als er gezwungen war, sich mit den einzelnen Sätzen meines Vaters zu beschäftigen, wird aus meinem Bruder Danko nicht etwa »der andere Sohn« oder der »jüngere Sohn«, sondern »das kleinere Söhnlein«. Und das kann man schon im Bereich der Empathie ansiedeln, zu der im Ustascha-Kroatien außer Nikolić sonst kein anderer Amtsinhaber in der Lage gewesen ist. Im Brief meines Vaters konnte er eine alte Ethik wiederfinden, der auch er selbst zugeneigt war. Hat es ihm einen Stich versetzt, als er notierte, dieser Mann sei in den Ustascha-Lagern »verschwunden«? Damals hat man sehr genau gewusst, was dieses Wort für die Juden im Ustascha-Unrechtsstaat bedeutet hat.

Für sich selbst hat Nikolić in Anspruch genommen, ein besonnener Mensch und ein »Friedensfreund« mit einem »sensiblen dichterischen Herzen« zu sein. Dennoch hat er in Hunderten von Briefen hasserfüllt gegen die Serben gehetzt. Über Juden habe ich so etwas von ihm nie gelesen. Am Ende wusste jeder, dass sein wichtigster finanzieller Unterstützer für die *Hrvatska revija* der bekannte Ustascha-Rückkehrer Ivo Rojnica war, der nichts unversucht ließ, um mit Juden sowohl in Argentinien als auch in Israel Geschäfte zu machen. Man kann davon ausgehen, dass Nikolić zu den wenigen Ustascha-Intellektuellen gehört hat, die nur widerwillig die für sie unumgänglich erscheinende Judenverfolgung in Kauf nahmen. Sie standen in Hitlers Schuld, der sie gönnerhaft beschützt und es ihnen ermöglich hatte, endlich ihr »unabhängiges« Kroatien auszurufen. Das erklärt vielleicht, weshalb es Nikolić so wichtig war, gut auf den Brief meines Vaters achtzugeben.

Die Vorbehalte, die Nikolić gegen die antijüdischen Aktionen während des Krieges hegte, sind in den Jahren seines Exils im Westen noch gewachsen. In einigen seiner Schriften spricht er von »Reue« und »Läuterung« als einem notwendigen Bewusstseinsakt. Er neigte zu großen Gesten und pathetischen Worten. Vielleicht hat ihn das Bild Willy Brandts bewegt, der 1970 symbolisch für Deutschland im Warschauer Ghetto in die Knie ging? Ich habe Grund zur Annahme, dass er sich mit dem Gedanken getragen hat, in der *Hrvatska revija* ein Schuldbekenntnis zu den Ustascha-Verbrechen gegen die Juden abzudrucken, womöglich auch, sich zu allen anderen Verbechen dieser Zeit zu bekennen. Der Brief meines Vaters hätte ihm dafür Anlass oder Argument sein können. Er hat es aber nie getan. Einmal mehr hat er zu lange gezögert. Das entsprach seiner lebenslangen Wankelmütigkeit, wenn es um die Wahrheit über den Unabhängigen Staat Kroatien ging.

Ich habe Vinko Nikolić 1980 auf der Frankfurter Buchmesse kennengelernt. Damals kam ein korpulenter, betagter Mann mit Schnurrbart in Begleitung zweier junger Männer an unseren Liber-Verlagsstand und gab mir selbstgefällig und stolz die Hand. »Slavko, was ist denn mit dir, erkennst du mich denn etwa nicht?« Es handelte sich um Franjo Pavičić, der vor dem Krieg Tischtennismeister an unserem Gymnasium gewesen war und den ich seit 1941 nicht mehr gesehen hatte. Ich hatte schon gehört, dass er Ustascha-Leutnant in der Leibwache des Poglavnik Ante Pavelić gewesen war. Nach dem

Krieg hatte er deshalb im Gefängnis gesessen, später hatte er Forstwirtschaft studiert und sich irgendwann nach Deutschland abgesetzt. In der Emigration war er politisch aktiv, arbeitete mit Kušan in der Redaktion der moderaten Monatsschrift *Nova Hrvatska (Neues Kroatien)* zusammen und war Mitglied im »Kroatischen Nationalrat«.[24] Bei unserem Wiedersehen versuchte er, nach all der langen Zeit entspannt und herzlich zu wirken, während ich selbst damals sehr überrascht und relativ zurückhaltend war. Er warf einen flüchtigen Blick auf die Auslage mit unseren Büchern, kaufte zwei Werke von Petar Šegedin und lud mich zum Stand der *Hrvatska revija* ein. »Deine Kollegen, die kroatischen Verleger, haben alle Angst, an unseren Stand zu kommen«, sagte Franjo Pavičić, »aber du, als alter Partisan, wirst doch keine Angst vor uns haben?«

Ich gebe zu, dass mir diese Einladung überhaupt nicht passte, aber ich ging dennoch hin. Ich wollte Franjo und seinen Freunden nicht den Triumph lassen, mich als Feigling abzustempeln. Als ich dann dort war, hatte ich gerade mal zwei, drei Minuten in der aktuellen Ausgabe ihrer Zeitschrift geblättert, als ein Mann um die siebzig auf mich zukam und mich in einem liebenswürdigen Ton ansprach. »Herr Goldstein, es ist mir eine große Ehre, ich bin glücklich, Sie an unserem Stand zu begrüßen. Mein Name ist Vinko Nikolić.« Er gab mir die Hand, und nahezu in der gleichen Sekunde, in der auch ich ihm die meine reichte, wurden zwei Fotos von uns geschossen. Ganz offensichtlich wurde das eine im Auftrag eines kroatischen Emigrantenvereins und das andere für den jugoslawischen Geheimdienst gemacht.

Nikolić wusste einiges über die Bücher, die im Verlag Liber veröffentlicht wurden, und lobte sie. Ich erkundigte mich meinerseits nur mäßig interessiert nach ihren Büchern und Zeitschriften. Wir haben nur kurz miteinander gesprochen, nicht einmal zehn Minuten, dabei wurden wir ständig von den Beobachtern aus dem Hintergrund fotografiert. Ich erinnere mich gut an sein auffällig üppiges graues Haar, an seine zuvorkommenden Manieren und den Klang seiner Stimme, in der ich ein Echo seines weichen südslawischen Dialekts zu hören glaubte. Es vergingen elf, zwölf Jahre, bis ich ihn wiedersah. Wir begegneten einander im Zagreber Kaffeehaus *Dubrovnik*, nachdem er endgültig nach Kroatien zurückgekehrt war. Ich glaube, schon damals war er zum Ehrenmitglied des kroatischen Parlaments ernannt worden. Er saß mit seiner Frau im Kaffeehaus und winkte mich freundlich zu sich. Wir tauschten uns kurz und höflich aus, nicht gerade beharrlich bot er mir an, mich dazuzusetzen, ich zögerte. Alle unsere zukünftigen Begegnungen fielen ähnlich wie diese aus. Die Vorstellung, mit mir ein richtiges Gespräch zu führen, muss ihm mehr als unangenehm erschienen sein. Immerhin lag in all den Jahren der Brief meines Vaters in seinem Archiv, und er machte keine Anstalten, ihn zu erwähnen.

Seit den frühen fünfziger Jahren hatte Nikolić, wie bereits erwähnt, in Buenos Aires unter schwierigen Bedingungen, aber mit großer Leidenschaft die Zeitschrift *Hrvatska revija* herausgegeben. Er war damit über vier Jahrezehnte hinweg erfolgreich. Das Blatt avancierte zur wichtigsten politischen und kulturellen Publikation der nationalistischen kroatischen Exil-Diaspora. Als Redakteur vertraute er seinem Instinkt und machte es sich zur Aufgabe, das Phänomen des Unabhängigen Staates Kroatien aufzuarbeiten. Er konfrontierte die Szene der Ustascha-Emigranten und ihrer Sympathisanten mit der ganzen Wahrheit und dem ganzen Ausmaß der Katastrophe, die sich im NDH ereignet hatte. Den selbsterdachten Fabeln von damals stellte er Fakten gegenüber, analysierte Verfälschungen, Mythen und Schuldzuweisungen, die besagten, alle anderen seien Täter gewesen, nur nicht die, die es jetzt vermieden, sich selbst im Spiegel anzusehen. Seine vierzigjährige Redakteursarbeit wirkte sich aus, und es erschienen unzählige Memoiren und historiographische Schriften über die Zeit des Unabhängigen Staates Kroatien. Neben einigen unkritischen Lobhudeleien und Lamenti wurden auch wichtige Fakten veröffentlicht, die der Wahrheit verpflichtet waren und von kritischem

Denken zeugten. Es gab Analysen der Ustascha-Ideologie, und man nahm Ante Pavelićs Rolle samt den Verirrungen der damaligen Innenpolitik genauer unter die Lupe. Dennoch, Vinko Nikolić schätzte seine Wirkung falsch ein, als er in einem Interview für die Zeitung *Šibenski list* über seine eigene Zeitschrift sagte, sie habe »unsere Leute an eine demokratische Gesinnung herangeführt und stark dazu beigetragen, Respekt vor anderen Menschen und der menschlichen Würde zu entwickeln«. Nach der Staatsgründung Kroatiens im Jahre 1990 sind überraschend wenige Unterstützer und Leser der *Hrvatska revija* nach Kroatien zurückgekehrt, und die, die kamen, hatten selten das, was man eine demokratische Gesinnung nennen könnte. Die meisten kamen mit ihren alten Vorurteilen zurück, sie blieben Befürworter eines autoritären Regimes, das sich politische und nationale Intoleranz zum Programm gemacht hatte. Darin bestätigte sich Alexander Herzens Satz über politische Emigranten, die nichts vergessen, aber auch nichts dazulernen.

In Nikolićs Zeitschrift wurde die NDH-Vergangenheit ohnehin nur bis zu einem bestimmten Punkt bearbeitet. Es gab Themen, an die er nicht rührte, und das betraf in erster Linie den Fetisch der Nation und des kroatischen Staates, die totalitäre Essenz der Ustascha-Ideologie, die an Genozid reichenden Verbrechen, die begangen wurden, und den kriminellen Charakter des Regimes. Das kritische Denken der Redakteure war angesichts dieser Tabus außer Kraft gesetzt. Das spiegelte sich in der Wahl der beauftragten Autoren wie in deren Texten. Hier und dort wagten sich einige Redakteure zwar oberflächlich an diese Themen heran, aber sobald die Rede auf die heilige kroatische Nation kam, besser gesagt auf den NDH-Staat, blieb vom kritischen Denken nichts mehr übrig – das kroatische Volk blieb unantastbar. Und auch Nikolić selbst hat sich diesem Ideal sein Leben lang verpflichtet gefühlt.

In dem erwähnten polemischen Beitrag, den er 1949 über die Tschetnik-Zeitschrift *Protest* publiziert hat, schrieb Nikolić, er sei immer gegen alle Gewalt gewesen, ganz gleich, wer sie begangen hatte. In dem darauffolgenden halben Jahrhundert ist ihm die eine oder andere Differenzierung gelungen. In dem erwähnten Interview mit *Šibenski list* ist er genauer darauf eingegangen, als er über die Zeit des Ustascha-Staates sagte: »Auf Selbstverteidigung hatten wir ein Recht, aber manche Grenzen darf man nicht überschreiten. Auf unserer Seite wurden Verbrechen begangen. Und Verbrechen müssen bestraft werden, ganz egal, von wem sie begangen wurden. Wir müssen die Kraft aufbringen, unseren Sünden ins Gesicht zu sehen. Wer keine Kraft hat, seine Taten zuzugeben, der kann nicht erlöst und auch nicht erhöht werden.«

Als Nikolić im August 1969 von dem Attentat auf Vjekoslav Maks Luburić hörte, den kroatischen Ustascha-General und Leiter des Konzentrationslagers Jasenovac, schrieb er: »Jasenovac ist unsere große kroatische Wunde und eine noch größere Schande, die uns in der Seele weh tut und die uns die Schamesröte ins Gesicht treibt.« In seinen Texten hat er immer wieder Worte wie »Reue« und »Katharsis« ins Spiel gebracht, aber am Ende ist es bei ihm zu keiner tieferen Aufarbeitung der Vergangenheit gekommen. Für ein aufrichtiges Bekenntnis zur Schuld braucht man eine Kraft, über die Vinko Nikolić nicht verfügte. Er war mit seiner eigenen Wunde beschäftigt, denn er war selbst traumatisiert. Der eine seiner Brüder war von den serbischen Tschetniks gefoltert und umgebracht worden, den anderen hatten die Partisanen zum Tode verurteilt und erschossen. (Nikolić sagte dazu: »Und für uns bedeutet das, dass es serbische Kommunisten waren.«) Er hat Hunderte von Seiten publiziert, auf denen er alle möglichen Verbrechen auflistet, die an Kroaten verübt wurden, von Serben, Tschetniks, Kommunisten, Italienern, Engländern, Russen und auch von den Deutschen, aber er verliert kein Wort darüber, was im Konzentrationslager Jasenovac wirklich geschehen ist und welche Verbrechen dort begangen worden sind. Oft hat er sein »sensibles dichterisches Herz« betont und wie sehr es mit den eigenen unschuldigen Opfern leidet, ein Mitgefühl, das er für die unschuldigen Opfer der anderen nicht aufbringen konnte. Für ihn war das Lager Jasenovac »eine große kroatische Wunde«, dass es aber für Serben, Juden und Roma eine mindestens ebenso große Wunde war, findet er an dieser Stelle nicht einmal erwähnenswert. Er wurde innerlich zwischen seinen ethischen Empfindungen und der fetischisierten nationalen Idee seines Volkes geradezu aufgerieben. Letztere aber tötete am Ende jegliche Ethik in ihm ab.

Unter den Mitarbeitern der *Hrvatska revija* war Eugen Dido Kvaternik, einer von Nikolićs Günstlingen. Das kann man nur aus seiner allerengsten Perspektive als Redakteur nachvollziehen. Dido war unter den Autoren, die für seine Zeitschrift schrieben, bei weitem der gebildetste und literarisch begabteste. Dido waren einige der größten Geheimnisse der NDH-Zeit bekannt, und manchmal rückte er in seinen Texten scheibchenweise damit heraus. Dido Kvaternik aber war unter den Mitarbeitern, die für Vinko Nikolićs Zeitschrift schrieben, auch der größte Kriegsverbrecher von allen. Er war der direkte Befehlshaber des ersten Genozids an den Serben und der Massenerschießungen im April und im Mai 1941 gewesen. Außerdem war er der Initiator der Todeslager auf der Insel Pag, in Jadovno und in Jasenovac. Er war der Oberbefehlshaber sowohl aller militärischen Ustascha-Kräfte als auch der Staatspolizei während des Höhepunkts ihres politischen wie völkermörderischen Terrors.

Gemäß der alten Maxime, nach der die größten Verbrecher manchmal zu größter Reue fähig sind, hat Dido Kvaternik 1952 in mehreren Anläufen damit begonnen, sich in der *Hrvatska revija* zu seiner Schuld zu bekennen, und er war dabei radikaler als alle anderen und übertraf in dieser Hinsicht auch Nikolić:

»Unser Niedergang als Volk begann 1941 nur kurze Zeit nach unserem Aufstieg, ausgelöst wurde er durch eine fortwährende und wiederholte Missachtung aller ethischen und moralischen Grundregeln (…). Wir

> können die offenkundige Tatsache nicht leugnen, dass im letzten Krieg auch auf der kroatischen Seite schwere Verbrechen begangen wurden, die moralisch eine Sünde und juristisch betrachtet ein Verbrechen und aus politischer Sicht eine Verrücktheit sind. Deshalb sind wir auf unauslöschliche Weise der Geschichte gegenüber verantwortlich.«

An keiner Stelle aber hat er je gesagt, worin genau die »Sünde«, das »Verbrechen« und die »Verrücktheit« bestanden, von denen er spricht. Er macht einen einzigen Mann für alles verantwortlich und nennt ihn einen »seelisch unausgeglichenen Balkanesen«: Dr. Ante Pavelić, der in Dido Kvaterniks Augen der wichtigste und im Grunde genommen der einzige Verantwortliche für das Ausmaß des Bösen ist, das im Ustascha-Kroatien begangen wurde. Über seine eigene Rolle in einer Zeit, in der das Böse um sich griff, hat sich Dido Kvaternik in seinen Texten in auffällige Widersprüchlichkeiten verwickelt, wie hier:

> »Es gibt keinen Zweifel darüber, dass auch der Autor dieser Zeilen über siebzehn Monate hinweg eine Waffe in der Hand eines Despoten war, während er dessen Befehle ausführte. Das war eine Sünde, die durch meinen unbegrenzten jugendlichen Glauben an die Heimatliebe und die Fähigkeiten von Dr. Pavelić ausgelöst wurde. Aber als es mir nicht mehr möglich war, sein Vollstrecker zu sein, ist es zu einem Zerwürfnis zwischen uns gekommen.«

Für Vinko Nikolić reichte das, um Eugen Dido Kvaternik 1962 bei seinem Begräbnis auf dem Friedhof in Buenos Aires als einen Vorkämpfer seines Volkes zu bezeichnen, der sich »ganz und gar für das Gute eingesetzt hat« und dem man dereinst in einem »befreiten Kroatien die dafür nötige Ehre erweisen wird«: »(Weil) er selbst über seine Sünden und Verirrungen am strengsten geurteilt (hat), (haben) das Leiden und die Reue seine nur für die Ideale seiner Nation lebende Seele gereinigt. Wenn er in dieser Liebe auch Fehler begangen hat, so wie es einem jeden von uns geschehen ist, der weiß, dass jenen, die Größe in der Liebe aufbringen, auch großzügig vergeben werden kann.«

Genau in dieser aphoristischen Pseudophilosophie – »jenen, die Größe in der Liebe aufbringen, kann auch großzügig vergeben werden« – liegen alle politischen und moralischen Begrenzungen von Vinko Nikolić. Wenn du Kroatien über die Maßen geliebt hast, muss dir großzügig vergeben werden, was du im Namen deines Staates getan hast, ganz gleich, ob du nun Menschen vertrieben, sie in Gefängnisse und Lager gebracht hast, ob du an Massenerschießungen teilgenommen oder sie angeordnet hast. Und wenn du ein paar phrasenhafte Schuldbekenntnisse von dir gegeben hast, hast du schon eine »Katharsis« erlebt, und die »wohlverdiente Ehre« wartet auf dich. Diese monströse Logik hängt mit dem fetischisierten Staat zusammen, mit dem Eros der Nation, und sie entstammt jener pathologischen Verirrung, die weder Vinko Nikolić noch seine Mitarbeiter von der *Hrvatska revija* je überwunden haben. Von dieser Krankheit ist auch das heutige Kroatien nicht geheilt, erst in den letzten Jahren hat so etwas wie eine Heilung überhaupt eingesetzt. Albert Einstein scheint recht behalten zu haben, als er einmal sagte, ein Vorurteil sei schwerer zu spalten als ein Atom.

II DIE WURZELN DES BÖSEN

6 Die »Affäre Vujičić«

Es gibt Zeiten in unserem Leben, in denen wir den Eindruck haben, selbst über unser Schicksal zu bestimmen. Wir wählen die Gesellschaft von bestimmten Menschen, unsere Freunde und unseren Beruf, wir gründen eine Familie, unsere Erfolge hängen allein von unserem Können und unserer Arbeit ab, und wir gehen gelassen dem Alter entgegen. Aber es gibt Augenblicke, ja ganze Lebensabschnitte, in denen unsere Existenz in den Händen anderer Menschen liegt. Dann entscheidet etwas oder jemand unerbittlich über uns, ohne dass wir uns wehren könnten. Es bleibt uns nur, die Flucht zu ergreifen oder uns resigniert dem Lauf des Lebens zu ergeben. Für meine Familie und für unzählige andere Menschen war das Jahr 1941 eine solche Zeit. Aus der Rückschau habe ich zu verstehen versucht, woher das Böse kam, das uns widerfahren ist. Es ist schwer, unsere Schicksale zu beschreiben, ohne dabei auch die Umstände zu erwähnen, die den Rahmen dafür bildeten, denn sie sind nicht leicht zu fassen. Zu einer alles erklärenden Antwort bin ich nicht gelangt, denn eine solche gibt es definitiv nicht. Aber ich habe den Mechanismus des damaligen Bösen in der Rückschau doch etwas besser verstanden.

In den ersten Abendstunden des 5. Mai 1941 stürmten fünf stadtbekannte Mitglieder der Karlovacer Ustascha-Jugend die Wohnung und Anwaltspraxis von Dr. Milan Vujičić in der Leopašićeva-Straße. In nervöser Eile durchsuchten sie seinen Schreibtisch, die Kleider-

Hrvatski Blagaj: Bis April 1941 eine Grundschule, wurde das Gebäude im Mai 1941 als Gefängnis und für Folterungen genutzt. Im Sommer 1941 war es Stützpunkt für die kroatischen Domobrani (eine paramilitärische Heimwehr des Ustascha-Staates), im September 1942 wurde es in Brand gesetzt und blieb als Ruine stehen.

schränke und die Bücherregale und verbrannten einige Dokumente. Sie führten Dr. Vujičić ab und sagten seiner Frau Anastazija, sie würden ihn dem Gericht in Zagreb überstellen. Noch am gleichen Abend verhafteten sie in Karlovac zwei weitere Bürger serbischer Nationalität – einer von ihnen war Gojko Janjanin, Offizier der geschlagenen Jugoslawisch-Königlichen Armee, der andere hieß Dušan Dokmanović und war ein Eisenbahnarbeiter.

Dr. Vujičić hatte in Karlovac den Ruf eines anständigen und mutigen Menschen. Er gehörte zu den wenigen Rechtsanwälten, die in der Zeit der 6.-Januar-Diktatur ihre Stimme gegen das Regime erhoben und sich bei der Polizei und anderen Staatsorganen für die verfolgten Mitglieder der Opposition und andere Gegner des Regimes eingesetzt haben. Er war ein Serbe aus Banija, in Karlovac aufgewachsen und zur Schule gegangen, verheiratet mit einer Karlovacer Kroatin.

In Karlovac wurde er schon lange nicht mehr als ein Fremder wahrgenommen, jeder kannte ihn, und er genoss hohes Ansehen. In den 1930er Jahren war Vujičić eine wichtige Figur in der Unabhängigen Demokratischen Partei und gehörte zu den maßgeblichen Verfechtern einer Kooperation zwischen den Serben aus Karlovac und denen aus der Region Krajina. Nach dem Cvetković-Maček-Abkommen vom August 1939 wurde er von Ivan Šubašić, dem neugewählten kroatischen Präsidenten, als sein Stellvertreter vorgeschlagen. Aber in Belgrad war man damit nicht einverstanden, denn Vujičić sei weithin als Republikaner bekannt. Seiner politischen Überzeugungen wegen hatte seine Frau bereits ihre Arbeit als Lehrerin am Realgymnasium von Karlovac verloren.

Kurz nachdem die jungen Ustasche ihren Mann abgeführt hatten, schlug Frau Vujičić überall in ihrem Bekanntenkreis Alarm. Noch in derselben Nacht wurde die Verhaftung von Vujičić im Karlovacer Ustascha-Führungsgremium diskutiert. Vladimir Židovec, der damalige Sekretär der Ratsversammlung, hat 1947 während bei einer Befragung vor der UDBA ausgesagt:

> »Wenn ich mich nicht täusche, rief uns am 5. Mai 1941 Mane Bilović abends aus dem Ustascha-Führungsgremium an. Mit aufgeregter Stimme ließ er mich wissen, dass vor kurzem ein paar bewaffnete Männer in die Wohnung von Milan Vujičić eingedrungen waren, ihn verhaftet, in ein Auto gesetzt hatten und mit ihm verschwunden waren. Er hatte schon mit Dr. Nikšić gesprochen, der verwundert und schockiert war, dem aber die Hände gebunden waren. Ich habe sofort gespürt, dass die Sache gefährlich ist. Im Namen des Ustascha-Gremiums und im Rahmen meiner Befehlsgewalt habe ich augenblicklich die Anordnung gegeben, alle Ausfahrten in der Stadt zu blockieren. Mit dem gleichlautenden Befehl habe ich auch bei der Polizei angerufen. Aber da war es leider schon zu spät. Das Auto, in dem Vujičić aus der Stadt gebracht worden war, war bereits

auf einer kleinen Landstraße in Richtung Rečica unterwegs. (…) Noch in dieser Nacht haben wir uns im Ustascha-Führungsgremium getroffen, um den Fall zu diskutieren. Wir wussten ja nichts Genaues, hatten aber eine schlimme Vorahnung.«[1]

Wie es weiterging, kann man in einem Protokoll vom 22. Mai 1945 nachlesen, das ich im Archiv von Karlovac gefunden habe. Es wurde vom Büro des Bezirksausschusses verfasst, der eine Kommission beauftragt hatte, eine Liste der Kriegsverbrecher und ihrer Helfer zusammenzustellen. Dieses Beweismaterial kam 1948 bei den Gerichtsverhandlungen gegen Aleksandar Šantić zum Einsatz. Luka Šprajc, damals Polizeiwachtmeister in Karlovac, machte vor der Kommission folgende Aussage:

»Nach dem Zerfall Jugoslawiens 1941 hatte ich in einer [dem Militär unterstellten] Gendarmerie in Karlovac die Befehlsgewalt. Eines Tages, ich erinnere mich sehr gut, dass es Anfang Mai war, kam ein Bauer zu mir (…) und sagte, er habe im Wald Pomrčica in der Nähe von Karlovac drei Leichen unter dem Laub in einer Grube entdeckt. Diesen Fall habe ich gleich dem Militärgouverneur Marković gemeldet und ihn gebeten, mich der Sache annehmen zu können. Der Militärgouverneur Marković hat mir geraten, nichts zu unternehmen, oder genauer gesagt, er hat mich gebeten, mich nicht in diese Sache einzumischen, das sei eine Angelegenheit der Ustasche, und ich könne, geriete ich da hinein, zu Schaden kommen. Deshalb habe ich in dieser Sache meine Nachforschungen unterlassen (…). Am gleichen Abend fuhr Hinko Karl, der damalige Polizeichef von Karlovac, in einem Lastwagen vor meiner Gendarmeriekaserne vor, und zwar in Begleitung von zwei oder drei Männern. Er erbat sich bei mir eine Genehmigung zur Patrouille, um mit diesen Männern eine dienstliche Angelegenheit abzuwickeln. Ich habe ihnen eine Genehmigung ausgestellt, und sie haben sich danach im besagten Lastwagen auf den Weg gemacht. Als ich am nächsten Tag zur Kaserne kam, parkte dort der gleiche Lastwagen und war innen und außen blutverschmiert, und ich erinnere mich noch, dass auf dem Boden des Autos menschliche Gehirne lagen. Ich fragte den Diensthabenden in der Kaserne, was geschehen war und warum das Auto voller Blut war. Der Mann sagte mir, dass sie die Leichen aus dem Wald von Pomrčica geholt und sie auf dem Friedhof von Šišljavić begraben haben. Danach erfuhr ich von der Patrouille (...), dass sie mit Hinko Karl in Richtung Rečica gefahren waren und er ihnen unterwegs den Befehl gegeben hatte, die Leichen aus dem Wald zu holen. Er verbot ihnen, darüber zu reden, und drohte ihnen, sollten sie darüber sprechen, mit der Todesstrafe.«

Hinko Karl war bis zum Ausbruch des Krieges im leitenden Polizeidienst beschäftigt gewesen und wurde später Mitglied im Ustascha-Gremium der Stadt Karlovac. Er hatte sich offensichtlich große Mühe gegeben, die Spuren des von ihm begangenen Verbrechens zu verwischen, doch am Ende ließ es sich nicht mehr vertuschen. Nicht nur der Bauer hatte die Leichen im Wald gesehen, auch eine Gruppe von Jägern konnte bezeugen, dass sie dort gewesen waren. Die Stadt war in Angst und Schrecken versetzt. »Sie haben Vujičić ermordet ... sie haben Vujičić ermordet.« Fassungslos hat damals unsere Hauswirtschafterin Jaga, als sie eines Tages vom Markt nach Hause kam, diesen Satz wiederholt. Sie war besorgt und entsetzt. Heute kann ich mir die Angst meiner Mutter in der damaligen Lage genau ausmalen, denn bis zu diesem Moment wurden die Menschen lediglich verhaftet, und man hoffte, dabei würde es bleiben. Nun aber wurden Menschen umgebracht. Und die neuen Machthaber waren gerade mal einen Monat an der Regierung.

Ein paar Tage vor der Verhaftung von Dr. Vujičić unterhielt sich meine Mutter bei uns zu Hause mit Pavica Vine, einer ihrer besten Freundinnen. Nach der Machtübernahme der Ustasche trafen sie sich öfter und grübelten unaufhörlich darüber nach, welche Möglichkeiten es gab, meinen Vater aus dem Gefängnis zu befreien. Sie störten sich nicht daran, dass ich manchmal mithörte und über ihre Pläne informiert war. Als Tante Pavica auf den Gedanken kam, den Rechtsanwalt Vujičić zu engagieren, war meine Mutter darüber erstaunt und sagte:

»Aber er ist doch ein Serbe! Er muss sich jetzt um sein eigenes Schicksal kümmern und kann jetzt bestimmt nicht viel für andere Menschen tun.« Frau Vine war anderer Auffassung, sie wusste, dass Vujičić bei kroatischen Politikern Wertschätzung genoss. Sie war überzeugt davon, dass Vujičić in Karlovac der letzte Serbe war, dem irgendetwas zustoßen könnte. Wie war es um uns alle bestellt, wenn ausgerechnet jener Serbe als Erster ums Leben kam, der als Letzter etwas zu befürchten gehabt hätte? Wer konnte dann überhaupt noch sicher sein?

Fünf junge Mörder

Zwischen den acht Mitgliedern der Ustascha-Ratsversammlung kam es zu einer Auseinandersetzung, mindestens drei von ihnen (Feliks Židovec, Bürgermeister von Karlovac, Vladimir Židovec, sein Sohn, und Mane Bilović, Befehlshaber der kommunalen Ustascha-Organisation) forderten vehement eine genaue Untersuchung des Verbrechens im Wald von Rečica und eine Bestrafung der Täter. Unterstützt wurden sie von dem Gymnasiallehrer Ivo Klarić und dem Kaufmann Zdravko Berković, der bis zum 10. April 1941 Befehlshaber der lokalen Bürgerwache der Kroatischen Bauernpartei (HSS) gewesen war. Aber die Untersuchungen wurden von Dr. Ante Nikšić, Hinko Karl und seinem Mitarbeiter Dr. Ivan Gromes an hochoffizieller Stelle blockiert.

Die Auseinandersetzungen in der Ustascha-Zentrale wurden mit der Zeit rauer im Ton, besonders als herauskam, wer die Täter waren. Frau Vujičić kannte die meisten der Männer, die ihren Mann abgeführt hatten. Auch die Familien der beiden anderen von ihnen abgeführten Männer konnten die Täter identifizieren, und man wusste auch, wem der Lastwagen gehörte, mit dem sie die Leichen weggebracht hatten. Vladimir Židovec schreibt darüber:

»Die ganze Affäre wurde durch die Tatsache verschlimmert, dass die ganze Stadt wusste, wer sie waren. Alle deckten die Männer, die sich durch die Macht und die Protektion von Nikšić sicher fühlten. Sie benahmen sich sehr grob und forderten die Leute regelrecht heraus, (…) und sie ließen alle spüren, dass sie im Auftrag von Nikšić handeln.«

Die jungen Männer, die zu Mördern geworden waren, gehörten einer Gruppe von kroatischen Nationalisten an. Es waren Studenten, Gymnasiasten und Kaufmannsgehilfen darunter, die schon in den letzten Vorkriegsjahren als Frankisten bekannt waren. An einem regnerischen Tag sah ich sie einmal dichtgedrängt zusammen hinter dem Kino Edison, sie versteckten sich unter ihren Regenschirmen. Als sie sich entfernten, sah ich, dass sie die Abkürzung ŽAP (Živio Ante Pavelić – Hoch lebe Ante Pavelić) auf die Hauswand geschrieben hatten. Damals war Pavelić nur der Anführer einer kleinen Gruppe militanter kroatischer Rückkehrer aus der Emigration, die unter dem Schutz von Benito Mussolini in Italien lebten und die Abnabelung Kroatiens von Jugoslawien anstrebten.

Die jungen kroatischen Frankisten aus Karlovac waren Nationalisten, die die neue NDH-Regierung vorbehaltlos unterstützten. Aber auch zwischen diesen jungen Leuten zeigten sich bald viele Unterschiede. Die Macht und die Gewalt, die sie plötzlich ausüben konnten, verwandelte die einen in arrogante Schlägertypen, die gern Leute schikanierten. Aus den anderen aber machte sie Mörder. Es gab jedoch auch einige, die sich rechtzeitig besannen und sich in ihr Studium oder ihre Arbeit flüchteten. Der kluge Bauingenieur Nikola Marić erfasste schnell die Lage und schickte seinen Sohn Boris zum Studium in die Schweiz. Damit bewahrte er ihn vor dem Gift einer Gesellschaft, die dem jungen Mann schon zu gefallen begonnen hatte. Es war durchaus nach dessen Geschmack gewesen, ein Anführer der Ustascha-Jugendbewegung und ein Offizier im Arbeitslager der Schülerschaft von Karlovac zu sein.

Zwei der fünf jungen Männer, von denen die ganze Stadt annahm, dass sie die Mörder von Dr. Vujičić waren, kannte ich persönlich. Die Leute in Karlovac waren sich sicher, dass Aleksandar (Saša) Šantić, der Anführer der Gruppe, der Hauptschuldige und also ein dreifacher Mörder war. Aber aus den Dokumenten, die ich in den letzten Jahren einsehen konnte, geht hervor, dass er nur einer der Beteiligten war. Šantić war damals Jurastudent und einundzwanzig Jahre alt. Sein Gymnasiallehrer Radeka beschreibt ihn in seinen Erinnerungen als einen »ausgezeichneten Schüler, der von der mündlichen Prüfung freigestellt wurde, luzide und intelligent, mit dunklem Teint, er hatte es faustdick hinter den Ohren und war ein eifriger Ustascha«. Ich selbst erinnere mich an sein selbstgerechtes spöttisches Lachen, mit dem er mich viele Male herausgefordert hat. Im Winter 1940/41 war ich oft vor dem Hrvatski Dom zum Schlittschuhlaufen und spielte mit den älteren Jungen Eishockey. Einmal heftete ich mich dabei an Sašas Fersen, er aber trat mir plötzlich heftig mit dem Schlittschuh gegen das Knie. Als er mir wieder auf die Beine half, sagte mir sein freudig wildfunkelnder Blick, dass es ihm kein bisschen leidtat. Im Frühling 1941 – ich erinnere mich nicht mehr, ob das vor oder nach dem Verschwinden von Vujičić war – hatte ich eine Augenblick lang bei einem Spiel nicht bedacht, dass es Juden verboten war, Kinos, Parkanlagen und öffentliche Promenaden zu betreten. Selbstvergessen flitzte ich an diesem Tag zum Kino Edison. Plötzlich erschien aus dem Nichts Saša Šantić in irgendeiner Uniform vor mir, er trug eine Ustascha-Mütze mit Goldrand, ein Zeichen für den Rang eines Kommandanten. Er war in Begleitung von zwei, drei jungen Frauen, eine von ihnen trug ebenfalls eine Ustascha-Mütze. Als er mich erkannte, lachte er laut auf, stürmte schadenfroh auf mich zu und sagte: »He, du kleiner Jude! Was machst du hier eigentlich auf der Promenade?« Als hätte er gerade einen guten Witz gemacht, drehte er sich selbstbewusst zu den jungen Frauen um. Ich sah zu, dass ich so schnell wie möglich von dort wegkam. Als es dann überall hieß, der schöne Saša sei einer der Mörder, war ich nicht allzu überrascht.

Anders erging es mir aber, als mir die Sache über Jožica Gombač zu Ohren kam. Ihn kannte ich als einen ruhigen, etwas pummeligen jungen Mann, der wenig sprach und sehr begabt für alles war, was mit Mechanik zu tun hatte. Ich war einige Male in seinem am Ufer der Korana gelegenen Garten zu Besuch. Hier bastelte und testete Gombač seine kleinen Flugzeugmodelle. Kurz vor dem Krieg wurde er achtzehn Jahre alt, und seine wohlhabenden Eltern kauften ihm einen Fiat Topolino, einen kleinen Zweisitzer. Es war damals eines der ersten Autos dieser Art in Karlovac, und wir beneideten ihn alle darum. Bis dahin hatten wir ihn nie in Gesellschaft von Šantić und seinen Ustascha-Freunden gesehen. Ich weiß nicht, wie sie Gombač in jener Nacht dazu gebracht haben, den Lastwagen seines Vaters aus der Schlachterei zu holen und sie zu ihrer schrecklichen Mission zu fahren. Mein Eindruck ist, dass sie ihm in jener Nacht nicht die Wahrheit gesagt hatten. Ich stelle mir vor, wie es für ihn war, Zeuge zu sein, sehe die Situation im Wald von Rečica vor meinem inneren Auge, den Lastwagen mit dem ausgeschalteten Licht auf dem Wendeplatz neben der Straße und einen am Lenkrad vor Angst und Grauen zitternden Jožica Gombač, während er vier bewaffneten jungen Männern zusieht, wie sie drei gefesselte, verängstigte Gefangene aus dem Lastwagen stoßen und im Wald vor sich hertreiben. Er muss die verzweifelten Hilferufe der Männer gehört haben, die durch die Nacht drangen, bis sie von Revolverschüssen erstickt wurden. Jožica Gombač wird mit Schwindel und aufsteigender Übelkeit gerungen haben, als er den Motor anmachte, den Lastwagen wendete und unter dem nervösen Schweigen der vier Mörder in die Stadt zurückfuhr. Ich frage mich, ob einer der Männer auf der Rückfahrt in der nächtlichen Dunkelheit den Mut aufgebracht hat, ein Wort zu sagen. Oder hat sich jeder von ihnen dem Grauen allein gestellt, das aus ihrem ersten Mord entstanden sein muss? Vielleicht haben sie dieses Grauen auch gar nicht empfunden, vielleicht hat einer von ihnen am Ende sogar versucht, die schneidende Stille mit zynischen Bemerkungen zu mildern. Hat einer der Mörder gar, nachdem sie ihre Gewissen hinter sich gelassen und den Rubikon überschritten hatten, so etwas wie Selbstzufriedenheit gespürt? Jedenfalls lag nun die erste »Abrechnung mit den gefährlichen Feinden Kroatiens« hinter ihnen.

In der Stadt wurde getuschelt, Stipe Augustinović habe als Erster auf die drei Opfer geschossen. Schon vor dem Krieg galt er unter den jungen Frankisten wegen seines feurigen Temperaments als mutig. Židovec erinnert sich daran, dass er ihn einmal gerade noch davon abbringen konnte, nachts den Sitz des Turnverbands »Sokolski« in die Luft zu sprengen. Auch berichtet er, dass Augustinović am Vorabend des Krieges, am 5. April 1941, »die Telefonleitungen zwischen Karlovac und Ogulin gekappt hat (...), auf diese Weise erfüllte er sich den lange gehegten Wunsch, endlich selbst tatkräftig anzupacken«. Nach dem 10. April 1941 brüstete er sich damit, zahlreiche Verhaftungen vorgenommen zu haben, unter anderem die meines Vaters, und er soll einer der Ersten gewesen sein, die mitmachten, als man anfing, die Leute zu verprügeln – mit »revolutionären« Methoden, wie es hieß, die nichts anderes als reine Gewalt waren. Aber Augustinović war nie ein Anführer, sondern immer ein Mitläufer – so gehorsam wie grausam.

Als Schlüsselfigur der Fünfergruppe kann der junge Rechtsanwalt Josip Željko Kurelac gesehen werden. Zwei Wochen vor dem Mord im Wald von Rečica hieß es, er sei jetzt »Truppen-Befehlshaber der Ustascha-Kämpfer«. In einem Interview vom 2. Mai 1941, das in der Karlovacer Zeitung *Hrvatska sloboda* erschienen ist, hebt Nikšić von allen jungen Männern, die sich für die kroatische Ustascha-Sache eingesetzt haben, Kurelac besonders hervor. Ihm sei es zu verdanken, dass es den Ustasche gelungen war, zu den Studenten von Karlovac vorzudringen und viele von ihnen zu rekrutieren, »die sich bis dahin in Phrasendrescherei, in leeren und trägen Reden eingerichtet hatten«. Kurelac war ein intelligenter Fanatiker, der sich selbstlos aufopferte. Er stand mit Nikšić bis zum Kriegsausbruch am 10. April 1941 und auch danach in enger Verbindung, wurde von ihm beraten und nahm seine Befehle direkt entgegen. Als »Truppen-Befehlshaber der Ustascha-Kämpfer« war er nach dem 10. April 1941 der Chef einer berüchtigten Gruppe, die unter den Karlovacer Ustasche als »die Jungs von Nikšić« bekannt war. Diesen jungen Männern, so gab es Židovec bei seiner Anhörung durch den Jugoslawischen Geheimdienst 1947 zu Protokoll, »musste man einfach nur ins Ohr flüstern, dass Vujičić eine Gefahr für den neuen kroatischen Staat war (…), und das reichte aus, um sie zum Handeln zu bewegen«.

»Alles für unsere Sache«

In Karlovac wurde lange über die Motive spekuliert, die zum Mord an Vujičić geführt hatten. Es war offensichtlich, dass sie etwas mit der juristischen und mit der privaten Korrespondenz des Anwalts zu tun hatten, die die jungen Ustascha-Männer in seiner Kanzlei verbrannt hatten, bevor sie ihn mitnahmen. Radeka, der Vujičić eng verbunden war, schreibt in seinen Memoiren:

> »Als Rechtsanwalt waren Vujičić einige Informationen über Nikšić zugänglich, der jetzt ein wichtiger Ustascha-Kopf war, es war auch die eine oder andere für ihn unangenehme Sache dabei. (…) Nach dem Ersten Weltkrieg war Nikšić überzeugter Jugoslawe und Teil einer Delegation der Adriatischen Garden, einer monarchischen Gruppe, die 1935 das Grab König Alexanders I. besuchte. Und am 13. April 1941 besuchte ihn der Poglavnik höchstpersönlich in seinem Haus in Karlovac. Jedenfalls war dieser intellektuelle Mann, ein Doktor der Rechtswissenschaften und Hoher Richter, in eine merkwürdige, undurchsichtige Familiensache verwickelt, in der es um gefälschte Unterschriften und ungedeckte Schecks ging.«

Es kam heraus, dass Nikšić einige illegale Geldtransaktionen vorgenommen hatte, die ihn in Schwierigkeiten brachten, genauso wie sein doppeltes politisches Spiel, als er geschickt zwischen der Regierung des Königreichs Jugoslawien und der Ustascha-Bewegung laviert war. Vujičić war ein Zeuge, der ihm im Weg stand. Dennoch, Nikšić, ein vorsichtig handelnder und geübter Opportunist, hätte niemals ohne Rückendeckung »von ganz oben« den Mut und die Nerven gehabt, einen solchen Mord zu befehlen.

In jener Nacht vom 5. auf den 6. Mai 1941 fanden in ganz Kroatien, Bosnien, in der Herzegowina und in anderen Regionen ähnliche Hinrichtungen statt. Am Abend des 5. Mai 1941 ließ Asim Đelić, der Leibwächter des Ustascha-Abgesandten für West-Bosnien Viktor Gutić, den orthodoxen Bischof Platon Jovanović und den Priester Dušan Subotić aus ihren Gefängniszellen holen und an das Ufer des Flusses Vrbas bringen, wo er sie auf grausame Weise ermordete und dann ihre Leichen ins Wasser warf. In Glina wurden in dieser Nacht Adam Resanović und Stojan Slijepičić verhaftet, bestialisch zusammengeschlagen und mit einer Gruppe von Lehrern, orthodoxen Priestern und ehemaligen Unteroffizieren aus den umliegenden Dörfern verschleppt. Von all diesen Menschen verliert sich jede Spur. Sie waren in dieser Region die erste große Gruppe von Menschen, die getötet wurde.

In der berüchtigten Erdgrotte Macolina wurden insgesamt sechsundzwanzig Menschen ermordet, unter ihnen befanden sich die ersten serbischen Gefangenen aus Gračac und Umgebung. In den serbischen Dörfern der Region Banija wüteten zwei Ustascha-Kolonnen, sie waren für die ersten öffentlichen Hinrichtungen verantwortlich, bei denen einige in der Gegend bekannte Dorfbewohner getötet wurden. Die selbstorganisierten Ustascha-Gruppen, die man später »wilde Ustasche« genannt hat, zogen an diesem 6. Mai 1941 auch durch die Dörfer von Sanski Most, wo sie sich aber im Dorf Srpsko Kijevo zum ersten Mal mit spontanem Widerstand konfrontiert sahen. Erst am 8. Mai gaben die Dörfler auf, denn die deutsche Wehrmacht war mit einer Einheit angerückt und hatte hundert Menschen in Geiselhaft genommen. Siebenundzwanzig von ihnen wurden an Ort und Stelle hingerichtet, ihre Leichen hängte man im Park von Sanski Most an den Bäumen auf, ihre Häuser wurden verbrannt.[2] Das Kordun-Massaker an den Serben von Blagaj unweit von Slunj begann am gleichen Tag. Es war das größte Verbrechen, das in den ersten Monaten des neu ausgerufenen Unabhängigen Staates Kroatien stattfand. Davon wird noch an anderer Stelle die Rede sein.

Die Gewalt, die offensichtlich zentral koordiniert wurde, geschah nicht zufällig an diesem Datum. Nach dem Julianischen Kalender der orthodoxen Serben ist der 6. Mai der Tag des Heiligen Georg, Đurđevdan, und nach einer bekannten serbischen Redensart ist das der Tag, an dem der Frühling beginnt und die »Vogelfreien« von überallher zusammenkommen. Bis heute ist nicht klar, ob Dido Kvaternik und sein Poglavnik Pavelić vor der aufständischen Kraft der »Vogelfreien« Angst hatten und befürchteten, die Serben könnten just am Sankt-Georgs-Tag ihren Widerstand gegen sie formieren. Vielleicht war der Tag, an dem die ersten Massenmorde stattfanden, auch aus symbolischen Gründen gewählt worden, um die serbischen Kommunen zu warnen und ihnen Angst einzujagen, indem man ihre wichtigsten Köpfe rollen ließ.

In den Wirren dieser Tage und nach diesen ersten Hinrichtungen erhielt dann wahrscheinlich auch der Ustascha-Kommandant Dr. Ante Nikšić »von ganz oben« den Befehl, am Sankt-Georgs-Tag in der Stadt Karlovac sowie im gesamten Verwaltungsbezirk etwas Ähnliches in die Wege zu leiten. Vladimir Židovecs Aussage gemäß reiste Nikšić in diesen April- und Maitagen häufiger nach Zagreb. »Unsere Revolution verlangt uns noch Blut ab, Blut bis zu den Knien.« Mit diesem Satz sei er eines Tages von den Zagreber Zusammenkünften nach Karlovac zurückgekommen. In dieser Zeit muss er mit Dido Kvaternik in Kontakt gestanden haben, denn dieser hielt sich damals zweimal in Karlovac auf. Nikšić oblag es, die Opfer zu benennen. Wie ist es ihm aber gelungen, seine Truppe, seine fünf »Jungs«, dazu zu bringen, andere Menschen zu ermorden? Es war wohl gar nicht so viel Überzeugungsarbeit nötig, denn es war in den Augen der fünf jungen

Männer »für ihre Sache« nützlich und notwendig, Vujičić, Janjanin und Dokmanović aus dem Weg zu räumen, und dazu bot sich eben der Sankt-Georgs-Abend an. Nikšićs Jungs repräsentierten von diesem Tag an einen allmächtig gewordenen Staat. Sie glaubten, dass ihnen alles erlaubt sei und dass nichts und niemand sie aufhalten könne.

Dilemmata in der Ustascha-Führung

Der Fall Vujičić aber zog weite Kreise. In der folgenden Schilderung kommt Dr. Stjepan Vukovac als Zeuge zu Wort. Er war stellvertretender Innenminister in der Zeit des NDH. In einer Stellungnahme von 1952 schrieb er, damals Rechtsanwalt im Stadtarchiv von Zagreb:

»Ende April oder Anfang Mai kam der junge Židovec zu mir in mein Büro. Er berichtete von einem schrecklichen Verbrechen, das in Karlovac begangen worden war. Er verfügte über einen offiziell ausgestellten Bericht seines Vaters, der diesen Bericht persönlich an den Innenminister Artuković adressiert hatte. Eine Gruppe krimineller junger Ustascha-Männer, sechs oder sieben an der Zahl, war nachts gewaltsam in die Kanzlei des Rechtsanwalts Vujičić eingedrungen, sie hatten dort Dokumente verbrannt, ihn ins Auto gezerrt und ihn dann in einem Wald ermordet und verscharrt (...). Vujičić war ein ungewöhnlich ehrlicher Mann von großer Würde, sagte er, ganz egal, ob er nun Serbe war oder nicht, es gab niemanden in der Stadt und in den dörflichen Regionen der Gegend, der ihm nicht Wertschätzung entgegengebracht hätte (...). Der Bericht schloss damit ab, dass die kriminelle Bande dem regionalen Bezirksgericht von Karlovac und somit direkt Richter Nikšić unterstand (...). Die Gründe für diesen Mord könnten in den finanziellen Verwicklungen sowie der merkwürdigen Doppelrolle des Richters liegen, da in der Sokol-Vereinigung Dokumente aufgetaucht sind, die ihn belastet haben. (...) Ich bin mit Dr. Židovec auf der Stelle zu Artuković gegangen. Er las den Bericht sofort und hörte sich unsere Ausführungen an und spielte uns den Entsetzten vor, als hätte er von alledem keine Ahnung gehabt, und gab sich ganz überrascht, dass diese jungen Männer sich noch nicht in Haft befanden. Man sah ihm genau an, dass er bereits über den Vorgang informiert worden war. Er sagte, die Staatsdirektion für öffentliche Ordnung und Sicherheit werde die Ermittlungen übernehmen und er werde sofort anordnen, dass die Schuldigen verhaftet und gemäß dem bestehenden Gesetz betraft würden.«

Gleich in diesem ersten Gespräch fasste Vukovac Vertrauen in Židovec und beklagte sich bei ihm über Vorfälle im ganzen Land, die der Sache in Karlovac glichen und leider keine Ausnahmen waren. Aus unzähligen kroatischen und bosnischen Orten trafen über fünfzehn Tage hinweg Berichte über eigenmächtige Handlungen dieser Art ein. Vukovac wurde mehrmals beim Minister vorstellig, bat um Untersuchungen der Fälle und wies darauf hin, dass man die Schuldigen bestrafen müsse, dass der Barbarei des Bösen Einhalt geboten werden müsse – doch er hatte keinen Erfolg. Denn alle Fäden wurden von Eugen Dido Kvaternik gezogen, der die RAVSIGUR leitete und zudem direkt dem Innenminister unterstellt war. Seine Macht war unbegrenzt, und Vukovac konnte ohne ihn nichts ausrichten. Eines Tages, heißt es bei Židovec, seien beide von Artuković zu einer Besprechung einberufen worden:

»Zuerst hörte er sich den Bericht von Kvaternik an, der über die Notwendigkeit revolutionärer Maßnahmen in unserer Zeit sprach. Dann ließ er die Darlegung von Vukovac über sich ergehen, der über die Wichtigkeit legaler und umsichtig geplanter Handlungen sprach. Er ließ diese beiden unterschiedlichen Positionen auf sich wirken, so erzählte es mir Vukovac, und sagte dann zu ihnen: ›Also meine Herren, Sie werden hier beide dringend gebraucht. Dido, Sie stellen das eine Extrem dar, die Radikalität und die Revolution, und Sie, Vukovac, Sie stehen für das andere Extrem, und das ist Behutsamkeit und die strikte Einhaltung des Gesetzes. Sosehr sie einander auch hassen mögen, auf diese Weise ergänzen Sie sich aber hervorragend. Sie sind also genau das, was ich jetzt brauche, und so kann ich selbst den Weg der goldenen Mitte wählen.‹«

Der januskköpfige Artuković wählte aber nicht einmal andeutungsweise die goldene Mitte. Er drehte sich wie ein Fähnlein im Wind.

Vukovac gelang es schließlich, den Minister Milovan Žanić auf die Sache aufmerksam zu machen. Žanić war damals ein bekannter Politiker in der NDH-Regierung. Er hatte sich einen Namen als erfolgreicher und seriöser Anwalt gemacht und war in Ustascha-Kreisen bekannt, weil er unter den Repressalien des Königreichs Jugoslawien gelitten hatte und einige Male im Gefängnis gewesen war. Auf Empfehlung von Vukovac empfing der Minister Bilović und Židovec. Židovec erinnert sich:

> »Als ich bei Dr. Žanić vorsprach und ihm alles erzählte, schlug er mir sogleich vor, mir eines seiner Büros zu überlassen und das Ganze mit Hilfe einer Sekretärin in einem ausführlichen Bericht in mehreren Ausführungen zu Papier zu bringen. Ein Exemplar sollte direkt an Dr. Ante Pavelić gehen, die anderen Ausfertigungen unterschiedlichen Ministern zugestellt und eines für ihn persönlich angefertigt werden. Ich habe einen ca. zwölf Seiten langen Bericht diktiert und ihn gleich Žanić ausgehändigt. In der ganzen Zeit war Mane Bilović bei uns. Dr. Žanić versprach, sich ausführlich mit dem Fall zu beschäftigen und so vorzugehen, wie ich es in meinem Bericht vorgeschlagen hatte, nämlich im Interesse der kroatischen Sache und der Würde des kroatischen Volkes die Schuldigen ausfindig zu machen und innerhalb des gesetzlichen Rahmens zu bestrafen (…). Und Minister Žanić versprach mir, alles ihm Mögliche zu tun. Ich hatte den Eindruck, dass ihm an der Sache viel lag und er entschlossen war, gegen die Beteiligten vorzugehen. Das schien sich auch mit seinen anderen politischen Haltungen und Absichten zu decken. Er versprach mir, mich auf dem Laufenden zu halten.«

Da Minister Žanić bei dieser Begegnung Dr. Lovro Sušić als jemanden erwähnte, der wie er dem »moderaten Flügel« der Regierung angehörte, entschlossen sich Židovec und Bilović, auch bei ihm vorzusprechen und ihn für ihr Anliegen zu gewinnen. »Als ich Sušić darlegte, was vorgefallen war, griff er sich immer wieder verzweifelt an den

Kopf und sagte, ›wie schrecklich‹ und ›unfassbar, schrecklich‹ usw. Er versprach uns, alles ihm Mögliche zu tun, und sagte, dass so etwas nicht geduldet werden dürfe, das sei nicht im Interesse Kroatiens und der Ustascha-Bewegung. Er sei im Gespräch mit einer Gruppe von fünf, sechs Ministern und werde diese Sache mit aller Vehemenz vortragen und schon beim nächsten Zusammenkommen der Regierung zum Thema machen. Auch werde er die Zusammenarbeit mit Dr. Žanić forcieren.«

Das fand in der Woche zwischen dem 12. und dem 16. Mai statt. Židovec und Bilović hielten überhaupt nichts von den pathetischen Lamentos des Dr. Sušić, aber der ruhige und gesammelte Minister Žanić hatte einen seriösen Eindruck bei ihnen hinterlassen. »Wir warteten gespannt auf die Ergebnisse unserer Bemühungen. Mein Vater, ich und ein paar andere Mitglieder vom Ustascha-Quartier waren fest entschlossen, von allen Ämtern zurückzutreten, sollte unser Vorhaben nicht von Erfolg gekrönt sein. Ich weiß nicht mehr, wie lange wir alles in allem auf die Entscheidung aus Zagreb gewartet haben. Ich denke, es waren an die zwei, drei Wochen, nicht länger.«

In diesen ca. zwanzig Tagen der zweiten Maihälfte und in den ersten Junitagen von 1941, als das Ustascha-Quartier auf den Beschluss seiner Vorgesetzten wartete, wurden die begonnenen Massenmorde an Serben in Kroatien kurz unterbrochen. Die Affäre Vujičić war nur einer von vielen Zwischenfällen, die den führenden Köpfen der Ustascha-Regierung zu Ohren kamen, darunter auch solche, die man nicht so leicht vergessen konnte. Als Židovec im Sommer 1946 den schwer erkrankten Dr. Žanić kurz vor seinem Tod in seinem italienischen Exil in Fermo traf, versicherte ihm dieser, er habe sich 1941 darum bemüht, dass in der Affäre Vujičić etwas in Bewegung komme, in der Hoffnung, so das losgetretene Unrecht zu stoppen. Auf diese Weise hätte man dem Unabhängigen Staat Kroatien zu Ehre verhelfen und ihn vor dem völligen Abdriften in die Dimensionen des Bösen bewahren können. »Aber es ist leider nichts zu machen gewesen.«

Die Zwickmühle, in der sich Žanić befunden hatte, wurde 1952 in einem unter dem Pseudonym »Dizdar« verfassten Bericht des jugoslawischen Geheimdienstes UDBA auf den Punkt gebracht. Darin heißt es respektvoll über Žanić, er habe den Fall Vujičić tatsächlich aufklären wollen, dann aber feststellen müssen, dass es sich keineswegs um eine Ausnahme oder die Taten Einzelner gehandelt habe, sondern um einen von Pavelić und Kvaternik formulierten grundsätzlichen Kurs. Nichts war dem Zufall geschuldet, es gab einen Plan zur Liquidation, deshalb war es für Žanić unmöglich, in dieser Sache irgendetwas zu erreichen. Später im Exil hat sich Žanić bitter darüber beklagt, dass Pavelić nicht nur ihre Leben und die einer ganzen Generation vernichtet, sondern auch die Idee eines kroatischen Staates verhindert habe.

Und doch war der Widerstand des Ministers Žanić gegenüber Pavelićs Politik Mitte Mai 1941 keineswegs so vehement, wie es uns Židovec, Dizdar und Žanić selbst suggerieren wollen. Am 2. Juni 1941 war Žanić bei der großen Ustascha-Zusammenkunft in Nova Gradiška der Hauptredner. Die Zeitung *Novi list* druckte damals seine Rede ab:

> »Ustasche! Eins müsst ihr vorab wissen: Ich spreche ganz offen zu euch! Dieser Staat, unsere kroatische Heimat, kann nur uns und niemandem sonst gehören. Deshalb müssen die, die hergekommen sind, Kroatien wieder verlassen. Die Jahrhunderte, ganz besonders diese letzten zwanzig Jahre, haben uns vor Augen geführt, dass keinerlei Kompromisse möglich sind. Dieses Land kann nur den Kroaten gehören, es gibt keine Methode, die wir als Ustasche nicht benutzen würden, um diesen Staat zu kroatifizieren und ihn von Serben zu säubern, die uns über Hunderte von Jahren hinweg gepeinigt haben und die uns bei der erstbesten Gelegenheit vernichten würden. Wir machen daraus keinerlei Geheimnis, das ist die Politik dieses Staates, und was wir zu erledigen haben, ist nun einmal das, was unseren Ustascha-Grundsätzen entspricht.«

Bedeutet das, dass sich Žanić im Lauf des Juni 1941 den Forderungen der Ustascha-Führung relativ schnell gefügt und sich Ante Pavelić untergeordnet hat? Oder hatte er davon gesprochen, dass die Serben Kroatien »wieder verlassen« sollten, weil er als Jurist lediglich eine adäquate Formulierung gesucht hatte, um sich sprachlich von den Massenmorden zu distanzieren? Aber er sagte in seiner Ansprache auch, dass ihnen als Ustasche jede Methode recht sei, um ihr Ziel zu erreichen. Der Widerstand innerhalb der Regierung gegen die Massenmorde kann also nicht besonders ausgeprägt gewesen sein. Oder verfolgte Žanić eine ausgetüftelte opportunistische Strategie, nach der er sich öffentlich mit Pavelićs skrupelloser Politik einverstanden erklärte, während er versuchte, die Strukturen des NDH von innen zu unterwandern? Bis Februar 1942 war Žanić weiterhin offizielles Mitglied der Ustascha-Regierung und Vorsitzender der Legislative-Kommission. In dieser Funktion verabschiedete er Gesetze, die den Genozid und die politisch legitimierte Gewalt ermöglichten. Er unterzeichnete auch die Rassengesetze, doch gelang es ihm, einige Ausnahmen festzuzurren, mit denen er seine jüdische Ehefrau Alma vor Verfolgung bewahren konnte. Erst Anfang 1942, als seine eigene politische Macht am Schwinden war (er war zu diesem Zeitpunkt nur noch Präsident des Kroatischen Roten Kreuzes), begann sich Žanić öffentlich von Pavelić zu distanzieren. Im November 1943 ließ er sich schließlich in den Ruhestand beurlauben.

Der Genozidplan von Pavelić

Der Ustascha-Führer Ante Pavelić fasste im April 1941 in Zagreb die feste Absicht, Kroatien ethnisch zu säubern. Einen genau durchdachten Plan hatte er aber dafür offenbar nicht sofort zur Hand. Er verließ sich auf Improvisationen, die den Umständen geschuldet waren. Den Grundgedanken brachte Dr. Mladen Lorković, einer seiner führenden Ideologen, zum Ausdruck:

»Der kroatische Staat kann nicht existieren, wenn 1,8 Millionen Serben in ihm leben und wir zudem von einem starken serbischen Staat bedrängt werden. (…) Wir sind deshalb bestrebt, das Verschwinden der Serben aus unseren Regionen einzuleiten.«[3]

Von diesem Denken ließen sich die Ustascha-Emigranten über zehn Jahre hinweg leiten und kultivierten eine Sprache der Rache, des Hasses und des Messers:

»DAS MESSER, DER REVOLVER, DIE BOMBE, das sind unsere Visionen, die schon im Morgengrauen DIE AUFERSTEHUNG DES UNABHÄNGIGEN KROATISCHEN STAATES möglich machen werden.«

Das publizierte die Zeitung *Ustascha* (»Journal der kroatischen Revolutionäre«) in ihrer allerersten Ausgabe im Februar 1932. Der Leitartikel trug den Titel »Schluss mit der Sklaverei«, der Autor hatte mit »Poglavnik« unterschrieben. In den folgenden Ausgaben ging es mit solchen Parolen weiter, da heißt es etwa »mit Blut müssen wir uns der Plage entledigen«, »wenn das Blut zu fließen beginnt, wird jeder Bach über die Ufer treten«. – »Wie der Wind die Weizenspreu durch die Luft zerstreut, werden Bomben ihre Knochen durch die Luft zerstreuen«, denn »jeder Ustascha ist mit Leib und Seele bereit für den Einsatz gegen den Feind und fähig, ihn zu abzuschlachten, ihn zu zermalmen.« – »Opferbereitschaft, Revolver, Bomben und scharfe Messer sind ehrenhafte Waffen der kroatischen Ustasche, die das kranke Fleisch aus dem gesunden Körper des kroatischen Volkes entfernen werden.« – »WIR MÜSSEN DIE PLAGE ÜBER DIE DRINA JAGEN«, so rief man bereits im September 1932 in Großbuchstaben dazu auf, sich der feindlichen »Hunde« zu entledigen. Und schließlich: »Wo immer ein Befehl gesprochen wird, er wird jedes serbische Leben auslöschen.«

Im Frühling 1941 zeigte sich, dass diese Drohungen für Pavelić und den »harten Kern« seiner Emigranten nicht nur leere Worte und Metaphern waren. Slavko Kvaternik, von 1941 bis 1942 Vizeministerpräsident und Militärchef im NDH, schrieb in seinen 1947 im Gefängnis verfassten Memoiren, schon bei ihrer Rückkehr seien Pavelić, die älteren Generäle und die anderen Ustascha-Rückkehrer von Rache- und Hassgefühlen gegenüber den Serben geleitet worden. »Die zwölf Jahre in der Emigration, in denen sie sehnsüchtig auf den Tag ihrer Rache gewartet hatten, hatten aus ihnen Psychopathen gemacht, kranke Menschen, die sich nach blutiger Vergeltung verzehrten. Davon konnte ich mich bei jedem Schritt überzeugen, und wenn man nicht so war wie sie, war man sofort als ein Verräter Kroatiens gebrandmarkt.« Ähnlich bezeugt es auch General Edmund Glaise von Horstenau, der offizielle Vertreter der deutschen Wehrmacht im NDH von April 1941 bis zum Sommer 1944, der in seinen Notizen festhielt:

> »Pavelić hat im April 1941 den heimatlichen Boden mit keinem geringeren Vorhaben als dem betreten, mit Schwert und Feuer ganze 1,8 Millionen orthodoxe Serben zu vertreiben, die sich im ganzen Land mit vier Millionen katholischen Kroaten und 700 000 Muslimen vermischt haben.«[4]

Selbst Himmler soll angewidert gewesen sein, als ihm Dido Kvaternik bei ihrem ersten Treffen in den letzten Maitagen 1941 von seiner Absicht erzählte, zwei Millionen Serben zu eliminieren.[5] Denn ihm, Dido Kvaternik, hatte Pavelić die Organisation und Durchführung anvertraut: »Als wir siegreich aus der Emigration nach Hause zurückkehrten und Dr. Pavelić mich mit der Aufgabe beauftragte, die Vertreibung der Juden und Serben zu übernehmen, habe ich ihm ohne Zögern gehorcht (…), (denn) mir war klar, dass für diese Frage im Sinne des kroatischen Volkes und seines Staates auf Dauer eine Lösung gefunden werden musste und dafür Opfer zu erbringen waren.« Mit diesen Worten vertraute sich Kvaternik 1944 seinen engsten Freunden an, als er schon aller Ämter enthoben und aus Kroatien verjagt worden war.[6] Über die Einzelheiten dieser Maßnahmen gegen die Juden und die

Serben schweigt er sich aus. Sie sind ihm höchstwahrscheinlich nie in schriftlicher Form übermittelt worden, sondern nur mündlich, unter vier Augen. Über den Inhalt gibt die Art der Durchführung genaustens Auskunft.[7]

Für den Beginn seiner »historisch notwendigen Mission« suchte sich Dido Kvaternik mit der Region Bjelovar eine Gegend aus, die gleichermaßen von Serben wie von Kroaten bewohnt war. Hier kam es auch am 8. April 1941 in der Jugoslawisch-Königlichen Armee zum Aufstand der 108. Division des Slawonien-Regiments, die sich nicht am Widerstand gegen die anrückenden Truppen der deutschen Wehrmacht beteiligen wollte. Mit Unterstützung von Julije Makanec, dem nationalistischen Bügermeister von Bjelovar, besetzten einige der Ustascha-Ideologie zugeneigte Offiziere und Unteroffiziere mit ihren Truppen die Stadt und übernahmen hier und am nächsten Tag auch in anderen nahe gelegenen Orten die Macht. Das war das einzige Aufbegehren seitens der Ustascha in Kroatien und Bosnien, bevor die deutsche Armee in Zagreb einmarschierte und der Unabhängige Staat Kroatien ausgerufen wurde. Die Ustascha-Propaganda feierte das als einen Tag, an dem sich das kroatische Volk gegen den April-Krieg und für die Zerschlagung Jugoslawiens erhoben hat.

Dido Kvaternik konnte damit rechnen, dass in dieser kampfbereiten nationalistischen Region seine ersten drastischen Maßnahmen gegen die Serben auf Zustimmung und auf willige Vollstrecker stoßen würden. Mehrere Tage nach dem Aufstand und der Auflösung der 108. Division streiften bewaffnete Soldaten durch die Gegend. Aber auch bewaffnete serbische Offiziere waren unterwegs, die nicht kapitulieren wollten. Durch Überfälle beschafften sie sich Nahrung, Geld und zivile Kleidung, in der sie die Posten passieren konnten. Lokale Einheiten der »Bauernwehr« entwaffneten in manchen Dörfern die besiegte Armee und plünderten die Warenhäuser. Einige dieser Einheiten, vor allem in der Gemeinde Gudovac, gingen direkt in das Ustascha-Heer über, das als das »Bereitschaftsbataillon« bekannt war.

In den Tagen zwischen dem 9. und dem 13. April gab es bei Entwaffnungen und Verhaftungen unzählige Übergriffe, bei denen an die zwanzig geflüchtete Soldaten und Zivilisten ums Leben kamen. Für Dido Kvaternik war das eine zusätzliche Motivation, so schnell wie möglich eine erste Säuberungsaktion durchzuziehen, die er sofort startete, als ihm Gerüchte zu Ohren kamen, dass die Serben sich am Sankt-Georgs-Tag zusammentun würden, um Widerstand zu leisten. Mit seinem engsten Vertrauten Ivica Šarić und dreißig Ustascha-Rückkehrern machte er sich in der Nacht vom 26. auf den 27. April 1941 auf den Weg. Er verhaftete massenweise Serben aus Grubišno Polje und Umgebung. Đoko Starčević, ein sehr gebildeter Bauer aus dem nahe gelegen Pavlovac, hielt in seinem Tagebuch fest, dass Pavelićs Ustascha-Rückkehrer die Gefangenen dort brutal misshandelt hatten. Das war nicht überall so: In »ihren eigenen Orten verhafteten die Ustasche niemanden persönlich, das überließen sie der örtlichen ›Bauernwehr‹ von Dražica, wir kannten diese Leute. Sie waren zwar todernst und duldeten keinen Widerspruch, aber über ihre Umgangsformen können wir uns nicht beschweren, für diese turbulenten Zeiten waren sie geradezu höflich.«[8] Pavelićs Ustasche ordneten zuerst die Deportation von fünfhundertdreißig Gefangenen aus der Gegend um Grubišno Polje in das Lager Danica an. Dort erwartete sie ein langer Leidensweg durch die anderen Lager der Ustasche, den nur wenige von ihnen überlebten.

Am 28. April war Dido Kvaternik schon auf die andere Seite der Stadt Bjelovar vorgedrungen und säuberte die Stadt Gudovac. Am Tag zuvor, als zwei Bauern in ihren Häusern verhaftet und abgeführt wurden, waren ein Mann der kroatischen Bauernwehr und ein serbischer Dorfbewohner bei einem Scharmützel ums Leben gekommen. Am selben Nachmittag wurde ein Mitglied der kroatischen Heimwehr auf seinem Hof entweder durch eine verirrte Kugel oder einen unbekannten Schützen erschossen. Als Vergeltung ordnete Dido Kvaternik die Verhaftung von zweihundert Serben aus Gudovac und den benachbarten Orten an. Die Verhaftungen übernahm die örtliche Bauernwehr, die man rasch in halbwegs militärisch aussehende Ustascha-Uniformen eingekleidet hatte und die sich dem Kommando von Martin Cikoš unterstellte, eines Ustascha, auf den bereits vor dem Krieg Verlass gewesen war. Die meisten Menschen, die man verhaftet hatte, waren wohlhabend und angesehen, es waren Lehrer und Priester darunter. Es gibt Zeugen, die sagen, dass Cikoš am späten Nachmittag dieses Tages im Gasthaus »sehr aufgewühlt und unruhig war, geistig abwesend und nicht aufgeschlosen für ein Gespräch«. In letzter Sekunde habe er noch einen alten Bekannten, einen Serben, aus der Gruppe herausgerufen und zu ihm gesagt: »Jetzt mach, dass du schnell hier wegkommst!« Dann ließ er an Ort und Stelle alle zweihundert Gefangenen hinrichten. Bevor aber geschossen wurde, wollte Kvaternik wissen, ob sich Kroaten in der Gruppe befanden. Es meldeten sich vier Menschen – drei davon wurden nach einer Überprüfung entlassen, den vierten brachte die kroatische Bauernwehr zu den schon aufgestellten Serben zurück.

Man hatte den Menschen gesagt, sie würden nach Bjelovar zum Verhör gebracht. Als man sie aber in die andere Richtung zum Dorfplatz trieb, begannen sie, das Unglück zu ahnen, dem sie entgegengingen. Doch es war bereits zu spät. Flankiert wurde die Kolonne von siebzig Männern der kroatischen Bauernwehr, die nun Ustascha-Uniformen trugen. Angeführt wurden sie von Martin Cikoš, Dido Kvaternik und seinem Gefolge sowie ein paar anderen, neu mobilisierten Ustascha-Vertretern aus Bjelovar. Auf dem Platz – es war bereits dunkel – befahl man den Gefangenen, sich aufzustellen und zur linken Seite zu drehen. Im Kugelhagel zweier Gewehrsalven und unzähliger Pistolenschüsse wurden sie hingerichtet. Nur fünfzig Meter von ihnen entfernt stand Eugen Dido Kvaternik und sah sich die Szene an, neben ihm befanden sich Mijo Hans, der Ustascha-Beauftragte für Stadt und Bezirk Bjelovar, Josip Verhas, der zuständige Bezirksvorsteher, und Mirko Pavešić, der Bürgermeister der Gemeinde Gudovac – ein Mann, der schon früher wegen seiner Verbindungen zur Ustascha-Führung aufgefallen war und der Dido Kvaternik für diese Aktion in seinem Auto persönlich nach Gudovac gebracht hatte.

Vom Hinrichtungsplatz hörte man grauenhafte Schreie. Im letzten Augenblick schraken einige der Schützen vor dem unwiderruflichen Schritt zurück. Um nicht ihre eigenen Nachbarn hinzurichten, zielten sie bei einigen der Opfer nur auf die Beine. Die Verwundeten flehten um Hilfe, baten um Erbarmen oder verfluchten ihre Peiniger. Mirko Pavešić befahl Martin Cikoš, die Sache zu Ende zu bringen. Dennoch gelang es fünf leicht verletzten Serben, im Schutz der Dunkelheit von der Richtstätte zu fliehen. Ihre sehr genauen Zeugenaussagen (besonders detailliert sind die Beschreibungen von Ilija Jarić) zeichnen ein aufschlussreiches Bild des Terrors, der sich am 28. April 1941 in Gudovac ereignete.

Dido Kvaternik machte noch nicht einmal den Versuch, sein erstes großes Verbrechen zu kaschieren. Im Gegenteil, das Ganze scheint bewusst vor den Augen aller in Szene gesetzt worden zu sein, damit man im Dorf und in der ganzen Umgebung die Todesschreie der Hingerichteten hören konnte. In der Nacht zwang man die Dorfbewohner, mit ihren Laternen zum Richtplatz zu kommen. Sie mussten eine Grube ausheben, die zweiundvierzig Meter breit und zwei Meter tief war, dort mussten sie an die zweihundert ihrer einstigen Nachbarn begraben und mit Ätzkalk überschütten. Die Belege sprechen dafür, dass zwischen 187 und 196 unschuldige Menschen ohne eine Anhörung oder Gerichtsverhandlung an Ort und Stelle umgebracht worden sind. Sie waren einer einzigen Sache schuldig, ihres orthodoxen Glaubens. Manche waren auch ein bisschen wohlhabender oder hatten andere, besondere Fähigkeiten, für die sie in ihren Dörfern bekannt waren.

Ganz Bjelovar war am nächsten Tag von einem zitternden Sirren erfüllt. Die Menschen sprachen über nichts anderes. Der Ehefrau und der Tochter von Nikola Gvozdenčić wurde zugetragen, ihr Ehemann und Vater sei einer der Hingerichteten. Völlig aufgelöst gingen sie zum Kommando der deutschen Militäreinheit, das immer noch in der Stadt stationiert war, und erzählten dort, was man ihnen berichtet hatte. Daraufhin machten sich zwei deutsche Offiziere mit Mutter und Tochter auf den Weg nach Gudovac, um vor Ort nachzusehen. Mit der für sie üblichen Effizienz informierten die deutschen Offiziere sofort das Hauptkommando über die Massenhinrichtung und erstatteten Meldung über die »Störung«, die sich in ihrem Einsatzgebiet ohne ihr Wissen ereignet hatte. Sie ordneten eine teilweise Ausgrabung der Leichen an und fotografierten sie. Eine Untersuchung wurde eingeleitet, Verhaftung und Bestrafung der Täter angeordnet. An die vierzig Täter wurden umgehend festgenommen. Man nahm ihnen die Waffen ab und sperrte sie über Nacht ins Gymnasium von Bjelovar.

Der Befehlshaber der deutschen Wehrmacht in Bjelovar, dessen Namen und Rang ich nicht herausfinden konnte, gehörte offensichtlich zu jenen deutschen Militärs, die die brutalen Methoden der Nazis und der SS ablehnten. Der schon erwähnte Đoko Starčević berichtet, »dass die Gruppe der verhafteten Serben aus Pavlovac im Gefängnis von Bjelovar in der Nacht vom 27. auf den 28. April so lange gefoltert wurde, bis die Stimme eines deutschen Offiziers um neun Uhr zu hören war, der seinen Übersetzer mitgebracht hatte. ›Ist denn so etwas möglich?‹, hörte ich ihn im Vorbeigehen sagen. Von diesem Moment an stand es besser um uns.« Schon in den ersten Tagen des NDH spürten die deutschen Offiziere die Gefährlichkeit und die brutale Vorgehensweise der Ustascha-Regierung. Sie machten ihre Untergebenen darauf aufmerksam, es bestehe die Gefahr eines Kontrollverlusts, »das ganze Land kann in einem vulkanischen Feuer aufflackern und in ein Inferno münden, das man so schnell nicht mehr wird unter Kontrolle bringen können«. Aber in den höchsten Instanzen der deutschen Regierung fiel das Urteil zugunsten von Pavelić und seiner Ustascha-Schergen aus.

Noch an diesem 29. April 1941, als einige der Mörder aus Gudovac verhaftet worden waren, erbat sich der Staatssekretär des Außenministeriums ein Treffen mit dem Gesandten an der deutschen Botschaft, Siegfried Kasche. Dessen Bericht vom 30. April zufolge wurde ihm von Lorković zugetragen, die Serben hätten in der Nähe von Bjelovar elf Kroaten getötet. Deshalb sei es am 28. April in Gudovac zu einer Vergeltungsmaßnahme gekommen, bei der 192 Männer serbischer Nationalität erschossen worden seien. Lorković habe darauf bestanden, es handele sich bei der ganzen Angelegenheit um eine interne politische Sache und der Vorgang unterliege der Gerichtsbarkeit des kroatischen Staates. Aus diesem Grund fordere er, dass die Täter ausgeliefert und den kroatischen Behörden übergeben würden, damit sie die Ermittlungen übernehmen könnten. Kasche ging, wahrscheinlich mit dem Einverständnis seiner Vorgesetzten, auf Lorkovićs Vorschlag ein. Die Mörder, die für die Massenhinrichtungen von Gudovac verantwortlich waren und eine Nacht in Haft verbracht hatten, durften wieder nach Hause gehen und erhielten ihre Waffen zurück. Die zugesagten Ermittlungen wurden natürlich im Ustascha-Kroatien nie durchgeführt.[9]

Um Kasche überzeugen zu können, hatte Lorković nach einem überzeugenden Grund für eine Vergeltungsmaßnahme gesucht und sich die Ermordung der elf Kroaten ausgedacht. Dido Kvaternik ging systematischer vor. Er forderte beim Polizeichef in Bjelovar eine Liste aller Kroaten dieser Region an, die in der Zeit zwischen dem 8. und 27. April ums Leben gekommen waren. Bereits am 30. April verfügte er sowohl über siebenundzwanzig Namen ermordeter Menschen als auch über Angaben zu Datum und Ort ihres Todes. Die ersten fünfundzwanzig Opfer waren zwischen dem 8. und dem 14. April ums Leben gekommen, zu einem Zeitpunkt also, als der Aufstand der Jugoslawisch-Königlichen Streitkräfte stattgefunden hatte, die 108. Division des Slawonien-Regiments auf die Barrikaden ging und die Armee sich in Auflösung befand. Keines der Opfer auf der Liste ist nach dem 14. April ums Leben gekommen.[10] Es gab also weder einen überzeugenden Anlass noch irgendwelche Argumente für die Hinrichtung von 192 unschuldigen Menschen.

Im Staatsarchiv von Bjelovar befinden sich erdrückend konkrete Beweise zu dem Verbrechen in Gudovac. Es gibt Belege, die keinen Zweifel über die Identität der Opfer lassen und die bereits im Mai 1941 von der Gemeindeverwaltung in Gudovac vorgelegt worden waren. Es handelt sich um Totenscheine für jeden der 187 Ermordeten, die identifiziert werden konnten, und die verschiedenen Spalten sind akribisch ausgefüllt: »Todestag – 28. April 1941«, »Todesursache – Hinrichtung«, »gewaltsamer Tod«, und hin und wieder heißt es: »als Tschetnik erschossen«. Es sind auch Berichte zu finden, in denen von der serbischen Bevölkerung die Rede ist, die wegen solcher Vorfälle und der Taten der Ustasche verängstigt sei. Auch die »aufgeschreckten kroatischen Bürger« finden Erwähnung. Die Mehrheit der örtlichen Aktivisten der Kroatischen Bauernpartei (HSS) und ihrer führenden Politiker verurteilte die Verbrechen ihrer früheren Parteimitglieder, die nun als »Bauernwehr« von den Ustasche vereinnahmt wurden. Viele HSS-Parteimitglieder hatten sich zuerst für den nationalen Befreiungskampf eingesetzt, liefen dann zu den Partisanen über, ein beträchtlicher Anteil von ihnen kam aus der Region von Bjelovar. Ich glaube, einer der Gründe war, dass sie sich von dem Verbrechen in Gudovac zu distanzieren suchten. Einigen Quellen zufolge hat dies auch der damalige Bürgermeister von Bjelovar, Julije Makanec, versucht, indem er an wichtigen Stellen in Zagreb seinen Protest ausdrückte. Die Bekundung seines Missfallens wird sich aber in Grenzen gehalten haben, denn er stieg in der Ustascha-Hierarchie rasch auf. Vom Herbst 1943 bis zum Mai 1945 war er Bildungsminister in der Ustascha-Regierung.

Am Dorfrand von Gudovac, an der Stelle, an der das Verbrechen im April 1941 begangen wurde, ist 1955 ein Beinhaus mit einer Gedenktafel für die Opfer errichtet worden. Später stellte dort Vojin Bakić, einer der größten kroatischen Bildhauer, eine Gedenkstele auf. 1991 wurde das Denkmal zerstört, das Beinhaus demoliert, der Ort verwüstet. 2002 verschwanden auch die Reste der Gedenkstätte, Gestrüpp und Stechdorn überwuchern bis heute die übrig gebliebenen Teile des Beinhauses. Im gleichen Jahr unterschrieben namhafte Kulturschaffende eine Petition, in der sie forderten, dass an derselben Stelle, an der das alte stand, ein neues Denkmal errichtet werden solle. Die Stadt Bjelovar versprach, die Hälfte der notwendigen Geldsumme für das Denkmal aufzubringen. Das kroatische Kultusministerium schlug vor, die zweite Hälfte durch eine für 2005 angesetzte künstlerische Ausschreibung zu generieren. Bis heute steht kein neues Denkmal dort. Und so viel ich weiß, gab es keine weitere Petition für ein neues Monument.

Veljun und Blagaj

Die Intervention des deutschen Kommandos wegen des Verbrechens in Gudovac schreckte Dido Kvaternik keineswegs ab. In den Städten nahm die Ustascha-Polizei sogar immer häufiger Verhaftungen vor. Am 6. Mai 1941 waren schon mehrere genau koordinierte Verbrechen an einzelnen Bürgern serbischer Nationalität begangen worden. Als sich dann im Kordun die Gelegenheit zu einem weiteren Massenmord ergab, war Kvaternik jedoch etwas vorsichtiger und versuchte, sich mit einer halblegalen Strategie bei seinem Vorhaben abzusichern.

Unterhalb der alten Festung in Hrvatski Blagaj wurde 1941 vom 5. auf den 6. Mai in der Schlucht des Korana-Flusses ein Müller namens Josa Mravunac ausgeraubt. Mit kalten Waffen brachte man ihn, seine Frau, seine Mutter und seine beiden Kinder um. Josas zwölfjährige Tochter Milka konnte noch rechtzeitig in den Fluss springen und so ihr Leben retten. Der ermittelnde Richter Nikola Lasić und der Landrat Eduard Lenčerić verfassten einen Bericht über den Vorgang. Darin war die Rede von »einem grauenhaften Mord« und von »unbekannten Tätern«. Die Ustascha-Verantwortlichen vor Ort sprachen hingegen von Beginn an von einem »politisch motivierten Verbrechen« und gingen davon aus, dass wahrscheinlich serbische Freischärler, Tschetniks aus der Gegend von Veljun, dafür verantwortlich waren. Für Dido Kvaternik lag es auf der Hand, dass es sich um einen Sankt-Georgs-Aufstand der Korduner Serben gegen den blutjungen kroatischen Staat handelte.[11] Sofort schickte er seinen engsten Vertrauten Ivica Šarić nach Hrvatski Blagaj, begleitet von Vjekoslav Maks Luburić, der seinerseits zehn Ustascha-Rückkehrer mitnahm. Unter ihrer Aufsicht und mit Hilfe einer weiteren Ustascha-Einheit, die aus Karlovac anrückte, verhafteten die Ustasche von Blagaj und ihre bewaffneten Helfer aus Veljun und Primišlje bis zum Abend des 6. Mai und an den darauffolgenden Tagen ungefähr 400 Serben aus verschiedenen Orten der Umgebung. Dido Kvaternik zog in der Zwischenzeit von Zagreb aus die Fäden. Er hatte es eilig, wollte aber zugleich mit allen Mitteln den Anschein von »Legalität« erwecken.

Am späten Abend des 6. Mai 1941 ordnete der NDH-Justizminister Dr. Mirko Puk in einem Telefongespräch mit dem Ustascha-Generalsekretär Vladimir Židovec an, alle Karlovacer Anwälte zusammenzutrommeln, die als »verlässliche und gute Kroaten« bekannt waren. Aus ihnen sollte ein außerordentlicher Volksgerichtshof gebildet werden. Dieser sollte, gemäß den bestehenden Volks- und Staatsverteidigungsgesetzen vom 17. April 1941, ein Urteil über die verdächtigen Serben sprechen, die sich, wie es hieß, eines schlimmen politischen Verbrechens in Hrvatski Blagaj schuldig gemacht hätten. Um fünf Uhr morgens des folgenden Tages brachen die Ernannten auf Anweisung von Židovec nach Hrvatski Blagaj auf. Unter ihnen waren Milan Mikac, der Gerichtspräsident vom Bezirksgericht Karlovac, der zum Vorsitzenden des außerordentlichen Gerichtshofes bestimmt worden war, Ivan Betlehem, Schöffe am Bezirksgericht, und Zdravko Berković, ein Mitglied der Ustascha-Ratsversammlung. Als stellvertretenden Richter ernannte Židovec Milan Stilinović, der vorher Verwaltungsbeamter am Bezirksgericht gewesen war. Ivan Gromes, Sekretär am Bezirksgericht, wurde zum Staatsanwalt berufen. Und Berislav Lukinić, ein Rechtsanwalt aus Karlovac, wurde öffentlicher Verteidiger für die Angeklagten.

Mit Ausnahme von Lukinić und Stilinović waren alle Ernannten bewährte Partner oder Sympathisanten der Ustascha-Regierung. Laut den Aussagen von Betlehem, Lukinić und Stilinović fanden die Mitglieder des außerordentlichen Gerichtshofes bei ihrer Ankunft in Hrvatski Blagaj eine große Zahl von Häftlingen und mutmaßlichen Verdächtigen in einem »traurigen Zustand« vor. Man hatte sie »geschlagen und ganz offensichtlich gefoltert«. Die Gendarmen und die Ustasche brachten immer noch neue »Verdächtige« aus Veljun. Nach Zeugenaussagen mehrerer Gefangener waren sie vor allem von den von Luburić kommandierten Ustascha-Rückkehrern brutal misshandelt worden. Doch etliche Ustasche aus der Bereitschaftseinheit, die an die fünfzig bewaffnete Bauern zählte, waren ebenfalls beteiligt. Die Ustasche aus Hrvatski Blagaj und Pavlovac, erbost über das Verbrechen, dem die Familie Mravunac zum Opfer gefallen war, waren zwar nur allzu bereit gewesen, ihre serbischen Nachbarn als Verdächtige auszuliefern. Als es jedoch zu den Misshandlungen und den Folterungen kam, übten sie sich in Zurückhaltung.

Der Untersuchungsrichter Nikola Lasić wiederholte bei der Verhandlung, es lägen weder Hinweise auf die Identität der Mörder noch auf ein politisch motiviertes Verbrechen vor. Er vermutete weiterhin, es handele sich um »von Habgier motivierte Morde unbekannter Angreifer«. Ivica Šarić, der Leiter der RAVSIGUR, bestand darauf, dass das Gericht im Protokoll eine politisch motivierte Tat der aufständischen Serben festhalten solle. Sein Amt werde einen Bericht samt Beweismaterial nachliefern. Das Mädchen Milka Mravunac war bei einer Gegenüberstellung mit den mutmaßlichen Tätern nicht in der Lage, die Mörder zu erkennen. Der stellvertretende Richter Milan Stilinović nahm noch einmal den Tatort in Augenschein. Danach zog sich das Gericht zur Beratung zurück und gab schließlich bekannt, man habe die Schuldigen nicht feststellen können. Noch bevor es Abend wurde, befanden sich die Richter wieder auf dem Rückweg nach Karlovac.

Dido Kvaternik aber duldete keinen Aufschub. Noch am gleichen Abend ernannte sein alter Freund Vlado Singer in seiner Funktion als Personalabteilungsleiter der Ustascha-Hauptzentrale einen neuen außerordentlichen Volksgerichtshof. Dieser sollte dafür Sorge tragen, dass die Verhandlung fortgesetzt und ein Urteil »nach Art der Ustasche« gesprochen wurde. Am nächsten Morgen unterzeichnete der Justizminister Dr. Mirko Puk die neue Zusammensetzung des Gerichts: Joso Rukavina, Vorsitzender Richter, war ein Ustascha-Rückkehrer und Kommandant der Ustascha-Militärpolizei. Einer der stellvertretenden Richter, Grga Ereš, war schon vor dem Krieg ein fanatischer Fürsprecher der Ustascha-Bewegung und wurde 1937 als Mörder des Studenten und Linksaktivisten Krsto Ljubičić verurteilt. Die anderen Mitglieder des Gerichts waren bewährte Unterstützer und Förderer der Ustascha-Bewegung. Ein Pflichtverteidiger war erst gar nicht ernannt worden.

Eilig kam das Gericht den Wünschen von Dido Kvaternik nach und fand sich schon am 8. Mai in der Schule von Blagaj ein. Beim Verhör durch die jugoslawische Geheimpolizei UDBA im Juli 1947 gab Grga Ereš zu Protokoll, die damaligen Ermittlungen hätten gerade mal zwei Tage gedauert. Milka wurde in den Zeugenstand gerufen und erkannte dieses Mal angeblich einen der Täter. Die Ustascha-Kriminalbeamten befragten zehn Personen, von denen man wusste, dass sie politisch aktiv oder auf andere Weise in der Öffentlichkeit bekannt waren, darunter waren ein Priester, der ehemalige Gemeinderat, Aktivisten, die auf der Seite des Regimes standen, vermeintliche Anhänger der Tschetniks und profilierte Kommunisten. Schließlich wurden am Nachmittag des 9. Mai zweiunddreißig verdächtige Personen als serbische Freischärler hingerichtet, »weil sie einen Aufstand gegen den Unabhängigen Staat Kroatien geplant und die kroatische Familie Mravunac ermordet hatten«. Dušan Nikšić, der einzige Überlebende dieser Gruppe, sagte nach dem Krieg aus, insgesamt seien sechsunddreißig Personen verurteilt worden. Man habe sie bei Einbruch der Dunkelheit sofort zur Hinrichtung an eine Grube hinter die Kirche von Blagaj geführt. Das Gericht hatte in seinem Urteil erklärt, gegen die anderen Gefangenen lägen nicht genügend Beweise vor. »Später erfuhr ich, dass Luburić doch alle übrig gebliebenen Häftlinge erschießen ließ«, sagte Grga Ereš in der Verhandlung 1947 aus. Er ergänzte, Šarić und Luburić seien mit dem relativ milden Urteil des Gerichts unzufrieden gewesen, da es in ihren Augen nicht nach den »Regeln der Ustasche« gefällt worden war.

Die Angaben zu den Opferzahlen variieren stark. Ivan Nikšić, der Gemeindepfarrer von Slunj, schreibt, in der Nacht vom 9. auf den 10. Mai 1941 seien in Hrvatski Blagaj 440 Serben ermordet worden. Andere Quellen nennen Opferzahlen zwischen 150 und 600. Der damals in Zagreb stationierte Marinekapitän Zvonimir Martinčević erinnert sich, er habe aus der Gendarmerie in Veljun telefonisch die Auskunft erhalten, dass an die 377 verdächtige Tschetniks verhaftet worden seien, die man in Hrvatski Blagaj vor Gericht gestellt habe. Von allen Angaben zu den Opferzahlen erscheinen mir diese am ehesten realistisch. Eine indirekte Bestätigung dafür findet sich in einem unveröffentlichten Manuskript von Tomo Žalac. Er hat nahezu alle Opferlisten der einzelnen Dörfer überprüft, in denen Menschen verhaftet und nach Blagaj gebracht wurden, die man nie wieder gesehen hat. Seine Zählung ergab 118 Männer aus Veljun, 49 aus Lapovac, 34 aus Šljivnjak, 21 aus Točak und 112 weitere aus den kleineren Weilern der Gegend. Das ergibt 334 in offiziellen Listen registrierte Opfer. Žalac hält fest, es sei ihm nicht gelungen, die Opferzahlen aus den Städten Gornji und Donji Poloj zu ermitteln, er gehe aber davon aus, dass es einige Dutzend waren.

Maks Luburić und seine aus der Emigration zurückgekehrten

Ustascha-Horden haben demnach in einer einzigen Nacht hinter der Schule von Blagaj in einer Grube zwischen drei- und vierhundert Menschenleben ausgelöscht. Die früh gealterten Frauen von Blagaj und der in die Jahre gekommene Schulhausmeister Muić, mit dem ich bereits in den sechziger Jahren gesprochen habe, als ich an einer zehnteiligen Reportage über diese Region schrieb, erzählten mir alle von den Schüssen, die in jener Nacht aus dem Tal hinter der Schule zu ihnen drangen. Eine der Frauen berichtete mir, sie habe am nächsten Tag einen Ustascha gesehen, der auf den Namen Maks hörte und am Brunnen seine blutüberströmten Hände und Arme wusch. Kurz darauf verließ dieser Maks mit seinen Komplizen ihr Dorf. Die ermordeten Serben ließ er an Ort und Stelle zurück.

Die Frauen von Blagaj behaupten, dass keiner ihrer Männer in jener Nacht an der Grube gewesen sei. Das entspricht nur teilweise der Wahrheit – einige von ihnen hielten Wache, andere wurden vor Sonnenaufgang angewiesen, die Toten mit Ätzkalk zu bestreuen, Steine und Erde herbeizuschaffen und die Grube abzudichten. Die Frauen sagen, keiner der Bauern habe sich an der Tötung ihrer Nachbarn beteiligt. Aber dem widerspricht die Aussage zweier nach dem Krieg von der jugoslawischen Geheimpolizei gefangen genommener Ustasche aus Blagaj, sie seien bei den Tötungen dabei gewesen. Das ganze Dorf wusste also, was hinter der Schule geschah, und stand drei Monate lang geschlossen schweigend hinter den Tätern.

Als am nächsten Morgen, am 10. Mai 1941, die Frauen aus Veljun mit Essenskörben für ihre Männer, Väter und Brüder zur Schule von Blagaj kamen, sagte ihnen Ivica Šarić, die Männer seien zur Arbeit nach Deutschland geschickt worden. Der geflüchtete Dušan Nikšić berichtete vom Schicksal der Verurteilten, von den anderen wusste auch er nichts. Man vermutete nun das Allerschlimmste, da man von den Verhafteten keinerlei Lebenszeichen hatte. Die ganze Wahrheit kam erst Anfang August ans Tageslicht, als die ersten Partisanen aus Veljun den Lehrer Ivan Šajfer gefangen nahmen, einen Ustascha-Abgeordneten ihrer Gemeinde. In einem Verhör berichtete er, was in der Nacht vom 9. auf den 10. Mai hinter der Schule in Blagaj passiert war. Er behauptete, weder er noch die Bauern aus Blagaj seien an den Tötungen beteiligt gewesen, er habe sogar versucht, einige seiner Nachbarn zu retten, die ja gute Menschen gewesen seien. Doch das hat Šajfer nicht geholfen. Nach dem Verhör ließen ihn die Partisanen von Veljun als einen der Ersten hinrichten, als Vergeltung für das Massaker von Blagaj.

Die Folgen des 1941 in Blagaj begangenen Verbrechens wirken sich bis heute aus. Der Massenmord, der von Pavelić geplant, von Dido Kvaternik angeordnet, von Ivica Šarić organisiert und von Vjekoslav Maks Luburić und dem Dutzend Ustascha-Rückkehrer ausgeführt wurde, hat das kleine Dorf in der Region Kordun und seine ärmliche Bevölkerung mit einem unauslöschlichen Stigma versehen. Für die Serben des Kordun ist Hrvatski Blagaj ein verbrecherisches Ustascha-Nest. In den verstreuten Dörfern gehen seitdem Schreckensgeschichten um. Über Blaž Tomljenović etwa, den Kaplan von Veljun, wurde erzählt, er habe der Familie Mravunac eigenhändig die Kehlen durchgeschnitten, um später diese Bluttat den serbischen Nachbarn unterschieben zu können. Auch habe er Massenverhaftungen organisiert, die übrig gebliebenen Serben entweder verjagt oder den Ustasche ausgeliefert. Einige dieser Geschichten setzten sich nach dem Krieg in den Köpfen der Leute fest und verselbständigten sich. So heißt es über den »gottgleichen« Priester Blaž Tomljenović, dieser habe »mit seinem eigenen Messer an der Abschlachtung der Serben« teilgenommen – so etwas könnten nur »halbe Bestien in Wolfshaut« vollbringen.

Als zwei Bataillone der 1. Primorski-Goranski-Partisanen-Einheit und das 1. Proletarische Bataillon von Kroatien Blagaj im September 1942 angriffen, flüchteten die 120 Heimwehr-Soldaten in alle Richtungen und kapitulierten ohne allzu großen Widerstand. Nur ungefähr dreißig Ustasche verteidigten bis zur letzten Patrone ihre Häuser.

Manchen gelang es dann, in letzter Sekunde zu fliehen, manche starben lieber, als den Partisanen in die Hände zu fallen, und die anderen wurden von den Partisanen gefangen genommen und kurzerhand erschossen. Die serbischen Witwen aus den umliegenden Dörfern plünderten sechsundzwanzig Häuser in Blagaj und zündeten sie an. Sie hätten wohl alle angezündetet, wenn die Partisanen ihnen nicht Einhalt geboten hätten.

Im kleinen Tal hinter der Schule von Blagaj wurde nach dem Krieg zum Gedenken an die hier getöteten und verscharrten Serben der Nachbardörfer ein Grabmal errichtet. Die Überreste der Toten wurden später nach Veljun gebracht, wo ein Beinhaus für sie gebaut wurde. Bis 1990 wurde immer in den ersten Maitagen sowohl in Blagaj als auch in Veljun eine Gedenkstunde abgehalten, bei der stets Schüler der Umgebung dabei waren. Den Kindern von Veljun erzählte man jedes Jahr, dass ihre Großväter an dieser Stelle von den Ustasche aus Blagaj getötet worden waren. Und die Kinder von Blagaj erfuhren, dass ihre Großväter ebendiese Mörder waren, die aus dem Nichts heraus die Großväter der Kinder von Veljun umgebracht hatten. Und die Kinder beider Orte gingen in Veljun zusammen zur Schule. Aber zu Hause, hinter gut verschlossenen Fenstern und Türen, wurde den Kindern von Blagaj eine ganz andere Geschichte erzählt: Die Tschetniks aus Veljun, Poloj und anderen serbischen Dörfern seien selbst an allem schuld gewesen. Sie hätten 1941 am Sankt-Georgs-Tag einen Aufstand organisiert und der Familie Mravunac die Kehlen durchgeschnitten. Daraufhin seien sie verhaftet worden. Ein ordnungsgemäßes Gericht habe sie zum Tode verurteilt, die Richter seien aus Karlovac und Zagreb und nicht von hier gewesen. Es seien keineswegs vier- bis fünfhundert Serben umgebracht worden, die Zahl sei sehr viel kleiner. Es seien nur jene Aufständischen betroffen gewesen, die man verurteilt hatte, hundert oder hundertfünfzig, mehr nicht. (Solche Geschichten wurden in den letzten fünfzehn Jahren in Kroatien von selbsternannten Historikern übernommen und ausgeschmückt, so schrieb Ivo Košutić in einem seiner Bücher über den Zweiten Weltkrieg, am 10. Mai 1941 hätten Horden serbischer Freischärler den Ort Hrvatski Blagaj überfallen, die Bevölkerung gefoltert und auf unbewaffnete Zivilisten geschossen.)

Über Jahrzehnte hinweg herrschten nach dem Krieg zwischen Veljun und Blagaj Animositäten, die sich mal verstärkten, mal wieder abschwächten, doch die Verantwortlichen aus der Politik schafften es nie, sie gänzlich aufzulösen. Manche trugen sogar dazu bei, dass Feindschaften überhandnahmen. Als 1969 der *Politika*-Redakteur Frane Barbieri neun Teile meiner Reportage über die traurige Geschichte von Veljun und Blagaj in seinem Feuilleton veröffentlichte, erhielt ich über die Zeitung, aber auch direkt an meine private Adresse nahezu fünfzig Zuschriften. Die meisten anonymen Briefe bezogen sich auf Blagaj, man warf mir vor, zu viel Mitgefühl mit den Leuten zu haben. Einer schrieb: »Ja, und was ist daran so bedauerlich, dass sie keine Elektrizität und keine eigene Schule haben? Sie haben noch Schlimmeres als so etwas verdient.« Außerdem nahm man es mir grundsätzlich übel, dass ich erneut die Aufmerksamkeit auf das unglückselige Verbrechen von Blagaj gelenkt hatte, ohne dabei klipp und klar zu sagen, dass alles mit dem Aufstand der Tschetniks und dem Verbrechen an der Familie Mravunac begonnen hatte. So stehe einmal mehr ein armes kroatisches Dorf in schlechtem Licht da. Es habe doch lang genug gelitten, und wie lange sollten die Kinder für die Sünden ihrer Eltern geradestehen müssen? Aber es gab auch ein paar ermunternde Briefe von Menschen, die sich freuten, dass jemand ohne politische Vorverurteilung und Phrasendrescherei einfach nur die Wahrheit herausfinden wollte. Manche Details, die mir bis dahin nicht bekannt waren, wurden mir auf diesem Wege zugetragen.

Als 1991 der Krieg im damaligen Jugoslawien ausbrach, lebten in Hrvatski Blagaj und Pavlovac von den ursprünglichen 708 Bewohnern nur noch 200. In Veljun und den Nachbardörfern waren es ungefähr 700 von den einst 1297 Bewohnern. Die jüngeren Menschen zogen in die Städte, die älteren versuchten mühsam, mit dem über die Runden zu kommen, was sie auf ihren immer karger werdenden Feldern ernten konnten – eine für die meisten kroatischen Regionen typische Entvölkerung. Und fünfzig Jahre später kam es in Blagaj noch einmal zu einer Vergeltungsaktion: 1991 wurden alle serbischen Bürger von Hrvatski Blagaj und Pavlovac aus ihren Häusern vertrieben, erst plünderte man fast alle ihre Anwesen, dann legte man sie in Schutt und Asche. Die Dörfer blieben verwüstet und leer zurück. Dann kam es 1995, nach dem Exodus der Serben des Kordun, auch in Veljun und all den anderen serbischen Dörfern zu den gleichen Vertreibungen. Nach der kroatischen Rückeroberungsoffensive, der Operation Oluja, gerieten die Leute in einen Blutrausch, alle verlassenen serbischen Häuser in Veljun wurden ausgeraubt, viele wurden in Brand gesetzt, und etliche ältere Männer, die in ihren Häusern geblieben waren, wurden umgebracht.

Die aus Hrvatski Blagaj und Pavlovac vertriebenen Bewohner fingen 1996 an, in ihre zerstörten Häuser zurückzukehren und sie mit Hilfe des Staates langsam wieder aufzubauen. Ein paar Wochenendhäuschen schossen hier und da aus dem Boden. Meistens wurden sie von jüngeren Menschen aus Blagaj gebaut, die in den Städten wohnen blieben, aber an den Wochenenden in die Dörfer ihrer Vorfahren zurückkehrten. Danach kamen die Bewohner von Veljun aus ihrem Exil zurück, hier waren es zuerst vor allem die Älteren. Insgesamt aber sind nur wenige der Vertriebenen wiedergekommen, und sie schlagen sich seitdem mehr schlecht als recht in der Einöde durch. Als am 6. Mai 1999 einige Bewohner von Veljun an der Grabstätte ihrer Verwandten gedenken und an deren Schicksal vom Mai 1941 erinnern wollten, wurden sie daran gehindert. An die hundert Personen waren aus Slunj angereist, angeführt von Dragan Hazler, einem bekannten Ustascha-Nostalgiker, der ansonsten in der Schweiz lebt. Mit von der Partie war noch Tomislav Turek, ein prominenter örtlicher Politiker, der Mitglied in der konservativen und national ausgerichteten Kroatischen Demokratischen Union (Hrvatska demokratska zujednica, HDZ) ist. Es gelang ihnen, die alten serbischen Männer von der Massengrabstätte zu vertreiben, während ihnen Polizisten mit verschränkten Armen im Halbkreis gegenüberstanden.

Das 20. Jahrhundert endete für Veljun und Blagaj mit dem Kampf um eine Gedenkstätte an einem Massengrab.[12]

Glina

Der Ort Glina war der dritte Schauplatz eines von Dido Kvaternik organisierten Massenmords an Serben. Anders als bei den ersten beiden ähnlichen Massakern gab es jetzt für das Abschlachten der Glinaer Serben nicht einmal den winzigsten Anlass, es hatte keinerlei Vorfälle in der Region gegeben, die zu so etwas hätten führen können. Der Gedanke an Rache, der die Hinrichtungen von Gudovac motiviert hatte, fehlte hier genauso wie der barbarische Mord an einer kroatischen Familie oder die inszenierte Verurteilung in Blagaj. Hier geschah alles »aus heiterem Himmel«, was den Schluss nahelegt, dass es sich um einen geplanten Genozid handelte und keineswegs um eine Antwort auf eine wie auch immer geartete Provokation.

Kurz vor Ausbruch des Krieges 1941 zählte das Städtchen Glina an die 3000 Einwohner, war aber der Amtssitz eines relativ großen Bezirks mit über 50 000 Menschen. Alle Verwaltungseinrichtungen der Region – wie das Amtsgericht, die Steuerbehörde, die regionale Polizei und die Gendarmerie, das Gymnasium, in das alle Kinder der weiteren Umgebung gingen, und ein großes, gerade neu erbautes Krankenhaus – befanden sich in Glina. Es gab außerdem ein Geschäftszentrum mit einem regelmäßig stattfindenden Wochenmarkt, zwei vor Ort ansässigen Banken, gut laufenden Einkaufsläden und Restaurants und Cafés. Laut den damals erhobenen Volkszählungen lebten im ganzen Bezirk nahezu zwei Drittel Serben (Orthodoxe), in der Stadt Glina stellten die Kroaten (Katholiken) etwas mehr als die Hälfte aller Bürger. In der weiteren Region waren nahezu alle Dörfer jeweils national aufgeteilt, was in der Stadt selbst nicht der Fall war. Die Serben und Kroaten von Glina lebten miteinander Haus an Haus, Wohnung an Wohnung, sie waren ohne deutliche Trennlinien miteinander vermischt, und es gab keine einzige städtische Straße, für die das nicht gegolten hätte. Der Lokalpatriotismus war sehr ausgeprägt, und man trat gemeinsam für die Interessen der Stadt ein. Im Sportklub von Glina waren weder die Fußballer noch die Fans nach Nationalitäten getrennt. Es gab gemischte Ehen, Freundschaften und Patenschaften, bei denen man sich weder um religiöse noch um nationale Identitäten kümmerte. Aber diese private Mikroidylle spiegelte sich nicht in der größeren politischen Realität. Anfang des 20. Jahrhunderts hatte noch für kurze Zeit eine serbisch-kroatische Koalition dominiert, die durch Svetozar Pribićević und Frano Supilo repräsentiert wurde. Schon damals traten aber unter den Bürgern von Glina Gruppierungen hervor, die eine strammere nationale Orientierung verfolgten. Anfang 1932, als sich die Ustascha-Bewegung zu formieren begann, hatte der Jurist Dr. Mirko Puk, der spätere Justizminister, etwa vierzig Anhänger um sich geschart. Sie wurden von den Glinaer Bürgern als »Frankisten« oder »pravaši« (Mitglieder der Kroatischen Partei des Rechts, Hvratska stranka prava) bezeichnet, und im Grunde waren sie es, die das Fundament für die späteren tragischen Ereignisse legten. Es kam ihnen mehr als gelegen, dass sich unter den Serben in Glina und Umgebung nahezu zeitgleich eine kleine Gruppe hartnäckiger Extremisten formierte, die Anhänger des radikalen rechten Politikers Svetislav Hođera waren. Hinzu kam, dass die Jugoslawische Radikale Gemeinschaft, eine Gruppe, die das Regime unterstützte, in Glina stark vertreten war.

In den dreißiger Jahren war Dr. Puk für seine unnachgiebige Intoleranz bekannt gewesen. Auf der Straße grüßte er weder seine serbischen Nachbarn noch jene Kroaten, die mit Serben befreundet waren oder Geschäfte mit ihnen machten. Bis April 1941 hatte seine Pro-Ustascha-Bewegung allerdings wenig Zulauf, und er hatte nie mehr als insgesamt fünfzig Unterstützer. Aber diese Gruppe war sehr aktiv und übte durchaus Einfluss aus. Glina sei »einer der wichtigsten Standorte der Ustascha-Bewegung«, schrieb Mirko Jerec, Jurist und enger politischer Weggefährte Puks. Jerec fungierte als eifrig herumreisender »Botschafter« Slavko Kvaterniks (des Militärchefs des NDH 1941/42), »dessen Instruktionen für alle anstehenden, unvermeidlichen politischen Aktionen er (…) in sämtlichen Regionen Kroatiens verbreitete«.

In den entscheidenden Tagen Anfang April 1941 wurde in Zagreb das kleine Appartement von Puk zum wichtigsten Treffpunkt der maßgeblichen Ustascha-Köpfe, um die Machtübernahme zu planen. Hier kam es auch zu Zusammenkünften mit deutschen Agenten. Puk übernahm damals den Vorsitz der provisorischen Regierung, die von den Ustascha-Aktivisten gebildet wurde.

Alle relevanten Quellen sind sich darin einig, dass das Mai-Massaker in Glina von Mirko Puk initiiert wurde. Am genauesten gibt darüber Juraj Rebok Auskunft, der für kurze Zeit im Sommer 1941 Ustascha-Kommandant im Bezirk Glina war. In seinen Memoiren, die er im argentinischen Exil geschrieben hat, hält er im Kapitel »Wer ist verantwortlich für das Massaker von Glina?« fest:

»Ich erinnere mich nicht so genau an das Datum (…). Es war vielleicht ein Donnerstag [es muss sich um den 8. Mai handeln] (…), und ich machte mich auf den Weg zum Minister Puk, weil ich mich über das Verhalten einiger plündernder Ustasche beschweren wollte, die sich in den Dörfern an ihren orthodoxen Nachbarn vergingen. Das waren überwiegend Unterstützer und Freunde des Ministers. Ich sagte ihm, das hätte doch nichts mit dem Ustaschatum zu tun, das seien doch die Methoden der russischen Geheimpolizei Tscheka. Daraufhin antwortete mir Dr. Puk: ›Ich weiß schon, was ich zu tun habe. Ich werde ein paar Ustasche von außerhalb losschicken, sie sollen die Ordnung wiederherstellen.‹ Wer auch immer ihm einfalle, sagte ich, sei hier willkommen, um für Ordnung zu sorgen. Ich ahnte nicht, was für einen abgründigen Teufelsplan er sich ausgedacht hatte.«[13]

Noch an diesem oder am darauffolgenden Tag machte sich Puk auf den Weg nach Glina zu streng geheimen Besprechungen, über die keine zuverlässigen Angaben zu finden sind. Als gesichert gilt aber, dass Ivica Šarić, der in solchen Operationen versierte Handlanger von Dido Kvaternik, am 10. Mai in Glina eintraf, wahrscheinlich auf der Durchreise von Blagaj nach Zagreb. Šarić organisierte im örtlichen Krankenhaus ein Treffen mit den Ustascha-Führungskräften vor Ort. Wir wissen ein wenig darüber, weil jemand aus der Runde Informationen nach außen getragen hat. Ohne viel zu diskutieren, beschloss man wohl schnell, eine Liste aller Glinaer Serben zwischen 16 und 60 Jahren anzufertigen und die Leute der Reihe nach zu verhaften. Zum Konflikt kam es erst mit der Forderung von Ivica Šarić, die Namen all jener gesondert aufzuführen, die gleich getötet werden sollten, da sie im alten jugoslawischen Staat als Gegner des Kroatentums hervorgetreten waren. Der Einzige, der ihm widersprach, war Juraj Rebok. Er hielt es für angebrachter, so etwas den Gerichten zu überlassen.

Am lautesten erhoben ihre Stimmen bei diesem Treffen der aus dem Ort stammende Ustascha-Aktivist Nikica Vidaković und Josip Misson, Einzelhändler und Vorsitzender des Sportklubs von Glina. Nach vielem Hin und Her darüber, welche Kriterien sie für die Exekutionsliste zugrunde legen wollten, einigten sich alle darauf, dass es gar keinen Sinn mache, eine solche Liste anzufertigen, denn: »man muss sie alle umbringen«. Also alle, die sie verhaften konnten. Als »Repräsentant«, der aus Zagreb »gesandt« worden war, unterstützte Šarić voll und ganz diese Linie. Am nächsten Morgen gab es eine weitere Zusammenkunft, die Šarić aber nur mit dem harten Kern der Führungskräfte vor Ort abhielt. Bei diesem Treffen kam es zu sehr konkreten

Beschlüssen. Was dann passierte, geschah vor aller Augen. Niemand verbarg etwas.

Am Sonntag, dem 11. Mai 1941, trafen zwei große graue Autobusse mit an die fünfzig bewaffneten Ustasche aus Zagreb in Glina ein. Die Männer trugen die aus dem Exil mitgebrachten gelblichen Uniformen und waren in der Mehrzahl einstige Rückkehrer, die nun zur Leibgarde von Ante Pavelić gehörten. Sie hielten direkt vor dem Haus des ersten Ustascha-Bürgermeisters von Glina, Mate Vidaković. In der Anfangszeit des Unabhängigen Staates Kroatien wurde dieses Haus zum wichtigsten Treffpunkt für die Ustasche der Stadt.

Im Verlauf dieser Woche übernahmen auch die Ustasche aus der Gegend die eine oder andere Aufgabe und planten mit den anderen die Aktion durch. Es war nicht mehr möglich, die Dinge geheim zu halten. Am Nachmittag des 11. Mai eilte Zlatko Pinotić, der Sohn des Grundschulleiters von Glina, der noch einige Tage zuvor mit einer kroatischen Flagge stolz durch die Straßen gezogen war, zu seinem serbischen Freund Boro Meandžija. Er warnte ihn, den Serben stünden Massenverhaftungen bevor. Boro versteckte sich noch an diesem Abend, entging der Verhaftung und blieb so am Leben. Joso Zibar versuchte am Sonntagmittag, den Einzelhändler Marko Vujasinović zu warnen. Er erzählte ihm, dass einige Ustasche im Wirtshaus seines Vaters beim Schnaps davon gesprochen hatten, den Serben stehe etwas bevor, es braue sich etwas zusammen. Er gab ihm den Rat, für kurze Zeit unterzutauchen. Vujasinović sagte ihm, er habe sich nichts zuschulden kommen lassen und sei deshalb unbesorgt, er werde natürlich bei seiner Familie bleiben. Noch am gleichen Abend wurde er abgeholt und ermordet. Tatsächlich hatten viele Serben von dem geplanten Massaker gehört, aber nur ungefähr zehn nahmen die Warnungen ernst und versteckten sich. Die meisten blieben in ihren Häusern. Sie konnten nicht glauben, dass es etwas so abgrundtief Böses gab, sie konnten noch nicht erfassen, dass so etwas in diesem Ausmaß wirklich möglich war. Nur wenige verstanden, »dass ein wahnsinniger

Wind den Geist und die Seelen der Menschen in Beschlag genommen hatte« (Ivo Andrić) und dass »der Wahnsinn der Geschichte« (André Malraux) die Bühne betrat.

Als am Sonntag die Sonne unterging, begannen die Verhaftungen. Ein Ustascha aus Glina lotste die jeweils zu zweit auftretenden Ustascha-Rückkehrer zu den Häusern der Serben. Sie fielen in die Wohnungen der Menschen ein und verhafteten jeden, der älter als sechzehn war. Man hielt die Verhafteten an, so wenig Sachen wie möglich mitzunehmen, denn man werde sie nach dem Verhör gleich wieder nach Hause schicken. Die meisten widersetzten sich nicht. Sie waren überzeugt, dass ihnen nichts geschehen werde. Aus manchen Häusern hörte man aber doch vereinzelt verzweifeltes Weinen und Flehen und Hilferufe der Bewohner.

Die Straßenbeleuchtung war abgeschaltet worden. In Glina herrschte Dunkelheit. Die Ustasche trieben die Verhafteten an, schneller zu gehen, sie wollten die Verhaftungen bis zum Morgengrauen beendet haben. Dem Bäcker Ilija Letić erlaubten sie nicht, sich in Ruhe anzuziehen. Er musste seinen Anzug über dem Pyjama anziehen, und als er dagegen protestierte, brachten sie ihn auf der Schwelle seines Hauses um. Danach erschossen sie seinen Sohn Dušan, der sechzehn Jahre alt war. Auch seine Lehrlinge Rado und Slavko (deren Nachnamen in der Opferliste fehlen) wurden ermordet, als sie versuchten, ihm zu helfen. All das geschah vor den Augen von Ilijas Ehefrau Marija, ihrer beiden Töchter und des siebenjährigen Sohnes Đorđe.

Der kroatische Richter Detoni protesierte lautstark bei den Ustasche, die seinen serbischen Vermieter Dr. Gajić abführten, woraufhin Detoni ebenfalls verhaftet und zusammen mit Gajić ins Gefängnis gebracht wurde. Am Morgen waren alle Verhafteten in der einstigen Gendarmerie zusammengetrieben worden. In den winzigen Zellen, auf engen Fluren und einem kleinen Hof verbrachten die zusammengepferchten Häftlinge bange Stunden. Es waren Beamte, Händler, Verkäufer mit ihren Angestellten und Lehrlingen, Gastwirte,

Metzger und Studenten – einem Bericht zufolge alles in allem »373 orthodoxe Männer«. Unter ihnen befanden sich der Vorsitzende Richter des Bezirksgerichts Jovan Mirković, der Präsident der serbischen Bank Živko Radojčević, die Rechtsanwälte Milan Metikoš und Stevan Branković, Lehrer der gymnasialen Mittelstufe sowie orthodoxe Religionslehrer und auch einige Kroaten. Verhaftet hatte man neben dem erwähnten Richter Detoni den Elektriker Ante Šešerin (später Partisan und KP-Funktionär), Miroslav Štimac und andere, die in der vergangenen Nacht versucht hatten, ihre orthodoxen Nachbarn, Vermieter oder Mieter vor der Verhaftung zu schützen. Nach dem Appell am Morgen wurden die Kroaten nach Hause entlassen, die Serben blieben im Gefängnis. Gegen Mittag gab man ihnen Essen, das ihre Angehörigen gebracht hatten, aber sie durften niemanden sehen und mit niemandem reden. Sie verbrachten den Tag in schrecklicher Ungewissheit und befürchteten nun das Schlimmste. Um Mitternacht fingen die Ustasche an, die Männer paarweise zusammenzubinden und in zwei Lastwagen zu verfrachten. Auf jeden Lastwagen kamen an die zwanzig gefesselte Häftlinge, die bewacht wurden. Alle halbe Stunde kehrten die Lastwagen zurück und holten eine neue Gruppe Gefangener ab.

All das wurde von Nikica Samardžija, einem kräftigen, sportlichen jungen Mann, der als Einziger der über dreihundert Gefangenen überlebte, detailliert geschildert. Gefesselt, auf dem Lastwagen zusammengetrieben und mit Planen bedeckt, wussten die Häftlinge nicht, wohin man sie brachte. Als man sie auf einem Feld absteigen ließ, erkannte Nikica Samardžija das Ufer des Flusses Glina hinter dem Dorf Prekope, an die sechs Kilometer von der Stadt entfernt. Die Ustasche führten sie zu einer tiefen und weitläufigen Grube. Sie war von kroatischen Dorfbewohnern ausgehoben worden. Man drohte ihnen die Todesstrafe an, sollten sie je darüber reden. Einige konnten aber weder damals noch später schweigen, ebenso wenig wie einige der Kroaten, die am 12. und 13. Mai ringsum als Wachen aufgestellt wurden.

Die Ustascha-Rückkehrer übernahmen das Töten an der Grube. In der Regel wurden die Menschen erschossen. Mehrere kroatische Dorfbewohner wurden in den Morgenstunden des 13. Mai gezwungen, die Leichen in der Grube mit Kalk und Erde zu bedecken. Sie wurden Zeugen, wie der Ustascha-Kommandant Nikica Vidaković allen in oder neben der Grube liegenden Männern, die noch Lebenszeichen von sich gaben, in die Stirn schoss.

Nikica Samardžija hatte schon im Gefängnis versucht, seine Freunde zu überreden, die Ustascha-Wachen zu überfallen, ihnen die Waffen abzunehmen und zu flüchten, ohne Erfolg. Als man sie nachts auf die Lastwagen verfrachtete, spürte Nikica, dass man ihn nicht allzu fest gebunden hatte, und sobald man sie vom Lastwagen heruntergetrieben hatte, löste er unbemerkt den Knoten. Auf dem Weg zur Grube packte er plötzlich einen nah bei ihm gehenden Bewacher, warf ihn mit einer einzigen raschen Bewegung über seinen Rücken zu Boden und gelangte mit zwei, drei großen Schritten durch die Dunkelheit ans Ufer des Flusses. Die Ustasche schossen sofort blindlings in die Nacht. Der schlaue Nikica aber zog seinen Mantel aus und warf ihn Richtung Flussmitte, dann sprang er selbst ins Wasser, tauchte ab und rettete sich ans andere Ufer. Die Ustasche schossen noch auf seinen Mantel, als er, nur leicht an der Hüfte verletzt, längst in Sicherheit war. Im Schutz der Dunkelheit schlich er zu einem Bach und versteckte sich während des darauffolgenden Tages im Schilf. Nach Einbruch der Nacht schlug er sich zu dem nicht weit entfernten Ort Majska Poljana durch, wo ihn mutige Leute aufnahmen, ihm warme Kleider und etwas zu essen gaben. Nach einigen Tagen wagte er die Flucht nach Belgrad zu seinen Verwandten.

Der damalige Ustascha-Kommandant Juraj Rebok schreibt am Ende seiner Notizen über Glina lakonisch: »Großes Entsetzen bei den Kroaten. Ein schreckliches Erwachen. Ist dies das Kroatien, nach dem wir uns alle gesehnt haben?«[14]

Über Opfer und Zahlen

Bei der Volkszählung 1931 hatte Glina 2315 Einwohner. 1941 könnten es 2800 gewesen sein, aber des Krieges wegen hat es darüber keine Erhebung gegeben. Etwas mehr als die Hälfte waren katholische Kroaten. Von diesen Angaben ausgehend, kann man sagen, dass im April 1941 in Glina an die 450 bis 500 Männer serbischer Nationalität im Alter zwischen 16 und 60 lebten. In der Nacht vom 12. Mai wurden alle umgebracht, die in ihren Häusern angetroffen worden waren, bis auf Nikica Samardžija. Es überlebten ungefähr dreißig Serben, die entweder vorher gewarnt worden waren oder sich rasch versteckt hatten, als die Ustasche durch die Straßen marschierten und brüllend an die Türen klopften. Andere waren aus reiner Fügung gerade nicht zu Hause gewesen (wie zum Beispiel Milan Brakus, der sturzbetrunken im Stall eines Nachbarn eingeschlafen war und auf diese Weise der Verhaftung entging). Weitere fünfzig Serben, die formal als Bewohner von Glina geführt wurden, waren gerade nicht in der Stadt, als das Massaker stattfand, auf Reisen, im Krankenhaus oder bereits anderswo im Gefängnis einsitzend.

Es gibt unterschiedliche Angaben zu den Opfern, die am 12. Mai in Prekopa ums Leben kamen: 260, 307, 322, 370, 391, 437, 520 und 580. Um die Zahl der Opfer auf seriöse Weise zu ermitteln, ist die Quelle von entscheidender Bedeutung. Eine im *Ljetopis* (Nr. 6, 2001) veröffentlichte Liste mit den Opferzahlen ist nach meinem Dafürhalten brauchbar. Sie besteht aus 388 Vor- und Nachnamen und den wesentlichen Informationen über nahezu jedes Opfer. Nach der Veröffentlichung erhielt die Zeitungsredaktion zahlreiche Zuschriften, die die Angaben bestätigten und ergänzten, so dass in der darauffolgenden Ausgabe Korrekturen nachgereicht werden konnten. Jetzt stehen 391 Opfer auf der Liste, wobei einige nicht aus Glina selbst, sondern aus der Umgebung stammten und teils zu einem anderen Zeitpunkt umgebracht wurden. Doch man kann davon ausgehen, dass in der

Glinaer Bartholomäusnacht vom 12. auf den 13. Mai 1941 mindestens 300 und höchstens 400 Menschen getötet worden sind.

Dieses schreckliche und mit nichts zu rechtfertigende Verbrechen hat Glina nachhaltig erschüttert, auch deshalb, weil es sich nur drei Monate später auf eine noch schrecklichere Weise wiederholt hat. Mehrere hundert orthodoxe Männer aus der Umgebung von Vrginmost und Topusko wurden unter dem Vorwand in die orhodoxe Kirche von Glina gelockt, dort zum Katholizismus konvertieren zu können. Bis auf einen Mann wurden am 2. August 1941 alle mit Messern, Bajonetten und Keulen umgebracht. Kurze Zeit darauf kam Ende August Benedikta Zelić mit ihrem frisch erworbenen Lehramtsdiplom nach Glina. Sie war eine Freundin der Familie Rebok, die ihr eine Stelle als Lehrerin für Geschichte und Italienisch am Gymnasium vor Ort vermittelte. 1991 erschien in der Zeitschrift *Marulić* ein Teil ihres autobiographischen Erinnerungstextes, in dem sie die bedrückende Atmosphäre im damaligen Glina schildert:

> »Selbst wenn ich in ganz Kroatien nach einem Ort gesucht hätte, einen unwirtlicheren als Glina hätte ich nicht finden können. (...) Über der Stadt hing eine dunkle Wolke lähmender Not, die Folge zweier Massaker an der serbisch-orthodoxen Bevölkerung war. (...) Wenn ich heute darüber nachdenke, ist es mir ein bisschen rätselhaft, dass ich damals so hoffnungsfroh meiner Arbeit nachgegangen bin und als Kommandantin die Mädchenorganisation der Ustascha-Jugend geleitet habe. Wahrscheinlich lag es an der großen Liebe für das eigene Vaterland, aber auch an meiner Jugend, dass ich damals nicht wirklich zu fassen vermochte, was die beiden Massenmorde eigentlich bedeuteten. Trotz meiner Euphorie und Jugend fühlte ich aber, dass es falsch war, vor diesem Hintergrund den Kindern, die gerade ihre Eltern verloren hatten, leidenschaftliche Reden über unser Kroatentum zu halten.«[15]

Doch auch wenn die Autorin dieser Zeilen sich kritisch über die Verbrechen des Ustascha-Regimes äußert: In ihren 1991 und 2001 publizierten Texten zeigt sie sich noch immer überaus zufrieden darüber, dass sie am Aufbau des Unabgängigen Staates Kroatien beteiligt war. 2005 las ich in der Zeitung, dass sie eine Gruppe von Bürgern aus Zadar zusammengetrommelt hatte, um Mirko Norac im Gefängnis von Glina einen Besuch abzustatten. Sie bekundeten dort einem Mann ihre Sympathie, der 2003 vom Internationalen Strafgerichtshof in Den Haag zu zwölf Jahren Haft verurteilt worden war, weil er 1991 am Genozid an den Serben von Gospić beteiligt war. Das ist ein sehr trauriges Beispiel dafür, wie sich Menschen offen mit einem Verbrechen arrangieren, wenn die Täter aus den eigenen Reihen kommen.

Die Mai-Tragödie von Glina war von einem so entsetzlichen Ausmaß, dass sich die Nachricht rasch weit über die Stadt hinaus verbreitete. Als Verwaltungssitz stand Glina ständig in Verbindung mit Petrinja, Sisak, Karlovac und Zagreb. Šime Balen, ein während seiner Studentenzeit politisch aktiver kroatischer Nationalist, der später in die Kommunistische Partei Jugoslawiens eintrat, erzählte beispielsweise, dass er schon relativ früh im Mai 1941 von den Verbrechen gehört habe. Er war erschüttert darüber, auch deshalb, weil einige seiner Studienfreunde unter den Ermordeten waren.

Zu dieser Zeit lief ihm im Zagreber Zrinjevac-Park Vlado Singer über den Weg, ein Ustascha-Rückkehrer, den er aus dem Studium gut kannte. Anfang der dreißiger Jahre war Singer an der Universität von Zagreb der wichtigste Kopf erster Ustascha-Formierungen in der Studentenschaft gewesen. 1933 hatte er die erste Ustascha-Zeitschrift *Hrvatska gruda (Kroatische Scholle)* herausgegeben, die nach zwei Nummern verboten wurde. Balen seinerseits hatte damals zwar mit den kroatischen Nationalisten sympathisiert und mit ihnen zusammengearbeitet, war aber nicht so radikal gewesen wie Singer. Auch bei den Linken und sogar unter den Kommunisten hatte er Freunde. Deshalb hatte ihn Singer 1932 gebeten, zwischen den Kommunisten und den kroatischen Nationalisten an der Universität zu vermitteln, um den gemeinsamen Feind zu bekämpfen – die königliche Diktatur in Belgrad.

Als sich Singer und Balen 1941 zufällig im Park trafen, trug Singer die Uniform eines hohen Ustascha-Offiziers, war Geheimdienstleiter und Chef der Personalleitung in der Ustascha-Kommandantur. Singer war als Jude geboren, hatte sich jedoch von seinem Judentum losgesagt und wollte weder von seiner Religion noch von einem jüdischen Staat etwas wissen. Der einzig richtige Weg für Juden in Kroatien lag für ihn in der absoluten Assimilation und vollständigen Identifikation mit dem Kroatentum. Einfallsreich und begabt wie er war, hatte er sich diplomatisch aus den Querelen unter den Ustascha-Rückkehrern herausgehalten und war schließlich in einer hohen Ustascha-Position nach Zagreb zurückgekehrt. Er hatte nun die Macht, seinen alten Freund Šime Balen zu beschützen.

Balen jedoch erschrak bei dem Zusammentreffen zunächst. Er hatte vier Jahre in Haft verbracht, weil er als kroatischer Nationalist Demonstrationen gegen das Regime organisiert hatte. Im Gefängnis aber hatte er begonnen, sich für den Kommunismus zu interessieren. Er befürchtete deshalb, vom Ustascha-Regime drangsaliert zu werden, aber Singer beruhigte ihn: »Šime, nun habe mal keine Angst, du hast für Kroatien im Gefängnis gesessen, das wissen wir doch alle, und solange ich hier bin, brauchst du dich vor nichts zu fürchten!«

Sie setzten ihr Gespräch in größerer Offenheit fort. Balen kam auf die »schlimmen Repressalien gegen Juden und Serben« zu sprechen. Singer erzählte ihm – ohne große Begeisterung – von der nationalen Revolution und erklärte, dass man es nicht vermeiden könne, dabei auf revolutionäre Mittel zurückzugreifen. Balen nahm all seinen Mut zusammen und kam auf Glina zu sprechen. Singer zuckte zusammen und wurde schlagartig ernst. Es war offensichtlich, dass er alles über Glina wusste.

> »Gut, Šime, wenn du schon darauf zu sprechen kommst, werde ich dir die Dinge in aller Offenheit erklären. Die Welt befindet sich im Krieg, und das wird noch eine Weile so bleiben. Unsere eigene Revolution findet mitten in einem Weltkrieg statt. In solchen Momenten der Geschichte passieren Dinge, die sonst nie geschehen könnten. Die Leute tun jetzt alles

> Mögliche, was ihnen in Friedenszeiten nie einfallen würde. Wir müssen diese Gelegenheit ausnutzen. Die Serben sitzen uns schon drei Jahrhunderte lang als Problem im Nacken. So, wie sie sind und wie sie sich untereinander vermehren, werden wir mit unserem kroatischen Staat doch nie Glück haben. Die Zeit arbeitet jetzt für uns! Wir müssen ein Drittel umbringen, ein Drittel wird sich dann auf die Flucht begeben, und ein Drittel wird zum Katholizismus konvertieren und das Kroatentum annehmen!«[16]

In manchen Ustascha-Kreisen scheint die Formel von der Drittelung sehr beliebt gewesen zu sein. Sie klingt nach einem zynischen Witz, aber in ihr schwingt auch die klare Drohung eines noch nicht gänzlich zu Ende formulierten Plans. Später brachte ein hoher Vertreter des Dritten Reichs seine Entrüstung über die Formel zur Ermordung der orthodoxen Serben zum Ausdruck. Ihn erinnere diese Vorgehensweise des Ustascha-Führers Ante Pavelić an Religionskriege aus blutigsten Zeiten.[17] Die Ustasche aber hatten diese Formel nicht selbst erfunden. Sie stammt aus Russland und wird Konstantin Petrowitsch Pobedonoskew zugeschrieben, dem Berater des Zaren Alexander III., der ein orthodoxer Fanatiker war und den man als den »großen Inquisitor« kennt. 1881 kommentierte er den Exodus der Juden mit den Worten: »Ein Drittel soll emigrieren, ein Drittel zum orthodoxen Glauben konvertieren, auf das andere Drittel wartet der Tod.«

Kurze Unterbrechung des Genozids

Franjo Žužek, der Gemeindepfarrer von Glina, schickte am 14. Mai 1941 einen eiligen Bericht an Erzbischof Alojzije Stepinac, in dem er ihn über das zwei Nächte vorher ausgeführte Massaker unterrichtete. Ich denke, dass Stepinac schon zuvor von den Untaten der Ustasche in verschiedenen Regionen seiner Diözese gehört haben muss. Doch das Verbrechen von Glina war das einzige, das ihn bewog, einen Brief an den Poglavnik Pavelić zu schreiben. Noch am gleichen Tag lag er auf dessen Schreibtisch:

> »Soeben erreicht mich die Nachricht, dass die Ustasche zweihundertsechzig Serben ohne einen gerichtlichen Beschluss oder irgendeine Ermittlung getötet haben. Ich weiß, dass die Serben in den letzten zwanzig Jahren ihrer Herrschaft viele Verbrechen in unserem Heimatland begangen haben. Dennoch betrachte ich es als meine bischöfliche Pflicht, meine Stimme dagegen zu erheben und hiermit zum Ausdruck zu bringen, dass das in keiner Weise mit der katholischen Moral im Einklang steht, deshalb bitte ich Sie, alle Ihnen zur Verfügung stehende Macht zu benutzen und so etwas im Unabhängigen Staat Kroatien zu unterbinden und keinen einzigen Serben mehr zu töten, wenn man nicht einen Grund für seine Schuld nachgewiesen hat, der zeigt, dass er die Todesstrafe verdient. Sonst kann niemand von uns mit dem Segen des Himmels rechnen, ohne den wir am Ende alle verloren sind. Ich hoffe, Sie werden mir mein offenes Wort nicht übelnehmen. Mit großem Respekt ---«

An jenem 14. Mai lag auf Pavelićs Schreibtisch auch der Bericht aus Karlovac, den der dortige Bürgermeister Židovec und der lokale Ustascha-Kommandant Bilanović am 12. Mai im Büro des Ministers Žanić verfasst hatten. Wegen des Genozids in Karlovac bestand die konkrete Gefahr, dass die örtliche Ustascha-Kommandantur auseinanderfallen könnte. Das wusste Pavelić. Ebenso wusste er von den Verschleierungstaktiken des außerordentlichen Volksgerichts in Karlovac und dass es teilweise vom Zagreber Gericht gedeckt wurde. Es muss ihm zudem von Dido Kvaternik und dem Minister Puk übermittelt worden sein, dass viele in der Öffentlichkeit bekannte Kroaten aus Glina mit den Verbrechen, die dort begangen wurden, nicht einverstanden waren und einige von ihnen offen ihren Widerstand formulierten. Pavelić hatte außerdem in einem Vier-Augen-Gespräch von einem langjährigen Mitarbeiter erfahren, dass »der Lauf der Dinge in Kroatien« (die Massenmorde an den Serben) »den Staat und das Volk in katastrophale Schwierigkeiten bringen könnten«. Pavelić wusste überdies, dass es einen ersten serbischen Aufstand in der Nähe von Sanski Most gegeben hatte, und er war auch zugegen, als der stellvertretende Innenminister Vukovac bei einer Regierungssitzung nachdrücklich darauf hinwies, dass es in manchen Regionen Kroatiens zu »willkürlichen Verhaltensweisen unter den Ustasche vor Ort« gekommen war und man die Kontrolle darüber zurückerlangen müsse.

Besorgniserregender als all dies waren jedoch die Vorwürfe, die General Edmund Glaise von Horstenau, der Vertreter der deutschen Armee im NDH, gegenüber Pavelić erhob. »Sagen Sie mir mal ehrlich, Poglavnik«, fragte ihn Glaise von Horstenau einige Zeit später ironisch in Anwesenheit einiger enger Mitarbeiter von Pavelić, »haben Sie ernsthaft die Absicht, wirklich alle orthodoxen Serben zu töten?« In seinen Berichten an die Oberste Heeresleitung der Wehrmacht und in seinen anderen offiziellen Sendschreiben, die mit dem 23. April einsetzen, warnte er Pavelić immer wieder, dass sein genozidärer Plan gegen die Serben (den Genozid der Ustasche an den Juden kritisierte er nie) zu einer chaotischen Lage führen werde. Am Ende, so Glaises Befürchtung, müsse die deutsche Armee in Kroatien weitere Truppen stationieren, die dann in den anderen Einsatzgebieten der kämpfenden deutschen Armee fehlen würden. Pavelić war sich zwar sicher, dass der deutsche Gesandte Siegfried Kasche ihn in seiner Ustascha-Politik unterstützte, doch im Mai 1941 war noch nicht absehbar, welche der beiden deutschen Positionen sich auf Dauer durchsetzen würde. Pavelić musste achtsam sein.

Zumal ihn auch die Italiener unter Druck setzten, er solle die Versprechen einlösen, die er ihnen für ihre Hilfe bei der Machtergreifung gegeben hatte. Er nutzte alle diplomatischen Kanäle, um die Deutschen dazu zu bringen, mit den Italienern in seinem Sinne zu verhandeln. Aber die Deutschen verweigerten ihm ihre Hilfe. Bei einem Treffen mit Mussolini in Monfalcone am 7. Mai 1941 erklärte sich Pavelić mit nahezu allen Forderungen der Italiener einverstanden: dem Verzicht auf Dalmatien, der Besetzung der nordkroatischen Küstengebiete durch die Italiener und der Übergabe der kroatischen Krone an Italien. Selbst vor seinen engsten Mitarbeitern hielt Pavelić bis zum letzten Augenblick geheim, welchen Bedingungen er am 18. Mai in Rom mit seiner Unterschrift zugestimmt hatte. Er wusste, dass er damit all jene enttäuschte, die ihm vollständig vertraut hatten – und fürchtete wahrscheinlich, dass seine bisher nicht hinterfragte Position als Führer der Ustascha-Bewegung ins Wanken geraten könnte. Konflikte mit den Fähnchen-im-Wind-Mitläufern in der Ustascha-Hierarchie konnte er gar nicht gebrauchen, ebenso wenig wie Konflikte mit den deutschen Militärs und der katholischen Kirche. Am 14. Mai 1941 ließ er die Massenexekutionen und das Gemetzel stoppen.

Nach der Batholomäusnacht von Glina hatte man die wenigen am Leben gebliebenen Serben aus den umliegenden Dörfern festgenommen, die aus unterschiedlichen Gründen in die Stadt gekommen waren. Am 14. Mai nachmittags saßen bereits an die dreißig Menschen im Gefängnis. Man kann davon ausgehen, dass sie als Todeskandidaten für die zweite Massakerwelle am Ufer des Flusses in Prekopa vorgesehen waren. Dann tauchte überraschend der Ustascha-Kommandant Nikica Vidaković im Gefängnis auf. Er verhörte die Häftlinge eilig und ließ sie danach umstandslos nach Hause gehen.

Ab diesem Tag bis zum 1. Juli gab es – im ganzen sechs Wochen lang – keine Massenmorde an den Serben, nur in der Herzegowina kam es schon Anfang Juni wieder zu Massakern. Andere Formen der Verfolgung wurden in dieser Zeit allerdings deutlich intensiviert. Im Mai fanden nahezu täglich Übergriffe auf Juden und Schikanen statt, an manchen Orten wurden sie massenweise in Lager deportiert. In den Städten gab es weiterhin Verhaftungen »unerwünschter Personen«, die Gefängnisse platzten aus allen Nähten. Im Lager Danica gab es Ende Mai bereits über tausend Insassen, die meisten von ihnen waren Serben. Blitzschnell zusammengestellte Gerichte fällten ihre ersten Urteile. Eine Reihe neuer Gesetze kündigte weitere Verschärfungen an. In den Dörfern, besonders in der Region von Lika und Bosanska

Krajina sowie in der Herzegowina, begannen bewaffnete Patrouillen und Ustasche, die Bevölkerung zu terrorisieren. Hin und wieder kam es zu Plünderungen, und in der gesamten Gegend verschwanden wiederholt prominente Serben, von denen sich später jede Spur verlor.

Nach der schon erwähnten Aussage des Bürgermeisters Židovec befand man sich in der Karlovacer Ustascha-Kommandantur im Wartezustand. Die Vertreter eines gemäßigten Kurses hofften darauf, dass sich nun, nach der Verhaftung der vier jungen Ustascha-Männer, die in der Nacht vom 5. auf den 6. Mai den Rechtsanwalt Vujičić, den Marine-Offizier Janjanin und den Eisenbahnarbeiter Dokmanović ermordet hatten, ihre moderate Linie durchsetzen würde. Milan Radeka traf die inhaftierten jungen Mörder im Zagreber Gefängnis, wie er in seinen Memoiren schreibt:

> »Sie trugen alle eine Uniform, die Mantel- und Hemdkragen aufgeknöpft, und ihre Gesichter glichen nicht mehr jenen, die ich noch einen Monat zuvor jeden Tag im Klassenraum gesehen hatte. (…) Wie auch immer, sie verbrachten noch eine Nacht im Gefängnis, aber nicht wie die anderen in der Zelle, sondern in einem Büro, und am nächsten Tag entließ man sie wirklich.«[18]

Die Verhaftung der vier jungen Männer war ein Versuch, die unruhig gewordene Karlovacer Öffentlichkeit und die unzufrieden murrenden Mitglieder der Ustascha-Kommandantur für den Moment zu beruhigen. Nachdem die vier auf freien Fuß gesetzt worden waren, teilte ihnen Kvaterniks Geheimdienst einige Aufgaben außerhalb von Karlovac zu. Šantić beispielsweise schickte man nach Bosnien. Nach ein paar Wochen kamen sie nach Karlovac zurück und gingen nach Hause, als sei nichts geschehen.

Am 23. Mai 1941 veröffentlichte Feliks Židovec in der *Hrvatska sloboda* eine Bekanntmachung:

> »Dieser Tage haben sich viele Bürger an mich als Bürgermeister gewandt und mich darum gebeten, bei Verhaftungen zu intervenieren. Ich stelle hiermit klar, dass ich keinerlei Einfluss auf die Verhaftungen ausüben und nichts dagegen unternehmen kann. Ich bitte darum, dass sich niemand mehr in dieser Angelegenheit bei mir meldet.«

Dies war eine Abgrenzung zu den Ustasche, Židovec wollte mit den immer noch täglich erfolgenden Verhaftungen nicht in Verbindung gebracht werden. Fünfzehn Tage später legte er sein Amt nieder. Die gemäßigten Mitglieder in der Ustascha-Kommandantur ahnten bereits zu diesem Zeitpunkt, dass sie im Konflikt mit Nikšić die Verlierer waren. Die wichtigsten Direktiven der zentralen Regierungsinstitutionen wurden schon seit langem an der moderaten Fraktion vorbei direkt an Nikšić übermittelt, der in Personalunion die Funktion des Stadt- und Landrats von Karlovac ausübte. Dr. Nikšić hielt sich in dieser Zeit sehr oft in Zagreb auf, man wusste auch, dass er häufig bei Pavelić war. Es wurde immer klarer, aus welcher Richtung der Wind nun wehte.

Es ist nichts darüber bekannt, welche Auseinandersetzungen in der Ustascha-Führung in dieser Zeit geführt wurden und ob es überhaupt irgendwelche Diskussionen gegeben hat. Pavelić traf seine Entscheidungen jedenfalls weiterhin allein. Die Unterstützung Adolf Hitlers war ihm dennoch immens wichtig. Er setzte alles in Bewegung, um so schnell wie möglich von ihm empfangen zu werden.

In der Zwischenzeit war auch Dido Kvaternik nicht untätig gewesen. Schon in der NDH-Anfangszeit hatte er sich mit dem SS-Sturmbannführer Wilhelm Beisner angefreundet, der die Einsatzkommandos des SD in Kroatien leitete und mit dem er eng zusammenarbeitete. Es gelang ihm Ende Mai, über Beisner und an allen anderen offiziellen Kanälen vorbei eine Einladung nach Berlin und zu einem Treffen im SS-Hauptamt zu erwirken. In Begleitung von Beisner und einigen seiner engsten Mitarbeiter vom kroatischen Ustascha-Geheimdienst verbrachte Kvaternik einige Tage in Berlin. Er wurde vom Reichsführer SS Heinrich Himmler empfangen, verbrachte aber die meiste Zeit im Gespräch mit dem SS-Obergruppenführer Gottlob Berger. Sie kamen überein, dass hundert Ustascha-Sicherheitskräfte von den unterschiedlichen SS-Instanzen ausgebildet werden sollten, doch der bedeutendere Teil der Gespräche konzentrierte sich darauf, gemeinsam ein System für die Konzentrationslager im NDH zu entwickeln. Als Kvaternik am 2. Juni nach Zagreb zurückkam, machte er sich sofort an die Arbeit. Am 4. Juni traf er sich mit Mijo Babić, dem Kommandanten aller Transit-, Arbeits- und Konzentrationslager im Ustascha-Kroatien. Babić, ein Ustascha-Rückkehrer, war bekannt als einer von Pavelićs gnadenlosesten Schlächtern der »Unerwünschten«. Die italienische Polizei hielt ihn »für einen der gefährlichsten Menschen – zu jedem Verbrechen fähig«. Kvaternik schickte ihn sofort auf die Insel Pag, in deren felsigem Gelände er passende Orte für die Ustascha-Lager ausfindig machen sollte. Kvaternik hatte ein umfassendes Lagersystem für Gospić, das Velebit-Gebirge und die Insel Pag entworfen, für Jadovno hatte er ein Todeslager vorgesehen. Offenbar hatte man ihm in Berlin den Rat gegeben, seine radikalen Pläne für die ethnischen Säuberungen etwas rationaler anzupacken und schwer erreichbare Lager zu bauen, die von der Öffentlichkeit weniger wahrgenommen würden als die Sache in Glina.

Am selben Tag, an dem Kvaternik mit seiner Delegation aus Berlin zurückkam, erhielt Pavelić über Außenminister Ribbentrop die Nachricht, Hitler sei bereit, ihn am 6. Juni auf dem Berghof bei Salzburg zu empfangen. Die zeitliche Nähe war kein Zufall. Vielleicht war es Kvaternik nicht bewusst, aber dass dieses Treffen mit Hitler zustande kam, war vor allem auf sein Wirken zurückzuführen. Diskret hatte er die heikelsten Themen – allen voran die Politik gegenüber den Serben – mit General Gottlob Berger in dessen Kabinett im SS-Hauptamt besprochen. Und schließlich hatte er mit Himmler mündlich und unter vier Augen die entsprechenden Vereinbarungen getroffen. Kvaternik wird bei den SS-Männern einen glänzenden Eindruck hinterlassen haben (er war groß und blond, intelligent, sehr gebildet, kreativ und skrupellos), und man hatte Hitler sicher über alles im Detail informiert.

Und so standen schließlich für Ante Pavelić die Türen von Hitlers Berghof weit offen.

Grünes Licht von Hitler

Pavelić wurde von Hitler am 6. Juni 1941 um fünfzehn Uhr empfangen. Während der zweistündigen Audienz wurde Tee serviert. Der Chefdolmetscher des Auswärtigen Amts, Paul-Otto Schmidt, machte sich genaue Notizen.

Ribbentrop holte Pavelić am 6. Juni um elf Uhr persönlich am Salzburger Bahnhof ab und besprach mit ihm schon vor dem Mittagessen einige Punkte, die auf der Agenda standen. Es ging um die Deportation der Slowenen aus der Steiermark und Kärnten nach Kroatien und um die Deportation der Serben aus dem NDH nach Serbien. Aber auch offene Fragen bezüglich der Grenzen zwischen dem Dritten Reich, Ungarn und Serbien wurden behandelt. Die Beziehungen zwischen Italien und Kroatien wurden ebenso angesprochen wie der Status der deutschen Vertreter im NDH, Formen der wirtschaftlichen Zusammenarbeit, die Maßnahmen gegen die Juden und der Sonderstatus für Muslime. Pavelić ging willig auf alle Vorschläge Ribbentrops ein. Eine umfassende Behandlung der »serbischen Frage« sparte Ribbentrop aus, dieses Thema hob er womöglich für das Gespräch mit Hitler auf.

Hitler gegenüber äußerte Pavelić zunächst seine Dankbarkeit für die Unterstützung durch das Dritte Reich, ohne die das kroatische Volk den Unabhängigen Staat Kroatien nie hätte ausrufen können. Mit falscher Bescheidenheit antwortete Hitler, die jüngste Geschichte habe ihn ohne seine Absicht zu einem Instrument bei der Befreiung

Kroatiens gemacht, er habe gar nicht vorgehabt, Jugoslawien den Krieg zu erklären und es zu zerstören, doch die Umstände hätten es ihm abverlangt. Dennoch machte Hitler Pavelić darauf aufmerksam, dass Deutschland und Italien enge Verbündete im Kampf seien, weshalb er sich persönlich Italien gegenüber zu großer Loyalität verpflichtet fühle. Der Duce müsse weiterhin Erfolge verzeichnen können. Mit anderen Worten, die italienischen Forderungen müssten erfüllt werden. Aber er, Hitler, hege für das kroatische Volk Sympathien – und als ehrlicher Freund Kroatiens sei er »bereit, bei allen Schwierigkeiten zu helfen und ihm mit Rat zur Seite zu stehen«. Pavelić antwortete: »Das mutige und starke Kroatien ist Ihnen in großer Dankbarkeit verpflichtet und nimmt das Angebot des Führers an, ihm zu helfen und es zu beraten.« Nun kam man auch auf die »serbische Frage« zu sprechen. Das Gespräch endete mit Hitlers oft zitiertem Satz, der im Protokoll besonders hervorgehoben ist: »Im Übrigen, wenn Kroatien stark bleiben will, dann muss es fünfzig Jahre lang eine intolerante Politik verfolgen, zu viel Toleranz in dieser Sache wird nur schaden.«

Pavelić kehrte am 7. Juni voller Selbstbewusstsein vom Berghof zurück. Hitlers Schlusssatz fasste er als Unterstützung seiner rigiden Verfolgung der Serben auf – und so war er auch gemeint. Schon im Verlauf des Juni ging man zu den für ein System des Terrors typischen politischen und gesetzlichen Erlässen über. Es wurden Behelfsgerichte formiert, die an unterschiedlichen Orten zum Einsatz kamen; ein Ausnahmegesetz mit neuen Erlässen und Anordnungen trat in Kraft, und zum ersten Mal konnten Massenverhaftungen und Internierungen offiziell und auf legaler Grundlage stattfinden, ohne Verfahren oder Gerichtsbeschluss. Ein weiterer Erlass verlieh der Ustascha-Bewegung umfassende Handlungsspielräume, unter anderem erlaubte er die Formierung eines Überwachungsapparats (UNS) mit einer unbegrenzten Befugnis zur Ausübung des Terrors.

Dido Kvaternik war weiterhin der wichtigste Chef-Koordinator der Genozidmaßnahmen, seine Methoden verfeinerten sich aber, und er ging zu einer diskreteren Taktik über. Massenerschießungen fanden nicht mehr an den Stadträndern in aller Öffentlichkeit statt. Spontane Entladungen von Gewalt wichen genau geplanten Maßnahmen. Der Genozid wurde akribisch und systematisch vorbereitet.

Im kroatischen Nationalarchiv in Zagreb sind im Dokument USIKS 337/41, Sammlung MUP RH, Dokument II-91, Box 150 offizielle Anweisungen u.a. von Dido Kvaternik, Vjekoslav Maks Luburić, Stjepan Rubinić, Juco Rukavina und Jurica Frković hinterlegt. Sie helfen, sich ein genaues Bild von der Zeit zu machen, in der Pavelić nicht mehr nur die Serben, sondern nun auch die Juden im Visier hatte.

Mitte Juni wurde der Ustascha-Vetrauensmann Stjepan Rubinić Chef der Provinzpolizei in Gospić. Seine Aufgabe war es zunächst, ein Lager in Jadovno zu errichten und die Leitung zu übernehmen. Die ersten Transporte für das Lager Jadovno trafen am 16. Juni in Gospić ein. Auch in der Region Lika wurden jetzt Serben verhaftet, nach Gospić ins Sammellager gebracht und von dort auf weitere Lager verteilt. Bereits am 23. Juni 1941 traf in Gospić ein erster großer Transport mit den Zagreber Juden ein, die ebenfalls schnell auf die anderen Lager umverteilt wurden. Manche von ihnen kamen nach Jadovno, andere wurden nach Pag in ein Lager deportiert, das sich im einsamsten Teil der Insel in einer Bucht namens Slano befand und einer Steinwüste glich. Dann trafen aus Zagreb die ersten weiblichen Häftlinge ein, die im ersten Frauenlager in Metajna auf der Insel Pag eingeperrt wurden.

Als das Lagersystem Gospić-Jadovno-Pag errichtet war, schickten am 18. Juni 1941 die Ustascha-Kommandanten der Gespanschaft Bribir-Sidraga mit Verwaltungssitz in Knin einen Befehl unter der Nr. 10/41 »an das brüderliche Ustascha-Lager Knin, das Lager Drniš und das Lager Promina«, in dem es heißt:

I. Einzelne Gewaltakte wie Enteignungen von Grund und Boden, Tötungen und Prügelattacken dürfen nicht mehr in Anwesenheit oder unter Zeugenschaft der italienischen Armee und der italienischen Soldaten stattfinden.
II. Die Verfolgung der Serben muss leise und unauffällig ablaufen, die Verhaftungen sollten mit ruhiger Hand ausgeführt und die Leute an Ort und Stelle in aller Stille entfernt werden.
III. Es dürfen keine Massenverhaftungen mehr erfolgen, sondern nur einzelne Festnahmen, um keine Aufmerksamkeit zu erregen.
IV. Die Serben dürfen nicht in der Öffentlichkeit geschlagen werden.
V. Die spontanen Plünderungen serbischen Eigentums müssen unterbunden werden, jede Überführung ihres enteigneten Besitzes muss auf rechtlicher Grundlage erfolgen und dieser dem Eigentum des Staates einverleibt werden; über diese Enteignungen muss formal Buch geführt werden (…).
VI. In Drniš und Umgebung müssen Ermittlungen über die bereits erfolgten privaten Plünderungen eingeleitet werden.
VII. Mit den Italienern soll freundschaftlicher Kontakt gepflegt werden, und die Ustasche müssen unbedingt dafür sorgen, dass die Bevölkerung ihnen Wohlwollen entgegenbringt und dass sie nicht provoziert werden, indem man sagt, die Italiener wollten unser Territorium annektieren.[19]

Aus diesem Befehl, der von dem Ustascha-Kommandanten Marko Roša unterzeichnet wurde, geht nicht hervor, wohin genau die verhafteten Serben gebracht werden sollten. In ein Gefängnis vor Ort, zum nächstbesten Schafott oder nach Gospić und Jadovno? Da die Staatsdirektion für öffentliche Ordnung und Sicherheit im Verlauf des Juni und Anfang Juli den einzelnen Bezirksverwaltungen die Anweisung erteilte, »politisch Verdächtige« und verschiedene andere »unerwünschte Personen« nach Gospić abzutransportieren, nehme ich an, dass auch für die Menschen, die im dalmatinischen Hinterland auf Anordnung von Marko Roša verhaftet wurden, der Tod im Lager Jadovno vorgesehen war.

In seinen Memoiren schildert der damalige Ustascha-Kommandant von Glina, Juraj Rebok, eine vielsagende Zusammenkunft. Am 29. Juni rief der Justizminister Mirko Puk einige ausgewählte hochrangige Ustasche im Haus seines Schwiegervaters in Glina zusammen. Die Gesprächsatmosphäre am Tisch war sehr entspannt und offen und stand unter dem Eindruck der Erfolge, die die deutsche Armee in der ersten Woche nach dem Überfall auf die Sowjetunion zu verzeichnen hatte. Anwesend war dabei auch Mile Budak, ein bekannter Schriftsteller und Publizist, der zu diesem Zeitpunkt Chefpropagandist und Minister für Bildung und Religion der Ustascha-Regierung war. In dieser Funktion hatte er offen verkündet, der NDH müsse von Serben, Juden und »Zigeunern« gesäubert werden. Rebok wandte sich an ihn und sagte polemisch zuspitzend: »Ich denke, man hat es bisher nirgendwo in der Welt geschafft, ein Minoritätenproblem durch Massaker in den Griff zu bekommen. (...) Wenn man, sagen wir mal, ungefähr 100 000 Serben auf unserem Territorium liquidiert, werden uns die Leichen alle Schluchten und Gräben verstopfen, aber es bleiben uns immer noch 1 300 000 um so wütendere Serben übrig.« »Und wie würden Sie das Problem lösen?«, wollte Budak von ihm wissen. »Vor ein paar Tagen kam eine frisch verheiratete Serbin in mein Büro und stellte mir folgende Frage: ›Was planen Sie mit uns, was verlangen Sie von uns? Wollen Sie, dass wir zum Katholizismus übertreten? Dann tun wir das. Um ehrlich zu sein, werde ich wohl keine gute Kroatin abgeben, aber mein Sohn könnte ein guter Kroate werden!‹«, lautete Reboks Antwort. Aber Budak hatte nicht vor, die Sache mit dem Rosenkranz, sprich der Konversion der Serben zum Katholizismus zu lösen. »Ich weiß nicht, ob wir für so etwas genug Zeit haben werden, lieber Dr. Rebok. Ich fühle mich entschieden besser, wenn ich sie alle unter die Erde bringe.« Damit wurde das Gespräch beendet, und wenn man den Memoiren Reboks Glauben schenken kann, teilte Mirko Puk Budaks Auffassung.

Aufstand in der Lika

Schon in der zweiten Junihälfte waren die Menschen in den serbischen Dörfern im Südosten der Region Lika und im Südwesten Dalmatiens zutiefst verängstigt. Am meisten beunruhigt war man in der Gemeinde Donji Lapac. Dort überfielen die Ustasche aus der Garnison Boričevac die serbischen Dörfer, umzingelten einzelne Häuser und Weiler und durchsuchten sie nach Waffen. Sie plünderten die Anwesen und verprügelten die Bewohner, einige Menschen wurden getötet. In dieser Gemeinde wurden zwischen dem 14. und dem 29. Juni 140 serbische Männer verhaftet, in einigen Regionen der Lika waren es noch mehr (vor allem in Gospić). Die meisten von ihnen wurden auf die Insel Pag und in das Lager Jadovno abtransportiert. Einige wurden bereits unterwegs ermordet und in die Schluchten des Karstgebirges geworfen. In der benachbarten Bosanska Krajina wurden die Serben noch drastischer verfolgt. Ihre Verteibung wurde von dem Ustascha-Kommandanten und Kreisvorsitzenden Viktor Gutić organisiert, der so großtuerisch wie brutal dafür sorgte, dass der Genozid geordnet vonstattenging.

Von den Männern, die nach Gospić und von dort in das Lager Jadovno deportiert wurden, kam nie wieder ein Lebenszeichen. Niemand erhielt Zugang zu ihnen. Manchmal sickerte aber etwas aus den Ustascha-Reihen durch, und in den Dörfern der Lika bestätigte sich allmählich die Vorahnung, dass die Häftlinge nicht mehr lebend aus Jadovno zurückkehren würden. Wenn sich nun die bewaffneten Ustascha-Patrouillen auf den Weg in die serbischen Dörfer machten, waren die meisten erwachsenen Männer schon aus ihren Häusern geflüchtet. Die Serben befolgten die wiederholten Aufforderungen, ihre Waffen abzugeben (die viele nach Auflösung der Jugoslawisch-Königlichen Armee behalten hatten), nicht mehr.

Früh am Morgen des 29. Juni 1941 erschienen plötzlich in den serbischen Dörfern um die Plitvicer Seen einige Ustascha-Einheiten aus Bihać. Die Bewohner wurden aufgefordert, ihr Hab und Gut innerhalb einer Stunde zu packen. »Sie werden nach Serbien gebracht!«, hieß es. »Jedem ist es erlaubt, fünfzig Kilogramm seines Besitzes mitzunehmen.« Eintausendzweihundert Menschen mussten an diesem Morgen unter Schreien, Beschimpfungen und Gewehrkolbenschlägen ihre erntereifen Felder, ihre im Stall eingepferchten Kühe und Schafe, ihre mühevoll errichteten Häuser und ihr in einem Jahrhundert zusammengetragenes Hab und Gut hinter sich lassen.

In der langen Kolonne gingen überwiegend Frauen und Kinder. Die Männer, die von der Ustascha-Razzia nicht mehr in ihren Häusern angetroffen worden waren, hatten sich in den Wäldern und in den Sennhütten der Hirten versteckt. Die Bauern aus dem Bezirk Korenica wurden gezwungen, die Vertriebenen auf ihren Pferdewagen aus den Dörfern zu bringen, da diese weder Pferde und Ochsen noch eigene Wagen mitnehmen durften. So wurde die Gegend um die Plitvicer Seen die erste von Serben »gesäuberte« Region im Unabhängigen Staat Kroatien.

Nach einem mehrtägigen Marsch unter der Aufsicht der Ustasche, ohne Essen und ohne ein Dach über dem Kopf, kam die Kolonne schließlich in der Stadt Drvar an. Von dort aus verteilte man die Menschen auf die orthodoxen Dörfer der Gegend. Bis es nach Serbien weitergehe, sagte man ihnen, sei das ihre Bleibe. Die meisten Vertriebenen wurden von den Serben in der Krajina freundlich aufgenommen, die nun allerdings umso besorgter ihrem eigenen Schicksal entgegensahen.[20] Den Ustascha-Machthabern war nicht bewusst, dass sie mit den Vertreibungen der Serben aus der Region Lika in die Region Krajina die Solidarität innerhalb der serbischen Gemeinschaft stärkten und den Grundstein für einen Aufstand legten, der schon einen Monat später ganz Kroatien erschüttern sollte.

Die leerstehenden Häuser der deportierten Serben wurden von den Ustasche ihren Anhängern aus der Region der Plitvicer Seen und dem Kordun zugeteilt. Einige von ihnen wollten dauerhaft in die Häuser einziehen, andere nur für kurze Zeit. Aber schon Anfang August mussten sie alle vor den Serben fliehen, die mit Unterstützung der ersten Partisanen-Einheiten zu ihren geplünderten und zerstörten Häusern zurückkehrten.

Die Nachricht von den Säuberungen in der Region der Plitvicer Seen hatte sich noch am Tag des Geschehens in den vielen orthodoxen Dörfern der Lika verbreitet. Nicht nur die serbischen Männer befanden sich jetzt auf der Flucht. Ganze Familien und halbe Dörfer versteckten sich in den Wäldern. Unweit von Srb beim Dorf Suvaja begannen Ende Juni Flüchtlinge, vom Waldrand aus auf Ustasche zu feuern, die unterwegs waren, um weitere Verhaftungen vorzunehmen. Bis zum eigentlichen Aufstand sollte aber noch ein ganzer Monat vergehen.

Am 5. November 1941 berichtete Maks Luburić, er sei Ende Juni wegen der dortigen Ereignisse in die Bezirke Krbava und Psat mit dem »speziellen Auftrag« geschickt worden, dort »Säuberungen vorzunehmen«: »Ich hatte einen Befehl erhalten: Auf dem Territorium von Krbava und Psat unterstanden mir alle Behörden, auch das Militär, sie mussten mir so lange Bericht über alles erstatten, bis die Säuberungsaktion beendet war.« Solche Generalvollmachten wurden nur Leuten erteilt, die das vollständige Vertrauen der leitenden Funktionäre genossen und schon Erfahrung mit »speziellen Missionen« hatten. Hinter Maks Luburićs grausamen »Aktionen« standen Dido Kvaternik und Ante Pavelić, die sie initiierten und genehmigten.

Ich konnte nicht herausfinden, an welchem Tag genau Luburić mit seiner Generalvollmacht nach Bihać gekommen ist. Es ist aber verbrieft, dass Luburić frühmorgens am 1. Juli 1941 in den Dörfern Gornji und Donji Suvaj auftauchte, wo er seine gut geplante Säuberungsaktion sofort umsetzte. Für sein Vorhaben standen ihm an die 150 Angehörige der Ustascha-Bereitschaftsarmee zur Verfügung, eine ausgewählte und berüchtigte Truppe. Um den Erfolg der Aktion zu gewährleisten, engagierte er weitere 250 Männer von der Heimwehr, die dem 22. Infanterie-Bataillon in Gospić unterstanden. Sofort nach ihrer Ankunft in Suvaj fingen sie mit den Plünderungen an, legten Feuer in den Häusern und begannen mit den Massentötungen. Den vorsichtig gewordenen serbischen Männern war es mehrheitlich gelungen, rechtzeitig in die Wälder zu flüchten, im Dorf waren überwiegend Frauen mit ihren Kindern und den alten Männern zurückgeblieben. Aus den Häusern am Dorfrand konnten noch einige Frauen mit ihren Kindern weglaufen, doch im Dorfzentrum wurden alle getötet. Zwei Stunden lang waren die Ustasche damit beschäftigt, die Häuser in Brand zu setzen und den Dorfbewohnern die Kehlen durchzuschneiden. Die Überlebenden berichten, aus manchen Häusern seien auch Schüsse zu hören gewesen, aber nicht allzu viele. Getötet wurde in der Regel mit Messern oder Keulen. Wenn die offizielle Namensliste der Opfer korrekt ist, sind an diesem Tag 173 Menschen umgebracht worden, manche Quellen gehen sogar davon aus, dass es mehr als 200 waren. Erstmals waren auch Frauen und Kinder ermordet worden.

An den beiden folgenden Tagen führte Luburićs Truppe ähnliche »Säuberungsaktionen« in den Dörfern Bubanj und Osredak durch. Einem Gendarmeriebericht zufolge »waren bei diesem Vorfall im Dorf Bubanj 152 Tote zu verzeichnen«. Auf einer nachträglich angelegten Liste tauchen insgesamt 83 Namen auf, davon nur sechs von erwachsenen Männern, die restlichen Opfer waren Frauen und Kinder (zehn von ihnen waren jünger als fünf Jahre). Insgesamt wurde in drei Dörfern der Region Lika innerhalb von drei Tagen das Leben von mindestens 279 Menschen ausgelöscht, es könnten aber auch 330 gewesen sein.

Noch am gleichen Tag, am 3. Juni 1941, machte sich eine kleinere Mannschaft auf den Weg und führte eine »Umsiedlung« in Nebljusi durch. Sie kamen schon mit einer fertigen Liste ins Dorf, auf der 53 Namen standen. Die Aufgeführten gehörten zu den bekannteren und wohlhabenderen Einwohnern der Gegend, und es befanden sich zehn Kinder unter zwölf Jahren darunter. Zu ihnen kamen zwölf weitere Männer, die bereits vorher verhaftet worden waren, und man brachte alle zusammen im Pferdewagen nach Boričevac. Dort blieben sie zusammengepfercht in einer Baracke, bis die Nacht hereinbrach. Als es vollständig dunkel geworden war, band man sie in Gruppen von acht Menschen zusammen und brachte sie zu Fuß an den Dorfrand. Oberhalb der Schlucht Bezdanka ermordeten die Ustasche eine Gruppe nach der anderen und warfen die Leichname in die Karstgruben. Bevor die Hinrichtungen begannen, konnte sich Đuro Balać noch losbinden und weglaufen. Dara Šokić wurde bei dem Massaker nur leicht verwundet und stellte sich tot. Nach einigen Tagen gelang es ihr, sich – außer sich vor Angst – aus der Grube herauszuwinden. Sie lief als Erstes Luka Miškulin in die Arme, einem Einwohner aus Boričevac und Vater zweier Ustasche, die sich am Massaker beteiligt hatten. Luka versorgte Dara mit Essen und Wasser, lotste sie sicher an allen Ustascha-Wachen und Kontrollposten vorbei und brachte sie zu der Straße, die zu ihrem Dorf Nebljusi führte.

Mit seinen Untaten in Suvaja, Osredak und Boričevac forderte Maks Luburić den Aufstand in der Lika geradezu heraus. In der ganzen Region waren die Menschen mit nichts mehr zu beschwichtigen. In den Ortschaften waren jetzt rund um die Uhr Wachen postiert, aus manchen Dörfern waren sämtliche Bewohner geflüchtet und harrten nun in den umliegenden Wäldern und Bergen aus. Luburić und seine Befehlsempfänger gingen fälschlich davon aus, dass sie durch die brutalen Übergriffe und Massaker »ethnisch saubere Gegenden« herstellen und so jedem Widerstand der Serben zuvorkommen würden. Ihre Taten riefen jedoch das Gegenteil hervor. Die Versuche mancher gemäßigter Ustasche, die serbische Bevölkerung mit gutgemeinten Gesten (materiellem Beistand für die Dörfer, die zerstört worden waren, oder dem Freilassen einiger Gefangener) zu beruhigen, waren sinnlos.

Nach dem Überfall der Deutschen auf die Sowjetunion am 22. Juni 1941 kam in diesen Gegenden zudem ein neuer, wichtiger Faktor zum Tragen. Die Komintern mobilisierte überall die Kommunisten mit dem Befehl, »dass es notwendig geworden ist, alle Mittel zu ergreifen, um den Kampf des sowjetischen Volkes zu unterstützen«, denn »bei der Verteidigung der UdSSR geht es auch um Verteidigung aller Nationen, die von Nazideutschland okkupiert wurden«. Es gab damals in der Region Lika an die 240 Mitglieder der Kommunistischen Partei Kroatiens, und eine ähnlich hohe Zahl war in dieser Gegend im Bund der Kommunistischen Jugend Jugoslawiens aktiv.[21] Viele von ihnen, besonders in den Bezirken von Korenica und Donji Lapac, lebten bereits seit geraumer Zeit in den Wäldern und boten der vertriebenen serbisch-orthodoxen Bevölkerung ihre Hilfe an. Andere folgten dem Aufruf der Tschetniks (der serbischen Freischärler) zu Widerstand und Rache. In den Dörfern und Wäldern der Lika und der Krajina wurden »Revolutionsgremien«, »Guerilla-Abteilungen« und »Tschetnik-Kommandos« ausgerufen. Die Tschetniks verfolgten in dieser ersten Phase eine eher defensive Strategie der Vergeltung mit vereinzelten Übergriffen auf kroatische Dörfer. Sie waren bestrebt, mit den italienischen Besatzern zu kollaborieren, um so vor den Ustasche geschützt zu sein. Die Kommunisten hatten eine offensivere Taktik im Sinn, und es ging ihnen um einen Aufstand sowohl gegen das Ustascha-Regime als auch gegen die Besatzer. Dafür erhofften sie sich Unterstützung von der kroatischen Bevölkerung, wo immer dies möglich war. Von Anfang an setzte sich in der Lika, der Bosanska Krajina, in den Regionen Kordun und Banija die kommunistische Führung durch, in Teilen Dalmatiens und im Osten von Bosnien und der Herzegowina hingegen waren die Tschetniks in der Mehrheit.

Der koordinierte Aufstand brach schließlich am 27. Juli 1941 aus. In nur wenigen Tagen war ein relativ großes Gebiet im Herzen des Unabhängigen Staates Kroatien in den Händen der Aufständischen. Die Rebellen wurden von den Kommunisten angeführt. Es gab aber in den ersten Tagen des Aufstands auch einige Gruppen, die unter dem Einfluss der Tschetniks standen und für deren Sache kämpften. Sie hatten sich »heilige Rache« für die Massaker an den Serben geschworen und verübten ihrerseits Massaker an der kroatischen Bevölkerung.

Ustascha-Quellen zufolge (dem sogenannten »Grauen Buch«) wurden in vier Dörfern (Brotnja, Boričevac, Vrtoča und Krnjeuša) am 29. Juli und 2. August 1941 etwa 170 Männer und Frauen und viele Kinder getötet. (Bei den nur kurze Zeit später von den serbischen Tschetniks im Osten Bosniens und der Herzegowina begangenen Verbrechen waren bedeutend mehr Opfer zu verzeichnen.)

Die Ustascha-Führung reagierte mit Luburićs Methoden. In mehreren serbischen Dörfern wurden neue Massaker verübt. Diese letzten Juli- und die ersten Augusttage 1941 waren die blutigsten der gesamten vier Jahre der NDH-Regierung. Den Angaben des Ustascha-Kommandanten Ivan Nikšić zufolge wurden allein in seinem Bezirk Slunj »an die 3000 bis 4000 Serben umgebracht, darunter befanden sich nur 100 bis 200 Männer, die sich mit Waffen hätten wehren können, der Rest waren Kranke, Frauen, Kinder und alte Menschen«.[22] Nach den Quellen der Partisanen wurden noch im August im Bezirk Gospić weitere 1755 Serben von den Ustasche ermordet.

Diese Repressalien der Ustasche führten dazu, dass sich die Nachricht vom Aufstand in der Lika in Windeseile verbreitete. Schon bald wusste man auch in den umliegenden Regionen und schließlich in ganz Kroatien darüber Bescheid. Die Lika war das erste Gebiet, in dem diese Spannungen aufbrachen, und so blieb es dort während des gesamten ersten Kriegsjahres. In einem am 31. Dezember 1941 verfassten Bericht der Obersten Kommandantur der kroatischen Partisanen-Einheiten heißt es, die Gesamtzahl der bewaffneten Rebellen habe sich auf 7000 Männer belaufen, die Hälfte davon stamme aus der Region Lika.

Es ist mir wichtig, diese Details darzustellen, obwohl sie mein ursprüngliches Vorhaben sprengen, denn ich hatte mir vorgenommen, nur ein Erinnerungsbuch über das Jahr 1941 zu schreiben. Aber was damals meiner Familie und mir geschehen ist, wäre nicht nachvollziehbar, fehlte dieses Kapitel. Heute noch versetzt es mir einen schmerzlichen Stich, wenn ich in den Schulbüchern oder im Lexikon meiner Enkel die zur eigenen Rechtfertigung fabrizierte Lüge lesen muss, die Verbrechen der Ustasche seien eine Antwort auf den Aufstand der Serben gegen den Staat Kroatien gewesen. Als einer der wenigen noch lebenden Zeitzeugen fühle ich mich aufgefordert, darauf hinzuweisen, dass die Zeit der Ustascha-Verbrechen in meiner eigenen Region mit der Ermordung dreier unschuldiger Männer am Waldrand von Rečica begonnen hat, in einem Augenblick also, als es in ganz Kroatien nicht einmal den Gedanken an einen Aufstand gegeben hat. Ich habe die Täter persönlich gekannt. Der Höhepunkt der Verbrechen war das Lager Jadovno, in dem auch mein Vater verschwunden ist. Lange bevor der erste Schuss der Aufständischen ihre Mörder traf, waren mein Vater und Tausende anderer Menschen in dieses Lager deportiert worden.

Die Lösung im »Fall Karlovac«

Hitlers grünes Licht für ein halbes Jahrhundert einer Politik der nationalen Intoleranz unter Pavelić brachte indirekt die Lösung im »Fall Karlovac« und das Ende der Affäre Vujičić. Die zugespitzte Lage innerhalb der lokalen Ustascha-Führung in Karlovac war in der zweiten Maihälfte nur einer von vielen Punkten, die die zentrale Frage »quo vadis, NDH?« zuspitzten. Die Klärung des »Falles Karlovac« war symbolisch dafür. Es lag auf der Hand, wohin sich der Ustascha-Staat politisch bewegte, klar war auch, dass man vom einmal formulierten Ziel nicht mehr abzurücken gedachte.

Schon vor der Audienz bei Hitler war deutlich, welche der beiden opponierenden Gruppen in der Ustascha-Führung von Karlovac Ante Pavelić und welche Dido Kvaternik zugeneigt war. Als Pavelić vom Berghof zurückkam, gab es kein Drumherumreden mehr. Der Bürgermeister von Karlovac, Feliks Židovec, erhielt nie eine Antwort auf seine schriftliche Forderung, dass die Affäre Vujičić und die begangenen

Morde juristisch aufgeklärt und geahndet werden müssten. Sein Sohn Vladimir Židovec und Mile Banić hatten als Mitglieder der Karlovacer Ustascha-Regierung in der gleichen Sache am 12. Mai 1941 im Kabinett des Ministers Dr. Žanić an den Poglavnik Ante Pavelić geschrieben. Sie erhielten weder eine mündliche noch eine schriftliche Antwort. Dennoch gab es eine Reaktion von Pavelić. Und die sprach Bände.

Als am 10. Juni 1941 im Unabhängigen Staat Kroatien der Beschluss gefasst wurde, dass in den einzelnen Gespanschaften Sitze der Regierungsinstanzen vor Ort eingerichtet werden sollten, ernannte Pavelić seinen Favoriten Dr. Ante Nikšić zum Chef der Gespanschaft Pokuplje, mit Sitz in Karlovac. Zeitgleich wurde Nikšićs Mitarbeiter Hinko Karl Präsident der Polizeidirektion, und Ivan Gromes, ein anderer seiner Vertrauten, wurde Polizeichef von Karlovac. Verfechter der harten Ustascha-Linie besetzten die einflussreichsten Positionen, befürworteten stillschweigend die begangenen Verbrechen und ebneten den Weg für den weiteren Verlauf des Terrors. Moderate Mitglieder der Ustascha-Regierung wurden ihrer Pflichten und Ämter enthoben. Vladimir Židovec behauptet in seinen bereits von mir zitierten autobiographischen Schriften, er und sein Vater hätten ihre Ämter von sich aus niedergelegt und ein entsprechendes Schreiben an Pavelić geschickt:

> »In unserem Rücktrittsgesuch legten wir dar, dass nach unserer Auffassung die Arbeit von Dr. Nikšić der Ustascha-Bewegung und dem Staat Kroatien schade und wir deshalb nicht willens seien, die Verantwortung dafür mitzutragen. Wir schickten den Brief per Einschreiben nach Zagreb und waren in diesem Augenblick nicht mehr Mitglieder der Ustascha-Regierung.«[23]

Židovecs Beschreibung lässt (auch jenseits der Vermutung, dass er einiges beschönigt hat) meiner Meinung nach berechtigte Zweifel zu. Der Brief, von dem er spricht, ist weder im Archiv hinterlegt, noch gibt es jemanden, der die Ereignisse in Karlovac so bezeugen kann. Wenn dieses Rücktrittsgesuch wirklich verfasst worden ist, dann war es mit Sicherheit milder formuliert, als es Židovec im Nachhinein behauptet. Die Ustascha-Organisation hätte intern eigenständige Meinungen und Handlungen dieser Art niemals gutgeheißen. Die Verfasser dieses Briefes hätten gewiss einige Unannehmlichkeiten erfahren, sie wären in politische Ungnade gefallen. Ich glaube, dass ihre Mitgliedschaft in der Ustascha-Regierung in dem Augenblick, als diese umstrukturiert wurde, hinfällig war – ihre Funktionen wurden nicht mehr gebraucht.

Der Einzige aus der Ustascha-Regierung, der mit Sicherheit öffentlich von seinem Amt zurücktrat, war Vladimirs Vater Feliks Židovec. In der Nummer 7 der *Hrvatska sloboda* stand an etwas versteckter Stelle unter der Überschrift »Rücktritt des Bürgermeisters«:

> »Der Bügermeister Dr. Feliks Židovec hat heute seinen Rücktritt erklärt. Sein Gehalt von 6000 Dinar hat er der städtischen Abteilung für Soziales überlassen.«

Und das ist alles – nicht ein Wort zur Begründung, und doch war es für jene, die Bescheid wussten, eindeutig. Židovec trat zurück, als er von Amts wegen erfuhr, dass Dr. Ante Nikšić zum Leiter der Großgespanschaft ernannt worden war. Teile der Öffentlichkeit in Karlovac deuteten das lediglich als Rivalität zwischen zwei Männern, von denen einer ein frankistischer Veteran und der andere ein Ustascha-Aktivist war. Ihre unterschiedlichen Positionen spiegelten sich in der »Affäre Vujičić« wider. Feliks Židovec zog sich in seine Anwaltskanzlei zurück und nahm bis zum Ende der NDH-Zeit kein öffentliches Amt mehr an. Bis zum Schluss blieb er jedoch der Idee eines unabhängigen Kroatien treu. Als sein Sohn Vladimir der Familie am 6. Mai 1945 vorschlug, in die Emigration zu gehen, lehnte Feliks ab. Später verachtete er Pavelić zutiefst, weil der sich aus Kroatien abgesetzt und sich nicht vor seine Armee in Zagreb gestellt hatte, um dort ehrenvoll zu sterben. In seinen Augen hätte er damit sein Gesicht wahren und dem Unabhängigen Staat Kroatien seine Würde erhalten können.

Vladimir Židovec schloss sich am 7. Mai der großen Auswanderungswelle an, er verließ Kroatien ohne seinen Vater und seine Mutter, die er in ihrer Zagreber Wohnung zurückließ. Am Ende seiner Biographie schreibt er:

> »An Ostern 1946 erhielt ich die schreckliche und mich erschütternde Nachricht, dass meine Eltern noch im Mai oder Juni 1945, als sich bereits der neue jugoslawische Staat formiert hatte, in Zagreb verhaftet und nach Karlovac gebracht worden sind, wo man sie zum Tode verurteilt und hingerichtet hat. (…) Ich bin überzeugt davon, dass so etwas nur in einem solchen Jahr wie 1945 passieren konnte, später wäre so etwas nicht möglich gewesen.«

Vladimir Židovec war im Juli 1941 NDH-Botschafter in Bulgarien geworden. Diese Position hatte er zwei Jahre inne, und zwei weitere Jahre übernahm er andere hohe politische Ämter im diplomatischen Dienst des NDH. Im März 1947 wurde er von den Briten im italienischen Genua verhaftet und im April an Jugoslawien ausgeliefert. Er verbrachte fast ein Jahr im Gefängnis und schrieb in dieser Zeit Tausende von Seiten unterschiedlicher Texte, vor allem über das politische Leben im Ustascha-Kroatien. Es stellt sich beim Lesen dieser Texte ein mulmiges Gefühl ein, weil man weiß, dass der Autor ein zum Tode verurteilter Mann ist. Mein Eindruck ist, dass diese Texte gerade deshalb beispielhaft politische Charakteristika der Ustascha-Akteure in leitender Funktion zeigen. Die Beschreibungen von Židovec sind alles andere als Schwarzweiß. Seine Betrachtungen sind sehr nuanciert und auf Details gerichtet, die zu einem glaubwürdigen Gesamtbild beitragen. Bis zur letzten Seite verharrt er in der Haltung eines kroatischen Nationalisten und Katholiken, der verbittert ist über Pavelićs Art der Machtausübung und schockiert von den begangenen Verbrechen. Aber seiner politischen Orientierung, die er als »Jugendideale« beschreibt, bleibt er konsequent treu. Der kommunistischen Regierung Jugoslawiens bot er diskret an, über alle Aspekte des Ustaschatums im NDH Auskunft zu geben, wenn man ihn am Leben lasse. Am 22. Januar 1948 wurde er vom Bezirksgericht in Zagreb zum Tod durch Erschießen verurteilt. Das Oberste Gericht bestätigte das Urteil. Das Präsidium der Bundesversammlung der Föderativen Republik Jugoslawien lehnte ein Begnadigungsgesuch ab, und laut dem offiziellen Protokoll wurde er am 3. März 1948 um drei Uhr morgens hingerichtet. Es gibt Leute, die behaupten, dieses Protokoll sei gefälscht worden, Vladimir Židovec sei noch ganze sechs Jahre am Leben gewesen und habe als Gefangener unter dem Pseudonym »Dizdar« unzählige Berichte für den jugoslawischen Geheimdienst verfasst. Ich bezweifle das. Einmal habe ich mir die Mühe gemacht, Židovecs Gefängnistexte mit denen zu vergleichen, die dem Autor Dizdar zugeschrieben werden. Es erscheint mir unmöglich, dass sie von demselben Menschen stammen.

Dr. Ante Nikšić blieb bis zum Frühling 1942 Großgespan in Karlovac, danach wurde er zum Innenminister im Unabhängigen Staat Kroatien ernannt, später übernahm er in Italien den Posten des kroatischen Botschafters. Als der Krieg zu Ende ging, befand er sich gerade im Ausland. Mit Hilfe vieler Verbindungen flüchtete Nikšić nach Argentinien, wo er bis zu seinem Tod 1962 unbehelligt leben konnte. Als er in Genua am 3. März 1947 auf das Schiff wartete, das ihn ins Exil nach Argentinien bringen sollte, traf er auf Vladimir Židovec. Stephen Clissold, ein Major der britischen Armee, der als Geheimdienstler für Kroatien zuständig war, beobachtete die beiden Männer. Seine Aufgabe war es, Kriegsverbrecher zu identifizieren und sie an der Ausreise zu hindern. Er ließ Nikšić das Schiff nach Argentinien besteigen, hielt Židovec jedoch davon ab. Welche sonderbaren Kriterien lagen seiner Entscheidung zugrunde? In seinen Gefängnisnotizen gibt Židovec eine bizarre Antwort darauf. In den ersten NDH-Tagen hatte ein britischer Diplomat versucht, aus dem gerade besetzten Land von Ljubljana über Karlovac in Richtung Küste zu fliehen. Der frisch ins Amt berufene Ustascha-Kommandant Dr. Nikšić half dem Briten, sich zu seinen Leuten durchzuschlagen, indem er ihm ein paar Dokumente ausstellte. Dies ließ sich Nikšić schriftlich und in englischer Sprache bestätigen. Židovec geht davon aus, dass Nikšić deshalb für Stephen Clissold eine Persona non grata war. Vladimir Židovec war nicht so vorausschauend gewesen, sich ein Dokument von ähnlicher diplomatischer Tragweite ausstellen zu lassen, obwohl er in Sofia wahrscheinlich Gelegenheit dazu gehabt hätte. Und so landete er statt in Freiheit in Argentinien im Zagreber Gefängnis.

Aleksandar Šantić, der schöne Saša, war der berüchtigtste unter den jungen Karlovacer Mördern. Er sprach sehr gut Deutsch und wurde von Kvaternik als einer von hundert vielversprechenden Ustascha-Polizisten ausgewählt, die zur Ausbildung nach Nazideutschland geschickt wurden. Šantić landete bei der deutschen Abwehr, die ihn wiederum nach Ogulin und Karlovac entsendete. Die Kriegsjahre verbrachte er überwiegend als Mitarbeiter des deutschen Geheimdienstes. Im Mai 1945 gelang ihm die Flucht nach Österreich. Nach zwei in Gefängnissen und Lagern verbrachten Jahren wurde er von der britischen Regierung an Jugoslawien ausgeliefert, da er als Kriegsverbrecher gesucht wurde. Beim Verhör durch die UDBA in Karlovac zeigte er sich »kooperativ«. Das Protokoll quillt über vor Details, die Šantić bereitwillig mitteilte: über den deutschen Geheimdienst und dessen einzelne Mitarbeiter, über die Zusammenarbeit der Ustascha-Informanten mit den Deutschen und über die Ustascha-Strukturen in Karlovac. Bei mir ist der Eindruck entstanden, er habe vor allem jene Ustasche namentlich genannt, die schon in der Emigration lebten und deshalb für den Geheimdienst unerreichbar waren. Die UDBA wollte ihn am Leben lassen, wenn er mit ihnen zusammenarbeitete. Saša ging darauf ein. Dennoch wurde er 1948 in einem spektakulären Prozess in Karlovac wegen Mordes an Dr. Milan Vujičić, an dem Offizier Gojko Janjanin und dem Eisenbahnarbeiter Dušan Dokmanović zum Tode verurteilt. Nach der Urteilsverkündung versuchte der Geheimdienst weiterhin, ihm Informationen zu entlocken, und wollte ihm die Todesstrafe erlassen, sollte er kooperieren. Doch er traute ihnen nicht mehr. Er unternahm einen Versuch, aus dem Gefängnis zu fliehen, wurde dabei aber angeschossen. Als man ihn in seine Zelle zurückbrachte, versuchte er erfolglos, Selbstmord zu begehen. Danach wurde er umgehend hingerichtet.

Stjepan Augustinović, einer der jungen Männer, die meinen Vater verhaftet hatten, ließ sich als Agent der Ustascha-Geheimpolizei anheuern und blieb während der gesamten NDH-Zeit auf diesem Posten. In den letzten Kriegstagen verschwand er spurlos, angeblich soll er am 5. oder 6. Mai 1945 bei den Kämpfen um die Befreiung von Karlovac ums Leben gekommen sein.

Jožica Gombač wurde von seinen wohlhabenden Eltern bereits 1941 zum Studium nach Deutschland geschickt, von wo er nie wieder nach Karlovac zurückkehrte. Er soll sich in Deutschland niedergelassen und den Ingenieursberuf ergriffen haben. Seine Verbindung zu Kroatien kappte er vollständig.

Von allen Mitgliedern der Ustascha-Regierung in Karlovac kannte ich nur Mane Bilović persönlich. Er war ziemlich korpulent, kommunikativ, hatte viel Sinn für Humor und Unterhaltung. Er war bei einem örtlichen Stromanbieter für die Buchhaltung verantwortlich. Man kannte ihn als kroatischen Nationalisten, der schon vor dem Krieg gerne verbotene Lieder gesungen hatte und dafür mehrmals für ein paar Stunden oder auch mal eine ganze Nacht im Gefängnis gelandet war. Bilović machte sich nichts daraus, deshalb war er in der Stadt beliebt. 1941 wurde er aufgrund dieser »Verdienste« von der Ratsversammlung in die Ustascha-Regierung gewählt.

Nach der Auflösung der Ustascha-Regierung bemühte sich Bilović nicht darum, wieder ein Amt zu bekleiden. Als es dann aber zur Umstrukturierung der Organisation aufgrund eines Ustascha-Dekrets kam, bot man ihm den Posten des Ustascha-Kommandanten und Organisationsleiters für Karlovac an. Er zögerte einige Tage, nahm dann aber das Angebot an. Eine serbische Freundin der Familie erzählte mir, sie habe ihm damals zugeredet, das Amt zu übernehmen, um so einigen Menschen helfen zu können. Ich weiß nicht, ob dies einer der Gründe für Mane Bilović war, die Leitung der Ustascha-Organisation zu übernehmen, die er bis zum Kriegsende innehatte. Aber ich weiß, dass er sein Amt tatsächlich genutzt hat, um vielen Menschen zu helfen. Zu diesen Menschen gehörte auch meine Mutter.

Mane Bilovićs Sohn und mein Bruder Danko waren sehr gute Freunde. Manchmal spielte auch ich mit ihnen, und ich kannte auch Bilovićs Töchter. Als mein Vater ins Lager Jadovno deportiert, meine Mutter verhaftet und in das Gefängnis nach Zagreb in der Savska-Straße gebracht worden war und man mich mit meinem Bruder aus unserer Wohnung geworfen hatte, nahm ich eines Tages meinen ganzen Mut zusammen, klingelte an der Tür von Frau Bilović und bat sie, mir zu helfen. Sie bat mich in die Wohnung. Wir weinten beide. Sie wartete mit mir auf ihren Mann, der immer erst abends von der Arbeit nach Hause kam. Wenn ich mich richtig erinnere, dauerte es nicht lange, bis er eintraf. Er trug die Uniform eines Ustascha-Kommandanten, mit einer großen Offiziersmütze, die er von seiner schweißnassen Stirn zog. Seine Frau ließ ihn nicht einmal zu Atem kommen und sagte: »Mane, bitte hör dir an, was geschehen ist. Es ist fürchterlich, es ist ein Skandal!«

Bilović hörte mir ruhig zu, stellte ein paar Fragen und versprach zu tun, was ihm möglich war. Er verschwendete seine Zeit nicht damit, mich zu trösten, aber was er mir damals versprochen hat, das hat er auch eingelöst. Es war eine glückliche Fügung, dass genau zu dieser Zeit der berüchtigte Polizeichef Ivan Gromes versetzt wurde. Sein Nachfolger wurde Bilovićs langjähriger Freund Milan Stilinović. Kurz danach wurde meine Mutter aus dem Zagreber Gefängnis nach Karlovac verlegt, unter dem Vorwand, man müsse sie vor Ort verhören. Im Karlovacer Gefängnis blieb sie nur drei, vier Tage. Nach einem Gespräch, das nicht wirklich ein Verhör war, wurde sie von dem neuen Polizeichef Milan Stilinović mit einem Passierschein in die von den

Italienern besetzte Zone entlassen. Er machte sie darauf aufmerksam, dass der Passierschein nur vier Tage gültig und nicht leicht zu verlängern war. Dann richtete er ihr die Grüße des Ustascha-Kommandanten Mane Bilović aus.

Meine Mutter erfasste sofort, was er ihr damit sagte, und machte sich gleich auf den Weg in die italienische Zone, in der die verfolgten kroatischen Juden damals noch Rettung fanden. Unermüdlich wie sie war, gelang es meiner Mutter schnell, meinen Bruder und mich zu sich nach Kraljevica zu holen, und im Frühling 1942 schlossen wir uns dann alle drei den Partisanen an.

Nach dem Krieg kehrten wir glücklich nach Karlovac zurück. Jeder von uns hatte sich an einem anderen Ort befunden. Herr Bilović saß unterdessen im Gefängnis. Seine Tochter Nada bemühte sich, bei all jenen Menschen Beweise zu sammeln, denen er als Ustascha-Kommandant geholfen hatte. Es gelang ihr, 54 Zeugen zu mobilisieren, die mit ihrer Aussage für ihn einstanden. Auch unsere drei Aussagen fielen ins Gewicht. Zusammen mit den vielen anderen Aussagen ermöglichten sie ihm zu überleben. Dennoch wurde er vom Militärgericht zu sieben Jahren Zwangsarbeit verurteilt und verlor seine Bürgerrechte, weil er sich im Zweiten Weltkrieg der Ustascha-Bewegung angeschlossen und feindliche Propaganda verbreitet hatte.

Nach vielen Interventionen und Bittgesuchen wurde am 14. September 1950 vom Obersten Gericht Kroatiens einem Antrag auf Milderung der Strafe stattgegeben. Nach fünfeinhalb Jahren wurde Mane Bilović von der Zwangsarbeit (die er teilweise in Vinodol beim Bau eines Staudamms absolvierte) freigesprochen und durfte nach Hause gehen. Er bekam eine Stelle als Buchhalter im Kaufhaus von Karlovac.

Wir alle, die wir ihm so viel zu verdanken hatten, freuten uns jedes Mal, ihn bei seiner Arbeit und auf den Straßen unserer Stadt lächelnd anzutreffen. Damals schon wussten wir, dass unser Dank nie an das heranreichen würde, was er für uns getan hat.

III EIN FRÜHLING IN KARLOVAC

7 Das gelbe Symbol, das ich nie getragen habe

Die Deutschen zogen nach etwa fünfzehn Tagen aus Karlovac ab. Nach der neuen Demarkationslinie, die am 23. April 1941 zwischen den deutschen und italienischen Militärkommandanten vereinbart wurde, fiel Karlovac dem italienischen Einflussbereich zu. Die zahlreichen Kasernen der Stadt waren nicht groß genug, um die ankommenden italienischen Soldaten zu beherbergen. Das Gebäude der Mädchenschule wurde vom 2. Stab der italienischen Armee besetzt. An die 4000 Soldaten und Offiziere ließen sich in Kasernen, Schulen, öffentlichen Gebäuden und privaten Wohnungen nieder. Auch die circa 1000 ehemaligen Soldaten der Jugoslawisch-Königlichen Armee, die in die Heimwehr des Unabhängigen Staates Kroatien überführt worden waren, strandeten in der alten Garnisonsstadt Karlovac.

Das Erscheinen der italienischen Armee hatte operettenhaften Charakter. Die Bersaglieri paradierten mit musikalischer Begleitung durch die Stadt, sie bewegten sich geradezu hüpfend mit dynamisch schnellen Schritten und hatten Helme auf, auf denen jeweils sechs Federn in einer geraden Reihe angebracht waren. Alles an ihnen wirkte regelrecht fröhlich und harmlos im Vergleich zu der bedrohlich auftrumpfenden und strengen »Division Erika« des örtlichen *Kulturbundes*,[1] deren Männer mit ihren glänzend polierten schwarzen Stiefeln und schneeweißen Hemden, auf den Ärmeln ein riesiges Hakenkreuz, im Takt vorwärtsschritten und dabei wie eine einzige kraftvolle Trommel klangen. Die Italiener hatten ein paar Gräben in der Altstadt Dubovac ausgehoben und ließen bei einem fingierten Angriff auf die Stadt die Kameras einer aus Italien mitgebrachten Filmcrew laufen. Später soll diese Szene in einem Nachrichtenjournal als die »heldenhafte Eroberung einer feindlichen Festung in den letzten Tagen des Krieges« gezeigt worden sein. »Sie haben uns wie Idioten vorgeführt«, sagten die Menschen aus Karlovac und lachten verächtlich über die Italiener.

Aus den Militärlautsprechern tönten in diesen Tagen immerzu beliebte italienische Schlager. Später gab es jeden Sonntagvormittag ein Konzert des Armeeorchesters der 2. Division, und es wurden Opernarien von Verdi, Rossini, Donizetti und Mascagni dargeboten. Die italienischen Soldaten waren sehr gesellig und plauderten gerne mit den Städtern. Den Frauen machten sie ständig Komplimente und flirteten zum Leidwesen der jungen Karlovacer Männer ohne Unterlass mit ihnen.

Stanko Lasić erinnert sich aber auch anders an die Italiener, nämlich als »unverschämte, arrogante und sehr gefährliche Besatzer, denn sie waren launenhaft und erweckten den Eindruck, auch mal nur aus Spaß töten zu können, einfach so, wegen nichts«. Er hatte beobachtet, wie ein italienischer Soldat einer Gruppe fußballspielender Jungen grob zugesetzt hatte. Ich selbst habe in Karlovac so etwas nie erlebt. Aber vielleicht ist meine Erinnerung vom Verhältnis der Italiener zu den Juden bestimmt. Ich kenne einige jüdische Familien aus Karlovac, bei denen italienische Soldaten untergebracht waren. Diese waren voller Mitgefühl und halfen ihren gefährdeten Gastgebern, wo immer sie konnten, manch einem ermöglichten sie sogar die rettende Flucht nach Italien. Das stimmte auch meine Mutter optimistisch: »Sobald wir euren Vater aus dem Gefängnis geholt haben, gehen wir alle nach Italien.« Anderthalb Jahre später, im September 1942, wurde ich auf dem Berg Kampela allerdings Zeuge, wie italienische Soldaten, angeführt von den Tschetniks aus Gomirje, gnadenlos Dörfer plünderten und ein Haus nach dem anderen in Brand steckten, bis auch der letzte Stall und der letzte Heustock in Flammen aufgingen. Außer der Kirche zündeten sie alles an, was man anzünden konnte, tausend Häuser gingen in Flammen auf, tausend Nebengebäude auf den Höfen wurden fast vollständig zerstört, und mehr als 8000 Menschen verloren kurz vor dem Wintereinbruch ihr Dach über dem Kopf und hatten nichts mehr zu essen. Als ich all das vom Berg aus beobachtete, fragte ich mich, ob diese Untaten von denselben Menschen verübt wurden, die auf der Promenade von Karlovac so zärtlich *Mama son tanto felice* vor sich hingesummt und an den Sonntagvormittagen den Gefangenenchor aus *Nabucco* gesungen hatten. Konnten jene liebenswürdigen Offiziere, die ihren Gastgebern Pralinen mitbrachten und Juden vor dem sicheren Tod retteten, identisch sein mit diesen zornentbrannten Menschen hier, die keine Güte kannten, die alles in Schutt und Asche legten und über 1100 Dorfbewohner in Internierungslager verfrachteten? Ich habe schon damals nach Erklärungen gesucht, aber erst viel später habe ich Erich Fromms »Anatomie der menschlichen Destruktivität« studiert und mich mit Elias Canettis »Masse und Macht« beschäftigt:

> »Von der Zerstörungssucht der Masse ist oft die Rede, es ist das Erste an ihr, was ins Auge fällt, und es ist unleugbar, dass sie sich überall findet, in den verschiedensten Ländern und Kulturen. Sie wird zwar festgestellt und missbilligt, doch wird sie nie wirklich erklärt.«[2]

Jede noch so einleuchtende Erklärung wird irgendwann unweigerlich neue unbeantwortete Fragen aufwerfen. Natürlich verhält sich der Mensch anders allein als in der Masse, aber was ist es genau, das die Masse in ihm zu entfachen vermag und das sie viel öfter in das äußerste Böse statt in das Gute verwandelt? Ich denke, dass Leo Tolstoj an manchen Stellen von »Krieg und Frieden« einer Antwort am nächsten kommt, etwa in der Beschreibung aufständischer Bauern auf dem Gut Bogocharewo, in den widersprüchlichen Auftritten der französischen Soldaten zur Zeit der Okkupation und bei ihrem Rückzug aus Moskau, in ein paar Details bei der Schlacht von Schöngraben,

Austerlitz, Borodin und Tarutin. Tolstoj war der Erste, der »die dialektische Seele des Soldaten im Krieg« (Viktor Schklowski) erwähnt.

Da so viele Soldaten ernährt werden mussten, mangelte es in Karlovac bereits Anfang Mai an Weizen, Fleisch, Milchprodukten und Eiern. Selbst Kartoffeln und Brot wurden auf dem Schwarzmarkt gekauft, die Preise stiegen enorm und sehr schnell, vor allem Fleisch war unbezahlbar. Den Händlern auf dem Schwarzmarkt drohte man drakonische Strafen an und warnte sie, der Bürgermeister Židovec werde sich der Sache persönlich annehmen und die Ordnung wiederherstellen. Am 10. Mai stand in der *Hrvatska sloboda*, es sei in den nächsten acht Tagen verboten, mit Lebensmitteln zu handeln, da eine offizielle Rationierung eingeführt werde. Wahrscheinlich haben die meisten Städter gedacht, dass solche Unannehmlichkeiten nur vorübergehender Natur seien, da das Leben sich insgesamt einigermaßen normalisiert hatte. »Die Straßen von Karlovac werden wieder beleuchtet«, hatte die *Hrvatska sloboda* freudig konstatiert. Die Ausgangssperre galt nur mehr erst ab Mitternacht. Eisenbahnen und Busse fuhren wieder in einem verlässlichen Rhythmus. Kinos, Kaffeehäuser und Kegelbahnen wurden geöffnet, abends war die Stadtpromenade so voll wie nie zuvor. Schulunterricht fand aber nicht statt, weil in den Schulgebäuden die Armee untergebracht war.

Bereits am 26. April hatte die Ustascha-Regierung den Gärten am Fluss Korana den Namen »Poglavniks Park« gegeben, und die große Stadtpromenade hieß nun »Dr.-Ante-Pavelić-Promenade«. Das dürfte nur eine Minderheit gutgeheißen haben. Am 1. Mai schrieben die Karlovacer Kommunisten die Parole »Es lebe die Sowjetunion!« an die Häuserwände und brachten über Nacht eine rote Fahne am Gebäude der Volksbank an. Es regte sich kaum jemand darüber auf.

Die anfängliche Freude über einen eigenen Staat aber ging allmählich in Angst über. Mit der für ihn üblichen Ironie notierte General Edmund Glaise von Horstenau am 30. Mai 1941 in seinem Tagebuch:

»In Anbetracht der Tatsache, dass man in Kroatien alles konfisziert, was dringend benötigt wird, haben sich unsere Truppen entschlossen, alles als dringlich einzustufen, was ihnen in den Sinn kommt – und wir konfiszieren nun auch das, was den Wünschen und nicht nur dem Bedarf nach als dringlich einzustufen ist. (…) und so sehen uns die Bürger von Zagreb dabei zu, wie wir unsere Lastwagen bis zum Rand mit allem füllen, was uns genehm ist – und damit ihre Stadt und ihr Land verlassen. Unsere guten Kroaten verstehen jetzt im zweiten Monat ihrer Unabhängigkeit und Freiheit, dass sie nun noch schlechteres Brot als in der großen Hungersnot im letzten Weltkrieg essen müssen.«

Schon in seinem ersten Bericht vom 23. April 1941 machte Arthur Haeffner, einer der besten Geheimdienst-V-Männer von General Glaise von Horstenau, auf die ersten problematischen Auftritte der Ustascha-Regierung aufmerksam. Er berichtete, dass politische Maßnahmen geplant seien, die das Land in große Schwierigkeiten bringen könnten. Der Ustascha-Bewegung würden viele neue Anhänger zulaufen, »weil man bei ihrer Aufnahme in die Partei nicht darauf achtet, dass sie moralisch gefestigte Persönlichkeiten haben, und so kommt es zwangsläufig dazu, dass sich auch die schlimmsten unter ihnen einfinden«.

In seinem Bericht an die Oberste Heeresleitung fasste Glaise von Horstenau am 10. Juli 1941 die Lage in Kroatien zusammen: »Das gesamte Land ist von einem Gefühl der Gesetzlosigkeit in Beschlag genommen.« Am selben Tag berichtete der Geschäftsträger der deutschen Botschaft Troll-Obergfell an das Auswärtige Amt, »dass die zahlreichen terroristischen Vorkommnisse in der Provinz und die Brutalität der Vertreibungen (…) selbst den kühlsten Köpfen in einigen kroatischen Kreisen Anlass zu großer Sorge geben«. Haeffner selbst formulierte es am 18. Juli in einem weiteren Bericht an Glaise von Horstenau noch zugespitzter: »Es ist bedauerlich für uns Deutsche, dass unsere Politik nun all den Enthusiasmus des kroatischen Volkes zunichtegemacht hat, der unseren Soldaten anfangs in diesem Land entgegengebracht wurde und jetzt in Misstrauen umgeschlagen ist, denn Deutschland unterstützt hier ein Regime, das weder eine moralische noch eine politische Existenzberechtigung hat.« Deshalb kommt Haeffner zu dem alarmierenden Schluss, dass die Ustascha-Verbrechen gegen die Serben »das ganze Land in einen brodelnden Vulkan zu verwandeln drohen, den man, ist er einmal ausgebrochen, nicht so leicht wird unter Kontrolle bringen können«.[3]

Einige deutsche Vertreter, besonders jene von Armee und Militärgeheimdienst, kamen zu der richtigen Einschätzung, dass die Ustascha-Politik den deutschen Interessen am Ende schadete – statt dass der Unabhängige Staat Kroatien ihre militärischen und ökonomischen Interessen flankierte, wurde er zu einer Belastung für das Dritte Reich. Dennoch unternahmen die Deutschen nichts gegen die Methoden der Ustascha, im Gegenteil, sie tolerierten diese und befürworteten sie unter den bestimmten Umständen sogar. Die anfänglich drastischen Massenvertreibungen, die darauf folgende Unterbrechung des Genozids und die schließlich erneut einsetzenden Massenvertreibungen waren Folgen dieser heuchlerischen, janusköpfigen deutschen Taktik.

Selbstverständlich übten die deutschen Regierungsvertreter keinerlei Kritik an den Repressalien der Ustasche gegen Juden und Roma. Im Gegenteil, 1942 und 1943 heizten sie diese noch an und beteiligten sich daran. Deshalb gab es in der Ustascha-Führung nie einen Zweifel darüber, wie die »Judenfrage« zu behandeln war, die allerdings im Vergleich zur »serbischen Frage« für sie zweitrangig, ja geradezu marginal war. Die Ustasche hassten die Juden sehr viel weniger als die Serben. Man könnte sogar sagen, dass ein Teil der Ustascha-Führung nicht einmal besonders antisemitisch war. Dennoch wurde im NDH die von den Nationalsozialisten initiierte »Endlösung der Judenfrage« mit einhelliger Zustimmung der Ustascha-Führung umgesetzt und gehorsam gutgeheißen. Nach dem Krieg sagten Mile Budak und Slavko Kvaternik vor den Militärgerichten aus, es habe damals nach der Verabschiedung der antijüdischen Gesetze nie auch nur eine Ge-

genstimme gegeben, »denn wir sahen das alle als unsere notwendige Pflicht an und fühlten, dass wir dazu gezwungen waren, diesen Weg einzuschlagen« (so Slavko Kvaternik im März 1947). Es fing mit den schamlosen Enteignungen an, ging weiter mit gesetzlichen und sozialen Diskriminierungen aller Art und kulminierte schließlich nach einigen Monaten in den Massenverhaftungen, Deportationen in die Lager und Massenmorden.

———

Am 9. Mai erließ die Leitung der Bezirkspolizei folgende Verordnung: »Alle Menschen jüdischen und orthodoxen Glaubens dürfen sich in der Stadt Karlovac fortan nur zwischen 8 Uhr morgens und 6 Uhr abends bewegen.« Wer sich dem widersetze, werde »an Ort und Stelle verhaftet und strengstens bestraft«. Einige Tage später wurden die Juden verpflichtet, den gelben Stern zu tragen. Ich habe das nie getan, da er erst ab vierzehn Jahren vorgeschrieben war. Meine Mutter hat ihn auf der Straße wahrscheinlich getragen, doch erinnere ich mich nicht daran, den gelben Stern je an ihrer Brust gesehen zu haben. Sie hat immer gesagt, dass sie sich dafür nicht schäme, schämen müssten sich doch jene, die ihn angeordnet hatten. Auch an den Bekannten und Freunden unserer Familie habe ich den Stern nie gesehen. Dabei ist es undenkbar, dass sie ihn nicht getragen haben. Nur verschwommen sehe ich vor meinem inneren Auge (oder täuscht mich hier die Erinnerung, und ich glaube nur, mich erinnern zu können?) einen im Wind flatternden Stern an Brust und Rücken von zwei, drei mir unbekannten älteren Menschen, die langsam und auf unsicheren Beinen unter unserem Fenster vorbeigehen. Es gibt offenbar in uns allen einen Mechanismus der Verdrängung, wenn es um bestimmte Bilder aus der Vergangenheit geht, deshalb muss man vorsichtig sein, wenn man sich auf das eigene Gedächtnis beruft.

Trotz der drastischen Maßnahmen gegen Juden und trotz des Leids, das sie meiner eigenen Familie brachten, kann ich nicht sagen, dass ich

Das Haus vorne rechts: Zrinski Trg 9, die Wohnung der Familie Goldstein 1935–1941

mich im Frühjahr 1941 in Karlovac wie ein verfolgter Mensch gefühlt habe. Vielleicht hat es diese Augenblicke gegeben, aber ich scheine sie, wie den gelben Stern an der Brust meiner Mutter, aus meinem Bewusstsein verbannt zu haben. Vielleicht ist ein dreizehnjähriges Kind emotional noch nicht in der Lage, das Ausmaß des Leidens zu fühlen, das es umgibt und von dem es selbst betroffen ist? Die Söhne des Eiscafé-Besitzers Leo und Eko Beljan kamen jedenfalls genauso wie früher immer noch zu Danko und mir. Ich trieb mich auch immer noch am Zorin Dom herum und besuchte Edo Lukinić. Die Mütter meiner Freunde empfingen mich stets warmherzig und zeigten mir ihre Zuneigung.

Ich kann mich nicht daran erinnern, dass sich damals auch nur einer meiner Schulfreunde von mir distanziert hätte, weil ich Jude und mein Vater im Gefängnis war. Meine etwas älteren serbischen und jüdischen Freunde, besonders die Studenten unter ihnen, haben durchaus solche Unannehmlichkeiten erlebt, leider waren sie keine Ausnahme. Ich habe nur einmal etwas Unangenehmes erlebt, aber das war zwei, drei Jahre vor dem Krieg.

An der Promenade von Karlovac lebte im Nachbarhaus ein gleichaltriger Junge, der langbeinige Beno Jaroš. Bei den sportlichen Wettbewerben gewann er die kürzeren Strecken, ich die längeren. Da Beno Schwierigkeiten mit Mathematik hatte, bat mich seine Mutter öfter in ihre Wohnung, damit wir zusammen Hausaufgaben machten. Auf diese Weise traf ich auch auf Benos Vater, der in seiner Freizeit Naturstillleben malte. Wer weiß, vielleicht hat ihn die Nähe zur Malerei am Ende zu Hitler geführt, kurz vor dem Krieg war ich jedenfalls in seinem Haus nicht mehr erwünscht. Beno vertraute mir und meinem Bruder an, dass sein Vater ihm verboten hatte, mit uns zu spielen, weil wir Juden waren. Aber Beno hielt sich nicht immer daran, weshalb er von seinem Vater mehrmals verprügelt wurde. Später zog Herr Jaroš mit seiner Familie nach Deutschland, ich weiß nicht, was aus ihnen geworden ist. Beno kam nie wieder nach Karlovac zurück.

Für die Gymnasiasten von Karlovac war Tischtennis in den Jahren vor dem Krieg der wichtigste Sport. Es wurde auf den Höfen gespielt, in den Kellern, in Gärten und Hausfluren, auf »den richtigen« und auf improvisierten Tischen und bei Meisterschaften, die zwischen den einzelnen Jugendklubs ausgefochten wurden. Diese Tischtennis-Obsession hielt sich einige Monate auch in der NDH-Zeit.

Ich spielte im Klub Pubi. Während meiner heutigen schwermütigen Gespräche mit Vlado Samardžija erinnere ich mich immer an die Jungengesichter unserer Tischtennisfreunde, die sich in alle Himmelsrichtungen zerstreut haben. Jole Dasović kam als Partisanenkurier ums Leben, als er 1944 vor den Ustasche floh. Miro Šrenger kam mit seiner ganzen Familie im Lager Jasenovac ums Leben. Bogdan Lasić war wahrscheinlich schon damals Mitglied in der Union der Kommunistischen Jugend Jugoslawiens (SKOJ) und wurde ein Jahr später Kompaniechef der Žumberak-Brigade. Nach dem Krieg war er politischer Funktionär in Karlovac und Direktor des Museums der Revolution in Zagreb. Dražen Blazina war die treibende Kraft hinter dem Pubi-Klub und organisierte unsere Tischtennis-Meisterschaften. Er verzweifelte regelrecht an der unerwiderten Liebe eines Mädchens, war in den ersten Nachkriegsjahren ein stadtbekannter Lebemann und Trinker, heiratete dann aber doch und wurde ein solider Bürger der Stadt, ein bekannter Architekt und Direktor eines großen Bauunternehmens in Varaždin. Mit Stanko Lasić verbindet mich bis heute eine enge Beziehung, wir haben das Vertrauen zueinander nie verloren.

Die ständigen Meisterschaften hielten sich auch im NDH noch eine Weile, waren aber weniger intensiv. Einmal spielten wir gegen unseren nächsten Nachbarn, einen Klub namens Bobi. Neben »Brcko« Rastovski und »Gaga« Bivala, die beide später Mitglieder in der SKOJ wurden und sich der Widerstandsbewegung anschlossen, waren da auch Marijan Koob, der für kurze Zeit Mitglied im von den Nazis inspirierten *Kulturbund* war, und Miro Sedlaček, schon lange ein Anhänger Hitlers und eines unabhängigen kroatischen Staates. Als das Turnier mit Bobi arrangiert wurde, zögerte ich mitzumachen, ich weiß nicht mehr, was genau mir dabei Unbehagen bereitete, ob es daran lag, dass ich mit einem Mitglied des *Kulturbundes* spielen sollte, einem bekannten Nazi, oder ob ich Angst davor hatte, dass die beiden es ablehnen würden, mit mir zu spielen. Aber dazu kam es nicht. Marijan war mir gegenüber vielleicht etwas reservierter als früher, äußerte aber kein verletzendes Wort. Als er mich im Spiel ziemlich eindeutig besiegte, ließ er sich zu keinerlei Triumphgefühl oder Schadenfreude hinreißen. Ganz anders verhielt sich Miro Sedlaček. Er redete fortwährend auf mich ein, schmeichelnd, jovial, dann wieder mitleidig-beschützend (er war vier Jahre älter als ich), ohne Grobheiten, aber mit deutlich überheblichem Gestus. Es bereitete mir Genugtuung, als ich überlegen gewann.

Der bei weitem beste Spieler unseres Pubi-Klubs war Dori Kurelac, ein herausragendes Tischtennis-Talent. Er gewann mit Leichtigkeit alle Turniere. Er wählte mich oft als Partner im Doppel, und wir trugen, seinen Aufschlägen sei Dank, regelmäßig den Sieg davon. Als der Unabhängige Staat Kroatien ausgerufen wurde, wurde Doris Bruder Hanzi in der Ustascha-Jugend aktiv. Dori befasste sich nicht damit.

An einem Maimorgen 1941 brachen Dori und ich zu einem ungewöhnlichen Turnier in der Nähe von Draganić auf. Dort waren, wie bereits erwähnt, an die zweihundert meist aus Wien geflüchtete Juden in den verlassenen und heruntergekommenen Behausungen direkt neben der Eisenbahnstation untergebracht. Zwischen 1934 und 1941 kamen an die 55 000 Flüchtlinge aus dem Dritten Reich durch Zagreb. In der Jüdischen Gemeinde wurde eigens für sie ein Büro eingerichtet, wo man den meisten von ihnen Reisedokumente für Palästina oder andere Länder ausstellte, in denen sie sich niederlassen konnten. 4000 Menschen gelang es nicht mehr, ein Visum zu erhalten, sie wurden im April 1941 vom Krieg überrascht. Die zweihundert Flüchtlinge aus Draganić gehörten zu den Unglücklichen. Unter ihnen befanden sich einige Musiker und Schauspieler, die unterhaltsame Vorstellungen gaben, auch wenn die Heiterkeit nur eine Inszenierung gewesen sein wird. Aber jetzt war selbst von gespielter Heiterkeit nichts mehr zu spüren. In den ersten Tagen des NDH waren die Baracken noch kein Lager, die Menschen bewegten sich frei. Trotzdem saßen sie in der Falle. Ohne Pass oder andere Dokumente konnten sie nirgendwohin gehen und waren dazu verurteilt, hilflos abzuwarten, was mit ihnen geschehen würde. Dori und ich sprachen mit einigen von ihnen, aber niemand ließ sich auf ein längeres Gespräch mit uns ein. Ich glaube, dass Dori und ich auf dem Weg nach Hause geschwiegen haben. Wir konnten uns von der Trauer, die wir während unseres eigenartigen Turniers im Flüchtlingslager bei den todgeweihten Menschen gespürt hatten, nicht lösen.

Ich weiß nicht, ob einer der Wiener Juden aus dem Lager bei Draganić den Krieg überlebt hat. Einige sollen sich mit gefälschten Dokumenten, andere ganz ohne Papiere im Sommer 1941 auf den Weg nach Italien gemacht haben, aber wer weiß, ob es ihnen gelungen ist und ob sie je dort angekommen sind. Bei den Bekannten aus Draganić haben sie sich nie wieder gemeldet. Alle, die noch in Draganić geblieben sind, wurden von den Ustasche im Herbst 1941 deportiert. In Draganić ist von diesen zweihundert unglücklichen Wienern nur die Erinnerung geblieben, heute reden vor allem die älteren Menschen über sie und erzählen sich ihre Geschichten.

Bereits in den ersten Tagen nach Kriegsende erfuhr ich in Karlovac vom Schicksal meines Tischtennispartners Dori. Ich weiß nicht, wer auf ihn Einfluss genommen und ihn bedrängt hat, aber 1943 hatte er sich in der Offiziersschule der NDH-Heimwehr registiert. Er starb bei seinem ersten Einsatz im Kampf gegen die Partisanen; er war gerade achtzehn Jahre alt. Doris Bruder Hanzi wurde Junior-Offizier bei der Ustascha-Jugend und Mitglied in der Elite-Abteilung »Sturmtruppen«. Im Herbst 1944 wurde er vom Geheimdienst angeworben und gab als Kontaktmann wichtige Informationen »in die Wälder« weiter. Bald darauf lief er zu den Partisanen über. Er soll Anfang 1945 als Ustascha-Spion enttarnt und hingerichtet worden sein.

Kurz nach Kriegsende sah ich in Karlovac auf der Straße eine in Schwarz gekleidete trauernde Frau. Es war Frau Kurelac. Sie war sichtlich gealtert. Ich konnte mich nicht entscheiden, ob ich auf sie zugehen sollte, und grüßte sie nur etwas unbeholfen auf die Schnelle. Rückblickend tut es mir leid, dass ich nicht auf sie zugegangen bin. Aber was hätte ich einer Frau sagen können oder müssen, die innerhalb kürzester Zeit ihre beiden Söhne durch jene Armee verloren hatte, der ich selbst angehörte? Dass es mir unendlich leidtat? Dass aber nun einmal Krieg war? Ich erinnere mich nicht daran, ihr je wieder begegnet zu sein.

8 Die Zeitung, die Filip Reiner getötet hat

Anfang Mai 1941 kamen unsere Freunde Filip Reiner und seine Frau Ružica Bonači-Reiner zu uns zu Besuch. Filip war genauso wie mein Vater am 13. April verhaftet worden und hatte mit ihm fast zwei Wochen im Bezirksgefängnis verbracht. Im Frühling 1947, bei einer Befragung durch die UDBA, sagte Vladimir Židovec aus, er habe sich für Filip Reiner, seinen Kollegen von der Anwaltskammer, eingesetzt (was durchaus möglich war, denn im April 1941 war Židovec ein einflussreiches Mitglied in der Ustascha-Regierung von Karlovac). Eine andere Version besagt aber, dass Reiner allein wegen seiner Familie freigelassen worden war, die einen guten Ruf genoss und sich um die Stadt Karlovac verdient gemacht hatte.

Filips Großvater, der ebenfalls Filip hieß, war fünfunddreißig Jahre lang (von 1863 bis 1898) der Vorsitzende der Jüdischen Gemeinde in Karlovac gewesen. Zudem war er der erste jüdische Geschäftsmann, der eine wichtige Rolle im gesellschaftlichen Leben der Stadt einnahm. Als junger Mann unterstützte er die illyrische Bewegung. Sie propagierte die kulturelle, ethnische und politische Einheit der Südslawen, und Karlovac war eines ihrer Zentren. Seine Frau Tereza gründete 1886 einen Verein, der sich um die Verschönerung der Stadt bemühte, während Filip senior ein bekannter Mäzen im kulturellen und humanitären Bereich war. Sein jüngerer Bruder Vilim war viele Jahre Vorsitzender des Gesangsvereins »Zora« und setzte sich dafür ein, dass 1892 das Stadttheater Zorin Dom gebaut wurde. Er plante und organisierte auch den Bau des Gebäudes, das bis heute das Herz des kulturellen Lebens in Karlovac ist. Filips Sohn Vatroslav, der Vater unseres Filips, war wiederum zweiunddreißig Jahre lang der Vorsitzende der Jüdischen Gemeinde in Karlovac (von 1908 bis 1940) und ein langjähriges Mitglied im Stadtmagistrat. Vatroslav war außerdem der erste Jude, der das Amt des Bürgermeisters in Karlovac innehatte. Bei seinem Begräbnis 1940 auf dem jüdischen Friedhof erwiesen ihm so viele Menschen aus Karlovac die Ehre wie bei keinem anderen Begräbnis eines jüdischen Bürgers.

Filip Reiner machte bei seinem Besuch einen bedrückten Eindruck, er sprach die ganze Zeit von den schlechten Nachrichten in den Zeitungen, die er regelmäßig las. Meine Mutter erzählte mir nach dem Krieg, dass er geradezu versessen auf Details war und zu einer pessimistischen Grundhaltung neigte. An diesem Tag hatte er in der National- und Universitätsbibliothek alle Zeitungen gelesen, die im April und Mai 1941 im NDH erschienen waren. Man kann sich leicht ausmalen, warum er so niedergeschlagen war. Die Zeitung *Hrvatski narod* vom 1. Mai 1941 hatte an diesem Tag den Titel in rot und auf zwei Zeilen verteilt auf eine ganze Seite gesetzt: »Das Blut und die Ehre des kroatischen Volkes werden durch Sondergesetze beschützt.« Auf den beiden folgenden Seiten wurden die gerade erlassenen drei Rassengesetze abgedruckt, die es ermöglichen sollten, den Juden die Staatsbürgerschaft abzuerkennen und sie jeglichen Schutzes durch das Gesetz zu berauben. Nur zwei Tage später wurden weitere Erlässe publiziert, nun war es schon möglich, Juden und Serben zu enteignen. Acht Tage später erschienen Dekrete über die Vertreibung der Serben und Juden, und ihre Wohnungen in den besseren Stadtteilen wurden bereits konfisziert. Es folgte ein Erlass, der zum Tragen des gelben Sterns verpflichtete, und danach eine Serie verschärfter gesetzlicher Verordnungen, die von außerordentlichen und anderen neu ins Leben gerufenen Gerichten erlassen wurden. Schließlich kam es Ende Juni zu einem ersten Erlass über Deportationen in »Sammel- und Arbeitslager«. Die *Hrvatska sloboda* brachte bereits in ihrer zweiten Nummer am 2. Mai

1941 unter dem harmlosen Titel »Vorkommnisse in Kroatien« einen bösartigen Kommentar, in dem eine unheilvolle Drohung steckte:

> »Ein Gesetz folgt dem anderen, und eins ist besser als das andere. (…) Es wird Tausende unbrauchbare Existenzen zum Verschwinden bringen – all jene, die hier im Überfluss gelebt haben, aber nie unserem Volk von Nutzen waren und ihm stets nur geschadet haben. Kroatien wird dieses riesige und giftige Geschwür weder mit Injektionen noch mit Pillen eliminieren. Wir werden es, wie es sich gehört, mit einem chirurgischen Eingriff entfernen. (…) wenn du so leben willst, wie es dir zusteht, dann musst du eine wichtige Regel befolgen, und die lautet, dass du just jene Feinde loswerden musst, die du dir im eigenen Haus hältst. Das ist wohl für jeden klar und verständlich. (…) Kroatien entfaltet sich (…), und auf diesem Weg in seine Zukunft wird es alles zermalmen, was ihm dabei als Hindernis begegnet.«

Dem aufmerksamen und umsichtigen Filip muss sofort klar gewesen sein, dass es um seine Zukunft in Karlovac nicht gut bestellt war. Seine Frau Ružica, geborene Bonači, war in Split zur Welt gekommen. Dort lebte noch ihre ganze Familie, und sie hatte nach einer damaligen Regelung zwischen den Italienern und den Ustasche das Recht, sich eine besondere Reiseerlaubnis ausstellen zu lassen. So konnte sie zusammen mit ihrem Mann in ihre Heimatregion fahren. Als sie uns im Mai besuchten, kamen sie wohl, um sich von uns zu verabschieden.

Die Verbindung zwischen meinem Vater und Filip ist die Fortsetzung einer langen Tradition der Freundschaft zwischen unseren beiden Familien. Der Großvater meines Vaters, mein Urgroßvater Aron Reich – er war von 1853 bis 1876 Rabbiner in Karlovac –, und Filips Großvater setzten sich zusammen für den Bau der Synagoge in Karlovac ein. Sie wurde 1871 eröffnet und eingeweiht. Beide waren Vertreter des Reformjudentums. Auch ihre Söhne und deren Enkel freundeten sich miteinander an, darunter auch Filip junior und mein Vater. Sie lernten sich während ihres Studiums in Wien besser kennen, in einer Zeit, als sie beide leidenschaftliche Zionisten waren. Die

Freundschaft vertiefte sich, als mein Vater sich 1929 nach seiner Rückkehr aus Palästina in Karlovac niederließ. Ich denke, dass ihn mit Filip ein starker intellektueller Skeptizismus verband, der typisch für einstige Zionisten war, die ihre jugendlichen Ideale nicht mehr allzu ideologisch vertraten, sie aber auch nie ganz aufgeben konnten. Bei Filip überwog allerdings die skeptische Seite. Ružica Bonači war Sprach- und Literaturlehrerin am Gymnasium von Karlovac, sie liebte Bücher und schrieb selbst Gedichte. Gleich nach ihrer Ankunft in Karlovac 1934 wurde sie Stammkundin in unserer Buchhandlung. Ružica und Filip heirateten, nachdem sie sich bei uns kennengelernt hatten. Sie lebten in dem wunderschönen Haus der Familie Reiner, das 1892 erbaut worden war. In ihm befand sich die Anwaltskanzlei der Familie. Heute ist dort die Musikhochschule der Stadt untergebracht.

Filip war ein korpulenter Mann, der sich ein bisschen behäbig bewegte und dazu neigte, schnell zu resignieren. Er sprach leise und war ein wenig ängstlich, aber wenn er etwas sagte, war es immer durchdacht, und manchmal spürte man dabei auch seinen schwarzen Humor. Ružica war das genaue Gegenteil von ihm. Sie war klein, zart, vital, unternehmungslustig und resolut. Sie waren das erste Paar, das aus Karlovac in die von Italien besetzten Gebiete floh.

In Split wurden sie von der Familie Bonači gut aufgenommen und versorgt. Kämpferisch wie Ružica war, organisierte sie dort zwischen 1941 und 1943 ein illegales Gymnasium, in dem sie selbst unterrichtete. Die Stimmung in der Schule war, wie es in einem ihrer Gedichte heißt, von der »Glut der Revolte« und der »Liebe zum Widerstand« geprägt. Die Lage in Kroatien verschlechterte sich fortwährend, und Filip fiel in eine ausweglose Depression. Nach dem Krieg erzählte uns Ružica, dass er voller dunkler Vorahnungen war und deshalb keine Kinder haben wollte.

Die Kapitulation Italiens im September 1943 und die Ankunft der Partisanen in Split gab den Reiners Hoffnung. Sie unterstützten die Nationale Befreiungsarmee der Partisanen. Als diese sich wegen anrückender motorisierter deutscher Kolonnen aus Split zurückziehen musste, gingen Ružica und Filip mit, um sich später anderen Einheiten in Bosnien anzuschließen. Sie machten sich zu Fuß Richtung Omiš auf den Weg, von dort sollte sie ein organisierter Transport nach Bugujno bringen. Ružica brach unterwegs zusammen. Filip legte sie auf einen Lastwagen der Partisanen, der die Schwachen und Kranken aufsammelte, und sie verabredeten ein Treffen in Bugujno. Aber er kam nie dort an.

Filip kam noch nicht einmal nach Omiš. Er drehte auf der Landstraße um und ging zu Fuß den ganzen Weg nach Split zurück. Die Deutschen waren schon in die Stadt einmarschiert. Er stellte sich den Deutschen und sagte ihnen, wer er war. Sie brachten ihn sofort ins Gefängnis, und er wurde ein paar Tage später deportiert.

Aber weshalb war Filip nach dem Abschied von Ružica nicht wie besprochen nach Omiš weitergegangen? Warum ging er zurück und ergab sich den Deutschen? Ružica erklärte sich das mit seiner Depression, die von Filip schon früher mehrfach Besitz ergriffen hatte. In diesen dunklen Augenblicken war er davon überzeugt gewesen, den Krieg nicht zu überleben. Mit seinem beißenden schwarzen Humor imitierte er mitunter Hitler, der in seiner Rede am 30.9.1939 im Berliner Reichstag unheilvoll angekündigt hatte:

> »Und eines möchte ich an diesem vielleicht nicht nur für uns Deutsche denkwürdigen Tag nun aussprechen. Ich bin in meinem Leben sehr oft Prophet gewesen und wurde meistens ausgelacht (…). Ich will heute wieder ein Prophet sein: Wenn es dem internationalen Finanzjudentum in und außerhalb von Europa gelingen sollte, die Völker noch einmal in einen Weltkrieg zu stürzen, dann wird das Ergebnis nicht die Bolschewisierung der Erde und damit der Sieg des Judentums sein, sondern die Vernichtung der jüdischen Rasse in Europa.«

Filip war geradezu obsessiv davon überzeugt, dass Hitler seinen Plan um jeden Preis in die Tat umsetzen würde, selbst wenn er den Krieg verlieren würde. In solchen Momenten wurde Filip von Gefühlen der Trost- und Hoffnungslosigkeit übermannt. Er empfand sich als Last für Ružica und ihre Familie. Als die Partisanen nach Split kamen, lebte er für kurze Zeit auf. Als er dann doch wieder die Flucht ergreifen musste, scheint Filip den Fängen der Depression nicht mehr entkommen zu sein. Ružica glaubt, dass es ihm, als sie auf dem Lastwagen in Sicherheit war, nicht mehr möglich war, sich der eigenen inneren Hilflosigkeit zu entziehen. Wahrscheinlich hat sich in ihm auf dem Rückweg nach Split der Gedanke verdichtet, er entlaste Ružica von der Bürde, die er in seiner Vorstellung war. Er wusste, dass es einem Selbstmord gleichkam, sich den Deutschen zu stellen.

Ružica hat das Trauma ihres Abschieds von Filip bis zu ihrem Lebensende nicht überwunden und nie die Straße nach Omiš vergessen. Man kann das auch in ihren Gedichten lesen, die zwar von ihrem neuen Leben handeln, aber voller Trauer sind. Sie hat nach dem Krieg als Chef-Redakteurin der Zeitschrift *Kultura*, später als Autorin für die in Split ansässige Tageszeitung *Slobodna Dalmacija (Freies Dalmatien)* und für die Zagreber Wochenzeitung *Naprijed (Vorwärts)* gearbeitet. Sie schrieb Gedichte, publizierte aber erst nach ihrer Pensionierung zwei Lyrikbände. Sie waren beide Filip gewidmet.

9 Die enteignete Buchhandlung

Unter den Gesetzen, die am 1. Mai 1941 in der *Hrvatska sloboda* angekündigt wurden, war auch das Dekret über Dauerbeschäftigung und Vorbeugung der Wirtschaftssabotage. Es betraf uns direkt. Bald darauf wurde aufgrund dieser Bestimmung unsere Buchhandlung konfisziert. Und am 9. Mai ordnete das Polizeipräsidium der Großgespanschaft Karlovac an, dass alle jüdischen Händler ein Schild an ihren Geschäften anbringen mussten, auf dem in Druckbuchstaben deutlich lesbar »Jüdischer Händler« stand. Eingesetzte Verwalter übernahmen die Geschäfte der geflüchteten, vertriebenen und verhafteten Inhaber. Wir hatten Glück, dass unserem Laden Herr Rubes zugeordnet wurde. Als Direktor der Stadtbank, der das Gebäude gehörte, in dem sich unsere Buchhandlung befand, konnte er wahrscheinlich diese für ihn unangenehme Pflicht nicht umgehen.

Unter seiner Aufsicht blieb unsere Buchhandlung noch ein paar Wochen geöffnet, vielleicht bis Ende Juni. Dann kam eine Anordnung des Büros für Ökonomische Erneuerung, und meine Mutter musste Herrn Rubes die Schlüssel aushändigen, der hinter uns abschloss. Die Schaufenster wurden mit Packpapier überklebt, und ein Wachssiegel wurde an der Tür angebracht, die mit einem schweren Vorhängeschloss verriegelt war. Herr Rubes hatte meiner Mutter in seiner Zeit als Verwalter des Geschäfts erlaubt, alle Tageseinnahmen zu behalten. Seitdem wir das Schild »Jüdischer Händler« anbringen mussten, war zwar bei uns nicht mehr so viel Betrieb wie früher, dennoch konnte meine Mutter immerhin von diesem Geld ein paar italienische Lira erwerben, was später unsere Rettung sein sollte. Einen Monat danach, als meine Mutter nach Zagreb gefahren war, um meinen Vater im Gefängnis zu besuchen, rief mich Herr Rubes zwei-, dreimal in die Buchhandlung. Wir betraten sie über den Hintereingang, und er ließ mich alles aus unserem Laden mitnehmen, was von Wert war. Als das Büro für Ökonomische Erneuerung unseren Buchladen offiziell übernahm, war dort nichts mehr zu finden, was von Wert gewesen wäre.

Ich denke, dass meine Mutter nicht allzu sehr gelitten hat, als uns die Buchhandlung weggenommen wurde. Schon als kleines Mädchen hatte sie gelernt, dass das eigene Leben wichtiger ist als Besitz. Sie wuchs auf einem großen Bauernhof in Franzenstal in der Nähe von Czernowitz in der Bukowina auf (heute liegt das in der Ukraine). Er wurde von ihrem Vater Salomon (Shlomo) Bril verwaltet, der sich um achthundert Schafe, vierzig Kühe und zahlreiche Pferde kümmerte. Als meine Mutter zehn Jahre alt war, plünderten die Kosaken die Dörfer in der Bukowina, auch die Gegend um Czernowitz war während der russischen Offensive 1914 stark davon betroffen. Mein Großvater Shlomo (der 1922 starb und den ich nur aus den Geschichten anderer kenne) setzte seine vier Töchter, seine zwei kleinen Söhne, seine Frau Sabina sowie ihren Bruder und dessen Familie auf vier pferdebespannte Wagen und brach mit diesem kleinen Konvoi Richtung Westen auf. Sie waren vier Jahre lang als Flüchtlinge im Habsburgerreich unterwegs. Am längsten hielten sie sich in einem privaten Aufnahmelager in der Nähe von Wien auf, von wo sie weiter nach Budweis fuhren. Mein Großvater verkaufte seine Pferde und investierte das Geld in die Konservenproduktion und den Verkauf von Essiggurken.

Meine Mutter kehrte mit sechzehn Jahren nach Czernowitz zurück. Sie war begeistert vom Zionismus und erfüllt von der Idee, mit ihren eigenen Händen ein neues Land aufzubauen. Sie war noch nicht volljährig, als sie mit der ersten Gruppe junger Leute aus der Bukowina nach Palästina aufbrach. Vorausschauend hatte sie in Czernowitz Kurse als Krankenschwester und Sozialarbeiterin belegt. Wie alle Juden in Czernowitz war sie in der Schule auf Deutsch unterrichtet worden. Zu Hause sprach sie daher Deutsch. Sie war fleißig, hilfsbereit, kreativ und nicht zuletzt sehr eigensinnig. In vielerlei Hinsicht war sie das Gegenteil ihres zukünftigen Ehemanns, der weniger für die praktischen Dinge des Alltagslebens geschaffen und mehr dem Lesen, Träumen und Denken zugeneigt war.

Meine Mutter verbrachte von ihren fünf Jahren in Palästina die meiste Zeit im Kibbuz Beit Alfa am Hang des Berges Gilboa im Tal Jezreel, wo alles Gemeinschaftseigentum war. Hier hat sie wohl zum ersten Mal gespürt, dass das »Sein« wertvoller ist als das »Haben«. Wir haben nie ein Haus oder eine Wohnung besessen. Als passionierter Büchernarr nutzte mein Vater den Erlös aus den Verkäufen, um neue Bücher und Schreibwaren und auch Radios anzuschaffen. Und meine Mutter gab das Geld, das wir hatten, lieber für unsere Familienausflüge aus, die wir in der Region unternahmen. Wir besuchten auch unsere Verwandten in Tuzla, Sarajevo, Bukarest oder Czernowitz. Manchmal machten wir auch ein bisschen länger Urlaub am Meer oder in den Bergen.

Mein Vater brach im Januar 1925 nach Palästina auf, in einer Gruppe von neun jungen Männern, die beschlossen hatten, »an einer neuen Heimat für das jüdische Volk« mitzuarbeiten. Damals gehörten sie zu den Ersten aus dem Königreich der Slowenen, Kroaten und Serben. Mein Vater hatte auf ein Studium der Literatur und Geschichte verzichtet, das seinen Interessen am ehesten entsprochen hätte, und stattdessen seit 1919 in Wien Agronomie studiert. Die Landwirtschaft schien ihm das beste Fundament für das Leben in der neuen Heimat zu sein.

Doch die Gruppe, mit der er sich zusammentat, geriet in Palästina schon bald in große Schwierigkeiten. Nach zwei Jahren des Wartens und der Verhandlungen war es ihnen noch nicht einmal gelungen, das

Grundstück in der Nähe von Haifa zu erwerben, auf dem sie ihren Kollektivbauernhof betreiben wollten. Die britische Mandats-Regierung hatte beschlossen, dort ein Instandhaltungswerk für die Eisenbahnstrecke zu errichten, die sie gerade erschlossen. Damals befand sich Palästina in einer tiefen Wirtschaftskrise, und man verzeichnete die höchste Arbeitslosenquote. Während mein Vater und die anderen Männer aus der Gruppe auf ihre Genehmigung warteten, hielten sie sich mit Schwarzarbeit im Straßenbau oder auf den Höfen der arabischen Großgrundbesitzer über Wasser.

Als ihr Budget schon ziemlich geschrumpft war, gelang es ihnen schließlich doch, ein Stück Land neben dem arabischen Dorf Jedda zu erwerben, das sich an die zwanzig Kilometer südöstlich von Haifa befand. Es war kleiner und weniger fruchtbar, als sie es für sich erhofft hatten. Zudem war das Jahr 1927 äußerst trocken, und die Ernte fiel schlecht aus. Sie lebten sehr bescheiden in vier Baracken. In einer davon befanden sich die gemeinsame Küche und das Wohnzimmer, eine zweite benutzten sie als Nahrungs- und Werkzeugkammer, und in den beiden anderen schliefen sie. Unter diesen schwierigen Bedingungen begann die Gruppe auseinanderzubrechen, und Ende 1927 waren nur noch drei von der ursprünglichen Mannschaft vor Ort, und drei Neuankömmlinge waren zu ihnen gestoßen. Meine Eltern waren damals frisch verheiratet, meine Mutter war schwanger, und sie lebten zusammen mit zwei anderen aus der Gruppe in der kleinen Gemeinschaftsbaracke. Obwohl mein Vater in seinen Beiträgen für die Zagreber Wochenzeitung *Židov (Der Jude)* und wahrscheinlich auch in seinen Briefen, die er nach Hause schickte, seine Erlebnisse etwas weniger drastisch darstellt, vermutete seine Mutter Adolfa, dass es nicht ganz so rosig um sie stand. Da ihr Bruder Lisander jemanden suchte, dem er seine Buchhandlung übergeben konnte, schrieb er meinem Vater, er solle aus Palästina zurückkommen und die Buchhandlung übernehmen. So wurde mein Vater Eigentümer der Buchhandlung Reich im Zentrum von Karlovac. Es war ein Angebot, das er als leidenschaftlicher Buchliebhaber nicht ablehnen konnte.

Durch die Turbulenzen des Krieges zerstreute sich die Belegschaft unserer Buchhandlung in alle Himmelsrichtungen. Zvonko Jaklić war zuerst drei Jahre lang Lehrling bei uns gewesen und hatte 1938 seine Gesellenprüfung bestanden. Er fuhr Bücher und andere Waren sehr zuverlässig aus und arbeitete an der Kasse. Er liebte es, auf seinem Motorrad lärmend durch die Stadt zu rasen. Er nahm auch an Rennen teil, die vor Ort stattfanden. Er war oft mit Josip Zgurić zusammen, einem aufbrausenden jungen Mann, dessen Lächeln etwas beunruhigend Abgründiges hatte. Zvonko und Josip waren beide Mitglied in der Vereinigten Arbeiterunion und traten auch einigen anderen linken Organisationen bei. Ich weiß nicht, wann sich Zgurić den nationalistischen Frankisten in Karlovac anschloss, aber plötzlich patrouillierte er am 10. April 1941 durch die Straßen, trug eine Mütze mit Abzeichen, ein Gewehr auf dem Arm und eine Pistole am Gürtel. Als Erstes rekrutierte er seinen Freund Zvonko. Unsere Haushälterin Jaga beobachtete sie manchmal beide vom Fenster unserer Wohnung aus, sie waren bewaffnet und brausten auf Zvonkos Motorrad über den Platz.

Am Sonntag, dem 13. April 1941, nahm Zgurić an der ersten Verhaftungswelle teil. Das Gefühl der Macht entfesselte in ihm eine gefährliche Rohheit. Sehr schnell hatte er den Ruf des grausamsten Polizisten der Stadt und war als herzloser Folterer bekannt, der die Häftlinge erst quälte und dann umbrachte, ein Mörder, der sich öffentlich damit brüstete, schnell zum Messer zu greifen. Stanko Lasić erwähnt in seinen autobiographischen Notizen ein Dokument, aus dem hervorgeht, dass Zgurić zweiundzwanzig Menschen ermordet hat. Bis zum Schluss blieb er ein Unruhestifter, immer auf der Suche nach einem Gegner, den er bekämpfen konnte. Und so kam er schließlich am 6. Mai 1945 in Karlovac am Ufer der Kupa auch ums Leben, als er sich in einem letzten sinnlosen Widerstand der 3. Montenegrinischen Division der Nationalen Befreiungsarmee der Partisanen entgegenstellte, die dabei war, in die Stadt einzumarschieren.

Unser Geselle Zvonko war nicht so weit gegangen wie Zgurić. Ich weiß nicht genau, wann er verstanden hat, was für eine abgründige Person sein Freund Zgurić war, aber der Absprung muss ihm schon in den allerersten Tagen gelungen sein, denn bald sah man die beiden nicht mehr zusammen. Nach dem 10. April kam Zvonko nicht mehr zu uns in die Buchhandlung. Jaga schnappte irgendwo auf, dass sein kluger Vater ihn überredet hatte, Karlovac so schnell wie möglich zu verlassen und sich in eine Luftfahrtschule einzuschreiben. Ich weiß nicht, wann und unter welchen Umständen, aber noch zu Kriegszeiten trat er den Partisanen bei.

Nach dem Krieg tauchte Zvonko lange nicht in Karlovac auf. Jaga hatte die Theorie, dass er sich nicht nur wegen der Freundschaft mit Zgurić schämte, sondern auch Angst hatte, dass man ihn wegen damals in Karlovac anklagen könnte. Einige Jahre nach dem Krieg stand er dann plötzlich in seiner Luftwaffenuniform bei uns in Zagreb vor der Tür. Er war ein bisschen gealtert und runder geworden, hatte aber noch immer die gleiche Direktheit, prahlte ein bisschen schaumschlägerisch und hatte einen etwas ungeschickten Humor. Er erzählte uns, dass er bei der Luftwaffenzentrale in Zemun bei Belgrad arbeite und mit General Nenand Drakulić befreundet sei, den er noch aus der Zeit vor dem Krieg aus unserer Buchhandlung kenne. Er sprach von meinem Vater als seinem Chef, der für ihn, so sagte er es, »eine wirkliche Autorität gewesen war, vor der er nie Angst hatte, weil er immer gerecht und nie ungehalten ihm gegenüber gewesen war«. Mich wollte er um etwas bitten. Er stand kurz davor, in der Luftwaffe zum Major befördert zu werden. Er bat mich, ihm eine Bestätigung darüber auszustellen, dass er sich in unserer Buchhandlung mit höherer Literatur beschäfigt hatte und Mitglied in linken Vereinen und Organisationen gewesen war. Wir tüftelten gemeinsam etwas für ihn aus, und ich unterschrieb das Ganze. Die Freundschaft mit Zgurić ließen wir unerwähnt, auch in unserem mehrstündigen und in der Hauptsache angenehmen Gespräch vermieden wir es, seinen Namen zu erwähnen.

Ein, zwei Monate später bekam ich Besuch von einem Luftwaffenoffizier, der bereits an der Tür sagte: »Genosse Goldstein, wir müssen über ihren Brief sprechen, den Sie für Zvonimir Jaklić geschrieben haben.« Er überbrachte mir Grüße von General Drakulić, den ich aus Karlovac und von den Partisanen kannte. Der jugoslawische Geheimdienst OZNA (Odjeljenje za zaštitu naroda, Abteilung für Volksschutz) wusste am Ende wirklich immer alles, wie es unter den Leuten schon zum geflügelten Wort geworden war: »Ozna sve dozna. – Die Ozna erfährt alles.« Ihnen sei da etwas zu Ohren gekommen, sagte er, und bevor sie Jaklić ernsthaft für eine Beförderung vorsähen, wollten sie ganz sicher sein, das Richtige zu tun. Ich musste dem Offizier erklären, warum ich in meinem Brief die Freundschaft zu dem Verbrecher Zgurić unerwähnt gelassen hatte. Ich habe ihnen die Wahrheit gesagt – dass es diese Freundschaft wirklich gegeben hat, aber dass sie nur von kurzer Dauer gewesen war, eine jugendliche Verirrung von Jaklić, der dafür nicht bestraft werden sollte. Meiner Ansicht nach hatte sich Jaklić früh genug distanziert, war in keinerlei Untaten verwickelt und hat weder bei Zgurić noch bei den Ustasche mitgemacht.

Von Zvonko hörte ich später nichts mehr. Ich weiß nicht, was dann mit ihm geschehen ist, aber ich habe gehört, dass er relativ jung als Major der jugoslawischen Armee[4] pensioniert wurde. Das könnte bedeuten, dass General Drakulić ihn trotz aller Beanstandungen »bestimmter Ämter« zum Major befördert hatte, ihn aber danach nicht weiter hatte aufsteigen lassen und ihn früh in Pension geschickt hatte.

Mein Vater fühlte sich unserem älteren Lehrling Dragec Starešinić mehr verbunden als Zvonko, und ich war mit ihm bis zu dem Tag im Jahr 1993 befreundet, an dem wir ihn für immer verabschiedet und ihm am Friedhof die letzte Ehre erwiesen haben. 1929 war er im Alter von vierzehn Jahren zu uns in die Lehre gekommen. Er stammte aus einer armen Familie mit sieben Kindern, seine Eltern konnten es sich nicht leisten, ihn nach zwei Jahren Gymnasium weiter zur Schule zu schicken. Unsere Arbeitszeit in der Buchhandlung dauerte von sieben bis zwölf und von sechzehn bis neunzehn Uhr, und Dragec wohnte ungefähr sechs Kilometer von uns entfernt. Er ist diesen Weg täglich immer mindestens zweimal gegangen, oft auch viermal, wenn er in der Mittagspause zu Hause etwas essen wollte, denn er hatte kein Geld, um sich in der Stadt etwas zu kaufen. Meinen Eltern fiel es sofort auf, dass der ohnehin körperlich schwach wirkende Junge nahezu immer müde aussah. Meine Mutter lud ihn ein, einfach mit uns zu Mittag zu essen, statt jeden Tag nach Hause zu gehen. Dragec war überglücklich, wirkte wie neugeboren, und bot meiner Mutter als Ausgleich sofort an, ihr für den Rest der Pause bei was auch immer behilflich zu sein. Er ging vor allem mit unseren Büchern durch die Stadt und bot sie den Leuten an. Dragec liebte Bücher, obwohl er selbst nicht allzu viele gelesen hatte. Er verfügte über die ungewöhnliche Gabe, Versatzstücke aus den Gesprächen anderer über ein Buch zusammenzubringen und sie glaubwürdig an die Kunden weiterzugeben, denn er konnte wunderbar nacherzählen. Er war warmherzig, unaufdringlich und aufrichtig, aber nicht Gott weiß wie intelligent oder ein versierter Gesprächspartner. Was ihm viele Freundschaften einbrachte, waren seine unvermittelte Direktheit, seine Ehrlichkeit und seine Bereitschaft, anderen Menschen selbstlos zu helfen.

Vor dem Krieg war Dragec mit unserem Buchhalter Branko Priselac befreundet, der nach dem Krieg Direktor der Zagreber Tageszeitung *Borba (Kampf)* wurde, ebenso mit Veco Holjevac, dem zukünftigen Bürgermeister von Zagreb, der damals Assistent in der Stoffhandlung Šandor Weiss war, die sich Tür an Tür mit unserer Buchhandlung befand. Alle drei waren Mitglieder in der Vereinigten Arbeiterunion, in der Gewerkschaft SBOTIČ und in einer linken Pfadfindergruppe. Anfang 1938 wurde Ivo Marinković auf sie aufmerksam. Er war Professor für Klassische Philologie, Vorsitzender der Kommunisten in Karlovac und ein unermüdlicher Arbeiter für seine Partei, und er kam häufig in unsere Buchhandlung. Dragec erzählte mir nach dem Krieg, Marinković habe ihn einmal kurz vor Feierabend angesprochen und darum gebeten, einen kleinen Spaziergang mit ihm zu machen. Er schlug ihm vor, der damals noch im Geheimen agierenden Kommunistischen Partei beizutreten. Dragec war verwirrt und sagte, er müsse sich darüber zuerst mit seinem Chef besprechen und wolle seine Meinung einholen. Als er dann meinen Vater fragte, bekam er zur Antwort, das müsse er ohne seinen Chef, nämlich ganz allein entscheiden. So wurde Dragec, zusammen mit Priselac und Holjevac, in Karlovac eines der ersten Mitglieder der kommunistischen Zelle innerhalb der linken Gewerkschaft SBOTIČ.

Nachdem der Unabhängige Staat Kroatien ausgerufen worden war, kam Dragec weiterhin zu uns nach Hause und half in unserer Buchhandlung aus, solange sie noch in Betrieb war. Nach dem Krieg gab er uns alle wertvolleren Gegenstände zurück, die meine Mutter in seinem Haus deponiert hatte. Nur zwei Schreibmaschinen fehlten, die er in unserer Abwesenheit der Widerstandsbewegung in Karlovac zur Verfügung gestellt hatte, und der Mantel meines Vaters, den er selbst benutzt hatte, als er sich den Partisanen anschloss. Meine Mutter brach in Tränen aus, als sie im November 1942 Dragec im gerade befreiten Slunj in diesem Mantel wiedersah. Ich weiß nicht, ob sie bei diesem Wiedersehen aus Freude weinte oder wegen des Mantels, der sie an meinen abwesenden Vater erinnerte. Mein Bruder Danko war damals Zeuge dieses aufwühlenden Treffens und erinnert sich daran, dass Dragec freudig und verwirrt zugleich war, weil er nicht wusste, wie er unsere Mutter, die Frau seines früheren Arbeitgebers, ansprechen sollte. Sollte er sie wie vor dem Krieg mit »Madame« anreden oder gleich zum Partisanen-Gruß »Genossin« übergehen?

Oder war es doch angebrachter, »Frau Goldstein« oder schlicht »Lea« zu sagen? Meine Mutter bestand darauf, Lea genannt zu werden, was ihm nicht leichtfiel, so dass ihm immer wieder einmal ein »Madame« unterlief.

Der körperlich fragil wirkende Dragec diente bei den Partisanen in der zweiten Reihe. Anfangs war er Polit-Kommissar in einem Krankenhaus in der Region Lika und übernahm dann die Leitung einer Intendantur, die die kämpfenden Truppen mit allen materiellen Gütern außer Waffen versorgte. Nach dem Krieg übernahm er für kurze Zeit die Leitung einer Abteilung im Belgrader Verlag »Jugoslavenska Knjiga«. Da ihm diese leitenden Posten aber alle nicht entsprachen, schickte man ihn zuerst nach Tirana und danach nach Prag, damit er in den dortigen jugoslawischen Landesvertretungen kleine Buchläden gründete. Es zeichnete sich aber bald ab, dass er auch für diese selbständige Arbeit nicht geeignet war, und man versetzte ihn auf eigenen Wunsch wieder zurück nach Zagreb. Ich bin mir sicher, dass die Personalabteilung des Zentralkomitees der Kommunistischen Partei mehr als erstaunt war, dass ein »verdienter Genosse«, wie man damals sagte, der eine lupenreine Biographie aufwies, für eine höhere und selbst für eine untergeordnete Funktion weder den Ehrgeiz noch die nötigen Eigenschaften besaß. Er hatte ein sanftes Gemüt, und es wurde rasch klar, dass es ihm an der notwendigen Härte mangelte. Doch weil er ein »verdienter Genosse« war, musste man irgendeine Arbeit für ihn beschaffen. Schießlich gab man ihm den Posten des Chef-Kontrolleurs beim Import von Büchern, Zeitschriften und Zeitungen, er musste also eine Art Zensur vornehmen. Ich habe keine Ahnung, wie er diese Aufgabe ohne die Kenntnis auch nur einer einzigen Fremdsprache gemeistert hat. Ich glaube nicht, dass er jemals ein guter Zensor war, aber ich weiß, dass er mir immer ein guter Freund war und es bis zum Schluss geblieben ist. In den fünfziger und sechziger Jahren stürmte er manchmal nach Feierabend zu mir ins Haus und warnte mich in konspirativem Ton: »Du musst vorsichtig sein, du hast mal wieder zu viel geredet. Sie lesen deine Post. Und ich denke, sie hören auch dein Telefon ab, sei achtsam und pass auf, was du so alles erzählst.« Als ich heiratete, freundete er sich sofort mit meiner Frau an und später auch mit meinen Söhnen.

Ich denke, er gehörte zu jenen seltenen Menschen, die einfach nicht wissen, wie man unglücklich sein kann. Und selbst sein Tod war erfüllt von Gnade: Er ließ ihn achtundsiebzig Jahre friedlich leben und holte ihn dann schnell zu sich. Nicht einmal mit dem Tod hat Dragec lange gehadert.

Der für uns wichtigste Angestellte unserer Buchhandlung war Miroslav Rubčić, er war Geschäftsführer und von uns allen der leidenschaftlichste Buchhändler. Ich glaube, er hatte keinerlei andere Interessen oder Hobbys und ging nur manchmal in den umliegenden Wäldern auf die Jagd. Er war ein sehr zurückhaltender Mann, hatte wenig Humor, war ungewöhnlich groß, ging ein bisschen gebückt und hatte eine furchtsame Ausstrahlung. Er sprach langsam und ruhig und wurde nie laut. Er blieb manchmal nach Feierabend noch in der Buchhandlung, kümmerte sich um die Abrechnung, sortierte Bücher ein und nahm die wertvollen Pelikan-Füller aus dem Schaufenster, um sie über Nacht in der Kasse einzuschließen.

Zwei, drei Jahre vor dem Krieg heiratete Rubčić die Hilfsverkäuferin Marija Šomek, die im Schuhhaus »Peko« arbeitete. Ihr Bruder Franjo Šomek machte sofort nach der Machtergreifung der Ustasche und der Ausrufung des NDH deutlich, dass er ein aktives Mitglied war. Am 16. Juli 1941 wurde ihm eine hohe Position in der Ustascha-Organisation für die Großgespanschaft Karlovac zugeteilt. Solange uns unsere Buchhandlung noch gehörte, leitete Rubčić sie genauso verantwortungsvoll wie vor dem Krieg und führte alles so aus, wie es meine Mutter wünschte. Trotz seiner familiären Ustascha-Verbindung zeigte er uns gegenüber nicht den Anflug von Illoyalität. Als jedoch im Herbst 1941 niemand von uns mehr in Karlovac war (mein Vater war bereits tot) und es so aussah, als würden wir nie wieder zurückkommen, versuchte Rubčić über seinen Schwager Šomek, an unsere Buchhandlung heranzukommen. Im Frühling 1942 gelang ihm das auch. Die antijüdischen Gesetze, nach denen unser Eigentum in den nationalen Besitz Kroatiens übergegangen war, ermöglichten es ihm, sich als Inhaber einzutragen. Offiziell firmierte das Ganze als ein vor dem Gesetz legal erfolgter Kauf. Rubčić zahlte allerdings einen so niedrigen Preis, dass es eher ein Geschenk war. Im Mai 1942 wurde das Schild »Buchhandlung Reich« durch ein neues ersetzt: »Miroslav Rubčić, Buchhandlung und Papierwaren«. Wer weiß, vielleicht hatte Rubčić lange von so etwas geträumt und konnte dann, als sich ihm die Gelegenheit bot, der Versuchung nicht widerstehen. Aber ich glaube, ihm dürften die Umstände nicht gefallen haben.

In den restlichen drei Kriegsjahren arbeitete Rubčić fleißig und war erfolgreich mit der Buchhandlung. Als er sie übernommen hatte, war sie beinahe leer gewesen, da wir das meiste hatten mitnehmen können. Und was noch übrig geblieben war, war von den Ustasche entwendet worden, die bis zum Herbst 1942 auf den Grundstücken der enteigneten Juden von Karlovac alles plünderten, was ihnen zwischen die Finger kam. Ein Bekannter erzählte mir nach dem Krieg, dass er im Herbst 1941 in Karlovac vor dem Sitz der Ustascha-Regierung Bücher aus unserer Leihbibliothek entdeckt hatte, sie lagen auf einem Haufen, der verbrannt werden sollte. Rubčić ersetzte die Leihbibliothek nicht, es wäre zu teuer gewesen. Aber im Laden stockte er den Bestand an Büchern und Papierwaren regelmäßig auf. Als wir gleich nach der Befreiung zurückkamen, war das Lager in der Buchhandlung zwar kleiner als das von uns hinterlassene, aber immerhin war es größer als das, das Rubčić 1942 nach den Plünderungen übernommen hatte.

Zwei oder drei Tage nachdem meine Mutter, mein Bruder und ich uns wieder in unserer Wohnung niedergelassen hatten, stand ein Offizier der OZNA, der Abteilung für Volksschutz, vor unserer Tür und sagte, Rubčić sei verhaftet worden, weil er im Krieg unsere Buchhandlung beschlagnahmt hatte. »Er sitzt im Gefängnis, behauptet aber, dass alles mit Ihnen abgesprochen war, er sagt, er habe das Ganze nur getan, um Ihre Buchhandlung zu retten, und besteht darauf, Slavko zu sehen, mit dem er im Herbst 1941 darüber gesprochen haben will, als sie sich voneinander verabschiedet haben.« Meine Mutter war einverstanden und der Offizier brachte mich zum Bezirksgefängnis.

Ich trug damals noch immer meine olivfarbene Partisanen-Uniform (wir hatten sie von den Briten bekommen) mit einem Leutnantsabzeichen, und an der Hüfte hing mein Revolver. Rubčić war sichtlich erschrocken. Mit zitternder Stimme erzählte er mir »von damals«. Als der NDH noch nicht die Macht ergriffen hatte, sei es meinem Vater klar gewesen, dass die Deutschen bald gewinnen und Hitler auch bei uns herrschen würde. Angeblich soll mein Vater auch gesagt haben, es sehe ganz danach aus, als werde man, wie in Deutschland und Österreich, die Juden auch hier enteignen. Deshalb bitte er ihn, Rubčić, die Buchhandlung zu retten, die er für die Zeit des Krieges auf ihn überschreiben wolle. Rubčić war sichtlich verängstigt. Er sagte, es tue ihm sehr leid, dass »der Chef« nicht mehr da sei, aber er werde uns weiterhin treu zu Diensten stehen und die Buchhandlung wie bisher leiten, die Buchhandlung sei doch selbstverständlich unser Eigentum. Das habe er niemals angezweifelt. »Ich habe sie nur übernommen, um sie für euch zu retten und sie euch nach dem Krieg wieder zu übergeben.« Dann erzählte er – was genauso unglaubwürdig war –, dass er mir – ausgerechnet mir – all das doch bei unserem letzten Wiedersehen 1941 genau so gesagt habe. »Aber du erinnerst dich nicht mehr daran, du hattest wirklich ganz andere Sorgen, du wusstest ja nicht einmal, ob dein Vater noch lebt – ganz abgesehen davon, dass ihr euer nacktes Leben retten musstet.«

Meine Mutter glaubte Rubčić kein Wort. »Aber«, sagte sie, »wenn Rubčić nicht die Buchhandlung an sich gerissen hätte, hätte es mit Sicherheit ein anderer getan, so ist wenigstens noch ein bisschen von unserem alten Inventar da. Der Teufel soll ihn holen. Ich werde nichts für ihn unterschreiben, aber mach du es, es hat ja keinen Sinn, dass er wegen uns sein Leben verliert.« So sah es meine Mutter. Ich selbst zweifelte ebenfalls an Rubčićs Geschichte und bin mir absolut sicher, dass er in unserem Gespräch im Herbst 1941 die angebliche Abmachung mit meinem Vater nicht erwähnt hat. Dennoch, da ich wusste, dass mein Vater vor dem Krieg Mata Đerek Geld gegeben hatte, damit er »für den Fall der Fälle« noch ein Zimmer für uns anbaute, machte mich all das etwas nachdenklicher als meine Mutter. Vielleicht hatte ja mein Vater doch irgendetwas angedeutet, und Rubčić hatte sich das nicht einfach alles ausgedacht? Jedenfalls habe ich dann mit dem Einverständnis meiner Mutter eine Aussage gemacht, die Rubčić entlastete, und vier Tage später wurde er aus dem Gefängnis entlassen. In Rubčićs Akte sind zwei Stellungnahmen von mir hinterlegt, die ich abgegeben hatte, damit er einen Rentennachweis erhielt und ihm das Recht zu wählen nicht vorenthalten wurde. Der Wortlaut ist folgendermaßen:

»Ich bestätige hiermit, dass Miroslav Rubčić, der Geschäftsführer meines verstorbenen Vaters, gemäß einer mit ihm getroffenen Absprache im Mai 1942 unsere Buchhandlung der Gewerkschaft Hrvatsko Radiše abgekauft hat, um unseren Besitz vor den Plünderungen der Besatzer und ihrer Handlanger zu schützen. Die Absprache gründete darauf, dass der Erwerb nach dem Krieg an den Eigentümer, also meinen Vater, zurückgegeben würde; da mein Vater nicht mehr am Leben ist, geht das Geschäft nun an mich als seinen Nachfolger zurück. Miroslav Rubčić hat mir ordnungsmäß unsere Buchhandlung wieder übergeben.

Tod dem Faschismus, Freiheit dem Volk!
Slavko Goldstein«

Nach einer Entscheidung des Karlovacer Volksbezirksgerichts vom 15.6.1945 erhielten wir unsere Buchhandlung auch offiziell zurück und mussten nun überlegen, was wir damit anfangen wollten. Sowohl meine Mutter als auch ich wussten nur zu gut, dass im neuen Jugoslawien privater Besitz auf Dauer keine Zukunft haben würde. Offiziell gab es seitens der politischen Führung darüber noch keine Beschlüsse, aber es gab ausreichend Hinweise. So konnte man an der typischen gewunden-nebulösen Ausdrucksweise des Politikers und Schriftstellers Edvard Kardelj, die er in seinen Artikeln für die serbische Tageszeitung *Borba* pflegte, genau erkennen, dass auch bei uns unausweichlich alles auf das sowjetische Modell hinauslaufen würde: Industrie und Handel im staatlichen Besitz, Kollektivlandwirtschaft, zentral gesteuerte Macht, Einparteiensystem. Ich muss zugeben, dass ich damals daran nichts auszusetzen hatte. Ich war siebzehn Jahre alt. Ganze vier Jahre war ich nicht in der Schule gewesen. Ich war drei Jahre im Krieg gewesen, hatte ewig kein Buch in der Hand gehalten, war Mitglied im SKOJ und in der Kommunistischen Partei. Kritisches Denken hatte mir mein Vater zwar beigebracht, aber seine Worte waren während des Krieges in den hintersten Winkeln meiner Seele vergraben gewesen. Erst in der »brutalen Wirklichkeit einer neuen Ära« erinnerte ich mich an diese Haltung. Die Erfahrungen im Krieg hatten mein Verhältnis zum Besitz geprägt – er bedeutete mir nichts, ich verstand das kleinmütige Zittern der Leute um ihr Eigentum überhaupt nicht. Von der kommunistischen Ideologie geleitet, der einzigen Weltanschauung, die ich im Krieg kennengelernt hatte, hatte ich sogar einen Widerwillen gegen den Beruf des Kaufmanns entwickelt. Als uns dann nach dem Krieg die neue Bürokratie ständig neue Formulare ausfüllen ließ, war mir immer etwas mulmig zumute, wenn ich in der Sparte »Beruf« »Kaufmann« eintrug. Bald schlug ich meiner Mutter vor, die Buchhandlung dem Staat zu überschreiben, bevor der sie uns wegnehmen würde. Ich dachte, es sei eine Geste der Solidarität dem neuen Staat gegenüber, an den ich immer noch fest glaubte. Er war schließlich aus einer Bewegung entstanden, die im Krieg auf der richtigen Seite gestanden und gegen das barbarische Morden gekämpft hatte. Ich war überzeugt davon, dass der neue Staat diese Bewegung nicht verraten würde.

Meine Mutter hatte den größeren Weitblick. Sie unterstützte mich, als ich die versäumten Schuljahre nachholte, um das Abitur zu machen und mich danach an der Universität einzuschreiben. Damals interessierte ich mich für Philosophie und Literatur, auch für Geschichte. Meine Mutter war einverstanden, obwohl es bedeutete, dass ich kein Buchhändler werden würde. Im Sozialismus würde der Handel aber ohnehin nicht sonderlich attraktiv sein. Und meine Mutter hatte bereits die Leitung eines Heims für Kinder übernommen, die im Krieg ihre Eltern verloren hatten, eine Arbeit, mit der sie an ihre Ausbildung als Sozialarbeiterin anknüpfte und die sie mit Leidenschaft ausübte. Sie war also einverstanden damit, dass wir unsere Buchhandlung dem Staat überschrieben, wollte aber noch etwas warten. Wir mussten mit allem von vorn beginnen, brauchten Kleider, Schuhe und gesundes Essen für meinen Bruder und mich, um die Jahre der Unterernährung auszugleichen. Das aber konnte uns erst einmal nur unser Buchladen ermöglichen.

Wir nahmen daher das Angebot von Rubčić an und stellten ihn wieder als Geschäftsführer ein. Er stürzte sich hingebungsvoll in die Arbeit, und schon nach kurzer Zeit hatten wir den Eindruck, dass wir ihm größere Verantwortung übertragen konnten. Meine Mutter bevollmächtigte mich in ihrem und im Namen meines Bruders, die Geschäfte für uns drei zu führen. In den nächsten fünf Monaten lernte ich tagsüber für meine Prüfungen und genoss es, gänzlich in das normale Leben einzutauchen. Ich erneuerte meine alten Freundschaften und war trunken vor Glück über meine erste Liebe und die Spaziergänge an der Korana. Aber jeden Abend um sieben stand ich in der Buchhandlung, hörte mir Rubčićs Bericht über das Tagesgeschäft an und diskutierte mit ihm etwaige Fragen. Die letzte Entscheidung lag bei mir, und ich denke, dass ich in diesem einige Monate währenden engen Austausch mit Rubčić jede Menge sowohl von unserem routinierten Geschäftsführer als auch von meiner lebensklugen Mutter über das Buchgeschäft gelernt habe.

Als im Herbst der Schulunterricht wieder begann, war Rubčić bestens darauf vorbereitet. Unsere Buchhandlung wurde von den neuen Schülern und Städtern, aber auch von der alten Kundschaft regelrecht gestürmt, und ich denke, dass wir den größten Umsatz von allen Buchhandlungen in Karlovac hatten. Die Buchhandlung ermöglichte uns so die Anschaffung eines neuen Haushalts und die Rückkehr zu einem normalen städtischen Lebensstandard, auch wenn er weit niedriger war als vor dem Krieg. Alles in allem war unsere Lage, angesichts der Umstände in einem vom Krieg zerstörten Land, ganz und gar zufriedenstellend.

Anfang 1946 machte ich mich auf den Weg nach Zagreb zum Verlagshaus »Kultura«, wo unsere Freundin Ružica Bonači-Reiner arbeitete. Ich unterbreitete der Verlagsleitung die Idee, ihnen unsere Buchhandlung zu schenken, und hatte mir auch schon Gedanken über die Bedingungen gemacht. Bis der Transfer vollzogen war, würden wir das Lager nicht weiter aufstocken und die Einnahmen der bis dahin verkauften Waren einbehalten. Ich empfahl ihnen auch gleich, Rubčić als Geschäftsführer zu übernehmen.

Am 31. Januar 1946 kam Kalman Vajs aus Zagreb und sah sich für »Kultura« das Inventar und die Bestände an. Wir unterschrieben den Schenkungsvertrag, und die Übernahme war besiegelt. Rubčić leitete für die einige Monate währende Übergangszeit weiterhin die Buchhandlung, und wenn etwas Wichtiges entschieden werden musste, bezog er mich und Vajs ein. Am 1. August 1946 wurde unser Ladenschild entfernt, auf dem »Inhaber Slavko Goldstein« gestanden hatte, und ein neues angebracht: »KULTURA – Buchhandlung & Papierwaren«. Meine Mutter wollte danach jahrelang nicht mehr durch die Radićeva-Straße gehen, sie hat es nicht ertragen, das neue Ladenschild zu sehen.[5] Ich aber war sehr zufrieden, dass ich beim Ausfüllen der Formulare in der Sparte »Beruf« nicht mehr »Kaufmann« eintragen musste. Ich wurde bald darauf zum Direktor der beiden Kinos »Edison« und »Banija« ernannt, und in meinen offiziellen Papieren stand nun als Berufsbezeichnung »Kulturarbeiter«.

Rubčić blieb Leiter der Buchhandlung, die jetzt als Zweigstelle eines anderen Unternehmens geführt wurde und später den Namen »Naprijed« erhielt: »Vorwärts«. In der Stadtchronik heißt es, die Buchhandlung habe dank Miroslav Rubčić – der auch schon vor dem Krieg bei »Reich-Goldstein« tätig gewesen sei – bestens floriert und sei die beste Buchhandlung in der Stadt geworden. Auf seine stille und hartnäckige Art hatte sich Rubčić schnell einen Platz im politischen Leben der Stadt gesichert. In einer Erklärung, die auf den 16. Dezember 1950 datiert ist und die in seiner Akte liegt, ist zu lesen: »Vom Zeitpunkt der Befreiung unseres Landes bis zum heutigen Tag arbeite ich aktiv am Aufbau der sozialistischen Gesellschaft mit, nehme aktiv teil an allen Organisationen, die der Gemeinschaft zugutekommen, und setze mich für sämtliche Belange der Stadt Karlovac ein. Ich bin Mitglied des Exekutivkomitees für die Stadt Karlovac und bin dieses Jahr zum vorsitzenden Komiteemitglied des Nationalausschusses für die Stadt Karlovac gewählt worden.« Er war also damals Mitglied in der Kommunistischen Partei, was bei mir seit geraumer Zeit nicht mehr der Fall war.

Nach 1947 ging ich nicht mehr so oft nach Karlovac und war auch nur einige Male in der Buchhandlung. Rubčić begrüßte mich stets mit einer merkwürdigen Mischung aus freundlicher Zugewandtheit und kühler Zurückhaltung. Er war sicher besorgt, ich könnte noch einmal auf die Ereignisse von 1941 und 1942 zu sprechen kommen. Er sprach begeistert über die guten Umsätze, beklagte sich aber über das mangelnde Interesse des Publikums an Literatur, das noch geringer war als vor dem Krieg. Rubčić ist 1970 pensioniert worden, und ich habe ihn seither nie wieder gesehen.

10 Der Zorn alter Zeiten

Am 21. und 22. Juni 1941 war meine Mutter mit Jaga in Koprivnica. Sie besuchten an diesem Wochenende meinen Vater im Lager und wollten sehen, ob für ihn vor Ort etwas getan werden konnte. Damit wir nicht volle zwei Tage und über Nacht allein bleiben mussten, lud unser Lehrling Dragec mich und meinen Bruder nach Logorište zu sich nach Hause ein. Das Dorf erstreckte sich am Ufer der Korana, und eine sanft gewundene Schotterstraße führte direkt zu einigen Behausungen, die sich im hinteren Teil des Ortes befanden. Die Familie Starešinić lebte zu fünft in einem kleinen einstöckigen Backsteinhaus auf sehr engem Raum. Seine Mutter brachte uns in der Scheune hinter dem Haus unter, und wir zwei Jungen genossen den herrlichen Heugeruch, der für uns als Stadtkinder ungewohnt war.

Hinter Dragecs Haus lag eine Wiese, die sich bis zum Fluss erstreckte. Die Tage waren sonnig und warm. Wir gingen am grün überwucherten Ufer spazieren, sahen den Männern beim Fischen zu und sprangen in das kühle Wasser der Korana. Dragecs Mutter bot uns fortwährend etwas zu essen an und brachte uns, wie sie sagte, »die gesündeste Frischmilch, noch ganz warm vom Melken«. Sie war besonders liebevoll und warmherzig zu meinem Bruder Danko. Sie war eine von vielen Geburten gezeichnete ältere Frau, die nach Jahren des schweren bäuerliches Lebens ein bisschen gebeugt ging und zehn Jahre älter aussah, als sie war.

Wenn ich mir heute den Wortlaut der antijüdischen Gesetze vor Augen führe, bin ich der Familie Starešinić besonders dankbar. Als sie später einige unserer Sachen bei sich unterstellten, wussten sie genau, dass sie sich damit selbst gefährdeten. Aber darüber verloren sie kein einziges Wort. Die Gesetze vom 5. Juni 1941 verlangten, dass man »Personen der jüdischen Rasse« nicht bei sich unterbringen durfte, ihr Eigentum melden musste und nichts davon in Verwahrung nehmen durfte. Bei Verstößen waren hohe Strafen vorgesehen. Nach dem Krieg versuchte ich manchmal, mit Dragec darüber zu reden, aber er ging nicht darauf ein. Erst viel später, im Sommer 1987, als er mir und meiner Familie bei einem Umzug half, erzählte er mir eine eigenartige Geschichte über seine Mutter.

Als meine Eltern 1929 unserem Lehrling Dragec anboten, mittags bei ihnen zu essen, freute sich seine Mutter zuerst darüber. Ihr spindeldürrer Sohn musste nun nicht mehr in seiner Mittagspause die vielen Kilometer zu Fuß gehen, um zu Hause zu essen. Doch eines Tages erzählte Dragec seiner Mutter, »seine liebe Chefin« sei schwanger und werde bald ein Kind zur Welt bringen. Dragecs Mutter war wie vom Schlag getroffen. »Mein Junge, da darfst du nicht mehr hingehen«, sagte sie weinend zu ihm. »Ich bete zu Gott und flehe dich an, gehe da nicht mehr hin.« Sie war überzeugt, dass eine Jüdin, wolle sie ein gesundes Kind zur Welt bringen, vorher unschuldiges christliches Blut trinken müsse. Sie erzählte ihrem Sohn, sie habe als kleines Kind einmal gehört, dass irgendwo in Ungarn Juden einem katholischen Mädchen die Kehle durchgeschnitten hätten, damit eine Schwangere ihr frisches Blut habe trinken können. Die Geschichte sei damals um die ganze Welt gegangen. »Vielleicht schneiden sie den Kindern heute nicht mehr die Kehlen durch«, sagte sie, »aber sie tun ihnen vielleicht irgendetwas ins Essen. Also bitte geh' da nicht mehr hin, bis ›deine liebe Chefin‹ das Kind zur Welt gebracht hat. Selbst wenn es nur ein Tropfen christliches Blut ist, sie müssen es einfach trinken, um die Schuld zu begleichen, die sie seit Jesu' Kreuzigung in sich tragen, denn sie haben ihn ja verbluten lassen – so haben sie ihn doch getötet.«

Als Dragec diese Geschichte hörte, war er siebzehn Jahre alt und seit drei Jahren in unserer Buchhandlung beschäftigt. Er war mit dieser Arbeit und mit den Büchern erwachsen geworden und glaubte seiner Mutter natürlich kein Wort, aber er wusste auch nicht, wie er sie vom Gegenteil überzeugen konnte. Seine Mutter ging zum Dorfpfarrer, um sich bei ihm Rat zu holen. Er erklärte ihr, so etwas sei nur in alten Zeiten passiert und nur in Ausnahmefällen. Die Juden seien tatsächlich einmal für das Trinken christlichen Blutes juristisch belangt worden, doch in jüngerer Zeit habe es solche Vorfälle nicht mehr gegeben. Dennoch müsse man Vorsicht walten lassen. »Der Teufel schläft nie«, sagte er und ergänzte: »Vielleicht reicht den heutigen Juden ja nur ein winziger Tropfen Blut aus irgendeiner offenen Wunde? Vielleicht denken sie wirklich, dass sie sich auf diese Weise von ihren Sünden reinwaschen können?«

Dragec musste seiner Mutter versprechen, sehr achtsam zu sein, wenn er mit meinen Eltern zu Mittag aß. Seine Mutter aber war überglücklich, dass ihr Sohn Dragec noch immer am Leben war, als am 16. April 1932 meine Mutter einen gesunden Jungen zur Welt brachte, der Daniel-Danko hieß. Später wurden wir von Dragecs Mutter öfter eingeladen, und wie sie es auch im Juni 1941 tun sollte, bewirtete sie uns mit Frischmilch und selbstgemachtem Käse. Das war ihre Art, nach diesen hässlichen Verdächtigungen wegen der Sünde, die sie damit begangen hatte, Abbitte zu leisten.

Als ich mich an das Schreiben dieses Buches machte, beschloss ich, die merkwürdige Erzählung von Dragecs Mutter gründlich zu recherchieren. 1882, als Dragecs Mutter noch ein Kind war, verschwand tatsächlich in der südungarischen Gemeinde Tiszaeszlár kurz vor dem jüdischen Pessach-Fest das vierzehnjährige christliche Bauernmädchen Eszter Solymossi. Sofort gab es Gerüchte und bald die Behauptung, die Juden hätten sie hinterhältig in die Synagoge gelockt und ihr dort die Kehle durchgeschnitten, um ihr Blut in den ungesäuerten Teig zu mischen, aus dem das Brot zu Pessach gemacht wird. Hierbei handelt es sich um eine Abwandlung der klassischen Ritualmordanklagen, die seit Beginn des 12. Jahrhunderts zu Massenvertreibungen und Ermordungen unzähliger Mitglieder jüdischer Gemeinden führten und die sich in Europa bis in das 17. Jahrhundert hinein finden lassen. Tiszaeszlár war 1882 ein kleiner Ort mit 2700 Einwohnern, in dem auch 27 jüdische Familien lebten. Die Gerüchte, dass Juden das verschwundene Mädchen in einem Ritualmord umgebracht hätten, wurden öffentlich vom Gemeindebürgermeister und vom Dorfpfarrer gestützt. Das reichte dem Bezirksgericht im Nachbarort, um fünfzehn Juden als potentielle Verdächtige zu verhaften. Der Prozess dauerte über ein Jahr. Er rief vehemente polemische Reaktionen im Budapester Parlament hervor und spaltete die Öffentlichkeit in den Ländern der Habsburgermonarchie in Liberale und Antisemiten. In ganz Europa hallte das Ereignis nach. Gegen die anbrandende antisemitische Welle erhob in Frankreich noch einmal der große Dichter und Nationaltribun Victor Hugo seine Stimme. Es kam zu pogromartigen Überfällen in mehreren Regionen Ungarns, zu Vandalismus gegen jüdisches Eigentum und auch zu Morden an Juden. Damals war der führende antisemitische Kopf in Ungarn Göyzö Istóczy, der eine Partei gründete, deren Programm die erzwungene Umsiedlung der Juden nach Palästina vorsah. Selbst nach dem Freispruch aller fünfzehn Verdächtigen durch das Bezirksgericht, der im Mai 1884 durch das Oberste Gericht in Budapest bestätigt wurde, errang Istóczys antisemitische Partei siebzehn Sitze im Parlament. Die Hetzjagd nahm selbst dann kein Ende, als längst erwiesen war, dass sich das Mädchen, dem die Juden angeblich die Kehle durchgeschnitten hatten, im Fluss Tisza ertränkt hatte.

Unabhängig von diesem Prozess brachen 1883 in vielen Teilen Kroatiens Unruhen aus, weil an offiziellen kroatischen Gebäuden zweisprachige Wappen (kroatisch und ungarisch) angebracht worden waren. Angestachelt durch die antisemitische Welle in Ungarn und unter dem Eindruck des Prozesses, riefen immer wieder vereinzelte Stimmen bei antiungarischen Demonstrationen »Juden raus!« – weil sie Christusmörder seien, Kindsmörder, Bluttrinker, Wucherer und proungarische Gewerkschafter. Auch in Zagreb hörte man immer wieder neben den ursprünglichen antiungarischen Slogans Rufe wie »Wir wollen uns die Juden vorknöpfen!«, die Schaufenster jüdischer Geschäfte wurden eingeschlagen, Weinkeller und andere Einzelhandelsgeschäfte geplündert.

Die kroatische Intelligenz, die politischen Führer und die meisten Zeitungen stellten sich gegen diese Welle des Antisemitismus. Am 9. August 1883 schrieb die damals einflussreichste Wochenzeitung *Pozor (Achtung):* »Zu allen anderen Übeln, mit denen wir es gerade zu tun haben, tritt nun auch noch der Antisemitismus auf die Bühne – etwas, das im freien Kroatien nie eine Rolle gespielt hat und wovon man hier nie etwas wissen wollte. (…) Selbst wenn die freigesprochenen Juden Mörder gewesen wären, was sie aber nicht sind, dürfte man nicht die Schuld auf alle Juden abwälzen.« Und am 7. und 14. September berichtete *Pozor*: »Es gibt Leute, die um jeden Preis Antisemitismus provozieren wollen. Deshalb sollte sich jeder vor den Anstachelungen schützen, die aus Ungarn an uns herangetragen werden, um die Leute gegen die Juden aufzubringen und unsere armen Menschen in Verbrecher zu verwandeln, in die gleichen, die es auch in Ungarn gibt.« Am 25. Juni 1883 nannte die *Narodne novine (Volkszeitung)* die Anklage des Ritualmords »eine mittelalterliche Kaltstellung der Juden« und einen »Akt nackter Gewalt«. Zur Zeit des Prozesses in Ungarn äußerte sich lediglich die Zeitung der Kroatischen Partei des Rechts antisemitisch: »Die Juden sind an diesem Verbrechen schuld, und wenn man es ihnen nachweisen könnte, würde das den Christen das Recht geben, alle Juden aus ihren Ländern zu vertreiben. Jeder weiß doch, dass die Juden alle bestechen. (…) Solange die Juden derart gierig die Christen ausnutzen und die Christen selbst keinen gesetzlichen Schutz genießen, wird es keinen Frieden zwischen ihnen geben.« Als dann Ende August der Freispruch für Richtigstellungen sorgte und es klar war, dass die ganze Sache von langer Hand geplant und eine forcierte Attacke auf die Politik der Liberalen gewesen war, wurden Artikel wie diese nicht mehr publiziert. Aber einige Politiker aus der Kroatischen Partei des Rechts kultivierten weiterhin ihren aggressiven Antisemitismus. Am vehementesten agitierte Grga Tuškan, der Ende des 19., Anfang des 20. Jahrhunderts zum exponiertesten Vertreter des kroatischen Antisemitismus wurde.

Damals war Karlovac noch nicht Hauptverwaltungssitz, sondern aufgeteilt in vier Bezirke. Bei den Wahlen im April 1883 stellte die Kroatische Partei des Rechts Grga Tuškan als ihren Kandidaten auf. Sein Verhältnis zu den Juden hat er am besten selbst zusammengefasst: »Ich habe es schon oft gesagt – zuallererst müssen wir den Schuldigen finden, der uns die ganze Situation eingebrockt hat. (…) Und wer ist dieser Schuldige? Wenn früher in Frankreich – und immer häufiger ist das auch bei uns so – etwas Unangenehmes passiert ist, hat man stets darauf geantwortet: ›Cherchez la femme!‹ An allem Übel und der Not, in der wir uns befinden, sind andere schuld. Fort mit dem ›Cherchez la femme!‹ – bei uns muss das heißen ›Cherchez les Juifs!‹ ›Sucht die Juden!‹«

In dem Bezirk, in dem Tuškan sein antisemitisches Gift versprühte, lag 1883 auch das Dorf Logorište. Dragecs Mutter war zu diesem Zeitpunkt zwar noch ein Baby, doch sie muss in ihrer Kindheit die Geschichte vom Ritualmord in Ungarn immer wieder gehört und sie sich gemerkt haben. Die Ängste, die Dragecs Mutter um ihren Sohn ausstand, zeigen, dass die in ihrer Kindheit gehörten Geschichten nicht vergessen waren. Und ich frage mich, wie viele solcher unheilvoller Geschichten 1941 noch in den Köpfen der Menschen schlummerten. Auf welche Weise bestimmten diese Geschichten den Verlauf dieses leiderfüllten Jahres? Und welche Geschichten haben ab einem bestimmten Punkt die Leiden und das Geschick all der anderen Jahre mitgeprägt, wie etwa 1945, 1991 und 1995?

Nach der wohligen Nacht im Heuschober saßen am 22. Juni, einem Sonntagmorgen, Danko, Dragec und ich auf einer kleinen Bank hinter dem Haus der Familie Starešivić und tranken die noch warme, frisch gemolkene Milch. Die Sonne stand schon weit im Südosten und ergoss ihr Licht über die Berge von Slunj. Über der Wiese verdunstete der schimmernde Tau, und durch das Flimmern, das er hinterließ, strömte die Morgenkühle vom Fluss zu uns herüber. In unsere stille Berauschtheit platzte plötzlich Veco Holjevac, er strahlte über beide Wangen und rief uns freudig zu: »Russland ist im Krieg! Jetzt wird alles gut! Russland kämpft gegen Deutschland! Jetzt kann Hitler aber was erleben! Die Rote Armee wird ihm zeigen, wo's langgeht!« Später habe ich sehr oft dieses besondere Strahlen von Veco gesehen. Es hat wohl damals weit und breit keinen anderen Partisanen-Anführer gegeben, der bei der Nachricht vom Überfall Nazideutschlands auf Russland derart gestrahlt hat wie Veco an jenem Morgen. Dragec und er fielen sich in die Arme und schubsten sich freudig herum. Dann übergab Veco Dragec ein kleines Bündel, wahrscheinlich Flugblätter. Vielleicht sah er sich im Geiste schon der Roten Armee entgegeneilen und einen Bericht übergeben. Sogar mein neunjähriger Bruder Danko rief: »Die Russen kommen!« Wir sagten ihm, dass das noch niemand wissen dürfe und er keinem etwas erzählen solle, weil es noch zu gefährlich sei. So waren die Zeiten damals. Sogar ein Kind in seinem Alter verstand sofort, vor wem es sich fürchten musste und wem es vertrauen durfte.

Damals habe ich vielleicht nicht vollständig begriffen, aber doch gespürt, dass über mein Schicksal und das meiner Familie nicht mehr wir selbst entschieden. Mozhaysk, Vyazma, Bryansk, Sidi Barrani, Marsa Matruh oder Tobruk, das waren weit entfernte Orte, die wir nicht kannten und von denen wir noch nie vorher gehört hatten, aber dort wurden Entscheidungen gefällt, die unser Leben grundlegend betrafen. Deshalb blieb ich jeden Tag angstvoll vor Matakovićs Kaffeehaus stehen, wo an der Wand eine riesige Landkarte von der Ukraine, von Weißrussland und Russland hing, auf der »Ostfront« stand. Auf dieser Karte waren in den letzten Junitagen in Windeseile deutsche Fähnchen angebracht worden, die Richtung Osten eine immer länger werdende Spur aus Punkten hinterließen, an denen die Städtenamen Lvov, Vilnius, Kovno, Białystok, Riga und Minsk standen. Jedes Mal wenn jemand auf dieser Landkarte ein Hakenkreuz Richtung Moskau einzeichnete, spürte ich einen stechenden Schmerz in der Brust. Einmal, als ich wieder vor dieser Karte stand, flüsterte mir jemand »Propaganda!« ins Ohr. Doch ich konnte kaum glauben, dass das flinke Vorankommen der Fähnchen Richtung Osten wirklich nur Propaganda war.

Nur Jaga war durch nichts zu erschüttern. Jemand hatte ihr von Napoleon erzählt, dass auch er ziemlich schnell bis Moskau gekommen war und die Stadt eingenommen hatte, aber dann seinen Rückzug im bitterkalten russischen Winter antreten musste – und nicht mehr innehielt, bis er in Paris war. »Ihr werdet schon sehen«, sagte Jaga, »genau so wird es wieder kommen.« Und für einen Moment gelang es ihr, mich zu überzeugen.

IV JADOVNO

11 »Jetzt sind wir alle Geiseln«

Bereits am 10. April 1941 hatten meine Eltern das drohende Unheil genau gespürt. In den Tageszeitungen und auf unübersehbaren riesigen Plakaten informierte das Innenministerium des Unabhängigen Staates Kroatien die Öffentlichkeit darüber, dass Geschworene eines außerordentlichen Standgerichts wegen des Mordes an einem Polizisten zehn »Täter im Geiste« zum Tode verurteilt hatten. Heute wissen wir, dass dies nicht die erste Hinrichtung von Häftlingen im faschistischen Kroatien war (bereits am 10. April 1941 hatte man zwanzig Männer in der Herzegowina erschossen). Aber es war das erste Mal, dass ein solcher erschreckender Vorfall publik gemacht wurde. Unter den Hingerichteten befanden sich einige bekannte kroatische und jugoslawische Intellektuelle. Hier die Verlautbarung vom 10. Juli:

> »Am 2. Juli 1941 wurde der entstellte Körper des römisch-katholischen und in Gračac geborenen Polizisten Ljudevit Tiljak aus einer Grube im Wald von Petruševac neben der Radnička-Straße gezogen. Die vorgenommene Untersuchung ergab, dass dieses Verbrechen von kommunistischen Agitatoren verübt wurde.
>
> Als Täter im Geiste sind folgende Personen ausfindig gemacht worden:
>
> Dr. Božidar Adžija, 50 Jahre alt, römisch-katholisch, geboren in Drniš, Bezirk Knin
>
> Ognjen Prica, Lehrer, 41 Jahre alt, serbisch-orthodox, geboren in Ilidža, Bezirk Sarajevo
>
> Dr. Ivo Kuhn, Rechtsanwalt, 38 Jahre alt, Jude, geboren in Slavonski Brod

Zvonimir Richtman, Ingenieur und Lehrer, 39 Jahre alt, Jude, geboren in Zagreb

Ivan Korski, Ingenieur, 32 Jahre alt, Jude, geboren in Hrastovac, Bezirk Garešnica

Viktor Rosenzweig, Doktorand der Agronomischen Fakultät, 27 Jahre alt, Jude, geboren in Ruma

Alfred Bergman, Büroarbeiter, 39 Jahre alt, Jude, geboren in Visoki

Sigismund Kraus, Bankangestellter, 31 Jahre alt, Jude, geboren in Sarajevo

Otokar Keršovani, Journalist, 39 Jahre alt, Altkatholik, geboren in Triest

Simo Crnogorac, Hausmaler, 40 Jahre alt, serbisch-orthodox, geboren in Polača, Bezirk Knin

Die Geschworenen des außerordentlichen Standgerichts verurteilten alle zehn Männer zum Tode.

Die Hinrichtung ist durch Erschießen an neun der Genannten erfolgt.«

Mein Vater war eng mit Alfred Bergman befreundet, Zvonimir Richtman und Dr. Ivo Kuhn waren gute Bekannte von ihm. Vielleicht kannte er auch andere Männer, die auf der Liste standen. Als meine Mutter das Plakat und die Verlautbarung in der Zeitung sah, muss ihr sofort durch den Kopf geschossen sein, was sie seit Wochen immer im Stillen befürchtet hatte – dass das Allerschlimste nun auch uns bevorstand. Nach dem Überfall Nazideutschlands auf Russland am 22. Juni 1941 nahm der Ustascha-Terror noch drastischere Ausmaße an als bisher und spitzte sich in vielfacher Weise zu. Jetzt wurden vor allem Kommunisten und allgemein Linke ins Visier genommen, besonders Intellektuelle und Leute, die in ihren Fachgebieten einen gewissen Einfluss ausübten. Die Liste der zehn zum Tode verurteilten Männer zeigt deutlich, dass inzwischen auch rassistische Aspekte eine wichtige Rolle spielten – Juden wurden in zunehmend stärkerem Ausmaß verfolgt.

Sollte mein Vater am 10. Juli im Lager Danica eine Zeitung zu Gesicht bekommen haben, hat er vielleicht bei sich gedacht, dass man es in einem Lager in diesen Zeiten noch gut getroffen hatte, jedenfalls besser dran war als jene »Täter im Geiste«. Weder sein Freund Fredi Bergman noch Zvonimir Richtman wussten, wer der Polizist Ljudevit Tiljak war, dessentwegen sie zum Tode verurteilt worden waren.

Tiljak war Kommunist gewesen, hatte aber schon einige Jahre vor dem Krieg »die Seiten gewechselt«. Als der Unabhängige Staat Kroatien ausgerufen wurde, wurde er in den Ustascha-Polizeidienst übernommen. Er kannte viele Mitglieder und Aktivisten der Kommunistischen Partei, für die er zu einer großen Gefahr wurde, als nach dem 22. Juni die Polizeirazzien auch auf die Kommunisten ausgeweitet wurden. Zahlreiche Kommunisten wurden verhaftet, weshalb von der Partei Tiljaks Liquidierung angeordnet wurde. Er wurde in eine Wohnung in Zagreb gelockt, wo eine Gruppe von Aktivisten auf ihn wartete. Sie nahmen Tiljak die Waffen ab und verhörten und folterten ihn. Danach brachten sie ihn um und warfen ihn am darauffolgenden Abend in eine Grube im Wald von Petruševac.

Mein Vater und Alfred (Fredi) Bergman waren seit ihrer Wiener Studienzeit in den zwanziger Jahren eng miteinander befreundet. Ihre politischen Ideen, die damals noch Ideale hießen, unterschieden sich allerdings sehr voneinander. Mein Vater war überzeugter Zionist, sein Freund war Mitglied der Kommunistischen Partei. Er entschied sich für ein Leben als »Parteisoldat der Revolution«, und seine gefährlichen Aufträge führten ihn quer durch ganz Europa. Im Wiener Exilzentrum der illegalen Kommunistischen Partei Jugoslawiens (KPJ) ließ Fredi Parteimaterialien drucken und schmuggelte sie persönlich nach Jugoslawien. Er koordinierte den Aufbau geheimer kommunistischer Zellen in Sarajevo und Mostar und saß drei Jahre im Gefängnis. Laut Protokoll des Zentralkomitees benutzte er im Herbst 1934 das Pseudonym »Lenz« und wurde beauftragt, zusammen mit Tito und anderen Kommunisten im ganzen Land Konferenzen zur Vorbereitung des Fünften Kongresses der Komintern in Moskau zu organisieren. Zwischen diesen beiden großen Parteieinsätzen heiratete er Braina Fos, eine aus Lettland emigrierte Kommunistin, die ein Medizinstudium in

Berlin absolviert hatte und dort in die KP aufgenommen worden war. Sie flüchtete 1933 aus Deutschland nach Wien, wo sie sich ganz der Partei verschrieb. Fredi und sie waren »verwandte Seelen« und liebten einander sehr, zerrieben sich aber förmlich zwischen den Aufgaben, die ihnen von der Partei auferlegt wurden. Ich weiß nicht, ob sie es geschafft haben, jemals einen Monat am Stück miteinander zu verbringen. Sie führten eine typische Ehe zweier Aktivisten in der Illegalität, deren trauriges Ende absehbar war.

Fredi war 1935 und 1936 an der Internationalen Lenin-Schule in Moskau und nahm danach am Spanischen Bürgerkrieg teil. Zur gleichen Zeit war Braina unter dem Namen »Marlene« im Einsatz. Getarnt als Touristin, war sie mit einem gefälschten österreichischen Pass auf der Route Wien – Jugoslawien – Wien unterwegs, bis sie im März 1937 verhaftet wurde. Im Belgrader Gefängnis Glavnjača setzte man ihr brutal zu, da man ihr aber nichts anderes als einen gefälschten Pass nachweisen konnte, blieb sie nur sechs Monate in Haft. Sie ging nach Spanien, wo sie kurz wieder mit Fredi zusammen war. Da sie Ärztin war, setzte man sie als Sanitäterin in der Republikanischen Armee ein. Fredi kam mit der 15. Interbrigade an die Front. Nach dem Fall der Republik im Frühling 1939 wurden sie für immer voneinander getrennt: Braina wurde als unabkömmlicher »lettischer Kader« nach Moskau abberufen, Fredi kam nach Südfrankreich in ein Flüchtlingslager. Auf Anordnung der Partei musste er 1940 nach Jugoslawien zurückkehren, um dort wieder eine legale Identität anzunehmen. Die kroatische Polizei verhaftete ihn bei seiner Einreise und übergab ihn den Ustascha-Führern. Er wurde schließlich in Dotrščina hingerichtet. Braina Fos starb 1973 in Riga (das damals noch sowjetisch war).

Meine Mutter hat mir erzählt, dass sie Fredi während des Krieges in Paris noch einmal gesehen hat, als sie Hilfsgüter für die Internationale Brigade in Spanien überbringen musste und Fredi in der Pariser Zentrale einer der wichtigsten Organisatoren für die Umverteilung war

Als meine Mutter schließlich Fredis Namen auf der Hinrichtungsliste sah, schoss ihr ein Satz auf Deutsch durch den Kopf: »Jetzt sind wir alle Geiseln!«

Ivo Kuhn hatte ein markantes Profil, dickes, gelocktes rotbraunes Haar, auf seinem roten Motorrad saß hinten immer eine seiner Freundinnen, er war in den Straßen von Karlovac omnipräsent und trug meist Knickerbocker, die damals sehr modern waren. In den Augen unserer Jaga war Kuhn der Prototyp eines Schürzenjägers. Mitte der dreißiger Jahre war er Anwaltsanwärter in der Kanzlei von Vaters guten Freunden Dr. Vatroslav und Filip Reiner. In einigen Büchern über den Kommunismus habe ich gelesen, dass Kuhn schon in jungen Jahren Kommunist war. Um seiner Karriere nicht zu schaden, war er jedoch nie offiziell für den politischen Apparat tätig geworden. Doch er bewegte sich weiterhin in den Kreisen der politischen Linken. Als er dann in den Jahren vor dem Krieg seine eigene Kanzlei eröffnete, kämpfte er vor Gericht für politische Angeklagte. Am 30. April wurde er mit einer Gruppe von 79 jüdischen Zagreber Rechtsanwälten verhaftet und nach Kerestinec gebracht. Am 7. Mai wurden nahezu alle aus dieser Gruppe wieder nach Hause geschickt – was dem Einsatz der Anwaltskammer und der Zahlungsbereitschaft der Jüdischen Gemeinde in Zagreb zu verdanken war. Ivo Kuhn gehörte nicht zu ihnen und wurde später als einer der zehn »Täter im Geiste« hingerichtet.[1]

Zvonimir Richtman war ein stattlicher Mann von unstillbarer Neugier, zudem gebildet, redegewandt und geistreich. Während seiner Studienzeit in Wien war er begeistert von Einsteins Relativitätstheorie und verfolgte alles über Max Plancks Entdeckung der Quantentheorie. In Zagreb schrieb er als Erster über Einstein. Etwas später war er sehr von der Psychoanalyse angetan und schrieb 1937 die erste Monographie in Jugoslawien über Sigmund Freud. Richtman versuchte, die marxistische materialistische Philosophie auf die Forschungen der modernen Wissenschaft anzuwenden, und prägte den Begriff »wissenschaftliche Philosophie«. Für orthodoxe Marxisten, die sich strikt am dialektischen Materialismus orientierten, grenzte das an Blasphemie.

Für die darauffolgende Kampagne gegen Zvonimir Richtman war Ognjen Prica verantwortlich. Seine Polemik prägte im Konflikt innerhalb der Linken eine frühe Phase (1933–1938), in der die Frage nach dem Verhältnis von Wissenschaft und Philosophie zentral war. Prica sah in Richtman einen »Idealisten«, »Fideisten« und »Revisionisten«, »ein ungesundes verdächtiges Element«, ein »Geschwür«, das »entfernt« werden musste. Richtman erwiderte, Prica sei ein »doktrinärer« Mensch »mit dem Geist eines typischen Dogmatikers«, der in »leeren Phrasen« spricht und »nicht in der Lage ist, in logischen Zusammenhängen zu denken«. Nach diesen heftigen Auseinandersetzungen saßen beide Männer nun Schulter an Schulter in einem Gefängnis und warteten gemeinsam auf ihre Hinrichtung. Ich habe mich immer gefragt, ob sie sich dort miteinander versöhnt haben und ob es ihnen möglich war, im letzten Augenblick ihres Lebens einander die Hand zu reichen.

Am 5. Juni 1941 fuhr ein kleiner Polizei-Lkw auf dem Hinterhof des Gefängnisses vor. Der Kommandant der Einheit und zwei Gefängniswärter eilten in die Haupthalle und riefen sieben Namen, darunter die von Ivo Kuhn und Prica: »Los, raus hier, nehmt alle eure Sachen mit!«

Man brachte die Männer ohne irgendeine Erklärung an einen unbekannten Ort. Am nächsten Morgen war der grüne Polizei-Lkw wieder da und brachte Krndelj nach Kerestinec zurück. An seiner Stelle musste Viktor Rosenzweig mitkommen, danach wurde Sigismund Kraus abgeholt, und dann nahm man auch Richtman und Ivan Korski mit. Dieses merkwürdige Hin und Her zeigt, dass Dido Kvaternik immerhin ein paar Tage gebraucht hat, um mit der Ustascha-Führung und höchstwahrscheinlich persönlich mit Pavelić die Liste der zehn Geiseln abzugleichen, die hingerichtet werden sollten.

Grgo Gamulin war vielleicht der letzte der Freunde, die im Gefängnis in Zagreb mit Zvonimir Richtman und Ivan Korski gesprochen haben. Er beobachtete durch die Gitterstäbe seiner Zelle, wie die beiden in Begleitung von zwei Wärtern über den Flur gingen.

»Wo geht ihr denn hin?«, fragte Gamulin sie.

»Na, zu unserer Exekution«, antwortete ihm Korski. Und fügte an: »Grüß meine Kinder von mir.«

Richtman lächelte, als er sagte: »Und grüß von mir alle unsere Freunde.«

Fünf Minuten später sah Gamulin, wie man sie in einen Polizei-Lastwagen schob, der sie zur Hinrichtung fuhr.

Noch viele Jahre nach dem Krieg hieß es überall, von den zehn hingerichteten Geiseln seien Božidar Adžija, Otokar Keršovani und Ognjnen Prica die ersten kommunistischen Opfer im Unabhängigen Staat Kroatien gewesen. Die anderen sieben Namen wurden nicht genannt. Das war eine schmerzliche Erfahrung. Auch 1948 auf dem ersten Nachkriegskongress der Kommunistischen Partei Jugoslawiens nannte man nur diese drei Männer, während Richtman weiterhin als »Revisionist« galt. In jüdischen Kreisen erzählte man sich, dass dabei auch antisemitische Aspekte eine Rolle gespielt haben müssen – es wurden immerhin sechs Juden hingerichtet, doch die Opfer, die später in Jugoslawien genannt wurden, waren zwei Kroaten und ein Serbe. Ich selbst gehe aber davon aus, dass es nicht nur antisemitische Gründe dafür gab, Antisemitismus gab es weder bei Tito noch in der KP-Führungsebene, auch nicht in der Zeit, als die diplomatischen Beziehungen zu Israel abgebrochen wurden. Heldenglanz erlangte nur, wer totale Ergebenheit gegenüber der Linie der Partei und ihrer Führung bewies. Richtman kam nicht in Frage, weil er über Jahre die politische Ausrichtung der Partei kritisiert hatte. Auch die übrigen galten als Abtrünnige oder Querulanten, nur Adžija, Prica und Keršovani konnten Parteikarrieren vorweisen, die nach den Kriterien der Kommunistischen Partei makellos waren. Die Ungerechtigkeit dieser falsch aufgeteilten Pietät begann man erst in den siebziger und achtziger Jahren zu korrigieren. Die Bücher von Autoren, die ich hier bereits erwähnt habe (Lasić, Kovačević, Komorica), haben damals, zusammen mit einigen jüdischen Publikationen, den Anfang in diesem Bewusstseinswandel gemacht.

Mein Vater war nie KP-Mitglied, aber er hatte einige Freunde unter den Kommunisten und setzte sich auch manchmal für ihre Aktionen ein, beispielsweise unterstützte er die Internationalen Brigaden in Spanien. Es wäre schwer gewesen, ihn wie jene zehn Männer zu den kommunistischen Agitatoren zu zählen, die als »Täter im Geiste« ausgemacht worden waren. Andererseits war diese Formulierung so absurd, dass sie letzten Endes auf jeden hätte passen können. Meine Mutter und mein Vater wussten am 10. April 1941 nur zu gut, dass die nebulösen Kriterien, die zur Hinrichtung der zehn Männer geführt hatten, auch auf Ivo Goldstein hätten angewendet werden können – er war ein Linker, und er war Jude, er kannte viele Kommunisten und war mit einigen, die auf der Liste standen, befreundet. Seine Buchhandlung war der Sammelplatz der lokalen linken Intelligenz. Außerdem hatte er in seinem Sortiment immer auch antifaschistische Literatur und nahm damit Einfluss auf die Menschen in seiner Umgebung. Auch meine Mutter hätte diese Kriterien erfüllt. Nur zu gut war ihr noch gegenwärtig, was sie am 10. April 1941 zu uns gesagt hatte: »Jetzt sind wir alle Geiseln!«

12 Auf dem Weg nach Jadovno

Am Samstag, dem 12. Juli 1941, erschien dieser kurze Artikel in der *Hrvatska sloboda*:

> »Wer von uns kennt nicht Prof. Ružica Reiner, geborene Bonači? Wir denken, dass sie jedem in unserer Stadt bekannt ist. Sie ist klar ›national verortbar‹ und mit einem ›jugoslawischen Geist‹ ausgestattet und, wie man allenthalben hört, rot bis auf die Knochen.
>
> Sollte aber jemand nicht sofort wissen, um wen es sich bei dieser Frau handelt, möchten wir bekanntmachen, dass sie in der Regel in der Gesellschaft folgender Personen anzutreffen war, also mit Menschen verkehrte, die uns vor allem durch ihren Anti-Kroatismus bekannt geworden sind: Prof. Marica Marinković, Dr. Vera Šarić, Prof. Lazo Avramović, Milan Radeka und die Ehefrau des Buchhändlers Goldstein.
>
> Allenthalben haben diese Leute gemeinsam die Fahne der ›Gleichheit‹, ›Brüderlichkeit‹ und ›Freiheit‹ in die Höhe geschwenkt! Jetzt ist damit Schluss! Lassen wir sie in alle Ewigkeit ›in Frieden ruhen‹.«

Wenn man in der *Hrvatska sloboda* auf diese Weise erwähnt wurde, war das mit der Ankündigung einer Verhaftung oder eines Abtransports in ein Lager gleichzusetzen. Heute begreife ich, in welcher zermürbenden Lage sich meine Mutter damals befunden hat. Sie war kein Mensch, der sich etwas vormachte, sie muss genau gewusst haben, in welcher Gefahr sie sich befand. Da sie sehr tatkräftig und energisch war, versuchte sie stets, konkret zu handeln und das Geschehen zu beeinflussen, so dass die befürchteten Dinge nicht eintraten. Dieses Mal fand sie sich aber in einer Situation wieder, in der sie vollkommen hilflos war. Was konnte sie gegen diese Drohung tun, die in Tausenden von Zeitungsexemplaren abgedruckt worden war? Sich irgendwo zu verstecken oder ihre Kinder alleinzulassen, das kam für sie nicht in Frage. Und überhaupt: Wohin hätte sie mit uns Kindern flüchten können? Eine Flucht, ob mit oder ohne uns, hätte bedeutet, die Verbindung zu meinem Vater im Lager Danica vollständig abbrechen zu lassen. Damit hätte sie ihm den letzten Rest Hoffnung genommen, ihn in noch größere Gefahr gebracht – es wäre einem Verrat gleichgekommen. Auch hätte sie uns Kinder neuen, unvorhersehbaren Gefahren ausgesetzt, wäre sie mit uns zusammen geflohen. Meine Mutter sah keinen Ausweg. Anders als früher, musste sie jetzt den Ereignissen ihren Lauf lassen. Dabei hatte sie selbst das ausgesprochen, was jetzt unsere Wirklichkeit war: Wir waren nun wirklich alle Geiseln. Vielleicht hoffte sie auch, dass uns noch Zeit blieb – denn bis zum 12. April 1941 waren nur »unerwünschte« Männer in Lager deportiert worden und nicht eine einzige Frau. Wer weiß, welche Pläne meine Mutter in diesen Tagen geschmiedet, was sie gedacht hat. Ich bin mir sicher, dass sie mit Mia Veličković und Pavica Vine besprochen hat, was mit uns Kindern geschehen sollte und wie meinem Vater geholfen werden könnte, falls sie selbst verhaftet würde. Jaga und mir gab sie ständig Instruktionen: Wo das Geld versteckt war, wo der Schmuck, und dass wir, sollte etwas passieren, sofort zu Mia und Pavica gehen sollten. Sie vertraute Jaga, und es tröstete sie, dass sie auf deren Treue bauen konnte und dass Jaga sich immer um uns Kinder kümmern würde. Jaga würde uns nach Kovačevac bringen, wo wir bei ihr leben würden und gut aufgehoben wären.

Während meine Mutter an jenem Wochenende, dem 12. und 13. April 1941, auf ihre Verhaftung wartete, hatte sich ganz Karlovac – ob nun freiwillig oder auf Verordnung – mit den neuen Fahnen geschmückt, auf denen das Ustascha-Wappen zu sehen war. Auf der ersten Seite der Samstagsausgabe der *Hrvatska sloboda* stand unter dem Titel »Willkommen« Folgendes:

»Am Sonntag, dem 13. Juli 1941, erlebt die Königsstadt Karlovac ihre große Stunde. An diesem Tag werden sich die führenden Köpfe der Ustascha-Bewegung treffen und das 362-jährige Bestehen unserer Stadt feiern. Die Stadt Karlovac fühlt sich durch den Besuch zweier führender Männer Kroatiens außerordentlich geehrt – Mile Budak und Lovro Sušić werden hier zu uns sprechen. (...) Deshalb, Kroaten, Bürger von Karlovac, eilt den Gesandten unseres edlen Führers entgegen, um zu hören, was Er durch sie mitzuteilen hat.«

Am Samstagabend wurde dann in der Stadt ein »musikalischer Spaziergang von Ustascha-Männern und Ustascha-Frauen« in Szene gesetzt. Und am Sonntagmorgen weckte man uns um sechs Uhr mit einem patriotischen Lied, das durch die ganze Stadt erklang. Als wir um elf Uhr aus unserem Fenster auf die andere Seite des Zrinjski-Platzes sahen, wurde gerade eine Villa, die noch bis vor kurzem im Besitz der jüdischen Familie Fröhlich gewesen war, als neues Amtsgebäude der Gespanschaft Pokuplje eingeweiht. Um zwölf Uhr fand im Herzen der Stadt »eine bedeutende politische Versammlung« auf dem Jelačić-Platz statt, zu der, wie es in der Zeitung hieß, »Jung und Alt geströmt waren, alle, die kroatisch fühlen und denken, um die kraftvollen Reden der Herren Minister zu hören, die in den Worten der Ustasche zu ihnen über eine freie Heimat sprachen«. Die Rede von Mile Budak wurde am 14. Juli vollständig in der *Hrvatska sloboda* abgedruckt. Sie pries Pavelić:

»Und wenn ihr jubelt, jubelt ihr stets dem großen Poglavnik auf euren Knien zu. Der Poglavnik allein ist der Träger unserer Nationalität, unseres Stolzes und unserer Würde. Er hat das alles hier vollbracht, und wenn es ihn nicht gegeben hätte, wäre recht besehen doch jeder von uns bedeutungslos.«

Der zweite Teil der Rede rühmte die Ordnung, die Arbeit, die Religion, das kroatische Volk und ein bisschen auch die Stadt Karlovac, während über Vladko Maček, die Kroatische Bauernpartei HSS, die

Bolschewisten und »die Orthodoxen jedweder Couleur« gespottet wurde – ihnen galt Budaks wichtigste Botschaft: »Ili se pokloni, ili se ukloni!« – »Beugt euch, oder verschwindet von hier!« Die Rede von Lovro Sušić war laut Zeitungsberichten deutlich kürzer, dafür aber noch direkter auf den Punkt gebracht: »Im kroatischen Staat haben die Säuberungen begonnen«, denn damit »führen wir das aus, was die Ustascha-Regularien uns vorschreiben«.

Was »Säuberungen« in den Augen der radikalsten Ustasche waren, erläuterte Mile Budak später in einer kleinen Runde mit geladenen Gästen im Karlovacer Franziskaner-Kloster. Laut Vladimir Židovec, der damals zugegen war, war Budak jovial gestimmt und sagte, in kleiner Runde, jenseits der Öffentlichkeit, sei es ihm möglich, »über die Sache zu reden, die jetzt ganz oben auf unserer Dringlichkeitsskala rangiert – die Frage nämlich, was mit den Juden und den Serben in unserem Staat zu geschehen hat«. Seinen Zuhörern erklärte er:

»Sie sind intelligente Menschen, bei denen man nicht um den heißen Brei herumreden muss, deswegen werde ich Ihnen die Sache am besten anhand einer Anekdote aus der Zeit unserer Ustascha-Emigration veranschaulichen. Als ich damals bei einer Gelegenheit ein Ustascha-Lager besuchte, kam die Rede auf die Juden und die Serben und auf das, was sie in unserem Heimatland überhaupt zu suchen hätten, und wir fragten uns, wie wir diese Sache lösen wollten, wenn wir eines Tages wieder nach Hause kämen. Ein Ustascha, ein guter Mann, sprach mich damals direkt an und sagte: ›Wenn wir nach Hause zurückkehren, dann werden Sie ganz gewiss Minister sein und die kroatische Regierung repräsentieren. Und ich werde weiterhin Soldat sein und den kroatischen Kampfgeist repräsentieren. Wissen Sie, was wir, die kroatischen Soldaten, von einem Minister und der Regierung des zukünftigen Staates Kroatien erwarten werden? Nichts anderes als das hier: Wenn wir Soldaten uns um die Serben und die Juden kümmern, müssen Sie als Vertreter der Regierung hinterher untersuchen, was geschehen ist. Alles, was wir von Ihnen erwarten, ist, dass Sie immer eine halbe Stunde zu spät kommen!‹«

In seinen Erinnerungen schreibt Židovec, Budak sei damals »ungewöhnlich fröhlich« gewesen. Offensichtlich habe er sich von der Vorsehung zu seiner großen Mission berufen gefühlt. Damit die anwesenden Vertreter der Deutschen und der Italiener ihm genau folgen konnten, trug Budak ihnen alles noch einmal zuerst auf Italienisch und dann auf Deutsch vor.

Danko und ich schliefen noch, als es am 14. Juli morgens um sieben Uhr an unserer Tür klopfte. Mihelčić und Saletto, zwei in Karlovac bekannte Kriminalbeamte, waren gekommen, um unsere Mutter abzuholen. Als sie ihr einen Brief vorzeigten, auf dem nicht nur ihrer, sondern auch der Name unserer Jaga (Agata Đerek) stand, war sie zutiefst schockiert. Obwohl sie in ihrem Leben viele schwierige Situationen durchgemacht hatte, war meine Mutter wohl nie so verzweifelt gewesen. Für meine Mutter war Jaga das letzte Bollwerk, eine Garantie, dass sich jemand um ihre Kinder kümmern würde. Ich weiß nicht, wie meine Mutter es geschafft hat, sich in diesem Augenblick zu sammeln und mich sanft zu wecken: »Steh bitte auf«, sagte sie, »putz dir die Zähne, zieh dich an, bitte weine jetzt nicht, und geh sofort zu Pavica und Mia, sie werden wissen, was nun zu tun ist.«

Sie führten Mama und Jaga ab, Danko und ich blieben allein in der Wohnung zurück. Mia beriet sich noch am gleichen Morgen mit einem Rechtsanwalt, der sich um genauere Informationen über Mama und Jaga bemühen sollte. Pavica besprach mit Frau Klobučar, dass wir uns aus ihrer Gastwirtschaft Essen abholen durften. Schon am nächsten Tag stand ich mittags im Hof der örtlichen Polizeistation mit Lebensmittelpäckchen. Ich besuchte das Gefängnis täglich, und die Wärter ließen meine Mutter in den Hof treten, so dass sie das Essen entgegennehmen und ein paar Worte mit mir wechseln konnte. Danko begleitete mich mehrmals. Er erinnert sich, dass ihm ein Aufseher einmal erlaubte, mit in die Zelle zu gehen, damit er sehen konnte, »wo die beiden jetzt schlafen«. In Mutters und Jagas Zelle saßen einige bekannte linke Frauen in Haft. Offensichtlich war die

Phase, in der »unerwünschte« Frauen geschont worden waren, vorbei. In Bezug auf Verhaftungen und Verfolgung waren die Geschlechter nun gleichgestellt – es war der einzige Bereich, in dem die Regierung des Unabhängigen Staates Kroatien die Gleichheit von Männern und Frauen anerkannte.[2]

Ein oder zwei Tage nach der Verhaftung von Mutter und Jaga wurde ich wieder morgens gegen sieben Uhr von der Türklingel geweckt. Ich sprang eilig auf und öffnete. Vor mir stand ein Mann mittleren Alters, der eine Bahnarbeiter-Uniform trug.

– Wohnt hier Frau Lea Goldstein?

In meiner Not versuchte ich, mich um eine eindeutige Antwort herumzumogeln.

– Sie ist nicht zu Hause, aber sie kommt bald wieder. Ich bin ihr Sohn.
– Wenn deine Mutter kommt, musst du ihr das hier sofort geben. Sag ihr, dass das hier in den frühen Morgenstunden am Bahnhof kurz vor Sonnenaufgang gefunden worden ist, es lag neben einem Güterzug am Gleis Nr. 3.

Er drückte mir ein Papierröllchen in die Hand, drehte sich auf dem Absatz um und verschwand schnell. Ich habe ihn nie wieder gesehen. Bis heute habe ich nicht herausgefunden, wer dieser Mann war.

Auf der ersten Seite stand in der Handschrift meines Vaters: »Ich bin dem redlichen Finder dieses Zettels zu Dank verpflichtet und bitte ihn, diesen Brief an meine Frau Lea Goldstein in Karlovac zu überbringen – Zrinski-Platz 9, 1. Stock.« Dieses winzige Briefchen meines Vaters haben wir in den Wirren des Krieges verloren. Alles in allem waren es ein paar eilig hingeworfene Sätze in deutscher Sprache, die an meine Mutter gerichtet waren, vielleicht hatte mein Vater sie geschrieben, während der Zug im Bahnhof von Karlovac hielt. Er teilte uns mit, dass man ihn irgendwo in die Region Lika bringen werde, nach Gospić wahrscheinlich, von dort werde er sich wieder bei uns melden. Er sei in Gedanken bei uns, liebe uns alle und freue sich auf unser baldiges Wiedersehen.

Ein unglücklicher Zufall wollte es, dass mein Vater genau an dem Tag in die Lika abtransportiert wurde, an dem meine Mutter und Jaga verhaftet wurden. Die Bestätigung für dieses Datum habe ich in dem Text von »Dizdar« gefunden,[3] der schreibt, dass der vierte Transport der Lagerhäftlinge nach Gospić am 14. Juli stattgefunden habe. In dieser Nacht fuhr also mein Vater mit dem Güterzug durch Karlovac. Er muss das eingerollte Papierchen durch ein Fenster auf den Bahnsteig geworfen haben, hoffend, dass es jemand finden und meiner Mutter bringen würde. Der »redliche Finder«, ein Eisenbahnangestellter im Nachtdienst, war mutig genug, es uns gleich nach dem Ende seiner Schicht zu überbringen. Das Wort »mutig« habe ich hier nicht zufällig hingeschrieben. In den damaligen Verhältnissen reichten Mitgefühl und Redlichkeit nicht aus, um einen aus dem Fenster geworfenen Brief eines Gefangenen an dessen Ehefrau an eine unbekannte Adresse abzuliefern. Dafür brauchte man tatsächlich auch Mut.

Ich mag keine Tränen, und Situationen, in denen geweint wird, sind nicht meine Sache. In diesem Buch überspringe ich sie häufig und denke dabei auch an meine Mutter, die ihre Tränen in den vier Jahren des Krieges wacker heruntergeschluckt und nie geweint hat. Aber dieses Mal war es anders. Als ich ihr an jenem Nachmittag auf dem Gefängnishof Papas Briefchen brachte, schluchzte sie erst still in sich hinein und ließ dann ihren Tränen freien Lauf.

Am Ende dieser gleichen Woche, es muss ein Donnerstag oder ein Freitag gewesen sein, stand schließlich Herr Trontl vor unserer Wohnungstür, ein ruhiger, korpulenter und wortkarger Mann:

– Ist Danko zu Hause?

Herr Trontl war der Vater von Tomica, einem Schulkameraden und Freund meines Bruders Danko.

– Danko, du kommst jetzt zu uns, Tomica würde gerne bei uns zu Hause mit dir spielen. Nimm etwas zum Anziehen mit, vielleicht bleibst du ja noch ein paar Tage länger da.

Weil ich der Ältere war, sagte Herr Trontl zu mir, bis unsere Mutter zurück sei oder »solange es nötig ist«, könne Danko bei ihnen bleiben.

Als ich das meiner Mutter am nächsten Tag im Gefängnis erzählte, war sie sehr bewegt, ihr fehlten die Worte. Sie sammelte sich aber rasch wieder und sagte, Danko sei bei den Trontls gut aufgehoben.

Das ruhige und umsichtige Benehmen von Herrn Trontl weckte Vertrauen. Er hatte einen kleinen Gemischtwarenladen am Anfang der Riječka-Straße und genoss den Ruf eines rechtschaffenen Mannes. Obwohl er nie politisch aktiv war, wurde er wegen seiner guten Reputation in der Stadt von der lokalen Bauernpartei HSS als Kandidat für die Wahl aufgestellt. Soviel ich weiß, waren meine Eltern nie enger mit den Trontls befreundet gewesen, es gab nur die Freundschaft zwischen den beiden Kindern – umso mehr war meine Mutter bewegt von der Umsicht, die Herr Trontl an den Tag legte.

Danko verbrachte die nächsten Wochen sorglos bei den Trontls. Tomica und er waren erst neun Jahre alt. Sie verstanden sich sehr gut und blieben über die heißen Sommertage hinweg im Garten vor dem Haus, gingen in den Flüssen Kupa und Korana baden und spielten mit den Kindern aus der Nachbarschaft. Die Familie behandelte Danko wie einen der Ihren. Jedesmal, wenn ich zu Besuch kam, um nach Danko zu schauen, fragte mich Herr Trontl, wie es meiner Mutter gehe und ob es etwas Neues von meinem Vater gebe. Immer aber betonte er, Danko sei lieb und gut bei ihnen aufgehoben und könne bleiben, »solange es nötig ist«.

Ich war nun ganz allein in unserer Wohnung. Aber das ging nicht lange so. Nicht einmal zehn Tage waren seit der Verhaftung meiner Mutter und Jagas vergangen, da stand Franjo Družak vor unserer Tür und hielt ein Schreiben in der Hand, in dem stand, unsere Wohnung sei ihm von der Regierung zugeteilt worden. Ich habe das Folgende weiter oben schon beschrieben, er war für die damaligen Zeiten gewissermaßen rücksichtsvoll. Später habe ich gehört und darüber gelesen, dass es bei ähnlichen Zwangsräumungen wesentlich brutaler zugegangen ist und die Leute binnen vierundzwanzig Stunden ihre Wohnungen verlassen mussten. Am drastischsten war ein Fall, bei dem die Besitzer nur eine Stunde Zeit hatten. Mein Sohn Ivo beschreibt in seinem Buch »Der Holocaust in Zagreb«[4] im Kapitel »Zwangsräumungen von Häusern und Wohnungen« sehr anschaulich, welche Gesetzesgrundlagen, Prozeduren und einzelnen willkürlichen Handlungen die Enteignungen der jüdischen Häuser und Wohnungen im NDH ermöglicht und begleitet haben. Družak bekam unsere Wohnung als hoher Ustascha-Funktionär und Vertreter des Staates aufgrund zweier Gesetze zugewiesen. Das eine war am 31. Mai 1941 verabschiedet worden und sah Räumungen und Besetzungen von Wohnraum aus Gründen der öffentlichen Sicherheit vor; das andere war vom 9. Juni 1941 und erlaubte Hausenteignungen, wenn diese dem Staat von Nutzen waren. Natürlich wusste ich damals nichts darüber und fragte auch nicht nach. Ich hatte schon gelernt, dass die Ustascha-Dekrete gegen die Juden endgültiger Natur waren. Selbst wenn ich unseren Anwalt Dr. Longhin gefragt hätte, hätte er mich auf die Gesetze verwiesen und mir gesagt, dass sie »ohne Verzögerung wie auch ohne Entschädigung« vollzogen würden, es also keinen Sinn mache, sich dagegen aufzulehnen.

In dieser Lage befand ich mich also, und ich hatte drei, vier Tage Zeit, um alles aus unserer Wohnung auszuräumen, Mamas und Vaters Sachen, Jagas Dinge, die Kleider von Danko und mir, die Schuhe und die Wäsche, Bettzeug, Porzellangeschirr und Vasen, zum Glück auch ein paar Bücher und Hunderte anderer Gegenstände. Das Mobiliar aber, die Teppiche und den größten Teil der Bilder wollte Družak behalten. Ich war natürlich verwirrt und hilflos. Pavica Vine erwies sich auch jetzt als meine Rettung. Zusammen mit ihrem Ehemann Ivo führte sie einen kleinen, gut laufenden Gemischtwarenladen in Karlovac, den ihr Vater ihr vererbt hatte. Im Geschäft arbeitete Herrn Vines Neffe Fabo, ein sehr geschickter und kluger junger Mann, der viele verschiedene Begabungen hatte. Fabo kam mit Holzkisten in unsere Wohnung und brauchte nur einen Tag, um alles zu erledigen. Ordentlich gefaltet und jeweils klar voneinander getrennt, landeten die Kleider von Mama, Papa, Jaga und uns Kindern in den einzelnen Kisten, und auch den Rest packten wir ein. Fabo vermerkte auf jeder Holzkiste den Inhalt, damit man später sofort alles wiederfinden konnte, ohne viel suchen zu müssen. Dann kam ein Arbeiter aus Vines Geschäft mit einem Pferdefuhrwerk, lud alles auf seinen Wagen und verstaute die Holzkisten auf Vines Dachboden. Als wir im Herbst Karlovac verließen, nahmen wir einiges aus den Holzkisten mit, der Rest wartete dort bis zum Ende des Krieges auf uns. Man muss sich vergegenwärtigen, dass sich wegen des am 5. Juni 1941 erlassenen Dekrets jeder strafbar machte und zu bis zu einem Jahr Gefängnis verurteilt werden konnte, der jüdisches Eigentum bei sich unterstellte und auf diese Weise beschützte. Aber Pavica, Ivo und Fabo ignorierten das.

Als drei, vier Tage später Frau Družak unsere Wohnung beziehen wollte, hatten wir schon alles, was uns gestattet worden war, aus unseren Räumen entfernt, einige Bücher inbegriffen. Bei der Wohnungsübergabe sah ich Franjo Družak zum zweiten Mal. Jetzt trug er eine Uniform und hatte eine riesige Ustascha-Mütze auf dem Kopf. Mir schien, dass ihm die Uniform bei weitem weniger gut stand als sein tadellos geschneiderter ziviler Anzug. Auch dieses Mal war er nicht unangenehm. Er sprach mit mir nicht im Kommandoton, sondern ruhig, ja fast vernünftig, als würden wir uns in einer normalen Unterhaltung darauf einigen, dass ich meine Wohnung verlassen würde. Seine Frau war sichtlich nervöser als er, mit ihrem Wunsch nach Eile überspielte sie wohl ihr Unbehagen. Sie war jung und kam aus einer Mittelschichtfamilie in Samobor, und ich kann mir nicht vorstellen, dass sie reinen Gewissens die Wohnung fremder Leute bezog, aus der sie einen dreizehnjährigen Jungen hinauswarf.

Ich übergab Franjo Družak die Wohnungsschlüssel. Er begleitete mich über unseren langen Flur zur Eingangstür und gab mir die Hand: »Falls du etwas vergessen hast«, sagte er, »oder du eines deiner Bücher brauchst, komm ruhig wieder vorbei, ganz ohne Scheu.«

Vollbepackt mit zwei Taschen, es waren die letzten beiden, die ich aus unserer Wohnung hinaustrug, ging ich zu Herrn Šandor Weiss, der mich auf Vorschlag von Herrn Rendeli, dem Vorsitzenden der Jüdischen Gemeinde Bogoš, bis auf weiteres bei sich aufnahm und für mich sorgte.

Wenn meine Erinnerung mich nicht täuscht, habe ich das Wort Jadovno zum ersten Mal von Herrn Weiss gehört. Er und seine Frau Tina brachten mich im Zimmer ihres Sohnes Vlatko unter, der am 8. Juli mit einer Gruppe anderer junger jüdischer Männer in Karlovac verhaftet und nach Gospić abtransportiert worden war. In Vlatkos Zimmer stand alles ordentlich an seinem Platz, als könnte er jeden Augenblick nach Hause zurückkommen, Frau Weiss sorgte aber dafür, dass ich mich dennoch wohl fühlte. Das Ehepaar Weiss ging achtsam und warmherzig mit mir um, und ich konnte spüren, dass sie mir helfen wollten, die schwierige Zeit gut zu überstehen. Schon am ersten Abend setzte sich Herr Weiss zu mir und erzählte mir ausführlich, was er alles unternommen hatte, um aus Gospić Nachricht zu bekommen und zu erfahren, »was mit unseren Angehörigen ist und wie es ihnen geht«. Nach Gospić wurden aus Karlovac und dem Lager Danica an die dreißig Karlovacer Juden und mindestens doppelt so viele

Karlovacer Serben deportiert. Zwischen den Familien aus Karlovac wurden fortwährend die neuesten Nachrichten ausgetauscht, die durch unterschiedliche Kanäle aus Gospić kamen, aber nicht ein Gefangener hatte sich bisher direkt und persönlich mit einem selbstverfassten Brief bei ihnen gemeldet. Herr Weiss sagte, die zuverlässigsten Neuigkeiten kämen immer noch über die Jüdische Gemeinde aus Zagreb, weil man von dort Kontakt zum Roten Kreuz und der regionalen Polizei halte. Mehr noch, der Gemeinde gelang es sogar, einen Arzt nach Gospić zu schicken, der sich über den Zustand »unserer Leute« informierte und ihnen Medikamente und Lebensmittel übergab. Ich glaube, es war bei dieser Gelegenheit, dass Herr Weiss mir erzählte, man habe »unsere Leute« – also auch meinen Vater – von Koprivnica zuerst für ein, zwei Tage nach Gospić ins Gefängnis gebracht und dann ins Lager Jadovno im Velebit-Gebirge deportiert. Angeblich mussten sie dort eine Straße durch den Wald anlegen. Über das eigentliche Lager wusste niemand von uns etwas, der Zutritt war strengstens untersagt. Es hieß, die Jüdische Gemeinde in Zagreb habe einen Antrag gestellt, Pakete über das Rote Kreuz schicken zu dürfen, und sobald sie die Genehmigung dafür hätten, würde man uns alle benachrichtigen.

Šandor Weiss war fünfzig Jahre alt, ein Mann mit einem ruhigen Gemüt und einer angenehmen Stimme, der mit Bedachtsamkeit sprach. Bis zum Krieg besaß er ein gutlaufendes großes Textilgeschäft im Stadtzentrum in der unmittelbaren Nachbarschaft zu unserer Buchhandlung. Er hatte fünfzehn Angestellte, die er für die damaligen Verhältnisse sehr gut bezahlte. Dane Maješki, der später als Kommissar des Partisanen-Bataillons von Karlovac mein »Chef« und einer von Weiss' Angestellten war, kann das heute noch bezeugen. Während ich das hier niederschreibe, feiert Dane seinen 86. Geburtstag, er kann nicht mehr sehr gut gehen, liest aber alle Zeitungen und verfolgt unermüdlich die politischen Entwicklungen und andere »Kalamitäten«. Manchmal lässt er mich zu sich kommen, um mir seine Meinung zu sagen, vor allem wenn er denkt, dass ich in irgendeinem Text oder

Interview nicht deutlich genug den Faschismus, das Ustaschatum und deren heutige Erscheinungsformen kritisiert habe. Darauf gebe ich ihm stets zur Antwort, er selbst sei schuld daran, weil er mich, als ich in seiner Verantwortung als Partisanen-Kommissar stand, nicht ordentlich erzogen hat. Dane sagt, Šandor Weiss sei ein feiner Mann und ein sehr guter Vorgesetzter gewesen. Er sei gerecht zu seinen Angestellten gewesen und sie hätten ihn als einen rücksichtsvollen und fairen Mann erlebt. Obwohl Dane schon sehr früh ein kommunistischer Sympathisant und ab 1940 auch Mitglied in der Kommunistischen Partei war, konnte er beim besten Willen in Herrn Weiss keinen Ausbeuter der Arbeiterklasse sehen.

Familie Weiss lebte in einer großen Wohnung im zweiten Stock in der Gundulićeva-Straße 3. Den hinteren Teil, der relativ gut vom Rest der Wohnung abgetrennt war, hatten sie einem hochrangigen italienischen Offizier überlassen müssen. Das erwies sich später als eine glückliche Fügung. Frau Weiss kümmerte sich wie eine Verwandte um mich, sie sorgte dafür, dass ich saubere Kleider trug, meinen Bruder bei den Trontls oft genug besuchte und meine Mutter und Jaga im Gefängnis mit Essen versorgte. Am Abend schaute ich aus dem Fenster von Vlatkos Zimmer auf den Korso, auf dem wir Juden nicht mehr spazieren durften, und konnte die erleuchteten Fenster unserer einstigen Wohnung sehen, in der wir nicht mehr lebten. Tea, die sechzehnjährige Tochter der Weiss', die ich von den Treffen im jüdischen Jugendverein »Kadima« kannte, kam vor dem Schlafengehen immer zu mir und gab mir einen beschützenden Gutenachtkuss auf die Stirn, was in mir erstmals Gedanken eines pubertierenden Jungen weckte. Herr Weiss ging jeden Morgen gewissenhaft »zur Arbeit« in das Geschäft, das ihm nicht mehr gehörte. An seiner Kasse saß jetzt ein muskulöser, großgewachsener Mann in einer Ustascha-Uniform. Er kam aus Imotski und sein Name war Mate Brekalo. Bis zum Krieg hatte er als Hausierer recht erfolgreich mit den Kroaten in Westeuropa Handel getrieben und die Ustascha-Bewegung materiell unterstützt, aber auch einzelnen Ustascha-Emigranten Geld gespendet. Unter der neuen Regierung wurde ihm zuerst ein hoher Ustascha-Rang verliehen, dann wurde ihm das Textilgeschäft der Familie Weiss zugesprochen, das er zunächst als Treuhänder verwaltete – und irgendwann war er dann der Inhaber. Dane erzählte mir, Mate habe sehr schnell begriffen, dass ihn das Geschäft mehr interessierte als die Politik. Er legte die Uniform ab und gab seine politischen Funktionen auf. Schlau und intuitiv wie er war, war ihm bald klar, dass zwischen der Arbeit als Geschäftsführer eines Unternehmens mit fünfzehn Angestellten und dem Hausieren von Tür zu Tür ein großer Unterschied bestand. Er hatte zu den Mitarbeitern ein gutes Verhältnis aufgebaut, er kündigte keinem und wechselte auch niemanden gegen einen politisch »Erwünschten« aus. Er bat Herrn Weiss, ihn gegen einen guten Bonus in die Arbeit einzuweisen. Herr Weiss ließ sich darauf ein. Sein Hauptmotiv wird wahrscheinlich die Hoffnung gewesen sein, mit Hilfe von Brekalo irgendwie seinen Sohn Vlado aus dem Lager Jadovno retten zu können.

Wenn Herr Weiss am frühen Abend wieder nach Hause kam, unterhielt er sich gerne mit mir. Er behandelte mich wie einen Erwachsenen und erzählte mir alles, was ihn beschäftigte. Sorgen machten ihm die enttäuschenden Nachrichten von der russischen Front und mehr noch das Ausbleiben jeder Nachricht von unseren Verwandten in Jadovno. Er bemühte sich nicht einmal mehr, seine Nachdenklichkeit vor mir zu verstecken. Einmal aber kam er beschwingter als sonst nach Hause, weil er erfahren hatte, dass der Jüdischen Gemeinde erlaubt worden war, Pakete über das Rote Kreuz nach Jadovno zu schicken. Mindestens fünfzig Familien packten in Karlovac an diesem Tag Pakete mit herzhafter Nahrung, Zucker, Zitronen und den wichtigsten Medikamenten. Frau Weiss schnürte gleich drei Pakete, eines für ihren Sohn Vlado und zwei für Verwandte, die ebenso nach Jadovno deportiert worden waren. Pavica kümmerte sich um ein Paket für meinen Vater und wog auf das Gramm genau das erlaubte Gewicht ab

Und auch meine Mutter war begeistert von der Nachricht, dass nun Pakete auf den Weg gebracht wurden.

Viel später haben wir erfahren, dass kein einziges unserer Pakete je einen Häftling im Lager Jadovno erreicht hat.

Serben und Juden war es in diesem Sommer untersagt, sich zwischen neun Uhr abends und fünf Uhr morgens in der Stadt zu bewegen, zeitweise galt auch für andere Bürger eine ähnliche Regelung. Eines Abends, als es schon auf die Sperrstunde zuging, wurde bei der Familie Weiss stürmisch an der Tür geklingelt. In der abgedunkelten Straße vor dem Hauseingang stand mein Großvater Aron Goldstein. Er war aus Tuzla angereist, um zu sehen, ob er vor Ort etwas für uns tun konnte. Er hatte sich in den Kopf gesetzt, Danko und mich zu sich nach Tuzla zu holen – »bis eure Mutter und euer Vater wieder nach Hause kommen«. Damals hat man noch so geredet, wahrscheinlich auch teilweise daran geglaubt.

An diesem Abend sprach Großvater lange mit Herrn Weiss und kurz auch mit mir. Früher oder später kamen wie in allen damaligen jüdischen Gesprächen die unvermeidlichen Fragen zur Sprache: Was erwartet uns noch? Sollen wir einfach zu Hause bleiben, oder ist es notwendig zu fliehen? Und wohin? Großvater glaubte noch immer, dass ihm und seiner Familie in Tuzla nichts geschehen würde. Er war ein stattlicher Mann, ein bekannter und geachteter Bürger seiner Stadt. Vor dem Krieg liebte ich es, in seiner Begleitung über den Markt zu schlendern und in der Stadt spazieren zu gehen. Ich war auf meine kindliche Art unbändig stolz, wenn die Menschen meinen Großvater respektvoll grüßten und sich warmherzig und freundlich mit ihm unterhielten. Er erzählte, dass die Nonnen, die im nahe gelegenen Kloster lebten, ihm für das eine oder andere, das er vor dem Krieg für sie getan hatte, dankten, indem sie ihnen – soweit es möglich war – halfen und sie vor den Ustasche beschützten. Er gab zu, dass seine Glaswerkstatt und sein Laden konfisziert worden waren, wie es bei allen anderen jüdischen Eigentümern auch der Fall war, aber er glaubte noch immer, dass ihn letztlich die Leute in »höheren Positionen« beschützen würden. Der neue Bürgermeister, ein Muslim, war ein alter Bekannter von ihm, eigentlich fast schon ein Freund, der genauso wie der Hodscha die Verglasungen für sein Haus immer bei ihm bestellt hatte. Selbst jetzt ließen sie ihm ermutigende Botschaften zukommen.

Herr Weiss war aber misstrauischer als mein Großvater. Er kam auf David Meisel zu sprechen, der Chefkantor in der Synagoge von Karlovac war und als die Seele des musikalischen Lebens in der Stadt galt. Dreißig Jahre lang war er Dirigent von »Zora«, des ersten kroatischen Chors, dem er auf internationaler Ebene zum Durchbruch verhalf. Meisel komponierte und arrangierte Chormusik für alle städtischen Gesangsvereine und organisierte im Theater Zorin Dom unzählige Konzerte. Seine Musikerfreunde überzeugten ihn, dass ihm nichts passieren würde. Er sei doch ein kroatischer Dirigent, sagten sie, der sich um Karlovac und die Kulturszene in Kroatien verdient gemacht habe und zudem mit einer Kroatin verheiratet sei. Als er aber schon mit der ersten Verhaftungswelle im Gefängnis landete, setzten sich einige Menschen aus dem Karlovacer Kulturleben für ihn ein und schafften es sogar, ihn freizubekommen. Kaum war er zu Hause angekommen, wurde er sofort wieder verhaftet, und dieses Mal kam er ins Lager Danica und wurde von dort nach Jadovno deportiert. Interventionen konnten nichts mehr ausrichten. Im Lager befanden sich auch sein Sohn Zlatko, der noch Student war, sowie um die dreißig weitere Juden aus Karlovac und zahlreiche Serben, die ebenfalls deportiert worden waren. Solange der Krieg dauerte, so die Befürchtung von Herr Weiss, würde kaum einer von ihnen freikommen. Er redete meinem Großvater ins Gewissen, Tuzla sei keineswegs ein sicherer Ort für uns. Er müsse sich fragen, was mit dem neunjährigen Danko in einer fremden Umgebung geschehen würde, wenn ihm selbst etwas widerfahre. Das Kind sei jetzt gut versorgt, und zur Not könne die Jüdische Gemeinde ihn auch »bei unseren Leuten« unterbringen, sollte der schlimmste Fall eintreten.

Aber mein Großvater ließ sich nicht umstimmen. Die Zeiten seien wirklich furchtbar, sagte er, aber ihm und seiner Familie werde nichts geschehen. Seine nächsten Nachbarn, die Nonnen aus dem Ursulinen-Kloster, hätten ihm versichert, sie würden sofort Alarm schlagen und protestieren, wenn irgendeine Gefahr die Goldsteins bedrohen sollte. Er versicherte Herrn Weiss und mir, Danko werde es in Tuzla gutgehen und er sei dort sicher aufgehoben. »In solchen Zeiten muss ein Kind bei seiner Familie sein«, sagte er, »nicht bei fremden Menschen, so gut diese auch sind.« Mein Fall lag für ihn anders. Ich hatte hier Freunde und lebte unter den eigenen Leuten. Und irgendjemand musste ja auf Nachricht von meinem Vater warten und meiner Mutter Essen ins Gefängnis bringen. Es war, so Großvater, ein Glücksfall, dass ich schon älter war und all das auf mich nehmen konnte. Er streichelte meine Schulter und lächelte mir zu, um mir Mut zu machen und vielleicht auch um seinen eigenen Kummer zu verbergen.

Mein Großvater war 1941 neunundsechzig Jahre alt und immer noch ein stattlicher Mann mit aufrechter Haltung, der kraftvoll ausschritt. Er zog sich geschmackvoll an und pflegte seinen grauen langen Bart. Er mochte scharfe Paprika, jiddische Lieder, ungarischen Czárdás und klugen Humor. In Tuzla hatte er 1908 eine Glaswerkstatt und einen Laden eröffnet. Mit der Zeit erwarb er sich einen guten Ruf als Handwerker, er galt als ehrlicher Geschäftsmann und war offen und gesellig. Er hatte halb Tuzla mit Glas versorgt, auch das neue, vor dem Krieg erbaute Rathaus verglast. Seinen ältesten Sohn Oto bildete er zum Glaser aus. In den zehn Jahren vor Kriegsausbruch war Großvater nur noch für das Aushandeln der Konditionen mit den Geschäftspartnern zuständig, und Oto kümmerte sich um die Ausführung der Aufträge. Großvater lebte mit meiner Großmutter Adolfa, der jüngsten Tochter Berta (die als einzige von vier Töchtern unverheiratet blieb) sowie Oto, seiner Frau Greta und deren zehnjährigem Sohn Darko in einem geräumigen Haus mit einem großen Hof, einem Garten und einigen Nebengebäuden. Meine Großmutter war in vielfacher Hinsicht das genaue Gegenteil von meinem Großvater. Sie war klein, sehr ernsthaft, die gebildete Tochter eines Rabbiners, die wunderschöne Briefe schrieb und gern gute Literatur las. Großvater hingegen las außer Zeitungen und jüdischen Publikationen eher wenig. Meine Großmutter war bei Kriegsausbruch bereits seit zehn Jahren an den Rollstuhl gefesselt, und mein Großvater kümmerte sich mit rührender Aufmerksamkeit um sie. Er war zwar in der Werkstatt und im Geschäft stets der Chef gewesen, aber zu Hause hatte bis zum Schluss sie das Sagen.

Am nächsten Morgen holte mein Großvater Danko bei den Trontls ab. Ich war nicht dabei, aber Danko erinnert sich sehr genau an die Diskussion zwischen den beiden Männern, die unendlich lange dauerte. Herr Trontl wiederholte immerzu, Danko sei bei ihnen absolut sicher und könne bleiben, solange es nötig sei. Großvater antwortete ein ums andere Mal, Danko sei bei ihnen in Tuzla genauso sicher und würde zudem bei seiner Familie leben. Herr Trontl musste nachgeben. So kam es, dass mein Bruder Danko schließlich mit Großvater nach Tuzla ging.

Ich kann mich nicht erinnern, ob Großvater meine Mutter im Gefängnis besucht und ihre Zustimmung eingeholt hat, Danko zu sich zu nehmen. Aber an ihre deutschen Ausrufe von damals kann ich mich gut entsinnen: »Schöne Zeiten sind das! Jede Wahl tut einem weh!«

Herr Šandor Weiss, ein Mann, der selten seine Gefühle zeigte, kam eines Tages früher als sonst und in hellster Aufregung von der Arbeit nach Hause. Am Tag zuvor war Nikola Adler aus dem Lager Jadovno zurückgekommen. Er lebte in der Nähe in dem Gebäude, in dem die erste kroatische Sparkasse untergebracht war. An diesem Morgen machten sich sofort einige »unserer Leute«, die Angehörige in Jadovno hatten, auf den Weg zu ihm. Aber Adler war wortkarg. »Er will praktisch nicht reden«, klagte Herr Weiss und bat mich, ebenfalls zu ihm zu gehen. »Vielleicht erzählt er dir mehr, oder er hat eine Nachricht von deinem Vater. Frag ihn bitte auch nach Vlatko.«

Adler, ein schüchterner, zerbrechlich wirkender Mann, war ein fünfunddreißig Jahre alter Jude, der bis zum Krieg als Angestellter bei dem in Karlovac ansässigen Unternehmen »Impregnacija d. d.« gearbeitet hatte. Ab dem 6. Juni war er mit Radeka und meinem Vater im Lager Danica interniert gewesen, zusammen mit einer Gruppe von Männern aus Karlovac wurde er von dort nach Gospić und dann nach Jadovno deportiert. Seine Frau war eine Deutsche mit einem »arischen Stammbaum«, der es über ihre Kontakte zu Deutschen wie auch zu »Volksdeutschen« gelang, Adler aus dem Lager Jadovno herauszuholen. Doch auch für sie war das weder einfach noch schnell zu bewerkstelligen, denn ihr Ehemann war bereits zwei volle Monate in den Lagern interniert gewesen, und vorher hatte er wer weiß wie viel Zeit in verschiedenen Gefängnissen eingesessen.

Mir wollte Herr Adler nicht mehr sagen als den anderen. Wahrscheinlich hatte er sich verpflichten müssen, über die Gegebenheiten im Lager zu schweigen, und sicher hatte er Angst. Ja, natürlich habe er meinen Vater jeden Tag gesehen, sagte er, einmal seien sie zusammen für den Bau einer Straße im Wald eingeteilt gewesen. Ja, alle seien dort, auch der Sohn von Herrn Weiss, die Glücks, Vater und Sohn, auch die Meisels, und Professor Sablić und andere. Es gehe ihnen, na ja, gut, nicht schlecht, wie es ihnen dort eben gehen könne … Während ich Adler zuhörte, stieg in mir zum ersten Mal – und zwar mehr wegen seines ängstlichen Gesichtsausdrucks und des Klangs seiner Stimme als wegen der Dinge, die er sagte – eine schreckliche Ahnung auf: Verbarg Herr Adler mit seinem Schweigen, dass dort etwas Furchtbares vor sich ging, über das er nicht reden konnte? Ich weiß nicht, was die Ustascha-Regierung gegen Nikola Adler hatte, denn seiner ängstlichen Achtsamkeit und seiner Ehe mit einer »reinen Arierin« zum Trotz wurde er im November 1941 erneut verhaftet und noch vor Jahresende im Lager Jasenovac umgebracht.

Herr Weiss unterhielt sich abends oft mit seinem »Untermieter«, einem italienischen Oberst, der ein jovialer und gesprächiger Mann war. Er versprach Herrn Weiss, sich zu erkundigen, wie es um unsere Angehörigen in Jadovno stand. Aber auch ihm gelang es nicht, irgendetwas in Erfahrung zu bringen. Ein, zwei Tage nach der Unterhaltung mit Herrn Adler kam die erste offizielle (und einzige) Nachricht über unsere in Jadovno inhaftierten Verwandten. Auf den ersten Blick wirkte sie wie ein Hoffnungsschimmer. Herr Weiss brachte einen fotokopierten Brief von der Jüdischen Gemeinde aus Zagreb nach Hause, in dem stand:

Jüdische Gemeinde, Karlovac, Nr. 760/1941
10. August 1941

Wir freuen uns, Ihnen mitteilen zu können, dass folgende Mitglieder unserer Gemeinde, die sich im Lager Jadovno im Velebit-Gebirge befinden, gesund sind und dass es ihnen gutgeht:
Blau Zvonko, Büroangestellter, 22 Jahre
Braun Herman, Handelsreisender, 40 Jahre
Brauner Gjuro, Fotograf, 30 Jahre
Danon Elias, Angestellter, 30 Jahre
Deutsch Aleksandar, Händler, 43 Jahre
Eisler Ernst, Händler, 55 Jahre
Eisler Pavao, Händler, 29 Jahre
Fischer Leo, Direktor
Glück Rudolf, Händler, 51 Jahre
Glück Boris, Schüler, 20 Jahre
Goldstein Ivo, Ingenieur/Händler, 41 Jahre
Gomboš Ljudevit, Angestellter, 54 Jahre

Heksch Tibor, Mediziner, 25 Jahre
Lederer Salamon, Angestellter, 31 Jahre
Leitner Dragutin, Händler, 41 Jahre
Meisl David, Büroangestellter, 56 Jahre
Meisl Zlatko, Schüler, 21 Jahre
Mattersdorfer Slavko
Moses Zlatko, Angestellter, 32 Jahre
Dr. Polak Slavko, 44 Jahre
Reisner Gjuro, Händler, 35 Jahre
Rosenfeld Samuel, Händler, 37 Jahre
Stern Izidor, Händler, 52 Jahre
Stern Hinko, Büroangestellter, 50 Jahre
Spitzer Hugo, Büroangestellter, 30 Jahre
Schlossberger Geza, Händler, 49 Jahre
Vadaš Andrija, Schüler, 21 Jahre
Weiss Vlado, Angestellter, 20 Jahre

Wenn Sie darüber nachdenken, ihnen zusätzliche Nahrung zu schicken, bitten wir Sie, gleich die entsprechende Summe (siehe unser Rundschreiben Nr. 760–0/VI) an uns zu überweisen. Sobald wir weitere Informationen über unsere Gemeindemitglieder erhalten, werden wir Sie umgehend in Kenntnis setzen.

Präsident	*Sekretär*
Dr. Hugo Kon	*J. Abraham*

Ich denke, meine Mutter hat sich über diese Nachricht gefreut, allein weil sie bereits viel Schlimmeres befürchtet hatte. Herr Weiss war aber auch dieses Mal skeptisch. Er machte sich wegen der sehr knappen Formulierung über Gesundheit und Zustand der Häftlinge Sorgen. Warum ließ man die Männer nicht selbst eine Postkarte nach Hause schreiben? Herr Weiss wusste, dass Milivoj Schwartz, der Emissär der

Jüdischen Gemeinde von Zagreb, nicht weiter als bis Gospić gekommen war. Man hatte ihm den Zugang zum Lager Jadovno verwehrt. Was gab es dort oben im Velebit-Gebirge also zu verbergen?

Nach dieser endlosen Reihe von Schicksalsschlägen kam es dann Mitte August zu einem weiteren Schock, der mir vielleicht am meisten von allen zusetzte. In den Polizeiberichten konnte ich das exakte Datum nicht finden, aber ich weiß, dass es vor meinem Geburtstag, dem 22. August 1941, passierte. Als ich wie jeden Tag mit dem Mittagessen für meine Mutter und Jaga zum Gefängnis kam, wies mich der Wärter kühl ab. »Sie sind nicht mehr hier.«

Als ich beharrlich nachbohrte, entspannte sich der Mann nach einigem Zögern und erzählte mehr. Sehr früh an diesem Morgen waren dreißig Leute, darunter vier Frauen, eine von ihnen war meine Mutter, nach Zagreb gebracht worden. Sie befanden sich nun vielleicht in der Polizei-Hauptzentrale in der Petrinjska-Straße, vielleicht aber auch im Gefängnis in der Savska-Straße, das konnte er mir nicht genau sagen, aber er war sicher, dass man sie nach Zagreb gebracht hatte. Jaga hatten sie aus der Gruppe herausgerufen und in ihr Geburtsdorf am Fluss Kupa eskortiert.

Noch am gleichen Tag eilten einige betroffene Angehörige nach Zagreb und kamen mit der Nachricht zurück, dass »all unsere Leute« im Gefängnis in der Savska-Straße saßen. Netica Šuman überbrachte mir eine Nachricht von ihrer Schwester, in der es hieß, meine Mutter befinde sich unter ihnen. Als Netica am nächsten Tag erneut hinfuhr, bot sie mir an, mich mitzunehmen. Ich könne meiner Mutter ein Lebensmittelpaket mitbringen, sagte sie, und mit ein wenig Glück würde ich vielleicht auf einen verständnisvollen Menschen treffen, der es mir ermöglichen würde, sogar mit meiner Mutter zu sprechen.

Ich ging sofort zur Polizeistation, um mir einen Passierschein für Zagreb ausstellen zu lassen. Als ich dem Sachbearbeiter den Grund für meine Reise nannte, zuckte er nur mit den Achseln. So eine Erlaubnis könne nur der Chef, der Leiter der Dienststelle, persönlich aufsetzen.

Ich weiß nicht mehr, wie es mir gelungen ist, vorzudringen, wer mir erlaubt hat, das Büro des damaligen Polizeichefs von Karlovac, Ivan Gromes, zu betreten. Der Mann war damals geradezu allmächtig. Er hatte einen großen Kopf, war sehr korpulent und thronte hinter einem riesigen Schreibtisch. An den Tisch gelehnt, stand neben ihm der noch einflussreichere Chef der Provinzpolizei, Hinko Karl, der mich freundlich anlächelte. »So, kleiner Goldstein, nun sag uns mal, was dich zu uns führt.«

Ich erinnere mich nicht daran, was ich ihnen damals gesagt habe, wahrscheinlich so etwas wie: »Meine Mutter ist im Gefängnis in Zagreb, mein Vater in einem Lager irgendwo im Velebit-Gebirge, lasst mir wenigstens Mama aus dem Gefängnis raus, und gebt mir die Erlaubnis, sie zu sehen und ihr etwas zu essen und ein paar Sachen zu bringen.« Gromes schwieg die ganze Zeit, Karl aber zeigte sich weiter freundlich und gesprächig. Meine Mutter sei in Untersuchungshaft, ich solle mir keine Sorgen machen, sie werde nach Hause kommen. Es mache keinen Sinn, jetzt zu ihr nach Zagreb zu fahren, denn solange die Untersuchung andauere, seien Besuche nicht erlaubt. Aber er wolle mir erlauben, meiner Mutter Pakete zu schicken und ihr zu schreiben. Außerdem wolle er dafür sorgen, dass man ihr alles persönlich aushändige und sie mir antworten könne. Mein Vater hingegen werde noch lange im Lager bleiben müssen. Dort gehe es ihm gut, man werde ihm nichts antun. Er sei gesund und stark und werde ohne Schwierigkeiten das Lager überstehen und die ihm dort zugeteilten Arbeiten meistern. Und ich solle auf keinen Fall wegen meiner Mutter traurig sein, sie werde schon bald nach Hause kommen.

Karl brachte mich zur Tür, eine Hand beschützend auf meine Schulter gelegt. Mir wurde übel, als ich auf die Straße trat, denn ich spürte, dass Karls Beteuerungen nichts als leere Worte waren und dass ich von ihm und Gromes nichts zu erwarten hatte, nicht einmal den Passierschein nach Zagreb würden sie mir geben.

Einige Tage nach diesem Gespräch war mein dreizehnter Geburtstag, der 22. August, der Tag meiner Bar-Mizwa, was »Sohn des Gesetzes« heißt. Bei den Mädchen heißt das Pendant Bat-Mizwa, »Tochter des Gesetzes«. Für Juden sind die Bar-Mizwa und die Bat-Mizwa ein wichtiges Datum, denn man wird als ebenbürtiges Mitglied in die Glaubensgemeinschaft aufgenommen. In der Synagoge wird die Bar-Mizwa groß gefeiert, und der betreffende Junge ist aufgerufen, ein erstes Mal das Gebet vor der Gemeinde zu sprechen. In den jüdischen Familien im Kroatien der Vorkriegszeit gehörte die Bar-Mizwa zu den wichtigsten Festtagen. Nach der traditionellen Zeremonie erhielten die Jungen viele Geschenke. Dazu gehörte immer eine Armbanduhr, damals ein ziemlich teures Geschenk. Mein Vater hatte mir einmal versprochen, er oder meine Mutter würden mit mir, wenn wir es uns leisten könnten, zu meiner Bar-Mizwa nach Paris reisen.

Als meine Bar-Mizwa stattfand, saß ich jedoch im großen Wohnzimmer der Familie Veličković im Stadtteil Banija. Mia und ich waren allein; Aleksandar war gerade nicht zu Hause, vielleicht arbeitete er in der Werkstatt. Eine Geburtstagsfeier war mir erst gar nicht in den Sinn gekommen, es war jetzt nicht die Zeit dafür. Kein Wort von Vater und Mutter. Aus Tuzla muss ein Telegramm mit Glückwünschen gekommen sein. Aber auch daran erinnere ich mich nicht. Meine Bar-Mizwa in Mias Wohnzimmer glich eher einer Schweigestunde als einem Gespräch. Mia wusste, dass mein Vater mir für diesen Tag »eine richtige Uhr« versprochen hatte. Aus einer der Schubladen griff sie plötzlich eine Schweizer Armbanduhr der Marke »Eterna« heraus und band sie mir wortlos um den Arm. Das war meine Bar-Mizwa. Immerhin war mir damit ein kleiner Trost zuteilgeworden. Ich fühlte, dass ich nicht vollkommen allein war, dass immer noch jemand da war, der sich Mühe gab, meine Trauer aufzufangen, sofern das überhaupt möglich war.

Meine Mutter hat später immer wieder über diesen 22. August 1941 gesprochen, den sie im Zagreber Gefängnis in der Savska-Straße verbracht hat. Insgeheim hatte sie damals gehofft, ich würde sie an diesem Tag besuchen kommen, aber sie hörte nichts von mir. Sie hatte im Gefängnis darum gebeten, ihrem Sohn einen Brief zum Geburtstag schreiben zu dürfen, doch der Kommandant der Ustascha-Wache schlug ihr diese Bitte ab. Ein Wärter nahm dann aber doch ihren Brief heimlich an und versprach ihr, ihn nach draußen zu schleusen und in die Post zu geben, und so blieb ihr nur die Hoffnung, dass er sein Versprechen halten würde. Den ganzen Tag lang gab sie sich Phantasien über unser Beisammensein hin und stellte sich uns vier wieder vereint vor, egal wann, egal wo. Sie sah vor ihrem inneren Auge meinen Vater irgendwo in einem Lager in den Bergen sitzen, wie er sich über Papier beugt und seinem Sohn einen Brief zum Geburtstag schreibt. Sie konnte nicht wissen, dass das Lager Jadovno nicht mehr existierte und mein Vater nicht mehr am Leben war.

Am Morgen des 23. August fuhren einige Transporte mit Gefangenen aus Gospić und von der Insel Pag durch Karlovac. Herr Weiss brachte in Erfahrung, dass diese Menschen vorläufig ins Konzentrationslager Jastrebarsko gebracht wurden. Mitglieder der Zagreber Jüdischen Gemeinde durften sie besuchen und ihnen Essen und Medikamente überreichen. Einige aus dieser Gruppe wurden dann ins Konzentrationslager Jasenovac deportiert, andere kamen nach Zagorje in das Konzentrationslager Loborgrad. Die Lager in der Lika waren angeblich alle schon geschlossen worden, aber bei diesen Transporten war niemand aus Jadovno dabei. Von »unseren Leuten« wurde niemand in Jastrebarsko gesehen, und wir hörten auch nie etwas von ihnen.

Herr Weiss hatte wahrscheinlich von seinem italienischen Oberst erfahren, dass die italienische Armee wegen der Unruhen in der

Region Lika am 23. August erneut die Insel Pag, das gesamte kroatische Küstenland (Primorje) und fast die gesamte Region Lika besetzt hatte. Die Ustasche mussten in diesen Gegenden die Macht an die Italiener übergeben, einen Teil ihrer Einheiten zurückziehen und die Insassen der dortigen Lager umsiedeln. Was in Jadovno vorgegangen war, konnte selbst der Oberst zu diesem Zeitpunkt nicht wissen.

Und wenn Sie, lieber Leser, mich heute fragen, was ich damals neben der Trauer und der Not sonst noch empfunden habe, müsste ich antworten: Ich erinnere mich nicht, ich weiß es schlicht nicht mehr. War ich verzweifelt, hoffnungslos, schwermütig? Auch wenn man im Alter von dreizehn Jahren vielleicht nicht die Reife hat, seine Erfahrungen bewusst zu benennen, hat man doch seine eigene Empfindungswelt. Habe ich unserer Buchhandlung, meinem Bruder, meinem Kinderzimmer nachgetrauert? Vielleicht wurden bei mir all diese Gefühle vom Überlebensinstinkt überlagert, der mit jedem neuen Schicksalsschlag immer ausgeprägtere Züge annahm und annehmen musste. Für Gefühle wie Selbstmitleid war einfach kein Platz, weil mir jede neue Situation mehr Härte und Zähigkeit und immer schnelleres Handeln abverlangte. Ich hatte Angst um das Leben meiner Mutter und das meines Vaters. Alle anderen Sorgen wurden davon überdeckt. Die Bilder aus dieser Zeit sehe ich klarer vor mir als die aller anderen Lebensabschnitte, aber an die Gefühle kann ich mich kaum erinnern. Vielleicht sind meine Gefühle damals einfach eingefroren, vielleicht haben sie sich im Lauf der Zeit allmählich transformiert. Denn immerhin ist das alles über sechseinhalb Jahrzehnte her – ein ganzes Leben. Am Anfang dieses Buches habe ich gesagt, dass die Bilder, an die ich mich erinnere, authentisch sind, weil sie von einer Dringlichkeit sind, die ein Mensch sich nicht ausdenken kann. Die Erinnerung an die damaligen Ereignisse habe ich auf verschiedenen Wegen überprüft – Dokumente, Bücher und die Erinnerungen anderer Menschen haben mir dabei geholfen. Die Gefühle vergangener Zeiten aber können wir nicht verifizieren, sie sind Teil des persönlichen Erlebens und subjektiv. Ich versuche, sie mit Zurückhaltung und Achtsamkeit zu beschreiben, vielleicht auch mit kühler Distanz, weil ich weder mir noch dem Leser etwas vormachen möchte.

13 Das Todeslager im Velebit-Gebirge

Unter den Familien, die in tiefer Sorge auf Nachricht aus Jadovno warteten, kursierten die unglaublichsten Geschichten. Sie spiegeln ein letztes Aufbäumen der Vorstellungskraft gegen die schwindende Hoffnung. In einer dieser Geschichten wurde behauptet, die Italiener hätten das Lager Jadovno unter ihre Besatzung gebracht, aber man müsse vorerst darüber Stillschweigen bewahren und deshalb melde sich im Moment noch niemand von dort. In einer anderen Geschichte hieß es, »unseren Leuten« sei es gelungen, aus dem Lager zu fliehen und sich in den Wäldern des Velebit-Gebirges zu verstecken. In einer dritten Geschichte wurde das Gerücht verbreitet, Guerillakämpfer aus der Lika hätten das Lager befreit und umzingelt und »unsere Leute« seien zusammen mit ihnen in den Untergrund gegangen … Und so weiter. In einer Ausschmückung einzelner Aspekte dieser Geschichten wird behauptet, die BBC habe darüber berichtet, dass die italienischen Besatzer über die Zustände in den Ustascha-Konzentrationslagern zutiefst schockiert seien und deshalb dabei seien, alle Lager aufzulösen. Die unzähligen Geschichten widersprachen einander, und statt die Hoffnung zu nähren, stürzten sie die Menschen schließlich in tiefe Verzweiflung. Nach der letzten Nachricht der Zagreber Jüdischen Gemeinde gab es keine weiteren Neuigkeiten über unsere Angehörigen in Jadovno. Schweigen setzte ein, endgültig, und langsam begann auch in uns der letzte Rest Hoffnung abzusterben. Und doch war noch eine Weile Zuversicht zu spüren, denn als meine Mutter im Oktober aus Karlovac in die Sicherheit versprechende italienische Okkupationszone flüchtete, war sie der Ansicht, es sei gut, wenn ich noch eine Weile in Karlovac bleiben und auf Nachricht von meinem Vater warten würde. »Wenn sich Vati, so Gott will, irgendwann melden sollte«, sagte sie, »dann wird er es wohl zuerst hier in Karlovac versuchen.« Und selbst Anfang 1942 hoffte Hinko Gottlieb noch auf die Rückkehr seines jüngsten Sohnes Danko, der im August 1941 nach Jadovno deportiert worden war. Der feinsinnige Herr Gottlieb war Lyriker und gilt bis heute als der beste Übersetzer von Heinrich Heine ins Kroatische. Aber er war zugleich auch ein erfolgreicher Rechtsanwalt. Die kühle Logik des Verteidigers sagte ihm, dass sein Danko längst nicht mehr am Leben war. Doch die Phantasie und die Seele des Dichters ließen ihn an der Hoffnung festhalten.

Jadovno war im Unabhängigen Staat Kroatien im ganz konkreten Sinne des Wortes das erste Todeslager. Als Teil des Komplexes Gospić-Velebit-Pag, dessen Lager verschiedene Zwecke hatten, war Jadovno von Anfang an ausschließlich dafür vorgesehen, die Lagerinsassen zu liquidieren. In einer am 8. Juli 1941 von Dido Kvaternik erlassenen Weisung lässt sich ein Hinweis auf eine Genozid-Komponente herauslesen: »Wenn das Interesse der öffentlichen Sicherheit die Entfernung unerwünschter Personen aus ihren Aufenthaltsorten erfordert, dann sind alle Orthodoxen und Juden nach Gospić zu schicken«, während »Katholiken und Muslime nicht nach Gospić zu schicken sind«. Das bedeutet nicht, dass alle »unerwünschten« katholischen und muslimischen Kroaten oder Bosnier dem Tod entgangen wären – doch auf sie wurden die Kriterien des selektiven politischen Terrors angewendet, während die Juden und die Serben der nichtselektive Genozid traf.

Eugen Dido Kvaternik war der Begründer des Lagerkomplexes Gospić-Velebit-Pag. Gleich Anfang Juni nach seiner Rückkehr aus Berlin und den mehrtägigen Gesprächen im SS-Hauptamt hatte er begonnen, seinen Lagerentwurf zu konkretisieren. In dieser Zeit fing die SS-Führung an, die sogenannte »Endlösung der Judenfrage« mit ersten Aktionen vorzubereiten, deshalb hatte Kvaternik Berlin mit sehr konkreten Ratschlägen verlassen, die ihm im NDH von Nutzen sein sollten. Die zeitliche Koinzidenz ist also kein Zufall: Vier Einsatzgruppen, die aus jeweils 500 bis 900 SS-Männern bestanden, verübten gleich nach dem Überfall auf die Sowjetunion am 22. Juni in den eroberten Gebieten eine Reihe von Massenexekutionen von Juden und anderen »unerwünschten Personen« – und die erste Gruppe von Lagerinsassen traf nur zwei Tage später in Jadovno ein.

Der Lagerkomplex Gospić-Velebit-Pag unterlag der direkten operativen Leitung der Provinzpolizei von Gospić. Kvaternik ernannte Stjepan Rubinić zum Polizeichef und sandte ihn am 18. Juni von Zagreb nach Gospić mit dem Auftrag, »ein Lager in Jadovno einzurichten und zeitweise auch die Leitung im Lager in Pag zu übernehmen«. In seinen Memoiren[5] beschäftigt sich Ilija Jakovljević an mehreren Stellen ausführlich mit Rubinić und verpasst ihm den ironischen Spitznamen »Der Erhöhte«. In Gesprächen, die beide in Nova Gradiška miteinander führten, plauderte Rubinić die Kriterien aus, nach denen Kvaternik ihn für diesen Posten ausgewählt hatte. Die prahlerischen »Vertraulichkeiten«, die Rubinić mit Jakovljević in Stara Gradiška austauschte, zeigen, nach welchen Kriterien Dido Kvaternik 1942 gerade Stjepan Rubinić für diese spezielle Aufgabe ausgesucht hat, die er euphemistisch »Errichtung eines Lagers in Jadovno« nannte. Das Übrige erfahren wir aus Rubinićs Darlegung vom 29. Oktober 1941 und anderen Zeugenaussagen, die vor dem Ustascha-Disziplinargericht und Strafgerichtshof in Zagreb gemacht worden sind.[6]

Rubinić war 1909 in Jastrebarsko zur Welt gekommen und hatte in Zagreb irgendeine zweijährige Kaufmannsschule absolviert, er wurde Handelsreisender und war vor dem Krieg für kurze Zeit Leiter des nationalistisch ausgerichteten Vereins »Ante Starčević und August

Šenoa«. Er qualifizierte sich für die Aufnahme in die Ustascha-Bewegung durch das Verbreiten von Propagandamaterial, leistete den Ustascha-Schwur und schritt gleich am 10. April 1941 zur Tat, indem er der Ustascha-Führung in Zagreb seine Hilfe anbot und sich an den ersten Aktionen beteiligte. Nur zwei Wochen später ernannte ihn Kvaternik zum Ustascha-Kommandanten und Landesbeauftragten von Kostajnica, Dvor na Uni und Bosanski Novi. Er wurde mit speziellen Vollmachten ausgestattet und übernahm die Ausführung besonderer Aufgaben. In Stara Gradiška brüstete er sich gegenüber Jakovljević damit, eine überaus »besondere« Aufgabe ausgeführt zu haben, über die er aber keinerlei detaillierte Angaben machen dürfe. Es ging damals um eine Gruppe »unerwünschter« Freiwilliger, »die im Chaos des Umbruchs von den Ungarn in ihre bosnische Heimat vertrieben wurden«, und Rubinić musste sie aus dem Weg räumen:

> »Ich schlug ihnen ein Treffen vor, und sie ließen sich darauf ein. Ihnen war gesagt worden, man werde sie vorübergehend in einem Dorf stationieren und garantiere ihnen absolute Sicherheit. Nachdem eine Liste mit ihren Namen erstellt worden war, sorgte ich dafür, dass alle genug zu essen bekamen. Dann ließ ich sie in verschlossenen Waggons zu einer Bahnstation bringen. Sie werden es nicht glauben, aber es waren nicht einmal fünf junge Männer nötig, um die Sache zu erledigen … Die Erschießung haben Zigeuner übernommen. Sie haben das Gemeinschaftsgrab ausgehoben. Danach haben wir uns von diesem Dreckspack befreit. Es tut mir leid, dass ich neben den Zigeunern auch ein paar von unseren eigenen Leuten, die daran beteiligt waren, hinrichten lassen musste … Es ist schade um sie, aber unser Heimatland verlangt nun einmal diese Opfer von ihren allerbesten Söhnen.«[7]

Ich denke, es war die Art und Weise, mit der Rubinić diese Aufgabe anpackte – perfide, zynisch und brutal, und alles im Namen des Heimatlands –, die Kvaternik ermutigte, ihm schließlich auch das Lager Jadovno zu überantworten.

In seiner Verlautbarung vom 29. Oktober beschwerte sich Rubinić darüber, dass ihm »die Öffentlichkeit in Gospić und Lika nicht wohlgesinnt ist, weil er im Herzen der Lika als Fremder zum Polizeichef ernannt worden war«. Den Ustascha-Veteranen aus der Lika war es wahrscheinlich tatsächlich nicht recht, auf einer solchen Position jemanden aus Zagreb vor die Nase gesetzt zu bekommen, sozusagen einen Grünschnabel, der wenig Erfahrung in der Ustascha-Bewegung und gar keine mit der üblichen Polizeiarbeit hatte. Außerdem sorgte es für Ärger, dass der »Fremde«, im Einvernehmen mit Kvaternik, mit vier jungen Assistenten aus Zagreb angerückt war, als wären vor Ort für eine solche Aufgabe nicht genug vertrauenswürdige Ustasche aus der Lika vorhanden.

Trotz der anfänglichen Distanz und Animositäten funktionierte am Ende die Zusammenarbeit zwischen Rubinić und den einheimischen Ustasche gut. Das Gelände für das Lager Jadovno wurde von Kennern des Terrains ausgesucht – von Jurica Frković, dem ersten Ustascha-Bevollmächtigten für die Region Lika und Kreisvorsitzenden von Gacko und Lika, sowie von Juco Rukavina, dem ersten Kommandanten der aus beiden Kreisen zusammengeführten Ustascha-Streitkräfte. Beide Männer waren 1932 am Aufstand von Velebit beteiligt gewesen und kannten daher das Gebirgsgelände sehr gut, auf dem dann das Lager Jadovno errichtet wurde.

Das Dorf Jadovno liegt tief im Wald des Velebit-Gebirgsmassivs auf einem eineinhalb Kilometer langen Plateau in einer Höhe von 805 Metern, etwa sechzehn Kilometer nordwestlich von Gospić. Laut Volkszählung aus dem Jahr 1931 lebten hier damals 106 Einwohner. 1948 waren es 92, 1971 nur noch 51. Im Sommer 1994 konnte ich nur noch sieben bewohnte Häuser ausfindig machen, mit gerade mal insgesamt 20 Bewohnern. Im Norden des Ortes führt eine enge Lehmstraße in den dichten Wald und windet sich von dort in ein unwegsames Gelände hinauf. Nach acht Kilometern bricht die Straße ab, und ein schmaler Pfad führt in ein kleines Tal, das gerade einmal zweihundert Meter lang und hundert Meter breit ist. Es wird manchmal Čačić-Draga, manchmal Čačić-Dolac genannt. An dieser Stelle befand sich das Lager. Sichtbare Spuren gibt es davon heute nicht mehr, und man muss sich schon die Mühe machen, unter den Büschen und im hochgewachsenen Gras zu suchen, um Reste vom Stacheldraht oder Patronenhülsen zu finden. Rundum ist nichts zu sehen außer einem dichten Wald und Steinen, die grau aus der karstigen Erde hervorschimmern. Es ist ein Ort, der aus der Welt gefallen scheint, hinter Gottes Rücken liegend und jenseits des menschlichen Lebens.

Das gesamte Velebit-Gebirge ist Karstgebiet und zeichnet sich durch seine tiefen Höhlen aus. Die Šaran-Höhle ist die bekannteste von allen, eineinhalb Kilometer vom Dorf Jadovno entfernt befindet sie sich am Rand des Weges, der zum ehemaligen Lager führt. Die Höhle ist 42 Meter tief. Auf dem Grund liegen noch immer die Skelette der Lagerinsassen, deren Leichen man dort hineingeworfen hat. Es ist nicht möglich, eine genaue Opferzahl zu ermitteln. In den 1970er Jahren hat man hier ein großes Denkmal für sie errichtet, der Weg zur Höhle wurde gepflastert und mit einer massivem Steinmauer gerahmt. An der Mauer wurde das Partisanen-Gedicht *Höhle* von Ivan Goran Kovačić angebracht. Als ich im Sommer 1994 mit einem holländischen Fernsehteam hier war, fand ich das Denkmal vollständig zerstört vor, und der ummauerte Weg war schwer beschädigt. In der Zeit zwischen 2010 und 2012 wurde die Straße aber repariert und das Monument wieder aufgestellt.

Rubinić ließ sich mit seinem Direktionsbüro als Provinzpolizei-Chef in dem Kreisverwaltungsgebäude auf dem gleichen Stockwerk wie der Kreisvorsitzende Jurica Frković nieder. Vier Monate später beschwerte sich Rubinić über die Aufgabe, die ihm Frković übertragen hatte, da sie »viel zu groß war, als dass man sie allein hätte richtig bewältigen können«, denn »mir wurden ja massenweise Gefangene« zugeteilt.

Diese kamen in überfüllten Viehwaggons aus ganz Kroatien, Bosnien und der Herzegowina, und es trafen täglich Transporte am Bahnhof von Gospić ein. Man karrte sie aus den unterschiedlichen Kreisverwaltungen der Lika auf Lastwagen und auf Pferdefuhrwerken herbei, manche hatten lange Fußmärsche hinter sich gebracht. Die meisten von ihnen kamen völlig ausgehungert und gezeichnet von den brutalen Schlägen ihrer Wärter im Lager an. An der Eisenbahnstation wartete Rubinićs Vertreter Janko Mihalović auf sie und trug die Namen in Listen ein, manchmal stand auch Rubinić persönlich dort. Häufig wurden die Gefangenen aber auch ohne Registrierung in ein Transitzentrum gebracht oder auf die Lager verteilt.

Der zentrale Ort, an dem die Gefangenen für den Übergang in die Lager gesammelt wurden, befand sich im alten Gerichtsgefängnis. Es handelte sich um ein riesiges quadratisches Gebäude mit einem Grundriss von 130 mal 130 Metern, das in der Regel überfüllt war, da sich in ihm meist an die zweitausend, manchmal auch viertausend Häftlinge befanden. In der zweiten Julihälfte und in den ersten Augusttagen waren die größten Transporte zu verzeichnen, und das alte Gefängnis reichte nicht mehr aus. Andere öffentliche Gebäude wurden umfunktioniert, so auch immer wieder das Kino mit dem dazugehörigen Garten. Einige Gruppen jüdischer und serbischer Frauen mit Kindern und älteren Männern wurden von der Eisenbahnstation direkt zu einem landwirtschaftlichen Betrieb namens Ovčara gebracht, der in der Nähe der Stadt Vukovar lag und zunächst als Behelfs- und später als Arbeitslager diente.

In diesen heißen Sommerwochen war das Bild der Stadt Gospić »Tag und Nacht« vom schmerzlichen Anblick der Gefangenenkolonnen bestimmt. »Diese Kolonnen waren unvorstellbar grauenerregend«, so der Zeuge Mićo Jelača gegenüber Đuro Zatezalo, der 1987 vor Ort recherchierte:[8]

»Mitten auf der Straße ging eine traurige Kolonne ausgemergelter Menschen, gezeichnet von Hunger und Durst, die alle an eine Kette angebunden waren, die sie der Länge nach miteinander verband. Zusätzlich waren jeweils zwei von ihnen mit Draht aneinandergebunden worden. Die Ustasche, die sie beidseitig eskortierten, schlugen fortwährend auf sie ein, beschimpften sie und zwangen sie, während des Gehens zu singen. (...) Ich weiß, dass die Leute, die all das mit ansahen, vor Entsetzen zitterten. Ich erinnere mich an eine Verwandte, die weinen musste, als sie all diese zu Tode erschöpften Menschen sah, doch ihre Tochter, die vollständig für die Sache der Ustasche entbrannt war, jubelte vor Freude. Beiden war klar, dass diese Menschen zum Schafott gebracht wurden.«[9]

Im Gericht wurden Anhörungen durchgeführt, die mit zahlreichen Folterungen einhergingen – hier entschied man über das weitere Schicksal der Gefangenen: sofortiger Tod oder Abtransport in die Lager auf der Insel Pag, in das Velebit-Gebirge oder nach Ovčara. In wenigen Ausnahmefällen konnte der eine oder andere nach Hause zurückkehren, in die Freiheit. »Wir hörten sehr oft Schreie aus den Zellen, in denen die Ustasche die Häftlinge schlugen und quälten. Die Insassen waren dem Tod durch Verhungern und Schläge geweiht. Wir wussten genau, was geschah, wenn nachts das Licht ausgemacht wurde – die Toten wurden aus den Zellen getragen, wir konnten das von unseren Fenstern aus sehen.« So die Aussage der Zagreberin Terka Gojmerac, die als verdächtige Kommunistin alle Lager und Gefängnisse der Ustasche überstand und schließlich 1942 durch einen Gefangenenaustausch freikam, zu den Partisanen ging und so den Krieg überlebte.

Die Häftlinge, die auf die Insel Pag deportiert werden sollten, wurden in der Regel vom »Gericht« in Gospić mit einem Lastwagen abgeholt und nach Baške Oštarija oder Karlobag gebracht, wo sie von den Streitkäften des 13. Ustascha-Bataillons übernommen wurden. Das von dem Ustascha-Rückkehrer Ivan Devčić Pivac befehligte Bataillon war zuständig für die Lager Metajna und Slana auf der Insel Pag.

Unter den Gefangenengruppen gab es einige, die diesen Weg zu Fuß zurücklegen mussten, dabei wurden sie wie schon beim Marsch durch Gospić in einer Reihe angekettet und paarweise mit Draht aneinandergebunden. Nur einige wenige dieser geplagten Menschen erreichten überhaupt lebend die Insel. Man erschoss sie einfach bei einer Höhle unweit des Dorfes Stupačinovo bei Baške Oštarija, man stieß sie in der Nähe von Karlobag an der Küstenseite des Velebit-Gebirges in die Karsthöhlen oder warf sie während der Überfahrt von Karlobag auf die Insel aus dem Boot in das offene Meer.

Die Gefangenen, die vom Gerichtsgebäude oder direkt von der Eisenbahnstation aus in das Lager Jadovno deportiert wurden, holte man in der Regel mit dem Lastwagen ab und brachte sie dann in das elf Kilometer entfernte Dorf Trnovac. Die restlichen zwölfeinhalb Kilometer mussten die Häftlinge zu Fuß auf sich den Berg hochwindenden Waldwegen zurücklegen, während sie von den Ustasche angetrieben und immer wieder geschlagen wurden. Wenn der Lastwagen eine Gruppe direkt ins Dorf oder gar in die Nähe des Lagers Jadovno fuhr, war das eine Ausnahme, fast immer mussten die Häftlinge die gesamten gut dreiundzwanzig Kilometer, in Ketten gelegt und mit den anderen Gefangenen zusammengebunden, gehend bewältigen. Nikola Kosović aus Lički Novi sah täglich die Gefangenenkolonne vorbeigehen. 1981 sagte er dazu öffentlich aus:

»Im Sommer 1941, wohl Ende Juli, Anfang August, hütete ich als zwölfjähriger Junge mit den anderen Hirten in der Nähe von Novoselo die Tiere auf der Weide, das war exakt an der Stelle, an der von der Hauptstraße nach Gospić-Karlobag die Straße nach Trnovac abzweigt. Damals sah ich die Ustasche fast jeden Tag Gefangenenkolonnen in das Dorf Trnovac bringen. Morgens waren es drei, vier Kolonnen, nachmittags kamen zwei oder drei Gruppen, die Richtung Trnovac zu Fuß gingen. Die Kolonnen waren sehr lang, ungefähr 40 oder 50 Meter. Zwischen den einzelnen Kolonnen waren immer 50 Meter Abstand. Die Ustasche bewachten die Kolonnen. (...) Man konnte in der Kolonne auch einige Menschen sehen, die sehr gut gekleidet waren und Koffer trugen. Sie sahen wohlhabend aus. Aber es gab auch eine große Zahl von Leuten, die barfuß gingen und halbnackt waren – sie trugen nur Unterwäsche und einige darüber ein Hemd. Ich wusste nicht, wer diese Menschen waren. Im Dorf hieß es, sie seien Serben und Juden, und man wolle sie in den Höhlen bei Jadovno töten. Frauen und Kinder waren nicht unter ihnen.«[10]

Die ersten Lagerhäftlinge, die am 24. Juni 1941 in Jadovno eintrafen, waren Juden aus Zagreb vom allerersten Transport, der an die 200 Menschen umfasste, die in der Nacht vom 22. auf den 23. Juni aus dem Zagreber Sammellager nach Gospić gebracht wurden. Im »Gericht« von Gospić wurden 30 Männer separiert, die körperlich kräftig waren. Die Ustasche ließen sie nicht aus den Augen, verfrachteten sie auf einen mit Stacheldraht versehenen Lastwagen und deportierten sie nach Jadovno (1946 sagte Bela Hochstädter, der als Einziger aus dieser Gruppe den Krieg überlebte, dazu aus). Diese ersten Häftlinge mussten in Čačić-Dolac den Boden umgraben und das Gelände mit Stacheldraht umzäunen. Nach einigen Tagen kamen immer öfter neue und größere Transporte. Für die Ustascha-Wachmänner waren zwei Baracken vorbereitet worden, die Häftlinge schliefen in den ersten Tagen unter freiem Himmel. Später wurde ihnen erlaubt, kleine Verschläge für sich zu bauen, die sie »Häuschen« nannten und mit Ästen und Farnen bedeckten. Sie waren circa zwei Meter hoch, hufeisenförmig angeordnet und beherbergten jeweils an die 30 Menschen. Die Juden und die Serben, die die meisten Gefangenen stellten, hielten sich getrennt voneinander, und die 30 politisch verdächtigen Kroaten bewohnten ebenfalls eine eigene Hütte.

Schon der erste Anblick des Lagers war für die neu ankommenden Gefangenen entmutigend. Sie fanden ein enges Tal vor, das mit einem doppelten, vier Meter hohen Stacheldraht umzäunt war. Maschinengewehrstellungen und bewaffnete Wachen waren außen am Zaun verteilt, und im Lager waren vier Wachtürme aufgestellt. Beim Betreten des Lagers wurden den Gefangenen alle persönlichen Gegenstände und Geld, sofern sie noch welches hatten, weggenommen. Die überfüllten Unterkünfte boten kaum Schutz vor den schweren Regenfällen und den kalten Nächten in den Bergen. Um sie herum befanden sich nur Felsen und ein undurchdringlicher Wald. Es gab keine Zugangsstraßen, keine Wege, nur die allumfassende unselige Stille des Waldes, die für sie womöglich noch unheilverkündender war als die Wachtürme und der Stacheldrahtzaun.

Das Lager war vollständig isoliert. Im Unterschied zu allen anderen Lagern im Unabhängigen Staat Kroatien kam in Jadovno keiner der unzähligen Briefe und keines der verschickten Pakete an, und keiner der Insassen durfte je einen Brief oder irgendeine andere Nachricht an seine Verwandten schreiben. Es gab keine Besuche von Angehörigen oder Freunden. Außer den zuständigen Ustasche durfte niemand das Lager betreten. Die einzigen Ausnahmen waren zwei Inspektionen, die eilig im Lager durchgeführt wurden, ohne dass ein Wort mit den Gefangenen gesprochen worden wäre. Im Lager wurden nie Nachforschungen angestellt. Wie schon gesagt, wurden über das Rote Kreuz des NDH Pakete der Zagreber Jüdischen Gemeinde in die Lager geschickt. Am 11. August bestätigten die Kreisverwaltung und die Staatsdirektion für Öffentliche Ordnung und Sicherheit in Gospić den Erhalt einer größeren Anzahl Pakete. Einige dieser Pakete sind in den Lagern Metajna und Slana auf der Insel Pag auch tatsächlich angekommen. In Jadovono hingegen traf nicht ein einziges Paket ein. Das Lager schien von Taubheit und Stille verschluckt worden zu sein.

Franjo Zdunić Lav hat 55 Gefangene ausfindig gemacht, die vor der Schließung des Lagers Jadovno entweder in andere Lager deportiert oder nach Hause entlassen worden sind: 31 Lagerhäftlinge waren kroatischer Nationalität (10 von ihnen wurden aus Gospić nach Hause entlassen und 21 in andere Lager versetzt); 10 junge jüdische Männer wurden von ihrem ehemaligen Schulkameraden, dem Ustascha-Leutnant Janko Mihalović, vor dem Tod gerettet. Er benutzte einen Vorwand, um sie aus dem Lager zu lotsen, und behauptete, dass sie für die Straßenreinigung in der Stadt Gospić gebraucht würden (sieben von ihnen endeten später dennoch im Konzentrationslager Jasenovac, die anderen drei überlebten den Krieg). Fünf serbischen Häftlingen aus den umliegenden Dörfern unterhalb des Velebit-Gebirges gelang die Flucht (zwei von ihnen kamen später bei den Partisanen ums Leben, die anderen drei überlebten als Kämpfer der Partisanen). An die zehn Lagerhäftlinge wurden nach Hause entlassen, weil für sie an einer höheren Stelle interveniert worden war und sie in Mischehen lebten (wie etwa die schon erwähnten Nikola Adler aus Karlovac und Dr. Bela Hochstädter aus Zagreb).[11] Aufgrund der Aussagen dieser Überlebenden konnten später Historiker und Forscher – wie Đuro Zatezalo, Franjo Zdunić Lav, Mirko Peršen, Ivo Goldstein, Đuro Vezmar und andere – die Haftbedingungen im Lager Jadovno vor seiner Schließung beschreiben und rekonstruieren.

Das Lager Jadovno im Tal Čačić-Draga bestand etwas weniger als zwei Monate, gerade mal 55 Tage. Lav schreibt in seinem Buch über Jadovno:

> »In der gesamten Zeit, die das Lager bestand, mussten die Häftlinge fortwährend den Boden planieren und andere Arbeiten zur Instandhaltung des Lagers übernehmen. Sie fällten die Bäume innerhalb der Umzäunung, entfernten Felsen und Steine und harkten den gerodeten Boden durch. Die Arbeiten waren zermürbend und anstrengend, weil man von morgens bis abends eingeteilt war (…). Das Essen war miserabel, es gab einmal am Tag eine kleine Portion Bohnen und Buchweizenbrei. Am Anfang haben die Gefangenen selbst im Lager in Blechtöpfen gekocht, später hinter dem Zaun bei den Ustascha-Wachen (…). Die Nahrung wurde beim Eingang ausgeteilt, die Häftlinge mussten sich einzeln anstellen, erst kamen die Juden, dann die Serben und danach die Kroaten an die Reihe. Die Gefangenen holten in großen Kesseln Wasser zum Trinken und Kochen von einer Quelle, die fünf- bis sechshundert Meter vom Lager entfernt war (…). Die

Nächte waren wegen der niedrigen Temperaturen und der Feuchtigkeit des Waldes kaum auszuhalten. Man saß und schlief auf der nackten Erde. Einige Häftlinge schliefen auf Baumrinden, Farnen und Ästen, die sie, von den Ustasche bewacht, in der Nähe des Lagers gesammelt hatten.«

Mane Čanak, einer der vier Männer, denen die Flucht aus dem Lager gelang, erinnert sich an einen Nachmittag, an dem er zusammen mit elf anderen Häftlingen, eskortiert von den bewaffneten Ustascha-Wachposten, zum Wasserschöpfen ging:

»Als wir an der Quelle ankamen, schlugen sie sofort auf uns ein, und als wir ins Lager zurückkamen, zwangen sie uns, Kommunisten- und Tschetnik-Lieder zu singen. Savo Zaroja aus Vrepac ließen sie ein Loblied auf den Ustascha-Führer singen, in dem es hieß: ›Pavelić, lang sollst du leben, es ist schön, dass hier die Serben von deiner Hand nun sterben.‹«

Am Anfang gingen die Ustasche mit kleinen Gruppen von acht bis zehn Gefangenen in den Wald, wo man sie Bäume fällen und Äste sammeln ließ. Aber nach einem missglückten und zwei erfolgreichen Fluchtversuchen fanden keine Arbeiten jenseits des Lagerzauns mehr statt. So siechten die Häftlinge dahin, zusammengepfercht auf dem kleinen Gelände innerhalb des Zauns, pausenlos zu unnützen Arbeiten gezwungen, wie dem Planieren des längst vollkommen plan geklopften Bodens – all das, damit sich kein Widerstand regen konnte und sie sich gebrochen ihrem unvermeidlichen Schicksal ergeben mussten.

Wenn man die räumlichen Kapazitäten und die gegebenen Umstände bedenkt, die ich schon beschrieben habe, hätte das Lager Jadovno nur für 1500 bis 2000 Gefangene Platz gehabt. Für eine kurze Zeit war es aber wahrscheinlich stark überfüllt und beherbergte an die 3000 Insassen. Die höchste Schätzung hierzu gibt Božo Žaro ab, einer der

Überlebenden, der 1945 davon ausging, dass zeitweise 4000 Menschen in Jadovno eingesperrt waren. Diese Aussage korrigierte er aber 1972 und sprach von »zwei- bis dreitausend Serben« und »einigen hundert Juden«. Der Historiker Zdravko Dizdar hat die Namen von 2167 Gefangenen ermitteln können, die vom Lager Danica nach Gospić und von dort nach Jadovno deportiert wurden und danach spurlos verschwanden. Gefangenentransporte, die durch Gospić gingen und für Jadovno bestimmt waren, kamen auch aus Zagreb, Osijek, Varaždin, Sarajevo, Koprivnica, Slavonski Brod, Banja Luka, Karlovac und anderen nordkroatischen Städten und aus Bosnien, der Herzegowina und Srijem. Es gibt also keinen Zweifel, dass weit mehr Gefangene auf den Weg nach Jadovno geschickt wurden als je dort angekommen sind. Die übrigen wurden unterwegs umgebracht. Bis Mitte Juli, als das Lager bereits bis zur maximalen Kapazität gefüllt war, kamen aus Gospić immer noch täglich mehrere Kolonnen mit jeweils an die hundert Gefangenen. In der zweiten Julihälfte und in den ersten Augusttagen wurden die meisten Gefangenen von Gospić nach Jadovno abtransportiert, doch dort kamen keine Kolonnen mehr an, sondern täglich ein, zwei kleine Gruppen mit zehn bis zwanzig Häftlingen. Einige Bewohner von Jadovno haben nach dem Krieg ausgesagt, dass jeden Tag Kolonnen mit Gefangenen in ihrem Dorf eingetroffen seien – sie seien von dort aber nicht zum Lager weitergegangen. Die Šaran-Höhle wurde vielen von ihnen zur Hinrichtungsstätte, sie lag auf dem Weg zum Lager, anderthalb Kilometer vom Dorf entfernt. Etwa eine Viertelstunde nachdem eine Kolonne das Dorf passiert hatte, hörten die Bewohner aus dem Wald Schüsse und die Schreie und Hilferufe der Opfer.[12]

Auf dem Höhepunkt der Transporte wurden die Gefangenen, für die im Lager kein Platz mehr war, direkt dort umgebracht. Diese Hinrichtungen oblagen der Verantwortung zweier Lagerkommandanten, einer davon war der Oberleutnant Rudi Ritz (vor dem Krieg war er von Beruf Lehrer), der andere Ante Bešlić (vor dem Krieg eingeschriebener Student an der Universität Split). Die beiden wechselten sich bei den Exekutionen ab. Die Erinnerungen von Lagerüberlebenden zusammenfassend, beschreibt Lav sehr genau, wie diese Hinrichtungen abliefen:

> »Vor Einbruch der Dunkelheit kam Ritz mit einer Liste und ließ zwei-, dreimal Gruppen von acht bis zehn Personen bilden, insgesamt ging es um 30 bis 40 Gefangene. Ohne sie zu fesseln, brachte man sie auf die Straße, die zum Lager führte. Ob man sie später, als sie außer Sichtweite des Lagers waren, wieder gefesselt hat, ist nicht bekannt. Aber eine bis anderthalb Stunden nach ihrem Fortgehen hörte man Schüsse, und man kann davon ausgehen, dass sie unterwegs liquidiert wurden. Die damaligen Lagerinsassen waren sich darüber einig, dass allen, die man abgeholt hatte, der Tod bevorstand. (…) Es gibt keine genauen Angaben über den Ort, an dem die Gefangenen hingerichtet worden sind. Die Überlebenden nehmen aber an, dass die Erschießungen an der Grube unterhalb vom Grgin Brijeg stattgefunden haben müssen. Diese Karsthöhle ist bis heute nie untersucht worden.«[13]

Ich stelle mir in dieser Situation meinen Vater in der Abenddämmerung im Lager Jadovno vor, der in der Ferne die Schüsse an der Grube unterhalb vom Grgin Brijeg hört. Er kam am 17. oder 18. Juli 1941 aus dem Lager Danica nach Jadovno, in einer Zeit, in der das Lager schon aus allen Nähten platzte und die Erschießungen all jener eingesetzt hatten, für die es keinen Platz mehr gab. Wurde auch er in der Abenddämmerung von Rudi Ritz aufgerufen und zum Grgin Brijeg gebracht? Oder war mein Vater noch am Leben, als das Lager geschlossen wurde und alle Überlebenden auf einmal hingerichtet wurden? Ich bin mir darüber im Klaren, dass ich das nie erfahren werde, aber ich kann nicht anders, als mir seine letzten Stunden und Augenblicke auszumalen.

Mein Vater, zumindest der Träumer in ihm, wird sich vielleicht an den ersten Abenden gesagt haben, dass die Schüsse vom Grgin Brijeg von nächtlichen Militärübungen rührten, was durchaus vorkommen konnte, oder dass sie Flüchtigen galten, die versucht hatten, aus dem Lager zu entkommen, sich zu retten, beschirmt von der Nacht, im Schutz des dichten Waldes und der Wildnis des Velebit-Gebirges zu verschwinden. Und danach? Wohin dann? Wahrscheinlich hat mein Vater selbst in dieser Lage noch versucht, in Gedanken alle Möglichkeiten durchzugehen, sich an etwas zu klammern. Schon allein um sich nicht wie ein Opferlamm der Gewalt der anderen auszuliefern. Nur eine einzige, aber unvermeidliche Frage konnte seinen Gedanken eine Grenze setzen: Welche Konsequenzen würde seine Entscheidung für seine zwei Söhne und für ihre Mutter haben? Würden seine Handlungen sie gefährden und zu Opfern machen?

Als Abend für Abend in monotoner Regelmäßigkeit die Schüsse vom Grgin Brijeg zu hören waren, ohne dass es Maschinengewehrfeuer gab oder die Ustascha-Wärter alarmiert waren, muss den Häftlingen schmerzlich bewusst geworden sein, dass alle hingerichtet wurden, für die kein Platz mehr war, dass es sich keineswegs um Fluchtversuche handelte und dass jeder Versuch zu entkommen ohnehin sinnlos und unmöglich war. »Ohnmacht ist ein sehr eigenartiges Gefühl«, notierte Branko Cetina, der zu jenen fünf Gefangenen gehört, denen als einzigen die Flucht glückte. Er wehrte sich gegen das Gefühl der Ohnmacht ab dem Moment, als man ihn aus dem »Gericht« von Gospić auf den Weg nach Jadovno brachte – und von da an fieberte er dem einen Augenblick entgegen, in dem er entwischen könnte. Bei der allerersten Gelegenheit ergriff er die lebensrettende Flucht.

Ich kann mir nicht vorstellen, dass es angesichts der allabendlichen Hinrichtungen und der Schüsse, die vom Grgin Brijeg im Lager zu hören waren, auch nur einen Häftling gab, der nicht an den eigenen Tod gedacht hat. Was hat mein Vater in diesen Augenblicken gefühlt, was ging in ihm vor, in seinem Bewusstsein? Wie hat er dem Tod ins Auge gesehen?

Die Texte aus seiner Jugend lassen ahnen, dass mein Vater früh aufgehört hat, religiös zu sein. Dennoch achtete er weiterhin die jüdische Tradition. Ist er, als er dem Tod so nah war, zu Gott zurückgekehrt? Hat er sich ihm wieder zugewandt und ihn mit seinen Fragen herausgefordert? Der in ärmlichen jütländischen Verhältnissen aufgewachsene Vater von Søren Kierkegaard haderte mit der Ungerechtigkeit, als intelligenter junger Mensch sein Dasein bitterarm in seinem Dorf fristen zu müssen, weshalb er eines Tages seine Schafherde zurückließ, auf eine Anhöhe stieg und dem ungerechten Gott seinen Ärger entgegenschrie. Mein Vater war nicht in der Lage, eine Anhöhe zu erklimmen, er fand sein Ende in einer unendlich tiefen Höhle.

———

Am 16. August schickte Mussolini ein Telegramm an Pavelić, in dem er die erneute Besetzung der Zone B aus »unaufschiebbaren Gründen der militärischen Sicherheit« einforderte, wie es in den Römischen Verträgen vom 18. Mai 1941 vereinbart worden war. Die Zone B umfasste mehrere Inseln, die gesamte adriatische Küste samt küstennahen Orten, Gorski Kotar, die gesamte Lika-Region, das dalmatinische Hinterland und die Herzegowina. Das bedeutete, dass der Lagerkomplex Gospić-Velebit-Pag aufgelöst werden musste, er wäre ansonsten unter italienische Verwaltung gekommen.

Vlado Singer, der damals der Chef des Ustascha-Geheimdienstes war, machte Dido Kvaternik und Ante Pavelić bereits Anfang August darauf aufmerksam, dass sich die italienischen Militärs innerhalb des Stabs der 2. italienischen Armee (die für Slowenien und Kroatien zuständig war) auf eine Okkupation der erwähnten kroatischen Regionen vorbereiteten. Für die italienische Seite bestand diese Notwendigkeit wegen der Aufstände in großen Teilen dieser Gegenden Ende Juli, Anfang August, die zur Folge hatten, dass die Kommunikation abgebrochen und die öffentliche Sicherheit selbst an der Küste gefährdet war. Zusätzlich betonte der befehlshabende General der 2. italienischen Armee, Vittorio Ambrosio, in einem Bericht an seinen Stabschef vom 24. August, dass seine Truppen »widerwillige Zeugen unsäglicher wilder Massaker geworden sind, die von den Ustasche begangen werden und deren sich anständige Kroaten schämen«. Diese »unsäglichen wilden Massaker« waren nach Ansicht Ambrosios und der ihm unterstellten Befehlshaber auf kroatischem, bosnischem und herzegowinischem Boden der Grund für die Aufstände und Unruhen innerhalb der orthodoxen Bevölkerung. Man könne das Ganze nur beruhigen und die öffentliche Ordnung wiederherstellen, hieß es, wenn man die volle Verantwortung übernehme, und das bedeute, man müsse zum Mittel der Okkupation greifen. Im Hintergrund spielten natürlich auch die bekannten imperialen, faschistischen Bestrebungen eine große Rolle, denn Italien schwebte die Herrschaft über die gesamte Adria vor. Öffentlich führte dies natürlich niemand als Argument an.

Im Verlauf des August versuchten Pavelić und andere führende Politiker im NDH verzweifelt, aber ohne Erfolg, Ribbentrop und Hitler zur Intervention zu bewegen und sich für die Sache der Kroaten einzusetzen, damit die Italiener von der Okkupation Abstand nahmen oder wenigstens die im Raum stehenden Forderungen abmilderten. Die Führung des Dritten Reichs musste zwischen zwei Verbündeten wählen, und das faschistische Italien war in diesem Moment wichtiger als das Ustascha-Kroatien. Außerdem leuchteten den Deutschen die Argumente der Italiener ein, die repressiven Methoden würden für Unruhen und Aufstände sorgen. Ähnliche Hinweise hatten schon Glaise von Horstenau und andere im NDH weilende Vertreter des Dritten Reichs übermittelt. Und so kam es, dass die Ustascha-Regierung bis Ende August ihre militärischen Einheiten aus der Mehrzahl der betroffenen Gebiete zurückziehen und die Polizeigewalt an die italienischen Carabinieri übergeben musste.

Bei einer Anhörung vor dem Kriminal- und Disziplinargericht der Ustasche am 29. Oktober 1941 beschrieb Stjepan Rubinić die Panik, die innerhalb der ihm unterstellten Polizei und unter den Ustasche in

Gospić und Umgebung ausbrach, als sie im August von der bevorstehenden italienischen Okkupation hörten. Opfer dieser Panik wurden die übrig gebliebenen Lagerinsassen in Jadovno und die Mehrzahl der noch lebenden Häftlinge der Lager auf der Insel Pag.

Die italienische Besatzungsarmee fand schon Anfang September 1941 bei ihren ersten sanitären Inspektionen in Jadovno und den anderen zehn Lagern im Velebit-Gebirge die Wahrheit über die dort hingerichteten Menschen heraus. Alarmiert durch Berichte aus den unterschiedlichsten Gegenden der Lika über »provisorische Gräber«, von denen ein »schrecklicher Geruch verwesender menschlicher Körper« ausging, entsandten die Leiter des in Crikvenica stationierten Militär-Gesundheitsdienstes der stehenden 5. Armee zwei Teams von Gesundheitsinspekteuren, die nachforschen und eine »Verschmutzung des Grundwassers« verhindern sollten. Der Inspektionsleiter Vittorio Finderle verfasste während der viertätigen Untersuchung auf der Insel Pag und in einigen Dörfern des Velebit-Gebirges einen aufschlussreichen Bericht. Er bestätigte die Existenz von Karsthöhlen, die »bei den letzten politischen Ereignissen in Kroatien« als Massengräber benutzt worden waren. Zwei Grotten, die sich unweit von Baške Oštarije in der Nähe des Dorfes Stupačinovo befinden, hob er dabei besonders hervor:

> »Hier haben wir Reste von Männerhemden und anderer Kleidung gefunden. Neben den Erdhöhlen befanden sich menschliche Haare, Fotografien und leere, zerschnittene Geldbörsen, aber auch Geldscheine und Munitionsreste usw. Uns wurde gesagt, dass 2000 serbische Männer hier hergebracht und in diese Grotte geworfen wurden und das letzte Massaker etwa drei Wochen zurückliegt. Seitens der kroatischen Regierungsbehörden gab es keinerlei Bemühungen, sanitäre Maßnahmen vorzunehmen. Ich habe große Mengen chemischer Reinigungslösungen mit viel Wasser aus einer Quelle hier in der Nähe mischen und in die Grube leiten lassen.«

Und in einem anderen Bericht:

> »Ich bin wieder zu meinem Ausgangspunkt zurückgekehrt und habe zusammen mit der Armee eine erneute Suche vorgenommen. Es ist uns gelungen, eine weitere Schlucht zu finden, die sie Duliba-Grotte nennen. Sie war mit Ästen und Blättern bedeckt und sehr gut getarnt. Auf dem Pfad neben der Grotte haben wir Reste von Kleidung gefunden, Schnupftücher, persönliche Dokumente, Patronenhülsen von Armeegewehren, Zahnbürsten, sogar eine zerbrochene Männerarmbanduhr. Ich habe den Bauern befohlen, die Äste von der Grotte zu entfernen. Sofort trat der für Verwesung typische süßliche Geruch menschlicher Körper aus. Der Eingang zur Grotte ist acht mal acht Meter groß. Die Steine, die sich in unmittelbarer Nähe des Eingangs befanden, waren voller Blutflecken, und menschliche Überreste klebten an ihnen. (…) Man hat an die zweihundert Menschen in die Höhle hineingeworfen, das Massaker hat vor kurzem stattgefunden, wahrscheinlich vor einem Monat. Auch in dieser Grotte wurden keine Desinfektionsmittel benutzt. Ich habe hier dieselben Chemikalien verwendet wie bei der anderen Grotte.«

Dr. Finderle spürte mit Hilfe der Bevölkerung, aus der Hinweise kamen, und einer Militärpatrouille, die gezielt die Region nach Höhlen absuchte, sechs weitere Hinrichtungsstätten dieser Art auf. Auch Jadovno war darunter, wo es laut einer Notiz Finderles die »höchste Opferzahl« gegeben hat. Doch die Aufgaben der italienischen Inspekteure bezogen sich ausschließlich auf sanitäre Maßnahmen. Sie beschreiben weder die Einzelheiten der begangenen Verbrechen noch recherchierten sie die Zahl der Opfer. Nur ein einziges Mal grub ein Desinfektionsteam, das zwischen dem 11. und dem 22. September 1941 ein Grab neben dem Ustascha-Lager Slana auf der Insel Pag inspizierte, aus Hygienegründen die dort verscharrten Leichen aus und verbrannte sie. In einem detaillierten Bericht darüber vom 22. September 1941 stellte Dr. Santo Stazzi, der leitende General und Arzt der Untersuchung, fest:

»Die an unterschiedlichen Orten gefundenen 791 Leichen wurden alle verbrannt, davon 716 auf dem Hauptfriedhof in Malin (...). 407 dieser Toten waren Männer, 293 Frauen, 91 Kinder im Alter zwischen 5 und 14 Jahren. (...) Von der Person, die mir als ortskundiger Führer an den unterschiedlichsten Orten bei der Suche geholfen hat, habe ich erfahren, dass die meisten Menschen, die nach Slana deportiert wurden, einfach ins Meer geworfen wurden, mit riesigen Steinen beschwert. Viele haben sich auch selbst das Leben genommen und sich ertränkt.«[14]

Die militärische und politische Führung Italiens hat ihre Erkenntnisse über die Völkermorde der Ustascha während des Krieges nicht publik gemacht. Aber sie benutzte ihr Wissen als Argument in den politischen Auseinandersetzungen mit den Machthabern des NDH. Die Italiener rechtfertigten damit auch ihre Unterstützung der Tschetniks sowie die Besatzung der Zone B und die militärische Kontrolle, die sie mittlerweile über die Regionen zwischen Karlovac und Sarajevo ausübten. Schließlich wurde berichtet, dass die Italiener von der Ustascha-Regierung die Auslieferung von Rubinić forderten, damit er öffentlich für die Verbrechen von Jadovno angeklagt und zur Rechenschaft gezogen werden konnte.

Dido Kvaternik ließ Rubinić am 13. September 1941 verhaften, also zu einem Zeitpunkt, an dem die Italiener den Ustasche ihre Erkenntnisse über die Toten in den Karsthöhlen und Gräbern der Insel Pag längst serviert hatten. Dido Kvaternik fiel es ganz offensichtlich schwer, den Italienern und den Tschetniks einen solchen öffentlichen Prozess über die Verbrechen der Ustasche zu ermöglichen. Dennoch nutzte er die Gelegenheit, um zu demonstrieren, dass nicht die NDH-Regierung hinter den Untaten steckte. Vielleicht wurde ihm das auch von seinem Chef Ante Pavelić höchstpersönlich nahegelegt. Und so wurde schließlich die Anklage gegen Rubinić vor dem Ustascha-Straf- und Disziplinargericht inszeniert.

Der ganze Prozess war eine leicht zu durchschauende tragikomische Farce. Alles fand im Geheimen statt, während der Abschlussbericht für die Öffentlichkeit reine Augenwischerei war. In seiner Zeugenaussage legte Dido Kvaternik in geschwollenen Sätzen dar, worum es im Prozess ging, aber seine Äußerungen verschleierten mehr, als sie offenlegten, und waren mit offensichtlichen Lügen durchsetzt. Rubinić sagte aus, er habe nichts getan, was nicht mit Kvaternik abgesprochen gewesen wäre – dazu habe gehört, das untragbar gewordene Lager Jadovno nach Maksimović an die Ovčara-Eisenbahnstation nach Gospić zu transferieren.

Es stimmte, dass Rubinić Kvaterniks Instruktionen und Anweisungen Folge geleistet hatte. Aber was den Umzug von Jadovno nach Maksimović anging, log er, denn als das Lager geschlossen wurde, hatte er außer dem Küchengeschirr nichts und niemanden transferiert. Kvaternik log ebenfalls, als er sagte, er habe nicht gewusst, was in Jadovno vor sich ging, aber es stimmte wohl, dass er von der Schnelligkeit, mit der alles erledigt wurde, überrascht war. Wie auch immer, Rubinić war in jeder Hinsicht ideal, um ihn den Italienern zu opfern.

Alle anderen am Prozess Beteiligten – Zeugen und Verdächtige – redeten am Ende über alles Mögliche, nur nicht über die eigentliche Sache. Sie wussten, dass es bei der Gerichtsverhandlung um Jadovno ging, dass darüber aber nicht offen gesprochen werden durfte. Jeder wusste, dass Rubinić als Opferlamm auserkoren war, und so schob man ihm einige nach den Kriterien der Ustascha unbedeutende Delikte unter, die vollkommen nebensächlich waren: etwa Unklarheiten bei der Abrechnung des Geldes, das den Lagerinsassen abgenommen worden war, Eigennutz im Umgang mit Autos, sexuelle Kontakte mit einer Gefangenen. Am Ende wurde Rubinić ganz nach Dido Kvaterniks Wünschen verurteilt. Im Urteil hieß es, der Leiter der Bezirkspolizei in Gospić habe »eigenmächtig über die Lagerhäftlinge in Jadovno verfügt« und »dieses Lager eigenmächtig nach Gospić überführt und von dort einen weiteren Transfer in das Lager Jastrebarsko veranlasst«.

Stjepan Rubinić wurde aus der Ustascha-Bewegung ausgeschlossen und zu einem Jahr Zwangsarbeit in einem Lager verurteilt. Der Wortlaut des Urteils wurde in Zeitungen publiziert, aber nur mit einer vagen Formulierung und dem Hinweis auf einen Machtmissbrauch – es fiel kein Wort über Jadovno. Kvaternik bekam das, was er gewollt hatte – eine öffentliche Verlautbarung, die besagte, dass die verübten Verbrechen »eigenmächtige« Taten Einzelner waren und nicht auf eine Entscheidung der NDH-Regierung zurückgingen. Dies wurde dann für die Verhandlungen mit den Italienern und einigen deutschen Vertretern genutzt, aber auch den »Weichlingen« aus den eigenen Reihen vorgehalten – und nicht zuletzt konnten die grauenerregenden Geschichten, die über Jadovno kursierten, mit diesem Urteil kleingeredet werden.

Dennoch hat Rubinić als Opfer keinen allzu hohen Preis bezahlt. Kvaternik musste aufpassen, dass sich kein Unmut innerhalb des harten Kerns der Ustascha-Bewegung breitmachte, wo man Rubinić für sein Verhalten im Lager Jadovno keinerlei Schuld zuschreiben mochte, sondern gerade darin seinen Verdienst sah. Rubinić verbrachte ein Jahr in Stara Gradiška, wo er eine Sonderbehandlung genoss, die eines geehrten Gastes. Er war in den Räumlichkeiten der Lagerleitung untergebracht, erhielt das gleiche Essen wie diese, genoss deren Gesellschaft am Abend, schlief auf sauberen Laken, konnte sich frei im Lager bewegen, arbeitete ein bisschen an den Karteien der anderen Häftlinge und half manchmal bei den Nachforschungen über einzelne Gefangene.

Nachdem Rubinić sein Jahr abgesessen hatte, wurde er aus dem Konzentrationslager Stara Gradiška entlassen. Er war nicht mehr Mitglied der Ustascha-Bewegung, doch zum Trost ließ man ihn fortan und bis zum Ende des Krieges jüdisches Eigentum konfiszieren. Im Herbst 1945 war über seinen Verbleib nichts bekannt, daher notierte die Nationale Kommission zur Aufarbeitung von Kriegsverbrechen in seiner Akte fälschlicherweise, er sei »wahrscheinlich von den Ustasche umgebracht worden«. Drei Jahre später, am 17. Oktober 1948, notierte ein Agent der UDBA in seiner Akte, Rubinić sei in kroatischen Emigrantenkreisen in Salzburg gesichtet worden, besonders oft in Gesellschaft von Vjekoslav Blaškov. Im Bericht wird festgehalten, er sei zuletzt im Kaffeehaus *Großglockner* gesehen worden. In dieser Zeit, so fand man später heraus, hatte Blaškov versucht, illegal nach Kroatien einzureisen, und war an der Grenze verhaftet worden. Rubinićs Spur verliert sich vollständig – der Agent ging damals davon aus, dass er finanziell gutgestellt sei und irgendwo in Deutschland oder Österreich abgetaucht war.

Niemand kann genau sagen, wann das Lager Jadovno stillgelegt wurde, und es ist wohl auch nicht mehr herauszufinden. Der Rechtsanwalt Edo Neufeld geht davon aus, dass es bereits in den ersten Augusttagen 1941 war, da sich ab diesem Zeitpunkt jede Spur von den Insassen verliert. Damals, sagt er, hätten die Ustasche den Häftlingen im Lager Ovčara einige Kessel und Kochtöpfe gebracht, von denen es hieß, sie seien aus Jadovno, das nun geschlossen sei. Das Datum kann aber nicht ganz gestimmt haben, denn noch am 10. August 1941 hatte die Jüdische Gemeinde in Karlovac die offizielle Information erhalten, die dort inhaftierten Juden befänden sich im Lager Jadovno, und es hieß, sie seien gesund und es gehe ihnen gut. Aber vielleicht hat diese Auskunft nicht der Wahrheit entsprochen. Ich denke, dass die Annäherung von Franjo Zdunić Lav der Wahrheit am nächsten kommt:

> »Die Stilllegung des Lagers Jadovno erfolgte zwischen dem 15. und dem 20. August 1941. Das faschistische Italien befahl am 15. August der 2. Armee, die erneute Besatzung durchzuführen. Die Ustasche und Pavelić wurden damit vor vollendete Tatsachen gestellt. Deswegen machten sie sich übereilt an die Schließung der Lager Slana und Jadovno und tilgten

alle Spuren ihrer Verbrechen. Damals waren noch nahezu 1200 Gefangene in Jadovno – 900 Serben und 250 bis 300 Juden. Sie wurden alle an Ort und Stelle hingerichtet, und ihre Leichen wurden in die Karsthöhlen geworfen. Der Eingang der größten Höhle in dem karstigen Gebirge hat einen Durchmesser von 200 Metern und befindet sich an die 40, 50 Meter südlich des Lagergeländes. Die Ustasche deckten die Höhle und damit die Toten mit Steinen, Ästen und Blättern ab.«

Ich weiß nicht und werde es nie erfahren, in welcher dieser Karsthöhlen mein Vater gestorben ist. Der Historiker Đuro Zatezalo hat 18 benannt, die für die Opfer von Jadovno zu Gräbern wurden. Ich habe nie in Erfahrung bringen können, wann und wie mein Vater gestorben ist und ob er überhaupt bis zur Schließung des Lagers durchgehalten hat. Auch weiß ich nicht, wie die Stilllegung genau vonstattenging und wie die Hinrichtungen vorgenommen wurden, ob mit Schusswaffen oder anderen Mitteln. Es gibt keine überlebenden Zeugen dieser Ereignisse. Während der Zeit, die das Lager existierte, konnte Serđo Poljak als Einziger dem Tod in den Höhlen entkommen. Er stammte aus dem Dorf Šibuljine bei Velebit. Bevor er 1942 bei den Partisanen in einer Schlacht gegen die Ustasche ums Leben kam, erzählte er seiner Familie und seinen Freunden von seinen erschütternden Erfahrungen im Lager Jadovno. Pavle M. Babac hat 1965 Serđos Flucht beschrieben.[15]

Schon auf dem Weg zur Höhle soll es Serđo gelungen sein, seine Hand aus dem Draht zu ziehen, mit dem man ihn festgebunden hatte. Als die Ustasche mit Maschinengewehren auf die Gefangenen schossen, warf sich Serđo auf den Boden zu den Toten und Verwundeten. In der Nacht schaffte er es, sich aus dem Leichenberg herauszuwinden, aus der Höhle zu klettern und ins nächste Dorf zu gelangen. Stevo Pjevač aus Lički Čitluk befand sich damals in unmittelbarer Nähe der Höhle, seine Aussage deckt sich mit der von Serđo.

Eine ansehnliche Zahl der Ustasche aus der Lika-Region musste sich nach dem Krieg vor Gericht für ihre Verbrechen im Lager Jadovno verantworten. Ich habe nur drei oder vier ihrer Schuldeingeständnisse gelesen, ich wollte mich nicht mit weiteren quälen. Sie sind erschreckend. Man weiß nicht, ob es glaubwürdige oder erzwungene Geständnisse sind. Mich haben zudem die befehlsgebenden Hintermänner immer mehr interessiert als die, die am Ende ihre Befehle zu vollstrecken hatten.

Die Täter haben ausgesagt, dass sie mit Hämmern, Äxten, Messern und nur in Ausnahmen mit Gewehren oder Revolvern gemordet hätten. Sie gaben zu Protokoll, viele ihrer Opfer seien geschlagen und verwundet worden, bevor sie, noch lebend, in die Grotten geworfen worden seien. Ich wollte mir meinen Vater so nicht vorstellen. Als ich 1994 das letzte Mal auf dem Plateau Čačić-Draga und an der Šaran-Höhle stand, versuchte ich, diese Bilder in mir zu löschen. Ich bemühte mich, mir meinen Vater in seinen letzten Stunden als einen freien Menschen vorzustellen, nicht kniend, nicht flehend, sondern als jemanden, der für die Mörder und ihre Befehlshaber nichts als Verachtung empfindet.

V MEINE MUTTER, DIE USTASCHE UND DIE PARTISANEN

14 Zelle Nr. 20

In der Zagreber Zeitung *Novi list* erschien am 4. August 1941 ein Artikel unter der Überschrift »Fischen, Rudern, Schwimmen – Hochgenuss am romantischen Fluss Mrežnica«. Der Verfasser begeistert sich an der Fülle der zahlreichen Inselchen und an den Seitenarmen dieses Karstflusses, beschreibt die Licht- und Schattenspiele, die sie hervorbringen, die lieblichen Ufer, die an- und absteigen, die gurgelnden Wasserfälle und den malerischen Anblick alter Mühlen. Er ist hingerissen von den vielen Ausflüglern, den geduldigen Fischern und kräftigen Ruderern und von dem idyllischen Bild, das die vier Flüsse Korana, Mrežnica, Dobar und Kupa, die die Stadt Karlovac rahmen, dem Betrachter bieten.

Den Juden war in dieser Zeit der Zutritt zu öffentlichen Badeorten verboten, also ging ich manchmal mit Freunden über die alte Brücke, um flussabwärts hinter den kleinen Inseln der Korana zu schwimmen. Vor wenigen Jahren unternahm ich mit Josip Vaništa und Lasić einen Spaziergang, und als wir drei alten Männer an der Korana entlanggingen, sahen wir uns schweigend »unsere« Inseln an und genossen den Anblick der Flussarme, die sie umspielen. Ich kann mich nicht erinnern, 1941 die Schönheit der Korana in dieser Intensität erlebt zu haben, auch später während des Krieges habe ich es nie so wahrgenommen, obwohl ich die vier Brücken von Karlovac häufig überquert habe. Als Partisan bin ich durch die Wasserfälle der Mrežnica marschiert, an denen der Reporter sich so erfreut hat. Für mich waren sie damals lediglich ein Hindernis, sie bedeuteten vor allem eine Gefahr, manch-

Lea Goldstein (1904–1974)

mal boten sie auch ein gutes Versteck und Schutz, aber die Schönheit zu sehen, das kam mir nicht in den Sinn. Muss ich daraus folgern, dass Schönheit in der Natur an sich gar nicht existiert, sondern erst im Spiegel unserer Erfahrungen und gezielten Betrachtung entsteht?

Die meisten Menschen in Karlovac versuchten im August 1941, ein normales Leben zu führen. Wenn man sich die Berichte in den Zeitungen von damals ansieht, scheint der Sommer angenehm warm gewesen zu sein, freundlich und sonnig, selten bewölkt, mit einigen wenigen milden Regenfällen und ohne übermäßige Hitze. Die meisten Karlovacer Bürger waren wahrscheinlich von den Abgründen jener Zeit noch gar nicht persönlich betroffen, obwohl sie schon zu erahnen waren. Die Schulkinder genossen die längsten Ferien ihres Lebens. Vom 10. April 1941 bis zum Frühherbst hatten sie schulfrei. Die Fußballspiele waren alle gut besucht. In der *Novi list* vom 5. August 1941 ist auch die Rede von einem »sehr erfolgreichen Konzert der leitenden

Mitglieder der Ustascha-Armee im Kroatischen Haus in Karlovac«. Die Fabriken spendeten den Arbeiterfamilien, deren Angehörige entweder in Gefangenschaft waren oder bei der Armee dienten, ein ganzes Monatsgehalt. Im vierzehntägigen Rhythmus wurde jeweils eine Gruppe von fünfundzwanzig Kindern aus armen Familien zu einem Ferienaufenthalt nach Kraljevica verschickt, auf Kosten der Stadt. Auf dem Festplatz wurden Pferde für den Export nach Deutschland vorgeführt. Am 10. August 1941 wurde am linken Ufer der Kupa feierlich die Grundsteinlegung für eine Arbeitersiedlung begangen, in der achtundvierzig Familien unterkamen. Der Poglavnik Pavelić kündigte Modernisierungen im öffentlichen Raum an, zu denen auch der Ausbau der Straße zwischen Zagreb und Karlovac gehörte.

Zur gleichen Zeit wurde das Brot rationiert. Der Tagesbedarf wurde mitten im August auf zwei- bis vierhundert Gramm reduziert. Die Menschen waren sich darüber im Klaren, dass die kroatische Bevölkerung jetzt auch die Armee der italienischen Besatzer versorgen musste, während – wie sie sahen – ihr eigener Weizen waggonweise nach Deutschland abtransportiert wurde. In den Zeitungen stand allerdings, dass Schmuggler und Spekulanten für die Misere veranwortlich seien, womit in der Regel Juden und Serben gemeint waren. Da jedoch die meisten von ihnen im August enteignet worden waren, musste man unter den kroatischen Händlern geeignete Sündenböcke herauspicken.

In diesen Tagen kam eine weitere schlechte Nachricht, die das Böse weiter besiegelte. In Zagreb war ein mobiles Standgericht eingerichtet worden, das jederzeit und überall im Land eingesetzt werden konnte. Meine Mutter war eine der Ersten, die davon hörten. Als ich ihr wie jeden Tag das Essen ins Gefängnis brachte, beobachtete ich im Hof eine dünne, große, leicht gebückt gehende Frau, die überschwänglich eine junge, schöne Frau umarmte und küsste. Der Anblick beunruhigte mich zutiefst, und meine Mutter erzählte mir: »Das sind Mutter und Tochter, beide sind von Beruf Schneiderinnen. Die Tochter ist in unserer Zelle untergebracht. Sie ist eine sehr liebenswürdige junge

Frau. Aber es steht nicht gut um sie, es heißt, sie müsse demnächst vor diesem neuen mobilen Standgericht vorsprechen. Wenn wir den Flur saubermachen und für einen Moment allein sind, erzählt sie mir von sich. Sie zeigt mit ihrem Finger direkt auf ihre Stirn und sagt – ›hier, genau hierhin werden sie schießen … genau hierhin‹.«

Die junge Frau hieß Herta Turza, nach dem Krieg wurde die Grundschule in Banija nach ihr benannt. Herta war am 21. Juli 1941 mit ungefähr 20 anderen Mitgliedern der Kommunistischen Partei und der Union der kommunistischen Jugend Jugoslawiens verhaftet worden. Am darauffolgenden Tag kam das mobile Standgericht aus Zagreb nach Karlovac. Als Ergebnis der insgesamt acht Verhandlungen, die dieses Gericht 1941 in Karlovac anberaumt hat, wurden innerhalb kürzester Zeit 45 Todesurteile und eine Haftstrafe verhängt.

In der örtlichen Polizeistation wartete Herta in der Zelle mit meiner Mutter und zehn anderen Frauen darauf, vor das Standgericht gerufen zu werden. Es liegt in der Natur des Menschen, dass er in solchen Augenblicken bis zuletzt hofft, aber in den Gesprächen mit meiner Mutter machte sich Herta nichts vor. Sie hatten nur zwanzig Tage in dieser Zelle zusammen verbracht, waren aber sehr schnell miteinander vertraut geworden. Herta hatte das Bedürfnis, offen mit jemandem zu reden. Meine Mutter erzählte mir später, dass Herta in diesen Gesprächen weder weinte noch klagte. Sie akzeptierte ihr Schicksal als besiegelt und unabwendbar, wie eine Naturkatastrophe, von der man weiß, dass sie eintreten wird, der man aber nicht entkommen kann.

Veco Holjevac[1] schreibt über Herta Turza, dass sie »eine stille und genügsame zweiundzwanzigjährige junge Frau war (…), mit einem sanften und empfindsamen Gemüt, sichtbar zerbrechlich, weshalb es ein Rätsel war, woher sie ihre Stärke und Kraft für die illegale Parteiarbeit nahm. Sie wurde besonders von Ivo Marinković[2] geschätzt, und auf seinen Vorschlag hin nahm man sie im Mai 1941 als Mitglied im Bezirkskomitee auf«, in dem auch Holjevac mitarbeitete. Bei der ersten Sitzung des Bezirkskomitees las Josip Kraš nach dem Überfall Deutschlands auf die UdSSR – in den letzten Junitagen 1941 – ein Telegramm vor, das die Komintern über einen geheimen Rundfunksender an das Zentralkomitee der Kommunistischen Partei Jugoslawiens (KPJ) gerichtet hatte:

»Der perfide wortbrüchige Angriff Deutschlands auf die UdSSR war nicht nur gegen ein einzelnes sozialistisches Land gerichtet, sondern gegen die Freiheit und Unabhängigkeit aller Völker. Es ist unabdingbar, dass alles in Bewegung gesetzt werden muss, um den gerechten Kampf des sowjetischen Volkes zu ermöglichen und ihn zu unterstützen. Die Verteidigung der UdSSR ist zugleich eine Verteidigung aller Völker, die von Deutschland besetzt worden sind. (…) Es muss jetzt eine Bewegung entstehen, aus der eine gemeinsame Front hervorgeht und die sich dem Schutz all jener Völker verschreibt, die vom Faschismus bezwungen worden sind – dieser Akt ist untrennbar mit dem Sieg der UdSSR verbunden. Zum jetzigen Zeitpunkt geht es ausschließlich um die Befreiung von der faschistischen Knechtschaft und nicht mehr nur um die sozialistische Revolution.«

Für fanatisierte Kommunisten und disziplinierte »Soldaten der Revolution« war dies ein Aufruf zur Schlacht. Nach dem Beschluss des Bezirkskomitees übernahm Veco in der Stadt die Leitung der Kampfeinheiten, und Herta war die wichtigste Verbindung zwischen ihnen. Innerhalb von zehn Tagen verfügten sie über zehn solcher Gruppen, in jeder von ihnen waren drei bis vier in der Regel jüngere Mitglieder der Kommunistischen Partei und der kommunistischen Jugendorganisation Jugoslawiens zusammengefasst. Um 21.30 Uhr am Donnerstag, dem 3. Juli 1941, fiel in Karlovac plötzlich der Strom aus, und auf den Straßen, in Häusern, Kinos und Cafés gingen die Lichter aus. Im Schutz der totalen Dunkelheit, die eine ganze Stunde währte, schrieben Herta und ein paar andere Aktivisten in großen Buchstaben an die Karlovacer Häuserwände »Lang lebe die Sowjetunion!« und »Es lebe die Kommunistische Partei!«.

Einige vergleichbare Aktionen folgten in den nächsten Tagen, dazu gehörten das Kappen der Telefonleitungen zwischen Karlovac und anderen Städten sowie ein gescheiterter Versuch, die Eisenbahnverbindung zwischen Karlovac und Zagreb zu unterbrechen. In der Nacht vom 19. auf den 20. Juli sprengten zwölf junge Männer, die auch dieses Mal von Holjevac angeführt wurden, bei Mrzlo Polje die Bahnverbindung Richtung Küste.

Obwohl diese Aktionen aus militärischer Sicht eher unbedeutend waren, waren sie eine Ankündigung dafür, wie Kroatien sich künftig im Zweiten Weltkrieg positionieren würde, und damit hatten sie weitreichende Folgen. Ganz Europa teilte sich – wie auch die übrige Welt – in zwei Lager, das der Faschisten und das der Antifaschisten, also in das jener Kräfte, die sich der Vernichtung der gesamten menschlichen Zivilisation verschrieben hatten, und in das derer, die sich ihnen entgegenstellten. Der neu formierte Unabhängige Staat Kroatiens positionierte sich eindeutig aufseiten der Faschisten. Nach dem Überfall des nationalsozialistischen Deutschlands am 22. Juni 1941 fand sich die Sowjetunion – gegen Stalins Willen – auf der Seite der Antifaschisten, die Umstände führten dazu, dass sie zu einer zentralen Macht wurde, die mit über den Ausgang des Krieges entschied. Auf Moskaus Geheiß ordneten sich kroatische und jugoslawische Kommunisten der sowjetischen Führung unter. Schon in ihren ersten Widerstandsaktionen zeigten sie, dass sich Kroatien keineswegs vollständig dem Faschismus verschrieben hatte, die Teilung der Welt in zwei Lager verlief mitten durch Kroatien. Die Verfasser der alten Qumran-Texte hätten gesagt, dass in diesem Krieg in Kroatien die Söhne des Lichts und die Söhne der Dunkelkeit einander gegenüberstanden, der Sieg der Licht-Söhne war aber nicht gänzlich rein, denn es zeigte sich, dass viele der Sieger den Keim einer neuen Dunkelheit in sich trugen. Die ersten Protagonisten dieser apokalyptischen Kriegsszenerie zahlten einen sehr hohen Preis, und das betraf auch die angreifenden Widerstandsgruppen in Karlovac.

Nikola Šavor, ein zweiundzwanzigjähriger Bäckergehilfe und Sekretär des Gemeindekomitees der kommunistischen Jugendorganisation, war an den meisten Sabotageangriffen in und um Karlovac beteiligt. Veco Holjevac beschreibt ihn als einen jungen Mann, der »temperamentvoll und gewandt reden konnte. (...) Sein Auftreten zeigte sein lebendiges und empathisches Wesen, kurzum – er hinterließ einen ausgezeichneten Eindruck.« Ivo Marinković hielt ihn für »einen der hervorragendsten jungen Männer, den besten, den die kommunistische jugoslawische Jugend zu bieten hat«. Mit Abenteuerlust und Beharrlichkeit ergatterte Šavor von den Italienern und der Heimwehr eine Anzahl unterschiedlicher Waffen. Alle seine Kameraden aus den kommunistischen Widerstandsgruppen hatten Pistolen, einige sogar Handgranaten. Šavor lag die Rolle des Anführers, und er zögerte nicht, sich an Aktionen zu beteiligen. Nach dem nächtlichen Einsatz an der Bahnlinie von Mrzlo Polje suchte er schon am nächsten Morgen bei der kommunistischen Jugend nach Mitstreitern für eine neue spektakuläre Aktion.

Am 20. Juli stand Šavor mit Milan Vidović bereits mittags vor dem Tor der italienischen Wache in der großen Kaserne »Barun Jelačić« auf dem zentralen Platz in der Karlovacer Altstadt. Šavor hatte seine Aktion nicht mit dem Komitee abgesprochen, er handelte eigenmächtig. Während Vidović die Wachen mit Fragen ablenkte, warf Šavor durch das offene Tor zwei Handgranaten in den Kasernenhof, die aber nicht explodierten. Dennoch brach sofort die Hölle los. Die beiden Männer versuchten, über den Platz zu flüchten, wurden aber von den Soldaten aus den Nachbarbaracken festgehalten. Šavor schoss mit seinem Revolver auf sie, doch er und Vidović wurden rasch überwältigt. Božo Piškulić, einer der Anführer der aktiven Widerstandsgruppen, war zufällig in der Nähe und eröffnete das Feuer, um den beiden zu helfen. Das gelang ihm nicht, und auch er wurde in Gewahrsam genommen. Man brachte alle drei zur nächsten Polizeistation, wo sie brutal verhört wurden. Vidović und Piškulić gaben auch unter schwerer Folter nichts preis, aber Šavor, dem vielleicht noch schlimmer als ihnen zugesetzt worden war, kapitulierte spät in der Nacht und begann zu reden. Grga Milašinčić, der noch in derselben Nacht verhaftet wurde, erinnerte sich später, wie er Šavor in der Wache gegenübergestellt wurde:

> »Er war furchteinflößend schlimm verprügelt worden, das Blut tropfte an ihm herunter, man hatte ihm die Zähne ausgeschlagen, sein Gesicht war voller blauer Flecken von den Schlägen, seine Hände waren schwarz geschwollen. Er lag ausgestreckt auf dem Boden, denn er konnte nicht aufstehen.«

Noch vor Sonnenaufgang verriet Šavor an die zwanzig Namen von Komiteemitgliedern und Widerstandskämpfern, die er noch am Tag zuvor selbst angeführt hatte. In den frühen Morgenstunden wurden sie alle verhaftet, Herta Turza war eine von ihnen.

Holjevac konnte sich zwei Tage lang verstecken und später ins nächste Dorf flüchten. Eine Woche darauf stand er zusammen mit einigen anderen Kommunisten vor einer Gruppe von mehr als tausend Menschen, denen die Flucht vor einem neuen Massaker der Ustasche in die Wälder gelungen war. Nur ungefähr fünfzig von ihnen hatten Waffen bei sich, meist Jagdgewehre und Karabiner, aber sie waren bereit zu kämpfen statt wie Lämmer auf die Messer der Ustasche zu warten. Sie akzeptierten die Kommunisten als Anführer, denn es gab niemanden, der ihren Kampf besser hätte organisieren und einen stärkeren Zusammenhalt hätte bieten können.

Herta Turza wurde zusammen mit sechs ihrer Kameraden aus den Widerstandsgruppen am 7. August 1941 dem mobilen Standgericht vorgeführt. Die Anhörungen fanden im Schnellverfahren statt, für sieben Angeklagte brauchte das Gericht an diesem Vormittag nur drei Stunden. Es wertete die Šavor unter Folter abgerungenen Angaben als ausreichenden Beweis ihrer Schuld. Um genau ein Uhr mittags verkündete der leitende Richter sieben Todesurteile – worauf er wahrscheinlich ins nahe gelegene Hotel *Central* zum Essen ging. Zur selben Zeit sah man den Schriftführer des Gerichts Mirko Gantar weinen, er wischte sich die Tränen unter seiner Brille fort und versuchte, seine Trauer zu verbergen. Er war ein guter Freund unserer Familie. Nach dem Krieg erzählte er uns, dass dieses Gerichtsprotokoll für ihn das schwerste seiner fünfundvierzig Berufsjahre war.

Nach den Vorgaben des Standgerichts wurden die Todesurteile innerhalb von drei Stunden vollstreckt. Eine Möglichkeit, in Berufung zu gehen, gab es nicht. Die zum Tod Verurteilten verbrachten die letzten drei Stunden ihres Lebens zusammen in einer besonderen Zelle im Gerichtsgefängnis. Ein paar Minuten vor sechzehn Uhr fuhr ein Lastwagen mit heruntergelassener Ladefläche am Hinterausgang des Gefängnisses vor. In der Križanićeva-Straße stand eine Menschenmenge dicht beisammen, Neugierige und Schadenfrohe waren darunter, aber sicherlich auch einige Freunde, die mutig genug für diesen letzten Abschiedsgruß waren. Punkt sechzehn Uhr führten bewaffnete Polizisten mit aufgepflanzten Bajonetten die sieben Verurteilten ab. Die versammelte Menge blickte ihnen wortlos nach. Auf der Ladefläche des Lastwagens sang Herta die *Internationale* und das kroatische Revolutionslied *Nieder mit dir, o Ungerechtigkeit!*

Der Lastwagen mit den angebundenen Todeskandidaten fuhr mit offener Ladefläche durch die ganze Stadt. Man stellte sie zur Schau, um die Bevölkerung zu warnen. Die ganze Fahrt über soll Herta Kampflieder gesungen haben. Über einige ihrer Kameraden wird erzählt, sie hätten feierlich den Kommunismus und Stalin preisende Parolen gerufen. Am Stadtrand stellte man die Verurteilten in einer Reihe auf, an einem Punkt, der im Volksmund Šištand – abgeleitet vom deutschen Wort Schießstand – hieß. Eine Stunde später hörte man Schüsse, die in der ganzen Stadt widerhallten. Die Karlovacer wussten, dass in diesem Augenblick sieben ihrer Mitbürger erschossen worden waren. Am nächsten Morgen waren die Litfaßsäulen und andere in der Öffentlichkeit sichtbare Orte übersät mit Plakaten, auf denen zu lesen war:

Der Unabhängige Staat Kroatien
Ministerium des Inneren

VERLAUTBARUNG

Nach den häufigen Übergriffen durch Kommunisten in ganz Karlovac und Umgebung sind durch die Ermittlungen der Polizei die Täter identifiziert worden.

Das Standgericht hat nach erfolgter Anhörung die Schuld der Angeklagten festgestellt und sie zum Tod durch Erschießen verurteilt:

Milan Vidović, Religion orthodox, 21 Jahre alt
Herta Turza, Religion protestantisch, 22 Jahre alt
Božo Piškulić, Religion römisch-katholisch, 22 Jahre alt
Josip Milašinčić, Religion römisch-katholisch, 20 Jahre alt
Josip Bukvić, Religion römisch-katholisch, 28 Jahre alt
Risto Konstantinović, Religion orthodox, 35 Jahre alt
Mate Jakšić, Religion orthodox, 41 Jahre alt

Das Todesurteil wurde in dem vom Gesetz vorgesehenen Zeitrahmen vollstreckt.

Ministerium des Inneren,
Karlovac, 7. August 1941

Ich glaube, dass anderntags, am 8. August 1941, kaum jemand in Karlovac ungerührt an den Namen auf diesen Plakaten vorbeigegangen ist. Die Menschen standen in kleineren Gruppen davor, und betroffen schweigend behielten sie ihre Gedanken für sich. Die öffentliche Mitteilung über die Hinrichtung von sieben Mitbürgern sorgte für unterschiedliche Grade von Unbehagen in der kleinen Stadt, bei manchen auch für panische Angst – das war der Sinn dieser Plakate.

Šavor musste nicht vor das Standgericht treten. Die Ustascha-Regierung ließ ihn am Leben – als es niemanden mehr gab, den er hätte verraten können, wurde er freigelassen. Es war für ihn natürlich nicht einfach, in einer Stadt zu leben, in der jeder wusste, dass er zwanzig seiner Kameraden verraten hatte. Er tauchte schließlich bei Verwandten in einem Dorf bei Karlovac unter. Im Frühling 1942 wurde er von einer Partisanen-Einheit entdeckt. Ein vor Ort improvisiertes Militärgericht verurteilte ihn zum Tode. Šavor war mit dem Urteil einverstanden. Bevor er hingerichtet wurde, sagte er: »Hoch lebe die Kommunistische Partei!« Das waren seine letzten Worte.

Meine Mutter verbrachte insgesamt zwei Monate in der Zelle Nr. 20. Mitte August war sie zusammen mit Vera Šarić, Metka Šuman-Drakulić und Mika Godler von Karlovac nach Zagreb überführt worden, am 16. Oktober sollten sie und die übrigen drei Frauen wieder ins Gefängnis in Karlovac zurückgebracht werden. Für eine Gefängniszelle war die Nr. 20 von mittlerer Größe, fünf Meter lang und vier breit, mit zwei winzigen vergitterten Fenstern, das eine zum Hof, das andere auf einen Abschnitt der Savska-Straße und zur Bahnstation hin.

In der Regel drängten sich zwischen 14 und 20 Gefangene in einer Zelle zusammen. Sie schliefen auf Strohmatten, die in Zweierreihen angeordnet waren, dazwischen ein kleiner Spalt zum Gehen. In der Ecke beim Fenster stand eine Trennwand aus Holz, hinter der sich ein

Lavabo und ein Eimer für die Notdurft befanden. Es gab auch einen Wasserhahn, aber kein Wasser.

Das Gefängnis unterstand der Zagreber Ustascha-Polizei und wurde sichtlich rauer geführt als die zivil verwaltete Haftanstalt, in der mein Vater gesessen hatte, oder das Gefängnis in Karlovac. Die Gefangenen wurden den ganzen Tag über in den Zellen gelassen. Morgens durften sie nur kurz die Sanitäranlagen benutzen. Es wurde ihnen erlaubt, sich das Gesicht zu waschen, Wasser mitzunehmen und den Notdurfteimer zu leeren und zu säubern. Es war ihnen untersagt, Briefe nach Hause zu schreiben oder Post zu empfangen. Spaziergänge auf dem Hof waren nicht vorgesehen. Besuch war nicht gestattet, solange sie in der Savska-Straße waren, bekamen die dreißig Gefangenen keinen ihrer Angehörigen aus Karlovac zu Gesicht. Die einzige Verbindung zur Außenwelt war das Essen, das sie entgegennehmen durften. Die Ustascha-Wachen am Haupteingang waren zwar gewillt, täglich zwischen zwölf und dreizehn Uhr die Essensschalen und Nahrungspakete anzunehmen, inspizierten sie aber danach sehr streng. Bevor die Frauen essen durften, wurden Brot und Kuchen in große Scheiben zerschnitten, man wollte sehen, ob nicht etwa Zettelchen mit Nachrichten für die Insassinnen darin versteckt waren. Wenn am Eingang ein Paket abgelehnt oder wieder zurückgebracht wurde, wusste man, dass der Betreffende nicht mehr in diesem Gefängnis war. Die Ustascha-Wachen verrieten nie etwas über das Schicksal der Verschwundenen. Die darauffolgende Suche war in der Regel sinnlos, weil die Person, die man suchte, nicht mehr am Leben war. Die meisten Angehörigen bemühten sich, jeden Tag Essen zu bringen, denn das war der sicherste Weg, um zu erfahren, ob der eigene Sohn, Bruder, die eigene Tochter oder Schwester überhaupt noch dort in Haft waren.

Das Gefängnis war ein Transitzentrum, das die Gefangenen in der Regel erst verließen, wenn sie in das Konzentrationslager Jasenovac deportiert oder zu Hinrichtungen nach Rakov Potok gebracht wur den. Die Frauen aus der Zelle Nr. 20 wurden nie von einem Gericht angehört, deshalb hatten sie Angst, dass man sie nach Rakov Potok schicken würde.

Ich verdanke die meisten Einzelheiten über das Gefängnis in der Savska-Straße Vera Gerovac-Blažević, die gerade mal elf Jahre alt war, als sie mit ihrer Mutter und ihrer älteren Schwester in die Zelle Nr. 20 gebracht wurde. Vera erzählte mir die Geschichte der neunzehnjährigen Laura. Sie war klein, hatte sehr helle Haut und zarte, sehr schmale Hände. Laura war in sich gekehrt und sprach nicht, außer wenn sie sich durch die Gespräche in der Zelle provoziert fühlte, dann stand sie entschieden für ihre Ansichten ein. Sie versteckte ihre jüdische Identität nicht, betonte sie aber auch nicht besonders. Als zwei Jüdinnen aus Zagreb ein bisschen damit prahlten, dass sie wohlhabend waren, ging Laura sie hart an und verteidigte die Armen, obwohl sie selbst nicht den Eindruck machte, bedürftig zu sein. Als sie Laura zum Abtransport riefen, zog sie ihre blauen Schuhe an und faltete ihre Sachen ordentlich zusammen. Sie wirkte sehr gefasst, als sie sich von den anderen in der Zelle verabschiedete. Alle dachten, man würde sie in ein Lager bringen.

Als Vera ein paar Tage später mit nackten Füßen im Garten war, um aufzupassen, dass die Hühner die Saat nicht aufpickten, kam der Wachmann vom Gefängnislagerhaus zu ihr.

»Wo sind denn deine Schuhe, Kleine?«, fragt er sie.

»Ich habe keine.«

»Dann komm' mal mit mir.«

Der Wachmann brachte sie in das große Lagerhaus. Hinter der Tür stapelten sich Kleider, Rucksäcke, Schuhe, Mäntel und viele andere Kleidungsstücke.

»So, dann such dir mal ein paar Schuhe aus.«

Vera probierte einiges aus dem Schuhstapel durch und fand dann endlich ein Paar Schnürschuhe, die ihr passten. Sie behielt sie an, ging ein paar Schritte darin und blieb dann plötzlich wie versteinert stehen.

Sie konnte den Blick nicht mehr von den Schuhen abwenden, sah auf das blaue Leder und die markanten Schnürsenkel und wusste, dass dies Lauras Schuhe waren. Sie fing an zu weinen, rannte schnell weg und vergaß, sich bei dem verwunderten Mann zu bedanken. Das elfjährige Mädchen hatte in Sekundenschnelle die schreckliche Wahrheit begriffen: Laura war tot.

Eines Tages überbrachte mir Jagas Schwester Jana die Nachricht, dass ich, sollte ich aus irgendwelchen Gründen einmal Hilfe brauchen, immer in ihrem Dorf Banski Kovačevac willkommen sei. Die Polizei hatte Jaga untersagt, sich in Karlovac aufzuhalten. Ihre Schwester Jana kam aber freitags immer in die Stadt auf den Markt. Bei ihnen sei es ruhig und sicher, sagte sie, und es sei vielleicht besser, wenn ich jetzt aus der Stadt verschwände und mich bei ihnen in Sicherheit brächte.

Herr Weiss und Tante Pavica sagten, das sei gut zu wissen, aber es bestehe derzeit für mich keinerlei Gefahr in der Stadt. Bis zu diesem Zeitpunkt waren jüdische Kinder unter sechzehn Jahren nicht verhaftet worden. Pavica, deren Optimismus unerschütterlich war, überzeugte mich irgendwann davon, dass mit ein bisschen Glück meine Mutter schon bald aus dem Zagreber Gefängnis entlassen würde. Da sie mit verschiedenen Menschen in Kontakt war, von denen sie Hilfe für meine Mutter erhoffte, war sie überzeugt davon, dass bald etwas klappen musste.

Ich verbrachte zwei Monate in der kindlichen Hoffnung, dass wir meine Mutter gemeinsam befreien würden. Ich riss mich dabei zusammen wie ein Erwachsener, der ich ja nicht war. Immerhin war ich damals nicht vollkommen mir selbst überlassen, es gab einige Menschen, die mir helfend zur Seite standen. Keiner von meinen allernächsten Freunden hatte den Kontakt zu mir abgebrochen, einige luden mich sogar öfter zu sich nach Hause ein, als sie es vor dem Sommer 1941 getan hatten. Seit September gingen sie aber alle wieder in die Schule. Es gab jetzt ein Gesetz, das jüdischen Kindern untersagte, öffentliche Schulen zu besuchen, aber ich glaube, das traf mich nicht allzu sehr, denn ich hatte viel schlimmere Sorgen und musste anderen Pflichten nachkommen. Unser Rechtsanwalt schrieb weiterhin Briefe an die verantwortlichen Regierungsstellen, um meine Mutter und meinen Vater freizubekommen. Von mir benötigte er dafür unendlich viele Informationen über unsere Familie, und ich brachte ihm einige Dokumente, die ich aus unserer Wohnung hatte retten können.

Ich ging oft zu den Veličkovićs, den besten Freunden meiner Eltern.[3] Sie besaßen zwei Drittel der Fabrik »Podvinec«, die damals die zweitgrößte Lederfabrik Kroatiens war. Er war Serbe und sie Slowenin, und als der Unabhängige Staat Kroatien ausgerufen wurde, waren sie plötzlich unerwünschte Personen. Dennoch gelang es dem schlauen Aleksandar hier und da, jemandem Geld zuzustecken und etwas Sicherheit für sich auszuhandeln. Die Arbeit in der Fabrik konnte so wenigstens teilweise im Normalbetrieb weitergehen. Im Sommer und Frühherbst 1941 verhängte man einen partiellen Hausarrest über sie. Nun standen sie unter Polizeibeobachtung und durften sich nur zwischen ihrem Haus und der Fabrik bewegen und nirgendwo sonst hingehen. Wenn ich sie besuchte, stand vor ihrer Tür immer ein Kriminalbeamter, es war jener Mann namens Saletto, der am 14. Juli 1941 meine Mutter und Jaga abgeholt hatte.

Aleksandar war den ganzen Tag in der Fabrik, während Mia allein zu Hause blieb. Wenn ich mich richtig erinnere, hatten sie ihr verboten, in der Fabrik zu arbeiten, obwohl sie bis zum Ausbruch des Kriegs für die Buchhaltung zuständig gewesen war. Fast immer traf ich sie mit einem Buch in der Hand an, oder sie spielte Patience auf ihrem großen Wohnzimmertisch. Wenn ich mich in diesem Jahr überhaupt irgendwo sicher und gut aufgehoben gefühlt habe, dann war es bei der Familie Veličković. Selbst in dieser katastrophalen Situation strahlte Aleksandar eine große Zuversicht aus, und Mia war die Ruhe selbst und überaus sanft. Es mag paradox klingen, denn sie selbst waren damals in Gefahr, aber ich nahm sie als meine Beschützer wahr, auf die ich mich verlassen konnte. Ich wusste, dass sie Kontakte zu Menschen unterhielten, die Mia Warnungen übermittelten und mit Informationen auf dem Laufenden hielten. Einer davon war der für Finanzen zuständige Stadtrat Ivo Rukavina, der bald darauf den Chefposten in der Steuerbehörde übernahm. Er wusste, wie viel man wem zahlen musste, um jemanden aus dem Gefängnis oder aus einem Lager herauszubekommen. Und zum Glück war Geld für die Veličkovićs kein Problem.

Ich schickte meiner Mutter regelmäßig Pakete – ich brachte sie zu Netica Šuman in die Masarykova-Straße unweit des Bahnhofs. Netica fuhr ein-, zweimal die Woche mit Paketen für ihre Schwester Metka nach Zagreb und nahm jedes Mal ein Paket für meine Mutter mit. Einmal wartete ich auf Netica auf dem Bahnsteig. Bevor sie eintraf, fuhr gerade auf dem gegenüberliegenden Gleis ein Zug aus dem Kordun ein. Aus dem ersten Wagen stieg Franjo Pavičić[4] aus, unser damaliger Tischtennismeister am Gymnasium. Er trug eine Art paramilitärische Uniform und hatte ein Luftgewehr auf dem Arm. In der Hand hatte er einen Hahn, den er kopfüber an den Füßen festhielt. Auf dem Bahnsteig begrüßte er jemanden, hob dabei das tote Tier in die Höhe und sagte mit seiner tiefen und ein bisschen kratzigen Stimme: »Guck dir mal diese Ustascha-Beute an! Was für ein Tier!« Franjo hat das damals vielleicht aus Übermut und Freude gesagt, aber ich bekam Angst vor ihm, rannte weg und versteckte mich, bis ich sicher sein konnte, dass er fort war.

Erst vierzig Jahre später sah ich Franjo wieder, als wir 1980 auf der Buchmesse in Frankfurt waren (ich habe das im Kapitel »Der Brief« beschrieben). Ich erzählte ihm, dass ich mich damals auf dem Bahngleis vor ihm versteckt hatte. »Ich hätte dich natürlich nicht verhaftet«, sagte er lachend, »wir waren doch Tischtennisfreunde.« 1941 war er achtzehn Jahre alt, er hatte Aufgaben bei der Ustascha-Jugend übernommen und war nach Vojnić geschickt worden, um die Aufsicht über die Weizenernte zu führen. Es war der erste Schritt in seiner an-

Ende doch sehr kurzen Ustascha-Karriere. Zwei Jahre später beendete er das Gymnasium in Gospić und absolvierte im Schnellverfahren die Offiziersschule in Varaždin. In Gospić diente er als Leutnant in einer der Einheiten der Leibgarde von Ante Pavelić. Einen Monat vor Kriegsende geriet er in die Gefangenschaft der Partisanen. Es war ihm jedoch rechtzeitig gelungen, seine Ustascha-Uniform auszuziehen, so dass er sich ihnen als Offizier der Heimwehr vorstellen konnte. Das hat ihm das Leben gerettet. Nach einer relativ kurzen Haft wurde er im Herbst 1945 aus dem Gefängnis entlassen. Beharrlich und stark, wie er war, schlug er sich eine Zeitlang als Bauarbeiter durch und schloss dann die Hochschule mit einem Diplom in Forstwirtschaft ab. Aber noch während seines Studiums und später, als er eine Stelle im Forstamt Klana in der Nähe von Rijeka hatte, wurde er immer wieder verhaftet und verhört. Mehrmals kam er ins Gefängnis, und irgendwann hatte er genug davon und entschied sich 1956, illegal die Grenze zu passieren und das Land zu verlassen. Er landete in Deutschland, arbeitete als Forstwirt im Saarland und engagierte sich in den kroatischen Emigrantenkreisen. Er war in Deutschland der wichtigste Vertreiber von Jakša Kušans Zeitschrift *Nova Hrvatska* und schickte einzelne Ausgaben als Briefe getarnt nach Kroatien. Deshalb bekam er es mit dem Staatssicherheitsdienst UDBA zu tun, im Februar 1988 wurde angeblich in seine Wohnung eingebrochen – er sollte aus dem Weg geräumt werden. Durch seine Aktionen hatte Franjo in den etwas moderateren Kreisen der kroatischen politischen Emigranten einen guten Ruf und wurde deshalb zweimal in Mate Meštrovićs Emigrantenverein »Kroatisches Nationalgremium« mit einem Mandat bedacht.[5]

Nach unserem Wiedersehen in Frankfurt rief mich Franjo einige Male an, auch mit Josip Vaništa, mit dem er sechs Jahre lang in Karlovac auf dem Gymnasium gewesen war, telefonierte er manchmal. In unseren Telefonaten fragte er mich über Karlovac aus, auch über Bücher, er wollte wissen, wie es um unsere Gesundheit stand, und andere allgemeine Dinge, sehr wenig interessierte er sich für Politik. Vaništa und ich hatten den Eindruck, dass Franjo in der Fremde einsam war und dass es ihn nach Zagreb, Karlovac und in die alte Heimat zog, zu den Menschen, die er von früher kannte. Im Februar 1990 soll er beim ersten Parteitag der Kroatischen Demokratischen Union in Zagreb gewesen sein, aber er meldete sich bei keinem von uns. Soweit mir bekannt ist, ist Franjo seitdem nicht mehr in Kroatien gewesen. Er rief Vaništa und mich immer seltener an, und jedes Mal wirkte er sentimentaler. Ich hatte nicht den Mut, ihm die indiskrete Frage zu stellen, warum er nicht nach Kroatien zurückkomme. Aber ich habe mich bei seinen Mitstreitern aus der Emigration Jakša Kušan und Mate Meštrović erkundigt, beide haben mir nach anfänglichem Drumherumreden unabhängig voneinander relativ ähnliche Gründe genannt. Franjo Pavičić war für sie ein sehr nützlicher und wertvoller Mitarbeiter in der Emigration, aber als in Kroatien 1990 die Kroatische Demokratische Union an die Macht kam, tauchte in den Akten des früheren Staatssekretariats für Innere Angelegenheiten auch seine »Verpflichtung« aus dem Jahr 1945 auf, die er für den jugoslawischen Geheimdienst unterzeichnet hatte. Damit war Franjo Pavičić in den Kreisen ehemaliger Emigranten als Verräter an der kroatischen Sache diskreditiert.

Weder Kušan noch Meštrović denken, dass Pavičić in seinem Exil wirklich für den Geheimdienst gearbeitet hat. Als Kušan Ende der 1990er Jahre sein Buch »Bitka za Novu Hrvatsku« (»Der Kampf für ein neues Kroatien«) schrieb, wurde ihm Einblick in die Akten kroatischer Emigranten gewährt. So stieß er auch auf Pavičićs »Verpflichtung«. Kušan gab mir eine Kopie, ich gebe den Wortlaut hier vollständig wieder:

Ich, Franjo Pavičić, verpflichte mich mit dem heutigen Tag, dass ich nach meiner Entlassung aus dem Gefängnis bestrebt sein werde, nicht mehr gegen die Interessen meines Volkes zu handeln. Ich gestehe meine

Schuld ein, weil ich einer faschistischen Organisation angehört und in der gesamten Zeit, in der unser Land unter Besatzung stand, in den Einheiten des Satellitenstaats gedient habe. Ich bin mir darüber im Klaren, dass man mich bestrafen könnte und sollte, aber wenn ich freigelassen werde, möchte ich mich mit meiner Mitarbeit und mit meinen beruflichen Fähigkeiten einbringen, um die Schuld abzuarbeiten, die ich durch meine Fehler auf mich geladen habe, als ich mich gegen mein Volk stellte. Sollte sich in Zukunft bei mir auch nur der kleinste Hinweis oder die Andeutung einer feindlichen Haltung gegenüber der Nationalen Front bemerkbar machen, erkläre ich mich mit der hier vorliegenden Einwilligung damit einverstanden, dass man mich dafür, sowie für alles andere, was ich je getan habe, und für das, was ich noch hätte tun können, zur Rechenschaft zieht und es unter den gegebenen Umständen erschwerend gegen mich verwendet.

Karlovac, den 5. September 1945
Unterzeichnet von Franjo Pavičić

Kušan ist überzeugt, dass Franjo Pavičić die Verpflichtung unterzeichnet hat, um sein Leben zu retten und frei zu sein, nicht um ernsthaft für den Geheimdienst zu arbeiten. Das mag auch der Grund dafür gewesen sein, dass Franjo vor seiner Flucht nach Deutschland immer wieder verhört und verhaftet wurde, bis er endgültig fortging.

Der neuen Regierung in Kroatien kamen 1990/91 die extremen Neo-Ustascha-Kräfte gelegen, sie hieß die Ustascha-Emigranten willkommen, marginalisierte aber die moderaten nationalen Kräfte, die sich mit der Zeitschrift *Nova Hrvatska* profiliert hatten. Kušan schreibt:

»Aus den kroatischen Emigrantenkreisen wurden bevorzugt extreme Kräfte nach Kroatien zurückgeholt, man überantwortete diesen Menschen hohe politische, militärische und polizeiliche Aufgaben. Vielerorts kam es zu einem Schulterschluss zwischen ehemaligen jugoslawischen

> Geheimdienstmitarbeitern von der UDBA und ›den größten Kroaten‹. Diese Politik eines schamlosen Balkan-Opportunismus firmierte unter der zynischen Formulierung ›Aussöhnung zwischen Partisanen und Ustasche‹. Im Wesentlichen kann man also sagen, dass sich die häufig gemachte Beobachtung, dass es zwischen den kommunistischen Opportunisten und den nationalen Extremisten nie einen wirklichen Unterschied gegeben hat, bestätigt hat.«

Darüber hinaus glaubt Kušan, dass Pavičić Opfer eines politischen Konflikts zwischen dem extremen und dem moderaten Flügel der kroatischen Emigrantenkreise geworden ist. Als die Extremisten ihre wichtigen Posten besetzten, nahmen sie auch alle UDBA-Dossiers über die kroatischen Emigranten an sich. Sie verstanden sich darauf, gezielt die Akten der moderaten Emigranten zu lancieren und jene verschwinden zu lassen, die ihre eigenen Leute kompromittiert hätten. Die wichtigste Rolle bei diesen Manipulationen, so ist immer wieder zu hören gewesen, spielte damals Vico Vukojević, der seinerzeit stellvertretender Minister für Innere Angelegenheiten war. So kam es, dass der vereinsamte Pavičić für immer in seinem Dorf bei Saarbrücken blieb.

15 Fanatiker, Ja-Sager, Mörder und Retter

Ende September, Anfang Oktober bat mich Herr Weiss zu sich, um mit mir etwas im Vertrauen zu besprechen. Er zögerte zuerst und war sichtlich nervös, bevor er schließlich damit herausrückte, dass er plane, in ein oder zwei Tagen mit seiner Frau Tina und ihrer Tochter Tea Karlovac zu verlassen. Schnell fügte er an, dass ich mir keine Sorgen machen solle, denn er habe schon für mich gesorgt, Frau Eisler werde sich meiner annehmen.

Ich glaube, Herr Weiss hat gespürt, wie traurig mich der Abschied von seiner Familie gemacht hat. Sie hatten mich wie ein Familienmitglied behandelt. Ich konnte ihre Sorgen um ihren Sohn und Bruder Vlatko nachempfinden, und sie fühlten mit mir im Kummer um meinen Vater und meine Mutter. Sie hatten sich in den zwei Monaten, die ich bei ihnen verbracht hatte, immer um mich gekümmert, und wenn ich jetzt zurückschaue, kann ich sagen, dass es die beiden schwersten Monate meines nun schon sehr langen Lebens waren. Mit dem Fortgehen der Familie Weiss begann für mich die Zeit der schrecklich dunklen Zweifel, von denen ich bis dahin verschont geblieben war. Die meisten der abendlichen Gespräche, die ich mit Herrn Weiss geführt hatte, waren um seinen Sohn und meinen Vater gekreist. Was ging in diesem Land eigentlich genau vor? Warum hatten sich unsere Angehörigen so lange nicht mehr bei uns gemeldet? Herr Weiss hatte ein ruhiges Gemüt, doch er war auch Realist, und mit der Zeit gab er zu, dass er sich große Sorgen machte und das Schlimmste befürchtete. Aber er verlor die Hoffnung nie ganz. Gleich welche Neuigkeiten über unsere Angehörigen in Jadovno uns zu Ohren kamen und wie unwirklich auch immer sie klangen, sie ließen ihn hoffen. Er versuchte stets herauszufinden, ob sie der Wahrheit entsprachen und wer diese Dinge in Umlauf gebracht hatte. Sein Verhalten bestärkte auch mich in dem Glauben, dass sich irgendwann mein Vater bei uns melden würde. Aber was hatte es zu bedeuten, dass Herr Weiss und seine Familie Karlovac jetzt verließen und damit den einzigen Ort, von dem Vlatko eine Adresse hatte, an die er eine Nachricht hätte schicken können? Hieß das, dass sie von ihm nichts mehr erwarteten, weil er ihnen nie wieder schreiben würde?

Ich habe erst viel später erfahren, warum und wie die Familie Weiss Ende September 1941 Karlovac verlassen hat. Der italienische Oberst, der in ihrem Gästezimmer untergebracht war, hat ihnen damals geholfen. Er hatte Einsicht in den Bericht der italienischen Sanitäreinheiten vom 6. September 1941 erhalten, die sich mit dem Schicksal des Lagers Jadovno beschäftigt hatten. Er informierte Herrn Weiss, dass das Schlimmste eingetreten war und das Warten keinen Sinn mehr machte. Entweder aus menschlicher Anteilnahme oder für eine große Summe Geld hat der Oberst Reisepapiere für die Familie aufgetrieben und ihnen geholfen, über Ljubljana nach Mailand zu reisen, wo ein wohlhabender Bruder von Herrn Weiss lebte. Ich weiß nicht, wie sie aus Italien in die Vereinigten Staaten gelangt sind, aber von dort erhielt ich lange nach dem Krieg ein Lebenszeichen von ihnen. Soweit ich weiß, sind sie nicht einmal als Touristen je nach Karlovac zurückgekommen.

Die nächsten beiden Monate verbrachte ich bei Frau Eisler, und ich würde mich versündigen, unterließe ich es an dieser Stelle, ihr meine tiefe Dankbarkeit auszusprechen. Zora Eisler war eine vitale und energische Witwe in ihren späten Fünfzigern, sie leitete einen Metallwarenladen, regelte ihren Haushalt, half ihren Kindern und kümmerte sich um ihre Enkelkinder. Anders als Herr Weiss war sie nicht darauf aus, ein enges Verhältnis zu mir aufzubauen, aber sie band mich mit einigen Pflichten im Haushalt ein und erinnerte mich auch an die Regeln, die ihr wichtig waren.

Mit unermüdlichem Eifer und Einfallsreichtum schickten mich meine Beschützerinnen Mia Veličković und Pavica Vine immer wieder zu Leuten, von denen sie glaubten, sie könnten meine Mutter aus dem Gefängnis herausbekommen. Es war alles andere als leicht für mich, bei all diesen Menschen vorstellig zu werden, die ich um Hilfe bitten musste. Deshalb habe ich sie wohl ähnlich wie den gelben Judenstern größtenteils aus meinem Gedächtnis gelöscht. Zu Frau Peschke aber ging ich mit den größten Hoffnungen, weil ich wusste, dass ihr Mann sehr einflussreich war und meiner Mutter helfen könnte.

Die Familie Peschke lebte zwischen 1930 und 1934 im gleichen Haus wie wir. Sie kamen aus Deutschland und sprachen zu Hause nur Deutsch. Wie meine Mutter sprach Frau Peschke damals kaum Kroatisch, deswegen hatten die beiden Frauen sich angefreundet. Fritz Peschke war der Eigentümer einer kleinen Sockenfabrik. Als ich klein war, hatte ich mit seiner ein Jahr älteren Tochter Pipi und seinem ein Jahr jüngeren Sohn Peter gespielt. Ich besitze immer noch Kinderfotos von uns aus der Zeit von 1931 und 1932, über eines davon hat mein Vater einen kleinen Text in deutscher Sprache verfasst, in dem er beschreibt, wie ich meine erste große Liebe Pipi umarme. Aber eines Tages herrschte plötzlich Eiszeit zwischen uns, die neue Kühle ging eindeutig vom grimmigen Fritz Peschke aus, vielleicht sogar gegen den Willen seiner gutherzigen Frau. Einige Zeit später zog die Familie Peschke in ihr neugebautes Haus um, das sich in der Nähe ihrer Fabrik befand. Herr Peschke trug nun ein Hakenkreuz am Revers und führte die Nazis in Karlovac an. Seine Fabrik und das Haus wurden größer und größer, was meinen Vater einmal zu dem Satz veranlasste, dahinter stecke eindeutig »Hitlers Geld«. An der Promenade wandte Pipi sich frostig von mir ab und entzog sich einem Gespräch. Immerhin grüßte Frau Peschke noch meine Mutter, und wenn sie sich zufällig begegneten, tauschten sie sich oberflächlich miteinander aus. Im Sommer 1941 wurde Herr Peschke als einer der mächtigsten Männer in Karlovac angesehen. Man wusste nur, dass er eine führende Position in der NS-Verwaltung innehatte und Chef der Abwehr in Kroatien war. Pavica Vine überredete mich also, zu Frau Peschke zu gehen und sie um Hilfe für meine Mutter zu bitten. Also machte ich mich auf den Weg zum Haus der Peschkes. Im Treppenhaus stand ein uniformierter Wachmann, ein »Volksdeutscher« nehme ich an, der mich nicht durchlassen wollte und darauf bestand, mich anzukündigen. Ich sagte ihm, wer ich war und was ich wollte. Er stieg die Treppen hinauf und kam sehr schnell wieder nach unten: »Frau Peschke tut es leid, sie kann dich nicht empfangen und weder etwas für dich noch für deine Mutter tun.« Später hat sich Frau Peschke bei Pavica Vine entschuldigt und gesagt, wenn sie mich empfangen hätte, wäre sie in Tränen ausgebrochen. Sie habe auch so schon feuchte Augen gehabt und man habe wirklich, wirklich nichts für mich oder meine Mutter tun können. Geholfen hat uns schließlich Mane Bilović, wie ich es bereits beschrieben habe.

Ich fürchtete mich in dieser Zeit am meisten vor den öffentlichen Plakaten. Seit darauf am 10. Juli 1941 die Namen von drei Menschen aufgetaucht waren, die ich kannte und die man hingerichtet hatte, näherte ich mich jeder neuen Bekanntmachung mit großer Zurückhaltung. Ich hatte Angst, wieder einen mir bekannten Namen zu entdecken, und vor allem fürchtete ich – was mir damals nicht bewusst war –, dass eines Tages auch die Namen meiner Eltern dabei sein könnten. Der aus Karlovac stammende Dichter Oto Šolc hat jenen Sommer, in dem das Standgericht seine schreckliche Willkür walten ließ, als eine Zeit beschrieben, in der »der Tod durch die Stadt schlich«.

Meine Ängste waren nicht unbegründet. Meine Mutter wurde eines Tages einer Gruppe zugeteilt, die hingerichtet werden sollte. Sie befand sich zufällig auf dem Gefängnisflur in der Savska-Straße, als die Ustasche einzelne Gefangene aus den Zellen riefen, um sie dem Erschießungskommando zu übergeben. Ein nervöser Wachmann stieß meine Mutter einfach zu den anderen in der Gruppe. Erst als der zuständige Ustascha-Offizier noch einmal alle durchzählen ließ, stellte sich heraus, dass meine Mutter »zu viel« war, und so brachte man sie wieder in ihre Zelle zurück. Damals wusste sie nicht, dass sie gerade dem Tod entkommen war. Erst später fand sie heraus, dass die fünfzig Menschen, die abgeführt und erschossen wurden, Geiseln gewesen waren. Man richtete sie als Vergeltung für den Mord an einem Polizeioffizier durch eine Widerstandsgruppe hin.

Im August wurden die Listen auf den Plakaten immer länger, aber anstelle der Namen nannte man nur noch Zahlen. Wegen eines Granatenangriffs vom 4. August 1941 auf das Universitätsbataillon der Ustasche im Botanischen Garten von Zagreb verurteilte das mobile Standgericht die »geistigen Urheber« des Angriffs zum Tod. »98 Juden und Kommunisten« wurden hingerichtet. Nur einen Tag danach, am 5. August, fällte das gleiche Standgericht ein weiteres Urteil, »87 Juden und Kommunisten« wurden hingerichtet, weil sie »im weitesten Sinne geistige Mittäter« des gleichen Anschlags gewesen sein sollen. Mit derselben Begründung wurden weitere »50 Juden und Kommunisten« am 11. September zum Tod durch Erschießen verurteilt; über nochmals »50 Juden und Kommunisten« wurde am 14. September ein Todesurteil verhängt, weil eine Granate in der Zagreber Zentralpost hochgegangen war – und es ging immer so weiter, im ganzen NDH, in einer sehr kurzen Zeitspanne. »Wenn ein Mensch in Frieden leben wollte, war das 20. Jahrhundert das falscheste Zeitalter, um geboren zu werden«, spottete Leo Trotzki, einer der großen Unruhestifter des Jahrhunderts. Nachdem die Religon als einzige spirituelle Autorität an Kraft verloren hatte, übernahm der Fanatismus im Dienst einer neuen Ideologie ihre Funktion. Er entstand aus dem Bedürfnis des Menschen, an das Absolute zu glauben, ihm treu und ergeben zu sein, dafür zu kämpfen und sich zu opfern, gepaart mit Intoleranz gegenübe dem Anderen und allem Fremden. Dieser Fanatismus verzweigte sic in verschiedenste Richtungen, die eher destruktiv denn konstrukti waren und einander oft widersprachen. Am schädlichsten ist der Fanatismus, wenn er mit Hass verbunden ist. Die revolutionären Fanatismen, die gerecht beginnen und das bestehende Böse zerstören, tragen häufig den Keim eines neuen Bösen in sich. Man kann nicht ohn Ambivalenz über sie sprechen, sie vorbehaltlos feiern oder sie einfac ignorieren, statt sie zu analysieren.

Albert Camus schreibt in »Der Mensch in der Revolte«, jeder Revolutionär ende irgendwann als Unterdrücker oder als Häretiker. Mein Arbeit als Verleger hat mir zwei, drei Jahrzehnte nach dem Krieg häufig die Gelegenheit gegeben, mit Menschen zusammenzuarbeiten, di in jüngeren Jahren zu den überzeugtesten Fanatikern gehört hatte und dann im reiferen Alter hartnäckige Häretiker geworden waren Für ihren Verrat bezahlten sie mit dem Verlust ihrer Positionen, büßten ihre Privilegien ein und waren unterschiedlichsten Schikanen ausgesetzt. Hier erwähne ich nur die Namen von Milovan Đilas, Vec Holjevac, Jovan Barović, Marijan Stilinović und Gojko Nikoliš, abe man muss auch Veljko Mićunović, Vojo Kovačević und Koča Popovi nennen. Sie stellten die Idee der Revolution grundlegend in Frage un sahen ihre eigenen revolutionären Überzeugungen mehr oder weniger kritisch. Davon ausgenommen war aber das Jahr 1941. Ihre Handlungen in jenem Jahr stellten sie in keiner Weise in Frage, es war ih Augenblick des Ruhms.

In der offiziellen Geschichtsschreibung nach dem Krieg, und i der Sprache der politischen Propaganda, wurden diese kommunistischen »Kämpfer der ersten Stunde« *(prvoborci)*[6] zu Helden stilisiert die, so hieß es, 1941 bereit gewesen seien, alles für die hellere Zukunf des Menschen zu opfern. Eine inflationäre Heldenverehrung war di Folge. Zweifel daran, dass der suizidale Formen annehmende Kamp und die extrem hohe Zahl der Opfer einen Sinn hatten, waren schlich nicht erlaubt. An jeder Straßenecke schossen in den Städten die Gedenktafeln wie Pilze in die Höhe, und nach jedem Mitglied der kommunistischen Jugend Jugoslawiens, das im Sommer 1941 mehr als drei Schüsse in die Luft abgefeuert hatte, wurde eine Straße benannt. Das Gedenken an die Helden verkam zur langweiligen Alltagsroutine, die wie alles Sinnentleerte ermüdende Ausmaße annahm, während man die Schulkinder Tag um Tag dazu anhielt, in Aufsätzen voller Pathos eindimensionale Heldengeschichten nachzuerzählen. Doch wie jede Inflation ihre eigene Gegenbewegung nach sich zieht, zog auch die Heldenverehrung den Sturz jener Helden nach sich, die im Zentrum ihrer Aufmerksamkeit standen. 1990 war diese Zeit gekommen. Tuđmans Regierung stürzte nahezu alle einstigen Helden – Kommunisten, Widerstandskämpfer und Antifaschisten – vom Sockel. Sie ließ Gedenktafeln und Büsten verschwinden, änderte die Namen der nach ihnen benannten Straßen und Schulen und ließ in den Lehrplänen alles streichen, was auch nur ansatzweise an sie erinnerte. Sie sollten vollständig vergessen werden. In einem Buch, das von den »Vereinigten antifaschistischen Kämpfern Kroatiens« publiziert wurde, heißt es, dass damals 2964 antifaschistische Denkmäler vollständig zerstört und entsorgt und an die 3000 beschädigt worden seien, viele weitere seien dem Zerfall überlassen worden. Einige wenige Ausnahmen gab es, basierend darauf, dass man die Antifaschisten unterschied in jene, die vornehmlich für Kroatien, und jene, die ausschließlich für Jugoslawien gekämpft hatten. Bei genauer Betrachtung sind diese Kriterien Spitzfindigkeiten, genauso falsch wie die künstlichen Unterscheidungen der kommunistischen Kämpfer von 1941. Ein falsches Bild über die Schlüsseljahre der jüngsten Vergangenheit wurde in die Welt gesetzt, und neue Animositäten entstanden allerorten. Mit Stjepan Mesić, dem Nachfolger von Franjo Tuđman im Amt des Präsidenten, hat ein gesünderes Verhältnis der nationalen Regierung zur eigenen Vergangenheit begonnen. Noch sind wir aber leider sehr weit vom deutschen Modell der Vergangenheitsbewältigung entfernt.

1959 wurde die modernisierte Grundschule im Karlovacer Stadtteil Banija nach Herta Turza benannt und ihre Büste am Schuleingang aufgestellt. Als 1971 der kleine Park hinter dem Kino »Edison« instand gesetzt wurde, nutzte man die Gelegenheit, auch eine Büste von Veco Holjevac aufzustellen. 1991 wurde die Herta-Turza-Grundschule umbenannt, von ihrer Büste blieb nur der Sockel übrig. Auch die Büste von Veco Holjevac verschwand, zusammen mit siebzehn weiteren Büsten von kommunistischen und antifaschistischen »Kämpfern der ersten Stunde«. 2001 wurde dann die Büste von Veco Holjevac an den alten Platz zurückgebracht, aber der Sockel von Herta Turzas Büste ist bis heute leer geblieben. Die anderen siebzehn Büsten sind alle unauffindbar. Wird sich Herta oder jemand von den siebzehn anderen, die man zur Seite geschafft hat, eines Tages Veco anschließen? Und was wären dann die Kriterien? Als man im Herbst 2001 eine Gedenkstunde zum sechzigjährigen Jubiläum von Vecos Widerstandsarbeit einberief, trugen seine Töchter den Wunsch an mich heran, bei dieser Gelegenheit über ihren Vater zu sprechen. Ich schloss meine Rede mit diesen Worten ab: »Die einstigen Kampfgefährten und Freunde von Veco sind der heutigen Regierung in Karlovac dankbar, dass Veco an den Platz zurückgekehrt ist, der ihm zusteht. Aber ich muss leider anfügen, dass Veco, wenn er uns heute hier sehen könnte, nicht ganz glücklich wäre, dass er allein zurückgekehrt ist – ohne Herta, ohne Nada Dimić und die anderen, die im Widerstand zusammen mit ihm gekämpft haben.«

Das Ustascha-Regime spiegelte die gescheiterten Illusionen eines legalen Staates, der von einer schlecht organisierten Mischung aus drakonischem Recht und barbarischem Chaos in Gang gehalten wurde. Die rechtliche Grundlage des Staates wurde durch den alles überdeckenden, allgegenwärtigen Terror zunichtegemacht, der zu großen Teilen aus den höchsten Kreisen der Regierung gelenkt oder von ihr toleriert und kontrolliert wurde. Zeitweise wurde der Terror zwar unterbunden, aber immer erst dann, wenn er völlig außer Kontrolle geriet. Den Standgerichten war die Aufgabe übertragen worden, den Terror gesetzlich zu legitimieren, doch mit ihren rigiden Urteilen und unrechtmäßigen Verfahrensweisen hatten sie nicht einmal den Anschein von Recht und Gesetz gewahrt.

Im Unabhängigen Staat Kroatien gab es elf Standgerichte mit festen Standorten und sieben mobile. Letztere konnten überall eingesetzt werden. Sie handelten auf der Grundlage rechtlicher Dekrete, die im Frühjahr 1941 in Kraft getreten waren und die später von Dr. Mirko Puk, dem Hauptverantwortlichen für die drakonische Rechtsordnung, durch noch strengere Verordnungen ergänzt wurden. Eine davon verfügte am 5. Juli 1941, »dass jeder vor das Standgericht gestellt werden kann, der im Besitz eines Flugblatts, ein Buches oder einer Zeitung ist, die zur Verbreitung des Kommunismus führen oder irgendeine andere Form des Verbrechens gegen den Fortbestand des Staates und seiner Gesetze, oder gegen die Mitglieder der Regierung, oder gegen den öffentlichen Frieden und die öffentliche Ordnung, oder gegen den Poglavnik, oder gegen jene, die ihn laut Verfassung in der Regierung vertreten, oder gegen die Ustascha-Bewegung oder Ustascha-Einheiten enthalten«.

Am 10. Juli 1941 folgte eine weitere Ergänzung dieses Gesetzes, die vorsah, dass jeder ohne das Wissen der Obrigkeiten sowohl vor ein örtliches als auch vor ein mobiles Standgericht gestellt werden konnte, der »1. die neuesten Sendungen verfeindeter Länder oder der Achsenmächte hört oder 2. die Nachrichten jener Kräfte hört, die dem bestehenden Unabhängigen Staat Kroatien nicht wohlgesinnt sind« – und so weiter. Trotz der Androhung drastischer Strafen hörten die Menschen nachts massenhaft hinter gut verschlossenen Türen BBC, manche auch Radio Moskau und Freies Jugoslawien. Ein unbekannter Bürger von Karlovac war so mutig, eines nachts am Denkmal des Lokalhistorikers Lopašić ein Schild aufzuhängen, auf dem stand:

»Ich bin der einzige Mensch in Karlovac, der heute Nacht nicht Radio London gehört hat.«

Die ohnehin nur scheinbare Legalität der Standgerichte wurde im Sommer 1941 unwiderruflich zunichtegemacht, als die Gerichte anfingen, Geiseln hinrichten zu lassen, wofür es bis zum 2. Oktober 1941 nicht einmal im Unrechtsstaat NDH eine gesetzliche Grundlage gab. Noch während das mobile Standgericht unter dem Vorsitz des Richters Ivan Vidnjević in Karlovac tagte, unterschrieb am 4. August derselbe Richter im Namen desselben mobilen Standgerichts in Zagreb nicht nur die vier Todesurteile über die Attentäter, die das Universitätsbataillon der Ustasche angegriffen hatten. Er verurteilte auch, wie schon beschrieben, weitere 98 sowie am nächsten Tag nochmals 87 Menschen zum Tode, die als »Juden und Kommunisten« »Mittäter« oder »geistige Urheber« gewesen sein sollen. Es liegt auf der Hand, dass Vidnjević und sein mobiles Standgericht an nur zwei Tagen keine 189 Angeklagten anhören, geschweige denn auf ordnungsgemäßem Wege verurteilen konnten. Sie waren zufällig zusammengetriebene Geiseln. Bei seiner Vernehmung vor dem Militärtribunal der Stadt Zagreb am 5. Juni 1945 begründete Vidnjević seine Handlungen mit den Gesetzen. Er unterzeichnete zwei Protokolle, die zusammen zweieinhalb dicht beschriebene Seiten füllen, in denen zu lesen ist:

> »Als der Unabhängige Staat Kroatien ausgerufen wurde, war ich Richter in Zlatar. (…) Am 24. Juni 1941 wurde ich zum Vorsitzenden des Standgerichts gewählt, wie es dazu im Einzelnen kam, ist mir persönlich nicht bekannt. Am gleichen Tag wurde ein Gesetz verabschiedet, das unserer Urteilssprechung zugrunde liegen sollte. Minister Puk schickte uns an unsere Einsatzorte und legte uns die Fälle vor, über die wir zu richten hatten. Ich plädierte immer für Freispruch, wenn es keine Beweise gab, lag aber der Fall umgekehrt, tat ich das nie. Wenn das Gesetz es vorsah, erließ ich ein Todesurteil. Wir haben uns an die Gesetzeslage, an unser Gewissen und an die Fakten gehalten. Wir haben auch jene zum Tod verurteilt, die die Nationale Befreiungsfront der Partisanen finanziell unter-

stützt haben. Die Polizei kümmerte sich um die Vollstreckung der Urteile, und meine Aufgabe war es, diese schriftlich zu fixieren und mit meiner Unterschrift zu versehen (…). Ich denke, dass ich damals in Zagreb an die tausend Menschen verurteilt habe, in Karlovac sechzehn, in Petrinja an die vierzig. In den vier Jahren, in denen ich der Vorsitzende des Standgerichtes war, bin ich viermal zur Beichte gegangen. Den Priestern habe ich immer alles genau erzählt, was ich tue, aber keiner von ihnen hat mir gesagt, dass es falsch ist, was ich mache.«

Vidnjević ist das Paradebeispiel für die »Banalität des Bösen«, die so häufig zitierte Formulierung von Hannah Arendt in ihrem Buch »Eichmann in Jerusalem«. Aber man muss sich vor Verallgemeinerungen hüten – das Böse ist nicht immer so banal, und nicht jeder Verbrecher ist so blass und farblos wie Eichmann und Vidnjević. In einem totalitären Regime hat das Böse viele Gesichter. In seinem Buch »Das Gesicht des Dritten Reiches – Profile einer totalitären Herrschaft« zeichnete Joachim Fest ein Porträt Adolf Hitlers und seiner vierzehn bekanntesten Mitarbeiter. Einige von ihnen, vielleicht sogar die meisten, waren tatsächlich banale, eindimensionale Persönlichkeiten, aber andere stachen heraus. Der hochintelligente Propagandist Joseph Goebbels, der aus Propaganda Ideologie machte und bei dem die Ideologie in den Fanatismus eines monströsen Mörders mündete, besiegelte den Untergang des Dritten Reichs, indem er und seine Ehefrau sich vergifteten, nachdem zuvor ihre sechs Kinder, vermutlich von Magda, mit Zyankali getötet worden waren. Der unersättlich machthungrige Hermann Göring war ein Hedonist und Hochstapler; Albert Speer, der perfekte Technokrat des Regimes, befand sich im moralischen Tiefschlaf; Reinhard Heydrich war der diabolische »Mann mit dem eisernen Herzen«; Heinrich Himmler war eine gespaltene Persönlichkeit, Spießbürger und Großinquisitor zugleich; der blutrünstige Henker Rudolf Höß, der Kommandant von Auschwitz, stilisierte sich in seinen Memoiren als großen Leidenden und Helden in einem, als einen Menschen, der sich selbst geopfert hat, um dem an ihn herangetragenen Befehl, mehr als eine Million Menschen umzubringen, gerecht zu werden. Ihnen voran stand als ihr Bindeglied und ihre Quelle der Kraft Adolf Hitler, der große Fanatiker des Hasses und Visionär des Bösen.

Das Böse hatte auch in der Ustascha-Hierarchie viele Gesichter. Die kurzsichtigen Patrioten, die sich 1941 guten Glaubens und in großer Zahl der Ustascha-Bewegung anschlossen, waren am Ende nicht diejenigen, die sie prägten. Die meisten von ihnen kamen schon bald wieder zu sich, waren enttäuscht, wurden passiv, und nur wenige von ihnen hatten Funktionen, in denen sie Einfluss ausüben konnten. Die Ustascha-Regierung bestand aus zahlreichen gehorsamen Ja-Sagern wie Vidnjević, aus Mitläufern, die Karriereambitionen und finanzielle Interessen hatten, und vor Ort fanden sich zahlreiche Schlägertypen mit gewalttätiger Mentalität. Aber sie waren nicht der eigentliche Motor des Regimes. Die entscheidende Macht lag im Unabhängigen Staat Kroatien in den Händen der Ustascha-Emigranten, bei jenen Rückkehrern, die vom harten Kern ihrer im Land verbliebenen Mitglieder unterstützt wurden. Sie waren im Fanatismus des Hasses vereint, der in einem mythisch überhöhten Blick auf ihre heilige Mission gründete, ein »ethnisch reines Land« zu erschaffen – ein sich bis zum Fluss Drina erstreckendes, von den 1,8 Millionen Serben befreites Kroatien. 1941 verliehen vier Protagonisten, jeder auf seine Weise, dieser Obsession umfassend Ausdruck: Der lautstärkste Propagandist des Hasses war Mile Budak. Der unbeirrbare Hetzer, der Gesetzesgrundlagen für den Hass schuf, war Mirko Puk. Der Architekt der Verbrechen war Dido Kvaternik, und der brutalste Vollstrecker war Vjekoslav Luburić. Und über ihnen allen stand Ante Pavelić, der all diese Obsessionen und den fanatischen Hass in seiner Persönlichkeit vereinte, er war der Schirmherr, der alles in Bewegung setzte und als Gesetzgeber und Befehlshaber deckte, der unbestrittene Autokrat und Herr über Leben und Tod.

Ich bezweifle, dass es 1941 in der Ustascha-Regierung auch nur einen Menschen gegeben hat, der in der Lage war zu erkennen, dass die »Feuer-und-Schwert«-Politik von Pavelić das Land zerstören würde. Und selbst wenn jemand von ihnen stille Zweifel hegte, ist darüber nirgendwo etwas dokumentiert, außer in den Ausführungen von Milovan Žanić, die ich in Kapitel 6 beschrieben habe. Žanićs verhaltener Wunsch, dem außergesetzlichen Terror ein Ende zu bereiten, war ein unfruchtbarer Ruf nach Recht inmitten des Unrechts, weil die diktatorische Macht von Pavelić unanfechtbar war. Weiter unten in der Hierarchie, auf lokaler Ebene, fanden sich allerdings Menschen, die bereit waren, dem Bösen entgegenzutreten. Ich habe zwei dieser Menschen kennengelernt: Mane Bilović, den Ustascha-Kommandanten von Karlovac, und Milan Stilinović, den stellvertretenden Chef der Gemeindepolizei und späteren Leiter der Polizei in der Großgespanschaft Karlovac.

Im Sommer 1952 tauchte in meiner Wohnung, in der ich zur Untermiete lebte, ein hochgewachsener und korpulenter Mann auf, der gut gekleidet war, jedoch ein wenig verwirrt wirkte, sein Gesicht war angespannt. Ich hatte ihn nie vorher gesehen, aber sobald er sich mir vorstellte – »Milan Stilinović, vielleicht erinnern Sie sich an Karlovac 1941?« –, wusste ich sofort, um wen es sich handelte. Er hatte in der Zeitung gelesen, dass ich Mitglied in der Redaktion der gerade neugegründeten Zeitschrift *Vjesnik u srijedu (Der Bote am Mittwoch)* war, und erhoffte sich Hilfe von mir. Er war vier Jahre und acht Monate im Gefängnis gewesen. »Ich bin noch gut davongekommen«, sagte er mit einem Lächeln.

Einige Leute, die er zwischen 1941 und 1942 aus dem Gefängnis entlassen hatte, hatten gleich nach dem Krieg über sein Verhalten im Krieg ausgesagt. Joža Mađar war einer von ihnen, er war schon vor dem Krieg Mitglied in der Kommmunistischen Partei gewesen und hatte 1941 zu den »Kämpfern der ersten Stunde« gehört; nach dem

Krieg bekleidete er einflussreiche Positionen in der Staatsverwaltung der Volksrepublik Kroatien:

> »Milan Stilinović kannte ich schon vor dem Krieg, damals war er noch Gerichtsreferendar in Karlovac. Im August 1941 wurde er stellvertretender Chef der Gemeindepolizei von Karlovac und übernahm dann sehr schnell die Leitung der Polizei von Karlovac. Er tat alles in seiner Macht Stehende, um eine Gruppe von vierundzwanzig Gefangenen, die ins Gefängnis nach Zagreb gekommen waren, zu befreien und nach Karlovac zurückzubringen, denn er wusste, dass ihnen sonst der sichere Tod bevorstand. Anfang Oktober gelang ihm das auch, und er rettete alle vierundzwanzig Kameraden und Kameradinnen. (…) Er stellte ihnen einen Passierschein aus, mit dem sie ungestört die Stadt verlassen konnten. Alle diese Menschen haben später bei den Partisanen gekämpft. Alle Überlebenden der Gruppe können das bezeugen.«

Meine Mutter und Joža Mađar gehörten zu den Überlebenden dieser Gruppe. Seine Worte retteten Milan Stilinović das Leben, konnten ihn aber nicht vor dem Gefängnis bewahren. Er hatte als ehemaliger Polizeichef im Unabhängigen Staat Kroatien in der Tat eine relativ milde Strafe bekommen, Leute wie er wurden nach dem Krieg meist zu mindestens fünfzehn Jahren Haft verurteilt.

Bei der Verurteilung hat man die Aussagen von Joža Mađar und vielen anderen bedacht, die bezeugen, dass Stilinović auf eigene Verantwortung einige hundert zum Tod verurteilte Menschen aus dem Gefängnis befreit hatte, viele weitere hatte er vorher gewarnt, damit sie untertauchen konnten, bevor die großen Verhaftungswellen einsetzten. Andererseits lagen dem Gericht Aushänge und andere belastende Dokumente mit Stilinovićs Unterschrift vor, die eine Einschränkung der Bewegungsfreiheit für Serben und Juden verfügten und sie anwiesen, sich innerhalb von achtundvierzig Stunden in der Polizeistation einzufinden. Dem Gericht war außerdem bekannt, dass mehr als hundert Menschen in seiner Mandatszeit in das Lager Jasenovac deportiert worden waren, nur wenige von ihnen kehrten nach Hause zurück. Stilinović hatte allerdings diese Massenverhaftungen und Deportationen nicht zu verantworten, das oblag allein dem Ustascha-Geheimdienst. Die Entscheidungen wurden dort getroffen, die Verhaftungen aber wurden von Polizisten aus Karlovac ausgeführt, deren Vorgesetzter Stilinović war. Warum hatte er nicht einfach aufgehört, eine Krankheit vorgeschoben oder um Versetzung gebeten? Warum hatte er noch volle neun Monate auf dieser Position verharrt? Dies waren Fragen, die auf der Hand lagen und die ihm der ermittelnde Richter stellte. Ich selbst habe ihn nicht gefragt, und er erzählte mir von sich aus nichts über seine inneren Konflikte.

Bis zum Ausbruch des Krieges war Ante Nikšić Vorsitzender Richter am Bezirksgericht und somit Stilinovićs direkter Vorgesetzter. Im Sommer 1941 wurde er Ustascha-Bevollmächtigter und Leiter der Großgespanschaft Karlovac und war nun einer der mächtigsten Männer in der Stadt. Er beförderte den jungen Richter Milan Stilinović auf eine relativ hohe Position bei der Polizei. Konnte Stilinović diese Beförderung, die recht besehen ein Befehl war, überhaupt ablehnen? Wahrscheinlich wäre ihm das nur schwer möglich gewesen. Er war kein Mitglied in der Ustascha-Bewegung und hatte gemäß Zeugenaussagen keinerlei Sympathie für deren Ideale. Hätte er die Versetzung zur Polizei, bei der Juristen dringend gebraucht wurden, abgelehnt, hätte er sich möglicherweise einer antikroatischen Gesinnung verdächtig gemacht und gezeigt, dass er den jungen Staat nicht unterstützen wollte. Zudem war seine Ehefrau eine orthodoxe Serbin, die nach ihrer Eheschließung zwei Jahre zuvor zum Katholizismus konvertiert war.

Vielleicht hat Stilinović den Posten bei der Polizei aber auch in der Hoffnung angenommen, dass er sich lediglich an seinem Schreibtisch mit juristischen Fragen beschäftigen müsse. Doch mit den ersten Befehlen, die er unterschrieb, wird er begriffen haben, dass er einen Pakt mit dem Teufel eingegangen war. Er mag geglaubt haben, dass er den Teufel austricksen und hier und da einige Opfer aus dessen tödlicher

Umarmung entreißen und damit sein Gewissen beruhigen könnte. Doch ein paar Jahre später zeigte sich, dass der Preis, den er dem Teufel entrichten musste, weit höher war als der Lohn für seine guten Taten. Die Haft war qualvoll für ihn.

Man kann die ganze Geschichte auf eine hypothetische Frage herunterbrechen: Was wäre passiert, wenn Milan Stilinović seine Beförderung zum Polizeichef von Karlovac nicht angenommen und, sagen wir mal, eine Stelle in der Sockenfabrik oder beim Roten Kreuz übernommen hätte? Er hätte sich zwar selbst gerettet, aber er hätte niemand anderem helfen können. Milan Stilinović wäre dann nach dem Krieg nicht im Gefängnis von Nova Gradiška gelandet. Aber meine Mutter, Joža Mađar und vielleicht hundert andere Menschen wären mit Sicherheit im Konzentrationslager Jasenovac gestorben. Müsste man ihn also dafür würdigen, dass er den Posten des Polizeichefs angenommen hat – obwohl er in dieser Funktion auch Dinge getan hat, die objektiv gesehen strafbar sind? Nach den harten Fakten der Gesetzeslage musste er für seine Taten juristisch belangt werden (das Urteil hätte aber durchaus milder ausfallen können), doch vom moralischen Standpunkt der Gerechtigkeit aus hätte man ihn auch durchaus für seine guten Taten ehren können. Oder, salomonisch gesprochen: Vor dem weltlichen Gericht musste er sich selbstverständlich verantworten und bestraft werden. Doch vor dem höheren moralischen Gericht hätte man ihm seine Strafe erlassen und ihm ein Zertifikat des Danks überreichen können. Doch solche Gerichte gibt es nun einmal nicht – nicht einmal in Utopia.

Als Stilinović aus dem Gefängnis entlassen wurde, konnte er, obwohl damals Juristen händeringend gesucht wurden, zwei Jahre lang nicht in seinem Beruf arbeiten. Um seine Familie durchzubringen, spielte er im Zagreber Lokal »Ribnjak« Violine und arbeitete als Buchhalter. Als er 1952 vor meiner Tür stand, hatte er gerade ein Angebot als juristischer Berater in einem städtischen Bauunternehmen bekommen, aber dort verlangte man von ihm noch ein paar Zeugenaussagen über seine Zeit im NDH. Ich habe ihm eine positive Bescheinigung ausgestellt, wie auch einige andere Menschen. Höchstwahrscheinlich hat ihm das geholfen, er bekam die Stelle und wurde bald auch juristisch rehabilitiert.

Stilinović starb 1978 im Alter von siebenundsechzig Jahren. 2005 bemühte sich seine Tochter Branka Stilinović-Petrović, Richterin am Zagreber Hohen Handelsgericht, in Jerusalem um eine Bewerbung in Yad Vashem, damit ihr Vater unter die Gerechten der Völker aufgenommen wird. Joža Mađar und ich haben ihren Antrag mit unseren ausführlichen Zeugenaussagen unterstützt.

Bei zwei Gelegenheiten, einmal im Sommer 1952 und einmal 1961, erzählte mir Stilinović die Einzelheiten der Befreiung meiner Mutter aus dem Gefängnis. Als er seinen Posten als Polizeichef angetreten hatte, hörte er von einer Gruppe von dreißig Karlovacer Bürgern, die man ohne Anhörung ins Gefängnis in der Savska-Straße gesteckt hatte. An meine Mutter erinnerte er sich gut, weil sie in dieser Gruppe die einzige Jüdin war. Stilinović gelang es, die ganze Gruppe nach Karlovac zurückzuholen. Er argumentierte, dass keiner der dreißig Menschen einem Richter vorgeführt worden sei. Es sei jedoch notwendig, jeden einzelnen Häftling persönlich anzuhören, um seine Schuld oder Unschuld gesichert feststellen oder die Namen ihrer weiteren Verbindungsleute in Erfahrung bringen zu können.

In Windeseile wusste man in der ganzen Stadt, dass die Häftlinge nach Karlovac zurückgebracht worden waren. Ich glaube, dass ich davon zuerst von Frau Klobučar erfahren habe. Wir gingen zusammen ins Gefängnis, um ihrem Schwager und meiner Mutter etwas zu essen zu bringen. Die Wärter waren wie schon vor zwei Monaten freundlich und ließen mich meine Mutter im Gefängnishof umarmen und küssen – ein seltener Moment des Glücks.

Stilinović begann noch am gleichen Tag mit den Vernehmungen. Einer der Ersten, die er befragte, war sein guter Bekannter Joža Mađar, den er gleich wissen ließ, dass er sie alle freilassen werde. Stilinović hörte pro Tag fünf, sechs Gefangene persönlich an und entließ sie anschließend nach Hause. Joža Mađar hob später hervor, Stilinović habe es eilig gehabt, da er die vorübergehende Abwesenheit von Nikšić ausnutzen wollte.

Die Vernehmung meiner Mutter fand am dritten der insgesamt vier Tage statt. Sie dauerte an die zwanzig Minuten und war eine reine Formalität. Stilinović sagte meiner Mutter, sie könne wieder in ihre Zelle zurückgehen, um ihre Sachen zu packen. Man werde sie entlassen, sie müsse nur noch den Verhandlungsbericht unterzeichnen. Als sie wieder aus der Zelle zurückkam, war der Gerichtsprotokollant nicht mehr im Zimmer. Stilinović drückte ihr einen vier Tage gültigen Passierschein für Kraljevica in die Hand. Meine Mutter war überrascht und fragte ihn, so hat sie es mir später erzählt, warum er sie ausgerechnet nach Kraljevica schicke. Er gab ihr zur Antwort, nach zwei Monaten Gefängnis würden ihr die Seeluft und ein längerer Aufenthalt am Meer guttun. Sie solle Karlovac so schnell wie möglich verlassen. Meine Mutter verstand sofort: Selbst der Polizeichef von Karlovac konnte ihr nicht versprechen, dass man sie hier nicht erneut verhaften würde.

Die Freilassung einer so großen Gruppe von Gefangenen, die in der kleinen Stadt alle relativ bekannt waren, war ein mutiger Akt und für die damalige Zeit eine absolute Ausnahme. Für Stilinović ging die Sache glimpflich aus. Man versetzte ihn zur Provinzpolizei auf einen untergeordneten Posten, später dann in die Gemeindeverwaltung von Knin. 1943 gelang es ihm, sich nach Zagreb abzusetzen und eine Arbeit als Jurist im Ministerium für Soziales und Wohlfahrt zu finden. Hier blieb er bis zum Kriegsende.

Ich weiß die genauen Daten nicht mehr, aber meine Mutter war Mitte Oktober aus dem Gefängnis entlassen worden, und uns blieben also vier Tage in Karlovac. Wir verbrachten sie in der Wohnung von Frau Eisler. Meine Mutter fand die meisten ihrer Sachen in den Kisten bei Frau Vine wieder, umsichtig packte sie für ihre Reise ins Ungewisse alles ein, was in ihre zwei großen Koffer passte. Sie hatte keine Angst, nach Kraljevica zu fahren. Ihr war klar, dass Juden in der italienischen Zone nicht verhaftet wurden, man erlaubte ihnen, in Frieden zu leben – zumindest war das bis zu diesem Zeitpunkt der Fall. Sie beriet sich intensiv mit Aleksandar und Mia Veličković, mit denen sie viel Zeit in den vier Tagen verbrachte. Mit mir sprach sie über alles so offen wie nie zuvor. Auch zu den schwierigsten Fragen wollte sie meine Meinung wissen, als wären wir von nun an gleichberechtigt, am Ende aber war sie es, die alle Entscheidungen traf, und ich war mit allem einverstanden.

Entscheidungen zu treffen war eine ernsthafte Angelegenheit, jeder Schritt konnte für uns schwerwiegende Folgen haben. Dennoch war meine Mutter nicht zögerlich. Sobald sie sich in Kraljevica zurechtgefunden hatte, wollte sie jemanden nach Tuzla schicken, um Danko zu holen. Danach sollte auch ich zu ihnen nach Kraljevica kommen. Es war ihr wichtig, dass wir von nun an zusammenbleiben konnten. Wenn wir die Flucht ergreifen müssten, könnten wir gemeinsam schneller reagieren. Meine Mutter zog in Erwägung, nach Italien zu gehen oder in Jagas oder ein anderes abgelegenes Dorf, wo die Ustasche uns nicht finden würden. Geld hatten wir für den Augenblick genug, und wenn es nötig würde, wollte meine Mutter auch ihren Goldschmuck versetzen. Wir konnten uns außerdem jederzeit etwas von Mia Veličković leihen.

Meine Mutter sprach nur wenig über meinen Vater, hier und da mal ein Wort, von einem Seufzer begleitet. Man konnte fühlen, dass das ihr größter und einziger Kummer war, dem sie hilflos ausgesetzt war. In diesen vier Tagen hörte sie sich überall um und begriff wohl, dass man nichts mehr tun und nur noch auf ihn warten konnte.

Natürlich verließ meine Mutter Karlovac schweren Herzens, schließlich blieb ich dort allein zurück. Einen Passierschein, um mit ihr gehen zu können, hatte ich nicht und konnte ihn als Jude auf legalem Weg auch nicht erhalten. Drei, vier Tage waren einfach zu kurz, um so etwas zu beschaffen, aber meine Mutter versicherte mir, dass ich schon bald meine Reisedokumente für Kraljevica bekommen würde. Bis dahin musste ich vorsichtig sein. Wir wussten, dass vereinzelt schon ganze jüdische Gemeinden – zum Beispiel in Varaždin, in Koprivnica und vielleicht auch anderswo – mitsamt kleinen Kindern und kranken älteren Menschen in Lager deportiert worden waren. Träte dieser Fall auch in Karlovac ein, darin war sich meine Mutter sicher, würden die Veličkovićs es beizeiten erfahren und mich warnen. Sie gab mir genaue Anweisungen für eine solche Situation.

Damals erwähnte meine Mutter zum ersten Mal die Partisanen als Möglichkeit für uns und allgemein als Hoffnungsschimmer. Sie habe gehört, sagte sie, dass die Partisanen immer stärker würden und schon viele Dörfer in der Region Kordun hielten. Damals hat sie wohl angefangen darüber nachzudenken, ob wir drei uns Schutz bei den Partisanen erbitten sollten.

16 Der Aufstand in der Banija und im Kordun

Am 8. August 1941 kam es in Karlovac zu zwei einschneidenden Veränderungen. Auf den morgendlichen Aushängen war zu lesen, dass Herta Turza und sechs ihrer Freunde hingerichtet worden waren, die Botschaft, die die Ustascha-Regierung damit aussandte, war klar – nun war eine noch erbarmungslosere Phase des Terrors eingeleitet worden. Die zweite Sache geschah am Nachmittag. Zwei von Partisanen getötete Ustascha-Kämpfer wurden feierlich zu Grabe getragen – der Widerstand gegen den Terror war am Erstarken. Die Zeitung *Hrvatski narod* beschrieb am 9. August unter der Überschrift »Feierliches Begräbnis der gefallenen Ustasche Rudi Starič und Drago Mihelčić in Karlovac« die beiden Umgekommenen als zwei »Ustasche, die bereit waren, alles für Kroatien zu opfern, sogar ihr eigenes junges Leben«.

Karlovac war eine kleine Stadt, ich kannte diese Männer persönlich. Mihelčić war einer der beiden Polizisten, die am 14. Juli meine Mutter und Jaga abgeholt hatten. Vor dem Krieg war er mit unserem Lehrling Zvonko Jaklić befreundet gewesen, mit dem ihn die Liebe zu Motorrädern verband. Rudolf Starić (eigentlich Starič, ein Slowene, der seinen Namen kroatisiert hatte) war Automechaniker in der Werkstatt im Hof hinter unserer Buchhandlung. Als wir uns einen gebrauchten Fiat kauften, unterwies er meinen Vater im Fahren, später reparierte er das Auto immer mal wieder.

Zwanzig Jahre später erzählte mir Ćanica Opačić,[7] auf welche Weise Starič und Mihelčić ums Leben gekommen waren. Es war am 6. August 1941. Die großen Säuberungsaktionen der Ustasche im Kordun, der Lika und der Banija klangen langsam aus, waren aber noch nicht vollständig abgeschlossen. Als Partisanen-Kommandant der Operation »Debela Kosa« trommelte Opačić zum ersten Mal seine Kämpfer für einen Hinterhalt auf einer der Straßen in der Petrova Gora, einem kleinen, niedrigen Gebirgszug, zusammen. Bis zu diesem Zeitpunkt war es in seiner Einheit nur hin und wieder zu kleineren Sabotageakten gekommen, nachts stürzten sie Telegraphenmasten um und schnitten Telefonleitungen durch, einmal demolierten sie die Post in Tušilović. Jetzt aber waren dreißig bewaffnete Partisanen bereit, sich am helllichten Tag dem Feind zu stellen und ihm die Stirn zu bieten.

Starič und Mihelčić waren Kundschafter für die Ustascha-Kompanie, die am 30. Juli aus Karlovac angerückt war und sich nun schon seit acht Tagen im Kordun befand. Gegen elf Uhr morgens hatten sie sich mit dem Motorrad weit von der Kompanie entfernt und gerieten in den Hinterhalt der Partisanen. Schon die erste Salve streckte die beiden nieder. Die Partisanen nahmen ihre Waffen an sich und gingen zu ihrer nahe gelegenen Basis im Wald zurück. Das demolierte Motorrad hatten sie in den Straßengraben geworfen, wo es merkwürdigerweise bis zum Kriegsende liegen blieb, als Erinnerung an den ersten Angriff der Partisanen in der Petrova Gora und die ersten beiden Ustasche, die beim Aufstand im Kordun gefallen waren.

Zwei Tage später wurden die Leichen im Kroatischen Haus von Karlovac feierlich aufgebahrt. Reihenweise paradierten die Bürger von Karlovac, Schüler wie Soldaten, an ihren Särgen vorbei. Das Begräbnis war für den Nachmittag anberaumt worden. Als die mit Kränzen bedeckten Leichname vorbeigetragen wurden, stand ich in einer schweigenden Gruppe von Neugierigen an der Radićeva-Straße. Von den Dächern und aus den Fenstern der Häuser hingen schwarze Fahnen herab, und alle Geschäfte hatten geschlossen. Ein Teil von Karlovac trauerte öffentlich und demonstrativ um die beiden Ustasche, der andere Teil trauerte still und heimlich um Herta und ihre Kameraden. Einige mögen gewusst haben, dass man um die Toten beider Seiten hätte trauern müssen, aber viele der Umstehenden glaubten auch, die Geschehnisse gingen sie nichts an, weil sie nicht sahen, dass eine Zeit angebrochen war, in der niemand mehr verschont werden würde.

Von diesem Tag an und bis zum Ende des Krieges hörte man in Karlovac unaufhörlich das Echo der Schüsse aus dem nahen Kordun. Ich selbst wusste bereits, dass sich mein Schicksal und das meiner Familie an weit entfernten Kriegsschauplätzen in Russland, Libyen und am Atlantik entschied, doch vielleicht fing ich damals an zu ahnen, dass auch die Aufstände in der Region Kordun unser aller Leben beeinflussen würden.

Nach dem Mai-Massaker in Hrvatski Blagaj und in Glina herrschte im Kordun relative Stille, doch immer wieder erreichten beunruhigende Nachrichten die serbisch-orthodoxen Bewohner der Region. In der Nachbarregion Banija fielen die Ustasche aus Petrinja und anderen Garnisonen weiterhin in kleineren Gruppen in serbische Dörfer ein, attackierten die Bewohner und raubten sie aus, verhafteten viele und brachten sie fort oder töteten sie an Ort und Stelle. In der Region Lika kulminierte die Gewalt Anfang Juli in den Massakern in Suvaja, Bubanj und Osredak. Die Menschen aus der Region Kordun wussten auch längst vom Lager Jadovno, weil hier schon Anfang Juli 1941 die Verhaftungen und Deportationen von Juden und Serben aus Karlovac, Ogulin, Plaško und anderen Städten zugenommen hatten. Wahrscheinlich hatte sich das auch in einigen Gegenden Bosniens, der Herzegowina und im Norden Dalmatiens herumgesprochen, wo bereits im Juni vermehrt Massenmorde an Serben verübt worden waren. Im Kordun ging es aber noch vergleichsweise friedlich zu, deshalb betonte Mirko Marušić, der Kommandant einer bewaffneten Gendarmerie-Einheit in Slunj, in einem späteren Bericht, dass »die Lage bis zum 27. 7. 1941 einigermaßen überschaubar war, wenn man bedenkt, welchen Schlag die serbische Bevölkerung seit der NDH-Staatsgründung einzustecken gehabt hatte. Ein Großteil der Bevölkerung hatte sich seinem Schicksal ergeben. Viele waren schon zum katholischen Glauben konvertiert.«

Der Kommandant aus Slunj wusste vielleicht nicht – oder wollte es seine Vorgesetzten nicht wissen lassen –, dass die Serben aus der Region Kordun bereits vor dem 27. Juli sehr beunruhigt waren, vor allem wegen der vielen Gerüchte, da es hieß, es stehe ihnen eine Zwangsumsiedlung nach Serbien und eine vollständige Enteignung bevor. Nach einer Anweisung der Nationalen Direktion für Wiederaufbau wurden im Juni in den einzelnen Bezirken Sonderabteilungen eingerichtet, die sich mit der Aussiedlung der Serben und mit der Eingliederung der zugezogenen Slowenen befassen sollten. Bereits am 7. Juni wurde eine Verfügung ausgehängt, laut der die serbische Bevölkerung gezählt und registriert und in verschiedene Kategorien unterteilt werden sollte. Die größte Unruhe löste jedoch die Vertreibung der serbischen Bevölkerung am 29. Juni aus der Nachbarregion um die Plitvicer Seen aus. Als zeitgleich ungefähr 600 Slowenen in Dörfer der Bezirke Vojnić, Vrginmost und Kostajnica umgesiedelt wurden, wussten die Serben aus dem Kordun und der Banija, dass sie als Nächste an der Reihe waren.

In den Dörfern waren die Menschen zutiefst besorgt und berieten sich miteinander. Niemand wusste genau, was vor sich ging. In diesen Wochen vor dem großen Aufstand waren alle ratlos, und es gab keinen konkreten Plan. Bei den Zusammenkünften im Juni und Anfang Juli schwangen die ortsansässigen Kommunisten schwammige Parolen. Ohne irgendeine Verbindung zu den Kommunisten zu haben, organisierten parallel dazu die Brüder Tanasije, Đuro und Dušan Bakrač als Vorsichtsmaßnahme in dem großen Dorf Luščani in der Region Banija eine ständige Bauernwache. Am 12. Juli war die Wache bereits morgens in Alarm versetzt, denn im unteren Teil des Dorfes hatte eine Ustascha-Einheit den Händler Vilus verhaftet und sein Haus in Beschlag genommen. Im Dorf verbreitete sich das Gerücht, die Ustasche seien gekommen, um Verhaftungen vorzunehmen und die Leute für die geplante Aussiedlung zu registrieren. Die Menschen waren aufgeschreckt, viele verließen sofort fluchtartig ihre Häuser, um sich in den Wald zu retten. Den Brüdern Bakrač gelang es, sie zusammen mit einigen anderen entschlossenen jungen Männern aufzuhalten und schließlich mit ihnen zum unteren Teil des Dorfes zu gehen. Mit Jagdgewehren, Harken und Knüppeln bewaffnet, umzingelten sie das Haus des Händlers Vilus, in dem die Ustasche sorglos Schnaps und Wein tranken. Es waren sechs junge Männer, fast alle kamen aus dem kroatischen Nachbardorf Pecki. Sie waren wohl nach Luščani gekommen, um einige bekanntere Dorfbewohner zu verhaften, doch sie hatten in Vilus' Haus eine kleine Pause eingelegt, um zu plündern und zu trinken. Als sie die Menschen erblickten, die sie umzingelt hatten, erschraken sie. Đuro Bakrač hatte inzwischen das Kommando über die Dorfbewohner übernommen. »Ergebt euch auf der Stelle!«, rief er. Die sechs verlangten, dass die Leute zuerst auseinandergehen sollten, und drohten, auf die Menge zu schießen. Irgendjemand versprach ihnen, man werde sie unbehelligt gehen lassen, wenn sie Vilus wieder freigeben, die Waffen ablegen und friedlich das Dorf verlassen würden. Die Ustasche stritten untereinander, schließlich griff Đuro Bakrač ein und entwaffnete sie mühelos. Die Bewohner ließen die sechs betrunkenen Männer gehen, behielten aber ihre Karabiner, die sie später an die Dorfwachen von Luščani weiterreichten.

Da sie, nachdem sie die Hand gegen die allmächtige Regierung erhoben hatten, in Gefahr waren, nahmen die Brüder Bakrač Verbindung zu den Männern auf, die wie sie mit den neuen Machthabern auf Kriegsfuß standen. So kam es zur Begegnung zwischen Đuro Bakrač und Ranko Mitić, dem Sekretär des Bezirkskomitees der Kommunistischen Partei Kroatiens in Glina, der sich in den umliegenden Dörfern versteckt hielt. Đuros Bruder Tanasije nahm Kontakt mit Vasilj Gaćeša auf, dem Anführer der erst kürzlich formierten Kampfeinheit im Nachbardorf Vlahovići.

Am Samstag, dem 19. Juli 1941, trafen abends Rade Končar, der Sekretär des Zentralkomitees der KP Kroatiens, und Josip Kraš, ein weiteres Komiteemitglied, im Wald von Abez ein, was eine Stunde Fußmarsch von Vrginmost (heute Gvozd) entfernt lag. Sie überbrachten den acht führenden örtlichen Kommunisten Befehle über Beginn und Ablauf des Aufstands. Das Treffen dauerte sieben Stunden, bis ein Uhr nachts. Es wurde beschlossen, dass der Aufstand am 23. Juli in den Bezirken Glina und Vrginmost beginnen und sich vier Tage später im Bezirk Vojnić ausbreiten sollte. Man einigte sich auf insgesamt neun Ziele, die man abends am 23. Juli ins Visier nehmen wollte. Die kommunistischen Aktivisten waren für die Angriffsabwicklung zuständig und wollten mit diesem Schritt nach außen hin signalisieren, dass nun der große Volksaufstand im Kordun begonnen hatte, dem sich schon bald viele der bedrohten serbischen Dorfbewohner anschließen würden.

Von den neun Zielen der Aufständischen konnte in der Nacht vom 23. auf den 24. Juli nur ein einziges ins Visier genommen werden. Die anderen acht kommunistischen Aktionsgruppen hielten sich nicht an ihre Befehle, sie nahmen im letzten Augenblick Abstand von ihrem Plan. Manche hatten nicht genügend Waffen, andere waren von ihren Führern im Stich gelassen worden, die das Gelände besser kannten als sie. Wieder anderen war zu Ohren gekommen, dass die Garnisonen, die sie angreifen wollten, zwischenzeitlich erheblich aufgestockt worden waren. Viele Kommunisten sprachen untereinander offen ihre Zweifel über die geplanten Angriffe aus und fragten sich, ob sie nicht im Falle eines Scheiterns lediglich größeres Leid über die Dörfer und die unschuldige Bevölkerung bringen würden, die am Ende ihnen die

Schuld geben würde. Ganz offensichtlich war es auch für die revolutionsbereiten Kommunisten nicht so einfach, einer stark bewaffneten Macht mit bloßen Händen gegenüberzutreten. Stanko Bjelajac, dem die Partei die Aufgabe anvertraut hatte, die Gruppen für den Angriff auf Maja und Jukinac zu organisieren, schreibt in seinen Memoiren, dass der Plan für den Aufstand viel zu ambitioniert gewesen sei.[8]

In der Abenddämmerung des 23. Juli 1941 sammelten sich einen Kilometer vom Bahnhof Grabovac Banski mehrere Gruppen von Männern, die in nahe liegenden Dörfern Wache gehalten hatten. Bis Mitternacht warteten sie auf eine letzte Gruppe, die aber nicht wie besprochen auftauchte. Vasilj Gaćeša, der als Anführer akzeptiert wurde, traf schließlich die Entscheidung: »Wer jetzt da ist, ist da! Es geht los!«

Ungefähr eine Stunde nach Mitternacht griff die Gruppe um Gaćeša – zweiundzwanzig Männer mit fünf Karabinern, zehn Jagdgewehren und einigen altmodischen Pistolen[9] – die Bahnstation, das Gemeindehaus und die Ziegelei in Grabovac Banski an. Zwei Wachmänner und der Besitzer der Ziegelei wurden getötet. Die Partisanen konfiszierten neun Militärkarabiner sowie einige Ausrüstungsgegenstände und Munition. Sie selbst hatten keine Opfer zu verzeichnen. Sie richteten einen gefangen genommenen Verwaltungsprotokollanten und den Bahnhofsvorsteher hin, von denen es hieß, sie seien aktive Mitarbeiter der Ustasche gewesen, andere Wachmänner und die übrig gebliebenen Gefangenen ließen sie nach Hause gehen. Sie setzten das Gemeindehaus, den Bahnhof und die Ziegelei in Brand und zogen sich, bevor es hell wurde, in die Dörfer in der Nähe des Šamarica-Waldes zurück.

Die Ustasche rächten sich sofort und mit brutaler Gewalt. Schon am frühen Morgen des 24. Juli trafen in Grabovac Banski und den Dörfern der Umgebung massenweise Lastwagen mit den Ustasche und der Heimwehr aus Petrinja und Glina ein, mit von der Partie war der Ustascha-Polizeikommandant Božidar Cerovski, dem bald darauf Dido Kvaternik aus Zagreb folgte.

Noch an diesem Morgen marschierte Cerovski mit einer Ustascha-Truppe und einigen Studenten der Polizeiakademie in die nächstgelegenen orthodoxen Dörfer der Bezirke Grabovac Banski und Kraljevčani ein. Ohne Umschweife verhafteten sie alle Männer zwischen sechzehn und sechzig Jahren, die sie vor Ort oder in ihren Häusern antrafen. Gegen fünfzehn Uhr kehrten sie nach Grabovac zurück, einigen Quellen zufolge hatten sie fast vierhundert Dorfbewohner in Gewahrsam genommen. Die Zahl ist sicherlich etwas überhöht, aber über die Vorgehensweise der Ustasche gibt es keinerlei Zweifel – die Massenverhaftungen, die am ersten Tag stattfanden, waren vollkommen willkürlich. Von den vielen Augenzeugenberichten erscheint mir der Bericht von Dragutin Laboš am glaubwürdigsten:

> »Am 24. Juli 1941 habe ich in den frühen Morgenstunden eine Ustascha-Gruppe in Grabovac Banski angetroffen, unter ihnen befand sich Ivan Turki (der damalige Ustascha-Kommandant für den Bezirk Petrinja, Anmerkung S. G.). Sie hatten an die fünfzig Männer verhaftet. Die Ustasche ließen alle orthodoxen Männer aus den Zügen aussteigen, ganz gleich, woher sie kamen und wohin sie fuhren. Aus den umliegenden Dörfern trieben sie die zu Fuß gehenden Serben zusammen. Turki sagte, dass alle Orthodoxen gleich seien und dass man sie alle umbringen müsse. Gegen siebzehn Uhr ging ich nach Petrinja, an der Bahnstation blieben an die dreihundert verhaftete Männer zurück. Als ich am 25. Juli zurückkam, waren von den dreihundert Menschen an die zweihundert hingerichtet worden. (…) Am Abend fanden sich erneut an die dreihundert zusammengetriebene verhaftete Dorfbewohner ein. Als ich am 26. Juli morgens nach Grabovac kam, fand ich von diesen dreihundert Verhafteten nur noch achtzig bis hundert lebend vor. ›Heute Nacht nehmen wir uns eure Eisenbahnarbeiter vor‹, sagte Turki. Am 27. Juli traf der Fahrdienstleiter Šikić ein. Er erzählte mir, er habe noch nie so etwas Grauenhaftes gesehen wie das, was die Ustasche in Grabovac taten.«

In der Verhandlung vor dem Zagreber Bezirksgericht am 10. Januar 1947 verteidigte sich Božidar Cerovski mit der Behauptung, er sei nur nach Grabovac Banski gekommen, weil er die Sicherheit für das aus Zagreb angereiste Standgericht habe gewährleisten wollen, das am 24. Juli 1941 unter dem Vorsitz des Richters Dr. Ivan Vidnjević tagte. »Die Gerichtsverhandlung dauerte drei bis vier Stunden, und es wurden zwischen siebzig und achtzig Menschen verurteilt«, sagte Cerovski damals. Er unternahm nicht einmal den Versuch zu erklären, warum siebzig bis achtzig Menschen zum Tod verurteilt wurden, obwohl sie an dem Angriff, um den es in der Verhandlung ging, nicht beteiligt waren. Gaćešas Leute hatten nicht untätig in ihren Häusern auf die Ankunft der Ustasche gewartet. Als diese eintrafen, waren sie längst in den Wald von Šamarica geflüchtet.

Unter der Aufsicht von Cerovski wurden die verurteilten Männer sofort erschossen. Danach kehrte das Standgericht nach Zagreb zurück. Die eigentlichen Säuberungen begannen freilich erst. Die Tötungsorgie neben den Bahngleisen in Grabovac Banski dauerte vier ganze Tage. Den Ausdruck »Orgie« benutze ich nicht zufällig, denn die Mörder betranken sich dabei. Die Häftlinge mussten für ihre Peiniger Lämmer und Schweine am Spieß grillen, vor der Hinrichtung wurden sie gezwungen, ihre eigenen Gräber auszuheben, und mit vorgehaltenem Gewehr brachte man sie dazu, dabei zu singen. Die Toten wurden von ihren noch lebenden Nachbarn begraben, die dann selbst in der nächsten Runde hingerichtet wurden. Die Bäuerinnen aus Vlahović und Luščani, die ihren Angehörigen etwas zu essen gebracht hatten, mussten vor den betrunkenen Ustasche singen und tanzen. Die Zeugenaussagen von sieben Männern, denen es auf unterschiedliche Weise gelang, der Hinrichtung zu entkommen, sind überaus erschütternd.

Bei der Gerichtsverhandlung gegen Božidar Cerovski im Januar 1947 war die Rede von 540 Opfern der Säuberungen in Grabovac vom Juli 1941; diese Zahl bezog sich auf die Angaben, die der Kommission vorlagen, die Kriegsverbrechen aufarbeitete. Später wurden genauere Ermittlungen durchgeführt, und man kam auf andere Zahlen – im Bezirk Glina sind 977 Menschen und im Bezirk Petrinja 288 mit Namen erfasst worden, die damals den Repressalien in Grabovac Banski zum Opfer fielen. Ich will nicht die Bedeutung solcher Listen bestreiten, aber ich bin mir doch darüber im Klaren, dass sie nicht immer zuverlässig sind. Sie enthalten erfahrungsgemäß oft Namen von Menschen, die den Ustasche, den Tschetniks oder dem Terror der Besatzer zum Opfer gefallen sind, aber nicht unbedingt an den Orten, von denen hier die Rede ist. Manchmal kommt ein einziger Name unter den Opfern von zwei oder mehr Hinrichtungsstätten vor. Deshalb bin ich sehr vorsichtig, wenn Zahlen genannt werden. In Grabovac Banski wurden mehrere hundert orthodoxe Männer ermordet, ganz sicher waren es mehr als fünfhundert, und nicht einer von ihnen war an den Attacken der Aufständischen beteiligt gewesen.

Die Zagreber Wochenzeitung *Hrvatski narod* brachte am 27. Juli 1941 einen kurzen Bericht darüber: »Heute kommt der NDH-Ustascha-Kommandant Božidar Cerovski nach Zagreb zurück, der die letzten Tage in Glina verbracht hat, wo er mit den Schülern der Polizeiakademie eine große Zahl von Tschetniks gefangen genommen und auf diese Weise die gesamte Region vor der Gewalt dieser Freischärler beschützt hat. Nachdem der Kommandant Cerovski seine Pflicht erfüllt hat, kehrt er nun nach Zagreb zurück.«

Der Bericht vertuscht nicht nur die Wahrheit über die damaligen Vorgänge in der Banija, er suggeriert zudem, die Aufstände hätten durch Cerovskis Aktion ein Ende gefunden. In Wirklichkeit aber kamen sie danach erst richtig in Gang.

Vier Tage lang war von der Hinrichtungsstätte nahe des Bahnhofs von Grabovac Banski immer wieder Gewehrfeuer zu hören, wenn dem Erschießungskommando eine neue Gruppe zugeführt wurde. In dieser Zeit begannen die Menschen, massenhaft aus den umliegenden Dörfern zu flüchten. »Diejenigen, denen es gelungen war, den Verhaftungen in den Dörfern (...) zu entkommen, machten sich auf den Weg in den Wald Šamarica; sie trugen Kleider- und Essensbündel auf dem Rücken, führten ihre Kinder und die Alten mit sich, und einige hatten auch ihr Vieh dabei. Šamarica wurde in diesen Tagen zur ersten Zuflucht Tausender Flüchtlinge aus der Gegend von Glina und Petrinja.«[10]

Vasilj Gaćeša war außer sich vor Zorn. Mit seinen fünfzehn Karabinern saß er hilflos oberhalb des Dorfes Miočinovići am Waldrand und konnte das Verbrechen, das seine gesamte Region heimsuchte, nicht verhindern. Als ihn die Kommunisten aus seinem Dorf überredeten, einen Angriff auf Grabovac Banski anzuführen, erklärten sie, dass zeitgleich an zehn weiteren Orten Angriffe erfolgen würden und ein Volksaufstand in ganz Kroatien und Bosnien folgen würde. Die Ustasche, so der Plan, hätten keine Zeit für Repressalien, sie würden sich stattdessen verteidigen müssen. Als sie in Šamarica aufeinandertrafen, ging Gaćeša aufgebracht auf Stanko Bjelajac los, von dem er wusste, dass er Parteifunktionär und Komiteemitglied im Bezirk von Glina war: »Wer hat den Befehl für diesen Aufstand gegeben und behauptet, das ganze Volk würde in nur einer Nacht auf die Barrikaden gehen und es schaffen, den Feind zu vertreiben, und dass wir so die Städte und das ganze Land befreien könnten? Das ist eine Lüge, siehst du, nichts davon ist wahr! Die Ustasche haben in Grabovac so viele Unschuldige ermordet! Was machen wir jetzt mit all den Menschen, die geflüchtet sind, um ihr Leben zu retten?«

Gaćeša verdächtigte die kommunistischen Aktivisten, ihn hinters Licht geführt zu haben oder Feiglinge und Verräter zu sein, die Angst hatten, ihre Hand gegen die Regierung zu erheben, und ihn deshalb hintergehen und im Stich lassen würden. Er gab seinen Männern den Befehl, Ranko Mitić zu finden, zu verhaften und nach Šamarica zu bringen, damit sie ihn verhören und in Erfahrung bringen konnten, was eigentlich vor sich ging.

Der Konflikt zwischen Vasilja Gaćeša und den Kommunisten rückte allerdings in Anbetracht der sich überschlagenden Ereignisse jener Tage in den Hintergrund. Die Ustasche zwangen Gaćeša und die Serben mit ihren Angriffen, das Bündnis mit den Kommunisten zu festigen, und Gaćeša gelangte allmählich zu der Überzeugung, dass es auch unter den Kommunisten fähige Männer gab, mit denen man einen Aufstand voranbringen konnte. In Grabovac Banski waren die Vergeltungsmaßnahmen noch nicht abgeklungen, als es am 27. Juli zum ersten Massenaufstand in der Bosanska Krajina und im Südosten der Region Lika kam. Am Ende des ersten Tages hatten die Rebellen einige Landkreise und wichtige Bezirke (Drvar, Srb und Bosansko Grahovo) in einem Umkreis von zweitausend Quadratkilometern im unmittelbaren Epizentrum des in Unruhe geratenen kroatischen Staates unter ihre Kontrolle gebracht. Zur gleichen Zeit trafen aus der ganzen Region Nachrichten über zahlreiche und immer häufigere kleinere Sabotageakte ein: In der Nähe von Moravice wurde die Bahnstrecke Zagreb–Šušak zerstört, südlich von Karlovac wurden in zwei aufeinanderfolgenden Nächten die Telefon- und Telegraphenleitungen gekappt, und in einem Konflikt zwischen zwei Kommunisten und zwei Ustasche fielen am 23. Juli im Kordun die ersten Schüsse, wobei einer der beiden Ustasche ums Leben kam.

Der Poglavnik Pavelić musste eine Entscheidung treffen. Er wird vielleicht auch an die Herzegowina gedacht haben, wo es schon einen Monat zuvor zum Aufstand gekommen war. Sein dortiger Sondergesandter General Vladimir Laxa berichtete an ihn: »Die serbische Bevölkerung begehrte gegen die Aktionen der Ustasche auf, die willkürlich mehrere Säuberungen durchgeführt haben und nicht nur massenweise Männer, sondern auch Frauen und Kinder, gleich ob schuldig oder nicht, aus ihren Häusern getrieben und hingerichtet und ihre Leichen in Gruben oder in den Fluss geworfen haben.« »Dabei haben die sogenannten Ustasche«, heißt es weiter in dem Bericht, »die höheren Ideale der Ustascha-Bewegung mit Füßen getreten, ihrem Ansehen geschadet und den Hass der Menschen auf sich gezogen.« Statt den Massakern in den friedlichen Dörfern Einhalt zu gebieten, die dazu geführt hatten, dass die Bewohner am Ende die Rebellen unterstützten, entschied sich Pavelić für das Gegenteil: Mit einigen ausgesuchten Ustascha-Einheiten organisierte er eine weitere Säuberungsaktion gegen ein friedliches orthodoxes Dorf in Zentralkroatien, während er ins Zentrum des Aufstands militärisch schwache Truppen schickte, die Kampf um Kampf verloren. So verlor die in Gračac stationierte Einheit während einer zweitägigen Schlacht im August an der Straße von Boričevac nach Kulen Vakuf nach eigenen Angaben 212 Heimwehr-Einheiten, darunter 23 Offiziere und Unteroffiziere. Die Partisanen behaupteten, dass an diesem Tag nur drei Aufständische gestorben seien, zwei seien schwer verletzt worden. Sie selbst hätten 110 Männer von der Heimwehr getötet, 195 Gewehre, 13 leichtere und sieben schwere Maschinengewehre beschlagnahmt sowie 90 Männer von der Heimwehr verhaftet, die sie entwaffneten, bevor sie sie nach Hause gehen ließen.

Die große Säuberungsaktion der Ustasche begann am 29. Juli und dauerte bis zum Abend des 8. August 1941. Sie erstreckte sich über ein riesiges Gebiet von damals fünfzehn Bezirken, nahezu hundert Gemeinden waren betroffen. Hinsichtlich der Zahl der Opfer war es die größte Ustascha-Liquidierungsmaßnahme in der gesamten Zeit des NDH, mit Ausnahme der noch brutaleren und umfassenderen Säuberungsaktion in Kozara, zu der es im Frühling 1942 kam. Von den 16 535 dokumentierten orthodox-serbischen zivilen Opfern in der Region Lika während des Zweiten Weltkriegs sind 96 Prozent der Gewalt der Ustasche geschuldet, etwas mehr als ein Viertel davon wurde in diesen zehn furchtbaren Tagen Ende Juli, Anfang August 1941 ermordet. Dieses Mal waren in der Region Banija am schlimmsten die Bezirke Hrvatska Kostajnica und Dvor betroffen, dann ein weiteres Mal Glina, wo das Grauen am 1. und 2. August in der serbisch-orthodoxen Kirche einen schrecklichen Höhepunkt fand. Über hundert Menschen wurden dorthin gelockt unter dem Vorwand, man werde sie dort zum katholischen Glauben konvertieren lassen – bis auf einen wurden sie alle in der Kirche ermordet. An den meisten Orten führten die Säuberungen zu sofortigen Aufständen, vor allem in der Region Kordun.

Es ist nicht leicht zu erklären, warum sich Pavelić angesichts des Aufstands der Serben in der Herzegowina, der dort am 25. Juni als Reaktion auf die Ustascha-Massaker in orthodoxen Dörfern ausbrach, entschieden hat, in Kroatien und in einigen Teilen Bosniens dasselbe selbstmörderische Verbrechen zu wiederholen. War er wirklich so sehr von Hass erfüllt, dass ihm die Ermordung der Serben wichtiger war als die Stabilisierung und Befriedung des Landes? Mladen Lorković, der Außenminister des NDH, versuchte, diese verquere Logik zu erläutern, als ihn der kroatische Botschafter in Bulgarien, Vladimir Židovec, zur Situation in Kroatien im Juni 1942 befragt hatte:

> »Ich bin gerade dieser Tage von den Kampfschauplätzen in Kozara zurückgekehrt. Es ist ein großes Gebiet, mehrere Quadratkilometer, aber es gibt dort keine einzige lebende Seele mehr! Die ganze Gegend war von Serben besiedelt. Die Dinge stehen folgendermaßen: Es ist nicht wahr, dass die NDH-Führung nicht in der Lage wäre, den Partisanen die Stirn zu bieten und sie zu vernichten. Die Wahrheit ist, dass wir mit diesen Operationen keine Eile haben und wir sie für andere Ziele nutzen möchten. Kroatien wird nie ein ungestört autonomes Leben führen können, wenn es nicht die serbischen Parasiten los wird, die sich am Ende der Türkenzeit in dieser Gegend niedergelassen haben. Die Kämpfe mit den Partisanen geben uns endlich die Gelegenheit, dieses große Problem ein für alle Mal zu lösen.«[11]

Ich weiß nicht, wie weit diese pervertierten Erklärungen damals innerhalb der Ustascha-Führung verbreitet waren. In den Verlautbarungen von Dido Kvaternik, Mile Budak, Mirko Puk und anderen kann man sie immer wieder in Andeutungen finden, aber sie sind auch von deren einstigen Weggefährten und von anderen Personen bezeugt worden, mit denen sie persönlich gesprochen haben. Natürlich wurde nie offiziell gesagt, dass die Partisanen und der Aufstand den

Ustasche einen perfekten Anlass zum Massenmord an den Serben geboten haben, aber es ist offensichtlich, dass dieses Denken im inneren Kreis jener, die über das Schicksal des Landes entschieden, zirkulierte. Vielleicht verbarg sich sogar Pavelić höchstpersönlich hinter dieser Strategie. Wie dem auch sei, all diese Rechtfertigungen waren vor allem heuchlerische Ausreden für das Scheitern im Kampf gegen die zusehends stärker werdenden Partisanen. Natürlich handelte es sich ebenso sehr um eine indirekte Legitimation von Verbrechen, die ansonsten durch nichts zu rechtfertigen waren. Es war eine groteske Logik, die aus Fanatismus und Hass entstand. Nur aus diesem verblendeten Fanatismus heraus konnte die perverse Schlussfolgerung gezogen werden, dass die durch den Aufstand verursachten Probleme im Grunde genommen nützlich seien, weil sie weitere Aktionen (eine noch größere Anzahl an ethnisch motivierten Massenmorden) ermöglichten, die wiederum zur weiteren Ausbreitung und Verschärfung der bestehenden Schwierigkeiten (des Aufstands) führten. Diejenigen, die diesen Teufelskreis in Gang gesetzt hatten (die Ustascha-Regierung), konnten damit nur scheitern.

Es gibt keinen Zweifel daran, dass der im Unabhängigen Staat Kroatien durchgeführte Genozid an den Serben geplant gewesen war und dass man lange vor dem Aufstand begonnen hatte, diesen Plan in die Tat umzusetzen. Die einzige Frage, die sich stellt, ist, ob der Aufstand die Umsetzung des Plans lediglich beschleunigte oder ob er auch der Auslöser für die katastrophalen Dimensionen war, die der Genozid danach angenommen hatte.

———

Die Säuberungsoperation konzentrierte sich vornehmlich auf den Kordun und unterstand in den ersten drei, vier Tagen dem direkten Kommando von Božidar Cerovski. Am Morgen des 29. Juli verließ Cerovski Glina in Richtung Vojnić, begleitet von einem Konvoi aus zehn Lastwagen und an die hundertfünfzig Ustasche, die er aus allen möglichen Gegenden zusammengetrommelt hatte. Neben einigen Ustascha-Rückkehrern (die zur Leibgarde des Poglavnik gehörten) befanden sich unter seinen Männern auch ausgewählte Ustasche aus Petrinja, Glina, Sisak, Bosanska Krajina und Cazinska Krajina. Auf der Fahrt nach Vrginmost nahmen sie an die fünfzig serbische Männer fest und zwangen sie, mit ihnen zu kommen. In Vojnić verhafteten sie eine noch größere Gruppe von Serben, doch einige dort arbeitende Kroaten setzten sich für die Gefangenen ein, und so wurde ein Teil von ihnen wieder auf freien Fuß gesetzt. Die Ustascha-Expedition teilte sich an dieser Stelle in kleinere Einheiten auf, die von dort in unterschiedliche Richtungen aufbrachen. Nachdem Cerovski aus der Bezirkskommandozentrale mit seinem direkten Vorgesetzten Dido Kvaternik telefoniert hatte, gab er den einzelnen Gruppenleitern Befehle und fuhr dann nach Karlovac. Am nächsten Tag, dem 30. Juli 1941, befand er sich wieder »im Feld« in Rakovica, und am 31. Juli schickte der für Karlovac zuständige Oberst Tomašević einen Bericht an die Kommandozentrale:

> »Der Ustascha-Kommandant Božidar Cerovski war in der Petrova Gora, wo er den Kontakt zur Kompanie hergestellt hat, die sich auf dem Weg von Tušilović nach Krstinja befindet. (...) Die Nordfront der Petrova Gora ist voller Tschetniks. Lukas und Kvaternik[12] bekämpfen sie, während Cerovski von Cetingrad Richtung Topusko voranschreitet. Kein größerer Widerstand.«

Natürlich gab es keinen Widerstand, als Cerovski von Cetingrad nach Topusko durch Dörfer fuhr, die noch nicht vom Aufstand erfasst worden waren. Größere Einheiten patrouillierten durch die serbischen Dörfer entlang der Straße von Tušilović nach Krstinja, auf Anordnung des Leutnants und Ustascha-Rückkehrers Ventura Baljak. Sie griffen dabei jeden auf, dessen sie habhaft werden konnten. Diese Menschen waren keine Kämpfer, die erwachsenen Männer waren alle schon in den Wäldern untergetaucht. Die Ustasche brachten die Gefangenen zu einem Hügel (dem Mehino Stanje) an der Grenze zwischen den Bezirken Slunj und Velika Kladuša, wo die Jugoslawisch-Königliche Armee kurz vor dem Aprilkrieg riesige Panzergräben ausgehoben hatte. Am 31. Juli begannen Baljaks Ustasche, die Gefangenen hinzurichten und diese Gräben mit ihren Leichen zu füllen, zum ersten Mal waren es überwiegend Frauen, Kinder und Ältere. Mehino Stanje war die Hinrichtungsstätte im Kordun, an der während des Zweiten Weltkriegs die meisten Menschen ums Leben kamen. Der Kommandant der Ustascha-Polizei, der berichtete: »Kein größerer Widerstand«, hatte just an diesem Tag das Gelände inspiziert und war dabei unmittelbar an der Hinrichtungsstätte vorbeigekommen.

Am 29. Juli schickte Cerovski eine Ustascha-Gruppe mit drei Lastwagen nach Krnjak. Sie stand unter dem Kommando von Ivan Turki, dem Ustascha-Kommandanten aus Petrinja. Die Lastwagen hielten kurz vor Tušilović an der Kreuzung Brezova Glava. Einige Ustasche blieben bei den Lastwagen, andere schwärmten ins Dorf aus und riefen die Leute auf, ihre Häuser zu verlassen und nach draußen zu kommen. Fast niemand gehorchte, und sie konnten nur wenige Menschen verhaften. Die Männer hatten inzwischen begriffen, dass sie gut daran taten, sich bei diesen Gelegenheiten sofort zu verstecken, und die Frauen waren an diesem Tag noch nicht an der Reihe.

All dies wurde von einem an die dreihundert Meter entfernt am Waldrand gelegenen Hügel namens Babina Gora beobachtet, und zwar von Veco Holjevac und zehn bewaffneten jungen Männern aus Tušilović und Umgebung. Sie waren an diesem Tag die erste und einzige Partisanen-Einheit vor Ort. Sie zögerten und diskutierten, ob sie auf die Ustasche schießen oder sie mit den Gefangenen ziehen lassen sollten.

Veco Holjevac war sieben Tage zuvor im Auftrag der KP aus Karlovac in Tušilović eingetroffen. Er sollte zusammen mit dem führenden Kommunisten vor Ort, Ćanica Opačić, für den geplanten Aufstand Partisanen-Einheiten formieren. Bei den Treffen mit den örtlichen

Kommunisten stellte sich als das größte Problem der Mangel an Waffen heraus. Die Leute aus dem Kordun hatten in ihren Verstecken noch ein paar Jagdgewehre, aber nur einige wenige Karabiner zur Hand. Noch im Mai hatte Veco Holjevac mit ein paar Freunden an die zehn Karabiner aus dem Militärdepot in Jamadol beschafft und sie auf dem Soldatenfriedhof am Stadtrand versteckt. Während man also im Kordun nahezu waffenlos erste Aktionen durchführen musste, lagen diese Gewehre im Grab eines k.u.k. Offiziers.

Opačićs Ehefrau Dragica, eine mutige Person mit großer Geistesgegenwart, erklärte sich bereit, gemeinsam mit Holjevac diese Waffen aus Karlovac zu holen. Am Freitag, dem 25. Juli, spannte Ćanica für die Reise seine beiden Pferde vor den Wagen. Dragica trieb irgendwo die Kluft eines Hufschmieds auf, und nachdem sie Holjevac schwarze Farbe auf Gesicht und Hände geschmiert hatte, konnte er als Handwerker durchgehen. Holjevac meinte, so getarnt sei die Gefahr, in Karlovac erkannt zu werden, gering. Zwei Bauernjungen namens Nikola Basara und Mićo Đipalo, die Mitglieder der örtlichen Kampfgruppe waren, ließen sich auf das gefährliche Abenteuer ein, Dragica und Veco zu begleiten.

Freitag war in Karlovac Markttag. Dragica fuhr den Wagen, Holjevac saß neben ihr, hinten auf den Brettern im Heu Basara und Đipalo. Wie alle anderen bezahlten auch sie an der Zollstation unterhalb von Turanj für die Durchfahrt. Aber ihnen stand noch der Weg bis zum Friedhof bevor, sie mussten mitten durch die Stadt, die voller Soldaten und Polizisten war, und unterwegs gab es zudem unerwartete Komplikationen. Eines der Pferde verlor einen Huf, und sie mussten ihn von einem Hufschmied wieder einsetzen lassen. In dessen Hof begegneten sie einem Ustascha, der sie argwöhnisch beobachtete. Nikola und Mićo schlugen vor, lieber sofort in den Kordun umzukehren, aber Dragica sprach sich vehement dagegen aus und trieb die Pferde in Richtung Friedhof.

Auf dem Soldatenfriedhof in Kozača war fast nie ein Mensch zu sehen, es gab dort selten Besucher. Die drei jungen Männer hoben vorsichtig die Grabplatte hoch und nahmen die in Tücher gewickelten Waffen heraus. Erst jetzt entdeckten sie zwei ältere Frauen, die auf einer Bank saßen und nun ängstlich schreiend so schnell sie konnten davonrannten.

Dragica wartete auf die Männer unterhalb des Friedhofs. Um nicht allzu verdächtig zu wirken, etwa wenn ein Polizist vorbeigekommen wäre, hatte sie eines der Hinterräder abmontiert und tat, als sei sie dabei, es zu reparieren. Als die drei Männer sie erreichten, versteckten sie die Waffen im Heu und brachten das Rad wieder an. Dann machten sie sich alle gemeinsam auf den Weg zurück in Richtung Zollstation. Veco wies Dragica an, die Pferde nicht zu schnell durch die Stadt zu treiben, um nicht verdächtig zu wirken.

Ein einzelner Wachposten stand am Tor, kontrollierte aber die Leute, die die Stadt verließen, nur spärlich. Auch Dragica durfte passieren. Endlich konnten sie alle durchatmen. Bald begannen Mićo und Nikola, lautstark im Rhythmus der Pferdehufe zu singen. Dragica und Veco fielen ein. Die Spannung, die sich in ihnen aufgestaut hatte, entlud sich nun im Gesang. Sie alle hatten ihr Leben riskiert.

An diesem Abend des 25. Juli 1941 formierte sich in Glavica oberhalb von Tušilović die 1. Korduner Partisanen-Einheit. Die Menschen aus der Region waren Holjevac dankbar und vertrauten ihm. Im Kordun hatte man schon immer sowohl Waffen als auch Mut geschätzt. Die Einheit bestimmte Opačić zum Kommandanten des Abschnitts »Babina Gora«, als Polit-Kommissar wurde Veco Holjevac gewählt. Am folgenden Abend bereits machten sie sich daran, die Telefonleitungen und Telegraphenmasten auf der Straße zwischen Karlovac und Slunj zu zerstören, was sie in der darauffolgenden Nacht fortsetzten.

Die vom Friedhof herbeigeschafften Waffen aber wurden bei der ersten Konfrontation mit dem Feind nicht in Anschlag gebracht. »Vielleicht wäre alles anders gekommen, wenn Ćanica – der Kommandant der Einheit, der ein Mann war, dem die Kämpfer vertrauten – bei uns gewesen wäre«, sagte Holjevac später. Er selbst musste sich aber eingestehen, dass die meisten seiner »Kämpfer der ersten Stunde« aus dem Kordun noch nicht bereit gewesen waren, ihre Dörfer zu gefährden und zum Angriff überzugehen. Doch jener 29. Juli 1941 änderte alles in der Region Kordun.

Die Ustascha-Gruppe unter dem Kommando von Ivan Turki kam gegen sechzehn Uhr in Krnjak an. Etwas später traf dort eine weitere Ustascha-Gruppe ein, die in Vojnić aufgebrochen war. Sie führten mehr als fünfzig Gefangene mit sich, die sie unterwegs zwischen Vrginmost und Krnjak verhaftet hatten. Sie waren spät dran, denn sie hatten in Grabovac Vojnićki einen kurzen Zwischenhalt eingelegt, um ein wenig zu plündern und dabei Schnaps zu trinken. In einem günstigen Moment flüsterte einer der Ustasche einem Bekannten unter den Gefangenen zu, er solle rasch ins Maisfeld springen und auf der Stelle die Flucht ergreifen. So rettete er ihm das Leben.

In Krnjak befahl an diesem Morgen der Ustascha-Bevollmächtigte Dragutin Muić einigen Serben des Ortes und aus den umliegenden Dörfern, Lebensmittel in das Gemeindehaus zu bringen, damit die umgesiedelten Slowenen versorgt werden konnten. Diejenigen, die der Aufforderung Folge leisteten, wurden alle gefangen genommen und gefesselt ins Gemeindehaus getrieben. Muić erklärte ihnen süffisant lächelnd: »Seht mal, liebe Leute, ihr seid doch selbst an allem schuld. Man darf nun einmal nicht gegen die Regierung aufbegehren, die Regierung ist und bleibt die Regierung. Unter eurer, der serbischen Regierung habt ihr keine Telefonleitungen gekappt oder Telegraphenmasten umgestürzt, aber jetzt tut ihr es, um euch gegen uns aufzulehnen. Wir verstehen keinerlei Spaß, das hier ist Kroatien, nicht Serbien.« Als sich Muić entfernte, betraten einige Ustascha-Rückkehrer den Raum und fingen an, auf die Gefangenen einzuprügeln. Eine zweite Ustascha-Gruppe machte sich auf den Weg nach Grabovac

Krnjački, um weitere Verhaftungen vorzunehmen. Ihre Lastwagen hielten direkt vor dem Haus von Zorka Maćešić an, die 1975 folgende Aussage machte:

»Die Ustasche hielten an diesem Tag mit vollen Lastwagen vor meinem Haus und befahlen den Serben, die sie unterwegs gefangen genommen hatten, abzusteigen und sich in der Nähe meines Hauses am Straßengraben hinzuhocken. Einige Ustasche blieben bei diesen Menschen stehen, um sie zu bewachen, andere machten sich auf den Weg nach Grabovac Krnjački, um auch dort die Serben zu jagen. In der Gruppe der Verhafteten habe ich den Priester Mile Peurač erkannt, den sie brutal zugerichtet hatten. (...) Mein Mann Mihajlo Maćešić war gerade zu Hause, sie fesselten ihn, und auch Nikola Pribić, der just an diesem Tag bei uns aus dem Dorf Zagorje zu Besuch war. Sie schlugen ein paarmal mit Gewehrkolben auf sie ein und befahlen ihnen, sich neben dem Haus auf den Boden zu legen. Fünf von ihnen kamen in mein Haus und schlugen auch mich mit den Gewehrkolben. Als meine damals siebzehnjährige Tochter Radojka das sah, fing sie an zu weinen, sprang mir schützend zur Seite und flehte die Ustasche an, mich nicht zu schlagen. Aber diese bösartigen Menschen schlugen meine Radojka mit dem Gewehrlauf direkt auf die Brust, und sie fiel sofort zu Boden. Nach diesem Angriff warfen sie sich auf mich und meine Tante Mila Mihajlović. Sie überwältigten uns, zogen uns auf den Flur und vergewaltigten uns. Wir weinten und riefen um Hilfe, flehten sie an, uns nicht zu quälen, aber sie ließen sich nicht abbringen. Die gefesselten Männer draußen, auch mein armer Mihajlo, konnten unsere Schreie hören. Sie können sich vorstellen, wie es für sie und wie es für ihn war, all das zu hören und nichts tun zu können. (...) Nachdem sie uns vergewaltigt hatten, traten sie uns mit Füßen und suchten weiter alles im Haus nach Dingen ab, die ihnen gefielen, alles, was ihnen ins Auge sprang, ob gute Kleidung oder Nahrung, nahmen sie einfach mit. Ich hatte Geld im Haus, weil wir gerade Pferde verkauft hatten, auch das nahmen sie mit. Als die Ustasche und bewaffneten Wachen die überwältigten und gefangenen Serben von der Gendarmerie aus Gornji Kranjak vor mein Haus brachten, sperrten sie mich, meine Tante Mila und meine Tochter Radojka in eines unserer Zimmer ein und befahlen uns, das Haus nicht

> zu verlassen. Für mich war es unerträglich, nicht zu wissen, was sie weiter mit den gefangenen und festgebundenen Männern machten, und es gelang mir dann doch, durch eine Hintertür nach draußen zu kommen. (…) Ich sah, dass sie die Männer schlugen. Wer Widerstand leistete, wurde so lange geschlagen, bis er bewusstlos und sein Körper von Schlägen übersät war. Die derart verprügelten Menschen warfen sie auf ihre Lastwagen, als wären sie keine lebenden Wesen.«[13]

Bei Einbruch der Dunkelheit wurden die durchgeprügelten Menschen von den Ustasche in Lastwagen zum Haus von Marko Ivanović gebracht. Sie banden sie in kleinen Gruppen aneinander und zwangen sie, eine kurze Strecke zu Fuß über die Brücke des Baches Rijeka bis an den Waldrand von Loskunje zu gehen, wo man sie schließlich brutal ermordete – mit Messern, Knüppeln und Äxten. Drei von ihnen konnten sich damals retten: Mirko Trkulja sprang auf dem Weg zur Hinrichtung vom Lastwagen; Nikola Bižić schaffte es, von der Hinrichtungsstätte wegzurennen; Ljubomir Vukmirović wurde merkwürdigerweise von einem Ustascha-Offizier (Ivan Turki?) von der Grube weggeschickt, an der das Massaker stattfand. Ihre Augenzeugenberichte halte ich für glaubwürdig, da sie jeweils unabhängig voneinander aufgezeichnet wurden und die geschilderten Einzelheiten sehr präzise und weitestgehend deckungsgleich sind. Ich schrecke innerlich vor direkten Zitaten über diese Vorgänge zurück, die Hinrichtungen waren derart grausam, dass ich mich entschieden habe, die Einzelheiten auszulassen und nur allgemein über sie zu berichten.

Wie in allen vorherigen Fällen ist auch hier die Zahl der Opfer umstritten. Auf dem Denkmal in Ivanović Jarak, das 1995 stark beschädigt wurde, werden die Namen von 350 ermordeten Menschen aufgelistet. Manche Veröffentlichungen und Verlautbarungen gehen hingegen von 400 Opfern aus. Der deutsche Offizier Haeffner etwa behauptet in seinem Bericht an seinen Vorgesetzten General Glaise von Horstenau, dass 400 Menschen aus Krnjak, Vojnić, Tušilović und

Krstinja ums Leben gekommen sind. Veco Holjevac schreibt jedoch von ungefähr 150 umgekommenen Dörflern, während in einem anderen Buch 203 Namen von Menschen aufgelistet sind, die in Ivanović Jarak ermordet wurden, was vermutlich der Wahrheit am nächsten kommt.[14]

Wie dem auch sei, Ivanović Jarak gehörte nicht annähernd zu den Hinrichtungsstätten mit den höchsten Opferzahlen in der Region Kordun. Dennoch gab es auf die dortigen Ereignisse die größte Resonanz und direkte Konsequenzen – sie waren der Auslöser für den Aufstand.

Die Opfer von Ivanović Jarak kamen aus einem großen Gebiet, das zwischen den beiden Flüssen Glina und Korana liegt. Man ermordete die Menschen vor aller Augen, direkt an der Hauptstraße, und die Mörder versuchten in keiner Weise, ihr Tun zu vertuschen, was ihnen auch gar nicht möglich gewesen wäre. Der halbe Kordun wusste an diesem Tag, dass eine Ustascha-Strafexpediton überall in der Gegend jeden verhaftete, der ihr über den Weg lief, dass Menschen fortgebracht wurden und spurlos verschwanden. Aus der Ferne hallten die Schüsse von den Hinrichtungsstätten, und in den nahe gelegenen Häusern hörte man die Schreie. Die drei Geflüchteten berichteten noch in der kommenden Nacht in ihren Dörfern, was sich in Ivanović Jarak ereignet hatte. Die Nachricht verbreitete sich schnell von Dorf zu Dorf. Bereits am Morgen des 30. Juli waren die Wälder voller Menschen, die auf der Flucht waren. Ganze Familien waren gemeinsam unterwegs. Es ging das Gerücht um, der Haupttreffpunkt sei die Petrova Gora, dort befinde sich das größte Waffenlager, und die Kommunisten seien dabei, eine Verteidigungsfront gegen die Ustasche aufzubauen. Im Verlauf des 30. Juli 1941 versammelten sich in Crna Lokva im Wald auf der Petrova Gora etwa tausend Menschen. Am nächsten Tag sollen es bereits dreitausend Geflüchtete gewesen sein. Panik und Angst ließen im Schutz der Menge und des Waldes bald nach. Doch bald kam der Wunsch nach Rebellion und nach Vergeltung auf, Kampfgeist und Zorn erfüllten die Menschen. Viele verlangten nach Waffen, die es vor Ort aber nicht gab. Die Mär vom Waffenlager in der Petrova Gora löste sich schnell in Luft auf. Auf tausend Leute kamen ungefähr zehn Jagdgewehre und gerade mal fünf, sechs Militärkarabiner. Žarko Čuić, Sekretär des Bezirkskomitees der KP Kroatiens in Vojnić, ein sympathischer und beliebter Lehrer, wurde zum Kommandanten der Petrova Gora gewählt. Einige forderten ihn auf, sie nach Vojnić zu führen und dort die Garnison mit Mistgabeln und Äxten anzugreifen, den Ort zu besetzen und sich Waffen zu beschaffen. Sie ersehnten einen wahren Volksaufstand. Žarko Čuić war ratlos, er überlegte hin und her, was zu tun war. Ihm war klar, dass die Garnison in Vojnić überaus gut bewaffnet und in der Lage war, sich bis zum Äußersten zu verteidigen, seine Leute wären ihr schutzlos ausgeliefert und würden ihr Leben verlieren – und wer konnte schon wissen, was das Ganze nach sich ziehen würde. Deshalb riet er allen, die dazu in der Lage waren, sich in der Nacht vorsichtig in ihre Häuser zu schleichen und mit ihren Tieren und so viel von ihrem Besitz wie möglich in den Wald zurückzukehren. Einige gingen enttäuscht zurück nach Hause, andere blieben in Crna Lokva, während ihr Kampfgeist allmählich schwand. Man warf den Kommunisten vor, zum Kampf aufgerufen zu haben, ohne Waffen zu haben. Dem tatkräftigen Lehrer Ivan Furlan, Mitglied im Bezirkskomitee von Vojnić, gelang es dennoch, im Süden der Petrova Gora kleine Gruppen von Kämpfern aus den Dörfern zusammenzutrommeln und eine Art Frontlinie bei Velika Kladuša und Krstinja zu bilden. Zwei weitere Männer, Rade Bulat und Bogdan Oreščanin, bildeten eine zweite Frontlinie im Osten der Petrova Gora in Richtung von Vrginmost und Topusko.

Die Nachricht von den Massakern bei Miholjsko, Mehino Stanje und bei Topusko sorgten für Trauer, Angst und Schrecken. Doch dann erschienen auf der Petrova Gora dreißig Kämpfer aus den Einheiten Babina Gora und Debela Kosa, mit zwölf Karabinern und zwanzig

Jagdgewehren. Der Kampfgeist kehrte zurück, sie waren bereit zum Aufstand.

Babina Gora, die 1. Partisanen-Einheit im Kordun, zahlte einen hohen Preis für ihre Unerfahrenheit. Als die Einheit am Morgen des 30. Juli 1941 oberhalb der Dörfer Brezova Glava und Tušilović rastete, wurde sie von einem Angriff der Ustascha-Heimwehr überrascht. An die hundertzwanzig Heimwehr-Soldaten schlugen mit Jagd- und Maschinengewehren ungefähr fünfzehn Partisanen in die Flucht, die sich, ohne Widerstand zu leisten, in den Wald retteten. Als sich die verstreuten Partisanen im Wald neu formierten, wurde ihnen klar, dass sie großes Glück gehabt hatten. Der Kommandant Opačić und der Polit-Kommissar Holjevac waren sich schnell einig, dass die Stellung in der Babina Gora als Dauerposten für die Einheit ungeeignet war – sie lag zu nah an Karlovac und den umliegenden Gendarmerie- und Militärposten. Sie führten ihre neue Einheit näher an die Petrova Gora heran in einen kleinen Wald, in dem sich bereits eine vor kurzem aufgestellte zwanzig Mann starke Gruppe von Aufständischen aus den Nachbardörfern niedergelassen hatte. Die beiden Gruppen schlossen sich zusammen, und die nun fünfunddreißig Köpfe zählende Einheit bildete die nach dem Wald benannte Abteilung Debela Kosa. In den ersten Monaten des Aufstands war sie die am besten ausgestattete und organisierte Partisanen-Einheit im Kordun, und die erfolgreichste.

Schon am nächsten Tag, dem 31. Juli, patrouillierte die Einheit durch die Petrova Gora und ließ die auf der Flucht befindlichen Menschen wissen, dass sie da war. In Crna Lokva hielt Opačić vor der Menge eine feurige Rede. Der temperamentvolle Fünfunddreißigjährige war ein überzeugender Redner mit einer kraftvollen Stimme und einer Begabung für markige Rhetorik. Er genoss im Kordun hohes Ansehen und das Vertrauen vieler Menschen. Seine Rede fand in der ganzen Region Anklang und regte zweifellos die Gründungen neuer Partisanen-Einheiten in den Flüchtlingslagern und Dörfern an, die sich überall auf der Petrova Gora befanden. Die bisherigen Bauernwehren und kleinen Kampfgruppen entwickelten sich allmählich zu kleineren Militäreinheiten, die sich mit dem Guerillakrieg vertraut machten und aus jeweils zehn bis dreißig Mann bestanden. Anfangs waren das meist örtliche Kommunisten und einige Sympathisanten, mit der Zeit schlossen sich ihnen aber Dorfbewohner ohne politische Gesinnung aus der gesamten Region Kordun an, ermutigt von den ersten Erfolgen im Widerstand gegen den Ustascha-Terror.

In der Anfangsphase ließen sich die Partisanen-Einheiten an Waldrändern oberhalb von Dörfern oder in versteckt gelegenen Weilern nieder. Sie hatten den dichten Wald der Petrova Gora im Rücken, der ihnen Sicherheit und Zuflucht bot, während vor ihnen ihre Dörfer lagen, in denen ihre Familien lebten. Auf diese konnten sie zählen, ohne deren Beistand hätten sie nichts ausrichten können. Aus den Dörfern versorgte man sie mit Essen und wichtiger Ausrüstung und ermöglichte ihnen, Kontakt zur Außenwelt zu halten. Auch ließen sich die einzelnen Einheiten aus ihren Dörfern die versteckten Karabiner ehemaliger Soldaten und die noch vorhandenen Jagdgewehre bringen. Die Menschen in der Region Kordun waren oft von Kriegen heimgesucht worden und hatten ihre Waffen in geheimen Bunkern versteckt. Nun übergaben sie diese Waffen an die Partisanen oder zogen selbst damit in den Kampf. So kam es, dass in den ersten Tagen des Aufstands schon bald jede Einheit zwischen zwei und zehn Militärgewehre besaß, auf jeden Kämpfer kam außerdem ein Jagdgewehr oder wenigstens eine alte Pistole. Weitere Stärke konnten die Aufständischen nur noch erlangen, indem sie vom Feind Waffen erbeuteten. Die ersten nennenswerten Erfolge erzielten sie am 31. August 1941, als die Einheit von Debela Kosa die Gendarmeriestation in Perjasica angriff und 66 Gewehre an sich nahm, und am darauffolgenden Tag, als die Einheiten von Vojišnica und Radonja die Garnison in Vojišnica attackierten und dabei zum ersten Mal ein Maschinengewehr in die Hände bekamen. Nach den Berichten von der ersten Konferenz der Aufständischen im Kordun und der Banija vom 19. und 20. September hatten die Partisanen der Petrova Gora damals 190 bewaffnete Kämpfer vorzuweisen, 56 von ihnen waren Mitglieder der Kommunistischen Partei, während es in der Region Kordun – die in vier Bereiche eingeteilt war – insgesamt 688 Kämpfer gab, von denen 131 Mitglieder der KP waren.

Die »Säuberungsaktionen« der Ustasche im Kordun klangen nach dem 8. August ab, vor allem um die Petrova Gora, obwohl die Ustasche weiterhin Jagd auf Menschen machten. Obwohl noch schwach, boten die Einheiten und Stellungen der Aufständischen den geplagten Menschen immerhin einen gewissen Schutz. Sie warnten sie rechtzeitig vor dem Anrücken der Ustasche, und die Menschen brachten sich im Wald in Sicherheit. Mit ein paar kleinen Übergriffen und nächtlichen Sabotageaktionen gelang es den Aufständischen, den Eindruck zu erwecken, sie seien weit stärker, als es der Wirklichkeit entsprach. In Windeseile verbreitete sich das Gerücht, der Wald der Petrova Gora quelle über von Aufständischen, und die Gendarmerie sowie die Ustascha-Obrigkeit listeten Hunderte »bewaffneter Tschetniks und Kommunisten« auf. In einem Gendarmerie-Bericht vom 12. August hieß es, dass »an die dreihundert bewaffnete Serben das Dorf Bović im Bezirk Vrginmost« angegriffen hätten. Tatsächlich waren es nur elf Partisanen gewesen, die zusammen mit einer Gruppe unbewaffneter Bauern das Gemeindehaus angegriffen und einen Wachmann und einen Polizisten entwaffnet hatten, während zwei Gendarmen fliehen konnten.

Nach dem Massaker von Ivanović Jarak bot der Wald vielen orthodoxen serbischen Christen aus dem Kordun eine sichere Zuflucht. Die Menschen hatten ihre Höfe verlassen, um ihr Leben zu retten. Die Ustasche vermieden den Kampf mit den Aufständischen. In den verschiedenen Scharmützeln starben in den ersten zehn Tagen insgesamt zwei Aufständische und sieben oder acht Ustasche, Heimwehr-Soldaten und bewaffnete Wachen, während in der nichtkämpfenden zivilen Bevölkerung mehrere hundert Menschen ums Leben kamen. Durch den Aufstand in der Petrova Gora konnten immerhin die Serben aus den umliegenden Dörfern gerettet werden und entgingen dem schrecklichen Schicksal, das für sie vorgesehen war. Die Ustasche aber verlagerten ihre »Säuberungsaktion« auf den Bezirk von Slunj – einen bisher relativ friedlichen Teil der Region Kordun.

———

Ivan Nikšić, der Gemeindepfarrer von Slunj, war 1910 zur Welt gekommen. Er war nicht nur ein demütiger Diener seiner Kirche, sondern präsentierte sich gern als glühender Verfechter des kroatischen Nationalismus. Einmal ließ er verlautbaren, selbst Vladko Maček sei ein »Handlanger Belgrads«, der »auf eine beschämende Weise das kroatische Volk verraten« habe, weil er eine Politik der Verständigung mit Belgrad verfolge. Nikšić war Ustascha-Bevollmächtigter für den Bezirk Slunj. In dieser Funktion entwaffnete er, nach eigener Darstellung »mutig und geschickt«, zwei jugoslawische Generäle mitsamt ihren Truppen. Am Abend des 12. April bescherte Pater Nikšić in seiner Funktion als Vertreter der neuen Regierung den einziehenden deutschen Truppen einen warmherzigen Empfang.

In seinen Memoiren[15] blickt der Pater mit bemerkenswerter Distanz auf das Massaker an den Veljuner Serben in Hrvatski Blagaj zurück, das zwischen dem 6. und dem 10. Mai 1941 stattfand und dem der grausame Mord an der Familie Mravunac aus Blagaj vorausging.[16] Er beschreibt die Ankunft des mobilen Standgerichts aus Zagreb am 7. Mai und dessen Verfahren, distanziert sich aber im Verlauf des Textes mehr und mehr von den Ereignissen:

> »Vor Ort haben bei alledem nur ein paar bewaffnete Leute aus Slunj mitgemacht, die im Auftrag des Standgerichts die Verhaftungen vorgenom-

men und die Leute dem Gericht übergeben haben. Das Standgericht hat das Urteil eigenständig gesprochen, ohne die Ustascha-Administration, den Bezirk oder das Slunjer Gericht darüber in Kenntnis zu setzen.«

Wie einst Pontius Pilatus wäscht Pater Nikšić seine Hände in Unschuld, indem er wichtige Tatsachen bewusst verdreht und das Massaker nicht grundsätzlich verurteilt. Erst die große »Säuberungsaktion« in Slunj brachte seine Toleranz für die Verbrechen der Ustasche an eine Grenze. In seinen Erinnerungen lässt er sich auf zwei Seiten darüber aus und beschreibt das Ereignis detailliert, das ich hier wegen seiner historiographischen Bedeutung wiedergebe:

»Das Massaker an den Orthodoxen in Slunj
(Die sogenannte Säuberungsaktion)

Ende Juli kam plötzlich ohne jede Ankündigung der Ustascha-Rückkehrer Leutnant Vital Baljak[17] in einem Lastwagen an, der mit einigen hundert Gewehren (angeblich sollen es 400 gewesen sein) beladen war. Er setzte sich weder mit der Bezirksverwaltung noch mit der Ustascha-Regierung vor Ort in Verbindung, sondern rief die Leute eigenmächtig auf, die Waffen zu ergreifen und alle orthodoxen Serben in Slunj zu verhaften.

Der Ustascha-Bevollmächtigte Pater Nikšić protestierte dagegen, und auch der Bezirksvorsteher Lenčerić erhob seine Stimme, aber Baljak gab zur Antwort, er habe eine besondere Mission und lege nur Zagreb gegenüber Rechenschaft ab – uns habe seine Aktion nicht zu interessieren, wir sollten uns da raushalten und unseren eigenen Pflichten nachgehen. Noch wusste man nicht, was mit den orthodoxen Serben passieren würde, aber die Brüder Kovačević erzählten uns, dass sie alle erschossen werden sollten. Sofort schickte der Ustascha-Bevollmächtigte ein Telegramm an den Poglavnik, das aus mehr als hundert Wörtern bestand. Als er daraufhin keine Antwort erhielt, rief er im Amt des Poglavnik an. Man sagte ihm dort, das Telegramm sei eingetroffen und er werde eine Antwort erhalten. Pater Nikšić machte sich danach auf den Weg nach Karlovac zu Ante Nikšić, der sein kirchlicher Vorgesetzter war und der ebenso ohne Erfolg in Zagreb zu intervenieren versucht hatte. Dann ging Pater Nikšić persönlich direkt nach Zagreb, aber noch während seiner Reise wurden alle Serben von Slunj ermordet, in eine Grube geworfen und begraben.

In Zagreb trat Pater Nikšić von seinen Pflichten als Ustascha-Bevollmächtigter zurück, woraufhin Žarko Kovačević zum Ustascha-Bevollmächtigten und später zum Kommandanten ernannt wurde.

Als die Stadt Slunj vollständig ›gesäubert‹ war, fingen sie auch in den Dörfern an, Jagd auf die Serben zu machen, und wer ihnen in die Hände fiel, wurde sofort getötet. Alle orthodoxen Serben, die es schafften, ihnen zu entkommen, flohen in die Wälder, diejenigen, die man umbrachte, waren in der Regel Frauen, Kinder und Alte, die zu einer Flucht nicht in der Lage waren. Das Morden dauerte an die zehn Tage. In dieser Zeit befand sich Pater Nikšić in Zagreb und protestierte bei allen erdenklichen Regierungsstellen, aber niemand glaubte ihm in der Hauptstadt, dass all dies wirklich vor sich ging. Es nahm erst ein Ende, als der Poglavnik die Ustascha-Rückkehrer anwies, nach Zagreb zurückzukehren, und alle Ustasche in Führungspositionen von ihren Verpflichtungen befreit wurden. (…)

Nach den eigenen Aussagen der Mörder wurden in dieser Zeit im gesamten Bezirk Slunj drei- bis viertausend orthodoxe Serben getötet, unter denen nur ein- bis zweihundert waffenfähige Männer waren, bei den anderen handelte es sich um Kranke, Frauen, Kinder und Alte. Das ist eine traurige Seite in der Chronik von Slunj, traurig auch für den Staat Kroatien, denn seitens der Regierung wurden die Täter nie zur Rechenschaft gezogen, dennoch hat sie für Slunj selbst etwas Tröstliches, denn nur wenige Einzelne haben sich beteiligt und die, die gemordet haben, zählten schon vorher zum Pöbel und Gesindel der Gesellschaft. Und noch etwas Gutes ist daran zu sehen, denn diese Leute haben endlich gezeigt, wer sie wirklich waren, so konnte jeder sie fortan meiden und mit Verachtung strafen. Als die Säuberungsaktion zu Ende war, kehrten die Orthodoxen in ihre Häuser zurück, aber sie hatten ihr Vertrauen in die Regierung Kroatiens verloren.«[18]

Die Aussagen zahlreicher anderer Zeugen bestätigen die Glaubwürdigkeit des Textes von Pater Nikšić, was allerdings nicht für seine

Schätzung der Opferzahlen gilt. Man gewinnt den Eindruck, dass unter den Chronisten jener Zeit eine Art Opfer-Manie ausgebrochen ist, eine unkritische Inflation der Opferzahlen, aber leider sind auch die Heuchler gut vertreten, die unangemessen kleine Opferzahlen angeben oder die Ereignisse sogar vollständig unterschlagen. Es ist erstaunlich, dass Nikšić zu Ersteren gehört. Seine Behauptung, im Bezirk Slunj seien innerhalb von zehn Tagen drei- bis viertausend Menschen ermordet worden, ist eine starke Übertreibung. Eine Studie aus Karlovac geht von einer, wie ich finde, realistischen Zahl von 2138 zivilen Opfern des Ustascha-Terrors in Slunj im Jahr 1941 aus; ausgenommen sind hier die Kriegsopfer aus Veljun. Drei Viertel von ihnen – 1500 bis 1600 Menschen – wurden bei der zehn Tage währenden großen »Säuberungsaktion« getötet.[19]

Pater Ivan Nikšić war tatsächlich seit Anfang August 1941 kein Ustascha-Funktionär mehr, aber er hat sich öffentlich nie von der Ustascha-Bewegung distanziert. Obwohl er hier und da auf die Verbrechen der Ustasche hinweist und sie verurteilt, glorifiziert er in seinen Memoiren weiterhin die Ustascha-Bewegung und den NDH. Über Ljubomir Kvaternik schreibt er:

> »Seine Regierungszeit in Bihać ist eine traurige Episode in der Geschichte Kroatiens. Statt den jungen Staat aufzubauen, galt sein ganzes Bestreben dem Massenmord an den orthodoxen Serben und der Plünderung ihrer Besitzungen. Er selbst hat sich dazu bekannt, in Slunj mehr als zehntausend von ihnen getötet zu haben.«

Als die Nationale Befreiungsarmee der Partisanen im November 1942 Slunj besetzte, floh Pater Nikšić nach Karlovac. Dort wurde er Kaplan des 8. Ustascha-Bataillons von Slunj. Mit dieser Einheit war er 1943 und 1944 mehrere Male an Kampfschauplätzen in den Bezirken von Slunj und Bihać zugegen. Er bekleidete den militärischen Rang eines Ustascha-Hauptmanns; in den Monaten, in denen sich 1943 die Ustascha-Regierung in Slunj an die Macht brachte, war er dort Kreisvorsteher. Anfang 1945 wurde er von den Partisanen gefangen genommen, dann verlor sich von ihm jede Spur. Man kann davon ausgehen, dass er kurz nach der Gefangennahme erschossen wurde.

Ein weiterer Text über die »Säuberungsaktion« im Bezirk Slunj ist der Bericht aus der Kommandozentrale des 1. Kroatischen Regiments, den ich hier ebenfalls in großen Teilen zitiere:

Kommando der Gendarmerie-Einheit in Slunj, brieflicher Bericht – Geheimer Vorgang Nr. 89 vom 13. August 1941

(…) Am 29. 7. haben die Ustasche mit der Säuberung begonnen. Das hat zu einer Panik unter der serbischen Bevölkerung geführt, die sich in die Wälder gerettet hat. Die Säuberungen hielten bis zum 8. 8. an, aber es lief nicht mehr so glatt wie am Anfang, da die Leute begriffen hatten, was wirklich vor sich ging. (…)

Das Vorgehen der Ustasche war, neben anderen Problemen, planlos, denn diejenigen, die von den Säuberungen betroffen waren, Alte, Frauen und kleine Kinder, waren weniger gefährlich und weniger schuldig als diejenigen, (…) die in der Lage waren, in die Wälder zu fliehen. Man kann es in einem Satz zusammenfassen: Die Kampfunfähigen wurden gesäubert und die Kampfwilligen harrten in den Wäldern aus. Die Naiveren, die ein reines Gewissen hatten, flohen nicht mit der ersten Welle, weil sie glaubten, dass ihnen nichts geschehen würde.

Die Säuberungsaktion wurde in der Stadt Slunj und Umgebung erfolgreich abgewickelt, während der Erfolg in den weiter entfernten Orten geringer war.

Die derzeitige Lage kann nicht in Zahlen beschrieben werden, weil die Menschen in den Wäldern geblieben sind, aber es ist sicher, dass eine große Anzahl von Familien Angehörige verloren haben.

Die Aktivitäten der Ustasche wurden in aller Öffentlichkeit ausgeführt (…). Die Säuberungen fanden in Häusern statt, auf den Höfen, auf den Straßen, Eltern wurden vor den Augen ihrer Kinder getötet und umgekehrt. Die Häuser und die Anwesen der Serben wurden geplündert, so dass eine Art Wettbewerb stattfand, wer in die reicheren Häuser eindringen und die wohlhabenden Leute säubern durfte. Bei den letzten Säuberungen stahlen die Ustasche auch Kleidung, und es kam dabei zu Streitereien. Es gab Saufgelage und barbarische Szenen. Die Kleinkinder in den Wiegen wurden gesäubert, auch die Alten, ganze Familien, mit sadistischer Lust wurden furchtbare Folterungen vorgenommen vor der endgültigen Säuberung. Solche Taten riefen auch bei den anständigen und national überzeugten Kroaten Widerstand hervor, und man hörte sie flüstern: DAS HIER IST EINE SCHANDE FÜR DAS KROATISCHE VOLK, FÜR SEINE KULTUR UND FÜR DEN KATHOLISCHEN GLAUBEN. Die meisten Gruben waren schon vorher ausgehoben worden. Es gab Fälle, in denen die, die gesäubert werden sollten, Spaten tragen mussten, etc. Einige wurden noch bei lebendigem Leib begraben, viele Tote wuren einfach am Rand liegen gelassen oder obenauf in die Grube geworfen, so dass ihre Verwandten und die, die in den Wäldern Zuflucht gesucht hatten, herbeieilten, um zu sehen, was los war.

All das führte dazu, dass sich in den Leuten die Angst festgesetzt und die Verbitterung überhandgenommen hat, so dass an Schlichtung überhaupt nicht zu denken ist. Hätte es gesetzliche Grundlagen gegeben, wäre es vielleicht möglich, aber es gab keine, und es gibt sie bis heute nicht.

Sowohl ich als auch die anderen Gendarmen waren vollkommen machtlos. Es wurde alles ohne unser Wissen vollstreckt, und man misstraute uns. Wenn man das eine oder andere vorgebracht hat, wenn es auch noch so belanglos war, wurden wir direkt oder indirekt mit dem Tod bedroht, es hieß sogar manchmal: »Als Nächstes sind die Gendarmen an der Reihe.«

Vielleicht misstraute man den Gendarmen vornehmlich deshalb, weil sie sich bei den Säuberungen nicht besonders hervortaten, obwohl sie durchaus mitmischten. Ich erklärte diesen Leuten, dass wir ein ausführendes Organ der Regierung sind und es unsere Pflicht ist, für das Ansehen des Staates einzustehen.

Wir konnten sehen, dass sich in der kroatischen Bevölkerung (bei vielen unter ihnen) Unbehagen wegen der Art der Säuberungen breitmachte, denn viele ihrer Bekannten waren davon betroffen, darunter waren Serben, von denen man weiß, dass sie nie etwas gegen die Kroaten unternommen haben, sondern die im Gegenteil unter früheren Regierungen Repressalien ausgesetzt waren, weil sie sich für die Belange der Kroaten eingesetzt hatten.

> *Diese Leute wären jetzt nützlich, weil sie auf jene, die geflüchtet sind, Einfluss ausüben könnten.*
>
> *Der Befehl, die Säuberungen zu beenden und die Leute dazu anzuhalten, in ihre Häuser zurückzukehren, war wenig erfolgreich. Die Menschen haben ihr Vertrauen verloren, denn jeder von ihnen ist sich des schrecklichen Grundes für ihre Flucht in die Wälder bewusst (...). Ich betone es noch einmal – es wird schwer zu bewerkstelligen sein, sie dazu zu bewegen, die Wälder zu verlassen und zurückzukommen.*[20]

Dieser Bericht wurde am 18. August – also fünf oder sechs Tage nach den »Säuberungen« – von Mirko Marušić verfasst, der zu dieser Zeit Kommandant der Gendarmerie-Einheit in Slunj war. Noch während die Massaker stattfanden, machten einige Gendarmerie-Kommandanten in ihren Berichten die Ustasche darauf aufmerksam, dass die Massenmorde zu Widerstand in der orthodoxen Bevölkerung führen, unzählige Komplikationen und sogar Rebellion nach sich ziehen könnten. Die Berichte der Gendarmen gehören zu den zuverlässigsten Schilderungen des Jahres 1941. Beispielweise wird in einem Routinebericht vom 6. August vom Kommando des 1. Kroatischen Gendarmerie-Regiments warnend klargestellt, dass die Serben, die am Aufstand teilnehmen, dies als »Reaktion auf die zielgerichteten Säuberungen der Ustasche tun. Mit Säuberungen ist Vernichtung gemeint – die Tötung der Serben und das Massaker an ihnen, ganz gleich welchen Geschlechts und welchen Alters, wie auch die Zerstörung ihres persönlichen Besitzes.«

Die ersten Gespräche zwischen Bauern und örtlichen Kommunisten über einen bewaffneten Aufstand im Bezirk Slunj wurden am zweiten und dritten Tag des Genozids in Gornji Primišalj geführt. Das erste Gefecht der Aufständischen mit den Ustasche fand am 3. August in Zečev Varoš in unmittelbarer Nähe von Slunj statt. Die Ustasche, die in diesem Dorf gerade mit den »Säuberungen« begonnen hatten, wurden von nur schlecht bewaffneten Dörflern in die Flucht geschlagen. Von diesem Augenblick an weitete sich der Aufstand im Bezirk Slunj relativ schnell aus, was ich als einen Beweis dafür ansehe, dass die »Säuberungen« der wichtigste Impuls für den Aufstand waren und nicht etwa umgekehrt. Den Berichten der erwähnten Konferenz zufolge, die am 19. und 20. September stattfand, kämpften im Kordun insgesamt an die 688 bewaffnete Partisanen, von denen 190 im ersten Bezirk (Petrova Gora) im Einsatz waren, 138 im zweiten Bezirk (mittlerer Teil des Kordun, Kriegsbezirk Veljun), 46 im vierten Bezirk (der südlichste Zipfel des Kordun), während mit 314 Partisanen die meisten Aufständischen im dritten Bezirk (Slunj) Widerstand leisteten. Die Zahlen sprechen für sich: Im vierten Bezirk, in dem es vergleichsweise wenige »Säuberungen« der Ustasche gegeben hatte, waren weit weniger Partisanen, unter denen zudem 27 (circa 59 Prozent) Kommunisten waren; im dritten Bezirk, der am härtesten vom Genozid durch die Ustasche betroffen war, gab es weit mehr Partisanen, während der Anteil der Kommunisten viel geringer war (insgesamt waren es 30, das waren 9,5 Prozent).

Auf der Titelseite der Zeitung *Hrvatski narod* vom 10. August 1941 wurde ein Befehl des Poglavnik Pavelić veröffentlicht:

> *Zagreb, 9. August. Das Ustascha-Hauptkommando ordnet mit dem heutigen Tag folgendes Dekret an:*
>
> *Bezug nehmend auf die Artikel 4 und 3 der Ustascha-Verfassung ENTHEBE ICH auf dem Territorium des Unabhängigen Staates Kroatien HIERMIT ALLE USTASCHE IN HOHEN FUNKTIONEN UND IHRE ADJUTANTEN IHRER PFLICHTEN.*
>
> *Hiermit zusammenhängend sind sie angehalten, jede weitere Handlung zu unterlassen.*
>
> *Die Ustascha-Organisationen müssen sich innerhalb ihres Einflussbereichs so lange inaktiv verhalten, bis ihnen von offizieller Seite etwas anderes mitgeteilt wird, wozu es schnellstmöglich kommen wird.*

Von dieser Anordnung ausgenommen sind die regulären Ustascha-Militäreinheiten, die dem ordnungsgemäßen Ustascha-Kommando Folge leisten, jene Einheiten, die dem Nationalen Direktorat für Erneuerung unterstehen, und auch jene Einheiten an den nationalen Grenzen, die zuständig sind für nationale Transportdienste und für die öffentlichen Regierungsgebäude, sowie jene, die den Ustascha-Sicherheitsdienst verantworten.

FÜR DAS HEIMATLAND SIND WIR BEREIT!
Vom Ustascha-Hauptkommando am 9. August 1941 zur Kenntnisnahme freigegeben

Administrativer Kommandant	Poglavnik
Organisationsamt G. U. S	Dr. ANTE PAVELIĆ
Adjutant des Poglavnik	BLAŽ LORKOVIĆ

Auch wenn es nicht explizit gesagt wurde, bedeutete dieses Dekret faktisch das Ende der »Säuberungsaktionen«, also das Ende der Massenmorde an den Serben in vielen Teilen des NDH. Auf derselben Titelseite wurde ein weiterer Befehl publiziert, darin hieß es, »alle Ustasche, die der Leibgarde des Poglavnik angehören und sich im Urlaub befinden oder zeitweise anderen Pflichten nachkommen, müssen unverzüglich nach Zagreb zurückkehren«, was konkret den Rückzug aller Einsatzkräfte bedeutete, die direkt oder indirekt für die »Säuberungen« zuständig waren.

Die Entlassung aller lokal ansässigen Ustascha-Funktionäre, die mit diesem Dekret verfügt wurde, war aber nur oberflächlich betrachtet von Bedeutung. Einige Tage später berief Pavelić nahezu alle diese Männer wieder in Ämter der Ustascha-Hierarchie, die Posten waren nur etwas anders verteilt und an die Bedürfnisse der Organisation angepasst. Die »Säuberungen« waren tatsächlich bis auf weiteres ausgesetzt. Die überfallartigen Patrouillen der Ustasche in den serbischen Dörfern hörten auf, und fast alle Ustascha-Garnisonen, die aus Zagreb, Karlovac und Ogulin in die Region Kordun geschickt worden waren, zogen sich in ihre Stützpunkte zurück. Der Minister Andrija

Artuković und einige lokale Gemeindevertreter riefen die geflüchtete Bevölkerung öffentlich auf, in ihre Häuser zurückzukehren. Den bewaffneten Gendarmerie-Posten vor Ort wurde befohlen, die Leute zu beruhigen und ihnen eine friedliche Rückkehr zu garantieren. Die Reaktionen fielen zurückhaltend aus. Nachdem so viele Kinder, Frauen und Männer getötet worden waren, war das Vertrauen der serbischen Bauern in die Ustascha-Regierung zerstört. Jene, die dennoch in ihre Häuser zurückkehrten, blieben wachsam und stellten für den Fall der Fälle Wachposten in ihren Dörfern und Wäldern auf. Die jüngeren Menschen, die zum Kampf entschlossen waren, blieben in ihren Verstecken. Sie schlossen sich den Partisanen-Einheiten an. Alsbald begriffen die vertriebenen Menschen, dass ihnen die Partisanen mehr Sicherheit boten als die Versprechen der Ustascha-Regierung.

In seiner Verlautbarung erweckte Pavelić den Eindruck, dass die sogenannten »wilden Ustasche«, die sich selbst als »bewaffnete Hilfstruppen« definierten, die Schuld an den Verbrechen trugen. Folglich galten die Bewohner von Slunj, die von Baljak am Anfang der »Säuberungsaktion« bewaffnet worden waren, als »wilde Ustasche«, eine Art Outlaws oder irreguläre Einheiten. Einige von ihnen hatten sich in der Tat »wild« verhalten, aber als »bewaffnete Hilfstruppen« waren sie keineswegs »wilde Einheiten«, die von höheren Autoritäten nicht kontrolliert werden konnten. Sie hatten die Waffen und Befehle direkt von Ventura Baljak erhalten, einem Offizier aus der Leibgarde von Ante Pavelić; die Operation, an der sie beteiligt waren, unterstand Božidar Cerovski, dem Chef der Ustascha-Polizei im NDH, der die Befehle von Eugen Dido Kvaternik ausführte – eines Mannes, dem der Poglavnik höchstpersönlich »die Lösung der Serbenfrage« überantwortet hatte. Innerhalb dieser strikt durchgeplanten Aktion mit klaren Hierarchien gab es wohl einzelne Fälle von Disziplinlosigkeit (Raub, Bestechung, persönliche Racheakte, Vergewaltigungen), die im Großen und Ganzen toleriert wurden, mitunter aber auch auf Intervention durch Kvaternik bestraft wurden. Doch es gab keinen Raum für echte Eigeninitiative in Bezug auf die grundlegenden Entscheidungen, die mehrere Bezirke und Regionen betrafen. Die Ustascha-Führung war nicht nur als Befehlshaber am Genozid an den Serben schuldig, sondern auch als unmittelbar ausführendes Organ.

Vollstrecker der Anordnungen von höchster staatlicher Stelle waren unter anderem Cerovski und Baljak, aber auch Juco Rukavina, Ljubomir Kvaternik, Viktor Gutić, Viktor Tomić, Jure Francetić und Vjekoslav Maks Luburić. All diese Männer behielten nach der »Säuberungsaktion« im Sommer 1941 ihre hohen Posten, die meisten von ihnen wurden sogar befördert. Und das Gleiche galt für die untergeordneten Ränge: Pater Nikšić wurde als Ustascha-Bevollmächtigter durch den berüchtigten Kommandanten Kovačević ersetzt, der bei der »Säuberungsaktion« in Slunj die Ustasche angeführt hatte und schon bald darauf von Poglavnik Pavelić zum Kommandanten des gesamten Bezirks ernannt wurde. Pavelić hat das Massenmorden in den serbischen Dörfern regelrecht belohnt und keineswegs verurteilt. Am 9. August beendete er aus rein taktischen Gründen die »Säuberungen«, da er von verschiedenen Seiten unter Druck stand:

- Es war deutlich geworden, dass die »Säuberungsaktion« den Aufstand nicht unterdrückte, sondern erst hervorrief und weiter anfachte; das Ausmaß der Zwischenfälle überstieg bald das, was Pavelić noch als ideale Rechtfertigung für eine Rache durch Genozid hätte sehen können; der Aufstand legte das Land lahm, Wirtschaft, Infrastruktur und die Stabilität des ohnehin wackligen Regimes waren bedroht.
- Wegen der raschen Ausbreitung des Aufstands fingen die italienischen Militärs an, eine beachtliche Ausweitung ihrer Besatzungszone bekanntzugeben; an manchen Orten beschützten sie die bedrohten Serben; und sie begannen, sich mit den Tschetniks zu verbünden und die Kompetenz der Ustascha-Obrigkeit in Frage zu stellen.

- Die deutschen Militärvertreter und andere Repräsentanten des NS-Regimes, von denen einige ohnehin den Ustasche skeptisch gegenüberstanden, äußerten immer offener ihre Befürchtung, dass die Ausbreitung des Aufstands einige ihrer häufig genutzten Verbindungsrouten lahmlegen könnte. Dies würde die Ausbeutung der Bodenschätze, mit deren Ertrag sie fest rechneten, erschweren und außerdem einen Teil ihrer Truppen festsetzen. Es gab bereits Gerüchte, dass einige deutsche Vertreter einen Machtwechsel im NDH und die Übergabe der Regierungsgeschäfte an Dr. Vladko Maček forderten.
- Immer häufiger beschwerten sich Generäle wie Prpić, Blašković, Laxa und andere höhere Offiziere der Heimwehr über die »Säuberungsaktion« der Ustasche »im Feld«. Es gab alarmierende Warnungen auch seitens hochrangiger Kommandanten der Gendarmerie, sogar Ustascha-Befehlshaber waren unter ihnen, neben rangniedrigen Ustascha-Funktionären wie Pater Nikšić.
- Im Furor der »Säuberungsaktion« kam es zu zahlreichen Disziplinlosigkeiten in den Ustascha-Einheiten, ja zu Exzessen, die von den Befehlshabern nicht gerne gesehen wurden; es wurde nötig, die irregulären Einheiten unter strengere militärische Kontrolle zu bringen.
- Es kam zu Protesten von Gruppen und Einzelpersonen aus der kroatischen Bevölkerung, deren Reserviertheit gegenüber den Ustascha-Machthabern im gleichen Maße zunahm, wie die Verbrechen offensichtlich wurden.

Pavelić ließ aus all diesen Gründen die »Säuberungsaktion« in den serbischen Dörfern stoppen. Doch weder er noch seine engeren Mitarbeiter, die sein Vertrauen genossen, leugneten je, dass sie »die serbische Frage« im Unabhängigen Staat Kroatien mittels eines Plans »lösen« wollten, der genozidale Züge trug. Zu lange hatten sie ihren Fanatismus des Hasses kultiviert, um die Wirklichkeit zu sehen, in der sie lebten, und zu begreifen, dass sie, indem sie alle um sich herum ermordeten, zugleich ihre eigene Idee, ihren eigenen Staat und ihre eigene Macht zerstörten. Im August 1941 erreichte der Massenmord an Serben und Juden in den Todeslagern der Ustasche im Velebit-Gebirge und auf der Insel Pag seinen Höhenpunkt. In der zweiten Augusthälfte wurde das Lager Jasenovac in Betrieb genommen, das größte Vernichtungslager im NDH. Vlado Maček, der im Winter 1941 Gefangener in Jasenovac war, fragte damals den Lagerkommandanten Ljubo Miloš, ob er sich seiner gottlosen Taten wegen nicht vor der Strafe Gottes fürchte, woraufhin der Ustascha-Fanatiker Miloš ihm antwortete: »Sagen Sie mir nichts. Ich weiß, dass ich für all das, was ich getan habe und noch zu tun gedenke, ins Höllenfeuer kommen werde. Aber ich werde dort für Kroatien brennen.« Man kann nur schwer eine anschaulichere Beschreibung von Fanatismus finden.

Nach dem Sommer 1941 änderten Ante Pavelić und Dido Kvaternik bei den »Säuberungen« in den Dörfern also nur ihre strategische Vorgehensweise. Es gab keine landesweit synchronisierten und zeitgleich ablaufenden »Säuberungen« mehr, doch zahlreiche Operationen ähnlichen Charakters fanden weiterhin an einzelnen Orten statt. Die Angriffe wurden militärisch genauer vorbereitet und galten in der Regel einem der Zentren der Aufständischen, wie etwa der Petrova Gora oder Kozara. Aber sie konzentrierten sich nicht nur auf die Einheiten der Partisanen, die mit ihren Guerillamanövern hohe Verluste zu vermeiden versuchten, sondern hatten weiterhin vor allem die »Säuberung« der lokalen Bevölkerung zum Ziel: Ganze Dörfer wurden niedergebrannt, es gab Plünderungen und Vandalismus, ohne Rücksicht auf Alter und Geschlecht wurden die Menschen ermordet und ganze Regionen verwüstet, es kam zu Massendeportationen nach Jasenovac und in andere Lager. In der Öffentlichkeit und gegenüber ihren Verbündeten bezeichneten die Ustasche solche Vorgänge als »Vergeltungsmaßnahmen«, obwohl es sich eindeutig um große ethnische Säuberungen handelte, die der Brutalität der Aktionen aus dem Sommer 1941 in nichts nachstanden. Die »Vergeltungsmaßnahmen« verwüsteten zwischen Ende 1941 und Anfang 1942 ganze Landstriche im Norden des Kordun und erreichten schließlich im Mai 1942 zuerst die Dörfer um die Petrova Gora, dann Kozara und Teile von Srijem und schließlich in trauriger Folgerichtigkeit eine ganze Reihe weiterer Orte.

Ein Staat, der auf einem solchen Fundament erbaut wurde, konnte nicht dauerhaft bestehen. Relativ schnell machte er sich einen großen Teil der kroatischen Bevölkerung zum Feind, in deren Namen er zu sprechen vorgab, ohne jede Legitimation. Ich werde an dieser Stelle auf den Aphorismus von Ante Ciliga zurückgreifen, eines frühen Vorläufers der kommunistischen Dissidenten, die zu den kroatischen Nationalisten überliefen: »Pavelić hat die Kroaten gespalten, die Serben geeint, die kommunistischen Partisanen erstarken lassen und sich blind all jenen Kräften anvertraut, die prädestiniert waren, den Krieg zu verlieren. Schädlicher und selbstmörderischer kann man sich eine Politik kaum vorstellen!« Diese Folgerung ist schwungvoll, aber sehr vereinfachend. Pavelićs Politik hat die Serben mitnichten überall geeint – sie hat sie in Partisanen und Tschetniks geteilt. Auch hat sie keineswegs überall die Kroaten gespalten, in einigen Gegenden haben sie auf der einen wie auf der anderen Seite durchaus mit vereinten Kräften agiert. Wenn aber die Rede von der Region Kordun ist, kann man Ciliga beipflichten: Pavelićs große »Säuberungsaktion« im Sommer 1941 hat die Kroaten im Kordun gespalten und die Serben zusammengeschweißt, die sich mitten in Kroatien zur stärksten Partisanen-Einheit formierten.

Es änderte sich nichts, als die Ustascha-Regierung 1942 die orthodoxe Kirche in Kroatien anerkannte und damit wie mit weiteren Maßnahmen versuchte, die Serben versöhnlich zu stimmen. Es besserte mancherorts die Stellung der überlebenden Serben und milderte deren Schicksal ein wenig ab, aber in den Regionen Kordun, Banija und Lika hinterließ es überhaupt keinen Eindruck. Und das generelle Misstrauen, das der Ustascha-Regierung entgegengebracht wurde, konnte nirgendwo ganz überwunden werden. Während in Zagreb im Frühling 1942 eine moderate Politik gegenüber der orthodoxen Bevölkerung propagiert wurde, führte die Ustascha-Armee zeitgleich mit unerbittlicher Brutalität ihre »Säuberungsaktionen« durch. Solche Aktionen wurden kurz vor dem Kriegsende noch einmal wiederholt, und das Muster, das 1941 in die Welt gesetzt wurde, wurde abermals angewendet.

Die Kroaten aus der Region Kordun hatten in der jugoslawischen Monarchie viele Gründe, sowohl mit ihrer persönlichen als auch mit der gesellschaftlichen Lage unzufrieden zu sein. Die Menschen lebten von ihrem karstigen Land, das schwer zu bewirtschaften und nicht gerade fruchtbar war. 1931 setzten sich im Bezirk Vojnić die Familien aus durchschnittlich 6,3 Mitgliedern zusammen, denen an die 1,8 Hektar anbaufähiges Land und ungefähr 1,6 Hektar Weideland zur Verfügung standen. Der Ertrag pro Hektar war hier deutlich geringer als in Slawonien oder in der Vojvodina, und man hielt nur wenig Vieh. So hatten die Leute nicht viel, das sie verkaufen konnten – es reichte alles gerade aus, um sich selbst zu versorgen. Im Bezirk Slunj waren die Bedingungen noch schwieriger. Im Bezirk Vojnić war ein einziger Arzt für 35 000 Einwohner zuständig, während 1940 im Bezirk Slunj 65,5 Prozent der Bevölkerung nicht alphabetisiert waren. Diesen Umständen waren Kroaten und Serben gleichermaßen ausgesetzt, aber es gab auch einige Unterschiede: Aufgrund der einst hier verlaufenden Militärgrenze besaßen einige serbisch-orthodoxe Dörfer vergleichsweise besseres Land als ihre katholischen kroatischen Nachbarn; die Felder in Veljun waren fruchtbarer als die in Blagaj; das Leben war ein bisschen sorgloser in Primišalj als im benachbarten Nikšić. Wenn man bedenkt, dass alle wichtigen Positionen im Bezirk, alle Kommandanturen der Gendarmerie-Stationen und nahezu alle Gemeindevorsitzenden seit 1939 Serben waren, so erweist sich der karge Korduner Boden plötzlich als ausgesprochen fruchtbar für das Entstehen und Wachsen religiöser und ethnischer Animositäten. Am häufigsten traten diese im ärmsten Bezirk Slunj auf. Die zentralistische Politik aller Belgrader Regierungen bis 1939 trug maßgeblich zur Intensivierung dieser lokalen Ressentiments bei.

In den Landkreisen Vojnić und Vrginmost changierten die Beziehungen zwischen der kroatischen und der serbischen Bevölkerung zwischen Kooperation und Polarisierung; im Bezirk Slunj überwog nahezu dauerhaft die Polarisierung. In den letzten Jahren vor dem Krieg schafften es die Serbische Demokratische Partei unter Pribičević und Mačeks Kroatische Bauernpartei, eine Zusammenarbeit zwischen den Kroaten und den Serben im Kordun zu initiieren, und bei den regionalen Wahlen waren ihre Koalitionslisten immer häufiger erfolgreich. Gegen diese Politik der Verständigung setzte sich der Volksvertreter des Bezirks Slunj, Lovro Sušić, am nachdrücklichsten ein. Bei der Kroatischen Nationalversammlung am 29. August 1939 war er das einzige Mitglied, das sich gegen die Cvetković-Maček-Vereinbarung aussprach und auf sein Mandat verzichtete. Trotz einer geringen Mitgliederzahl war die national ausgerichtete Ustascha-Organisation in den 1930er Jahren (bis 1941) neben Glina und Gospić in Slunj am erfolgreichsten. In derselben Zeit bildeten sich dort ähnlich militante Tschetnik-Vereinigungen, die allerdings ebenfalls nur wenige Mitglieder aufweisen konnten.

Die Mehrheit des kroatischen Volkes begrüßte die Gründung des Unabhängigen Staates Kroatien, und in Slunj war diese Freude unübersehbar. Ventura Baljak hatte keinerlei Schwierigkeiten, als er am 29. Juli im Landkreis Slunj Gewehre an Menschen verteilte, die bereit waren, sich mit der Waffe für Kroatien einzusetzen. Als die Menschen aber Zeugen der grauenerregenden Vorkommnisse während der »Säuberungsaktion« wurden und verstanden, in was für eine »Aktion für Kroatien« sie eingebunden worden waren, schraken viele zurück. Einige verweigerten sich nun und fanden unterschiedliche Ausreden, um zu Hause bleiben zu können. Den Bauern wurde gesagt, das Töten ihrer serbischen Nachbarn sei die »Rache für all die Leiden, die sie ihnen in der Zeit der untergegangenen Monarchie angetan hatten«. Die Leute konnten sich zwar durchaus gut daran erinnern, dass ihnen die königliche Monarchie diverse Ungerechtigkeiten zugemutet hatte, aber das Umbringen von Menschen gehörte nicht dazu. Es kam häufig zu Verhaftungen und zu Zusammenstößen mit den Gendarmen, manchmal wurden die kroatischen Bauern zusammengeschlagen, aber im Verlauf von zwanzig Jahren gab es im gesamten Bezirk von Slunj drei oder vier Morde, die als politisch motivierte Taten Einzelner angesehen werden können, und zwischen 1919 und Anfang 1941 waren in ganz Jugoslawien alles in allem 230 kroatische Opfer zu verzeichnen, die wegen ihrer nationalen Identität ums Leben kamen.[21] Frauen und Kinder wurden nie getötet, also konnte bei gesundem Menschenverstand auch niemand die Begründung der Ustasche akzeptieren, nach der die Massaker an Tausenden serbischen Frauen, Kindern und Alten eine angemessene Antwort auf all das waren, was dem kroatischen Volk im Königreich Jugoslawien an Unrecht widerfahren war.

Die zehntägige »Säuberungsaktion« führte zu sichtbar unterschiedlichen Positionierungen unter den Kroaten in Slunj. Pater Nikšić schreibt in seinen Memoiren zu Recht, dass am Ende »nur ein kleiner Teil der lokalen Bevölkerung« die Morde vollstreckt habe, aber diese kleine Zahl war im Verhältnis zu der kroatischen Bevölkerung in Slunj vergleichsweise hoch und im Verhältnis zu anderen Orten in Kroatien sogar unter den höchsten, die bekannt sind. Zusammenfassend kann man jedoch festhalten, dass es damals in Kroatien an keinem anderen Ort zu derart mutigen öffentlichen Protesten kroatischer Bürger gegen die »Säuberungen« kam wie in Slunj: Ivan Gračan und Ivan Modrušanin sammelten für eine Petition 120 Unterschriften hochangesehener

Kroaten aus der Stadt und Umgebung, um den Massenmord an den Serben zu stoppen. In einer Atmosphäre, in der Gewalt und Angst herrschten, brauchte man viel Mut, um mit einer Unterschrift einen solchen Protest mitzutragen. Die Initiatoren der Petition wurden sofort verhaftet, aber ihr Eingreifen stieß in der gesamten Region auf ein breites Echo. Bereits am 30. Juli nahm Franjo Rajković, der Bezirksnotar in Rakovica, telefonisch Kontakt mit sechs Kollegen auf, die in den einzelnen Landkreisen von Slunj Kanzleien hatten, und ermunterte sie, Berichte über den Unmut der kroatischen Bevölkerung zu schreiben, die sich gegen die Morde an den Serben aussprach. Bis auf einen verfasste jeder von ihnen einen solchen Bericht und schickte ihn an die zuständigen Behörden.

Janko Jurčević aus Gornja Glina wurde gezwungen, sich der Ustascha-Hilfseinheit anzuschließen, doch als er sah, was in den serbischen Dörfern vor sich ging, weigerte er sich mitzumachen und protestierte öffentlich. Sein Verhalten überzeugte weitere Männer seiner Einheit. Sie wurden sehr schnell verhaftet, und Jurčević und zwei seiner Kameraden wurden von Baljak eigenhändig öffentlich hingerichtet.

Die Proteste der Kroaten aus der Region Slunj wurden aus nachvollziehbaren Gründen von niemandem schriftlich festgehalten, und sie waren vielleicht auch kein grundsätzliches Aufbegehren gegen die Ustascha-Machthaber. Aber sie mögen ein Grund gewesen sein, warum die Ustascha-Regierung die »Säuberungen« stoppte. Vor allem aber haben sie, wie ich weiß, den Aufständischen geholfen, gegen die rachsüchtige Haltung der Tschetniks zu argumentieren, die sich in ihren Slogans wie »Alle Kroaten sind Ustasche« oder »Rache ist süß und blutig« spiegelte. Der Aufstand in der Gegend von Slunj und in der ganzen Region von Kordun ist nicht in einen Krieg der Serben gegen die Kroaten gekippt, sondern war ein Kampf gegen die Ustascha-Regierung und die Besatzer. Die Tschetniks traten in den vier Kriegsjahren im Kordun nur vereinzelt auf.

Schon in den ersten Monaten gewann der Aufstand an Wucht, breitete sich rasch im Kordun und den benachbarten Bezirken aus und kulminierte, nach einer mehrtätigen Belagerung und dreistündigem Kampf, in der Befreiung von Vojnić am 12. Januar 1942. Es wurden 380 Heimwehr-Soldaten gefangen genommen. Ohne den Verlust eines einzigen Partisanen erbeuteten die Aufständischen 410 Gewehre, 32 Maschinenpistolen, 6 schwere Maschinengewehre und Ausrüstung. Dennoch gab es interne Schwierigkeiten. Im Protokoll der Konferenz am 19. und am 20. September 1941 ist ein Wortbeitrag des Partisanen-Kommandanten Robert Domani festgehalten, der auf das »Auftreten von Plünderungen« aufmerksam macht. Sie waren zwar Taten Einzelner, aber er setzte sich dennoch dafür ein, dass diese streng geahndet und unterbunden werden sollten (was mit drastischen Maßnahmen in den ersten beiden Kriegsjahren relativ gut gelang, dann aber, nach dem Sommer 1943, nicht mehr zu kontrollieren war).

Im von den Italienern besetzten Gebiet gab es andere Probleme. So kritisiert das Rundschreiben Nr. 3 des Zentralkomitees der Kommunistischen Partei Kroatiens vom 30. September 1941, dass einige »Kameraden aus Primorje eine passive Haltung gegenüber den italienischen Besatzern eingenommen haben«. Es seien »die gleichen Fehler wie in den Regionen Lika und Kordun gemacht worden«, wo die »italienischen Offiziere, Agenten des italienischen Faschismus, den Aufstand in diesen Gegenden für ihre imperialistischen Eroberungsziele ausnutzen wollen. Sie sind sichtlich schockiert von den Bestialitäten der Ustascha-Banden, die sie der dortigen Bevölkerung zumuten und die unter ihrem Protektorat möglich sind, ein Schutz, der freilich nur vorgegaukelt wird. (…) Einige Kameraden haben diese Inszenierung und das doppelte Spiel der italienischen Faschisten und ihrer Söldner – der Frankisten – nicht durchschaut.«

In den Regionen Lika und Kordun blieben die Kommunisten so lange vor zahlreiche Schwierigkeiten gestellt, bis sie die Aufständischen vor Ort davon überzeugt hatten, dass der Befreiungskampf nicht nur gegen die Ustasche geführt werden musste, sondern auch den Besatzern zu gelten hatte. Schon in den ersten Augusttagen hatten die Befehlshaber der italienischen Besatzungstruppen auf unterschiedliche Arten versucht, mit der verfolgten serbischen Bevölkerung zusammenzuarbeiten. Sie versprachen ihnen Schutz vor den Verbrechen der Ustasche, forderten aber im Gegenzug, dass jegliche Beteiligung am Aufstand eingestellt werde und man sich von den führenden Kommunisten distanziere. Diese Taktik war in Teilen der Lika und der Bosanska Krajina nur von geringem Erfolg gekrönt, in der Region um Knin und im Osten der Herzegowina ging sie dagegen sehr gut auf (am erfolgreichsten war sie in Montenegro, wo der Aufstand im Frühling 1942 de facto gestoppt wurde). In der Folge kam es in einigen Teilen Kroatiens und Bosniens zu einer Spaltung der serbischen Bevölkerung in Partisanen und Tschetniks.

In der Region Kordun gelang es den Kommunisten aber, eine solche Zuspitzung zu vermeiden. An manchen Orten erreichten sie das mit politischen Argumenten, an anderen mit Gewalt. In den ersten Dezembertagen des Jahres 1941 organisierte der Bezirksvertreter Dušan Korać in den Dörfern Radonja und Jurga nahe der Petrova Gora Unterschriften für ein Protokoll, dem die Unterzeichner in den folgenden Punkten zustimmten:

1. Die Delegierten haben sich darüber verständigt, im Winter keinerlei Angriffe seitens der Kommandanten der Volksbefreiungsarmee auf den Kampfschauplätzen anzuordnen.
2. Die Delegierten haben einstimmig beschlossen, dass genauso viele kroatische Häuser in Brand gesetzt werden sollen, wie serbische Häuser niedergebrannt worden sind.

Die restlichen acht Punkte variieren ähnliche Themen und betonen des weiteren, es sei nicht nötig, die Italiener anzugreifen.

Korać, der Initiator dieses Protokolls, und zwei seiner Kollaborateure, die die Unterschriften gesammelt hatten, wurden von den Partisanen als Verräter hingerichtet, und jene, die unterschrieben hatten, durften in ihren Dörfern nicht mehr an Versammlungen teilnehmen. Die Plünderungsaktionen der italienischen Soldaten in den Dörfern des Kordun und das Niederbrennen ganzer Orte in den Zentren der Aufständischen waren zusätzliche Gründe für die orthodoxe Bevölkerung, der Armee der Besatzer zu misstrauen. Obwohl sie den ganzen Krieg über den Partisanen die Treue hielten, waren sie teilweise auch unzufrieden. Sie mussten in den vier Kriegsjahren die Partisanen-Armee ernähren, obwohl sie selbst schon seit langem kaum etwas hatten. Den Angriffen ihrer Feinde ausgesetzt, mussten die meisten von ihnen mehrmals in die Wälder fliehen, um ihr Leben zu retten, und wenn sie in ihre Häuser zurückkehrten, fanden sie diese niedergebrannt vor. Verbittert sahen sie, dass die kroatischen Nachbardörfer weniger Repressalien ausgesetzt waren. Während kaum ein orthodoxes Haus in der Region Kordun den Krieg überstand, blieben in den kroatischen Dörfern über die gesamte Kriegszeit hinweg die meisten Gebäude unversehrt. Die Bewohner der kroatischen Dörfer wurden zudem erst in der zweiten Hälfte des Krieges angehalten, Essen an die Partisanen abzugeben. Bis in den Herbst 1943 hinein wurden keine kroatischen Bauern für die Armee der Partisanen zwangsrekrutiert. Auf beiden Seiten wurden viele Leben auf tragische Weise ausgelöscht, aber im Verhältnis gesehen waren die Verluste der Orthodoxen bedeutend höher als die der anderen. Das unzufriedene Gemurre der Serben des Kordun wurde manchmal wegen der ihnen abverlangten unverhältnismäßig hohen Kriegsbürden zur Anklage, seltener auch zu offenem Widerstand gegen die Führung der Kommunisten.[22] Aus der begrenzten Perspektive der Korduner Serben hatten die orthodoxen Dörfer die größten Opfer für den Sieg gebracht und Anspruch darauf, für diese Opfer und den Sieg belohnt zu werden. Einen Teil des Preises zahlten aber auch einige katholische Dörfer. Viele ihrer jungen Männer und Familienernährer kehrten nicht mehr aus Bleiburg und vom sogenannten Kreuzweg (siehe Kapitel 19) zurück und kamen bei den

Massenerschießungen durch die Partisanen der Nationalen Volksbefreiungsarmee ums Leben.[23] Und statt am Ende des Krieges die Auflösung der Animositäten zu erleben, wurden wir Zeugen ihrer Ausweitungen in neuer Form. Als es schließlich schien, dass nach vielen Jahren eine neue Generation in der Region Kordun die Feindschaft beenden könnte, die ihren Ursprung im Jahr 1941 hatte, flammten die Emotionen 1971 wieder auf und entluden sich 1991 abermals auf katastrophale Weise: genau ein halbes Jahrhundert später.

Die Initiatoren des Korduner Aufstands waren Kommunisten, bereits im August hatten sich ihnen dreißig Kroaten angeschlossen – Kommunisten aus Karlovac und Zagreb, aus Duga Resa und anderen nahen kroatischen Dörfern. Die ersten Waffen aus Karlovac lieferte Holjevac; die beiden kroatischen Kommunisten Savo Zlatić, ein Arzt, und Jakov Kranjčević Brada, ein ausgebildeter Krankenpfleger, richteten die erste Partisanen-Ambulanz ein, wobei sie nicht nur die Partisanen, sondern die Menschen in der gesamten Region behandelten. Ehemalige Freiwillige aus dem Spanischen Bürgerkrieg trugen am meisten dazu bei, den Aufstand im Kordun erfolgreich und mit wenigen Verlusten im ersten Kriegsjahr zu organisieren. In den ersten Augustwochen waren sieben solcher Veteranen im Kordun eingebunden – fünf von ihnen waren Kroaten und zwei Juden. In der benachbarten Banija schloss sich der von Gaćeša angeführte Trupp den Partisanen von Sisak an, und am 28. September 1941 legten insgesamt 220 Kämpfer – 150 Serben und 70 Kroaten – in Šamarica ihren ersten Partisanenschwur ab.

In den kroatischen Dörfern der Region Kordun gab es damals gerade mal vier, fünf Partisanen und vielleicht zwanzig Kollaborateure, die bereit waren, heimlich für die Partisanen zu arbeiten. Sie waren Mitglieder der Kommunistischen Partei oder Sympathisanten. Größtenteils versuchten die kroatischen Dörfer jedoch, neutral zu bleiben, soweit das in jenen verrückten Zeiten überhaupt möglich war.

Im Spätherbst 1941 habe ich einen Monat in einem solchen Dorf verbracht und erfahren, wie diese Neutralität aussah. Die im Sommer durchgeführte große »Säuberungsaktion« in den nicht weit entfernten serbischen Dörfern hatte einen bleibenden Eindruck in diesem kroatischen Dorf hinterlassen. Ich gehe davon aus, dass dessen Bewohner auf ihre bedachte Weise vor der Zeit der »Säuberungen« durchaus gewillt waren, die neue kroatische Regierung zu billigen und politisch zu unterstützen, aber die Morde hatten sie desillusioniert. Die Bauern, die mich beherbergten, konnten nicht fassen, dass der eine oder andere Nachbar »dabei« seine Hände mit im Spiel hatte. Sie sprachen in meiner Gegenwart nicht über Einzelheiten, erwähnten aber, dass »vollkommen unschuldige Menschen zusammengetrieben worden waren«. Mit Verachtung erzählten sie mir einmal von einem Mann aus ihrem Dorf, der »in den Wald der Petrova Gora zum Stehlen ging, aber der Narr weiß nicht, dass er eine Schuld auf sich geladen hat, die er früher oder später höchstpersönlich abbezahlen muss«. Ihnen war bewusst, dass die Täter schon wegen der schieren Zahl der begangenen Verbrechen nicht ungeschoren bleiben würden. Sie hatten Angst, dass diese Schuld sie kollektiv treffen könnte, also auch jene Kroaten in der Region, die sich nichts hatten zuschulden kommen lassen – und viele ereilte dieses Schicksal später tatsächlich.

Die Kroaten beäugten die Ankunft der Partisanen im Kordun mit Misstrauen, viele hatten auch Angst. Allmählich ließ die Angst nach, die ersten Partisanen zündeten weder die Häuser an noch töteten sie Zivilisten, allerdings kam es zu vereinzelten Plünderungen. Die Gefangenen aus der kroatischen Heimwehr wurden von den Partisanen weder getötet noch gefoltert. Sie entwaffneten sie, hielten ihnen politisch-erzieherische Reden, nahmen ihnen die Uniformen weg und ließen sie schließlich in Lumpen nach Hause gehen. Während sich die Kroaten in einigen angrenzenden Regionen 1942 mehrheitlich für die Partisanen entschieden, blieben einige Dörfer im Kordun unwiderruflich an die Ustasche gebunden. Wie gesagt versuchten die meisten kroatischen Dörfer im Kordun und der Banija, neutral zu bleiben, was im Krieg nur sehr schwer aufrechtzuerhalten ist. Es war unausweichlich, sich irgendwann für die eine oder andere Seite zu entscheiden, was zu tragischen Ereignissen führen konnte.

Als die kroatischen Kommunisten die Organisation und die Führung des Aufstands im bäuerlichen Kordun übernahmen, mussten sie die Rhetorik, die sie in den Städten benutzt hatten, ändern. Parolen wie »Lang leben die Völker Jugoslawiens!« (Tito hatte das verfasst) oder »Lang lebe die Sowjetunion und die heroische Rote Armee!« und »Lang lebe Genosse Stalin!« konnten die geflüchteten Bauern im Wald der Petrova Gora kaum überzeugen. Also setzte sich am 10. August eine neue, wegweisende Parole durch: »Tod dem Faschismus – Freiheit dem Volk!« Die ebenfalls vielbenutzte Parole »Zum Alten führt kein Weg zurück!« wurde je nach Perspektive unterschiedlich gedeutet: Für die Kroaten versprach sie Gleichheit der Nationen in einem föderalen Nachkriegsstaat, die Bauern erhofften sich eine gerechtere Verteilung von Grund und Boden, die Arbeiter bessere Löhne und mehr soziale Rechte, und für alle gemeinsam verhieß dieser Satz, dass die Macht vom Volk ausgeht – also eine Demokratie.

Eine weitere Parole, »Lang lebe die Antifaschistische Front!«, reflektierte die realen politischen Entwicklungen und den Verlauf des Zweiten Weltkriegs. Am 12. August 1941 unterzeichneten Churchill und Roosevelt auf dem britischen Schlachtschiff *HMS Prince of Wales* die »Atlantik-Charta«, am gleichen Tag schickten sie ein Telegramm am Stalin. Churchill stand mit Stalin bereits über eine bilaterale Vereinbarung und eine öffentliche Stellungnahme im Austausch, der zufolge sich »ihre beiden Regierungen gegenseitig dazu verpflichten, einander auf jedwede Weise in diesem Krieg gegen Deutschland zu helfen«. Auf die Frage, ob denn diese enge Zusammenarbeit mit dem einstigen Feind Stalin nicht etwas übertrieben sei, antwortete Churchill: »Wenn ich herausfinden sollte, dass der Satan bereit ist, effizient gegen Hitler zu kämpfen, bin ich bereit, in die Hölle zu reisen und dort mit dem Satan höchstpersönlich einen Pakt zu unterschreiben.«

Also kam es zur antifaschistischen Koalition der drei Großmächte. Der Historiker Eric Hobsbawm hat den Antifaschismus als eine vorübergehende und kurzzeitige Allianz zwischen dem liberalen Kapitalismus und dem Kommunismus gegen die tödliche Gefahr beschrieben, die beiden Seiten gleichermaßen drohte. Um der gemeinsamen Sache willen mussten sie sich von einigen Methoden und Zielen lossagen, die sie bis dahin im Kampf gegeneinander verfolgt hatten. Und genau das mussten auch die Kommunisten in Jugoslawien, in Kroatien und im Kordun tun.

Um die Gefahr zu besiegen, die Ustaschatum, Nationalsozialismus und Faschismus für sie bedeuteten, mussten die kroatischen Kommunisten sich mit den Serben verbünden, die im Kordun und ganz Kroatien in tödlicher Gefahr waren, aber auch mit Kroaten in Dalmatien, die dort ihrerseits bedroht waren, sowie allen anderen Kroaten, die für die Freiheit eintraten. Statt eine sozialistische Revolution zu starten, stürzten sie sich also in einen nationalen Befreiungskrieg – vorübergehend. Auf diese Weise entstand der kroatische Antifaschismus.

Den Kommunisten muss man zugutehalten, dass sie diesen antifaschistischen Krieg mutig und unter vielen Opfern führten, ohne sich selbst oder andere zu schonen. Sie haben in weiten Teilen die Vertreibung der Serben aus Kroatien nach Serbien verhindert und die Durchführung des Genozids an den kroatischen Serben erschwert, und sie haben das kroatische Volk davor bewahrt, statt ausschließlich als Verbündete der Nationalsozialisten und Faschisten in die Geschichte einzugehen, zumindest in Teilen auf der Seite der Sieger des Zweiten Weltkriegs zu stehen. Sie haben erheblich dazu beigetragen, dass es nach dem Krieg keine Rückkehr zur Monarchie gab, was den Tschetniks Gelegenheit gegeben hätte, sich am kroatischen Volk zu rächen.

Dennoch verloren die kroatischen und die jugoslawischen Kommunisten nie ihr eigentliches Ziel aus den Augen: die Errichtung einer kommunistischen Regierung und eine revolutionäre Veränderung der Gesellschaft. Von Anfang an hatten die Kommunisten während des Aufstands alle wichtigen militärischen und politischen Funktionen inne und festigten diese durch ihre militärischen Erfolge. Sie hatten keine Konkurrenz, denn es gab keine andere antifaschistische politische Partei, die ihnen hinsichtlich ihrer militärischen Entschlossenheit und ihrer organisatorischen Fähigkeiten ebenbürtig war. In den Gegenden, in denen die Partisanen dominierten, galten die nationalen Befreiungskomitees als höchste Instanzen, aber in Wirklichkeit wurden die Entscheidungen von Parteikomitees getroffen. Man rief eine Föderation autonomer Republiken aus, tatsächlich aber konsolidierte man im Hintergrund die zentralistische Macht der Partei und Josip Broz Titos. Von Zeit zu Zeit nahm die Macht repressive Formen an. Statt sich auf einen demokratischen Antifaschismus zu besinnen, griff man auf brutale Methoden der Revolution zurück. »Jede Kritik an unserem Führungsstil«, heißt es bei Milovan Đilas, einem der damaligen Hauptakteure, »verstanden wir als feindlichen Angriff, (…) (weil) die Revolution und die totalitäre Idee niemanden außer sich selbst gelten lassen kann.«[24] Die Kommunisten führten in den befreiten Gebieten politische »Säuberungen« gegen jene durch, die in ihren Reihen unerwünscht waren. Sie selbst nannten das die »Reinigung der Linken« und erkannten erst später, dass sie gerade dadurch den erarbeiteten Rückhalt in der örtlichen Bevölkerung und die Loyalität vieler Partisanen verloren. Das Phänomen der »Reinigung der Linken« kam in Montenegro, in der Herzegowina, in Serbien und in manchen Teilen Bosniens häufiger und drastischer vor als in Kroatien, weshalb in Kroatien Erfolge der Partisanen stabiler waren als in den anderen Gebieten Jugoslawiens.

Auf Dauer obsiegte aber im Denken der Kommunisten die Ideologie über alle Zweifel, die durch negative Erfahrungen wie die »Reinigung der Linken« eventuell aufgekommen waren. Die Kommunisten als Anführer des antifaschistischen Kampfes drückten diesem mehr und mehr den Charakter einer sozialistischen Revolution auf. Am Ende des Krieges wurde das nicht einmal mehr bemäntelt. Statt vom »nationalen Befreiungskampf« wurde nun immer häufiger von der »nationalen Befreiung und der sozialistischen Revolution« geredet. Als der Krieg vorbei war, blieb die »sozialistische Revolution« übrig. Öffentlich wurde das nie aufgearbeitet, aber das damit einhergehende Faktum war von da an in der Welt.

Am Beispiel seines Dorfes Kupinec, das die Partisanen im Herbst 1943 erobert hatten, beschreibt Maček, wie sich die Wandlung vom kommunistischen Antifaschismus zur kommunistischen Revolution vollzog:

> »Die Partisanen in Kupinec verhielten sich bis Anfang Mai 1944 vernünftig. Bereits im Frühling 1943 ernannten sie Ivan Tor zu ihrem Kommandanten. In dieser Funktion schützte er, so gut er konnte, die Bevölkerung vor Plünderungen. (...) Zudem erlaubte er, dass mein Verwalter mir so viel nach Zagreb schicken konnte, wie es notwendig war, um mich und meine Familie durchzubringen. (...) Die Partisanen haben anfangs ihre kommunistische Identität nicht preisgegeben. Wenn sie ein Dorf einnahmen, baten sie sogar den Priester um einen Gottesdienst in der Kirche des Ortes. Erst Anfang 1944 fingen sie an, die Kroatische Bauernpartei und auch mich persönlich in ihren Flugblättern anzugreifen. Im Unterschied zu den Tschetniks und den Ustasche verübten die Partisanen aber nirgendwo Massaker. Wo immer sie eines der Bauernanführer habhaft werden konnten, zwangen sie ihn dazu, sich ihnen zumindest formal anzuschließen. Wenn sich jemand weigerte, ihnen Folge zu leisten, wurde er auf die eine oder andere Weise sofort liquidiert. (...) Die hasserfüllten Ustasche und Tschetniks brachten die Menschen massenweise wahllos um. Die Kommunisten töteten mit kühler Logik all jene, von denen sie glaubten, dass sie der Konsolidierung des Kommunismus im Wege standen.«[25]

Alle Revolutionen beginnen mit Gewalt, doch sie enden weder durch einzelne Siege noch in dem Moment, da die Revolutionäre an die

Macht gelangen. Im Gegenteil, dann herrscht die Gewalt uneingeschränkt und entwickelt sich zu einem System. Der Antifaschismus trug als Zusammenschluss unterschiedlicher Ideologien und gesellschaftlicher Systeme sowohl den Funken der Demokratie als auch die Anlage einer gewaltbereiten Regierung in sich. Mit dem Sieg des antifaschistischen Krieges ließ Stalin die Methoden seiner tyrannischen Herrschaft vor dem Krieg wieder aufleben, während Churchill das Ergebnis einer verlorenen Wahl respektierte und die Regierungsgeschäfte übergab. Das Schicksal einzelner Länder nach dem Krieg war von den Kräften und Persönlichkeiten abhängig, die den antifaschistischen Kampf angeführt hatten. In Frankreich waren das die Widerstandsbewegung und Charles de Gaulle, in Jugoslawien übernahm diese Rolle die Kommunistische Partei unter dem Vorsitz von Josip Broz Tito.

Mit dem Sieg im antifaschistischen Krieg hatte die jugoslawische kommunistische Führung die große Chance, die versprochenen Freiheiten zum politischen Programm zu machen und das Land mit demokratischen und nicht mit revolutionären Mitteln zu erneuern. Sie hätte sich damit mehrheitlich die Unterstützung der Bevölkerung bewahrt, die sie im Krieg überzeugen konnte, weil sie auf der richtigen Seite der Geschichte gekämpft und den Sieg davongetragen hatte. Von ihrer eigenen Ideologie verblendet, haben die führenden Kommunisten an eine solche Möglichkeit aber nicht einmal denken, geschweige denn sie auch nur annähernd verwirklichen können. Sie verfingen sich in der Falle der »linken Umformung«, die tiefgreifender und verderblicher wurde als während des Krieges. Als sie sich nach vier, fünf Jahren allmählich wieder besannen, bezeichneten die jugoslawischen Kommunisten die »Reinigung der Linken« schlicht als »Stalinismus«. Und so, wie sie während des Krieges zu spät die Schädlichkeit der »Reinigung der Linken« erkannt hatten, brauchten sie auch nach dem Krieg viel zu lang, um zu begreifen, welch immensen Schaden die Jahre des »Stalinismus« dem Land zugefügt hatten. Als sie eine

Korrektur versuchten, erwies sich die Ideologie erneut als unüberwindbare Barriere. Vierzig Jahre, in denen sie versuchten, das System zu korrigieren, konnten den in den ersten vier Jahren entstandenen Schaden nicht beheben. So verloren die Kommunisten ihre Macht. 1991 fiel ihr Staat in einem von Wahnsinn getriebenen Krieg auseinander, ihre Ideale waren kompromittiert, und heute werden selbst ihre historischen Verdienste im Jahr 1941 nicht länger anerkannt.

17 Zuflucht Banski Kovačevac

Meine Mutter war in Kraljevica untergekommen, mein Bruder Danko bei unseren Großeltern in Tuzla, und ich befand mich noch immer in Karlovac. Meine Großmutter schrieb mir damals regelmäßig Briefe, in denen sich zwei Themen wiederholten: Danko ist ein gutes Kind, und es geht ihm gut – hast du Nachricht von Vati aus Jadovno? Ich weiß nicht mehr, was ich meiner Großmutter auf ihre immergleiche Frage geantwortet habe. Es war bereits Anfang November, ganze drei Monate waren seit den letzten Neuigkeiten aus dem Lager vergangen. Die innere Not hatte mehr und mehr zugenommen. Wahrscheinlich hatte ich mir selbst noch nicht eingestehen können, dass ich eigentlich gar nicht mehr auf eine Nachricht von meinem Vater wartete.

Die Post funktionierte noch immer gut. Omas Postkarten aus Tuzla brauchten nur zwei, drei Tage, aus Kraljevica trafen die Briefe meiner Mutter sogar nach ein, zwei Tagen ein. Sie schrieb mir in deutscher Sprache. Ihre Handschrift war weit ausholend und ihre Gedanken waren sehr klar. Einer möglichen Zensur wegen schrieb sie stets in Anspielungen, die Frau Veličković und ich leicht verstehen konnten (»Tante Rut« stand für Palästina, »Onkel Romano« für Italien).

Eines Tages fiel meiner Hauswirtin Frau Eisler beim Mittagessen auf, dass ich mir ständig entzündete Stellen zwischen den Fingern beider Hände kratzte. Sofort brachte sie mich zu ihrem Arzt, einem Mann namens Hruby, der das Problem mit nur einem Blick diagnostizierte: Krätze. Doktor Hruby schlug mir vor, mich einige Tage im städtischen Krankenhaus unterzubringen; da würde ich sicher rasch gesund werden und könnte zu Hause niemanden anstecken. Frau Eisler zögerte. Solange ich bei ihr war, fühlte sie sich für mich verantwortlich, und sie fragte sich, ob es dieser Tage nicht zu gefährlich war, einen jüdischen Jungen allein in ein kroatisches Krankenhaus zu geben. Wer wusste, was ihm dort alles geschehen konnte? Und war ihm nicht schon viel zu viel widerfahren?

Still und ziemlich entmutigt versuchte ich dem Gespräch zwischen Dr. Hruby und Frau Eisler zu folgen. Ich erinnere mich an den überwältigenden Geruch in Hrubys Praxis, an seine angenehme tiefe Stimme und den freundlichen Tonfall, der mir Vertrauen einflößte. Es gelang ihm erst, Frau Eisler zu überzeugen, als er ihr erzählte, dass er ein Stammkunde in unserer Buchhandlung war, meine Eltern überaus schätzte und ihnen nie mehr in die Augen würde sehen können, geschähe mir etwas unter seiner Aufsicht im Krankenhaus.

Ich wurde im Hauptgebäude in einem kleinen Ein-Bett-Zimmer im Erdgeschoss auf dem rechten Flur in der Abteilung für ansteckende Krankheiten untergebracht. Ich erinnere mich an den schwefeligen Geruch einer Salbe, die mir täglich von einer Krankenschwester aufgetragen wurde, und den trüben Blick aus dem Fenster auf die herbstliche leere Gartenanlage. Ich glaube, damals kamen in mein Zimmer nur die Krankenschwester, ein junger Arzt und eine medizinische Betreuerin, die Nonne war und die mir regelmäßig das Essen brachte, sonst zeigte sich niemand vom Personal, und ich erhielt auch keinen Besuch. Die zermürbende Einsamkeit in diesem Krankenhaus ist mir bis heute in Erinnerung. Und bis heute habe ich nicht in Erfahrung bringen können, ob die strenge Isolation eine notwendige Quarantäne war oder ob die Krankenhausleitung so umsichtig war zu verbergen, dass hier ein jüdischer Junge medizinisch versorgt wurde. Ich war glücklich, als ich, von der unangenehmen Krankheit geheilt und von der Einsamkeit des Krankenhauses befreit, wieder zu Frau Eisler zurück durfte.

Am 17. November 1941, an einem späten Montagabend, marschierte

Veco Holjevac über die alte Fußgängerbrücke mit fünfundzwanzig Partisanen, die mit Uniformen der Heimwehr getarnt waren, in Karlovac ein. Nach offiziellen Angaben waren damals an die 8000 Soldaten der Italiener, der Ustasche und der Heimwehr in der Stadt stationiert. Die getarnten Partisanen sangen Märsche der Heimwehr, als sie die Stadt in Richtung des alten Krankenhauses durchquerten. Dort fanden sie aber den Mann, der der Grund für dieses riskante Abenteuer war, nicht vor. Sie suchten Marijan Čavić, der unter dem Spitznamen »Grga« bekannt und Sekretär des Karlovacer Stadtkomitees der KP Kroatiens war. Er hatte sich einige Tage zuvor die Pulsadern aufgeschnitten und war zur Beobachtung im Krankenhaus untergebracht gewesen. Doch just an diesem Morgen hatte man ihn auf Anordnung der Ustascha-Polizei ins Untersuchungsgefängnis zurückgebracht. Veco Holjevac und seinen Partisanen blieb nichts anderes übrig, als unverrichteter Dinge und auf dem gleichen Weg die Stadt wieder zu verlassen. Auf der Ausfallstraße töteten sie zwei Ustasche, und am Stadtausgang griffen sie zwei bei einem Bunker an der Korana stationierte italienische Wachen an, nahmen ihnen die Waffen ab und verschwanden in der Dunkelheit der Nacht über die Felder in Richtung Kordun.

Über diese aufsehenerregende Aktion ist nach dem Krieg viel geschrieben worden, auch ich selbst habe 1960 die Geschichte in meinem Drehbuch für den Film *Signali nad gradom (Signale oberhalb der Stadt)* verarbeitet. Aber ich kann mich nicht mehr erinnern, ob ich persönlich von diesem Geschehen, das damals nicht einmal einen Kilometer von mir entfernt stattfand, etwas mitbekommen habe. Auf jeden Fall haben mir am darauffolgenden Tage Freunde unterschiedlichste Versionen davon erzählt, die in der Stadt die Runde machten, und eine war phantastischer als die andere. Einige Menschen spürten damals deutlich, dass sich allmählich Widerstand gegen die Raserei der Ustasche formierte.

Nur zwei Tage nach dieser Aktion suchte mich am Mittwoch, dem

19. November 1941, Ivo Rukovina auf und überbrachte mir eine Botschaft von Frau Veličković: »Slavko, eine große Razzia ist in Vorbereitung. Es könnte auch dich treffen. Frau Veličković denkt, dass du dich bei Jaga in Kovačevac verstecken musst. Wenn die Razzia vorbei ist, beschaffen wir dir einen Passierschein, damit du bei deiner Mutter in Kraljevica bleiben kannst.«

Einen solchen Fall hatte meine Mutter vor ihrer Abreise nach Kraljevica durchdacht und für alles vorgesorgt. Ich packte sofort meine Sachen zusammen und machte mich auf den Weg zu Pavica Vine. Meiner besorgten Vermieterin Frau Eisler erzählte ich alles, so dass auch sie selbst irgendwo Zuflucht suchen konnte – viele Jahre später sind wir uns zufällig in Israel wiederbegegnet. Ich übernachtete bei Frau Vine und verließ den nächsten Tag über ihre Wohnung nicht. Erst relativ spät am Abend, in der tiefen Dunkelheit des Novembers, begleitete mich Tante Pavica zur Anlegestelle in Gaza und auf die Fähre nach Banski Kovačevac. Dort entdeckten wir sofort Jagas Schwester Jana. Die Fähre gehörte Mika Mihalić, einem Verwandten von Jaga.

Die Fähre fuhr an jedem frühen Donnerstagnachmittag in Banski Kovačevac ab und hielt in allen Dörfern an, um Reisende mitzunehmen, die auf dem Weg zum Markt in Karlovac waren. Abends fuhr die Fähre wieder zurück und legte in Gaza an. Wer in Karlovac keinen Platz zum Übernachten hatte, schlief auf der Fähre und ging freitags am frühen Morgen zur Messe, auf den Markt oder machte seine Besorgungen in den Geschäften.

Mika Mihalić brachte mich zum Schlafen in seiner Kabine unter. Am nächsten Morgen gab er mir einen Bauernmantel, den ich über meine städtische Kleidung zog, damit ich auf der Fähre keine unnötige Aufmerksamkeit erweckte.

Die angekündigte Razzia, der ich in Karlovac entkommen war, fand drei Tage später statt, in der Nacht vom 23. auf den 24. November. Nach dem Krieg erzählte mir Ivo Rukovina, dass ihn sein Freund

Milan Stilinović auf diese Razzia aufmerksam gemacht hatte. Zu diesem Zeitpunkt war Stilinović bereits seines Amtes als Polizeichef von Karlovac enthoben und zum stellvertretenden Chef der Bezirkspolizei degradiert worden. In dieser Position war es ihm möglich, über die Anordungen der Ustascha-Polizei auf dem Laufenden zu bleiben.

In dieser Nacht, in der die Großrazzia stattfand, sind nach den Berichten einiger Quellen an die 220, nach den Angaben anderer an die 260 Karlovacer Bürger aus Rache für den von Veco Holjevac angeführten Überfall der Partisanen verhaftet worden. Die meisten verhafteten Männer waren serbischer Nationalität, auch eine kleinere Zahl von Juden und »suspekten« Kroaten war darunter. Vielleicht hätte mich als Minderjährigen diese Razzia gar nicht betroffen, aber alles in allem war ich in Kovačevac besser aufgehoben. Unter den Verhafteten war auch mein etwas älterer Freund Brano Majder. Er erzählte mir später, dass er und sein Vater wegen ihrer weit zurückreichenden jüdischen Abstammung verhaftet worden waren. Branos Vater war ein bekannter Karlovacer Bürger und hatte viele Jahre das Amt für Gesundheit und Soziales geleitet. Der Polizeiagent Foschio entdeckte ihn unter den Gefangenen und setzte sich bei seinen Vorgesetzten für seine Entlassung ein. Herr Majder weigerte sich, ohne seinen Sohn Brano zu gehen, worauf beide freigelassen wurden. Foschio nannte ihnen auch das Losungswort dieser Nacht, das Brano bis heute nicht vergessen hat: »Opasač-Otočac«. Auf dem Weg zu ihrem nahe gelegenen Haus kurz nach Mitternacht begegneten sie dreimal Streifen, die immer noch Verhaftungen vornahmen. Ohne das Losungswort wären sie sicher erneut verhaftet worden, und wer weiß, welches Schicksal sie dann erwartet hätte. Am nächsten Tag wurden mehr als zweihundert Gefangene in Viehwaggons nach Jasenovac deportiert, soviel ich weiß, ist kein einziger dieser Menschen von dort zurückgekommen.

Unter denen, die in dieser Nacht verhaftet wurden, befanden sich auch der Vater und der Bruder meiner Schulkameradin Danica Kos. Nach einem halben Jahrhundert hat sie 1991 ihre Erinnerungen aufgeschrieben, um ihre Enkelkinder wissen zu lassen, was damals genau geschehen ist. Sie hat mir Kopien von sechs Seiten dieses handgeschriebenen Manuskripts überlassen. Darin beschreibt sie die Stunden nach Mitternacht an jenem 24. November und erzählt, dass sie im Bett ihrer Eltern lag, als sie alle von einem lautstarken Hämmern an der Küchentür geweckt wurden:

> »Zwei Agenten in Zivil betraten unsere Wohnung, sie suchten meinen Vater. Vater stand auf. Man befahl ihm, dass er sich ankleiden solle, weil sie ihn zum Verhör bringen wollten. Nikola schlief im vorderen Zimmer. Sie fragten meine Mutter: ›Wer ist das?‹ Auf ihre Antwort, das sei ihr Sohn, befahlen sie auch ihm, dass er sich anziehen und mit ihnen kommen solle.«

Sie hatten eine Liste dabei, die sie abarbeiteten. Man hat weder von dem serbischen Bahnarbeiter Simo Momula noch von dessen dreiundzwanzigjährigem Sohn Nikola je wieder etwas gehört. Danica hat nie erfahren, wann und wo sie ums Leben gekommen sind. Ich bin in einem Buch über das Lager Jasenovac fündig geworden, dort findet sich über sie die knappe Notiz: »Im Lager Jasenovac 1941 von den Ustasche erschossen.«[26]

In Banski Kovačevac verbrachte ich mit Jaga exakt vier Wochen in dem Holzhaus von Mata Đerek, das er zwei Jahre vor Kriegsausbruch eigens für einen solchen Fall angebaut hatte. Mata diente in der Heimwehr in Karlovac und kam jeden zweiten Samstag zum Wochenendurlaub nach Kovačevac. Er war ein gutaussehender junger Mann, intelligent und von unerschütterlichem Selbstbewusstsein – ein Junggeselle, den die hübschesten jungen Frauen im Dorf nur zu gern geheiratet hätten. Die Geschwister Đerek verstanden sich gut. Jaga bestimmte, und Mata, als einziger Mann – er hatte sechs Schwestern –, war der Liebling. Drei der Schwestern waren verheiratet, die schöne Berta lebte in unmittelbarer Nachbarschaft, und Mara und Kata wohnten in Selnica und Lasinja. Jaga war damals fünfunddreißig Jahre alt, aber sie und ihre jüngeren Schwestern Jana und Draga wurden schon »alte Jungfern« genannt. Sie besaßen fünf Hektar bewirtschaftetes Land, einige Weidefelder, etwas Wald und hatten zwei Kühe und zwei Ochsen im Stall. Aber sie litten dennoch keinen Mangel, Mata hatten einen sehr guten Ruf als Zimmermann, er war fleißig und zuverlässig, wurde in der ganzen Gegend angeheuert und für die damaligen Verhältnisse gut entlohnt. In den Kriegsjahren war Mata abwesend, so dass sich die »alten Jungfern« um das Haus kümmerten.

Nach den turbulenten Zeiten in Karlovac, in denen nicht ein Tag ohne furchtbare Nachrichten oder neue Gefahren vergangen war, fühlte ich mich in Banski Kovačevac in den ersten Tagen sicher aufgehoben. Die Familie Đerek verwöhnte mich, und ich konnte mich im ganzen Dorf frei bewegen. Im Ort wussten alle, wer ich war und warum ich hier war, aber Jaga hatte keine Angst, dass mich jemand aus dem Dorf verraten könnte. Mit einer Zuversicht, die sich auf mich übertrug, war sie überzeugt davon, dass wir von jeder Gefahr rechtzeitig erfahren würden und uns verstecken könnten.

Obwohl die beunruhigenden Echos einer wahnwitzigen Zeit auch Banski Kovačevac erreichten, wollte man im Dorf weiter neutral bleiben. Die Parole lautete: »Wir wollen uns in all das nicht einmischen!« Ich hörte diesen Satz sehr oft in den Gesprächen beim Abendessen in der Nachbarschaft und am großen Kachelofen in Jagas Küche. Die lokalen Ustasche und die Gendarmen aus dem sieben Kilometer entfernten Lasinja waren schon länger nicht mehr nach Kovačevac gekommen – genau genommen seit dem Auftauchen bewaffneter Gruppen in den nahe gelegenen serbischen Dörfern und in den Wäldern, denn diese hatten bereits einige ihrer Patrouillen überwältigt.

Keine dieser Gruppen war bislang nach Kovačevac gekommen, und Jaga gab mir zu verstehen, dass sie selbst einige Leute »aus den Wäldern« kannte und dass man keine Angst vor ihnen zu haben brauchte. Banski Kovačevac schien in diesen Tagen aus der Welt gefallen, in einer Art vorübergehend existierenden Parallelwelt befindlich, in die weder die eiserne Faust der Ustascha-Regierung noch das Dröhnen des Partisanenkrieges vorgedrungen waren.

Mit einem Hauch lokalpatriotischen Stolzes zeigte mir Jaga ihre große Holzkirche, eine großartige, kunstvolle Zimmermannsarbeit, die vor zweihundert Jahren entstanden war. Jaga nahm mich auch an das andere Ende des Dorfes mit, in den Einkaufsladen von Kata Šikić und zu dem Lehrer Jurica Oklopčić, den ich noch häufiger sah. Er lieh mir ein paar Bücher aus, die ich an den langen spätherbstlichen Abenden im Licht der Öllampe verschlang (mein Lieblingsautor war damals Jack London).

Gemäß der Volkszählung von 1931 war Banski Kovačevac damals ein katholisches (kroatisches) Dorf mit 555 Einwohnern. Zehn Jahre später, kurz vor Kriegsausbruch, waren es an die 600 Einwohner. Das Dorf war idyllisch an zwei Hügel geschmiegt, am Rand des Waldes Bukova Glava am rechten Ufer der Kupa. Auf einem dritten Hügel lag das orthodoxe (serbische) Dorf Prkos. Bei der Volkszählung von 1931 wurden hier 570 Einwohner gezählt, und vor Kriegsausbruch waren es dann vermutlich, ähnlich wie in Banski Kovačevac, an die 600 Einwohner.

Von Karlovac flussabwärts waren auf einer Länge von etwa 50 Kilometern bis auf das Dorf Prkos alle Dörfer am rechten Ufer der Kupa katholisch (kroatisch). Doch hinter dem dünnen Gürtel dieser kroatischen Dörfer befand sich ein dichtes Netz serbischer Dörfer, die den Norden des Kordun dominierten. Und während Pokuplje auf dem linken Flussufer kroatisch war, war das rechte Ufer eine ethnisch gemischte Gegend, die stark von den türkischen Zeiten und der einstigen Militärgrenze zwischen dem Habsburger- und dem Os-

Agata (Jaga) Đerek (1906–1990), die in Yad Vashem als Gerechte unter den Völkern gewürdigt ist

manischen Reich geprägt war. Nur eine halbe Stunde Fußweg von Prkos oder Banski Kovačevac erstreckt sich hinter dem Wald Bukova Glava der Ort Sjeničak. In die Länge gezogen und auf fünfzig Quadratkilometern versprenkelt, zählte Sjeničak vor dem Zweiten Weltkrieg mehr als 3500 Einwohner und war eines der größten und ältesten serbischen Dörfer in Zentralkroatien, ein Zentrum des kulturellen, intellektuellen und politischen Lebens der Serben im Norden des Kordun. Das Dorf war bekannt wegen des Bauernaufstandes von 1907 und wegen der jungen Männer, die von dort 1936 und 1937 in den Spanischen Bürgerkrieg zogen, um als Mitglieder der Internationalen Brigaden die Republik gegen den Faschismus zu verteidigen. Sjeničak wurde 1715 als Pfarrgemeinde der serbisch-orthodoxen Kirche gegründet, zu der auch der Ort Prkos gehörte.

Zwischen Banski Kovačevac und Prkos schlängelt sich das ungestüme Bächlein Vezovnik. Vom letzten Haus in Kovačevac zum ersten Haus in Prkos sind es gerade mal zweihundert Meter. Wie das kroatische Wort *veza* (Verbindung) schon sagt, verband der Bach die beiden Dörfer miteinander, doch manchmal war er auch eine scharfe Trennlinie. Das 20. Jahrhundert begann im Zeichen der Verbindung, der Allianz. Bei den Parlamentswahlen 1901 votierten das serbisch-orthodoxe Prkos und das katholisch-kroatische Kovačevac einstimmig für Josip Pasarić, den Kandidaten der Opposition, der Redakteur der Zagreber Tageszeitung *Obzor* war. Geschmiedet hatten das Bündnis Dr. Antun Radić und der orthodoxe Priester aus Sjeničak Mihajlo Nikoliš, die beide großen politischen Einfluss in der gesamten Region hatten. Im weiteren Verlauf des 20. Jahrhunderts oszillierte das Verhältnis der beiden Orte immer wieder zwischen kalt und warm, um schließlich 1991 endgültig zu erkalten. Heute gibt es zwischen Banski Kovačevac und Prkos nahezu keinen Austausch mehr. Alte Bekannte, die einander einst geholfen hatten, die im Krieg niedergebrannten Häuser wiederaufzubauen, gehen nun grußlos aneinander vorbei. Manche bringen einen kühlen verhuschten Gruß über die Lippen, aber niemand bleibt stehen und fragt einen alten Freund, wie es ihm, seiner Frau oder seinen Kindern geht. So wie vor mehr als hundert Jahren aufgeschlossene Politiker eine Allianz zweier Dörfer möglich gemacht haben, gelang es in den 1990er Jahren engstirnigen Kleingeistern, eine blutige Spaltung herbeizuführen. Ich hatte in beiden Dörfern gute Freunde – in Kovačevac war es Mata Đerek und in Prkos Vaso Roknić. Beide sind 2005 verstorben. Wenn ich sie nach 1995 hin und wieder besuchte, musste ich jeden von ihnen einzeln in dessen Haus treffen. Obwohl sie beide verständige Menschen waren – gute alte Bekannte, die an Projekten zusammengearbeitet haben, die beiden Dörfern von Nutzen waren –, war es ihnen nach 1995 nicht mehr möglich, einander zu grüßen. Es gelang mir nicht, sie beide an einen Tisch zu bringen. Vielleicht waren ihre Seelen nach all den Geschehnissen erfroren, so dass es ihnen nicht mehr möglich war, an die Tür des anderen zu klopfen. Vielleicht aber fürchteten sie auch, von den anderen im Dorf dafür geächtet zu werden.

Aus der Rückschau betrachtet war es nur eine Frage der Zeit, bis irgendwann im Herbst 1941 auch die idyllische Weltabgewandtheit von Banski Kovačevac enden würde. Am 2. Dezember war es so weit, am frühen Morgen weckte mich lautes Stimmengewirr aus Jagas Küche. Einige Männer aus der Nachbarschaft berichteten aufgeregt, was sich in der letzten Nacht im Dorf ereignet hatte. Ein paar bewaffnete Männer hatten gezielt sieben Häuser durchsucht. Sie waren halb in Zivil, halb in Soldatenuniformen gekleidet, mit roten Sternen an den Mützen, und sie hatten behauptetet, keine Tschetniks, sondern Partisanen zu sein. Sie nahmen den Leuten fünf Jagdgewehre, einen Militärkarabiner und eine alte Pistole ab und wussten offenbar sehr genau, wer im Besitz von Waffen war, denn in die restlichen Häuser des Dorfes gingen sie erst gar nicht. Die Dörfler aus Kovačevac erkannten unter den Partisanen einige Leute aus den benachbarten serbischen Dörfern, darunter auch Mile Kličković aus Stipan, der von seinen Kameraden »Kommissar« gerufen wurde und vor dem Krieg Bäcker in Karlovac gewesen war. Jemand sagte, hinter alldem stecke Čedo Bućan aus Prkos, der die ganze Gruppe angeführt, sich aber in der Dunkelheit versteckt habe. Die Männer waren nur an Waffen, Munition und militärischer Ausrüstung interessiert und erklärten den Leuten, dass sie nicht gegen die Kroaten, sondern ausschließlich gegen die Ustasche und die Besatzer kämpften. Der Fährmann Mika Mihalić ärgerte sich besonders, denn sie nahmen ihm sein sehr teures Jagdgewehr weg. Dabei hatte er auf seiner Fähre bis Kriegsausbruch »ganz Prkos über den Fluss gesetzt und immer alle mitgenommen, auch die, die keine zwei Dinar bezahlen konnten«.

Von diesem Tag an kommunizierten die beiden Dörfer nur noch miteinander, wenn es unvermeidlich war. Die Bewohner von Kovačevac betraten das Dorf Prkos nur, wenn es wirklich nicht anders ging, denn, so war jetzt die vorherrschende Einstellung, wer konnte schon im Voraus wissen, wer einen dort alles beschuldigen und was einem alles geschehen konnte. Dušan Korać erwähnt in seinem Buch, dass in dieser Zeit nur drei Bewohner von Kovačevac »illegal als Aktivisten für die Nationale Befreiungsbewegung gearbeitet haben«.[27] Vermutlich waren Jaga und zwei weitere Dorfbewohner die Einzigen, die in dieser Zeit noch Kontakt zu Prkos hielten. Aber Jaga schwieg sich weise darüber aus, wenn sie auch zwei-, dreimal zu mir sagte, sie gehe in den Wald, um sich mit Leuten aus Prkos und Sjeničak zu treffen.

In Banski Kovačevac hatte sich die Aufregung nach dem ersten Aufkreuzen der Partisanen noch nicht ganz gelegt, als man schon hörte, dass in der Nacht vom 7. Dezember[28] die Gendarmerie-Station in Pisarovina angegriffen worden war. Obwohl die Aktion nur mäßig erfolgreich war, wusste schon bald die gesamte Region Pokuplje davon. Es war die erste bewaffnete Partisanenaktion am linken Ufer der Kupa, unweit von Zagreb. Jemand wollte gesehen haben, dass die Partisanen aus dem benachbarten Prkos gekommen waren. Der Krieg kam Banski Kovačevac immer näher, und die Dorfbewohner machten sich Sorgen. In Jagas Küche wurde lautstark lamentiert: »Die Regierung ist die Regierung, sie werden das nicht alles einfach so hinnehmen. Das wird auf Prkos zurückfallen und vielleicht auch uns in Banski Kovačevac betreffen.« Jaga brachte mich zum Wald auf den nahe gelegenen Hügel und zeigte mir, wo ich mich – »wenn etwas passiert« – verstecken konnte.

Ich glaube, es war am Dienstag, dem 16. Dezember, als Mika Mihalić atemlos zu Jagas Haus gerannt kam und sich aufgeregt in der Küche mit ihr austauschte. Danach riefen sie mich zu sich, und Mika sagte mit großer Entschiedenheit: »Slavko, mach dich für Donnerstag fertig, ich muss dich nach Karlovac zurückbringen. Wir wissen, dass Truppen der Heimwehr und der Gendarmerie nach Kovačevac kommen und sich hier dauerhaft niederlassen werden. Hier bist du nicht mehr sicher. Jaga hat alles für dich geplant, deine Freunde werden dich in Karlovac an einen sicheren Ort bringen – du musst schon mit der ersten Fähre aufbrechen!«

Als mich Jaga am Donnerstagnachmittag zur Fähre brachte, ging sie eine Liste von Anweisungen für mich durch – was ich alles wissen musste, was ich wann tun musste und in welcher Reihenfolge und dass ich sehr vorsichtig sein musste. Beim Abschied versuchte sie, ruhig zu bleiben und mich zu ermutigen, aber das gelang ihr nicht sonderlich gut. Wahrscheinlich fragte sie sich, ob wir zwei uns je wiedersehen würden.

Auf der Fähre tarnte mich Mika Mihalić wieder als Bauernjungen und kümmerte sich rührend um mich. In tiefer Dunkelheit kamen wir in Karlovac an. Mika brachte mich für die Nacht in seiner Kabine unter, denn in der Stadt hätte ich wegen der Ausgangssperre in Schwierigkeiten geraten können. Am Morgen half er mir beim Packen, hob mich zum Abschied hoch und küsste mich auf beide Wangen. Als ich von Bord gegangen war, drehte ich mich um, und noch immer winkte er.

Es vergingen zwei Jahre, bis ich Mika Mihalić ein letztes Mal wiedersah. Ich stieg gerade den Hügel Gornji Budački in Richtung Partisanenkommando im Kordun hinauf, als Mikas aufgeregte Stimme meinen Namen rief: »Slavko, he, Slavko!«

Er befand sich in einer Gruppe von fünf oder sechs Männern, die von zwei bewaffneten Wachen eskortiert wurden. Er versuchte, einen Schritt auf mich zuzugehen, aber einer der Wachmänner stieß ihn grob zurück. Mika war sichtlich verängstigt.

»Slavko, ich bitte dich, hilf mir!«, sagte er. »Sie haben mich verhaftet, aber ich weiß nicht einmal, warum, du weißt doch, wer ich bin und was für ein Mensch ich bin, ich bitte dich, bezeuge das, setze dich für mich ein.« Der Wachmann trieb ihn vor sich her und ließ ihn nicht weiter mit mir reden. Ich versprach Mika, mich beim regionalen Kommandanten für ihn einzusetzen.

Ich war sowieso auf dem Weg zum örtlichen Kommandoposten, um einen Passierschein zur Militäreinheit von Karlovac zu holen, wohin ich auf eigenen Wunsch versetzt worden war. Ich wurde von Joco Eremić empfangen, den ich schon von einigen größeren Agitpropveranstaltungen des Bezirkskomitees kannte. Plaudernd ließ er sich über die alten Tage in Karlovac aus. Ich kam auf Mika Mihalić zu sprechen, zeigte mich verwundert über seine Verhaftung und erzählte, dass er der Mann war, der mir geholfen und mich gerettet hatte. Eremić versprach mir, dass er sich sofort darum kümmern und nachsehen werde, was da los war. Er ging davon aus, dass alles wieder in Ordnung kommen würde. Für Gefangene sei zwar die Regionale Sicherheitszentrale zuständig, aber er, als regionaler Kommandant, habe durchaus auch etwas zu sagen und werde sich für Mika einsetzen. Beruhigt machte ich mich auf den Weg zu meiner Militäreinheit nach Karlovac.

Drei Monate nach diesem Vorfall, im Mai 1944, erhielt unsere Einheit in Karlovac von den Partisanen aus dem Kordun die Nachricht, Joco Eremić sei zu den Deutschen übergelaufen. Man hatte herausgefunden, dass er Bestechungsgelder annahm von Familien reicher Bauern, die rekrutiert worden waren. Er stellte sie gegen Bezahlung vom Dienst in der Nationalen Volksbefreiungsarmee frei. Er versteckte sich zwei Wochen in der Region Kordun und ergab sich dann in Oštarija in der Nähe von Ogulin der berüchtigten 392. kroatischen Infanterie-Division der Wehrmacht.[29] In der offiziellen Version der führenden Partisanen heißt es, Eremić sei schon einige Zeit als Geheimagent für die serbischen Tschetniks tätig gewesen.

Als ich einige Monate später in Banski Kovačevac war, erfuhr ich, dass meine Intervention bei Joco Eremić für Mika Mihalić vollkommen umsonst gewesen war. Mika war im April 1944 in Gornji Budački aufgrund eines Urteils des Militärtribunals hingerichtet worden. Innerlich blieb mir nur, Eremić zu verfluchen, als Verräter, als Tschetnik und als einen Menschen, der mich belogen und sich nicht für Mika Mihalić eingesetzt hatte, obwohl er es durchaus hätte tun können.

Aber warum auch hätte sich ein serbischer Freischärler – ein Tschetnik – für einen gefangenen Kroaten einsetzen sollen? Ich habe damals geglaubt, dass Mika von Nachbarn aus zwei serbischen Dörfern verraten worden war. So jedenfalls wurde es von den Dorfbewohnern aus Banski Kovačevac behauptet.

Die Wahrheit erfuhr ich erst zwanzig Jahre später, als ich an dem Buch »Okrug Karlovac 1941« (»Der Bezirk Karlovac 1941«)[30] mitarbeitete und für dieses Projekt einige Dokumente im Archiv einsah: Mika Mihalić war Teil einer Delegation von zwölf Bauern aus der Nähe von Pokuplje gewesen, die im Dezember 1941 eine Audienz bei Ante Pavelić erhalten hatten. Sie baten um die Entsendung einer Armeeeinheit, die sie vor den Partisanen schützen sollte, die in ihren Dörfern aufgetaucht waren.

Der Poglavnik Pavelić entsprach ihrem Wunsch, aber auf seine eigene Art. Statt ihnen Truppen der Heimwehr zu schicken, wie sie es erhofft hatten, sandte er ihnen die Ustasche unter dem Kommando von Maks Luburić, Juco Rukavina und Ante Moškov. In der für die Ustasche typischen Weise führten sie eine »Säuberungsaktion« durch. In Prkos wurden am 21. Dezember vierhundert Menschen verhaftet, überwiegend Frauen, Kinder und Alte – sie wurden alle in den darauffolgenden Tagen im nahe gelegenen Wald Brezje erschossen. Es ist nicht mehr möglich herauszufinden, ob Pavelić diese »Säuberungsaktion« unabhängig von den Forderungen der kroatischen Delegation angeordnet hat oder ob der Befehl als eine Folge der Audienz zustande kam. Aber ich bin mir absolut sicher, dass Mika Mihalić und die anderen Delegierten nicht im Traum daran gedacht hatten, dass ihre Bitte bei Pavelić zu diesem blutigen und bis zu diesem Zeitpunkt in der Gegend des Kordun beispiellosen Massenmord führen würde. Dennoch, Mika war einer dieser Delegierten, und für das Militärgericht war das im Krieg Grund genug, sein Todesurteil zu sprechen. Selbst wenn sich also Joco Eremić für Mika eingesetzt hätte, wie er es mir verprochen hatte, hätte er ihn nicht retten können.

Es war am Tag nach der Audienz bei Pavelić, dass Mika mich warnte. Ihm war wohl bewusst geworden, dass die Ankunft der Heimwehr den kleinen Flüchtling Goldstein in Schwierigkeiten bringen könnte. Es ist mein Glück, dass er die Gefahr richtig eingeschätzt hat, denn Luburićs »Säuberungsaktion« war mehr als gründlich. Die Ustasche verhafteten und erschossen am 21. Dezember in Banski Kovačevac die meisten Flüchtlinge, die sich in der Nähe von Prkos befanden. Wäre ich an diesem Tag in Banski Kovačevac gewesen, wäre ich wohl kaum entkommen. Mika Mihalić hat mir in letzter Sekunde das Leben gerettet. Bis heute ist es schwer für mich zu ertragen, dass ich selbst nichts für ihn tun und ihn nicht retten konnte.

Ich verbrachte drei Tage in Karlovac im Haus von Pavica Vine. Obwohl es ungefährlich schien, verließ ich das Haus nicht. Nach der Großrazzia vom 23. und 24. November hatte es keine neuen Verhaftungswellen gegeben, und es stellte sich heraus, dass ich gar nicht auf der Liste gestanden hatte.

Dennoch galt es, Vorsicht walten zu lassen. Es konnte gut sein, dass mich Zgurić oder ein anderer Ustascha-Polizist auf der Straße erkennen und mich aus einer Laune heraus hinter Gitter bringen oder mit einem Transport ins Lager Jasenovac schicken würde. Ich bin nicht einmal zur Familie Veličković gegangen, weil klar war, dass ihr Haus rund um die Uhr unter Beobachtung stand. Von Frau Veličković erhielt ich aber eine ermutigende Nachricht und einen langen Brief sowie ein Paket für meine Mutter. Bei Pavica befand ich mich in Sicherheit, dennoch bemühte sie sich, einen neuen Passierschein für mich zu beschaffen, um mich zu meiner Mutter nach Kraljevica zu schicken. Wir lebten in Zeiten, in denen man Entscheidungen nicht lange hinauszögern durfte.

Am Samstag, dem 20. Dezember, fand im Haus der Familie Vine ein kleines Fest statt, zum dreizehnten Geburtstag ihrer ältesten Tochter Dorica. Es kamen an die zehn unserer früheren Freunde aus der Schule, sorglose Kinder von Ärzten und Anwälten aus der »besseren Gesellschaft«. Ich erinnere mich an die schöne Milena Krefl, an Tomica Huzja, Božidar Oršanić und ganz besonders an Dražen Blazina, der einen eleganten Anzug mit Krawatte trug und, gerade mal ein Jahr älter als ich, hoffnungslos in die hochmütige Dorica verliebt war. Er bestand darauf, dass wir *fote* spielten, ein Kuss-Spiel, bei dem er Dorica näherzukommen hoffte. Pavica ermutigte mich, in der lärmenden Meute mitzumachen. Meine Schulkameraden bezogen mich in ihre Spiele ein, aber ich war nicht ganz bei der Sache. Vielleicht hatte ich just an diesem Abend verstanden, dass ich nicht mehr zu diesen sorglosen Menschen gehörte.

An diesem Samstag oder Sonntag, dem 20. oder 21. Dezember, brachte mir Slavo Srića einen »richtigen« Passierschein für Kraljevica, ausgestellt auf meinen Namen. Zu dieser Zeit arbeitete er bei verschiedenen Ämtern in Karlovac, unter anderem war er auch für die Genehmigung von Reisepapieren zuständig. Es war nicht schwer für ihn, ein bereits abgestempeltes Formular für mich auszufüllen und es seinem Vorgesetzten in einer Unmenge ähnlicher Papiere zur Unterschrift vorzulegen oder auch selbst im Namen des Vorgesetzten zu unterschreiben. Ich habe gehört, dass er auf diese Weise unzähligen Menschen, die sich in Schwierigkeiten befanden, geholfen hat.

In den frühen Morgenstunden des 22. Dezember brachte mich Pavica zum Zug nach Sušak. Irgendwo bei Okolin wurden alle Reisegenehmigungen kontrolliert. Meine Anstrengungen, weder meine Angst noch mein Zittern zu zeigen, waren offenbar erfolgreich, alles klappte ohne Unannehmlichkeiten. Als sich der Zug Plase näherte, der letzten Bahnstation im Unabhängigen Staat Kroatien, fürchtete ich, die Ustascha-Polizei könnte mich just hier abfangen, aber es war weit und breit keine Ustascha-Uniform zu sehen. Auf dem Bahnsteig entdeckte ich einen italienischen Carabiniere. Ich verließ den Zug und bestieg den Autobus Richtung Kraljevica. In meiner Warnehmung ging es auf der kurvenreichen Straße durch Heljin und Križišće sehr langsam voran, bis ich endlich in Kraljevica ankam und meiner Mutter glücklich in die Arme fiel. Wir waren wieder zusammen, befanden uns in relativer Sicherheit in der italienischen Besatzungszone und waren von der Angst befreit, nachts jederzeit verhaftet werden zu können oder einer der unterschiedlichen »Säuberungen« zum Opfer zu fallen.

»Jetzt müssen wir nur noch Danko zu uns holen«, sagte meine Mutter. Ich wusste, dass sie auch an meinen Vater dachte. Aber das sprach sie nicht mehr laut aus.

18 Die Geschichte zweier Dörfer

Kaum dass ich mich einige Tage in Kraljevica befand, druckten die Zagreber Zeitungen offizielle Berichte über den Besuch des Poglavnik Pavelić bei den Ustascha-Einheiten in Lasinja und die »Säuberungsaktionen«, die im Norden der Region Kordun durchgeführt worden waren. Dem propagandistischen Vokabular dieser Meldungen zum Trotz ahnte ich, welch grausames Unglück über diese ganze Region hereingebrochen war.

Am 20. Dezember, an einem Samstagmorgen, traf Vjekoslav Maks Luburić mit zwei Ustascha-Kompanien in Lasinja ein. Sie gehörten zur Ustascha-Verteidigungseinheit, die für spezielle Einsätze zuständig war. Sie kümmerte sich um die Verwaltung und die Bewachung des Lagers Jasenovac, leitete die Todesschwadronen bei den »Säuberungen« und führte im ganzen Unabhängigen Staat Kroatien »Vergeltunsmaßnahmen« durch. Unmittelbar nach ihnen trafen im Verlauf des Samstags und am Sonntagmorgen am rechten Ufer der Kupa von Lasinja bis Bučica reguläre Einheiten der Ustascha-Armee, der Gendarmen und der Heimwehr ein. Unter diesen Einheiten befanden sich zwei Kompanien eines Ustascha-Bataillons aus der Region Lika, die von Juco Rukavina angeführt wurden, damals Kommandant der gesamten Ustascha-Armee. Mika Mihalić hatte mich also tatsächlich im allerletzten Moment und mit der letzten Fähre gerettet, die in einer noch freien Welt ans andere Ufer übersetzen konnte, bevor der Fluss Kupa, zusammen mit allen anderen Verkehrsmitteln der gesamten Region, vollständig blockiert wurde.

Maks Luburić ließ sich mit seinem Führungsstab in Lasinja im Haus von Joso Katalinić nieder. Seine Absichten verheimlichte er vor den lokalen Ustasche und Gendarmen nicht und sagte: »Wir müssen sie alle töten, in Prkos und in allen ihren Dörfern, bis auf den letzten Mann, auch die Kinder!« Auf eine Bemerkung des Gendarmerie-Unteroffiziers Josip Koledić, die Kinder seien doch an nichts schuld, sagte Luburić, die Kinder könnten aber später als Erwachsene Rache nehmen, deshalb sei es doch besser, sie gleich zu liquidieren, damit erst gar keine Schwierigkeiten entstünden.[31] Als Anton Kasinc, der Gemeindepfarrer von Lasinja, von Luburićs Drohungen hörte, war er entsetzt und warnte einige seiner serbischen Bekannten, sie sollten vorsichtig sein. Der Befehlshaber Petar Nikolić, der Kommandant der Gendarmerie in Lasinja war, konnte es nicht ertragen, an einem solchen Unternehmen beteiligt zu sein, obwohl es als gesichert gilt, dass er ansonsten ein Unterstützer des Ustascha-Staates war. An diesem Samstag, dem 20. Dezember, bat er jedoch den aus Banski Kovačevac stammenden Roma-Musiker Franjo »Ćurak« Parapatić, dem Gemeindevorsteher Nikola Božić in Prkos einen Brief zu überbringen, der ihn warnen sollte. Parapatić wusste allerdings nicht, was in dem Brief stand. Auf dem Weg wurde er von zwei örtlichen Ustasche angehalten, die gerade die Straße in Richtung Prkos kontrollierten. Unter dem Druck ihrer Fragen gab der verwirrte Parapatić zu, dass er einen Brief bei sich hatte, und händigte ihn den Ustascha-Wachen aus.

Die Strafe für ihn fiel drastisch aus, schon am nächsten Morgen wurden Parapatić und seine Frau in Banski Kovačevac hingerichtet. Nikolić wurde mit seiner Familie auf der Flucht nach Slowenien, dem Heimatland seiner Frau Matilda, verhaftet. Einen Tag vor Heiligabend wurde Petar Kovačević mit seiner Frau und seinen beiden Söhnen, dem fünfjährigen Petar und dem dreijährigen Tomislav, im Wald oberhalb von Kovačevac hingerichtet.

Luburićs erste, ungefähr achtzig Soldaten umfassende Kompanie machte sich am 21. Dezember um fünf Uhr morgens von Lasinja in

Richtung Prkos auf den Weg. Die zweite Kompanie marschierte zwei, drei Stunden später nach Dugo Selo los. Der Winter war streng und die Schneedecke über einen Meter hoch. Die Kolonnen wurden von den dörflichen Ustasche und den Gendarmen aus der Gegend angeführt. Sie kamen nur langsam voran, die ersten, die vorneweg gingen, mussten einen Pfad im Schnee freischaufeln. Die Morgendämmerung war schon angebrochen. Am Ortseingang von Prkos wurden sie am Friedhof von den serbischen Dorfwachen entdeckt. Die Ustasche eröffneten sofort das Feuer auf die Wachen, die losgerannt waren, um die Bewohner zu alarmieren.

Die Leute aus Prkos hörten die Maschinengewehrsalven bei ihren ersten morgendlichen Arbeiten oder am Frühstückstisch. Partisanen waren bis dahin nicht in Prkos gewesen, und ihre Wachen am Dorfeingang waren nicht einmal bewaffnet. An einen Aufstand dachte hier also niemand. Wie es für einen solchen Fall abgesprochen worden war, flohen die Männer des Dorfes alle in den Wald von Bukova Gora, und die Frauen blieben mit den Kindern und den Alten in den Häusern zurück. So hatten sie es auch in früheren Situationen gemacht, etwa als die italienischen Truppen, die Soldaten der Heimwehr und die Gendarmen durch Prkos marschiert waren. Niemand von ihnen ahnte an diesem frühen 21. Dezember, dass jetzt ganz andere Truppen vor ihnen standen.

Die Ustascha-Einheiten griffen Prkos von drei Seiten an und begannen sofort mit den »Säuberungen«. Die 4. Kompanie, die sich ihren Weg durch den Wald bahnen musste, kam später als geplant, weshalb es ungefähr hundert Männern aus Prkos gelang, sich vor den Ustasche zu retten. Die Menschen wurden brutal aus ihren Häusern nach draußen in den Schnee getrieben. Es gab keine Ausnahme: Selbst Mütter mit ihren Säuglingen im Wickeltuch mussten vor ihre Häuser treten, und behinderte Alte wurden samt ihren Rollstühlen hinausgetragen. Wer Widerstand leistete oder zu fliehen versuchte, wurde zusammengeschlagen oder an Ort und Stelle erschossen. Verschont wurde an diesem Tag nur eine Frau namens Dragica mit ihren drei Kindern, eine Kroatin aus Lučko, die seit 1932 in Prkos lebte und mit dem Schmied und Händler Milić B. Bastajić verheiratet war. Lenka Bižić, eine andere, aus Split stammende Kroatin, wurde nicht verschont. Sie und elf weitere Mitglieder der Familie wurden an Ort und Stelle erschossen.

Die systematischen »Säuberungen« verwandelten sich schnell in eine unkontrollierbare barbarische Raserei. Was immer in den Häusern greifbar war, wurde gestohlen und geplündert, danach ging alles in Flammen auf. Die Holzhäuser von Prkos brannten bis auf den Grund ab, von den wenigen Steinhäusern blieben nur die ausgebrannten Mauern übrig. Einzig das unvollendet gebliebene Schulgebäude stand noch. Die Bewohner wurde auf Waggons geladen und unter strenger Bewachung nach Lasinja gebracht. An die vierhundert Einwohner von Prkos wurden im Keller der Gendarmerie-Station eingesperrt, einige auch in anderen Gebäuden in Lasinja. Die Gefangenen wurden geschlagen und gedemütigt, Frauen vergewaltigt, und in den folgenden Tagen brachte man sie in Gruppen von fünfzig Menschen in den nahe gelegenen Wald Brezje.

Nikola Orečić schreibt:

> »Der Ustascha Joža Mađer Đedera war ein Augenzeuge bei der Exekution dieser armen Männer, Frauen und Kinder im Wald Brezje bei Lasinja. Er hat mir von diesem schrecklichen Verbrechen im Vertrauen als Nachbar erzählt, weil wir einander früher freundschaftlich verbunden waren. Er sagte, dass die Serben aus den umliegenden Dörfern und ganz besonders aus Prkos verhaftet und in den Wald Brezje gebracht wurden, wo schon Gruben für sie ausgehoben worden waren. (…) Sie wurden dann zu viert aneinandergebunden, Frauen, Alte, Kinder. An der Grube stand einer der Ustasche und brachte die Unglückseligen einen nach dem anderen mit einem Vorschlaghammer um. Er brach ihnen auf diese Weise das Genick und warf sie dann in die Grube. (…) Mađer erzählte mir das alles am nächsten Morgen, als man uns zwang, die Grube mit Erde zuzuschütten.«

Vaso Roknić war damals ein hochgewachsener, kraftvoller Siebzehnjähriger mit ausgeprägtem Tatendrang. Schon sehr früh hatte er begonnen, als Kurier für die Partisanen zu arbeiten, die ihn zwischen Prkos und den Partisanenstützpunkten in Sjeničak und Stipan einsetzten. Als die Gendarmen und anderen Truppen aus Lasinja Richtung Prkos aufbrachen, versteckte sich Vaso mit anderen Männern im Wald und kam erst wieder nach Hause, als keine Gefahr mehr bestand. Als am 21. Dezember die Schüsse beim Friedhof zu hören waren, frühstückte Vaso gerade. Er griff sofort nach der für solche Gelegenheiten gepackten Tasche und eilte durch den Schnee nach Bukova Glava. Sein vierzehnjähriger Bruder Milan und seine zwölfjährige Schwester Dragica stürzten sofort hinter ihm her. Er wies sie beide zurecht, wieder nach Hause zu gehen: »Wo wollt ihr denn hin, geht sofort wieder nach Hause zu Mama und Großmutter zurück!« Milan hörte nicht auf ihn und rannte ihm weiter durch Bukova Glava und Sjeničak hinterher. Auf diese Weise blieb er am Leben. Seine Schwester Dragica gehorchte und wurde zusammen mit ihrer Mutter und ihrer Großmutter an der Grube im Wald von Brezje hingerichtet.

Sechzig Jahre später, als man in Prkos des traurigen Jahrestages der Hinrichtungen gedachte, vertraute mir Vaso an, er habe den Verlust seiner Schwester nie überwinden können und fühle sich noch immer schuldig, sie auf eine so gedankenlose und leichtsinnige Weise in den Tod geschickt zu haben. Viele Männer aus Prkos trugen ihr Leben lang das gleiche Schuldgefühl mit sich, denn sie hatten an jenem Morgen den eigenen Kopf gerettet, ihre Nächsten aber schutzlos Maks Luburić überlassen. An der Gedenkstätte in Prkos steht folgende Inschrift: »In diesem Gemeinschaftsgrab befinden sich die Gebeine von 478 Opfern faschistischen Terrors.« Diese Zahl dürfte realistisch sein. Mehr als die Hälfte der Opfer waren Minderjährige unter achtzehn Jahren, 22 von ihnen jünger als ein Jahr, 74 nicht älter als sieben Jahre.

Sowohl statistisch als auch hinsichtlich der Art, in der die Verbrechen verübt wurden, war Prkos das am schlimmsten betroffene Dorf in Kroatien – und ein Vorbote vieler weiterer Verwüstungen, die noch kommen sollten.

———

Am 21. Dezember wurde am frühen Morgen in Banski Kovačevac die achtjährige Jandra Jakin von ihrer erschrockenen Mutter geweckt. »Steh auf, mein Schatz, Prkos steht in Flammen, auch uns wird es nicht gut ergehen.« Als in Prkos die »Säuberungen« begannen und die Häuser brannten, gelang es nur einzelnen am Rand des Dorfes wohnenden Menschen, nach Banski Kovačevac zu fliehen. Bis Kovačevac war die Armee noch nicht gekommen. Aber aus Prkos hörte man von Zeit zu Zeit Schüsse, und ein immer dichter in den Himmel aufsteigender Rauch war zu sehen.

Die Einwohner von Kovačevac hatten sich in ihre Häuser zurückgezogen, die Vorhänge zugezogen und die Türen fest verschlossen. In den Nachbarweilern Mihalić und Lesari wurden von mehreren kroatischen Bewohnern die aus Prkos geflüchteten Serben in Kellern und Scheunen versteckt.

Gegen zehn Uhr fielen schließlich Luburićs Ustasche aus Prkos auch in Kovačevac ein und verbreiteten im Dorf sofort Angst und Schrecken. Acht Jungen aus Prkos, die sich in einer Scheune in Lesari versteckt hatten, spürten die neuerliche Gefahr und konnten sich gerade noch in den Wald Richtung Sjeničak retten. Eine andere in einer Scheune versteckte Kindergruppe, die überwiegend aus Mädchen bestand, wurde von den Ustasche entdeckt und zu den Gruben im Wald gebracht.

Die Suche nach den geflüchteten Einwohnern von Prkos in Kovačevac war umfassend und brutal. Die Ustasche gingen von Haus zu Haus und drohten den Bewohnern, jeden auf der Stelle zu töten, der einen geflüchteten Serben versteckt halte. Alle, die sich versteckt hatten, wurden gefunden, keiner wurde geschont – manche von ihnen wurden sofort im Wald oberhalb von Kovačevac liquidiert, die übrigen anderntags in Brezje umgebracht. Dennoch ist es Jakov Mance gelungen, Đuro M. Bižić, den alten Zimmermann aus Prkos, in seinem Keller zu verstecken und ihn in der darauffolgenden Nacht bis zur Straße nach Sjeničak zu bringen. Bižićs Enkelkinder Draga und Rade schafften es, sich irgendwo in Prkos zu verstecken und in der darauffolgenden Nacht zum Weiler Mihalić zu gelangen, wo Joža Mihalić sie aufnahm und so lange versteckt hielt, bis die Ustascha-Offensive vorbei war. In direkter Nachbarschaft zu ihnen hatte sich Vasilj V. Korać mit seinem fünfjährigen Enkelkind Mirko versteckt, wurde aber offenbar von einem der Hausbewohner an die Ustasche verraten. Sie töteten Korać im Wald von Brezje in der ersten Gruppe, es heißt, sein Enkelkind sei in der letzten Gruppe erschossen worden.

Bis zum heutigen Tag zirkulieren in Prkos und Kovačevac einander widersprechende Geschichten, die es unmöglich machen, die Wahrheit der Ereignisse zu rekonstruieren. Die Einwohner von Prkos sagen, die Geflüchteten in Kovačevac seien sofort verraten und am 21. Dezember den Ustasche ausgeliefert worden, während die Dorfbewohner von Kovačevac felsenfest behaupten, es habe außer in einem einzigen Fall keinen Verrat gegeben, und die Ustasche hätten die Serben erst bei ihrer brutalen Durchsuchung der Häuser verhaftet. Eine ordentliche gerichtliche Untersuchung hat es nie gegeben. Zwischen 1943 und 1945 holte der Geheimdienst der Partisanen sechzehn Männer aus den Weilern Mihalić und Lesari ab, keiner von ihnen kam je wieder nach Hause zurück. Es heißt, man habe sie hingerichtet, weil sie die geflüchteten Serben aus Prkos verraten und den Ustasche ausgeliefert hätten. Über diesen Vorgang ist nie ein offizieller Bericht verfasst worden. In all den widersprüchlichen Zeugenaussagen ist die Wahrheit verlorengegangen, und dieser Nebel ist der denkbar günstigste Nährboden für neue Lügen und verdrehte Geschichten, für neuen Hass und den neuerlichen Wunsch nach Vergeltung.

In Prkos dauerten die »Säuberungen« der Ustasche noch an, als weitere Truppen zu einer Großoffensive in die orthodoxen Dörfer Bučica, Lasinja und Skakavac im Norden des Kordun aufbrachen. Die Flammen, der Rauch und die in die Flucht geschlagenen Menschen aus Prkos lösten in der gesamten Region Panik aus, und die Leute warteten nicht mehr in ihren Häusern. Kolonnen fliehender Serben machten sich auf Viehwagen und zu Fuß auf den Weg in die Petrova Gora, sie hatten Kühe und Kälber dabei und trugen alle Habseligkeiten mit sich, die sie bei ihrem Aufbruch hatten greifen können. An die 15 000 Menschen waren aus ihren Häusern vertrieben worden. Dem 4. Bataillon der Korduner Partisanen gelang es wenigstens in Teilen, das Vorankommen des Feindes zu verlangsamen. Es war ein ungleicher Kampf: mehr als zweitausend Ustasche, Gendarmen und Soldaten der Heimwehr kämpften gegen zweihundert Partisanen. Weil sie aus der Gegend waren und das Gelände gut kannten und weil sie ihre Familien und Dörfer verteidigten, waren die Partisanen aber in der Lage, den Feind in Schach zu halten, um den eigenen Leuten zumindest zur Flucht zu verhelfen.

Die »Säuberungsaktionen« im Norden der Region Kordun dauerten fünfzehn Tage an, an der Straße von Vrginmost waren es ganze zwanzig Tage. Nachdem sie in Prkos gewütet hatten, nahmen die Ustasche weitere fünfhundert orthodoxe Bewohner aus unterschiedlichen Orten gefangen, die meisten von ihnen im Weiler Dugo Selo. Unter ihnen befanden sich vornehmlich ältere Menschen, die nicht fliehen konnten und sich auch nicht verstecken wollten. Wenn sie von den Ustasche nicht in ihren Dörfern umgebracht wurden, wurden sie nach Lasinja gekarrt und dort getötet. Von den »Säuberungen« waren auch alle Roma aus der näheren Umgebung betroffen – 48 aus einem Dörfchen bei Novo Selo, 34 aus Lasinja und mehr als 100 aus den anderen kleineren Roma-Siedlungen in der weiteren Umgebung. Sie wurden alle nach Rakov Potok in der Nähe von Zagreb verfrachtet und dort, wie es heißt, in der Silvesternacht 1941 getötet. Während dieser Offensive wurden zwei jüdische Frauen in Pokupska Blatnica verhaftet. Man setzte sie in der Schule von Banski Kovačevac fest und brachte auch sie später im Wald von Bukova Glava um.

Die Ustasche setzten alles, was ihnen vor die Augen kam, in Brand. Sie brannten mehr als tausend Häuser, Scheunen und Ställe nieder und verwüsteten die gesamte Region. Kein Stein blieb auf dem anderen, überall hinterließen sie verbrannte Erde. Den Bränden gingen immer organisierte Plünderungen voraus. Die Ustasche zwangen die Kroaten aus den Dörfern Lasinja, Banski Kovačevac, Kablar und Bučica und den umliegenden Orten, mit ihren Viehwagen in die verwüsteten serbischen Dörfer zu gehen und von dort alles mitzunehmen, was sie nur greifen konnten, und es an einer Sammelstelle in Lasinja abzuliefern. Es waren arme Menschen, denen man noch ihr letztes bisschen Habe nahm, ihre Bettwäsche, ihre Kleidung, ihre Küchengarnituren. Man zerstörte ihre Kartoffellager, die Kornspeicher, man trieb ihr Vieh hinaus, das danach in den Dörfern umherirrte. Unter den Dorfbewohnern, die von den Ustasche gezwungen wurden, die Plünderungen durchzuführen, erlagen einige der Versuchung und steckten manches in die eigene Tasche. Nicht alle mussten eigens zum Plündern angehalten werden. Veco Holjevac schrieb in dieser Sache einen Brief an das Hauptquartier der Nationalen Befreiungsbewegung von Kroatien:

»Am schlimmsten ist, dass nach dem Abzug der Ustasche alle kroatischen Dörfer an den Plünderungen beteiligt waren. Männer, Frauen und Kinder sind wie die Geier zu den Brandstätten gegangen, haben in den Vorratslagern und Kellern der Vertriebenen gewühlt und noch die letzten Nahrungsmittel gestohlen, die das Feuer überstanden hatten. Es liegt auf der Hand, dass die verordneten Plünderungen seitens der Ustasche die Kluft zwischen Serben und Kroaten vergrößern sollten. Es ist keineswegs ein Zufall, dass sich all das genau in der Gegend ereignet hat, in der unsere Beziehungen zu den Kroaten ausgezeichnet waren und die reale Möglichkeit bestand, dass sich die Kroaten irgendwann den Partisanen anschließen könnten.«

Als Kroate mit einem starken Nationalbewusstsein verachtete Veco das beschämende Benehmen seiner Landsleute. Allerdings übertrieb er in einem Punkt: In dieser Gegend hatte schon damals keinerlei Möglichkeit bestanden, dass sich die Kroaten aus freien Stücken den Partisanen anschließen könnten. Und wenn man die Bewohner von Prkos fragt, werden sie sagen, dass ihnen damals niemand anderes als ihre eigenen Nachbarn aus Kovačevac alles gestohlen habe. Und die Leute aus Kovačevac werden sagen, dass kein Einziger aus ihren Reihen freiwillig an den Plünderungen in Prkos teilgenommen habe, sondern sie von den Ustasche dazu gezwungen worden seien.

Am zweiten Weihnachtsfeiertag beraumte Pavelić eine dringende Sitzung an, zu der er Ante Moškov einlud, den Kommandanten seiner Leibgarde, und Jure Francetić, den fähigsten unter den Ustascha-Offizieren. Pavelić erteilte Moškov den Befehl, das Kommando über alle militärischen Kräfte im Norden des Kordun zu übernehmen. Er, der Poglavnik, werde mit seinen höchsten militärischen Vertretern und den Repräsentanten der Besatzungskräfte am Silvesterabend zu einer Inspektion vor Ort sein und wünsche, dass alles einen guten Eindruck mache.[32]

Am darauffolgenden Tag war Moškov bereits in Lasinja und Bučica, wo er sich mit Maks Luburić und Juco Rukavina traf. Luburić wurde über Pavelićs bevorstehende Inspektion informiert, und Moškov behauptete, er habe Anweisung erhalten, seinen Teil der »Säuberungen« bis zum Jahresende auszuführen. Und tatsächlich wurden noch am 30. Dezember die letzten Gruppen Gefangener aus Prkos, Dugo Selo und anderen Orten im Wald von Brezje hingerichtet. Moškov aber hatte mit seiner Äußerung angedeutet, dass im Hintergrund eine zweite Befehlskette vorhanden war, die diese Repressalien angeordnet hatte, und dass Luburić seine Befehle direkt von Pavelić oder von Dido Kvaternik erhielt.

Am 31. Dezember erschien Pavelić in Begleitung von Dido Kvaternik, Erich Lisak und dem General Oxilia, der Chef der italienischen Militärmission im NDH war. Sie wurden im Dorf Lukinići von Moškov empfangen. Gemeinsam fuhren sie nach Bović, wo sich Moškovs Hauptquartier befand. Luburić war nicht mehr vor Ort. Pavelić ritt durch die verlassenen Dörfer an den unzähligen verbrannten Häusern vorbei und erklärte General Oxilia in italienischer Sprache, dies sei das Ergebnis eines Kampfes mit den Aufständischen. Es heißt, Moškov habe Pavelić unter vier Augen eine objektive Beschreibung der Lage gegeben: Sie hätten die Partisanen nicht besiegt – das Gegenteil sei der Fall. Die Partisanen bedienten sich der Guerilla-Taktik, leisteten an manchen Orten Widerstand und führten an anderen Überfälle durch. Wenn ihnen überlegenere Kräfte begegneten, zögen sie sich in die Wälder zurück und seien unauffindbar. Die Dörfer, so behauptete Moškov, seien von den Truppen der Ustascha-Verteidigung unter Luburić und von Rukavinas Bataillon aus der Lika niedergebrannt worden, was Pavelić nicht weiter kommentierte. Moškov deutete dieses Schweigen als Zustimmung. Über die ermordete und vertriebene Bevölkerung wurden keine Fragen gestellt, man sprach nicht darüber.

Pavelić befahl Moškov, mit aufgestockten Einheiten das große Dorf Kirin zu überfallen, das noch nicht »gesäubert« war, und weiter auf der Straße Richtung Vrginmost und Topusko vorzustoßen. Aus militärischer Sicht waren diese Anordnungen eine Fehlentscheidung, die sich schwer erklären lässt. Pavelić befand sich in Bović mit Moškovs starken Soldatentrupps, während in nur zwanzig Kilometern Entfernung die Partisanen im Westen der Region Kordun vor ihrem größten Sieg standen. Sie hatten gerade eine Garnison der Heimwehr an der Eisenbahnstation in Vojnić sowie in Utinja und Vojišnica entwaffnet, 128 Heimwehrsoldaten und Gendarmen gefangen genommen, 113 Gewehre, 8 Maschinengewehre und einiges andere an militärischer Ausrüstung sichergestellt und die Kreisstadt Vojnić eingekesselt, in der 450 Soldaten stationiert waren. Die NDH-Soldaten hatten eine zweiwöchige Belagerung hinter sich, es war eisig kalt, sie hatten Hunger, und sie waren demoralisiert. Der Garnison drohte ein totaler Zusammenbruch. Anstatt Moškov den Befehl zu erteilen, mit seinen zahlenmäßig überlegenen Kräften die Belagerung durch die Partisanen zu beenden, war es Pavelić in diesem Augenblick wichtiger, noch ein paar serbische Dörfer niederzubrennen.

Zwischen dem 5. und dem 15. Januar ließen die »Säuberungen« im Norden der Region Kordun langsam nach, was teilweise auf die Erschöpfung der Soldaten und den schwer passierbaren, frisch gefallenen Schnee zurückzuführen war. Moškovs Einheiten zogen sich langsam aus dem »Feld« zurück, aber die Truppen der Ustasche, die Gendarmen und die Garnisonen der Heimwehr blieben auf ihren Posten, während die Partisanen des 4. Kordun-Bataillons um Vrginmost erneut die Kontrolle an sich gerissen hatten.

Durch den tiefen Schnee, inmitten eines erbarmungslosen Winters, fingen die ersten Vertriebenen an, in ihre verbrannten Häuser zurückzukehren. Nur den Männern aus Prkos oder Dugo Selo, die ihre Frauen und Kinder, ihre gesamten Familien verloren hatten, war nicht nach Rückkehr zumute. Was sollte etwa Petar Bućan tun, der 1912 in Prkos zur Welt gekommen war? Über seine Biographie können wir Folgendes lesen: »1932 heiratete er Evica Bućan. Sie hatten zwei Töchter, Smilja (geboren 1933) und Marija (geboren 1935), und einen Sohn Miloš (geboren 1937). 1941 ermordeten die Ustasche seine Frau und seine drei Kinder.« Mehr als fünfzig Einwohner von Prkos schlossen sich in den letzten Tagen von 1941 und Anfang 1942 den Partisanen an. Nachdem die Soldaten der Heimwehr-Garnison in und um Vojnić gefangen genommen worden waren, mangelte es im Kordun nicht mehr an Waffen. Von ungefähr zweihundert Kämpfern im 4. Bataillon vor der »Säuberungsaktion« stieg die Zahl der bewaffneten Partisanen auf vierhundert.

In Banski Kovačevac fürchtete man sich vor der Rache der Partisanen. Jagas Nachbarn vertrauten ihr ihre Sorgen an. Das Massaker und die Brände in Prkos seien ein Verbrechen, das Böse könne nun jederzeit auf sie zurückfallen. Obwohl niemand aus Kovačevac an den Morden beteiligt gewesen war, war der eine oder andere doch in die Plünderungen verwickelt. Vergeltung aber unterscheidet nicht zwischen den Schuldigen und den Unschuldigen, sie ist stets willkürlich.

Nach der Winteroffensive der Ustasche ließ sich in Banski Kovačevac eine Garnison von etwa zweihundert Soldaten der Heimwehr nieder (eine Gruppe von Gendarmen kam hinzu), die hin und wieder Verstärkung von einigen Ustasche erhielt. Sie positionierte sich auf dem Hügel rund um die Schule. Im Verlauf des Jahres 1942 gelang es dieser Truppe zwar, einige Angriffe der Partisanen abzuwehren, doch das zerstreut liegende Dorf konnten sie nicht unter ihre Kontrolle bringen. Die Partisanen schafften es immer wieder, nachts und manchmal sogar am Tag in die außerhalb liegenden Weiler von Kovačevac einzufallen. Ein Einwohner von Kovačevac, Rudolf Mažuran, erzählte mir, er habe an einem Herbsttag 1942 in seinem isoliert am Rande des Dorfes stehenden Haus Besuch von einem Kurier der Partisanen erhalten, ein alter Bekannter aus dem benachbarten Sjeničak. Die Familie hatte ihm gerade etwas zu essen vorbereitet, als die Ustascha-Wachen ihren Patrouillengang im Ort machten. Der Partisan konnte sich mit Hilfe seiner Gastgeber auf dem Dachboden verstecken, bevor die drei Ustasche das Haus betraten, am Tisch Platz nahmen und darauf warteten, dass man ihnen ein Abendessen vorsetzte. Auf diese Weise vertilgten sie das Essen, das für den Kurier der Partisanen gedacht war. Als sie satt waren, kehrten sie auf ihren Posten an der Schule zurück. Der Partisan aber hatte auf dem Dachboden die Ruhe bewahrt, er kam nach einiger Zeit wieder herunter und seine Gastgeber bereiteten ihm ein neues Abendessen zu.

Kovačevac wurde zur Kampffront, die Neutralität, die sich die Dorfbewohner gewünscht hatten, war kaum noch aufrechtzuerhalten.

Aus Angst vor der Rache der Partisanen ließen sich einige junge Männer von der Heimwehr bewaffnen und unterstützten die Truppen der Ustasche, die in der Schule stationiert waren. Vier oder fünf Männer meldeten sich als Soldaten zur Ustascha-Armee. Einige Familien suchten in den Dörfern in der Nähe von Karlovac Zuflucht, die noch nicht in den Krieg verwickelt waren. Zeitgleich entschieden sich zwei, drei Männer aus Kovačevac, mit den Partisanen zu kämpfen, deren Unterstützerkreis langsam größer wurde. Trotz dieser Spaltungen gelang es aber den Leuten, die Solidarität innerhalb des Dorfes einigermaßen aufrechtzuerhalten. Viele ahnten oder wussten von Jagas Verbindungen zu den Partisanen, aber niemand verriet sie an die Ustasche oder an die Gendarmen, und sie lieferten auch niemanden an die Partisanen aus.

Die Angst der Dorfbewohner von Kovačevac, sie könnten schon bald Vergeltungsmaßnahmen ausgesetzt sein, war nicht unbegründet. Während der Ustascha-Offensive befahl zum Beispiel Nikola Vidović, der Kommandant des 4. Partisanen-Bataillons, einige Häuser der lokalen Ustasche niederzubrennen, was er mit »der Notwendigkeit« begründete, »die Ustasche abzulenken und den Druck der anderen Seite zu mindern«. Aber genau diese Brandlegungen in den Dörfern und weitere ähnliche Ereignisse im Kordun lösten in den Kommandozentralen und Parteikomitees eine interne politische Kontroverse aus, die nicht nur endlose Diskussionen mit sich brachte, sondern auch unmittelbare Konsequenzen nach sich zog. Srećko Manola, Vidovićs Vorgesetzter, stellte in Absprache mit dem Bezirkskomitee der KP Kroatiens solche Brandlegungen unter Todesstrafe. Gleichzeitig befahl er, Vorkommnisse dieser Art in den kroatischen Dörfern zu unterlassen, und machte darauf aufmerksam, »dass doch gerade die Partisanen anständig und höflich bleiben und auf ihr Verhalten achten müssen, wenn sie durch die Dörfer marschieren«. Ich weiß nicht, wie viele Partisanen diesen Befehlen gefolgt sind, aber ich weiß, dass im Frühling 1942 die Disziplin eisern eingehalten wurde, und wer dem nicht Folge leistete, hatte mit drastischen Strafen zu rechnen.

Die zentralkroatische Führung der Partisanen sah es in dieser Zeit als eine ihrer vornehmlichen Aufgaben an, »die kroatischen Dörfer für den antifaschistischen Kampf zu gewinnen« und »den Aufstand auch auf die kroatischen Gebiete auszuweiten«. In den Direktiven und Verlautbarungen der Kommunistischen Partei wurde von den Komitees beharrlich die Parole von »Brüderlichkeit und Einigkeit« ausgegeben. Im März 1942 beschloss das Bezirkskomitee, in den eigenen Reihen der Korduner Partisanen eine drastische »Säuberung« vorzunehmen, und sagte den »Tschetnik-Elementen« den Kampf an. Schon damals hatte diese »Säuberung« in Teilen den Charakter des kommunistisch-bolschewistischen »Kampfes gegen den Klassenfeind« angenommen, aber sie stoppte die mutwilligen Plünderungen, die von Rache getragenen Brandstiftungen in den kroatischen Dörfern und andere »Irrwege«, die die Handschrift der Tschetniks trugen. Am 19. März wurden sieben Partisanen aufgrund eines Urteils des Militärgerichts in Vojnić erschossen, und das Bezirkskomitee meldete in einem Bericht an das Zentralkomitee der KP Kroatiens, insgesamt seien am 30. März 23 »Banditen« hingerichtet und 30 »irregeleitete Bauern« freigelassen worden. Unmittelbar nach dieser Verlautbarung wurden zwei weitere kleinere »Säuberungen« vorgenommen – bei der ersten wurden neun, bei der zweiten zwei »Banditen« erschossen, unter denen auch ein Einwohner von Prkos war, der sich an Folterungen von Gefangenen beteiligt hatte. Man ging davon aus, dass er ein »Tschetnik« war. Doch das bemerkenswerteste Beispiel für die Disziplinierung durch drastische Strafen war im Sommer 1942 die Hinrichtung von Petar Krnjaić, dem Kommandanten des 1. Bataillons der Partisanen-Truppen in der Banija. Während des Angriffs auf Prekopa – den Ort, in dem im Mai das Massaker an den Serben von Glina verübt worden war – hatte Krnjaić angeordnet, als Vergeltungsmaßnahme das ganze Dorf in Brand zu setzen und alle Männer über sechzehn umzubringen. Zur vollständigen Ausführung dieses Befehls kam es nicht, weil sich Krnjaićs Vorgesetzte, der Kommandant Mate Jerković und der Kommissar Šukrija Bijedić, dagegenstellten. Das Militärgericht des Hauptkommandos der Ersten Zone (Kordun, Lika und Banija) verurteilte daraufhin Petar Krnjaić zum Tode, und das Urteil wurde sofort vollstreckt.

Erst nach der Kapitulation Italiens, dem schnellen Zuwachs an Kämpfern in der Nationalen Volksbefreiungsarmee und anderen Entwicklungen ließ die Disziplin der Partisanen-Armee sichtlich nach. Im Oktober 1943 hörte ich dann von den kroatischen Dorfbewohnern schwerwiegende Anschuldigungen über Plünderungen durch die Partisanen und ihre Verbündeten aus den umliegenden serbisch-orthodoxen Dörfern.

Von Oktober 1943 bis Ende Februar 1944 war ich für das Bezirkskomitee als politischer Agitator im Kampfgebiet in der Region Kordun im Einsatz. Am häufigsten wurde ich in die kroatischen Dörfer geschickt und schrieb darüber für die Zeitung *Omladinski borac (Der junge Kämpfer)*. Ich kam damals mehrere Male nach Prkos und Banski Kovačevac.

In Banski Kovačevac fragte ich die Leute, ob es auch bei ihnen Plünderungen gegeben habe. Manche hatten Angst, mit mir darüber zu reden, und vermieden klare Antworten. Jaga lebte seit dem Frühjahr 1943 wieder in Karlovac, aber ihre Schwestern Jana und Draga und einige Nachbarn redeten offen mit mir. Ja, es habe Plünderungen gegeben, und nicht wenige, hieß es, und die beiden Schwestern sagten, dass es sie immer noch gebe. Einige Familien, deren Söhne oder Männer in der Ustascha-Armee kämpften, waren aus Kovačevac vertrieben und nahezu vollständig enteignet worden. Bei anderen war der Quartiermeister oder Lagerhalter irgendeines Bataillons oder einer Brigade aufgetaucht und hatte ihnen ihre Kühe gestohlen. Noch schlimmer aber war es, wenn ein serbischer Nachbar aus einem der niedergebrannten Dörfer mit dem Gewehr im Anschlag vor ihnen stand und das zurückverlangte, was man ihm während der »Säuberungen« weggenommen hatte. Die Menschen lebten in Angst. Einige ältere Männer wurden aus ihren Häusern weggebracht und saßen nun im Untersuchungsgefängnis in Lasinja oder Desni Štefanki. Jana sagte, die jungen Männer aus der Heimwehr würden lieber nicht nach Hause zurückkehren, sondern sich den Ustasche anschließen, mit denen sie sich unter anderen Umständen, davon war Jana überzeugt, niemals gemeingemacht hätten.

Das Nationale Befreiungskomitee im Bezirk von Vrginmost, später auch das im Bezirk Posarina, war entschlossen, für mehr Ordnung und Gerechtigkeit zu sorgen, und man wollte den kroatischen Dörfern, die Hilfe für ihre von dem Unglück betroffenen serbischen Nachbarn organisierten, unter die Arme greifen. In Kovačevac wurde ein lokales Nationales Befreiungskomitee eingerichtet, dem zehn Männer angehörten. Ihnen gelang es bis zu einem gewissen Grad, die Beziehungen zwischen der Bevölkerung und der Führung der Partisanen zu verbessern. Einige junge Männer des Ortes entschlossen sich, Soldaten bei den Partisanen zu werden. Aber zugleich waren viele Dorfbewohner bei der Kroatischen Heimwehr. Fünf oder sechs andere hatten 1942 und 1943 die NDH-Armee verlassen und waren nicht mehr bereit, für irgendeine Seite in den Krieg zu gehen. 1944 schlossen sich ihnen andere Männer an, die sich ebenfalls neutral verhalten wollten. Sie versteckten sich in den Wäldern und an anderen Orten in der Nähe des Dorfes, ein »kleiner grüner Kader«. Im Dorf aber galten sie als »Deserteure«. Ihr Anführer, der erste und dienstälteste »Deserteur«, war mein Freund Mata Đerek.

Im Frühling 1943 entwickelte sich in Prkos sehr langsam wieder so etwas wie ein rudimentäres Dorfleben. Es waren keine feindlichen Garnisonen mehr in der Nähe. Partisanen-Kommandos aus Lasinja und Skakavac hatten die gesamte Gegend unter sich, und die Überlebenden aus Prkos konnten endlich wieder ohne Angst ihre Felder bestellen und in den Gärten arbeiten. An die achtzig Männer im wehrfähigen Alter dienten in den unterschiedlichsten Einheiten der Nationalen Volksbefreiungsarmee, während die anderen siebzig, die beim Massaker ihr Leben retten konnten, in provisorischen Unterkünften auf den Grundstücken von Verwandten und Freunden lebten. Die meisten von ihnen hatten sich im abgelegenen Sjeničak niedergelassen. Die Mutigeren hatten schon begonnen, sich auf den verkohlten Überresten ihrer Häuser in Prkos ein provisorisches Dach über dem Kopf zu errichten. Die meisten von ihnen waren alte oder aus anderen Gründen für den Militärdienst untaugliche Männer, nur zehn Frauen und einige wenige Jungen und Mädchen hatten das Massaker in Prkos überlebt. In anderen serbischen Dörfern im Kordun waren die Männer in der Minderzahl, und es gab zahlreiche unverheiratete Frauen und junge Witwen. Auf diese Frauen gingen eines Tages einige verwitwete Männer aus Prkos zu, die sich entschlossen hatten, eine neue Familie zu gründen und sich wieder in ihrem Dorf niederzulassen. Ljuban V. Korać hatte seine Frau und seine beiden Söhne bei den Ustascha-»Säuberungen« verloren. Er war der erste Dorfbewohner aus Prkos, der sich in jemanden aus Banski Kovačevac verliebte. Sobald er aus der Armee entlassen war, hielt er um die Hand von Jana Đerek an, der Cousine meines Freundes Mata. Andere Männer, die während des Krieges und danach im Militär gedient hatten, gingen gemischte Ehen ein, was in Prkos irgendwann keine Ausnahme mehr war. Aber nicht einmal das konnte die stets latent vorhandene Feindseligkeit zwischen Prkos und Banski Kovačevac eindämmen. Sie blieb noch lange bestehen, wurde aber von Politik und Polizei unter jenen Teppich gekehrt, den »Brüderlichkeit und Einigkeit« zu nennen man irgendwann beschlossen hatte. Nur langsam rückte das »1941er Syndrom« in den Hintergrund, aber es verschwand nie völlig.

Im Unterschied zu den Dorfbewohnern von Kovačevac scheuten sich die Menschen aus Prkos nicht, sich über die Partisanen-Regierung zu beschweren, denn es war ja ihre Regierung. Während des gesamten ersten Kriegsjahrs hatten die serbischen Dörfer im Kordun, der Banija und der Lika den Großteil der kroatischen Partisanen-Armee durchgefüttert, während ihre eigenen arbeitsfähigen Männer entweder in der Partisanen-Verwaltung oder bei den Brigaden im Einsatz und die Frauen im Dorf die einzigen Arbeitskräfte gewesen waren. Diese Dörfer hatten schon vor dem Krieg zu den ärmsten in Kroatien gehört: Im Schnitt kamen in Sjeničak in der Vorkriegszeit an die vier Hektar Land auf einen sehr großen Hausstand, zwei Pferde oder zwei Ochsen im Stall grenzten schon an Reichtum, und hatte jemand mehr als drei Kühe oder drei Schweine, galt er als unermesslich reich. Die Hälfte der Einwohner hatte 1936 nicht einmal einen eigenen Spaten im Haus, und ein Drittel besaß keinen eigenen Pflug. Als dann 1942 und ganz besonders 1943 die Nationale Volksbefreiungsarmee schnell größer wurde, waren die verwüsteten serbischen Dörfer, die die Soldaten mit Essen versorgt hatten, dazu nicht mehr in der Lage, denn die Menschen litten selbst Hunger. Die Führung der Partisanen musste die Last der Versorgung also auf die bisher verschont gebliebenen kroatischen Dörfer ausweiten. Es war außerordentlich schwer, in dieser Zeit die von kleineren Gruppen und einzelnen Personen vorgenommenen vorsätzlichen Plünderungen zu unterbinden. Die Partisanen-Armee verlor bald ihre anfängliche asketische Unschuld.

Unter dem Eindruck, vom Glück begünstigt zu sein und bald schon zu den Siegern des Krieges zu gehören, legte die Führung der Partisanen in den befreiten Gebieten Zentralkroatiens ab 1944 ein zusehends großspuriges Verhalten an den Tag. Der Geheimdienst, die Polizei und andere Ermittler waren hierarchisch durchorganisierten Zentren unterstellt, die die Vorläufer der Staatssicherheitsdienste waren. Ein regionales Geheimdienstzentrum, das eine Zeitlang von Rade Bastajić-Lipi aus Prkos geleitet wurde, war zuständig für Banski Kovačevac, Prkos und die anderen Dörfer der Umgebung. Bastajić-Lipi hatte gleich zu Beginn des Aufstands die Wachen in Prkos organisiert. Er war das erste Mitglied des Nationalen Befreiungskomitees und wurde später Geheimdienstoffizier. Beim Massaker vom 21. Dezember 1941 verlor er nahezu alle seine Familienangehörigen – seine Frau und fünf Kinder –, nur einer seiner Söhne überlebte. Dušan Korać, ein Historiker aus dieser Region, schreibt, dass sich Bastajić-Lipi »von diesem Augenblick an völlig dem Kampf gegen den Feind verschworen und darin seinen Lebenszweck gefunden hat«.[33] In der Zeit zwischen dem Sommer 1943 und dem Sommer 1944 wurden an die zehn Menschen in Banski Kovačevac aus ihren Häusern weggebracht und vor das Militärgericht in Desni Štefanki gestellt, einige verschwanden ohne jede Verhandlung spurlos. Es wird behauptet, dass in diesen Fällen die Anordnungen immer von Rade Bastajić-Lipi kamen, was wahrscheinlich der Wahrheit entspricht. Manche sagen, er habe aus rachsüchtigem Hass auf Banski Kovačevac gehandelt, was ich persönlich aber nicht glaube. Eher ist davon auszugehen, dass er ein disziplinierter und zäher Parteisoldat war, der sich nicht von seinen eigenen Motiven und dem Hass auf die Kroaten leiten ließ. Er handelte strikt der bolschewistischen (stalinistischen) Linie entsprechend, die für die »zweite Etappe der Revolution« vorgegeben war, jene Phase, in der der Kampf zusehends heftiger gegen alle Feinde geführt wird – reale und potentielle, bürgerliche, bäuerliche oder profaschistische.

Rade war ein mutiger Mann, der ohne Unterlass auf dem Gebiet patrouillierte, für das er verantwortlich war, und sich dabei vielen Gefahren aussetzte. Am 26. September 1944 stellten ihm zwei Ustasche aus Kovačevac, Joža Lesar und Ivan Mihalić-Lindek, im Morgengrauen am Rand von Prkos eine Falle. Sie wollten Rade lebend fassen, aber er leistete ihnen Widerstand, und stark wie er war, war es ihm schon fast gelungen, Joža Lesar zu überwältigen, als ihn Lindek mit einigen Schüssen aus seinem Revolver niederstreckte. Rades zwölfjährigen Sohn, der seinen Vater an diesem Morgen begleitete, ließen die Ustasche laufen. In einer großangelegten Suchaktion sollten Rades Mörder gefunden werden, aber ohne Erfolg. Joža Lesar zog mit der

Ustascha-Armee bis nach Bleiburg und verschwand irgendwann auf dem sogenannten »Kreuzweg« (hierzu siehe Kapitel 19). Ivan Mihalić-Lindek tauchte nach dem Krieg in verschiedenen Verstecken unter, bis er 1950 in einen Hinterhalt der jugoslawischen Geheimpolizei OZNA geriet und getötet wurde.

In der Geschichte der beiden Dörfer Banski Kovačevac und Prkos ist viel Blut geflossen, aber der Mord an Rade Bastajić-Lipi ist der einzige Vorfall, bei dem Dorfbewohner direkt aufeinander geschossen haben. In beiden Dörfern erzählt man sich bis heute davon. Ich habe mir beide Versionen angehört, und beide haben ihre Berechtigung.

An einem der letzten Tage des Jahres 1943 wärmte ich mich gerade im Haus der Familie Đerek am Ofen auf, als mich Jana fragte, ob ich Mata sehen wolle. Natürlich wollte ich ihn sehen, obwohl und gerade weil ich wusste, dass er ein Deserteur war. »Weißt du, er ist gerade hier in der Nähe«, sagte sie, »und wahrscheinlich ist es ihm draußen viel zu kalt.« Und nach einigen Minuten kam sie mit einem lächelnden und gut aufgelegten Mata zurück. Ich nehme an, dass er irgendwo unter der Heuscheune oder im Garten hinter dem Haus in einem gut getarnten Bunker lebte. Als er mir die Hand gab, sagte er witzelnd: »Du hast hoffentlich nicht vor, mich hier zu verhaften, das letzte Mal, als man das versucht hat, bin ich entwischt, und dir würde ich auch entkommen!« Dann nahm er aus der einen Ecke des Zimmers mein Gewehr, gab es mir und sagte: »Behalt dein Gewehr immer in deiner Nähe. Ich bin doch ein Deserteur, ich könnte es dir wegnehmen.«

Und dann erzählte mir Mata, wie es dazu kam, dass er ein Deserteur wurde. Im Frühling 1942 wurde die Kompanie der kroatischen Heimwehr, in der Mata diente, von Karlovac nach Hrvatski Blagaj versetzt. Sein Kompaniechef war ein Universitätsdozent namens Dr. Stjepan Urban. Der kluge Mata gewann rasch dessen Vertrauen und wurde sein Günstling. Das berüchtigte Dorf, in dem das Massaker an den Serben im Mai 1941 stattgefunden hatte, war von den Partisanen umzingelt worden. Oberstleutnant Urban ahnte, dass es nur eine Frage der Zeit war, bis es zu einem neuen Angriff auf seine Kompanie kommen würde. Er schrieb einen Brief an »Ćanica Opačić, den Kommandanten der Partisanen im Kordun«, und bat Mata, ihn, auf welchem Wege auch immer, so schnell wie möglich dem Adressaten zu überbringen. Mata machte seine Sache gut. In dem nahe gelegenen serbischen Dorf Crno Vrelo hinter dem Berg Lisac kannte er eine Frau namens Petra Mlađen, mit der er sich schon mehrmals getroffen hatte. Er vertraute Petra den Brief an, und schon am nächsten Tag hielt ihn Ćanica Opačić in den Händen. Mata vermittelte nur zwei Tage später in Petras Haus ein Treffen zwischen Urban und Opačić, die er durch die abendliche Dunkelheit lotste. Urban verurteilte die Verbrechen der Ustasche, versprach, seine Kompanie werde, solange er Kommandant in Hrvatski Blagaj sei, in Zukunft alles tun, um zukünftige Gräueltaten zu verhindern, und schlug einen lokalen Nichtangriffspakt vor. Ćanica trug die Idee eines fingierten Angriffs vor, bei dem Urbans Kompanie freiwillig die Waffen strecken sollte, damit es zu keinem Blutvergießen kam. Das Finale fand am 13. September 1942 statt, als das 1. Proletarische Bataillon Kroatiens, zwei Stoßtrupps des Bezirks Primorsko-Goranska und das Kordun-Bataillon die Orte Hrvatski Blagaj und Blagajsko Pavolovac angriffen. Urbans Kompanie mit an die 120 Heimwehrsoldaten und etwa 30 bewaffneten lokalen Ustasche verteidigte Blagaj. Trotz eines ständigen Austauschs seit dem Treffen war mit Oberstleutnant Urban nichts Konkretes über die Kapitulation vereinbart worden, aber es war offensichtlich, dass es nicht viel Sinn hatte, den Partisanen Widerstand zu leisten. Einige Einheiten aus Urbans Kompanie verteilten sich im Dorf und nahmen Verteidigungsstellungen ein. Sie versuchten, sich zu wehren, wurden aber schließlich überwältigt und ergriffen die Flucht. Nach einem kurzen Kampf ergab sich die Mehrheit der Kompanie unter Führung von Oberstleutnant Urban den Partisanen. Die Ustasche vor Ort kämpften noch eisern bei ihren Häusern und an der Kirche; die meisten fielen im Kampf, manche töteten sich selbst, um nicht lebend den Partisanen in die Hände zu fallen, und sieben Gefangene wurden von den Partisanen hingerichtet. Alle Gefangenen der Heimwehr wurden entwaffnet und mussten sich in Crno Vrelo aufstellen, wo sie politische Reden von Ćanica Opačić und Veco Holjevac über sich ergehen lassen mussten. Oberstleutnant Urban und drei Heimwehrsoldaten blieben bei den Partisanen, den anderen Männern nahm man die Uniformen und die Ausrüstung und schickte sie nach Hause. Mata machte sich auf den Weg zu seinem Haus in Banski Kovačevac. Damals fasste er den Entschluss, niemals mehr in einer Armee zu dienen.

Über seine genauen Abenteuer als Deserteur erzählte mir Mata nichts, und ich fragte auch nicht nach. Wir waren Freunde aus zwei entgegengesetzten Lagern. Anfangs haben die Partisanen die Deserteure toleriert, aber als sich den Deserteuren der Heimwehr 1944 auch Deserteure der Partisanen anschlossen, galt laut Beschluss der Parteikomitees Desertion als »Sabotage gegen den Nationalen Volksbefreiungskampf«. Spezialisierte Partisaneneinheiten fingen die Deserteure ein und stellten ihnen Fallen, und so geriet auch Matas Gruppe kurz vor Kriegsende in einen solchen Hinterhalt. Bis auf einen, der auf der Flucht erschossen wurde, gelang es allen zu entkommen.

Wenn heute die alten Menschen in Banski Kovačevac über den Zweiten Weltkrieg reden, sprechen sie über die Deserteure ihres Dorfes mit viel Sympathie. Obwohl es nur an die zehn junge Männer waren, repräsentierten sie doch das, was der Mehrheit im Dorf so überaus wichtig war: Neutralität. Als Partisan bin ich häufig durch Hrvatski Blagaj gekommen und habe mich auch in anderen Dörfern in den Regionen Kordun und Lika aufgehalten, die wir 1942 nicht ohne Grund als »Ustascha-Territorium« bezeichneten. Viele kroatische Dörfer in den Regionen Gorski Kotar und Hrvatsko Primorje bezeichneten wir ab 1942 als »Partisanen-Territorium«, und im Lauf des Krieges wurden es zusehends mehr. Banski Kovačevac zählt zu den

Dörfern, die am längsten ihre Neutralität wahren konnten und sich an das Prinzip »Wir mischen uns in all das nicht ein« hielten, auch wenn ihnen das nach dem ersten Kriegsjahr nicht mehr wirklich möglich war. Bis dahin aber hatten sie es abgelehnt, Waffen zu benutzen, und als es zu einem ersten Aufeinandertreffen von Partisanen und Heimwehr kam, hissten sie weiße Flaggen.

Als Mata Đerek achtzig wurde, beschloss er, »damit man der Wahrheit gedenkt«, eine Liste all jener anzufertigen, die in Banski Kovačevac während des Zweiten Weltkriegs ums Leben gekommen waren. Er kam auf siebzehn Männer, die in der Ustascha-Uniform starben, die meisten von ihnen in den letzten Tagen des Krieges in Bleiburg; zehn wurden im Lauf des Krieges als Heimwehrsoldaten getötet; sechzehn Dorfbewohner wurden von den Partisanen 1944 und 1945 aus ihren Häusern in Kovačevac abgeholt und sind nie wieder nach Hause zurückgekehrt; durch die Hand der Partisanen kamen außerdem acht Zivilisten aus Kovačevac ums Leben, die als Vertriebene in Rečica und in anderen Dörfern in der Umgebung von Karlovac untergetaucht waren. Drei Dorfbewohner, die sich den Partisanen angeschlossen hatten, wurden ebenfalls getötet, vier weitere wurden von den Ustasche hingerichtet, weil sie sie verdächtigten, mit den Partisanen zu sympathisieren.

Mata und seine Mitdeserteure verbrachten nach dem Ende des Krieges noch zwei, drei Wochen in Unterschlupfen und Verstecken. Nach der ersten Amnestie setzte sich Mata mit den zuständigen Regierungsvertretern in Pisarovina in Verbindung. Die Bezirksverwaltung des Nationalen Befreiungskomitees ließ ihn und die meisten anderen dort vorstellig gewordenen Deserteure sofort nach Hause gehen, der in Haft gesetzte Rest folgte ihnen einige Wochen später.

Mata machte sich als geschickter Zimmermann sogleich an die Arbeit und reparierte die Häuser im Nachbardorf Prkos. Auf diese Weise endete der Krieg zwischen Prkos und Banski Kovačevac, aber über der ganzen Region schwebte weiterhin das Trauma namens »1941«, zu dem sich noch ein weiteres gesellte, und das war »1945«. Diese beiden Traumata gleichen einander in vielem, aber der größte Unterschied zwischen ihnen war, dass nach dem Krieg über das eine immerzu gesprochen und geschrieben wurde, über das andere aber geschwiegen werden musste.

Prkos wurde schon in der Zeit der Militärgrenze zwischen dem Osmanischen und dem Habsburgerreich dem Katasteramt in Banski Kovačevac zugerechnet, und so wurden diese beiden Dörfer auch 1945 nach Kriegsende in einer Gemeindeverwaltung zusammengelegt. 1837 gründeten die Offiziere der Militärgrenze eine Schule in Banski Kovačevac, in die bis 1941 auch die Kinder von Prkos gingen. Im 19. Jahrhundert teilten sich die beiden Dörfer einen gemeinsamen katholischen und orthodoxen Friedhof. Anfang des 20. Jahrhunderts unterstützten sie mit vereinten Kräften mehrheitlich die Partei der Kroatisch-Serbischen Koalition, und nach 1918 votierte Kovačevac einstimmig für die Kroatische Bauernpartei von Antun Radić und Vladko Maček. Prkos hingegen hatte sich in der Zwischenzeit in Wähler der von Svetozar Pribičević angeführten unabhängigen serbischen Demokraten und radikale Anhänger der Monarchie gespalten. In Prkos wurde 1932 eine Gruppe der jugoslawischen Sokol-Legion gegründet, die nationale serbische Embleme verwendete. In Kovačevac gab es keine solche Gruppe, weil die kroatische Sokol-Legion bereits 1929 verboten und aufgelöst worden war.

In Prkos war die serbische Kultur- und Bildungsvereinigung »Seljačko kolo« (»Bauernzirkel«) aktiv, in Kovačevac die kroatische Variante »Seljačka sloga« (»Bauerneinheit«). Die beiden Vereinigungen standen in einem regelrechten Wettbewerb miteinander, der schließlich 1935 bei einer in Banski Kovačevac ausgetragenen Gesangs- und Tanzveranstaltung in einen politischen Disput mündete und in gegenseitigen Beleidigungen der jeweils anderen Nation eskalierte.

Ein paar Besonnene konnten eine Schlägerei gerade so verhindern. Aber bei einem Volksfest kam es im selben Jahr in Banski Kovačevac dann doch noch wegen politischer und ethnischer Differenzen zu einer heftigen Prügelei. Die Gendarmen trieben die Menge auseinander und verprügelten zwei Männer aus Banski Kovačevac. Das Verhältnis zwischen den beiden Dörfern verbesserte sich erst wieder 1938, als sie gemeinsam die vereinigten Oppositionsparteien unter dem Vorsitz von Dr. Vladko Maček unterstützten.

Das Wechselspiel von Nähe und Distanz in den Beziehungen der beiden Dörfer wurde in der Regel von äußeren Umständen und politischen Parteien beeinflusst, was sich aber nur selten auf das geschäftliche Leben und persönliche Freundschaften auswirkte. Es gab gewiss Sympathien und kleine Verliebtheiten unter Jugendlichen, aber gemischte Ehen gab es bis 1945 nicht. Der Bach Vezovnik war eine unsichtbare Grenze, der beide Orte in Distanz zueinander hielt.

Bei der Volkszählung 1948 lebten in Banski Kovačevac 570 Einwohner, fast so viele wie vor dem Krieg. In Prkos wurden im gleichen Jahr 235 Einwohner gezählt, mehr als die Hälfte von ihnen waren Zugezogene.

Mata übernahm einige Male für Kovačevac-Prkos das Gemeindemandat. 1949 wurden in Banski Kovačevac die Dorfbewohner gezwungen, einem Bauernkollektiv beizutreten, in Prkos aber gelang es den Menschen, diese Einverleibung in ein Kollektiv zu vermeiden. In den ersten Jahren nach dem Krieg genoss Prkos einige Vergünstigungen: Als einstige Mitglieder der Volksbefreiungsbewegung wurden die Bewohner des Dorfes beim Aufbau ihrer Häuser direkt unterstützt, die Überlebenden des faschistischen Terrors wurden bei Anstellungen bevorzugt und ihre Kinder in Schule und Ausbildung bevorzugt behandelt. Ungefähr fünfzig Überlebende aus Prkos blieben als Offiziere in der Jugoslawischen Armee oder übernahmen Aufgaben in der Gemeinde.

Die Dorfbewohner von Banski Kovačevac zögerten erfolgreich die

Gründung eines Bauernkollektivs hinaus und konnten sich schließlich 1951 als eines der ersten Dörfer aus dem unerwünschten Würgegriff des Staates befreien. Danach begann sich das Blatt für die Menschen von Banski Kovačevac langsam, aber beständig zu wenden. Mata baute eine kleine Mühle für das ganze Dorf und betrieb eine Zeitlang eine gemietete Fähre, mit seiner Zimmermannsarbeit konnte er seine Familie gut ernähren. Anfang der 1960er Jahre fingen die ersten Dorfbewohner aus Banski Kovačevac an, zum Arbeiten ins Ausland zu gehen, die meisten von ihnen nach Deutschland. Von dort schickten sie Deutsche Mark, Landwirtschaftsgeräte, Traktoren und irgendwann schließlich auch Kühlschränke, Fernseher und die unterschiedlichsten Haushaltsgeräte. Die Holzhäuser wurden durch Ziegelhäuser ersetzt, und aus vielen der für die Gegend typischen einstöckigen Häusern wurden schon bald zweistöckige. Mata lebte noch als einer der letzten Bewohner in einem Holzhäuschen, einem besonderen Bau, der sich durch sehr schöne Zimmermannsarbeit auszeichnete.

Die vor dem Krieg errichtete Schule von Prkos überstand erstaunlicherweise den Krieg, sodass der Schulbetrieb gleich danach wieder aufgenommen wurde. Auch die Kinder aus Banski Kovačevac besuchten diese Schule, bis 1952 eine eigene Schule in ihrem Dorf gebaut wurde. Die beiden Nachbardörfer kooperierten miteinander bei verschiedenen Projekten, die die Infrastruktur betrafen: Ab 1955 nahmen der landwirtschaftliche Kollektivbetrieb und die Vereinigung einiger Verkaufs- und Genossenschaftsläden ihre Arbeit auf, gemeinsam legte man elektrische Leitungen, baute Zufahrtsstraßen und asphaltierte Teile der Verbindungsstraße zwischen den Dörfern. Die Wochenzeitung *Karlovački tjednik* brachte einen Artikel über die Asphaltierung dieser Straße unter dem Titel »Zwei brüderliche Dörfer«. Der Lebensstandard wurde aber auch durch die Leute aus Zagreb gehoben, die in den siebziger Jahren an den Wochenenden kamen und Häuschen für Häuschen eine kleine Siedlung an der Kupa unterhalb von

Prkos errichteten. Mata verdiente auch daran als Zimmermann sehr gut. Außerdem fingen einige frühere Bewohner von Prkos, die es in der jugoslawischen Armee zum Major oder Oberst gebracht hatten, irgendwann an, eigene neue Häuser zu bauen und als Pensionäre auf ihr Land zurückzukehren. Langsam wurde das Leben in beiden Dörfern einfacher und schöner. Im westlichen Ortsteil von Prkos, der sich am weitesten in Richtung Banski Kovačevac erstreckt, eröffnete Stevo Korać ein Gasthaus, das sich zum lebendigen Treffpunkt für Bewohner beider Dörfer entwickelte. Ein alter Mann aus Kovačevac erzählte mir davon: »Bei Stevo trafen wir uns mit den Leuten aus Prkos, wir tranken ein Gläschen zusammen, lamentierten, stritten und verbrüderten uns wieder und tauschten uns über unsere Geschäfte aus. Der Wirt organisierte oft Konzerte und Tanzabende, die beide Dörfer gleichermaßen besuchten.«

Die jüngeren Leute wanderten in die Städte ab, und die Dörfer überalterten zusehends. Einige der jüngeren Dorfbewohner betrieben immer noch Landwirtschaft, und Kinder und Enkelkinder aus beiden Dörfern, die in der Stadt lebten, heirateten untereinander, so dass es immer öfter Mischehen gab. Wenn die jungen Leute im Sommer in ihre Dörfer kamen, war es, als hätte die aus den Städten mitgebrachte Vitalität der Jugend die unsichtbare Barriere zwischen Banski Kovačevac und Prkos durchbrochen.

Doch dann drangen die Spannungen, die Jugoslawien in den 1980er Jahren auseinanderzureißen begannen, über das Fernsehen in die beiden Dörfer ein und setzten sich dort fest wie Parasiten. Im Alltag spürten die Menschen die Krise überall. Es mangelte an Waschmittel und Benzin, die Inflation war unaufhaltbar, jeder durfte entweder nur an geraden oder an ungeraden Tagen mit dem Auto fahren. An allem aber waren die anderen schuld. In Banski Kovačevac hieß es: die Serben, weil sie uns unterdrückt haben, die Slowenen, weil sie uns ausgebeutet haben, die Bosnier, weil sie uns aussaugen, die Mazedonier und die Montenegriner, weil wir sie auf dem Buckel tragen. Und in Prkos waren an allem nur die Kroaten und die Slowenen schuld, die uns alles wegnehmen und es dann den Albanern geben, damit sie uns aus dem Kosovo vertreiben und unser Mütterchen Serbien spalten. Und die Kroaten, ganz besonders die Kroaten, bereiten für uns ein neues »1941« vor, Gott behüte, aber dieses Mal kommen sie damit nicht durch, wir lassen uns von ihnen nicht ein zweites Mal so böse überraschen. Ich erinnere mich nicht mehr daran, ob schon damals die Rede von einer globalen Verschwörung war, deren Verbindungen bis hin zum Vatikan man »aufgedeckt« zu haben glaubte.

Halb im Spaß, halb im Ernst tauschten sich in Koraćs Gasthaus die Bewohner der beiden Dörfer bis 1989/90 immerhin darüber aus. Man konnte im ehemaligen Jugoslawien von 1950 bis 1990 öffentlich über das sozioökonomische System und die Notwendigkeit von Reformen sprechen, musste aber eine bestimmte Grenze wahren, die allen bekannt war. Wurde aber auch nur andeutungsweise kritisch über die Beziehungen zwischen den unterschiedlichen jugoslawischen Republiken und Ethnien gesprochen, gab es keinerlei Toleranz. Als sich 1950 die ehemaligen Anführer der serbischen Partisanen in Kroatien, Rade Žigić, Duško Brkić und Ćanica Opačić, etwas zu laut über die Nachkriegswirtschaft und die politische Benachteiligung der verwüsteten serbischen Gegenden beklagten, deren Bewohner maßgeblich den Sieg der Nationalen Volksbefreiungsarmee in Kroatien ermöglicht hätten, verloren alle drei ihre Ministerposten, wurden aus der Kommunistischen Partei ausgeschlossen und kamen einige Jahre als politische Gefangene auf die Insel Goli Otok, wo Rade Žigić schließlich starb. Weitaus häufiger äußerten die Kroaten ihre Unzufriedenheit, die deshalb vierzig Jahre lang immer wieder in Gefängnisse und Strafgefangenenlager verfrachtet wurden.

Der Pluralismus nationaler Interessen und die Unstimmigkeiten, die daraus natürlicherweise im sozialistischen Jugoslawien folgten, wurden nie frei und offen thematisiert, deshalb konnte kein gegenseitiges Verständnis entstehen. Jeder hielt sich an seine eigene Wahrheit. Die offenen Fragen wurden unterdrückt und unter den Teppich gekehrt. Dieser Teppich war aber der sprichwörtliche Dampfkessel, unter einem enormen Druck entluden sich die Spannungen in einer unvermeidlich gewordenen Explosion. Zoran M. Marković hat das treffend auf den Punkt gebracht, als er die Metapher von den »zugepropften Ventilen der Unzufriedenheit« benutzte. »Sie waren zu einem sehr großen Teil daran schuld, dass wir in den neunziger Jahren von neuen Kriegen heimgesucht wurden.«[34]

Der Dampfkessel, in dem dieser explosive, gefährliche serbisch-kroatische Konflikt brodelte, trug den Namen »Brüderlichkeit und Einigkeit«. Diese politische Parole hat höchstwahrscheinlich Tito ersonnen, der Meister wirksamer Slogans, die erst einmal anziehend wirkten, obwohl sie mit der Wahrheit wenig zu tun hatten. Wer hätte sich denn gegen etwas so Schönes wie »Brüderlichkeit und Einigkeit« wenden wollen? Es ist nun aber so, dass in den Beziehungen zwischen Völkern und Staaten dieser Zustand der »Brüderlichkeit und Einigkeit« zu keinem Zeitpunkt existiert hat. Diese Formulierung hat von Anfang an die pluralen Interessen der Menschen und den Pluralismus an sich geleugnet und ein Ideal beschworen, das nicht umsetzbar ist. Vielleicht kann es zeitweise in Familien oder innerhalb kleinerer Gemeinschaften gelebt werden, aber nicht als Verordnung innerhalb eines ganzen Volkes. Zwischen zwei oder mehreren Völkern, zwei oder mehreren Staaten ist es möglich, Verständigung, Harmonie, Kooperation und Allianzen herzustellen, aber man kann nicht mit Gewalt die vorhandenen Unterschiede verdrängen. Tito, der Urheber der Parole »Brüderlichkeit und Einigkeit«, war sehr sensibel für die Probleme in der multinationalen jugoslawischen Gemeinschaft. Aber Titos bolschewistische Schulung und sein autoritärer Charakter vernebelten ihm die Sicht und machten es ihm unmöglich, in einen demokratischen Dialog einzutreten. Doch genau das ist in solchen Konflikten die einzige rationale Option. In der gegenwärtigen Welt werden multinationale Staaten oder Gemeinschaften nur in einer liberalen Demokratie Bestand haben. In einem Einparteiensystem mit einem totalitären (monistischen) Machtanspruch können sie nicht existieren.

Das Königreich Jugoslawien hat zumindest zum Ende hin versucht, die Unstimmigkeiten zwischen den Kroaten und den Serben 1939 im »Cvetković-Maček-Abkommen« zu überbrücken. Aber es war zu spät, es blieb zu wenig Zeit, als dass sich das Abkommen hätte bewähren können, als dass man hätte nachbessern können. Das sozialistische Jugoslawien wiederum war nach Titos Tod nicht einmal in der Lage, auch nur den Versuch eines ähnlichen Abkommens zu unternehmen. Man hätte nämlich die Idee einzelner souveräner Staaten in Erwägung ziehen müssen, um ihnen damit ein friedliches Auseinandergehen zu ermöglichen.

Wie illusorisch die Parole »Brüderlichkeit und Einigkeit« auch immer war, im Krieg hatte sie eine propagandistische und mobilisierende Kraft. Mit ihr wurden massenhafte Vergeltungsmaßnahmen serbischer Partisanen in den kroatischen Dörfern verhindert, und zu guten Teilen konnte auch die Verbreitung des serbischen Freischärlertums in Gestalt der Tschetniks verhindert werden. In der Nachkriegszeit konnten im Namen von »Brüderlichkeit und Einigkeit« chauvinistische Ausfälle gestoppt und bestraft werden, aber der Fetischismus, der mit dieser Parole verbunden war, war auf Dauer kontraproduktiv, wie es jeder Fetischismus im politischen Leben einer modernen pluralen Gesellschaft ist.

Die Belgrader Zeitung *Večernje novosti (Abendnachrichten)* veröffentlichte am 24. September 1986 Teile eines Memorandums der Serbischen Akademie der Künste, es handelte sich um einen Text, an dem sechzehn Akademiker über ein Jahr gearbeitet hatten. Obwohl das Memorandum unvollständig war, brachte die Publikation eine dramatische Wende in den Diskussionen über die damalige jugoslawische Krise. Bis dahin waren die analytischen Texte über die Notwendigkeit von Reformen eines stillstehenden gesellschaftlich-politischen Systems relativ zurückhaltend gewesen. Doch das Memorandum konzentrierte sich in provozierender Ausschließlichkeit auf die multinationalen Beziehungen. Slowenien und Kroatien wurden beschuldigt, eine »politische und ökonomische Dominanz etabliert zu haben, mit der sie ausschließlich ihre eigenen nationalen Programme und wirtschaftlichen Ansprüche vewirklichen«. Es hieß, sie würden »ihre eigenen Interessen auf Kosten Serbiens befriedigen«, hätten Serbien in eine »untergeordnete Rolle« gezwungen und »einen physischen, politischen, juristischen und kulturellen Genozid an der serbischen Bevölkerung im Kosovo und Metohija« unterstützt. Serbien figurierte durchweg als »Opfer« und als das Land, das die größten Verluste in zwei Weltkriegen zu verbuchen hatte. Im »neuen Jugoslawien« aber sei es »das einzige Land, das keinen eigenen Staat hat« – es lasse sich keine »größere historische Niederlage in Friedenszeiten vorstellen«. Den Serben in Kroatien wurde die Botschaft vermittelt, sie seien auf eine »raffinierte und sehr effektive Assimilationspolitik hereingefallen«, lebten »unter der Last der Diskriminierung« und siedelten »in Gebieten, die in Kroatien zu den unterentwickelten gehören«. Man forderte, dass »das serbische Volk, gleich in welcher Republik oder Region …, die Möglichkeit erhalten muss, sich neu zu finden und wieder zu einem historischen Subjekt zu werden«.

Als ein Jahr später bei der Achten Sitzung des Zentralkomitees der Kommunistischen Partei Serbiens 1987 Slobodan Milošević als der unangefochtene »Führer« bestimmt wurde, nutzte er die akademischen Thesen des Memorandums als zerstörerische Waffe in einem Kampf, mit dem er die Macht über ganz Jugoslawien oder zumindest über große Teile seines Territoriums an sich reißen wollte. »Radio-TV Belgrad«, die Tageszeitung *Politika* und ein Großteil anderer Medien wurden zu effizienten Propagandisten für die aggressive Politik von

Milošević. Der bereits zitierte Zoran M. Marković schrieb dazu: »In den Redaktionen werden speziell ausgesuchte Journalisten beschäftigt, die die Lage jener Serben im Auge behalten sollen, die außerhalb des Landes leben. Es beginnt ein organisiertes, zeitweise hysterisches Klagen über die permanente Bedrohung, der die Serben ausgesetzt sind.« Nun wurde Kroatien und den Kroaten die Rechnung für das Jahr 1941 serviert, man hantierte in geschmackloser Weise mit willkürlich übertriebenen Opferzahlen der Konzentrationslager in Jasenovac, es gab Anspielungen auf die Kroaten als genozidales Volk, wahre und erdachte Vorfälle wurden als Beweise ins Feld geführt, dass sich in Kroatien erneut das Ustaschatum breitmache. Der Belgrader Redakteur und Verleger Ivan Čolović beschreibt diese Ideen als »morbide« und denkt, dass man auf eine »obszöne« Weise das serbische Leiden benutzt hat, um den Serben zu zeigen, dass sie seit jeher von ihren »alten Feinden« bedroht wurden – und so wurden sie auf einen neuen blutigen Konflikt eingestimmt.

Die damalige politische Führung in Kroatien war dieser Situation nicht gewachsen. Unfähig, auf die Politik und Propaganda von Milošević adäquat zu reagieren, zog man sich in das allzu bekannte »kroatische Schweigen« zurück, eine sehr unkluge Entscheidung, die in der Geschichte der kroatischen Politik aber keine Seltenheit ist. Mit ihrem feigen Schweigen half die kroatische politische Führung den Belgrader Medien entscheidend dabei, unter Serben und Kroaten ein Gefühl der Bedrohung zu wecken. Es gab polemische Reaktionen einiger kroatischer Medien und staatlicher Organisationen, doch sie waren kaum überzeugend. Als 1989 in Kroatien ein Mehrparteiensystem entstand, überschritten manche Parteien und Medien mit ihrer kämpferischen Rhetorik die Grenzen rein politischer Polemik, man konnte solche Äußerungen durchaus als Anschuldigung gegen Serbien und das serbische Volk verstehen.

Die hetzerische Kolumne »Echos und Reaktionen« der Zeitung *Politika* schlachtete dies demagogisch aus und behauptete, in Kroatien sei es zum Wiedererwachen des Ustaschatums gekommen, man verharmlose die Verbrechen der Ustasche und verurteile sie nicht angemessen und nachdrücklich genug.

Im Oktober 1988 bekam ich das erste Mal eine Ahnung davon, wohin diese serbisch-kroatischen Animositäten führen könnten, als ich auf der jährlich stattfindenden Buchmesse in Belgrad war und die von mir in Kroatien herausgegebene Reihe des slowenischen Verlagshauses »Cankarjeva založba« präsentierte. Im Haus meiner nahen Freunde Vojo, Mina und Planinka Kovačević begegnete ich dem pensionierten Generaloberst Pavle Jakšić, den ich seit 1944 kannte, als er Chef des Generalstabs der Nationalen Volksbefreiungsarmee Kroatiens war. In der für ihn typischen und genau genommen als zänkisch zu bezeichnenden Art stürzte er sich gleich auf mich: »Also Slavko, für mich bist du ein Kroate, der sich in den Dienst der Slowenen gestellt hat, und das ist ungefähr das Schlimmste, was man eigentlich über dich sagen kann. Aber du bist auch ein Jude, der damals einen guten kleinen Partisanen abgegeben hat, deswegen sage ich dir mal in aller Freundschaft Folgendes: Richte da drüben deinen Kroaten und Slowenen von mir aus, dass wir sie in diesem Jahrhundert schon zweimal befreit haben. Wenn wir sie aber jetzt zum dritten Mal befreien, wird das danach nie wieder jemand tun müssen. Hast du mich verstanden?« Natürlich hatte ich verstanden, vor allem als Pavle noch einige Bemerkungen über seinen Geburtsort Blatuša machte und über das Schicksal seiner Dorfnachbarn in der Kirche von Glina Anfang August 1941 sprach.

Zwei, drei Tage später arbeitete ich im Gebäude der Serbischen Akademie mit dem Schriftsteller Dobrica Ćosić als Lektor an einem seiner Bücher. In einer Pause gingen wir ein paar Schritte auf der großen Loggia der Akademie. Ich berichtete ihm von meinem Gespräch mit Jakšić, aber Ćosić winkte ab und sagte: »Du kennst doch Pavle, man muss nicht alles ernst nehmen, was er so dahinsagt.« Ich blieb beharrlich und erzählte, dass mir auch einige andere seiner Aussagen zu Ohren gekommen seien, die alles andere als lustig, ja sogar bösartig waren: »Dobrica, wenn wir in diesem Land getrennte Wege gehen müssen, dann sollten wir uns wie Menschen mit Anstand trennen.« Ćosić hielt inne, lehnte sich an das Balkongeländer und starrte ins Leere. Nach einer langen Pause fing er sehr leise an zu sprechen, als würde er mit sich selbst reden: »Ja, wie Menschen … uns trennen wie Menschen mit Anstand … Aber erst, wenn über die Grenzen entschieden ist, und das wird nicht so einfach sein.«

Als ich anderntags mit Kosta Čavoški sprach, der das Vorwort zu Ćosićs Buch schrieb, lenkte ich das Gespräch auf das gleiche Thema, legte meine Sorgen offen und wiederholte, dass wir uns wie Menschen mit Anstand trennen sollten. Čavoški ging nicht wie sein Freund Ćosić in sich, sondern lächelte sofort selbstbewusst und siegesgewiss und hatte auch schnell eine Antwort parat: »Natürlich, wir werden uns als Menschen mit Anstand trennen, sobald wir uns über die Grenzen verständigt haben. Aber ich fürchte, das wird nicht so einfach sein.«

Mir wurde in diesem Augenblick klar, dass man das alles bereits durchdacht hatte und dass die Auflösung Jugoslawiens wirklich nicht einfach sein würde. Dennoch war ich gewissermaßen immer noch ahnungslos. Als dann 1989 öffentlich von Krieg die Rede war, war ich mir sicher, dass es nicht zu einem richtigen Krieg kommen würde. »Vielleicht kommt es zu einzelnen Zwischenfällen, ein paar Schlägereien oder dem einen oder anderen bewaffneten Geplänkel«, gab ich meiner Hoffnung Ausdruck. »Kommen aber plötzlich an einem Ort ein- oder zweihundert Menschen ums Leben, dann werden wir uns an den Kopf fassen und den Irrsinn sofort begreifen, uns wieder an einen Tisch setzen und gemeinsam nach einer Lösung suchen.«

Es sollte sich zeigen, dass nicht einmal hunderttausend Tote, Verletzte und Vertriebene ausreichten, um die Verantwortlichen zu einem menschlischen Denken zu bewegen.

———

In den Dörfern der Region Lika, Banija und Kordun gibt es keine einzige serbische Familie, die nicht mindestens einen oder mehrere Angehörige durch den Ustascha-Terror verloren hat. Das Jahr 1941 hatte neben den schmerzlichen Erinnerungen eine tief in den Menschen schlummernde Angst hinterlassen, all das könnte sich irgendwann einmal wiederholen. Das war keine rational greifbare Angst. Im Unterbewusstsein ruhend, manifestierte sie sich jedes Mal, wenn etwas geschah, das auch nur enfernt an die Vorfälle im Jahr 1941 erinnerte. Mit den Jahren und über die Generationen nahm diese Angst stellenweise ab, vielleicht war sie sogar dabei, sich ganz aufzulösen. Doch immer wieder gab es »Vorkommnisse«, und die kroatische Regierung war unfähig, das Problem in angemessener Weise anzugehen, und so blieb die Angst weiter lebendig. Die Ereignisse von 1941 und der Unabhängige Staat Kroatien wurden von den Regierenden lediglich oberflächlich aufgearbeitet, mit propagandistischer Rhetorik. In Kroatien gab es nie etwas den Nürnberger Prozessen Vergleichbares. Die Prozesse, die man nach dem Krieg Mile Budak und anderen Ustascha-Führern machte, waren oberflächlich und gingen blitzschnell vonstatten. Die Urteile über die zehn Angeklagten wurden nach einem einzigen Tag Beratung vollstreckt. Es ging dabei allein um eine politisch-propagandistische Demonstration und nicht um eine gewissenhafte Erforschung der individuellen Schuld, die unabhängig von der kollektiven Schuld wäre. Es blieb das Gefühl, das alles sei noch nicht abgeschlossen, und es blieb Spielraum für unterschiedlichste Auslegungen: Man konnte vermuten, die pauschal gehaltenen Urteilssprüche sollten einen Mangel an konkreten Beweisen überdecken. Man konnte auch den Verdacht hegen, dass die Gerichte es aus politischen Gründen vermieden, die Politik des Genozids bis in ihren Kern bloßzulegen und Befehlshaber und Täter im Einzelnen zu identifizieren und zu benennen. Die kroatische Regierung und Öffentlichkeit zeigten wenig Verständnis für die Überempfindlichkeit und die mit 1941 verbundene unterschwellige Angst der kroatischen Serben – ganz gleich, wie irrational diese Angst gewesen sein mag. Und die kroatischen Serben brachten wenig Verständnis dafür auf, dass die kroatische Öffentlichkeit der fortwährenden Verdächtigungen, die Kroaten könnten ins Ustaschatum zurückdriften, überdrüssig war.

Beim alljährlichen Gedenken an die Opfer von Prkos am 21. Dezember wurde nie erwähnt, dass dieses Massaker von Vjekoslav Maks Lubirićs Kompanie ausgeführt wurde, der Haupttäter wurde nie öffentlich identiziflert (bis zur Jahrtausendwende war er gar nicht bekannt, weil es noch nicht einmal den Beginn einer ordentlichen Ermittlung gegeben hatte). Man bezeichnete das Massaker generalisierend als ein Verbrechen der Ustasche. Hin und wieder fielen die Namen von zwei, drei bekannten Ustasche aus Lasinja. So blieb jedoch der unausgesprochene ungeheure Verdacht im Raum, dass an dem Verbrechen auch die benachbarten kroatischen Dörfer beteiligt waren. Hinzu kam, dass die Einwohner von Banski Kovačevac nie offizielle Dokumente vorlegten, die bewiesen hätten, wer aus ihrem Dorf sich an den Plünderungen beteiligt hatte und wer die aus Prkos Geflüchteten möglicherweise verraten hatte. Doch nur so hätte man glaubwürdig belegen können, dass niemand aus Banski Kovačevac in den Massenmord involviert war, dass die meisten auch nicht an den Plünderungen beteiligt gewesen waren und eine nicht unwesentliche Mehrheit den Notleidenden und den Partisanen aktiv geholfen hatte.

Das zwiespältige und von vagen Verdächtigungen geprägte Verhältnis zu Banski Kovačevac findet sich auch auf einigen Seiten des Buches »Prkos in Flammen« von Dušan Korać wieder. Der Autor hat gewissenhaft das Schicksal von über fünfhundert Menschen aus seinem Dorf erforscht, die er alle beim Namen nennt, aber auf keiner der fast fünfhundert Seiten seines Buches beschreibt er präzise, wer die einzelnen Täter des Massakers waren. Zwar nimmt er sich viel Zeit, über »Brüderlichkeit und Einigkeit« nachzudenken, und ein Kapitel hat er mit »Die für Freiheit, Brüderlichkeit und Einigkeit gefallenen Einwohner von Prkos« überschrieben. Und doch behauptet der Verfasser, dass Banski Kovačevac schon vor 1941 eine »Ustascha-Hochburg« gewesen sei und »dass während des Massakers in Prkos eine Truppe der örtlichen Ustasche in Banski Kovačevac wartete, deren Aufgabe es war, die fliehenden Menschen aus Prkos zu täuschen. Sie sollten, zusammen mit den weiteren, dazukommenden Ustasche, jeden Einzelnen gefangen nehmen, was auch nach einem im Vorfeld gefassten Plan durchgeführt wurde.« Das enspricht nicht der Wahrheit, ich selbst kann das bezeugen, weil ich bis zum 19. Dezember 1941 einen ganzen Monat in Banski Kovačevac verbracht habe – mir ist damals nicht ein einziger Ustascha begegnet, und ich wäre heute nicht am Leben, wenn es stimmen würde, dass Banski Kovačevac eine »Ustascha-Hochburg« gewesen ist oder es dort einen »Trupp örtlicher Ustasche« gegeben hat.

Ich glaube, dass Prkos und Sjeničak zu den letzten serbischen Dörfern Zentralkroatiens gehören, die dem Belgrader Sirenengesang erlagen, der ihnen einflüsterte, dass sie sich in Kroatien in Lebensgefahr befänden, dass alle Serben in einem eigenen Staat leben müssten und dass dieser Staat sich bis zum letzten, weit entfernten serbischen Grab erstrecken müsse. Auf halbem Weg zwischen Sjeničak und Prkos liegt Banski Kovačevac, von dem keinerlei Gefahr für sie ausging. Wie gesagt leben heute die Kinder der Dorfbewohner größtenteils in der Stadt, und viele von ihnen führen gemischte Ehen. Das gilt ebenso für Prkos. Der Sohn von Vaso Roknić lebt als Händler in Zagreb, er ist mit einer Kroatin verheiratet. Seine Tochter Dragica lebt in Pula, ihr Ehemann ist Kroate. Solange sich die Kinder in der Stadt nicht bedroht fühlten, war es schwer, Vaso davon zu überzeugen, es bestehe eine Gefahr für Prkos.

Die unterschwellige Angst der serbischen Bevölkerung flammte jedoch 1989 wieder auf, als die antiserbische Rhetorik in Kroatien eskalierte. Sie gipfelte schließlich in den Sätzen von Franjo Tuđman während der ersten Generalversammlung der Kroatischen Demokratischen Partei (HDZ) am 24. Februar 1990: »Der NDH war nicht einfach nur ein irgendwie künstlicher ›Satellitenstaat‹ oder ein ›faschistisches Verbrechen‹, sondern Ausdruck zum einen eines historischen Strebens des kroatischen Volkes nach einem unabhängigen Staat, zum anderen der Berücksichtigung internationaler Faktoren, in diesem Fall Hitler-Deutschlands, das auf den Trümmern von Versailles eine neue europäische Ordnung errichten wollte. Demnach war der NDH keine bloße Laune der Achsenmächte, sondern das Resultat konkreter historischer Gegebenheiten.«

Aus nachvollziehbaren Gründen aber konnte der Ustascha-Staat im historischen Bewusstsein des serbischen Volkes niemals etwas anderes sein als ein »faschistisches Verbrechen« – ein Schlachthaus für die in Kroatien und Bosnien-Herzegowina lebenden Serben. Wenn der Ustascha-Staat also tatsächlich »der Ausdruck eines historischen Strebens des kroatischen Volkes« war, dann blieb den Serben in Kroatien und Bosnien-Herzegowina nichts anderes übrig, als einen neuen Staat zu finden. So war für sie die Parole, nach der »alle Serben in einem Staat leben müssen«, plötzlich äußerst anziehend. Tuđmans nebulös formulierte Sätze konnten von den Serben nur auf eine einzige Weise interpretiert werden: als eine unheilvolle Drohung, die ihre Existenz in Kroatien in Frage stellte. Diese Interpretation wurde noch gestützt, indem das »faschistische Verbrechen« in der publizierten Fassung der Rede in Anführungszeichen gesetzt war, womit es relativiert wurde.

Nur acht Tage später, am 4. März 1990, versammelten sich einige zehntausend aufgebrachte Serben bei der Gedenkstätte von Petrova Gora und skandierten Parolen gegen Franjo Tuđman, vor allem »Das hier ist Serbien!«. Aber man hörte auch den morbiden Reim »Nećemo se više dati, nećete nas više klati« (»Wir lassen das nicht noch einmal mit uns machen, ihr werdet uns nicht noch einmal abschlachten«). Erstmals beteiligten sich auch einige Leute aus Prkos an einem solchen öffentlichen Protest, bis zu diesem Moment hatten sie sich weder auf die eine noch auf die andere Seite festgelegt. Am schwersten hatten es Menschen wie Vaso Roknić, von denen es sehr viele gab. Sie hatten

Enkelkinder, die in Kroatien in gemischten Ehen zur Welt gekommen waren, und ihre einzige Option war Jugoslawien, aber mit Milošević in Belgrad, dem Tuđman in Zagreb assisitierte, konnte dieses Jugoslawien nicht bestehen.

Als er der erste Mann im Staat wurde, hatte Franjo Tuđman immer noch eine Chance, einen Großteil der Serben in Kroatien für sich zu gewinnen oder sie zumindest zu beruhigen. Während des Weltkriegs und danach hatte er bei verschiedenen Gelegenheiten mit Serben zusammengearbeitet, er hatte einige serbische Freunde und viele Bekannte. Nach 1989 hatte er keinen Kontakt mehr mit ihnen und lud sie nicht mehr zu sich nach Hause ein. Anders als später sein Nachfolger in der Kroatischen Demokratischen Union erwies er ihnen nie die Ehre des üblichen orthodoxen Grußes bei öffentlichen Ansprachen, selbst in der Weihnachtsansprache hörte man von ihm nie das traditionelle orthodoxe »Hristos se rodi« (»Christus ist geboren«). Er versicherte ihnen nie, dass Kroatien auch ihre Heimat sei und dass sich niemals wieder auch nur etwas Ähnliches wie 1941 ereignen würde. Stattdessen mutete er ihnen mit dunkler Miene vorgetragene, engstirnig verdrehte historische Lektionen zu. Er schwenkte wie ein Stierkämpfer vor ihnen das rote Tuch von Maks Lubirićs perverser Idee einer »Versöhnung der Ustasche mit den kroatischen Partisanen«. Mit seiner konfrontativen Intoleranz förderte er eine antiserbische Haltung in der kroatischen Öffentlichkeit. Als im Sommer 1990 die Empörung der Serben offensichtlich wurde, spürte Tuđman, dass Gefahr in der Luft lag, und er milderte seine Reden ab. Er bekundete mehrmals, man garantiere den Serben und anderen Minderheiten, dass sie in Kroatien nicht nur juristisch, sondern auch faktisch alle bürgerlichen und ethnischen Rechte genießen würden. Aber es war zu spät. Diese wenigen konzilianten Äußerungen standen im krassen Widerspruch zu den vorangegangenen, weit häufigeren unheilverkündenden Aktionen. Als erster Mann im Staat hat sich Tuđman mit keiner Silbe gegen die Massenentlassungen der Serben aus den öffentlichen Ämtern gestellt, nichts gegen die Sprengungen der serbischen Häuser unternommen oder gegen die Zerstörung der Denkmäler und sich auch nicht zu den Morden an serbischen Zivilisten in einigen kroatischen Städten geäußert.

Mit Milośević als Anführer Serbiens war 1991 ein kriegerischer Angriff auf Kroatien nicht mehr zu vermeiden. Man hätte aber das Böse sichtlich abmildern können. Mit einer klügeren Behandlung der Serben in Kroatien hätten sich viele nicht am Angriff auf Kroatien, an Bombardierungen kroatischer Städte und dem massenhaften Niederbrennen kroatischer Dörfer beteiligt. Die Serben aus Gorski Kotar sind ein gutes Beispiel. Der damalige Innenminister Josip Boljkovac und andere offizielle politische Vertreter der Region sind beizeiten auf sie zugegangen und haben ihnen kluge und akzeptable Vorschläge unterbreitet. In Drežnica, Jasenak, Gomirje und Moravice fiel nicht ein einziger Schuss, und es wurde nicht ein einziges Haus – weder ein serbisches noch ein kroatisches – in Brand gesetzt.

Anfang 1990 waren Tuđman und ich zu einem dreitägigen Symposium in Wien mit Vertretern aus einigen Ländern eingeladen, die sich gerade im Übergang vom Kommunismus in ein demokratisches Mehrparteiensystem befanden. In einer Kaffeepause schnitt ich das Thema der Serben in Kroatien an. Tuđman antwortete mir: »Ich bitte Sie, worüber sollten wir noch reden? Man sollte sich mit Milošević an einen Tisch setzen und sich über alles einigen. Die kroatischen Serben werden ihm wie Schafe folgen. Und sagen Sie, Slavko, gibt es in Kroatien irgendjemanden außer mir, der sich mit Milošević an einen solchen Tisch setzen kann, um mit ihm im Namen Kroatiens eine solche Vereinbarung zu erreichen?«

Aber die Serben in Kroatien wurden von Milošević im Stich gelassen, er blendete und missbrauchte sie und wiegelte sie gegen Kroatien auf, und dann, am Ende, verriet er sie heuchlerisch.

Etwa gegen 13.30 Uhr am Nachmittag des 4. Oktober 1991 brach auf den bewaldeten Hügeln oberhalb von Banski Kovačevac ein massiver Beschuss mit Maschinengewehren und Granatwerfern los. Die Menschen rannten sofort aus ihren Häusern zum Fluss. Bewaffnete Mitglieder der Territorialen Verteidigungskräfte[35] des Serbischen Autonomen Gebiets Krajina *(Srpska autonomna oblast Krajina, SAO Krajina)* und freiwillige Reservisten aus Serbien stürmten aus dem Wald. Der Angriff war Teil einer allgemeinen Offensive, die an diesem Tag an einer breiten Front in Richtung des Flusses Kupa und der Stadt Karlovac begann. Den an Zahl und Waffen weit überlegenen Angreifern leisteten die ungefähr zehn Dorfbewohner, die im Besitz von Waffen waren, keinen Widerstand, sie rannten mit den anderen Menschen in Richtung Kupa. Die Angreifer schossen nicht direkt auf die fliehende Bevölkerung, sondern nur über ihre Köpfe hinweg. An diesem Tag wurde kein Einwohner aus Banski Kovačevac getötet oder verletzt. Sie setzten alle mit der Fähre auf die andere Seite der Kupa nach Šišljavić über. Von den 307 Einwohnern, die es laut der 1991 durchgeführten Volkszählung in Banski Kovačevac gab, blieben sechzehn in ihren Häusern im Dorf, hauptsächlich ältere Menschen, die nicht fliehen konnten oder wollten. Auch Mata Đerek und seine Frau Danica blieben in ihrem Haus. Als die Schüsse fielen und die Nachbarn sie bedrängten zu fliehen, sagte Mata, er habe niemandem etwas getan und ihm und seiner Frau Danica werde nichts geschehen. Ein paar Soldaten, von denen es hieß, sie seien aus dem in Serbien gelegenen Loznica, fragten Mata grob aus und drohten, ihn zu erschießen, bis ein ranghöheres Mitglied der Territorialen Verteidigungskräfte dazukam, der Mata kannte. Er brüllte die Soldaten an, sie benähmen sich wie wilde Tiere. Er versicherte Mata und Danica, sie stünden unter seinem Schutz, solange er da sei. Aber er könne für nichts garantieren, sollte er am anderen Tag nicht mehr da und auf dem Weg nach Lasinja sein. Später erschien ein weiterer Mann aus Loznica, der allem Anschein nach der Anführer der Gruppe war, und befahl Danica, ihnen ein Abendessen zuzubereiten. Er erklärte Mata: »Das hier ist jetzt Serbien, bis zum Fluss Kupa – du kannst hierbleiben, wenn du die serbische Regierung anerkennst, sonst ist es besser für dich, wenn du nicht hierbleibst. Wir werden euch nicht töten, so wie ihr 1941 unsere Leute zu Tausenden ermordet habt.«

Über einen möglichen Angriff auf Banski Kovačevac und andere kroatische Dörfer am rechten Ufer der Kupa war schon Wochen zuvor gemutmaßt worden, dennoch kam er für alle überraschend. In Knin war am 21. Dezember 1990 die Gründung des Serbischen Autonomen Gebiets Krajina proklamiert worden, die sich am 1. April 1991 auch die Gemeinde Vrginmost einverleibte, zu der das Dorf Prkos gehörte. Zehn junge Männer aus Prkos, die zum militanten Flügel der Serbischen Demokratischen Partei (SDS) zählten, erhielten Waffen und erklärten sich bereit, bei den Territorialen Verteidigungskräften des Serbischen Autonomen Gebiets Krajina zu dienen. Nahezu zeitgleich wurden zehn Männer aus Banski Kovačevac, die dem militanten Flügel der Kroatischen Demokratischen Partei (HDZ) angehörten, mit einigen Karabinern und zwei Maschinengewehren ausgestattet oder besorgten sie sich selbst. Ein halbes Jahr lang, bis zum 4. Oktober, bestand eine Art bewaffneter Frieden zwischen den beiden Dörfern. Es gab keine Zwischenfälle. Die Dorfbewohner von Kovačevac passierten auf ihrem Weg nach Lasinja friedlich das bewaffnete Nachbardorf Prkos; die Bewohner von Prkos passierten friedlich das bewaffnete Banski Kovačevac, wenn sie nach Sjeničak oder Karlovac fuhren. Dennoch verdichteten sich die Spannungen auf beiden Seiten. Sie enstanden nicht aus den Unstimmigkeiten zwischen zwei Dörfern, denn Mata Đerek und Vaso Roknić hätten diese wahrscheinlich schnell aufgelöst. Das Verhältnis der beiden Dörfer zueinander wurde immer mehr von den äußeren Umständen bestimmt, und dagegen konnten selbst diese beiden Männer nichts ausrichten. Wie jedes Jahr, fand auch 1991 in Banski Kovačevac ein Fest zu Ehren der Muttergottes vor der Kirche des heiligen Petrus statt. Wie jedes Jahr machte sich auch dieses Mal der Gastwirt Stevo Korać auf den Weg, um auf dem Fest seinen Braten zu verkaufen. Doch dieses Mal verkaufte er nicht ein einziges Kilo. Er wurde nicht als Gastwirt boykottiert – einige Leute aus Banski Kovačevac waren ja sogar mit ihm befreundet –, sondern als Serbe. Die vorhandene, aber bislang überwindbare Barriere, die zwischen den beiden Dörfern bestand, wurde nun immer konkreter und unpassierbarer. Die Menschen spalteten sich in zwei Lager, in denen die einzelnen Dorfbewohner aus Banski Kovačevac und Prkos, mit Namen wie Jana und Anđelija, Bastajić und Milović, nicht mehr wahrgenommen wurden. Sie waren jetzt nur noch Serben und Kroaten.

Im Sommer 1991 weitete sich der Krieg schrittweise auf ganz Kroatien aus. Er hatte noch nicht einmal die Kupa und den Norden des Kordun erreicht, als die Botschafter der von Slobodan Milošević von Belgrad aus dirigierten und von seinen Ja-Sagern von Knin aus durchgeführten Politik immer häufiger in den serbischen Dörfern auftauchten. Sie nutzten für ihre Agitation eine effiziente Munition: Die antiserbischen Statements, die damals in kroatischen Medien verbreitet wurden, und die traumatische Erinnerung an das Jahr 1941, wenn sie behaupteten, es liege eine ähnliche Gefahr in der Luft. Ein Dorfbewohner von Prkos hat mir berichtet, am meisten habe sie im Dorf überzeugt, dass sich auch die aus ihrer Region stammenden, hochangesehenen Partisanen-Generäle Dušan Pekić und Pavle Jakšić auf die Seite von Belgrad und Knin gestellt hatten.[36] Vaso Roknić versuchte auf regionaler Ebene, in der sprichwörtlich letzten Sekunde das Allerschlimmste zu verhindern: Bei einem Treffen mit den Kroaten aus Lasinja – in der Schule von Banski Kovačevac – schlug er vor, gemeinsame Wachen und Patrouillen aufzustellen, mit jeweils einem bewaffneten Kroaten und einem Serben pro Schicht. Die Extremisten beider Seiten schmetterten seinen Vorschlag sofort ab. Als Mata Đerek verstand, dass nichts mehr auszurichten war, blieb ihm nichts übrig, als sich nach fünfundvierzig Jahren abermals als neutral zu positionieren.

In dieser Zeit ließ sich eine Kompanie der Kroatischen Nationalgarde in Lasinja nieder. Einige ihrer Soldaten verhielten sich gegenüber den Serben herrisch und grob. Sie spürten, dass sich in den serbischen Dörfern etwas zusammenbraute, und sie nahmen wahr, dass die Truppen der Territorialen Verteidigungskräfte des Serbischen Autonomen Gebiets Krajina sich mit paramilitärischen Einheiten zusammentaten. Am 29. September begannen einige Soldaten der kroatischen Garde, am Ortseingang von Prkos Gräben auszuheben – bald darauf fielen im Weiler Dobrići zwischen Prkos und Crna Draga die ersten Schüsse. An diesem Tag gab es keine Toten oder Verwundeten, aber niemand aus Banski Kovačevac wagte es mehr, nach Prkos zu gehen. Wenn jemand nach Lasinja musste, nahm er die Umgehungsstraße auf der anderen Seite der Kupa. Einige Bewohner von Banski Kovačevac waren so vorausschauend, alles, was für sie von Wert war, nach Šišljavić am gegenüberliegenden Flussufer zu bringen.

Zwischen dem 29. September und dem 4. Oktober versammelten sich in Prkos, Sjeničak und Dugo Selo unzählige Soldaten, und jeder, der einmal im Krieg gekämpft hatte, wusste bei ihrem Anblick sofort, dass hier eine großangelegte Aktion vorbereitet wurde. Ihnen folgte leichte Artillerie, die sich in Prkos auf dem Hügel gegenüber von Banski Kovačevac eingrub. Niemand aus Prkos warnte die Menschen in Banski Kovačevac vor der Gefahr, in der sie sich befanden. Es gab jedoch eine Frau aus Prkos, die Mata und Danica besuchte und darüber klagte, dass die äußeren Umstände die Menschen voneinander entfremden und alte Freundschaften zerstören würden. Sie berichtete den beiden, dass sie alle ihre Wertgegenstände nach Sjeničak gebracht hatte, da man in diesen verrückten Zeiten nicht wissen könne, was noch alles passieren würde. Später behauptete sie, sie habe die beiden damit warnen wollen. Als man sie fragte, warum sie denn nicht genau gesagt habe, was los war, antwortete sie: »Ich habe gesagt, was ich sagen konnte und sagen durfte.« Offensichtlich hatten die Leute aus Prkos Angst davor, die Menschen in Kovačevac zu warnen, um nicht als Verräter abgestempelt zu werden, was im damals ausgebrochenen Terror nichts anderes bedeutet hätte, als den eigenen Kopf unter das Beil zu legen. Es ist aber zu vermuten, dass es unter den Dorfbewohnern von Prkos einige gab, die sich von dem sie umgebenden Wahn hatten anstecken lassen und die Menschen aus Banski Kovačevac gar nicht vor dem Verderben hatten retten wollen.

Kaum hatten die Einheiten, die teils aus der Jugoslawischen Armee, teils aus den Verteidigungskräften des SAO Krajina bestanden, am 4. Oktober Banski Kovačevac besetzt, übergossen sie noch vor der Abenddämmerung die Holzkirche des heiligen Petrus mit Benzin und setzten sie in Brand. Sie brannte bis zum nächsten Morgen. Die anderen Gebäude wurden nicht sofort angezündet, weil zuerst in den verlassenen Häusern geplündert wurde. Danica und Mata wurde es untersagt, Haus und Hof zu verlassen, trotzdem konnten sie vieles beobachten. Von seinem Fenster aus sah Mata einen seiner Bekannten aus Sjeničak mit Traktor und Anhänger vor dem Haus eines relativ wohlhabenden Mannes, der schon lange als Gastarbeiter in Deutschland lebte. Der Traktorist aus Sjeničak und sein Helfer trugen in aller Ruhe einen Elektroherd, einen Kühlschrank, einen Fernseher und andere Gegenstände aus dem verlassenen Haus, luden sie auf den Anhänger und machten sich auf den Weg zurück nach Sjeničak. Nachmittags kamen sie wieder, luden nochmals den Anhänger voll und schlossen das leere Haus ab, um sich für den kommenden Tag den Rest der Beute zu sichern.

In Sjeničak kannte jeder Mata, er hatte dort oft als Zimmermann gearbeitet und gute Beziehungen zu vielen Menschen. Schon am ersten Morgen nach der Besatzung von Banski Kovačevac kam ein junger Soldat aus Sjeničak (dessen Name mir unbekannt ist) in Matas und Danicas Haus, erkundigte sich, wie es ihnen ging, und gab ihnen, weil er sie mochte, Brot und etwas zu trinken. Er klagte über die Situation und erzählte, wie schwer es ihm zusetze, als Soldat an alledem beteiligt zu sein. Er kam am gleichen und am darauffolgenden Tag wieder, bis ihn einer seiner Vorgesetzten von Matas Hof verscheuchte und ihm verbot wiederzukommen. Ein anderer junger Mann aus Sjeničak, er soll achtzehn Jahre alt gewesen sein und Lazo Tatula geheißen haben, widersetzte sich dem Befehl, aus den verlassenen Ställen und von den Weiden im oberen Teil von Kovačevac die Kälber abzuführen und sie in das Vorratslager der Serbischen Territorialen Verteidigungskräfte zu bringen. Er könne, sagte er, nicht an den Plünderungen seiner Nachbarn teilnehmen, mit denen er noch bis vor kurzem zur Schule gegangen war. Es ging das Gerücht um, man habe Lazo wegen Feigheit und Undiszipliniertheit auf der Stelle hingerichtet. Mir ist es aber nicht gelungen, einen gesicherten Beweis dafür zu finden. Sicher ist, dass sich zwar einige Dorfbewohner aus Sjeničak an den Plünderungen in Banski Kovačevac beteiligt, viele es aber auch vermieden haben und bestrebt waren, ihren in Not geratenen kroatischen Nachbarn zu helfen.

Mata und Danica sahen in diesen Tagen sehr viele Menschen aus Sjeničak, aber keinen einzigen Dorfbewohner aus Prkos. Dennoch rechnete Mata fest damit, dass ihn, wenn schon niemand sonst, sein alter, langjähriger enger Freund und Mitarbeiter Vaso Roknić besuchen, ihn beschützen und ihm auch zu Hilfe kommen würde. Aber Roknić tauchte nicht auf. Auch dann nicht, als die Armee in Prkos für den Angriff auf Banski Kovačevac und Lasinja ihre Positionen bezog. Ein kriegserfahrener Mann konnte schnell erkennen, was vor sich ging, aber Vaso brachte es nicht zustande, die sechs-, siebenhundert Meter zu überwinden, die zwischen ihren beiden Häusern lagen, er warnte seinen alten Freund nicht. Mata hat ihm das nie verziehen, doch er hat meiner Meinung nach zu streng über Vaso geurteilt. Prkos war nur ein winzig kleiner Teil einer großen Angriffsoffensive, bei der weit mächtigere Kräfte als Vaso Roknić das Sagen hatten. Es lag nicht in Vasos Macht, etwas für Prkos zu tun, und er konnte auch nur wenig für sich selbst und seine Familie ausrichten. Im Gegensatz zu vielen anderen älteren Bewohnern von Prkos, die angesichts der bedrohlichen Anzeichen zu ihren Kindern in die Städte gegangen waren, blieb Vaso in Prkos. Er wollte das Erbe seiner Vorfahren – ein schönes Haus, eine sehr feine Werkstatt – bewahren, obwohl seine Kinder und Enkelkinder nicht aus Zagreb und Pula zurückkehren würden.

Roknić lehnte es ab, die Waffen, die 1991 von den Serben verteilt wurden, anzunehmen. Bis zum letzten Augenblick hat er versucht, mit seiner Idee gemischter gemeinsamer Wachen einen Waffenstillstand wenigstens für sein eigenes Dorf, wenn nicht für die ganze Region zu erwirken. Da er im Dorf stets vermittelnd gewirkt hatte, stand er sicher unter Beobachtung des Geheimdienstes des Serbischen Autonomen Gebiets Krajina. Einmal wurde sein Haus komplett auf den Kopf gestellt, und man konfiszierte sein Funktelefon, mit dem er bis zum Ausbruch des Krieges mit seinen Klienten und seiner Familie kommunizierte. (Es ist bemerkenswert, dass zur gleichen Zeit das Haus von Vasos Sohn in Zagreb durchsucht wurde und man auch ihm sein Telefon wegnahm.) Nachdem am 19. Dezember 1991 die RSK, die Republik Serbische Krajina, ausgerufen worden war, engagierte sich Vaso in den Organisationen, die Menschen halfen, die aus den vom Krieg heimgesuchten kroatischen Städten geflohen waren. Er arbeitete mit Dimitar Obradović zusammen und freundete sich mit ihm an. Obradović hatte sich der aggressiven Politik der Serben aus Knin widersetzt und versucht, wenigstens ansatzweise Toleranz und Kompromisse zwischen der Republik Kroatien und dem SAO Krajina zu erwirken. Nachdem Obradović am 4. Juli 1992 auf dem Weg von Topusko nach Vrginmost in einen Hinterhalt geraten und »von Unbekannten« getötet worden war, schlief Vaso Roknić in Prkos sicher sehr schlecht.

Mata und Danica verbrachten drei Tage im besetzten Banski Kovačevac. Am dritten Tag erhielt Mata Besuch von einem alten Bekannten aus Sjeničak, einem Freund aus jüngeren Jahren, mit dem er in der Jugoslawisch-Königlichen Armee in Gorski Kotar gedient hatte. Er redete nicht um den heißen Brei herum: »Mata«, sagte er, »sieh zu, dass du mit deiner Frau noch heute Nacht hier weggkommst, wohin auch immer, aber du musst verschwinden. Sie reden schon darüber, dass sie dich umbringen wollen, weil du zu viel gesehen hast. Du kennst jeden, der gestohlen hat, und weißt auch, wer bestohlen worden ist. Sie sagen, du könntest eines Tages, wann auch immer, gegen sie aussagen.«

Obwohl er Angst hatte, zögerte Mata nicht eine Sekunde. Aus seiner Zeit als Deserteur kannte er noch die Schleichwege und Pfade im Wald, alle geheimen Abzweigungen, die zum Fluss und zu den dort versteckten Booten führten. Er und seine Frau Danica verließen an diesem Abend ihr Haus mit nichts als dem, was sie am Leib trugen, sie trugen weder Bündel noch Taschen, die ihnen die Flucht erschwert hätten. Sie gingen in einem großen Bogen um Kovačevac herum und setzten bei Selnica noch vor dem Morgengrauen über die Kupa über. Noch vor dem Mittag waren sie in Karlovac bei ihrer Tochter Branka und deren Ehemann, dem Automechaniker Zlatko Milovac, bei denen sie auch die folgenden vier Jahre verbrachten.

In den ersten Frühlingstagen 1992 fuhren Mata und Danica mit ihrem Schwiegersohn Zlatko einige Male nach Šišljavić und in den kleinen Weiler Rožan Breg. Von dort sahen sie und andere Dorfbewohner aus Banski Kovačevac der Zerstörung ihres Dorfes auf der anderen Seite des Flusses zu. Nach dem Niederbrennen der Kirche des heiligen Petrus im Oktober 1991 waren in Banski Kovačevac keine Brände mehr gelegt worden. Nachdem Danica und Mata geflüchtet waren, hatte ein weiteres älteres Paar mit Hilfe des Roten Kreuzes das Dorf verlassen, und so lebten nur noch zwölf Einheimische dort. Sie hatten beschlossen zu bleiben, was auch immer geschehen mochte. Obwohl aus den Städten und aus den meisten Dörfern, die jetzt zur Republik Serbische Krajina gehörten, die gesamte kroatische Bevölkerung vertrieben worden war (mehr als hunderttausend Geflüchtete und Vertriebene), hatte die Regierung die Handvoll noch in Banski Kovačevac verbliebenen Menschen in Ruhe gelassen. Die verlassenen Häuser wurden geplündert, aber das gespenstisch leere Dorf überlebte den Winter nahezu intakt. Einheiten der Serbischen Territorialen Verteidigungskräfte hatten sich in einigen der verlassenen Häuser niedergelassen, während sich auf der anderen Flussseite die kroatische Armee eingerichtet hatte.

Im März 1992 begann man, die Häuser von Banski Kovačevac zu sprengen, die leeren Scheunen und Ställe standen in Flammen. Hilflos waren die letzten Bewohner von Kovačevac auf den gegenüberliegenden Hügel geflüchtet. Es waren Wochen großer Veränderungen in der Krajina. Kroatien gelang es, sich militärisch zu verteidigen, außerdem erreichte es die Anerkennung durch die internationale Staatengemeinschaft. Die Führung der Republik Serbische Krajina befürchtete nun, dass es für die Serben schwer würde, sich aus diesem Staat zu befreien. Auch fiel ihnen Milošević in den Rücken. Er lehnte den Vorschlag, die Krajina dem verbliebenen Rumpf-Jugoslawien bzw. Serbien einzugliedern, rundweg ab. Er zwang die serbische Führung der Krajina dazu, die Waffenruhe zu akzeptieren, die der frühere US-Außenminister Cyrus Vance in einem Friedensplan vorgeschlagen hatte. Erst danach verkündete Milošević, dass er bereit war, die Krajina zugunsten eines größeren Territoriums in Bosnien aufzugeben. Aus dieser kritischen Lage resultierten zahlreiche Unstimmigkeiten und Spannungen und schließlich auch Spaltungen innerhalb der serbischen Führung der Krajina. Daraus enstanden getrennt operierende Befehlsketten – eine Garantie für anarchisches Chaos. Der anfängliche Enthusiasmus, der sich in der Parole »Alle Serben in einem Staat« gespiegelt hatte, löste sich alsbald in Luft auf. Der Optimismus war verpufft, als die materielle Not immer größer geworden war und man zugleich immer mehr vom Rest der Welt isoliert zu sein schien.

In dieser Atmosphäre der Frustration und des Ressentiments wurde

Banski Kovačevac schließlich im Frühling 1992 dem Erdboden gleichgemacht, wobei sechs der insgesamt zwölf dort verbliebenen Einwohner grausam ermordet wurden. Weil über diese Vorfälle in Prkos und Banski Kovačevac jeweils unterschiedliche Versionen kursieren, herrschen zwischen den beiden Dörfern seitdem starke Spannungen. Mir wurde erlaubt, im Karlovacer Polizeirevier die amtliche Dokumentation des Falles einzusehen. Ich konnte mich davon überzeugen, dass die Ermittlungen sehr umsichtig und gründlich durchgeführt wurden, und möchte sie an dieser Stelle darlegen.

In den ersten Frühlingstagen von 1992 bildete der Bach Slatnjak, der durch Banski Kovačevac fließt, die Grenze zwischen zwei unterschiedlichen »Zonen«. Der südliche Teil des Dorfes fiel in den Zuständigkeitsbereich der 11. Brigade, mit Sitz in Vojnić. Der nördliche Abschnitt unterstand der 4. Brigade, deren Hauptquartier sich im damaligen Vrginmost (heute bekannt als Gvozd) befand. Im Norden von Kovačevac war die 3. Abteilung der 5. Kompanie des 3. Bataillons der Vrginmost-Brigade stationiert. Alle Soldaten dieser Einheit und ebenso die befehlshabenden Offiziere stammten aus Slavonsko Polje und Umgebung. Niemand aus Prkos war dabei. Eines Abends erschien ein Sicherheitsoffizier des Bataillons, Pane Bulat, in Banski Kovačevac. Bei ihm war ein schweigsamer, in schwarzes Zivil gekleideter Mann, der den gleichen Rang wie Bulat innehatte. (In der Armee der Krajina-Serben gab es solche Offiziere oder Unteroffiziere mit besonderen Befugnissen, die für Sicherheit und Geheimdienst verantwortlich waren.) Bulat bat den Kommandanten um eine Verstärkung von fünf Soldaten, die ihm dabei helfen sollten, die noch in Kovačevac befindlichen älteren Einwohner umzusiedeln. Ein Soldat meldete sich freiwillig, die anderen vier wurden vom Kommandanten der Abteilung bestimmt. Wie von Bulat vorgesehen, führten die Soldaten sechs Einwohner aus ihren Häusern – fünf Frauen und einen Mann, alle zwischen 63 und 78 Jahre alt. Bulat ließ sie in den kleinen Weiler Mihalić bringen. Im Hof des Hauses Nr. 8 entließ er dann die Soldaten aus dem Dienst und blieb mit zwei Assistenten zurück, um die Gefangenen zu verhören.

Soldaten der 3. Slawonischen Abteilung, die später vor der Polizei aussagten, erklärten übereinstimmend, dass sie nach etwa einer Dreiviertelstunde aus dem Weiler Mihalić kurzes, aber intensives Feuer aus einem Automatikgewehr und einem »Skorpion«-Maschinengewehr gehört hätten. Nach weiteren fünfzehn Minuten holte einer von Bulats Assistenten die Soldaten, ein in schwarzes Zivil gekleideter Mann. Dieses Mal suchte der Kommandant der Abteilung eine Gruppe anderer Soldaten aus, die sich mit dem schweigsamen Mann in Zivil auf den Weg zum Weiler Mihalić machten. Dort trafen sie Bulat bei den sechs getöteten Einwohnern von Kovačevac stehend an. Bis auf einen trugen die Leichname Spuren von Gewalt, die vor der Ermordung gegen sie ausgeübt worden war, außerdem waren sie fast nackt. Bulat befahl den Soldaten, die Leichen in den nächsten leeren Brunnen zu werfen. Die Soldaten führten diesen Befehl äußerst widerwillig aus. Pane Bulat ordnete schließlich an, den Brunnen zu sprengen, doch das gelang nur unvollständig.

Die polizeilichen Ermittler aus Karlovac konnten das genaue Datum des Verbrechens nicht mit letzter Gewissheit bestimmen. In der Akte ist vermerkt, dass die Morde »in einer der Nächte zwischen dem 19. und dem 23. März 1992« begangen worden seien. Auch über die Motive des Verbrechens ist nichts Genaues festgehalten. Bulats Assistent, der in Schwarz gekleidete Mann, sprach von Vergeltung für 1941 – er stamme aus dem Dorf Vrginmost, wo die Ustasche seine gesamte Familie getötet hätten. Es ging aber auch das Gerücht um, ein Motiv könnte die Ankündigung gewesen sein, dass demnächst Beobachter der Schutztruppe der Vereinten Nationen[37] nach Banski Kovačevac kommen würden. Man habe deshalb das Dorf von allen Zeugen der vorangegangenen Untaten »säubern« wollen. Außer den ersten sechs Ermordeten wurden drei weitere Menschen aus Kovačevac getötet, drei andere wurden von Freunden aus Sjeničak gerettet:

Sie nahmen sie bei sich auf und ließen sie so lange bei sich wohnen, bis drei Jahre später die Operation Oluja vorbei war, bei der die kroatische Armee die Krajina zurückeroberte. Es gab signifikante Unterschiede im Verhalten gegenüber der kroatischen Bevölkerung unter den Krajina-Serben: Alle oben aufgeführten Verbrechen wurden in dem von der Vrginmost-Brigade überwachten Gebiet begangen, während es solche Verbrechen südlich von Banski Kovačevac, wo die Sjeničak-Brigade stationiert war, nicht gegeben hat.

Einige Zeugen haben als Motiv für diese Verbrechen Plünderungen genannt. Grgo Mihalić hatte den Ruf eines wohlhabenden Mannes, er sollte größere Summen in deutscher Währung angespart haben. Bevor er seine sechs Gefangenen ermorden ließ, hatte Bulat von Grgo Mihalić 100 000 D-Mark gefordert, schließlich sagte er, für 70 000 oder 80 000 D-Mark werde er sein Leben verschonen. Mihalić scheint ihm alles gegeben zu haben, was er hatte, gerade mal drei-, viertausend D-Mark. Dem Mörder reichte das nicht. Mihalić erklärte Bulat, er sei mit vielen Serben aus Prkos befreundet und habe ihnen im Frühling 1942 nach der Ustascha-Offensive sofort geholfen, ihnen zu essen und Kleider gegeben (was alles der Wahrheit entsprach), doch das hielt Bulat nicht davon ab, ihn zu töten.

Einige Tage später erschien Milan Rabljenović, ein Polizeiinspektor aus der Wache in Sjeničak, in Banski Kovačevac, um den Fall aufzuklären. Seine beiden kurzen Berichte vom 29. und 30. März sind objektiv und prägnant. Er fand auf dem Grund des Brunnens die Leichenreste und schrieb alles nieder, was er von den Soldaten vor Ort in Erfahrung brachte. Pane Bulat fing Rabljenović am 31. März in Banski Kovačevac ab und schrie ihn wütend an: »Was hast du in meinem Verantwortungsbereich zu ermitteln? Mach, dass du hier wegkommst, und komm mir nie wieder unter die Augen!«

Dennoch redete man über Bulats Verbrechen, und seine Vorgesetzten ordneten an, die Spuren zu beseitigen. In den ersten Apriltagen kehrte Bulat nach Banski Kovačevac zurück, dieses Mal mit einem kleinen Lastwagen, und verlangte erneut Soldaten aus der örtlichen Einheit. Nach vielen Komplikationen und Anstrengungen wurden die Leichen aus dem Brunnen geborgen und auf den Lastwagen verladen. Mit einigen Vertrauten fuhr Bulat den Lastwagen auf die Straße in Richtung Prkos, aber sein genaues Ziel ist nie durchgesickert.

Einige Jahre später, 1998, nahm die Polizei von Karlovac weitere Ermittlungen vor. Bulat und seine Helfer waren nach der Operation Oluja 1995 nach Serbien geflüchtet, wie die meisten kroatischen Serben, und damit außer Reichweite. Man wusste aber im Großen und Ganzen durch vorhergehende Ermittlungen, was sich damals ereignet hatte, deshalb konzentrierte man sich nun darauf, den Ort zu finden, an dem die Leichen verscharrt worden waren. Die Ermittler führten intensive Befragungen der Einwohner von Prkos durch. Nach einem strengen Verhör gab der verstörte Svetozar Bižić dann zu, im April 1992 im nahe gelegenen Wald Gusto Cerje einige Leichen gesehen zu haben, bei denen es sich wahrscheinlich um die Opfer aus Banski Kovačevac gehandelt habe. Er hatte mit seinem Nachbarn Mirko Rokvić ohne Erlaubnis Wild gejagt, und dabei waren sie ungefähr einen Kilometer vom Dorf entfernt auf eine große Holzkiste gestoßen, in der sich einige kaum bedeckte Leichen befanden. Doch als sie später nochmals zurückkehrten, war die Kiste mit den Leichen verschwunden. Die Ermittler befragten auch den zweiten Zeugen, der die Aussage bestätigte. Weiter als bis hierher sind die Ermittler nicht gekommen, obwohl sie es versucht haben. Offenbar hat Pane Bulat sehr geschickt alle Spuren seines Verbrechens verschwinden lassen.

Pane Bulat musste sich für dieses Verbrechen bislang nicht verantworten. Die erwähnten Berichte von Milan Rabljenović zeigen eindeutig, dass Ermittlungen stattgefunden haben, aber zu einer Strafanzeige bei den gerichtlichen Behörden der Republik Serbische Krajina ist es in dieser Sache nie gekommen. Die Polizeidirektion in Karlovac stellte zwar einen Antrag auf Strafverfolgung, doch die kroatischen Behörden hatten keinen Zugriff auf Bulat.

Von den kroatischen Ämtern, die sich mit diesen Fragen befassen, habe ich den inoffiziellen Hinweis erhalten, dass in der Zeit, in der die Republik Serbische Krajina bestand, außerhalb von Kriegseinsätzen 700 kroatische Zivilisten der insgesamt 8000 dort lebenden Kroaten ermordet wurden. Eine definitiv präzise Zahl wird sich erst dann nennen lassen, wenn die Angaben unterschiedlicher Quellen abgeglichen werden. In Nikica Barićs Buch »Die serbische Rebellion in Kroatien 1991–1995«[38] ist die Rede davon, dass zwischen dem 1.1.1992 und dem 30.9.1994 im Ministerium für Innere Angelegenheiten der Krajina 440 Fälle von Morden an insgesamt 573 Personen registriert wurden, 305 Serben und 268 Kroaten sowie Angehörige weiterer Nationalitäten. In 195 der letzteren 268 Fälle sind die Täter nie gefasst worden. Die Krajina-Polizei hat bei der Staatsanwaltschaft 306 Menschen wegen Mordes angezeigt, aber die Protokolle darüber, wie viele dieser Personen letztlich vor Gericht gestellt und bestraft wurden, sind verlorengegangen. Dem Buch von Nikica Barić ist zu entnehmen, dass es nur sehr wenige Prozesse gegeben hat und noch weniger Schuldsprüche. Wenn aber Urteile gesprochen wurden, dann waren sie relativ streng und konnten bis zu zwanzig Jahre Gefängnis bedeuten.

Die Zahl der ermordeten Kroaten war natürlich höher als die im Buch genannten 268. Ich denke, dass es eher 700 waren, denn die Informationen aus Knin decken nicht die gesamte Kriegszeit ab, und sie beziehen jene Verbrechen, die vertuscht und nie offiziell registriert wurden, nicht ein. Radovan Jović, der Richter des Amtsgerichts in Glina, sagte 1992 auf einer Konferenz, die von einigen Intellektuellen der Region organisiert worden war: »Nach dem Krieg muss das serbische Volk die Kroaten für all die an ihnen begangenen Verbrechen um Vergebung bitten.«[39] Ich habe mit Jović über die damaligen Bedingungen für die Justiz in der Republik Serbische Krajina gesprochen. Seiner Ansicht nach war eine große Zahl der Justizvertreter in der Krajina bereit, die Morde zu verfolgen, was aber kaum möglich war. Entweder reichten die in den Anzeigen angeführten Beweise nicht aus, um Anklage zu erheben. Oder es wurde auf die Antragsteller Druck seitens höherer Regierungsstellen ausgeübt. Die Justizorgane und die Polizei waren nicht in der Lage, die Untaten der serbischen Paramilitärs an den serbischen Einwohnern, geschweige denn an der kroatischen Bevölkerung zu verhindern.

Radovan Jović war bei den Ermittlungen in Joševica bei Glina beteiligt, wo am 16. Dezember 1991 eines der schlimmsten Verbrechen an der zivilen kroatischen Bevölkerung begangen wurde. Am helllichten Tag stürmte um 13.30 Uhr eine Gruppe maskierter Soldaten in Uniform den Ort und tötete neunzehn Frauen und Männer, unter ihnen befanden sich vier Kinder im Alter zwischen zehn und sechzehn Jahren. Das Verbrechen wurde als Rache für den Angriff der kroatischen Armee gesehen, die in der Nacht vom 12. auf den 13. Dezember in Graćanica am rechten Ufer der Kupa eingefallen war und neunzehn Soldaten der Territorialen Verteidigungskräfte des Serbischen Autonomen Gebiets Krajina getötet hatte. Die Spuren des Verbrechens wiesen eindeutig auf ein Aufklärungskommando der Territorialen Verteidigungskräfte hin sowie auf die paramilitärische Einheit in Glina, die von Siniša Martić angeführt wurde. Auf Druck von oben wurden dem Bezirksgericht in Glina weitere Ermittlungen über das Verbrechen untersagt, der Vorgang wurde an das Hauptquartier der Territorialen Verteidigungskräfte des Bezirks Glina übergeben. Nach einer einmonatigen »Untersuchung« legte Dr. Dušan Jović – der damalige Vorsitzende des Kriegspräsidiums der Gemeindeversammlung Glina – einen Bericht vor. Er behauptete, die Tat sei von einer »zehnköpfigen Gruppe eingeschleuster Saboteure« begangen worden, »die zu den Ustascha-Kräften Kroatiens gehören«. »Der Vorgang«, fügte er noch an, »wird von uns als ein abscheuliches Ustascha-faschistisches Täuschungsmanöver eingeordnet mit dem Ziel, das begangene Verbrechen dem serbischen Volk unterzuschieben.«

Damit waren alle Ermittlungen über die Morde in Joševica blockiert. Die Soldaten des Aufklärungskommandos der Serbischen

Territorialen Verteidigungskräfte, die verdächtigt wurden, die Tat begangen zu haben, wurden für alle Fälle zu einer Militärfortbildung nach Pančevo (bei Belgrad) geschickt. Unter diesen Umständen ist es nicht verwunderlich, dass weder Pane Bulat noch andere Täter in der Krajina vor Gericht gestellt wurden. Da die individuelle Schuld nie benannt wurde, kam es schließlich zu kollektivem Misstrauen und Argwohn zwischen Serben und Kroaten in der Krajina. Diese Gräben vertieften sich noch, als die Kroaten ihrerseits in der Operation Oluja die Serben angriffen und die Krajina zurückeroberten.

Eine Woche nach der Operation Oluja standen Mata Đerek und ich in Banski Kovačevac vor den Trümmern seines Hauses. Der Stall und die große Scheune waren verbrannt, aber dort, wo das Wohnhaus gestanden hatte, waren keinerlei Brandspuren zu sehen. Jemand hatte das ganze Holzhaus feinsäuberlich in Einzelteile zerlegt und es an einen unbekannten Ort gebracht, den Mata auch später nie in Erfahrung bringen konnte. Man kann davon ausgehen, dass es irgendwo in der Krajina neu aufgestellt wurde. Als während der Operation Oluja alle serbischen Dörfer der Krajina in Brand gesetzt wurden, ist es dann wahrscheinlich tatsächlich verbrannt.

Von den einstigen Bauernhäusern in Banski Kovačevac waren nur noch Ruinen übrig, die nun wie Zahnstümpfe aus dem Boden ragten. Eine Woche nach der Rückeroberungsoffensive, der Operation Oluja, war es in dem dem Erdboden gleichgemachten Dorf aber wieder relativ lebendig, die Menschen kehrten nach Hause zurück, um sich den Zustand ihrer Häuser anzusehen und um auf den Höfen sauberzumachen. Doch noch konnte hier niemand leben. Das große Feld am Fluss konnte nicht betreten werden, überall warnten Schilder vor Minen. An eine Ernte jedoch war sowieso nicht zu denken, vier Jahre lang hatte niemand die Erde gepflügt oder etwas gesät.

Es ist schwer für mich zu beurteilen, ob das Glück der Menschen, wieder in ihrem Dorf leben zu können, größer war als ihre Verbitterung über die Zerstörung, die sie bei ihrer Rückkehr vorfanden. Aber ich hörte niemanden klagen. Das wichtigste Thema im Dorf war, wer wo und bei wem die eigenen Sachen gesichtet hatte, die nach den Plünderungen im Krieg irgendwann bei ihren Nachbarn in Sjeničak, Prkos oder an anderen Orten gelandet waren. Jemand erzählte Mata zum Beispiel, dass sein Traktor in Teslas Obstgarten in Lasinjski Sjeničak entdeckt worden war. Wir fuhren mit meinem Renault 4 in den nahe gelegenen Weiler, und tatsächlich stand Matas Traktor dort. Er war allerdings total auseinandergenommen worden und nicht mehr zu gebrauchen. Mata vermutete, dass Tesla versucht hatte, mit dem Traktor vor den kroatischen Truppen zu fliehen. Als es ihm aber nicht gelang, ihn von der Stelle zu bewegen, muss er wohl alles, was noch irgendwie zu gebrauchen war, abgeschraubt und in Richtung Osten nach Serbien mitgenommen haben.

Lasinjski Sjeničak zeigte sich uns als gespenstisch leeres Dorf. Weiter unten, um Križ herum, sahen wir einige erst vor kurzem niedergebrannte Häuser, aber an der Straße Richtung Kovačevac waren alle Gebäude noch intakt, doch niemand lebte mehr darin. Die Neugier trieb mich, einen Blick in ein hübsches kleines Ziegelhaus zu werfen, dessen Tür weit geöffnet war. Auf dem Küchentisch standen Teller, auf dem Ofen ordentlich abgestellte Töpfe, und einige unordentlich zusammengeworfene Papiere lagen auf der Kredenz. Es machte den Eindruck, als seien die Bewohner gerade erst überhastet aufgebrochen. An unserem Auto tauchten dann plötzlich aus dem Nichts heraus zwei kroatische Militärpolizisten auf, die wissen wollten, was wir hier zu suchen hätten. Nachdem wir uns ausgewiesen und alles erklärt hatten, unterhielten wir uns. Sie erzählten, dass sie Anweisung erhalten hatten, Plünderungen vorzubeugen, aber dennoch bei den Leuten aus den kroatischen Dörfern ein Auge zudrückten. »Das wird uns ohnehin bald gehören«, sagten sie, »denn wenn die Serben nicht innerhalb von dreißig Tagen zurückkommen, verlieren sie das Recht auf ihre

Häuser und ihren Besitz.« Diesen unredlichen Beschluss der kroatischen Regierung aus der Zeit kurz nach der Rückeroberungsoffensive hat es tatsächlich gegeben, er wurde aber wieder rückgängig gemacht.

Mata schmiedete Pläne. Er hatte vor, genau an der Stelle, an der sein altes Holzhaus gestanden hatte, ein neues Ziegelsteinhaus zu bauen, seine Kinder, sein Schwager und die Enkelkinder würden ihm dabei helfen. Nach seinem und Danicas Ableben würden sie es als Wochenendhäuschen benutzen können. Aber als Erstes wollte er die alte Holzscheune genauso wiederaufbauen, wie sie vorher gewesen war. Das sei schnell zu bewerkstelligen, sagte er, auf diese Weise würden er und Danica übergangsweise ein Zimmer haben, in dem sie leben konnten, bis das Haus erbaut war. Dies war für mich die Gelegenheit, mich bei Mata und seiner Familie für all das zu revanchieren, was er, Jaga, Jana und Draga 1941 für mich getan hatten. So schlug ich ihm vor, dass unser Verlag Novi Liber die Materialien für den Neubau der Scheune zahlen würde.

Damals fuhren mein Sohn Ivo und ich fast jedes Wochenende in die Regionen Kordun und Banija. Anfangs wurden wir Zeugen systematischer Zerstörungen von Tankstellen, öffentlichen Gebäuden, Gasthäusern und Genossenschaftsläden, die an der Landstraße lagen, während die Häuser in den zerstreuten Dörfern zwar verlassen waren, aber wie in Sjeničak den Krieg intakt überstanden hatten. Die Plünderungen in den verlassenen serbischen Dörfern hatten damals gerade erst begonnen. Schrittweise nahmen dann Woche um Woche die Raubzüge und Brandstiftungen zu. Die kroatische Regierung tat nichts, um dies zu unterbinden, wenn sie es nicht sogar förderte. An einem dieser Samstage bat mich Timothy Garton Ash, ihn einmal mitzunehmen. Ich war der Verleger seines Buches »We the people: The revolution of 1989«.[40] Ivo und ich schätzten ihn sehr als Historiker und erlebten ihn als einen ausgezeichneten Kenner all jener Länder, die sich gerade im Umbruch befanden, und als einen hervorragenden Schriftsteller. Im Kapitel »Das gesäuberte Kroatien« seines Buches

»Zeit der Freiheit. Aus den Zentren Mitteleuropas« beschreibt er auf fünf Seiten unseren gemeinsamen Gang nach Banski Kovačevac und Glina – hier möchte ich davon einige Ausschnitte wiedergeben:

»Mit Slavko, seinem Sohn Ivo und Planinka zusammengepfercht in einem stotternden R4 verlassen wir Zagreb nach Süden in Richtung Krajina. Nach fast vier Jahren serbischer Herrschaft ist sie durch die kroatische Armee in der sogenannten Operation Oluja »befreit« worden. In Karlovac, wo Slavko als Junge gewohnt hat, besichtigen wir den Marktplatz, der von den serbischen Besatzern zerbombt wurde. Schau, hier sieht man noch die Einschläge auf dem Gehsteig, hier muss es gewesen sein, wo die Passanten starben.

Auf dem Weg aus der Stadt holen wir Mata ab, einen älteren kroatischen Bauern, der Slavko während des Krieges (des letzten Weltkrieges) in seinem Dorf versteckte, als die Ustasche – die kroatischen Faschisten – die Juden aus Karlovac verhafteten. (…) Der alte Mann hat ein breites, gebräuntes Gesicht, lächelt freundlich unter seiner Stoffkappe und strahlt eine ruhige Würde aus.

Hinter Karlovac überqueren wir, was während der letzten vier Jahre die serbische Frontlinie war. Plötzlich haben die Häuser keine Dächer mehr, sind heruntergebrannt, geplündert oder einfach dem Erdboden gleichgemacht. Es sieht aus wie auf dem Foto einer deutschen Stadt nach 1945, bloß in Farbe und 3D. (…) In den kroatischen Dörfern sind alle Häuser geplündert worden, die Dächer wurden von den serbischen Besatzern verbrannt oder gesprengt. Gelegentlich sehen wir Kroaten, die in ihre Häuser zurückgekehrt sind, sie haben die rot-weiße Schachbrett-Fahne auf den Balkon gehängt und beginnen von vorne. Doch zum größeren Teil sind die Dörfer noch verlassen. (…)

Eine halbe Stunde später kommen Mata und Slavko (…) mit einem stämmigen Bauern zurück, der von einem Ohr zum anderen grinst. Er ist Serbe und mit einer Kroatin verheiratet. Während der serbischen Okkupation hat er die Häuser seiner kroatischen Nachbarn beschützt. Wir können ihre intakten Dächer auf einem nahen Hügel erkennen, ein wahres Wunder. Jetzt ist er in den Augen der ansässigen Kroaten ein Held. Doch er wirkt übertrieben eifrig. Hinter seinem Grinsen steckt Angst.

In Matas Dorf, Banski Kovačevac, ist kaum ein Haus heil geblieben. Er führt uns durch hohes Gras zu einem Gelände voller Schutt und verformtem Metall. Das ist alles, was noch übrig ist von einer Holzkirche aus dem 18. Jahrhundert, vorher ein besonders schönes und seltenes Beispiel seiner Art. Planinka hebt ein Stück Bronze vom Boden auf. Es ist hübsch. Ich merke, wie gerne sie es auf den Tisch in ihrem Atelier stellen würde, doch sie legt es wieder an seinen Platz. Schließlich ist sie Serbin. (Anmerkung von Slavko Goldstein: Planinka Kovačević war damals Mitarbeiterin im Verlag Novi Liber, sie lebt heute in Israel.)

(…) Wir fahren durch gespenstisch leere Dörfer, in denen noch bisweilen ein Schwein herumläuft, nach Glina, dem Schauplatz eines weiteren Ustascha-Massakers im Zweiten Weltkrieg. Hier hatte man den einheimischen Serben gesagt, sie würden verschont, wenn sie zum Katholizismus überträten. Singend marschierten sie nach Glina. Dort wurden sie in der orthodoxen Kirche zusammengetrieben und ermordet.

Heute ist Glina eine Geisterstadt. Die Kroaten sind 1991 geflüchtet; inzwischen sind auch die Serben geflohen, und die meisten Kroaten sind noch nicht wieder zurückgekehrt. Dennoch hat die kroatische Verwaltung mit dem Wiederaufbau begonnen, indem sie den Gedenk-Pavillon für die Opfer des Ustascha-Massakers in ein ›Kroatisches Haus‹ umgewandelt hat. Die Tafeln mit den Namen der serbischen Opfer wurden entfernt, die Schachbrett-Flagge wurde gehißt, und zur Einweihung dieses kroatischen Kulturinstituts gab es ein Befreiungskonzert. Die westliche Zivilisation hat den Sieg davongetragen.«[41]

Von Lasinja bis Glina und von Glina bis Petrinja fuhren wir durch stille Siedlungen zerstörter und ausgebrannter Häuser. Ivo und ich teilten sie in »alte Brände« (1991) und »neue Brände« (1995) ein. Das Zahlenverhältnis hielt sich die Waage. Bis Glina überwogen die »neuen Brände«, nach Glina nahmen »die alten« überhand.

In der Zeit der Operation Oluja wurde in Prkos kein einziges Haus angezündet, aber das Dorf war nahezu verödet. In den Massen der

Krajina-Flüchtlinge, die sich in Richtung Serbien auf den Weg machten, befanden sich auch 130 Einwohner aus Prkos – unter ihnen war Vaso Roknić. Sein jüngerer Bruder Milan war im Dorf geblieben, zusammen mit seiner bettlägerigen, gehbehinderten Frau und 17 anderen Einwohnern von Prkos, vornehmlich Frauen, die sich dem Exodus nicht hatten anschließen wollen. An einem Sonntag, ungefähr einen Monat nach der Rückeroberungsoffensive, besuchten wir Milan Roknić in seinem Haus. Die meiste Zeit seines Lebens hatte er in Prkos den kleinen Genossenschaftsladen »Prkos-Banski Kovačevac« geführt. Als sich am 6. August eilig eine Traktorkolonne für eine Massenflucht formierte, entschied sich Milan nach kurzem Nachdenken, zu Hause zu bleiben. Was auch kommen würde, er wollte mit seiner ans Bett gebundenen Frau nirgendwohin gehen.

Die Armee der Krajina-Serben verließ ihre Stellungen an der Kupa und zog sich durch Prkos zurück nach Lasinja und Vrginmost, und die Detonationen, die immer näher ans Dorf heranrückten, kündigten die Ankunft der kroatischen Armee aus Karlovac an. Die Nachrichten in Rundfunk und Fernsehen bestätigten den Zusammenbruch der Republik Serbische Krajina. Viele Menschen in Prkos wurden von Panik erfasst: »Die Ustasche kommen«, hieß es, »1941 kehrt zurück.« In Eile warfen sie alles, was sie greifen konnten, auf die Anhänger ihrer Traktoren. Die Armee half ihnen und bewachte sie zugleich. »1941 bin ich in Lumpen durch den Schnee geflüchtet, jetzt kann ich wenigstens auf einem Traktor wegfahren«, waren die bitteren Worte eines alten Mannes aus Prkos, der in dieser Lage zu scherzen versuchte. Einer der Soldaten der serbischen Armee versuchte, ihn zu trösten, und sagte, das sei alles nur vorübergehend, denn die Armee aus Serbien werde bald anrücken und ihnen die serbische Krajina zurückgeben.

Einige Einwohner von Prkos zögerten und konnten sich bis zum letzten Augenblick nicht zur Flucht entschließen. Wenn ihre eigenen Kinder, Schwestern und Brüder fünf Jahre unter kroatischer Obrigkeit überlebt hatten, fragten sie sich, warum sollte das nicht auch ihnen gelingen? Wie gern hätten sie einfach wie Kinder die Augen zugemacht, bis irgendwann der ganze Wahnsinn vorbei wäre, um danach ihre Kinder, Schwestern oder Brüder aus Zagreb wieder in ihren Häusern in Prkos empfangen zu können. Die Soldaten aber trieben sie ungeduldig an, endlich aufzubrechen, und die meisten erlagen dieser allgemeinen Psychose. Sie wurden Teil eines unendlich langen Konvois von 150 000 Menschen, die ihre Häuser und Anwesen verließen.

Milan Roknić sperrte sich mit seiner Frau in seinem Haus ein, verriegelte Türen und Fenster und lauschte dem Abzug der einen und der Ankunft der anderen Armee. Als er sich nach zwei Tagen aus dem Haus wagte, wurde er von einer Patrouille kroatischer Soldaten mit vorgehaltenen Gewehren umringt. Milan war der erste Serbe, den die kroatische Armee in Prkos antraf. Sie bedrohten ihn, stießen ihn mit ihren Gewehren herum und verhörten ihn in seinem Hof, bis zufällig ein Soldat aus dem kroatischen Nachbardorf Novo Selo Lasinjsko vorbeikam. Er bewahrte Milan vor weiterer Schikane. Danach ließ man Milan in Ruhe, und inzwischen leben auch seine beiden Töchter, die die Kriegsjahre in Zagreb verbracht haben, wieder bei ihren Eltern. Als Serbinnen haben beide Frauen unangenehme Erfahrungen an ihren Arbeitsstellen gemacht, aber sie haben – im Unterschied zu vielen anderen Serben – bis heute ihre Arbeit in Zagreb behalten.

Milans älterer Bruder Vaso machte sich am 6. August 1995 mit dem Konvoi in Richtung Serbien auf den Weg, seine Frau Milena blieb zu Hause in Prkos. Nüchtern denkend und lebenserfahren wie er war, war Vaso Roknić bewusst, dass die Republik Serbische Krajina nicht von Dauer sein würde. Als sich am 5. August 1995 abzeichnete, dass sie noch vor dem Eintreffen der kroatischen Armee zusammenbrechen würde, befürchtete er, dass er als einstiger Oberst der Jugoslawischen Volksarmee bei dem nicht zu vermeidenden Anfangschaos ums Leben kommen könnte. Deshalb entschied sich Vaso für die Flucht, obwohl seine Frau Milena es ablehnte, mit ihm zu gehen. All sein Bitten, sein Zureden und seine Überzeugungsversuche halfen nichts – Milena ließ sich nicht umstimmen. Vaso setzte sich also ohne sie auf den Traktor, und sie blieb zu Hause, so dass ihre Tochter aus Pula und ihr Sohn aus Zagreb kamen, um ihr beizustehen und das Haus zu schützen.

Die meisten serbischen Flüchtlinge aus Prkos verteilte die serbische Regierung im Kosovo, um dort den Anteil der serbischen Bevölkerung zu erhöhen. Diese Siedlungspolitik war offensichtlich nicht im Sinne der Menschen aus Prkos, denn früher oder später verließen sie alle das Kosovo. Vaso Roknić blieb die Umsiedlung ins Kosovo erspart, und Anfang 1998 kehrte er nach Prkos zurück. Insgesamt kehrten etwa vierzig vor allem ältere Menschen in ihr Heimatdorf zurück. Die Jüngeren hatten ein neues Leben in Serbien begonnen, die meisten von ihnen hatten dort eine Arbeit gefunden oder kleinere Unternehmen gegründet. Je mehr sich die Beziehungen zwischen beiden Ländern normalisieren, desto mehr Menschen wird es möglich sein, ihr Heimatdorf Prkos zumindest zu besuchen. Einige werden sich dort aber sicherlich nie wieder blicken lassen, weil sie 1991 und 1992 an den Plünderungen kroatischer Dörfer oder anderen Vorkommnissen beteiligt gewesen waren.

Unter den letzten Rückkehrern aus dem Exil waren der Gastwirt Stevo Korać und seine Frau Anđelija. Bald darauf starb er. Als während der Operation Oluja seinerzeit der Traktorkonvoi der serbischen Flüchtlinge durch Sisak gefahren war, standen entlang einiger Straßen Menschen Spalier und beschimpften die Flüchtlinge wütend. Einige warfen sogar Steine, und Stevo Korać wurde am Kopf getroffen. Die Wunde heilte nie richtig aus, und sein Gesundheitszustand verschlechterte sich zusehends. Schließlich brachte ihn Anđelija aus dem Exil wieder nach Kroatien, damit er bei sich zu Hause sterben konnte.

Die serbischen Dörfer im Norden des Kordun wurden während und nach der Rückeroberungsoffensive weit stärker verwüstet als Prkos. Außer Stevo Korać kam niemand aus Prkos ums Leben. Die Armee zerstörte aber bereits im ersten Durchmarsch den Park, in dem die Gedenkstätte für die Opfer der Ustascha stand, und plünderte den Genossenschaftsladen, das Gasthaus und einige verlassene Häuser, doch es wurden keine Brände gelegt. Nur ein junger Mann aus Banski Kovačevac, der eigentlich in Deutschland lebte, setzte zehn Tage nach der Offensive sieben Häuser in Brand. Er wurde von der Militärpolizei verjagt. Sie haben ihn weder verhaftet noch angezeigt, aber unter den damaligen Bedingungen war das energische Unterbinden der von Vergeltung getriebenen Brandlegungen schon sehr viel. Die Einheit der kroatischen Militärpolizei, die in den ersten sechs Monaten nach der Operation Oluja in Prkos stationiert war, verhielt sich in der Regel sehr korrekt, und die Einwohner sind der Ansicht, es sei vor allem den Militärpolizisten zu verdanken, dass es im Dorf nicht zu größeren Verbrechen gekommen ist. Die jungen Männer halfen den älteren Menschen beim Holzhacken oder fuhren sie auch mal mit dem Auto irgendwohin. Die Dorfbewohner revanchierten sich mit warmer Milch, mit Käse und was sie sonst noch vorrätig hatten. Die Militärpolizisten kamen überwiegend aus Garešnica, dem Dorf, in dem Vasos Frau Milena Roknić zur Welt gekommen ist. Es kann sein, dass die gemeinsamen Bekanntschaften ihr Verhalten beeinflussten. Vollkommen anders benahm sich die Einheit, die die Männer aus Garešnica am Frühlingsanfang 1996 in Prkos ablöste. Sie verhielten sich anmaßend und scheuten vor Plünderungen und Diebstahl nicht zurück.

In Sjeničak, Dugo Selo, Čremušnica, Bović und anderen serbischen Dörfern waren die Zerstörungen 1995 weit größer als in Prkos. Nach den Informationen des Kroatischen Helsinki-Komitees für Menschenrechte[42] wurden auf dem gesamten Gebiet der zusammengebrochenen Republik Serbische Krajina nach dem Einstellen der Kriegshandlungen 26000 Häuser in Brand gesetzt, gesprengt und unbewohnbar gemacht und 760 Zivilisten serbischer Nationalität getötet. Die damalige kroatische Regierung hat diesen Gewaltausbruch, der über Monate hinweg die Krajina in Angst und Schrecken versetzte, lange toleriert.

Die Rechnung zahlte die Nachfolgeregierung, die sich später vor dem Internationalen Gerichtshof in Den Haag verantworten musste.

Mit Fleiß und staatlicher Unterstützung gelang es den Menschen in Banski Kovačevac erstaunlich schnell, auf den Trümmern ein neues, aber zunächst noch sehr einfaches Leben aufzubauen. Zwei, drei Jahre nach der Operation Oluja standen bereits einige neue Häuser, die größer und schöner waren als die alten. Statt eines Holzhauses errichtete Mata für sich und seine Frau Danica ein bescheidenes Backsteinhaus. Als ich sie das erste Mal dort besuchte, freute ich mich, sie in einem solide gebauten Heim mit allen modernen Annehmlichkeiten zu sehen, aber als Danica uns zum Kaffee Milch aus einem Tetrapak servierte, war ich bestürzt. Es lebte keine einzige Kuh mehr in dem Dorf, das ich immer mit sattgrünen Wiesen und wohlgenährten, zwischen den Höfen umhertrottenden Kühen verbunden hatte. Als Mata in sein neuerrichtetes Haus zurückkehrte, hatte er gerade sein achtzigstes Lebensjahr vollendet, und Danica war fünfundsiebzig Jahre alt. Die anderen Rückkehrer waren ungefähr in ihrem Alter. Sie hatten weder den Willen noch die Kraft, die dörfliche Landwirtschaft zu reaktivieren und sich um die Tiere zu kümmern, sie waren froh, ihre Häuser wiederaufgebaut zu haben. Erst einige Zeit später kamen aus den Städten fünf jüngere Familien mit Kindern zurück und erfüllten das Dorf mit neuem Leben. Bald hielten drei Haushalte jeweils zwei bis drei Kühe, so dass man im Dorf frische Milch bekam.

Unter der Woche ist Banski Kovačevac ein merkwürdig ausgestorbenes Dorf. Vor dem Krieg umfasste es 119 Haushalte, 2006 standen von den 100 neuen, großen Häusern drei Viertel leer. An den Wochenenden kamen die Besitzer der leerstehenden Häuser, junge Leute, die in der Stadt arbeiteten, ins Dorf, um die Ruhe auf dem Land zu genießen und nebenbei ein bisschen am Haus zu werkeln. Die Felder blieben unbewirtschaftet, auf dem Ackerland wucherte das Unkraut, Gras ragte einen Meter in die Höhe, und auf den einstigen Weiden breitete sich ein kleiner Wald aus, der immer dichter an das Dorf heranrückte. Wäre es mit Banski Kovačevac so weitergegangen, wäre es heute ein reines Wochenenddorf ohne Infrastruktur und Einwohner, die dort ihren Wohnsitz haben. Die älteren Menschen starben allmählich, im Sommer 2005 waren unter ihnen auch Mata und Danica. 2006 lebten in Banski Kovačevac 92 Menschen, nur ein Viertel von ihnen jünger als sechzig Jahre.

Allzu anders ist die Situation im Nachbardorf Prkos nicht, wo insgesamt 70 Einwohner und weit weniger Kinder als in Banski Kovačevac leben. Nur ein Junge hätte als einziges serbisches Kind die Grundschule in Lasinja besuchen müssen, aber seine Mutter hatte Angst, dass ihm die Mitschüler zusetzen könnten. Sie zog nach Karlovac und ließ ihren Sohn dort einschulen. Wie Banski Kovačevac blüht auch Prkos an den Wochenenden und in den Sommermonaten auf, wenn die jüngeren Leute mit ihren Kindern ins Dorf kommen. Allerdings gibt es dort weniger schön restaurierte und bei weitem mehr verlassene Häuser. Im Sommer 2006 begannen dann plötzlich die Städter aus Zagreb, die verlassenen Häuser und das Land aufzukaufen. Der Wert der Grundstücke und Anwesen ist seitdem deutlich gestiegen.

Auch in Banski Kovačevac ist es zu einer ähnlichen Situation gekommen. Nahrungsmittelproduzenten und große Handelsunternehmen sind auf der Suche nach Zulieferern, die ihnen gesunde Lebensmittel anbieten können. Vielleicht wird sich am Ende doch nicht die ganze Gegend in Ödnis verwandeln: Die Landschaft ist sehr einnehmend, die Gärten und die Weiden sind ein ungenutzter Schatz der Natur, und man erreicht Karlovac in nur einer halben Stunde und Zagreb in fünfundvierzig Minuten.

Die ersten Rückkehrer, die 1995 und 1996 nach Banski Kovačevac und Prkos kamen, gingen nur kühl grüßend aneinander vorbei. Niemand interessierte sich für das Leid des anderen. Milan Roknić, der bei seiner bettlägerigen Frau geblieben war, berichtete mir, kein einziger Nachbar habe sich nach ihnen und ihrer Gesundheit erkundigt und niemand sei auch nur mal kurz vorbeigekommen. Während Banski Kovačevac durch Unterstützung des kroatischen Staates schnell wiederaufgebaut wurde, musste das serbische Prkos alles aus eigener Kraft stemmen und erhielt keinerlei Förderung für den Wiederaufbau. Dieses Mal halfen die Nachbarn nicht, wie sie es vor fünfzig Jahren getan hatten.

Als 1995/96 die Angehörigen jener sechs Menschen, die man ermordet und in den Brunnen geworfen hatte, nach Hause zurückkehrten, beschlossen sie, die sterblichen Überreste in einem Gemeinschaftsgrab auf dem Friedhof von Banski Kovačevac zu bestatten. Wie schon beschrieben, ließ sich aber der Ort, an dem man die Toten verscharrt hatte, nicht ausfindig machen. Von den Einwohnern in Prkos konnte man nichts in Erfahrung bringen, alle behaupteten, nichts darüber zu wissen. Die Familien der ermordeten Opfer und die anderen Einwohner aus Banski Kovačevac glaubten ihnen nicht. Wieder kam es zur Spaltung, und so stand Dorf gegen Dorf, und damit standen auch – in letzter Konsequenz – die Kroaten gegen die Serben. Für die Einwohner von Banski Kovačevac waren die Leute aus Prkos an allem schuld: Sie haben sechs unserer älteren Menschen umgebracht, hieß es. Es war in der Tat ein entsetzliches Verbrechen. Und doch hat Prkos 1941 weit Schrecklicheres erlebt.

Und so kommen wir wieder auf das Jahr 1941 zu sprechen. Die Einwohner der beiden Dörfer haben nach der Operation Oluja nie versucht, sich gemeinsam an einen Tisch zu setzen und ruhig und offen, im Geist der einstigen Freundschaft, miteinander über all das zu reden, was an Ungeklärtem aus der Zeit von 1991 und 1995 zwischen ihnen lag, und über das, was von den Jahren 1941 und 1945 geblieben war. So etwas hätte vielleicht am ehesten noch Vaso Roknić initiieren können, als er 1998 aus seinem Exil nach Prkos zurückkam. Vielleicht hätte er mit seinem alten Freund Mata Đerek beginnen können. Doch wie hätte er Mata auch nur ansatzweise die Brände und die Plünderungen in Banski Kovačevac und den ganzen Wahnsinn vom Sommer und Herbst 1991 erklären können? Wie hätte er begründen können, dass weder er noch irgendjemand sonst aus Prkos je den Versuch unternommen hat, den Einwohnern von Banski Kovačevac zu helfen?

Im Sommer 1998 trafen sich Jandra Jakin und Vaso Roknić zufällig zwischen den beiden Dörfern am Ufer der Kupa. Sie waren allein in der Stille der Flussaue. Ein Gespräch war unvermeidlich. Der offenherzige Jakin konnte sich nicht zurückhalten und sprach sofort das zentrale Thema an: »Vaso, jeder in Prkos hat auf dich gehört, und weit über Prkos hinaus hast du Einfluss auf die Menschen gehabt. Warum hast du sie nicht in die Schranken gewiesen und sie damals von diesem Wahn abgehalten? Warum mussten sie die Häuser von Banski Kovačevac zerstören? Wozu das Töten dieser alten Menschen?« Vaso antwortete ihm etwas vage, wohl um eine Konfrontation zu vermeiden: »Wut, Zorn und Barbarei. Das hat sich damals entladen. Es ist leicht, ungebildete, arme Leute aufzuhetzen, wenn du ihnen sagst, dass sie plündern sollen und alles erlaubt ist, im Namen der Vergeltung für 1941. Aber eines kann ich dir sagen, Jandra, meine Nachbarn aus Prkos haben weder die Menschen aus Kovačevac getötet noch ihre Leichen aus dem Brunnen geholt und versteckt.«

Wut, Zorn und Barbarei – das sind nach meiner Einschätzung absolut passende Beschreibungen für die schreckeinflößenden Angriffe auf die kroatischen Dörfer im Herbst 1991, aber sie erklären keineswegs Vaso Roknićs Schweigen in jenen ersten Oktobertagen. Vielleicht war der mutige alte Soldat einfach entsetzt und verängstigt, als er im echten Leben mit dem Ausbruch von »Wut, Zorn und Barbarei« konfrontiert war.

Als Roknić aus dem Exil nach Prkos zurückkehrte, machte er sich mit einigen seiner Nachbarn an die Arbeit und restaurierte, so gut es ging, den Gedenkpark. In der Operation Oluja waren zwei der vier

Büsten berühmter Partisanen aus Prkos, die in dem kleinen Park standen, geköpft worden. Das Mausoleum war aus blanker Wut – denn bewaffnete Kämpfe hatte es hier nicht gegeben – mit Pistolenschüssen durchlöchert worden. Ab 1998 wurde der Park neu bepflanzt, die Wege wieder begehbar gemacht. Die beschädigte Inschrift am Mausoleum, die der Opfer vom Dezember 1941 gedachte, wurde wiederhergerichtet und lesbar gemacht. Am Jahrestag des Massakers, dem 21. Dezember, werden seither wieder Kerzen angezündet und Kränze und Blumen niedergelegt.

In den ersten Jahren allerdings fanden sich dabei nicht mehr als fünfzig Menschen ein, vornehmlich Einwohner von Prkos. Von Jahr zu Jahr wuchs der Kreis der Beteiligten, und seit den 2000er Jahren nehmen daran auch viele Mitglieder der »Union der Kämpfer« (eine Veteranen-Organisation einstiger Soldaten des Zweiten Weltkriegs) aus Zagreb und Karlovac teil, und es kommen Delegationen aus anderen Orten. 2005 war erstmals ein Vertreter der Republik Kroatien anwesend und legte einen Kranz nieder. Aber nicht ein einziges Mal ließ sich jemand aus Banski Kovačevac blicken, und auch die Bezirksverwaltung der Gemeinde Lasinja, zu der Prkos gehört, hat nie jemanden geschickt.[43] Der Boykott hat sich auf die Toten ausgeweitet.

Als 2001 der sechzigste Jahrestag begangen wurde, versuchte ich, das Eis zwischen den beiden Nachbardörfern zu brechen. Mir schwebte vor, dass Mata Đerek und fünf, sechs andere Frauen und Männer aus Banski Kovačevac einen Kranz für die Opfer des faschistischen Verbrechens von 1941 in Prkos niederlegen sollten, und Vaso Roknić sollte zugleich mit einigen Einwohnern von Prkos am Friedhof von Kovačevac mit einem Kranz der Opfer von 1992 gedenken. Mata willigte nach längerem Zögern und hartnäckigem Zureden meinerseits ein, wollte aber nicht allein gehen und versuchen, einige Nachbarn zu überzeugen. Vaso hingegen war sofort einverstanden, aber eine Einschränkung gab es auch für ihn: »Alles wird sich gut fügen, wenn sie zuerst nach Prkos kommen und nicht von uns verlangen, dass wir zuerst zu ihnen nach Banski Kovačevac kommen. Unsere Opfer wurden zuerst getötet und überstiegen schließlich die Zahl ihrer um das Fünfzigfache.«

Als ich am 21. Dezember morgens zuerst nach Kovačevac ging, war es Mata sehr unangenehm, dass er niemanden für eine Kranzniederlegung in Prkos hatte gewinnen können. Man sei aber bereit, erläuterte mir Mata, wieder an den Gedenkveranstaltungen in Prkos teilzunehmen, wenn die Einwohner im Nachbarort offenlegten, wo sich die Gräber der 1992 ermordeten Opfer aus Banski Kovačevac befinden.

Vaso Roknić war nicht überrascht. Er zuckte nur mit den Achseln, und wir gingen zusammen zu der Gedenkveranstaltung, bei der ich als Redner angekündigt worden war. Meine Rede, die im Sinne der Versöhnung zwischen den Dörfern gedacht gewesen war, lief dann auf die übliche Würdigung der Opfer vom 21. Dezember 1941 hinaus. In einer recht vagen Formulierung kam ich aber doch darauf zu sprechen, dass in den folgenden Jahren dieses alljährliche Gedenken an die Toten dazu beitragen könnte, dass sich die Lebenden versöhnten.

Beide Seiten hatten viel zu lange nur der eigenen Opfer gedacht und über jene der anderen Seite beharrlich geschwiegen. Jetzt schwingt alles einem Pendel gleich in ebenso kränkender, ja noch verletzenderer Weise zu jeder der beiden Seiten zurück. In der Ortsmitte von Lasinja, direkt gegenüber der Kirche, wurde 2005 ein stattliches Denkmal errichtet, auf dem es wörtlich heißt: »Zum ewigen Gedenken an die unschuldigen kroatischen Märtyrer des Zweiten Weltkriegs und an die Opfer der Nachkriegszeit, die von der kommunistischen Regierung und den Partisanen-Einheiten der Tschetniks zwischen 1941 und 1949 getötet wurden.« Bei der Zeremonie zu Ehren des heiligen Antonius 2006 weihte der Militärbischof Monsignore Juraj Jezerinac das Monument ein und hielt eine Rede. Auf dem Gedenkstein sind Namen und Lebensdaten von 206 Opfern aus dem heutigen Ort Lasinja eingemeißelt. Die Verantwortlichen der Gemeinde sollten allerdings die Inschrift des Denkmals unbedingt ändern, denn sie enthält grobe Fehler und Unwahrheiten, die ich für beleidigend halte:

1. Auf dem Denkmal sind die Namen von 19 Menschen aufgeführt, die am 9. März 1944 bei einem deutschen Luftangriff ums Leben kamen. Deswegen kann man sie nicht den Opfern der kommunistischen Regierung zurechnen.
2. Außerdem werden die Namen einiger örtlicher Ustascha-Offiziere aufgelistet, die nachweislich Kriegsverbrecher waren und die man nicht als »unschuldige Opfer« bezeichnen kann, da sie im Dezember 1941 bei einer Ustascha-Offensive an Massakern an der serbischen Bevölkerung in der Gemeinde Lasinja und in den benachbarten Dörfern beteiligt waren.
3. Während des Zweiten Weltkriegs hat es in Lasinja und den Nachbargemeinden keinerlei Einheiten der Tschetniks oder »Partisanen-Tschetniks« gegeben. Diese auf der Gedenktafel erwähnten Einheiten sind reine Erfindung.

Abschließend noch eine Bemerkung allgemeiner Natur: Die heutige Gemeinde Lasinja umfasst gerade mal zwei serbische Dörfer – Sjeničak und Prkos. In diesen beiden Dörfern wurden während des Zweiten Weltkrieges zwischen 600 und 700 Zivilisten getötet, und es kamen mehr als 100 Kämpfer der Partisanen ums Leben. Aus dem Ort Lasinja und anderen kroatischen Nachbardörfern der Gemeinde sind in der gleichen Zeit 150 Zivilisten getötet worden, mehrere Dutzend haben ihr Leben im Dienst der Heimwehr und als Mitglieder der Partisanen- sowie der Ustascha-Armee verloren. Für die Opfer ist der Krieg seit langem vorbei. Ist es nun nicht an der Zeit, dass wir endlich aufhören, sie gegeneinander auszuspielen und ihrer getrennt voneinander zu gedenken? Weder sind alle auf die gleiche Weise Opfer geworden, noch sind sie alle auf die gleiche Weise Kriminelle gewesen, aber wir müssen aufhören, unsere Opfer bewusst als Provokation zu benutzen. Wir sollten stattdessen jene klar benennen, die Verbrecher waren, und sie aus allen Zusammenhängen des kollektiven Gedenkens verbannen: ob es die Dörfer sind, politische Bewegungen oder unsere beiden Völker.

Ich werde noch ein weiteres Beispiel nennen, eines, das damals noch eine Ausnahme war, aber sicherlich ermutigend wirken kann. 2005 ist in der Stadt Novska ein Buch von Alojz Buljan und Franjo Horvat erschienen, das leider zu wenig Aufmerksamkeit erfahren hat: »Opfer des Zweiten Weltkriegs und der Nachkriegszeit auf dem Gebiet der einstigen Gemeinde Novska«.[44] Auf der Grundlage intensiver Recherchen haben die Autoren hier auf mehr als achthundert Seiten für jedes Dorf und jeden Weiler die Fakten zusammengetragen und beschreiben sachlich die allgemeinen Umstände und Vorkommnisse. Im zweiten Schritt führen sie dann die Opfer mit Vor- und Nachnamen, Geburtsdatum, Nationalität sowie Datum und Ort des Todes auf und schildern, durch wessen Hand sie ums Leben kamen und warum. Es gibt keine Diskiminierung und keine Prioritäten: Serben, Kroaten, Roma und Angehörige zehn weiterer Nationalitäten werden mit der deutlichen Absicht genannt, die früheren Übertreibungen und Vertuschungen und viele andere Mängel und Fehler älterer Schätzungen und Publikationen zu korrigieren. Im Resümee dieser meines Wissens bisher objektivsten Veröffentlichung listen die Verfasser 4078 Opfer in der Kategorie »Opfer des Faschismus« und 1581 Opfer in der Kategorie »Opfer des Kommunismus (im Zweiten Weltkrieg und in der Nachkriegszeit)« auf. 3376 Opfer waren Serben, 1811 Kroaten und 472 Menschen anderer Nationalitäten. Ein klarer Befund, wie ich meine, in welchem Verhältnis die Opferzahlen im Zweiten Weltkrieg zu denen während der Nachkriegszeit im heutigen Kroatien stehen.

Im Juli 2005 ist Mata Đerek gestorben. Nur einen Monat später ist ihm seine Frau Danica gefolgt. Im November 2005 starb Vaso Roknić, sechs Tage nach ihm seine Frau Milena. Damit endet im Grunde meine Geschichte zweier Dörfer, eine Geschichte, in der es meiner eigenen Generation nicht gelungen ist, den Weg in ein glückliches Ende zu finden. Es steht zu befürchten, dass die Gräber der sechs ermordeten Einwohner von Banski Kovačevac nie gefunden werden und dass die älteren Einwohner beider Dörfer weder den Willen noch die Zeit aufbringen werden, endlich ihren Zwist zu überwinden. Dennoch werden mit ihrem Tod weder Prkos noch Banski Kovačevac verschwinden. Mir bleibt an dieser Stelle nur die Hoffnung, dass die neuen Einwohner von Prkos und Banski Kovačevac die hier erzählte Geschichte nicht wiederholen werden – anders als wir, die 1991 und 1995 das wiederholt haben, was 1941 und 1945 geschehen ist.

19 Kraljevica und die Partisanen

Als ich 1941 kurz vor Weihnachten zu meiner Mutter nach Kraljevica kam, hatte sie sich bereits in dieser schönen Küstenstadt eingerichtet. Sie wohnte im ersten Stock eines kleinen Hauses im Viertel Vrtić, wo sie zwei Zimmer gemietet hatte. Frau Pravdica, die Eigentümerin, lebte allein im Erdgeschoss – ihr Mann, ein Matrose, war gerade in Übersee, als der Krieg ausbrach, und sie sah ihn nie wieder. Sie hatten keine Kinder.

Schon zwei Tage später ging ich mit meiner Mutter zur Polizeistation der italienischen Carabinieri. In einer eigenartigen Mischung aus Italienisch, Kroatisch und Deutsch erklärte sie dem zuständigen Oberstabsfeldwebel, den sie bereits gut kannte, dass es ihr gesetzlich erlaubt war, aufgrund ihrer eigenen Aufenthaltsgenehmigung ihren minderjährigen Sohn zu sich nach Kraljevica zu holen. Der Signore Oberstabsfeldwebel sah sich meine Reisedokumente und einige Papiere meiner Mutter an, und ich erhielt meine auf einen Monat begrenzte Aufenthaltsgenehmigung.

Damals befanden sich in Kraljevica an die zweihundert Juden, die aus jenem Teil des Unabhängigen Staates Kroatien geflüchtet waren, der von der Ustascha-Regierung kontrolliert wurde; in Crikvenica war die Zahl drei- oder viermal höher. Obwohl dieser Teil der kroatischen Küste nominell zum NDH gehörte, verfügten die italienischen Besatzertruppen seit September in der Zone B über die Regierungsgewalt. Dem Unabhängigen Staat Kroatien war es nicht gestattet, seine Armee oder Polizei in diese Gebiete zu entsenden. Zwar gab es eine Bezirksverwaltung, die als NDH-Organ firmierte, aber ihrer Zuständigkeit unterstanden lediglich das Katasteramt, die Meldebehörde und andere administrative Dienste. Alles was den Bereich Sicherheit betraf, oblag den italienischen Besatzungsbehörden, und so waren sie auch für alles zuständig, was die Flüchtlinge betraf. Anfangs stellten sie nur widerwillig Aufenthaltsgenehmigungen aus, einige Flüchtlinge schickten sie sogar in die Gebiete zurück, in denen die Ustasche regierten. Im August fingen sie an, ihre Politik zu ändern. Sie dämmten innerhalb ihrer Besatzungszone die Verfolgung der Serben durch die Ustasche ein, und kurze Zeit später tolerierten sie Juden und andere Flüchtlinge, die sich vor den Vertreibungen durch die Ustasche in ihre Zone zu retten versuchten. Die Juden in Kraljevica standen unter permanenter Beobachtung und mussten sich jede Woche bei den Carabinieri melden. Ihre Aufenthaltsgenehmigungen wurden jeden Monat erneuert, und sie durften die Stadt nur mit Sondergenehmigung verlassen.

Es ist schwierig, die italienischen Besatzer eindeutigen Kategorien wie »gut« oder »schlecht«, »freundlich« oder »grob« zuzuordnen. Als Armee waren sie häufig erbarmungslos: Bei Razzien gegen die Partisanen setzten sie rücksichtslos Dörfer in Brand, brachten massenhaft ganze Familien in Gefängnisse und Lager, manchmal erschossen sie Menschen für die unbedeutendsten Ansätze von Kollaboration mit den Partisanen, manchmal richteten sie auch Geiseln hin. Zeitgleich konnten einzelne Soldaten und Offiziere – die Schwarzhemden ausgenommen – enorm warmherzig und hilfsbereit sein, wenn ein Mensch in Not geraten war oder ihm Gefahr drohte. Einige aus ihren Einheiten kümmerten sich umsichtig um die serbischen Kinder, die nach den Massakern ohne Eltern zurückgeblieben waren. Den Dokumenten, die wir nach dem Krieg zu Gesicht bekamen, konnten wir entnehmen, dass die Ustascha-Regierung, und dann auch die Vertreter Nazideutschlands, bereits im Herbst 1941 bis zum Sommer 1943 beharrlich und nahezu ununterbrochen die Auslieferung der Juden gefordert hatten. Das italienische Militärkommando verhinderte dies auf umsichtige Weise und rettete so vielen Menschen das Leben.

In den zwei Monaten, die meine Mutter vor meiner Ankunft in Kraljevica verbracht hatte, hatte sie sich mit einigen Einheimischen angefreundet, wie etwa Dorica Švrljuga, die das weibliche Oberhaupt einer alteingesessenen Familie war. Meine Mutter wurde häufig auch von dem Arzt Ivan Kosić und seiner Familie eingeladen. Als die wichtigste Beziehung von allen sollte sich ihre alte Bekanntschaft mit Branka Šantić aus Karlovac erweisen. Branka hatte unsere Jaga vor dem Krieg in Karlovac über die Vereinigte Arbeiterunion kennengelernt und immer wieder mal bei uns vorbeigeschaut, war aber mit ihrem Mann nach Kraljevica umgezogen. Als meine Mutter Ende Oktober dorthin kam, war Brankas Ehemann Marko nicht in der Stadt. Als leidenschaftlicher Gewerkschafter – es ist anzunehmen, dass er schon in Karlovac der KP beigetreten war – hatte Šantić Anfang 1941 eine Gruppe von Sympathisanten unter den Arbeitern der Schiffswerft in Kraljevica mobilisiert, die dann im Sommer aktiv an der Vorbereitung des Aufstandes beteiligt war. Ich weiß nicht, wie die italienischen Besatzer davon erfahren haben, vielleicht hat sie jemand verraten. Das Militärgericht in Rijeka verurteilte fünf Männer aus der Gruppe zu Gefängnisstrafen zwischen zehn und zwanzig Jahren. Ein Jahr später erhielt Branka die Nachricht, ihr Mann sei irgendwo im fernen Italien in einem Gefängnis gestorben.

Durch Branka kam meine Mutter mit einigen Freunden von Šantić in Berührung, die mit den Partisanen sympathisierten oder vielleicht auch damals schon mit ihnen zusammenarbeiteten. Als ich nach Kraljevica kam, war meine Mutter mit diesen Leuten schon sehr gut vernetzt, sie war unter den jüdischen Flüchtlingen in der Stadt die Erste, die sich an Aktionen der Partisanen beteiligte.

Ich denke, dass damals – Ende 1941, Anfang 1942 – die meisten Einwohner von Kraljevica stillschweigend mit den Partisanen sympathisierten. Aktive Kollaborateure der Partisanen gab es aber sehr wenige, wobei die Zahl der Befürworter der Ustascha-Regierung noch geringer war. Einige junge Einheimische waren von der kroatischen Heimwehr mobilisiert worden, doch ich glaube, es war niemand von ihnen in der Ustascha-Armee. Den Italienern als Besatzern brachten die Stadtbewohner keinerlei Sympathie entgegen. Sie konnten ihnen die Annexion von Sušak, Bakar und der Kvarner Inseln sowie die Besatzung der gesamten kroatischen Küste nicht verzeihen. In Bribir, Hreljin, Križišće und in der Region um Vinodol fand die Unterstützung der Partisanen geradezu öffentlich statt. Die Vertreter der Partisanen zeigten sich dort offen am helllichten Tag. In den Küstenstädtchen, in denen die italienischen Garnisonen den Ton angaben, musste sich die aktive Unterstützung der Partisanen jedoch erst im Geheimen entwickeln.

Die einheimische Bevölkerung in Kraljevica verhielt sich gegenüber den jüdischen Flüchtlingen sehr korrekt – einige waren eher zurückgenommen, andere waren herzlich und drückten offen ihr Mitgefühl für die zu Unrecht verfolgten Menschen aus. In den vier Monaten meines Aufenthalts dort habe ich nie irgendeine Animosität seitens der Einheimischen gegenüber Juden gespürt, und ich erinnere mich an keinen einzigen antisemitischen Vorfall.

Da der Tourismus, der schon seit einem halben Jahrhundert in Kraljevica für ein zusätzliches Einkommen sorgte, vollkommen daniederlag, empfand man die Juden als überraschende Gäste. Sie füllten die kleinen Hotels und Pensionen auf der Halbinsel Oštro und mieteten bei vielen Familien Zimmer. Das große Gasthaus *Mima* am Hafen war immer voll mit jüdischen Gästen, die es als Treffpunkt nutzten – hier kamen sie regelmäßig zusammen, tranken Tee und Kaffee, spielten Schach und aßen zu Mittag. Viele jüdische Flüchtlinge nahmen die Mahlzeiten gemeinsam mit ihren Gastgebern ein, sie lernten einander kennen, erste Freundschaften entstanden, die sich nach dem Krieg noch lange hielten. Solch eine Freundschaft verband uns mit Tonica Jakovčić, ihrer Tochter Branka und ihrer Enkeltochter Ljiljana. Ich verbrachte mit meiner Frau Vera und unserem Sohn Ivo die beiden Sommer 1959 und 1960 mit Großmütterchen Tonica in Kraljevica. Bis zu ihrem Tod Ende der 1960er Jahre besuchte ich sie immer wieder.

Die Flüchtlinge trafen sich oft, sie vertrauten sich einander an, tratschten und besprachen immer und immer wieder die gleichen für sie wichtigen Fragen: Vor allem bewegte sie das, was an den Frontverläufen geschah, und die Frage, was mit ihnen selbst geschehen würde. Ich erinnere mich, dass mir der Vater eines Freundes einmal im Vertrauen sagte, der Tschetnik-Kommandant Mihailović und der Partisanen-Kommandant Rus Lebedev hätten sich auf dem Berg Romanija getroffen und ein Bündnis gegen die Ustasche und die Deutschen geschlossen. Mit den Italienern aber würden sie keinen Krieg mehr führen – was wohl auf jeden Fall gut für uns Juden war. Ich erinnere mich an einen der damals kursierenden Witze: Im selben Ton wie bei den Gesprächen über die aktuelle Lage erzählte jemand, dass es am nächsten Tag regnen werde, woraufhin die anderen einander besorgt fragten: Regen? Ist das gut für die Juden?

Meine Mutter blieb mit einigen jüdischen Flüchtlingsfamilien in Verbindung und freundete sich mit Šarlota-Lolika Robiček an, einer Chemikerin, Tochter des ehemaligen Brauerei-Direktors in Zagreb. Lolika schloss sich bald meiner Mutter an und engagierte sich für die Sache der Partisanen.

Meine Mutter mochte auch das Ehepaar Ančica und Vili Čerić sehr, und sie besuchte häufig Frau Gottlieb und ihren Mann Hinko, von denen ich schon in Kapitel 13 erzählt habe.

Mutter und die Gottliebs waren durch ein Thema verbunden, über das sie zwar nicht viel sprachen, aber ununterbrochen nachdachten – das Schicksal unserer Angehörigen im Lager Jadovno, ihres Sohnes Danko und meines Vaters. Sie fragten sich, warum sie von dort nie eine Nachricht bekamen.

Nach dem Krieg habe ich erfahren, was mit den Gottliebs geschehen ist. Sie wurden in einem italienischen Lager für Juden interniert, zuerst in Kraljevica, dann auf der Insel Rab. In beiden Lagern war Hinko Gottlieb ein einflussreiches Mitglied unterschiedlicher Lagergremien und führender Vertreter der Lagerinsassen, der in allen Belangen mit der Lagerleitung verhandelte. Im September 1943 schafften sie es irgendwie, nach Italien zu gelangen, und die Eltern und ihr zweiter Sohn Vlado arbeiteten in Bari für die Basis der jugoslawischen Partisanen. Vlado starb im Einsatz durch einen Motorradunfall. Ohne ihre beiden Söhne (Danko war wie beschrieben im Lager ermordet worden) wollten die Gottliebs nach dem Krieg nicht mehr nach Zagreb zurückkehren. Sie ergriffen die erste Gelegenheit, die sich ihnen bot, und wanderten nach Israel aus. Allein und von der Trauer gebrochen, starben sie beide 1948 mit gerade einmal zweiundsechzig Jahren.

Eine Woche nach meiner Ankunft in Kraljevica stand Josip Đerđa plötzlich unerwartet vor unserer Tür. Er war damals Sekretär des Bezirkskomitees der Kommunistischen Partei Kroatiens. Ich wusste natürlich in diesem Moment nicht, wer er war und welchen Rang er hatte, aber es war nicht schwer zu begreifen, dass er etwas mit der Partei zu tun haben musste. Meiner Mutter gelang es nicht mehr, alles vor mir zu verheimlichen, und sie weihte mich nach und nach in ihre Arbeit für die Partisanen ein. Irgendwann stellte sie mich dann einem ihrer Bekannten vor, einem Schuhmacher aus der Stadt Hreljin. Zwei oder drei Wochen später lieferte ich bei ihm Artikel zur medizinischen Versorgung der Partisanen ab und nahm Partisanenzeitungen und Flugblätter mit zurück nach Kraljevica.

Josip Đerđa blieb ungefähr eine Woche bei uns. Er bekam mein Zimmer, und ich zog in das von meiner Mutter um. Er ging nicht viel raus, aber wenn, dann blieb er den ganzen Tag weg und kam gerade noch so vor der Ausgangssperre zurück. Es kamen immer wieder Leute, um ihn zu sehen, einige kannte meine Mutter, andere nicht.

Am Neujahrstag 1942 hatte meine Mutter Lolika Robiček, den Apotheker Kornel Bauer, den Maler Vili Čerić und einige andere Leute eingeladen. Sie stellte ihnen Đerđa unter anderem Namen als einen alten Bekannten aus Karlovac vor. Sie redeten zwei, drei Stunden lang, und es ging natürlich nur um Politik. Es war eine Freude für mich, dass mir erlaubt worden war, diesen Diskussionen zu lauschen. Ich saugte jedes Wort in mich auf. Đerđa kam hervorragend mit Fragen zurecht, auf die es keine einfachen Antworten gab: Warum konnten die Deutschen so leicht in Russland einmarschieren und waren jetzt schon so weit gekommen? Warum hatte die mächtige Rote Armee nicht die viel kleinere finnische Armee in die Knie zwingen können? Warum sprichst Du schlecht von den Tschetniks – ist es nicht besser, wenn wir uns alle gegen Hitler und Pavelić verbünden? Die unangenehmste Frage von allen war für Đerđa die nach dem Hitler-Stalin-Pakt von 1939: Handelte es sich hierbei nicht um einen groben Fehler Stalins, der es Hitler ermöglichte, ganz Europa zu unterwerfen? Đerđa umschiffte die Frage mit kommunistischer Propaganda und sagte, Stalin habe sich nur eines politischen Tricks bedient: Großbritannien und Frankreich hätten 1938 in München die Tür Richtung Osten geöffnet und Hitler auf diese Weise ermuntert, Russland anzugreifen. Stalin habe ihn wieder auf den Westen verwiesen und sich auf diese Weise zwei Jahre Zeit ausgehandelt, um sein Territorium zu erweitern und seine Verteidigung auszubauen.

Đerđas vehement vorgetragene Erklärungen zur Notwendigkeit des antifaschistischen Kampfes übten eine suggestive Kraft auf seine Zuhörer aus – oder kam es damals nur mir so vor? Es wunderte mich, dass Đerđa vor ihm unbekannten Menschen so über die Aktionen der Partisanen und ihre Erfolge sprach, denn er legte damit offen, dass er nicht nur mit ihnen symphatisierte, sondern selbst aktiv in die Abläufe eingebunden war und über allerlei Informationen und Einfluss verfügte. Sein Selbstbewusstsein und sein relativ gebieterisches Verhalten ließen daran keinen Zweifel. Genauso erlebte ich ihn später immer wieder – bei den Partisanen, als er der Propagandachef des Zentralkomitees der Kommunistischen Partei war, und ebenso nach dem Krieg, in seiner Funktion als Stellvertretender Außenminister der Sozialistischen Föderativen Republik Jugoslawien. Sein mutiger Eigensinn und seine nahezu beängstigende Redegewandtheit beeindruckten mich sehr, aber der Zynismus seiner Logik und die distanzierte Herbheit im Umgang mit anderen Menschen stießen mich ab. Er war ein glühender Aktivist und ein Mann der radikalen Tat. 1972 legte er sein Amt als Vizepräsident der Nationalversammlung Jugoslawiens nieder, weil er mit den vom Zentralkomitee der Kommunistischen Partei beschlossenen Maßnahmen gegen die Anführer der Reformbewegung Kroatischer Frühling und die serbischen Liberalen nicht einverstanden war. Aber das überraschte mich nicht so sehr wie die Tatsache, dass er die restlichen achtzehn Jahre seines Lebens still und zurückgezogen als Pensionär verbrachte und sich von allen öffentlichen Auftritten fernhielt.

Nach Đerđas Fortgehen arbeitete meine Mutter noch intensiver für die antifaschistische Bewegung und die Partisanen. Đerđa hatte sie in ein Netzwerk von Leuten eingeführt, die ihr ständig Nachrichten übermittelten und Aufgaben übertrugen, manchmal erhielt sie auch Propagandamaterial. Meine Mutter fing bald darauf an, mir einige dieser Aufgaben anzuvertrauen, die ich sehr gerne ausführte. Ich erinnere mich noch genau an den Tag, an dem ich zusammen mit Lolika Robiček wie ein Indianer durch den Wald oberhalb der Hreljin-Ruinen schlich und meine erste Begegnung mit einer Partisanen-Wache hatte. Meine Mutter schickte mich auch in das nahe gelegene Städtchen Crikvenica, wo ich einem Arzt namens Gradišek im Stadtkrankenhaus Briefe und andere Nachrichten überbrachte. Die italienischen Carabinieri stellten den jüdischen Flüchtlingen ungern Papiere aus, die ihnen erlaubten, sich außerhalb des Geltungsbereichs ihrer Aufenthaltsgenehmigungen zu bewegen. Meine Mutter behauptete jedoch, ich müsste für eine spezielle Untersuchung ins Krankenhaus.

Ich stellte mich Dr. Gradišek mit der vereinbarten Losung vor, und er klopfte mich noch mit ein paar Fragen ab, hieß mich dann aber sehr freundlich willkommen. Ich glaube, es war nicht ganz ungewöhnlich, dass die im Stillen wirkenden Partisanen-Kollaborateure minderjährige Kuriere schickten, die den Carabinieri nicht verdächtig erschienen. Dr. Gradišek sah sich schnell die Briefe an, die ich ihm ausgehändigt hatte, und gab mir einen Brief für meine Mutter mit. Er schickte mich dann zu einer anderen Adresse in Crikvenica, wo ich mit einer neuen Losung einen Maurer namens Car kontaktieren sollte, der mir Partisanen-Zeitungen nach Kraljevica mitgeben würde.

Der Maurer war ein redseliger junger Mann, achtzehn oder neunzehn Jahre alt. Er erzählte mir sofort, dass er Mitglied bei der kommunistischen Jugend war, dass er es aber satthabe, nur im Hintergrund zu agieren, und sich dieser Tage auf den Weg zu den Partisanen machen werde. Er wollte wissen, wie es um uns in Kraljevica stand, ob wir aktiv waren und ob wir eine ständige Verbindung mit dem Komitee und den Partisanen hatten. Gemäß den damals geltenden Regeln der Konspiration fragte er mich nicht direkt nach Namen und Details, aber es war unübersehbar, dass er einiges darüber in Erfahrung bringen wollte. Ich antwortete ihm nur in allgemeinen Wendungen und zeichnete dabei vielleicht ein etwas zu pessimistisches Bild, woraufhin Car plötzlich ganz offen sagte: »Aber ich habe gehört, dass es bei euch in Kraljevica schlecht läuft und es sehr gefährlich ist!«

Ich war verwirrt und bat ihn, es zu erklären. »Na, man sagt, dass da alles über eine Frau läuft«, sagte er. »Das ist vielleicht nicht an sich schlecht, aber sie hat einen kleinen Sohn, den sie überallhin schickt, und er weiß viel zu viel von alledem. Wenn ihn die Carabinieri mal schnappen und ihn nur dreimal ohrfeigen, plaudert er am Ende sofort alles aus. So, das ist also schlecht und gefährlich.«

Ich muss rot angelaufen sein, was Car in der Dunkelheit des Zimmers wohl nicht bemerkt hat. Ich weiß nicht, wie es mir gelungen ist, mich zu sammeln und das Gespräch gefasst fortzusetzen. Car sagte ich, dass ich die Frau kenne, ihr »kleiner« Junge wisse nur wenig und die Gefahr sei nicht so groß wie er denke. Dennoch nahm er mir das Versprechen ab, »dieser Frau« von den Ängsten der Männer, die in der Organisation mitarbeiteten, zu berichten. Der Maurer ahnte nicht, dass ich der »kleine Sohn« war, von dem für ihn eine so große Gefahr ausging. Mein Verhalten und mein Aussehen müssen in diesem Moment viel zu ernsthaft und erwachsen auf ihn gewirkt haben. Ich war schließlich sehr froh, als es Zeit wurde, mich zu verabschieden und das Schiff nach Kraljevica zu nehmen. Die Partisanen-Zeitungen rollte ich in meine Schultasche ein. Meiner Mutter erzählte ich alles, was ich über uns in Crikvenica gehört hatte. Es dürfte sie nicht gefreut haben, aber ich denke, sie war nicht wirklich besorgt, denn sie vertraute mir weiter Aufgaben an.

Von allen Sorgen, die meine Mutter bedrängten, war die um meinen Bruder Danko bei weitem die dringlichste, und sie überlegte, wie sie ihn so schnell wie möglich aus Tuzla zu uns holen konnte. Sie und meine Großmutter schrieben sich regelmäßig. Ich denke, die knapp gehaltenen Postkarten aus Bosnien ließen meine Mutter schon eine ganze Weile ahnen, dass es auch dort nicht mehr so sicher war wie bisher. Wahrscheinlich war es damals Lolikas Einfall geschuldet, dass wir irgendwann Joško Pribilović anheuerten. Lolika wohnte bereits zwei Monate bei den Pribilovićs und kannte deshalb deren Sohn Joško ziemlich gut. Er war ein freundlicher junger Mann von neunzehn Jahren, er war gutgekleidet, höflich und lächelte einem stets warmherzig zu. Im letzten Kriegsjahr hatte er seinen Abschluss an der Höheren Maritimen Schule in Split gemacht und war danach vorerst zu seinen Eltern nach Kraljevica gezogen. Ich weiß nicht, wie es ihm gelungen ist, den obligatorischen Dienst in der kroatischen Heimwehr zu vermeiden. Wie vielen jungen Männern gefiel es anfangs auch ihm, dass Kroatien ein unabhängiger Staat geworden war, und er schrieb sich in die Ustascha-Jugendbewegung ein, aber seine Begeisterung legte sich rasch wieder. Am Ende des Sommers 1941 traf sich die kleine Ustascha-Jugendgruppe in Kraljevica überhaupt nicht mehr. Joško hatte aber noch seinen Mitgliedsausweis, was ein glücklicher Umstand für unseren Plan war.

Gleich an den ersten Tagen des neuen Jahres besprach meine Mutter auf die Vermittlung von Lolika hin alles mit den Pribilovićs. Joško war damit einverstanden, sich auf den Weg nach Tuzla zu machen und Danko nach Kraljevica zu holen. Später erzählte er mir, er habe mit diesem riskanten Unternehmen zeigen wollen, dass er und seine Freunde aus Kraljevica keine Ustasche waren, sondern Gegner der Ustascha-Aktionen.

Meine Mutter übergab Joško einen Brief für meine Großeltern und andere Kleinigkeiten, die seine Vertrauenswürdigkeit beweisen würden. Ohne Schwierigkeiten gelang es ihm, kroatische und italienische Passierscheine zu erhalten. Zwei Wochen nach Neujahr machte er sich mutig auf die lange Reise, mit einem verkrampften Lächeln versuchte er, seine Nervosität zu überspielen. In den fünf Tagen, an denen wir voller Hoffnung auf Joškos Rückkehr warteten, waren wir wohl noch besorgter als er. Wir verließen uns aber auf seinen Einfallsreichtum und setzten darauf, dass der Mitgliedsausweis der Ustascha-Jugend seine Wirkung nicht verfehlen würde.

Bis Tuzla brauchte Joško zwei Tage und zwei Nächte, es verlief alles ohne Komplikationen. Seine Ankunft wird für meine Großeltern keine allzu große Überraschung gewesen sein. Um die Zensoren nicht zu alarmieren und auf diese Weise Joškos Mission zu gefährden, hatte ihn meine Mutter in ihren Briefen nicht direkt angekündigt, aber wir hatten eine Methode entwickelt, um Mitteilungen zu verschlüsseln, die sich bewährt hatte. Ohne Zweifel wird meine Mutter meine Großeltern im Vorfeld von ihren Plänen unterrichtet haben.

Als Joško in Tuzla ankam, lebten meine Großeltern Aron und Adolfa Goldstein nicht mehr in ihrem schönen großen Haus gegenüber der Eisenbahnstation. Bereits im Dezember 1941 hatte man es, mit allen Nebengebäuden und dem großen Garten, konfisziert. Übergangsweise waren sie in ein passables Apartment in der Stadt umgesiedelt worden, aber Großvaters Zuversicht, dass ihm in Tuzla nichts Schlimmes geschehen könnte, war nun erschüttert. Auch seine Nachbarinnen, die katholischen Ursulinenschwestern, hatten nichts ausrichten können. Es gelang ihnen nur, den »höheren« Behörden eine Zusage abzuringen, die Goldsteins weder zu verhaften noch in ein Lager zu transportieren, was vielen anderen Juden aus Tuzla schon widerfahren war. Mein Großvater mochte diesen Versprechungen vielleicht Glauben schenken, aber sein ältester Sohn Oto tat das keineswegs. Nachdem man sie gezwungen hatte, ihr Haus zu verlassen, war es Oto gelungen, einen Passierschein zu beschaffen, und er hatte sich sofort mit seiner Frau Greta und seinem achtjährigen Sohn Darko auf den Weg nach Makarska in die italienische Besatzungszone begeben. Großvater blieb in Tuzla, um sich um seine bettlägerige Frau, seine kranke Tochter Berta und seinen Enkel Danko zu kümmern. Zu seiner Erleichterung nahmen die Nonnen im Ursulinenkloster Danko zu sich, damit er in ihrer Grundschule die dritte Klasse besuchen konnte.

Danko erinnert sich bis heute daran, wie mein Großvater zögerte, ihn gehen zu lassen. Doch der Brief meiner Mutter überzeugte ihn, dass es in Kraljevica für Danko sicherer war als in Tuzla. Für Großvater kam es aber nicht in Frage, mit Oma und Berta ebenfalls nach Kraljevica zu gehen, wie meine Mutter vorschlug. Seine Antwort war: Mit einer gelähmten Frau im Rollstuhl werde er sicher nirgendwohin gehen, ihn und seine Angehörigen werde in seinem Tuzla niemand verhaften.

Joško übernachtete bei den Goldsteins und brach am nächsten Tag erst am Nachmittag mit Danko und zwei Koffern zur Eisenbahnstation auf. Danko sagt, er habe damals keine Angst gehabt, mit Joško wegzugehen – er habe ihm sofort vertraut. Er freute sich, zu seiner

Mutter und seinem Bruder zu reisen, obwohl es nicht leicht für ihn war, sich von den beiden alten Menschen und seiner kranken Tante zu verabschieden, bei denen er sich fünf Monate lang beschützt und gut aufgehoben gefühlt hatte. Für sie war der Abschied von Danko aber sicher noch schwerer – jetzt blieben sie allein zurück, ohne die heitere Gesellschaft ihres Enkels und Neffen.

Gleich beim Aufbruch erklärte Joško Danko, er werde ihn von nun an als seinen jüngeren Bruder vorstellen müssen. Und Danko wusste sofort, dass es wichtig war, diese Rolle glaubwürdig zu spielen. Diese unnatürlichen Zeiten hatten auch die Kinder dazu gebracht, sich unnatürlich zu verhalten. Kaum war es losgegangen, gab es die ersten Schwierigkeiten: Der Zug blieb auf offener Strecke stehen, und sie mussten lange warten, bis der Schaden behoben war. Diese erste Nacht schliefen sie, eng beieinanderliegend wie die Sardinen, in dem überfüllten Waggon. Als sie in Slavonski Brod umsteigen mussten, gerieten sie in eine kleine Gruppe von schwarzgekleideten Ustasche. Joško fiel auf, dass Danko Angst vor ihnen hatte, deshalb wechselte er den Wagen. Als sie kontrolliert wurden, sagte Joško, Danko sei sein kleiner Bruder, und sie hatten keine weiteren Unannehmlichkeiten. Jüngere Kinder mussten keine Reisedokumente vorzeigen, und Joškos Mitgliedsausweis der Ustascha-Jugend tat seine Wirkung.

In Zagreb mussten sie sich ein Quartier suchen, weil sie den Nachtzug nach Sušak verpasst hatten. Joško wagte nicht, in ein Hotel zu gehen, wo er strenge Kontrollen befürchtete, und entschied sich, sich bei einer Frau einzumieten, die vor dem Bahnhof ein Zimmer zum Übernachten anbot.

In Karlovac war es für sie am gefährlichsten. Joško entdeckte am Bahnhof in der Menschenmenge einen ihm bekannten Polizisten. Dieser betrat ihren Wagen und kontrollierte die Passierscheine. Er erkannte Joško nicht und nahm ihm ab, dass Danko sein kleiner Bruder war. Aber mein Bruder erinnert sich bis heute an diese Begegnung als Augenblick größter Angst. Im Bahnhof von Liče ging es wieder sehr lange nicht voran, weil die Schienen nach einem Angriff der Partisanen in der vorherigen Nacht repariert werden mussten. Als sie in Kraljevica ankamen, war es schon dunkel. Aber nun hatte er es endlich in die Arme seiner Mutter geschafft.

Ich weiß nicht, ob sich Joško damals darüber im Klaren war, welchen Gefahren er sich auf seiner Reise ausgesetzt hatte und wie segensreich seine Entscheidung war, jene Nacht in Zagreb nicht im Hotel zu verbringen. In der Zeit vom 8. bis 15. Januar 1942 fand in Zagreb die größte Razzia nach Juden statt, in Häusern, Krankenhäusern, Hotels und auf offener Straße. Es wurden 1500 Menschen verhaftet, alle Männer, die in dieser Gruppe waren, kamen in das Konzentrationslager Jasenovac, Frauen und Kinder schickte man in das Konzentrationslager Loborgrad.

Im Frühling 1943 schloss sich Joško Pribilović den Partisanen an. Als der Krieg zu Ende war, hatte er den Rang eines Leutnants inne. Später schloss er in Zagreb ein Studium der Ökonomie ab und wurde 1970 Sekretär im Finanzsekretariat der Stadtversammlung von Zagreb. 1982 ging er in den Ruhestand. 1999 legte mein Bruder Danko in Yad Vashem genau dar, wie Joško ihn vor den Ustasche gerettet hatte. 2001 wurde Joško mit dem Titel »Gerechter unter den Völkern« geehrt.

Kein einziges Mitglied unserer Familie aus Tuzla hat den Krieg überlebt. Nachdem Krieg versuchten wir, von Karlovac aus in Erfahrung zu bringen, was mit ihnen geschehen war. Wir sandten Briefe nach Tuzla, Sarajevo, Vinkovci, Dorna Vatra, Bukarest, Czernowitz und nach Palästina. Auf diese Weise fanden wir heraus, dass mein Großvater, meine Großmutter und Tante Berta 1942 abgeholt worden waren. Da wir nichts mehr von ihnen gehört hatten, gingen wir davon aus, dass sie wie die meisten Juden aus Bosnien und Kroatien im Konzentrationslager Jasenovac getötet wurden.[45] Als ich dann im Frühling 2001 meinem Sohn Ivo bei den Recherchen zu seinem Buch »Der Holocaust in Zagreb« half, entdeckte ich, dass zwischen dem 13. und dem

24. August 1942 vier Großtransporte aus Zagreb, Osijek und Bosnien in die Todeslager des besetzten Polen gegangen waren. Es gibt zu all diesen Lagern Listen der Opfer, aber sie sind, genauso wie die aus Jasenovac, unvollständig. Bis heute wissen wir nicht, ob meine Großeltern und meine Tante Berta in Jasenovac, Treblinka, Sobibor oder in Auschwitz umgekommen sind.

Mein Onkel Oto kam im Sommer 1943 mit seiner Frau und seinem Sohn zusammen mit 3200 anderen Juden in das große italienische Lager Kampor auf der Insel Rab. Als das Lager nach der Kapitulation Italiens befreit wurde, ging Oto mit seiner Familie in ein von den Partisanen beherrschtes Gebiet. Onkel Oto war ein ausgezeichneter Glasmacher und bekam Arbeit in den Werkhallen der Ökonomischen Sektion im Antifaschistischen Landesrat der Volksbefreiung Kroatiens (ZAVNOH) in Otočac. Hier traf er meinen Bruder Danko, der als Hilfsarbeiter und Kurier in der Druckerei beschäftigt war, in der im Auftrag des Zentralkomitees die Agitprop-Zeitungen gedruckt wurden. Als es dann im Oktober zu einem Angriff der Deutschen kam, bat Danko den Agitprop-Chef Đerđa, bei der Evakuierung seinem Onkel und dessen Ehefrau und Sohn noch einen Platz im Lastwagen zu sichern. Aber Onkel Oto und Tante Greta ließen sich nicht darauf ein. Sie hatten einige ihnen wichtige Sachen, die sie auf dem Agitprop-Lastwagen nicht hätten mitnehmen können, deshalb mieteten sie ein Gespann, mit dem sie alles, was sie besaßen, selbst evakuieren wollten. Als sie auf der Straße von Otočac waren, wurde das Gespann meines Onkels von den deutschen Panzern eingeholt, und wir hörten ein halbes Jahrhundert nichts mehr von ihm und seiner Familie. Wir gingen davon aus, dass die Deutschen sie den Ustasche ausgeliefert hatten, von denen sie dann höchstwahrscheinlich in das Konzentrationslager Jasenovac gebracht worden waren. 1996 schrieb ich darüber einen Artikel.[46] Zwei, drei Jahre nach der Veröffentlichung dieses Textes rief mich ein unbekannter Mann mit Belgrader Akzent an. Er stellte sich mir nicht vor, sagte nur, er rufe aus Schweden an und erforsche aus familiären Gründen das Schicksal der jugoslawischen Juden, die in Auschwitz umgekommen sind. Er hatte den Text über meine Familie gelesen und daraufhin in den »Sterbebüchern« von Auschwitz nachgesehen. Oto, Greta und Darko Goldstein sind dort verzeichnet. Sie waren im April 1944 in Rižana aufgegriffen, nach Auschwitz deportiert und dort ermordet worden.

Die eiskalten winterlichen Bora-Winde, die wuchtig über Kraljevica hinweggefegt waren, klangen allmählich aus, und die Frühlingssonne lockte die zur Untätigkeit verdammten Juden zu Spaziergängen nach Fara und Oštro. Meine Mutter erhielt jetzt immer öfter Zeitungen der Partisanen, um sie weiterzugeben. Ich trug sie zu dem Apotheker Bauer und einigen anderen Leuten, an die ich mich nicht mehr erinnere. Bauer war ein jüdischer Flüchtling aus Osijek, und er versorgte uns mit Medikamenten und medizinischem Material aus der Apotheke, das wir an die Partisanen weitergaben. Manchmal ging ich mit Lolika und meiner Mutter nach Hreljin, um unsere Kontaktperson bei den Partisanen zu treffen. Danko fiel nach einiger Zeit unser seltsames Kommen und Gehen auf. Ich weiß nicht, wie viel ihm meine Mutter preisgab und wie sie ihm erklärte, was wir taten, ich weiß nur, dass sie irgendwann anfing, ihn hin und wieder zu »ihrem Kontakt« nach Križišće mitzunehmen. Manchmal diente ihr das als Tarnung, denn eine Mutter, die mit ihrem Kind spazieren ging, war weniger verdächtig als eine einzelne Person. Danko wusste schon sehr genau, was er zu antworten hatte, wenn es zu einer Befragung kam. »Schon hat er in Windeseile die Regeln der Konspiration gelernt«, scherzte meine Mutter.

Mit jeder neuen Flüchtlingsfamilie, die in Kraljevica Zuflucht fand, erreichten uns schlimmere Nachrichten. Im Januar und Februar hörten wir von einer Großrazzia in Zagreb und von Massentransporten nach Jasenovac und Loborgrad. Uns kamen grauenhafte Geschichten über das Lager Jasenovac zu Ohren. Dann hörten wir aus Osijek von einer Typhusepidemie und vom Massensterben im Lager Đakovo. Ende des Winters sprach meine Mutter dann das erste Mal offen über Jadovno, und die paar Halbsätze, die sie sagte, machten mehr als deutlich, dass all ihre Hoffnungen am Schwinden waren. Wir fassten den Entschluss, es Danko vorsichtig beizubringen, denn er fragte oft, wann sein Vater wiederkommen werde. Danko erinnert sich noch gut an den Augenblick, als wir uns im Zimmer unserer Mutter zusammensetzten und wir ihm so einfühlsam wie möglich von unserer Befürchtung erzählten, dass unser Vater nicht mehr am Leben war.

Für zweihundert geflüchtete Juden war Kraljevica eine ruhige kleine Oase, doch sie alle standen unter Druck, weil pausenlos von allen Seiten die furchtbarsten Nachrichten kamen. Die kurze winterliche Gegenoffensive in Russland fand schon im Februar 1942 ein Ende; Rommel rückte von Libyen wieder Richtung Ägypten und Suezkanal vor; deutsche U-Boote versenkten im Atlantik weiterhin die Alliiertenkonvois; die Japaner eroberten im Pazifik Insel um Insel und bezwangen noch im März die gesamte Malaiische Halbinsel (mit Singapur), nahmen Rangun ein und standen bald vor den Toren Indiens. Die Nachrichten von den Siegen der Partisanen waren nur ein schwacher Trost, denn am Ende würde doch alles an den weit entfernten Kampfschauplätzen und nicht in der Region Kordun entschieden werden.

Im Frühling 1942 nahm der deutsche Polizeiattaché Hans Helm in Zagreb für das gesamte NDH-Gebiet die »Endlösung der Judenfrage« in Angriff. In Absprache mit seinen Vorgesetzten in Berlin bereitete er den Abtransport aller noch in Bosnien und Kroatien verbliebenen Juden in die Todeslager der Nazis vor. Sein Plan war es, auch die rund 5000 Juden, die sich aus Kroatien in die italienische Zone B gerettet hatten, auf einen solchen Transport zu schicken. Das deutsche Außenministerium stellte über seinen Botschafter in Rom einen Antrag bei den italienischen Behörden und verlangte, dass diese 5000 Juden

den Polizeikräften der Ustasche und der Deutschen übergeben werden sollten. Die italienischen Diplomaten zögerten ihre Antwort an die Deutschen geschickt hinaus. General Mario Roatta, Kommandant der 2. italienischen Armee, lehnte die Auslieferung mit der Begründung ab, weder die Ustasche noch die Deutschen seien für das Territorium zuständig, das der Verwaltung seiner Armee unterstand. Wenn die Juden schon ins Lager mussten, so Roattas Schlussfolgerung, dann musste man sie auf seinem Territorium in ein Lager unter italienischem Kommando stecken und durfte sie nicht den Deutschen ausliefern.

Dieses Gerangel zwischen der Nazi-Regierung, den italienischen Diplomaten und dem Militärkommando zog sich vom Frühling bis in den Spätherbst 1942 hin. Es gab jedoch einen Augenblick, in dem das Schicksal der Juden am seidenen Faden hing. Der Antrag der Deutschen aus Berlin, die Juden auszuliefern, wurde von Mussolini höchstpersönlich mit dem Vermerk »nulla osta« (»nichts dagegen«) unterschrieben. Seine Kommandanten konnten ihn aber schließlich davon überzeugen, dass man für die geflüchteten Juden italienische Konzentrationslager errichten müsse und sie nicht an die SS der Nazis ausliefern solle.

Während also über unser aller Leben verhandelt wurde, wussten wir in Kraljevica nichts darüber, obwohl es durchaus »in der Luft« lag. Man erzählte sich »im Vertrauen« viele Neuigkeiten, von denen wir nie sicher sein konnten, ob sie glaubwürdig waren oder nicht. Aber einige der Flüchtlinge haben wohl von ihren Bekannten unter den höheren italienischen Offizieren das eine und andere erfahren. Deshalb entschied sich Dr. Aleksandar Goldštajn stellvertretend für alle Zagreber Juden, die Zuflucht in Hreljin gefunden hatten, einen Brief in italienischer Sprache an General Roatta zu verfassen. Er legte ihm im Einzelnen dar, was mit den Juden im NDH geschah, und endete mit den Worten: »Wenn man dem Antrag, uns auszuliefern, nachkommt, ist das unser Todesurteil, denn es ist allgemein bekannt, was mit uns geschehen wird, wenn wir der Ustascha-Regierung in Karlovac überstellt werden.«

In dieser Zeit, zu Beginn des Frühlings 1942, besuchte uns überraschend ein stämmiger Mann mit dicken Brillengläsern. Er nannte meiner Mutter ein Losungswort und sagte, er sei unsere neue Verbindung zum Komitee und den Partisanen. Als Beweis legte er einen Brief von Josip Cuculić vor, der bisher unsere vornehmliche Kontaktperson gewesen war. Unser neuer Verbindungsmann war ein Ingenieur, der in Tribalj arbeitete. Er kam stets auf einem Motorrad und begrüßte Lolika überschwänglich, aber auch sie freute sich immer auf ihn. Sie behaupteten, sie würden nur zur Tarnung das verliebte Paar geben, aber von einer Camouflage konnte meiner Auffassung nach keine Rede sein. Dieser Mann überbrachte meiner Mutter eines Tages eine Nachricht entweder von Cuculić oder von Đerđa, in der es hieß, wenn sie sich in Kraljevica nicht sicher fühle, könne sie jederzeit mit ihren Kindern zu den Partisanen kommen.

Anfang Mai war dieser Moment gekommen. Als sie sich wie jede Woche auf der Polizeistation der Carabinieri meldete, unterhielt sich meine Mutter wie sonst auch kurz mit dem Oberstabsfeldwebel. Sie fragte ihn, was es mit den Baracken am Rande von Kraljevica auf sich habe, die die Armee baute. Der redselige Italiener sagte ihr ohne Umschweife: »Da entsteht ein Lager für die Slowenen. Aber vielleicht auch für euch Juden, wenn es irgendwann nötig ist. Signora Goldstein, Sie brauchen aber keine Angst zu haben, mit uns wird Ihnen nichts Schlimmes widerfahren, wir sind nicht wie die Ustasche und die Deutschen.«

In dem Moment, in dem Danko zu uns nach Kraljevica gekommen war, hatte meine Mutter beschlossen, nie wieder untätig abzuwarten, bis irgendjemand über ihr eigenes und das Schicksal ihrer Kinder entschied. Noch am gleichen Tag fragte sie mich, ob ich damit einverstanden wäre, zu den Partisanen zu gehen. Natürlich war ich das. Daraufhin organisierte meine Mutter ein Treffen mit Cuculić. Sie nahm Danko mit, dieses Mal aber nicht zur Tarnung, sondern um in Erfahrung zu bringen, ob sie mit einem so kleinen Jungen wirklich zu den Partisanen stoßen könne. Meiner Mutter wurde versichert, sie sei mit ihren beiden Söhnen willkommen. Cuculić zeigte Danko sogar ein paar Fotografien aus den Partisanenlagern Grižanski und Bribir, auf denen man sehen konnte, dass bereits andere Jungen in seinem Alter dort waren. So erfuhr auch Danko, wohin wir in den nächsten Tagen gehen würden, und hielt sich an das strenge Verbot, zu niemandem ein Wort darüber zu sagen.

Unser Entschluss, zu den Partisanen zu gehen, ließ sich ohne Schwierigkeiten umsetzen – alles klappte reibungslos, »wie ein Schweizer Messer«. Meine Mutter und Lolika packten unsere Rucksäcke wie für einen großen Ausflug. Alle Gegenstände von Wert, die wir nicht mitnehmen konnten, brachten wir zu Tonica. Dann kamen zwei junge Männer, die den größten Teil unseres Gepäcks mitnahmen. Noch an diesem Nachmittag machten wir drei uns mit Lolika auf den Weg.

Kurz darauf betraten wir ein Haus, in dem schon unsere beiden Helfer mit unseren Rucksäcken warteten. Sobald es dunkel geworden war, marschierten wir los, über die Straße nach Križišće-Hreljin und in den Wald hinein, wo zwei Partisanen mit Gewehren auf uns warteten. Nach einer Stunde kamen wir in Drivenik im Partisanenlager an. Unter einem Schutzdach und in einem großen Zelt schliefen an die zwanzig Partisanen, nur zwei Männer hielten Wache. Sie zeigten uns eines der kleineren Zelte, in dem man Feldbetten für uns vorbereitet hatte. Wir drei und Lolika verbrachten hier friedlich unsere erste Nacht bei den Partisanen.

Einen oder zwei Tage später stießen auch Kornel Bauer, Leo Ripp und Pavle Mahler auf dem gleichen Weg zu uns nach Drivenik. Ich glaube, dass Lolika und meine Mutter versucht haben, auch andere jüdische Flüchtlinge zu den Partisanen mitzunehmen, aber nur diese drei haben sich uns tatsächlich angeschlossen. Alle anderen wurden später in das Lager Carevo bei Kraljevica gebracht. 200 Juden aus Kraljevica und ungefähr 3000 andere jüdische Flüchtlinge aus Hrvatsko Primorje und Dalmatien wurden 1943 in das große Lager Kampor auf der Insel Rab deportiert. Nach der Kapitulation Italiens kamen sie in die Lika, in die befreiten Territorien. An die 800 von ihnen meldeten sich freiwillig bei den Kampf- und Hilfseinheiten der Partisanen, ungefähr 2000 haben den Krieg in den befreiten Territorien der Regionen Lika, Kordun und Banija überlebt. 200 weiteren gelang es, nach Italien überzusiedeln, und die restlichen 200 blieben auf der Insel Rab, überzeugt, dass sie dort überleben würden. Doch während ihres Herbstangriffs kamen die Deutschen auf die Insel und brachten alle Juden, die sie dort vorfanden, in das Lager Rižana – wie meinen Onkel Oto und seine Familie.

Von uns sieben, die wir aus Kraljevica gekommen waren, haben fünf den Krieg bei den Partisanen überlebt. Der schöne junge Mahler, ein mutiger und sehr beliebter Soldat des Ersten Primorsko-Goranski-Stroßtrupps, fiel beim Angriff auf Modruš. Bauer wurde im Sanität-Korps der 7. Banija-Division ein von allen geschätzter Apotheker. Bei einem Treffen der Partisanen-Apotheker in Bosanski Petrovac Ende 1942 hielt er ein vielbeachtetes Referat. Er ist irgendwann im Juni oder Juli im Einsatz in Sutjeska ums Leben gekommen. Ripp ging nach Ende des Kriegs nach Osijek zurück, Lolika nach Zagreb und wir drei nach Karlovac.

Vielleicht erscheinen mir von heute aus betrachtet unsere ersten Tage bei den Partisanen schöner, als sie im Grunde waren, aber in meiner Erinnerung wirken sie geradezu idyllisch. Im blendenden Sonnenschein des Frühlings schritten wir über frische grüne Bergwiesen, von denen wir auf Vinodol hinabblickten, während hoch oben die Spitze des Berges Viševica aufragte. Auf dem Weg von Drivenik nach Grižanski, dem anderen Lager der Partisanen, beantwortete uns der

Partisanen-Veteran Tomo Strižić aus Bribir geduldig alle unsere Fragen und weihte uns in die ungeschriebenen Gesetze des Partisanen-Lebens ein. Niemand wollte wissen, wer wir waren, woher wir kamen oder warum wir hier waren, es spielte keine Rolle, ob wir Kroaten, Serben oder Juden waren. Im Lager Grižanski trafen wir auf einige Flüchtlingsfamilien mit Kindern, mein Bruder Danko fand sofort Freunde, und meine Mutter war erleichtert, dass sie tatsächlich nicht die Einzige war, die sich mit kleinen Kindern den Partisanen angeschlossen hatte. Im Hauptquartier des Bataillons »Matija Gubec« in Bitoraj erhielt ich mein erstes Gewehr als Partisan, es war ein kleines italienisches. In kindlicher Freude darüber, dass ich nun wichtig geworden war, schritt ich stolz damit zu meinen Schichten auf dem Beobachtungsposten Richtung Mrkopolje und zum Wachposten vor dem Lager. Eines Nachts begleitete ich eine Gruppe der örtlichen Partisanen nach Ličko Polje, wo säckeweise Kartoffeln auf uns warteten. Sie teilten mir natürlich den kleinsten Sack zu, den ich bis nach Bitoraj trug. Als ich verschwitzt und müde ins Lager zurückkam, versagte sich meine Mutter heldenhaft, allzu viel Mitgefühl für ihren armen Sohn zu zeigen.

Sie sollte Danko und mich in den nächsten drei Jahren in sehr viel schwierigeren Situationen sehen, und auch das ertrug sie mit der gleichen stoischen Haltung. Sie muss große Willenskraft und viel Mut aufgebracht haben, als sie sich entschloss, mit zwei Kindern zu den Partisanen zu gehen, und ebenso, um all dies ohne jedes Selbstmitleid durchzustehen. Ich denke aber auch, dass sie diesen Schritt nie ernsthaft bereut hat.

Irgendwo auf dem Weg von Bitoraj nach Drežnica trafen wir Ivo Vejvoda, den Polit-Kommissar der 5. Operationszone der Nationalen Volksbefreiungsarmee von Kroatien. Meine Mutter und Vejvoda, die alte Bekannte aus Karlovac waren, verständigten sich über unser weiteres Vorgehen. Meiner Mutter wurde die Aufgabe zugewiesen, in Drežnica eine Ambulanz für Kranke und Verletzte zu organisieren. Da sie tatkräftig und kommunikativ war und mit den unmöglichsten Situationen zurechtkam, machte sie ihre Arbeit sehr gut. Als die Italiener in einer Großoffensive im September 1942 Drežnica angriffen, musste sie eine neue Herausforderung meistern. Gemeinsam mit Jela Jančić und Vera Schwabenitz verteilte sie die anfallenden Aufgaben und kümmerte sich mutig zusammen mit ihnen um die Verletzten im Krankenhaus der 5. Operativen Zone. Ganze siebzehn Tage verbrachten sie in Schratten und provisorischen Unterschlupfen in den Tiefen des Waldes von Javornica. Danach wurde sie dem Chirurgenteam des Hauptstabs der Nationalen Volksbefreiungsarmee zugeteilt, wo sie für die Hygiene zuständig war – eine sehr anspruchsvolle Aufgabe. Unter der Leitung des berühmten Partisanen-Chirurgen Dr. Franz Kleinhappel war diese Gruppe in den nächsten zweieinhalb Jahren in ganz Zentralkroatien im Einsatz, wo sie nahezu alle Krankenhäuser der Partisanen aufsuchte. Am längsten hielt sich meine Mutter in der Petrova Gora auf. Sie übernahm im dortigen Krankenhaus sofort die Verantwortung für alle hygienischen Maßnahmen. Wenn größere Kämpfe stattfanden, positionierte sich das Chirurgenteam direkt hinter der Frontlinie, damit die Schwerverletzten sofort an Ort und Stelle operiert werden konnten. Meine Mutter meisterte das alles ohne zu klagen, nur unsere Abschiede fielen ihr schwer. So oft sich auf meinen Streifgängen für die Partisanen eine Gelegenheit ergab, besuchte ich meine Mutter und Danko. Manchmal bekam ich von meinen Vorgesetzten auch die Erlaubnis, zwei, drei Tage zu bleiben, und einmal verordnete mir Veco Holjevac – der Polit-Kommissar meines Truppenverbands – einen siebentägigen Urlaub im Wald der Petrova Gora. Als ich wieder ins Feld zog, begleitete mich meine Mutter bis zum Ende einer langgezogenen Wiese. Ich drehte mich noch einige Male nach ihr um und winkte ihr zu, sie stand sehr lange oben auf der Wiese. Vielleicht hat sie sich damals erlaubt, leise zu weinen. Mit Sicherheit stellte sie sich in diesem Augenblick die Frage, ob wir uns jemals wiedersehen würden.

Obwohl Danko erst zehn Jahre alt war, als wir zu den Partisanen kamen, wurden ihm während der restlichen drei Kriegsjahre verschiedene Hilfsarbeiten zugeteilt, als Kurier, Wachposten und Telefonist. Im letzten Kriegsjahr bediente er die Telefonzentrale im Krankenhaus der Petrova Gora, über die einige regionale Krankenhäuser mit den Kommandozentralen und mit dem Hauptstab der Nationalen Volksbefreiungsarmee verbunden waren. Nahezu das gesamte Jahr 1943 war Danko von unserer Mutter getrennt. Als die Truppen der Achsenmächte die vierte Anti-Partisanen-Offensive[47] durchführten, durchquerte Danko mit unzähligen Verwundeten die gesamte Lika-Region, bis er im befreiten Jezerane ankam, wo ihn die Familie Gerovac wie einen Verwandten aufnahm. Er blieb ungefähr drei Monate bei ihnen. Er hütete die Kühe auf der Weide, holte sich seine Verpflegungsrationen von der Kommandostation in Stajnica ab, und manchmal nahm ihn sein Gastgeber Mile mit auf die Jagd. Erst vor wenigen Jahren hat mir Danko erzählt, dass er einmal, als er sich mit den Kühen auf der menschenleeren Weide befand, von einer abgrundtiefen Traurigkeit und Einsamkeit erfasst wurde. In einem anderen Teil der Lika, in Bijeli Potoci, war zur gleichen Zeit unsere Mutter an Typhus erkrankt, weshalb sie sich eine Weile nicht gemeldet hatte. Danko hatte Angst, dass sie gestorben war. Sein Bruder befand sich in Ogulin in Gefangenschaft, auch er hatte lange nichts von sich hören lassen, und so fragte sich der elfjährige Danko, ob wir uns jemals alle wiedersehen würden. Er beruhigte sich erst wieder, als ein Kurier des Hauptstabs ihm die Nachricht überbrachte, seine Mutter habe den Typhus überstanden und befinde sich auf dem Weg der Besserung. Er nahm Danko nach Otočac mit, wo er in den folgenden fünf Monaten für die Agitprop-Zeitung des Zentralkomitees der KP Kroatiens arbeitete, die damals Josip Đerđa unterstand. Dankos Aufgabe war es, das Papier in der Druckmaschine nachzuladen und das Nachrichtenblatt jeden Morgen als Kurier im Hauptstab, im Antifaschistischen Landesrat der Volksbefreiung Kroatiens (ZAVNOH), im regionalen

Ein Treffen der Partisanenjugend in Ribnik am 16. Oktober 1944. Das Foto zeigt eine Gruppe Gymnasiasten aus der Karlovacer Partisanen-Abteilung zusammen mit Mädchen, die mit den Partisanen zusammenarbeiteten und die aus Karlovac und Novigrad angereist waren. Von links: Slavko Goldstein, Mirko Humski, Ljiljana Gener, Dušan Benini, Beba Vešović, Ivo Pavliško, Josip Hagendorfer, Ljubica Erdeljac (später Blažević), Josip Butković »Papiga«, Marijan Trepo und Danka Grgurić (später Draganjac).

Hauptkommando und in anderen Institutionen der Partei zu verteilen, die damals ihren Sitz in Otočac hatten.

Gleich nach meiner Ankunft im Juni 1942 in Drežnica wurde ich von Miron Cesarec in die kommunistische Jugendorganisation von Ogulin aufgenommen. Er teilte mich dort zur Arbeit im Bezirkskomitee von Ogulin ein, wo er zeitweise Parteisekretär war. Mein erstes Feuergefecht erlebte ich beim Angriff auf Jezerane am 12. August 1942. Ich wurde als Verbindungsmann zwischen den Hilfskräften in Drežnica (Versorgung mit Nahrung, Transport von Verletzten u. Ä.) und dem Generalstab der 1. Brigade der Nationalen Volksbefreiungsarmee Kroatiens eingesetzt. Vom verbarrikadierten Kirchturm in Jezerane aus schossen durch den Nebel die Gendarmen auf uns, und bei jeder Kugel, die an mir vorbeirauschte, zog ich instinktiv den Kopf ein. Der Brigade-Kommandant Stevan Opsenica lachte, ruhig stand er aufrecht zwei Meter über mir im Schutz des Nebels und sagte: »Duck dich nicht, Kamerad! Der Schuss, den du hörst, wird dich niemals treffen, aber den, der dich trifft, wirst du niemals hören!« Von diesem Tag an gab ich mir Mühe, meine Angst nicht zu zeigen, selbst dann nicht, wenn sie mich, wie jeden Soldaten im Krieg, übermannte. Während der großen Offensive von Italienern und Tschetniks im September 1942 war ich als Kämpfer zur Verteidigung des Krankenhauses und bei der Rettung von Verwundeten im Einsatz. Als Auszeichnung für meinen Mut wurde ich als ordentliches Mitglied in das Bezirkskomitee der Union der Kommunistischen Jugend Jugoslawiens aufgenommen. Sechs Monate war ich eingesetzt, um die jungen Menschen in den serbischen Dörfern um Drežnica und in den kroatischen Dörfern zwischen Modruš und Ogulin zu agitieren und zu organisieren. Ich war häufig mit der von Boro Sušanj und Luka Čemeljić angeführten Ogulin-Truppe unterwegs und an kleineren Gefechten mit den Italienern, Ustasche und Tschetniks beteiligt. In den letzten Tagen des Jahres 1942 war ich als Delegierter beim Gründungskongress des Vereinigten Bundes der antifaschistischen Jugend Jugoslawiens (USAOJ) in Bihać und Anfang 1943 auf der Konferenz der kommunistischen Jugend in Slunj. Teile des Frühlings und nahezu den ganzen Sommer von 1943 befand ich mich in italienischer Gefangenschaft in Slunj. Von Oktober 1943 bis Ende Februar 1944 schlug ich mich im Auftrag des Bezirkskomitees der kommunistischen Jugend von Karlovac durch den Kordun und einen Teil von Pokuplje, um in den serbischen und kroatischen Dörfern für unsere Sache zu werben. Ende Februar 1944 wurde ich auf eigenen Antrag in die Partisanen-Abteilung nach Karlovac versetzt. In den letzten vierzehn Monaten des Krieges war ich vor allem als Kämpfer und Bataillonssekretär in der kommunistischen Jugendorganisation eingesetzt, bald darauf wurde ich Polit-Kommissar meiner Einheit und führte sie schließlich, in Abwesenheit des Kommandanten, sechs Monate lang an. Mir wurde ein Tapferkeitsorden verliehen, und am 15. 5. 1945 wurde ich in Karlovac im Rang eines Kommissarleutnants der Karlovac-Stoßtrupp-Brigade demobilisiert.

Der Krieg begann für mich mit den kroatischen Partisanen von Gorski Kotar und Hrvatsko Primorje und endete mit den Einheiten der kroatischen Partisanen, mit denen ich in den kroatischen Dörfern der Region Karlovac und Ozalj sowie in den Regionen von Žumberak und Pokuplje lebte und unterwegs war. Dazwischen hatte ich lange Zeit in den serbischen Dörfern verbracht und mit den Partisanen des Kordun und der Lika zusammengearbeitet. Ich habe gegen die Ustasche, Tschetniks, Italiener und, am Ende des Krieges, auch gegen die Deutschen gekämpft. Durch die Gitter meiner Gefängniszelle in Ogulin habe ich sowohl die Ustasche als auch die Tschetniks ihre Kriegslieder singen hören. Sie gingen nur deshalb nicht aufeinander los, weil beide Gruppen der Kontrolle der Italiener unterstanden. Auf dem Bürgersteig vor dem Gefängnis sangen die Ustasche für die inhaftierten Serben: »Der Berg Trebević wird wieder grün / Wein trinkt Pavelić / Wein trinkt er und Lämmer grillt er, schlachtet Serben sich.« Und die Tschetniks antworteten den Ustasche aus ihren Gefängniszellen: »Ach, ihr Kroaten, wir werden euch abschlachten, wenn unser König Petar aus London zurückkommt.« Aus eigener Anschauung weiß ich, dass die Partisanen der Nationalen Volksbefreiungsarmee die einzigen Truppen waren, in denen Kroaten und Serben gemeinsam an einer Front kämpften. Gleichzeitig spürte ich in serbischen und kroatischen Dörfern, wie leer die Parole von »Brüderlichkeit und Einigkeit« in Wirklichkeit war. Zur Armee der Partisanen bin ich gestoßen, als sie noch in ihren Anfängen steckte, damals wurden Plünderungen in den eigenen Reihen sofort bestraft, und den gefangen genommenen Feinden begegnete man noch pädagogisch, hielt ihnen politische Reden und ließ sie danach großherzig wieder nach Hause gehen. Im Winter 1943/44 erlebte ich, dass diese Armee Raubzüge durch die Dörfer, die sie nicht unterstützten, tolerierte und dass sie ihre Feinde manchmal aus Rache tötete. Es war mein Glück, dass ich die letzten vierzehn Monate in einer Truppe verbracht habe, auf deren Territorium es keine eigenmächtigen Vergeltungsmaßnahmen gab und auch andere Vorfälle die Ausnahme waren.

Als der Krieg vorbei war, war ich überzeugt davon, dass meine Mutter uns alle drei im Frühling 1942 auf die richtige Seite der Geschichte geführt hatte. Wir haben uns nicht wie Lämmer sanftmütig dem Schicksal ergeben, sondern uns, wenn auch in bescheidenem Rahmen, widersetzt und dem Bösen die Stirn geboten. Ohne grundsätzlich am Wert des nationalen Volksbefreiungskampfes zu zweifeln, spürte ich dennoch vage Zweifel hinsichtlich einiger Personen und der Methoden, die sie anwandten. In den Jahrzehnten nach 1945 habe ich darüber sehr oft mit vielen Menschen gesprochen, die selbst im Krieg gekämpft hatten und an wichtigen Entscheidungen beteiligt waren. Diese Leute sind nach dem Krieg früher oder später zu Dissidenten geworden und dachten sehr kritisch über all das (unter ihnen waren Milovan Đilas, Koča Popović, Gojko Nikoliš, Veljko Mićunović, Mijalko Todorović, Mina und Vojo Kovačević, Ivan Šibl, Veco Holjevac, Olga Hebrang, Zora und Stjepan Steiner). Durch meine Arbeit als Verleger und Lektor habe ich zudem Unmengen von Manuskripten und Büchern zu diesen Themen gelesen. An der einen oder anderen Stelle habe ich in diesem Buch meine Bedenken angeführt und möchte nun meine Ansichten über die Partisanen und das, was sie meiner Auffassung nach für das Volk und das Land wirklich geleistet haben und was davon »Gutes« und was »Böses« war, in 35 Punkten zusammenfassen.

1. Der Aufstand von 1941 war ein heroischer Akt, der im vom Krieg heimgesuchten und unter der Herrschaft des Dritten Reichs stehenden Europa beispiellos war. Der Aufstand in Kroatien und Bosnien hatte im Vergleich mit den anderen zersplitterten Teilen Jugoslawiens ein paar Besonderheiten aufzuweisen: Er war eine erfolgreiche Symbiose zwischen den sich aufopfernden kommu-

nistischen revolutionären Kräften und der serbischen Bevölkerung, die besonders in den Dörfern tödlicher Verfolgung ausgesetzt war. Dies führte, zusammen mit der patriotischen Haltung in den an Italien abgetretenen kroatischen Gebieten und unter dem Druck der äußeren Umstände, zur Bildung einer antifaschistischen Bewegung, die sich vollständig mit den politischen Prinzipien der alliierten Mächte (Großbritanniens, der UdSSR und der Vereinigten Staaten) deckte. So standen Kroatien und damit das gesamte Jugoslawien auf der Seite der Sieger des Zweiten Weltkriegs – mit allen günstigen Folgen (zum Bespiel wurden die besetzten Gebiete Istrien, die Kvarner Inseln, Zadar und Lastova an Kroatien zurückgegeben).

2. Auf dem NDH-Territorium konnte der Aufstand in den ländlichen Gebieten mit serbischer Bevölkerung die völkermörderischen Aktionen des Ustascha-Regimes teilweise eindämmen. Das Bündnis zwischen den kroatischen Kommunisten und den serbischen Bauern sowie die graduelle Einbindung der kroatischen Antifaschisten in den nationalen Volksbefreiungskrieg minimierten sichtbar die Gefahr einer endgültigen Spaltung in Serben und Kroaten, die sowohl das Ustascha-Regime als auch die Tschetnik-Bewegung verfolgten. Deshalb hatte das Tschetniktum auf dem NDH-Staatsgebiet auf die serbische Bevölkerung keine nachhaltige Wirkung, anders als zwischen 1942 und 1943 in Serbien und Montenegro. Und so kam es in Kroatien nicht zu massenhaften Vergeltungsaktionen an der kroatischen Bevölkerung wegen der Verbrechen der Ustasche, wie es die Tschetniks vereinzelt vorexerziert hatten. Das kroatische Volk und Kroatien haben sich aus der Identifikation mit dem Ustascha-Staat befreit und damit von allen katastrophalen Folgen, die eine solche Identifikation hätte mit sich bringen können.
3. Die Kommunisten übernahmen von Anfang an die Führung des Aufstands und bauten diese Stellung im Verlauf des Krieges kon-

sequent aus. Der Partisanen-Krieg (oder der Nationale Volksbefreiungskampf) hatte für die Kommunisten einen doppelten Charakter: Er war eine radikale antifaschistische Bewegung, denn die Kommunisten waren aufrichtige Antifaschisten, und gleichzeitig war er ein Krieg, mit dem eine neue Ordnung aufgestellt werden sollte, ein revolutionärer Krieg, eine sozialistische Revolution, die in vielfacher Hinsicht dem Muster der russischen Oktoberrevolution folgte. Mit dem Sieg über den Faschismus hat sich die Kommunistische Partei eine Autorität erarbeitet und den Kreis ihrer Anhänger erweitert. Das half ihr entscheidend dabei, ihren Plan einer sozialistischen Revolution in die Tat umzusetzen.

4. Die Losung der Kommunistischen Partei »Es führt kein Weg ins Alte zurück!« versprach sowohl den Kroaten als auch den anderen Völkern, die mit ihrer benachteiligten Stellung im Königreich Jugoslawien unzufrieden gewesen waren, nun in einer föderativen Gemeinschaft und einem gemeinsamen Staat gleichgestellt zu werden. Diese Parole hatte eine starke Anziehungskraft für die Bauern, die sich eine gerechtere Verteilung des Landes erhofften und die in den meisten Regionen die hauptsächlichen Unterstützer des Nationalen Volksbefreiungskampfes stellten. Für die urbane Bevölkerung mochte »Es führt kein Weg ins Alte zurück!« wie das Versprechen einer Demokratie klingen, die es im untergegangenen Königreich Jugoslawien nicht gegeben hatte und die die »Macht dem Volk« zusprechen würde. Aber der wichtigste Faktor, der zur unaufhaltbaren Stärkung des Nationalen Volksbefreiungskampfes führte, war der Ustascha-Terror, und ganz besonders seine völkermörderische Ausrichtung. Die zeitweiligen Pseudo-Friedensproklamationen und -verordnungen von Ante Pavelić blieben wirkungslos, weil die Herrschaft der Angst nicht für einen einzigen Augenblick unterbrochen wurde. Während sich in den anderen Teilen des zerfallenen alten Jugoslawiens (wie etwa in Serbien oder Montenegro) der nationale Volksbefreiungs-

kampf viel langsamer entwickelte, schwere Rückschläge erlitt und eine Zeitlang sogar regelrecht stillstand, wuchs er in Kroatien und Bosnien mit ungebrochener Rasanz. Im Verlauf von drei Kriegsjahren wurden Bosnien und Kroatien zum Dreh- und Angelpunkt des Partisanen-Kriegs für das gesamte jugoslawische Territorum.

5. Anfang 1943, als sich nach Stalingrad und der britisch-amerikanischen Invasion in Nordafrika immer deutlicher abzeichnete, wer den Zweiten Weltkrieg gewinnen und wer ihn verlieren würde, hat die kommunistische Führung des jugoslawischen und des kroatischen nationalen Volksbefreiungskampfes ihre gesamte politische und militärische Macht eingesetzt, um sich die Macht nach dem Krieg zu sichern. Einige Denkmodelle, die eine Abspaltung Kroatiens und Sloweniens von Jugoslawien vorhersagten, waren völlig illusorisch. Die Siegermächte betonten in allen Verlautbarungen mit einvernehmlicher Klarheit, dass sie keinerlei Grenzen auf der europäischen Landkarte akzeptieren würden, die unter der Vorherrschaft des Dritten Reichs festgelegt worden waren. Im Kampf um die Macht in Jugoslawien waren die einzigen ernsthaften Konkurrenten die Tschetniks. Anfang 1943 wurden diese weiterhin von London und Washington unterstützt, und sogar die UdSSR erkannte ihren König und die Exilregierung an.
6. Die Schwäche der Tschetniks bestand darin, dass sie nach dem Herbst 1941 nichts mehr zu den Kriegsanstrengungen der Alliierten beigetragen haben: Mit ihren Parolen »Schutz des serbischen Blutes« und »Warten auf den richtigen Moment« führten die Tschetniks nicht mehr Krieg gegen die Besatzer. In Kroatien, der Herzegowina und Montenegro arbeiteten sie offen mit diesen zusammen und führten Krieg gegen die Partisanen. Die Nationale Volksbefreiungsarmee hingegen focht einen immer aggressiveren Krieg aus: Revolutionen scheuen in der Regel keine Verluste –

weder eigene noch fremde. Die Nationale Volksbefreiungsarmee griff starke Garnisonen an und eroberte sie, die befreiten Gebiete weiteten sich aus, und ab Frühling 1943 erhielt die Nationale Volksbefreiungsarmee internationale Unterstützung.

7. Das Jahr 1943 markierte den Wendepunkt. Der Krieg rückte aus dem Südwesten und dem Nordosten immer näher an den Balkan heran, und die von den Partisanen befreiten Gebiete wurden als mögliche künftige Standorte einer Militärbasis der alliierten Armeen interessant, denen die erwiesenermaßen kämpferische Nationale Volksbefreiungsarmee entscheidende Unterstützung bieten konnte. Die traditionell monarchischen Sympathien Winston Churchills mussten einer unanfechtbaren militärischen Logik weichen. Im Frühling und im Sommer 1943 begann Großbritannien, militärische Berater und Unterstützung für die Partisanen zu entsenden, und ließ die Tschetniks fallen. Bei der Teheran-Konferenz Ende November, Anfang Dezember 1943 einigten sich Churchill, Stalin und Roosevelt darauf, die Nationale Volksbefreiungsarmee als ihren offiziellen Kriegsverbündeten anzuerkennen. Die Tschetniks verloren den Kampf um die Macht in Jugoslawien nach dem Krieg.

8. Die Maitage von 1945 brachten für die Mehrheit der Bevölkerung des gescheiterten Unabhängigen Staates Kroatien die Befreiung vom Ustascha-Terror und das Ende der Kriegsleiden. Für einen anderen, nicht gerade unbedeutenden Teil der Bevölkerung brachten sie jedoch neues Leid und neue Not – und noch immer wird von dieser Gruppe die »Befreiung« als »Niederlage« empfunden. Die antifaschistische Armee und die kommunistische politische Führung wussten durchaus, wie man einen Krieg gewinnt, aber nicht, wie man sich als kluger Sieger im Frieden verhält. Ihre Regierungszeit nach dem Krieg begann mit einem Verbrechen, das mit dem Namen der österreichischen Stadt Bleiburg verknüpft ist und mit den als »Kreuzweg« bezeichneten Todes-

märschen unzähliger Kriegsgefangener. Dieser traumatische Ort aus der jüngsten kroatischen Vergangenheit ist ein zwingendes Ergebnis von 1941, deshalb werde ich ihm einige ausführlichere Bemerkungen widmen, denn ich bin überzeugt, dass man 1941 und 1945 nicht unabhängig voneinander untersuchen kann.

9. Vom 9. bis zum 14. Mai 1945 vollzog sich in Bleiburg die erste, von spontaner Rache geprägte Etappe dieses Verbrechens. Deutschland hatte kapituliert, der Krieg war zu Ende, nirgendwo in Europa wurde mehr geschossen, nur die Armee des NDH führte noch Krieg. Sie bewegte sich im Norden Sloweniens in Richtung der österreichischen Grenze, zusammen mit einigen Teilen der Heeresgruppe E der deutschen Wehrmacht, den slowenischen Weißgardisten,[48] muslimischen Legionären, montenegrinischen Tschetniks und einigen kleineren Gruppen, die die serbischen politischen Führer Milan Nedić und Dimitrije Ljotić unterstützten. Die NDH-Armee wurde von den Ustascha-Veteranen-Einheiten angeführt, vorneweg gingen Maks Luburić und Rafael Boban. Sie plünderten, mordeten, setzten nordwestlich von Celje die slowenischen Weiler in Brand und weigerten sich, die Waffen vor der Jugoslawischen Nationalen Volksbefreiungsarmee niederzulegen, aus Angst, dass »die Partisanen genauso mit ihnen umgehen werden, wie sie selbst in den vier Jahren zuvor mit den Partisanen umgegangen waren und mit der Bevölkerung, die diese unterstützt hat« (Jozo Tomasevich).[49] Zahllose Familienangehörige und andere Zivilisten begleiteten die Armee – eine Masse von mehreren zehntausend, womöglich an die hunderttausend Menschen. Sechs Divisionen der 3. Jugoslawischen Armee, vierzehn slowenische Divisionen, einige slowenische Partisanentruppen und eine starke motorisierte Abteilung der 4. Armee hatten den Befehl erhalten, die Menge aus Zivilisten und verschiedenen Truppen zu stoppen. Es kam zu schweren Gefechten nordwestlich von Celje in der Gegend von Mislinja – Slovenj Gradec – Dravo-

grad – Prevalje. Nach dem Stabsbericht der 3. Armee starben in diesen Kämpfen 142 ihrer Soldaten und Offiziere, 374 wurden verletzt, und 55 waren vermisst; dem hinzufügen muss man die kaum geringeren Verluste der slowenischen Division und der örtlichen Abteilungen. Die Gesamtverluste der Partisanen dürften zwischen dem 9. und dem 14. Mai 1945 an die 1000 Tote und Verwundete betragen haben. Im selben Bericht wird unter der Rubrik »feindliche Verluste« eine Zahl von 25 000 Toten und 4000 Verwundeten genannt. Die Zahlen sprechen in ihrer Unverhältnismäßigkeit für sich: Die Gefangenen wurden massenweise ermordet. Es war eine Orgie rachsüchtigen Zorns. Ein Kriegsverbrechen gegen Kriegsgefangene, das jeder moralischen, politischen oder juristischen Rechtfertigung entbehrt, aber in Anbetracht der Umstände nicht völlig unbegreiflich ist. Die 3. Armee und die slowenischen Partisanen hatten ihre Soldaten durch die Hand eines Feindes verloren, der sie vier Jahre lang gnadenlos durch das ganze Land gejagt hatte und der selbst jetzt, obwohl längst der Frieden ausgerufen worden war, nicht aufhören wollte, auf sie zu schießen.

10. In einer handschriftlichen Depesche ordnete am 14. Mai 1945 der Oberste Kommandant Josip Broz Tito das sofortige Einstellen des Massenmordes an den Gefangenen an. Er verlangte die Einhaltung der Genfer Konvention, auf die der Generalstab der Jugoslawischen Nationalen Volksbefreiungsarmee mit Blick auf die Behandlung der Gefangenen schon am 3. Mai hingewiesen hatte. Tito ordnete in seinem Befehl aber weder eine Untersuchung der Massenmorde an, die bis zu diesem Zeitpunkt geschehen waren, noch drohte er mit Strafen. Der Befehl, die Liquidationen sofort einzustellen, wurde allerdings in den nächsten Tagen respektiert. Die verstreuten Einheiten der Nationalen Volksbefreiungsarmee in Kärnten befanden sich im nahezu täglichen Kontakt mit den Einheiten des 5. Korps der 8. Britischen Armee, was zumindest

zum Teil Titos erwähnten Befehl und das Verhalten der Nationalen Volksbefreiungsarmee beeinflusst haben dürfte.

11. Die große Schlacht in der Nähe der österreichischen Grenze bei Dravograd und Prevalje befand sich am 14. Mai auf ihrem Höhepunkt. Die NDH-Kräfte wurden von den Veteranen der Schwarzen Ustascha-Legion, der Ustascha-Verteidigungsarmee und der persönlichen Leibgarde des Poglavnik angeführt, für die der Durchbruch der britischen Einheiten in Kärnten die einzige Hoffnung darstellte, sich lebend zu retten. Auf der anderen Seite befanden sich die Einheiten aus der Vojvodina, aus Slowenien und Slawonien sowie die ostbosnischen Truppen der Nationalen Volksbefreiungsarmee. Sie waren zwar bei weitem zahlreicher, aber kriegsmüde und konnten es kaum erwarten, endlich nach Hause entlassen zu werden. In den letzten Reihen der von den Ustasche angeführten Gruppe marschierte langsamen Schrittes eine unübersichtliche Menge von übermüdeten Heimwehrsoldaten. Zum Teil trugen sie noch ihre zerrissenen Uniformen der Heimwehr, zum Teil hatte man sie gezwungen, diese gegen die Uniform der Ustasche einzutauschen. Sie waren erst kürzlich rekrutierte Jugendliche und junge Männer, ungeeignet für den Militärdienst, ausgehungerte und angstgeplagte Zivilisten – eine sechzig Kilometer lange Kolonne, in der sich tiefe Verzweiflung breitmachte, als das Artilleriefeuer der 17. Ostbosnischen Division der jugoslawischen Armee über sie hereinbrach. In der Nacht vom 13. auf den 14. Mai gelang es der Vorhut der Ustascha-Einheiten durch ein geschicktes Umgehungsmanöver und einen massiven Angriff, die Stellungen der 51. Division der Vojvodina bei Dravograd zu durchbrechen und sich über den Fluss Meža, durch Prevalje und Poljana den Weg in Richtung österreichische Grenze zu bahnen. Bis zu den Morgenstunden des 15. Mai schafften es an die 30 000 NDH-Soldaten, überwiegend Ustasche und eine relativ geringe Zahl von Zivilisten, sich bis

zu einem weiten Feld am Übergang zu Bleiburg durchzuschlagen. Endlich standen sie den Truppen der britischen Armee gegenüber. Einem bedeutend kleineren Teil der vorangegangenen Ustascha-Einheiten, ungefähr 2500 Soldaten und Offizieren, gelang der Durchbruch an der österreichischen Grenze etwas weiter östlich bei Lavamünd, wo sie sich den britischen Einheiten kurz vor Wolfsberg ergaben. Am 15. Mai hinderte die 14. Division Sloweniens den größten Teil der vorrückenden NDH-Armee und die Zivilisten, die sie begleiteten, am Weitergehen und schnitt ihnen den Weg zwischen dem Dorf Poljana und Bleiburg ab. Die Hauptkolonne blieb zwischen Celje und den Flüssen Drau und Mreža auf der slowenischen Seite stecken.

12. Die Verhandlungen am 15. Mai in der Bleiburger Festung wurden von dem britischen Brigadekommandeur General T. C. Scott geleitet, der die Kapitualtion der NDH-Truppen ablehnte. Anders als sie erwartet hatten, wurden die Ustasche von Scott sehr grob behandelt. Sie waren für ihn Vertreter einer Armee, die vier Jahre lang gegen die Alliierten Krieg geführt und allen Gepflogenheiten der Kriegführung zum Trotz weiter gekämpft hatte, obwohl am 8. Mai das Oberkommando der deutschen Wehrmacht die bedingungslose Kapitulation unterzeichnet hatte. Scott ordnete an, dass die NDH-Armee vor dem Gegner kapitulieren müsse, gegen den sie gekämpft hatte, vor der jugoslawischen Armee, die ein Verbündeter der Alliierten war. Er räumte hierfür ein Ultimatum von einer Stunde und zwanzig Minuten ein. In dieser kurzen Zeit flüchteten mehrere tausend Ustasche, da sie sich gedemütigt fühlten, in die umliegenden Wälder. Viele von ihnen retteten so ihren Kopf und begannen später ein neues Leben in der Emigration. Eine kleinere Gruppe, die von Luburić angeführt wurde, machte sich auf den Weg zurück nach Slowenien und streifte noch einige Monate in den Wäldern umher. Auf dem Bleiburger Feld und in dessen unmittelbarer Nähe kam es zu kleineren Scharmützeln mit

den Flüchtigen, bei denen 27 Ustasche ums Leben kamen. Der Großteil der NDH-Armee streckte widerstandslos die Waffen. Die Slawonische 12. Division der jugoslawischen Armee führte die entwaffneten Soldaten und gefangen genommenen Zivilisten ins slowenische Maribor ab. Sie wurden in provisorischen Lagern in der Stadt und in der Umgebung untergebracht. Ähnlich erging es dem Großteil der NDH-Armee und den Zivilisten, die es nicht bis nach Bleiburg geschafft hatten und an den Übergängen der Drau und zwischen den Flüssen Mislinja und Meža eingekreist worden waren. Demoralisiert und in viele kleine Gruppen zersplittert, leisteten nur noch wenige Widerstand und versuchten, sich in die nahe gelegenen Wälder zu retten. Die Mehrheit legte in den folgenden zwei, drei Tagen die Waffen nieder und wurde den bereits eingerichteten Lagern in Celje oder Maribor überstellt. Vor ihrem Eintreffen in den Lagern gab es keine Massenexekutionen, aber es kam zu Misshandlungen und einzelnen Hinrichtungen, angeblich wegen Fluchtversuchen oder weil die Gefangenen der hinteren Reihen sich zurückfallen ließen.

13. Im Verlauf all dieser Ereignisse zwischen dem 5. und dem 23. Mai 1945 kam es zwischen den Verbündeten Großbritannien und Jugoslawien zu Spannungen und diplomatischen Auseinandersetzungen bezüglich der Machtübernahme in Kärnten. Noch Ende Februar 1945 hatte sich der britische Kommandant der alliierten Mittelmeertruppen, Feldmarschall Harold Alexander, fünf Tage lang in Belgrad aufgehalten und sich mit Marschall Tito über alle wichtigen Punkte der Zusammenarbeit bei den letzten militärischen Operationen des Zweiten Weltkriegs geeinigt. Im Geist der Vereinbarungen, die von Churchill, Stalin und Roosevelt in Teheran und Jalta getroffen wurden, verständigten sich Tito und Alexander darüber, dass die Nationale Volksbefreiungsarmee die Operationen auf dem Gebiet Jugoslawiens in den Grenzen der Vorkriegszeit und in Istrien durchführen und diese besetzen

sollte. Zugleich sollten die Streitkräfte der Alliierten unter dem Kommando von Alexander Triest und Kärnten besetzen und eine britische Okkupationszone einrichten. Auf die jugoslawischen Forderungen, die Nachkriegsgrenzen zu verändern, wollte man dann auf einer Friedenskonferenz zu sprechen kommen. Gemäß den Vereinbarungen der drei großen Alliierten auf der Moskauer Konferenz im Oktober 1943 verständigte man sich bei den Verhandlungen in Belgrad darauf, die gefangen genommenen Mitglieder der kollaborierenden Streitkräfte den Behörden der verbündeten Herkunftsländer auszuliefern. Aber bereits in den ersten Maitagen war ersichtlich, dass sich Marschall Tito nicht an die unterzeichneten Verträge hielt. Die 4. Jugoslawische Armee besetzte Triest, während die slowenischen und vojvodinischen Einheiten Kärnten okkupierten. In Klagenfurt wurde am 9. Mai eine zivile slowenische Regierung unter der Präsidentin Vida Tomšič formiert, die Mitglied in den Zentralkomitees der KPs Sloweniens und Jugoslawiens war. Die Vertreter des britischen Militärkommandos in Kärnten protestierten sofort und pochten auf die Einhaltung der unterzeichneten Verträge durch Jugoslawien. Die britische Regierung begann einen diplomatischen Krieg gegen die Entscheidung der neuen jugoslawischen Regierung. Der resolute Churchill, der noch bis vor kurzem Tito sehr gewogen war, schien bereit, Feldmarschall Alexander den Befehl zu geben, die jugoslawische Armee mit militärischen Mitteln aus Kärnten zu vertreiben. Er appellierte an Stalin, auf Tito einzuwirken und ihn zum Rückzug zu bewegen. Tito beugte sich diesem Druck und befahl am 18. Mai 1945 den Einheiten der 3. Jugoslawischen Armee und der Nationalen Befreiungsarmee Sloweniens, auf ihre Seite der alten Staatsgrenzen zurückzukehren. Bis zum 23. Mai zogen sich alle militärischen Streitkräfte, voll bepackt mit geplünderter Kriegsbeute, aus Kärnten zurück. Das aber hatte zur Folge, dass auch die Briten den unterzeichneten Vereinbarungen

Folge leisten mussten: Aufgrund der konflikthaft aufgeladenen Situation lehnten sie es dann in Bleiburg ab, die Kapitulation der NDH-Armee anzunehmen, und lieferten daraufhin der jugoslawischen Führung die restlichen 25 000 Weißgardisten, Tschetniks, Unterstützer von Ljotić, Ustasche und Heimwehrsoldaten aus, die sie bisher in den Lagern unweit von Klagenfurt inhaftiert gehalten hatten.

14. Am 17. Mai machten sich Offiziere des jugoslawischen Geheimdienstes daran, die Lagerinsassen in Maribor und Celje im Schnellverfahren zu verhören und die Gefangenen in Gruppen zu unterteilen. Damit leiteten sie die zweite Etappe des sogenannten »Bleiburger Kreuzweges« ein – sie bestand in selektiven Tötungen einzelner Gefangenengruppen, die vorher als »Bande«, »Verbrecher«, »Volksfeinde« oder schlicht »Gegner« klassifiziert worden waren. In den Lagern von Maribor informierten die Geheimdienstoffiziere ihre Vorgesetzten darüber, dass sie nicht genug Leute hatten. Darauf fanden keine Einzelanhörungen mehr statt, die Schuldigen wurden in Gruppen gebündelt. Nahezu alle Zivilisten, die aus dem NDH-Territorium kamen, erhielten eine Reiseerlaubnis, um in ihre Heimatorte zurückzukehren, und den Befehl, sich bei den örtlichen Behörden innerhalb von vierundzwanzig Stunden zu melden. Die mehr als 60 000 deutschen Gefangenen wurden am 21. Mai auf Anordnung des Generalstabs in Arbeitsbataillonen in slowenischen Minen, zum Reparieren von Brücken und Bahngleisen, in den Wäldern und auf Bauernhöfen eingesetzt. Ustascha-Soldaten unter zwanzig Jahren und Ustascha-Soldaten, die nur kurz in der NDH-Armee gedient hatten, sowie die Soldaten der Heimwehr und zivile Vertreter unterschiedlicher Institutionen der Ustascha-Bewegung wurden in der Regel in Lager im Landesinneren überführt. Die hochrangigen Ustascha- und Heimwehr-Offiziere wurden sofort improvisierten Militärgerichten überstellt, die in den meisten Fällen Todesurteile

verhängten. In den Lagern von Maribor und Celje wurden die untergeordneten Ustascha-Offiziere, Ustascha-Soldaten und die Unteroffiziere, die länger in der Ustascha-Armee gedient hatten (ab 1941 oder 1942), sofort für eine Gruppenhinrichtung ohne Prozess und häufig ohne Anhörung herausgegriffen. Ein ähnliches Schicksal erwartete auch fast alle Tschetniks, Anhänger von Ljotić und ebenso die slowenischen Weißgardisten, die in Gefangenschaft geraten oder von den Briten ausgeliefert worden waren.

15. Alle Gefangenen, die in den Lagern von Maribor selektiert worden waren, wurden in den folgenden Nächten der letzten Maiwoche in Gruppen getötet. Die Hinrichtungen wurden in einem drei Kilometer langen Panzergraben verübt, der sich durch den Wald zog und am Friedhof entlang bis zur Vorstadt von Tezno führte. Die Liquidationen wurden von zwei Bataillonen durchgeführt, die zu zwei Brigaden der 17. Ostbosnischen Division der Jugoslawischen Armee gehörten. In den Berichten dieser Brigaden heißt es, dass ein Bataillon »die Aufgabe übernommen hat, mit dem 1. Bataillon der 6. Brigade 5000 Ustasche zu liquidieren«. Etwas später am selben Tag heißt es, »unserer Brigade ist die Aufgabe einer Liquidation der Ustasche und der Tschetniks – 2500 an der Zahl – überantwortet worden«. Am nächsten Tag wurde im Bericht knapp festgehalten: »Heute haben wir die Hinrichtungen fortgesetzt«. Am 23., 24. und 25. Mai wurden die Tötungen von einer anderen Brigade übernommen, die über die vollbrachte »Liquidation der Volksverräter« berichtete. Als 1999 in dieser Gegend eine neue Straße gebaut wurde, wurde ein Teil des alten Panzergrabens, auf einer Länge von 72 Metern, genauestens untersucht. Insgesamt stieß man damals auf 1179 Skelette ermordeter Ustascha-Soldaten und Tschetniks. Im August 2007 wurden bei einer zweitägigen Sondierung weitere 950 Meter des Grabens in Tezno inspiziert, und nun ging man davon aus, dass es

wesentlich mehr Opfer gegeben haben muss. Zahlreiche andere organisierte Exekutionen hatten im weiteren Umkreis von Celje stattgefunden. Man hatte die Opfer gruppenweise aus dem Lager Teharje an verschiedene Orte gebracht und getötet. Andere Häftlinge waren noch vor Ort im Lager hingerichtet worden. Es sieht so aus, als wären am Kočevski Rog die meisten Gefangenen ums Leben gekommen: Dort fand Ende Mai, Anfang Juni eine organisierte Massenexekution statt, bei der die meisten geflüchteten slowenischen Weißgardisten und kleinere Gruppen von Kollaborateuren ermordet wurden, die von den britischen Militärs in der zweiten Maihälfte den jugoslawischen Behörden ausgeliefert worden waren. Auf der Grundlage aller heute verfügbaren Dokumente lässt sich zweifellos sagen, dass die Hinrichtungen der Gefangenen im Mai 1945 auf slowenischem Territorium systematischer Natur waren, auf Befehl der Geheimpolizei und ihrer Organe erfolgten und von speziellen Einheiten der Jugoslawischen Armee ausgeführt wurden. Die zentralen Organe des Militärs und der Regierung wurden über offizielle Kanäle informiert und auf dem Laufenden gehalten, und es geschah nichts Wichtiges ohne ihre Zustimmung.[50]

16. Bereits am 18. Mai berichtete die 12. Krajiška-Brigade der Jugoslawischen Armee, sie müsse »etwa 4000 Gefangene« von Celje in Richtung Samobor und Zagreb überstellen. Während des Marsches von 52 Stunden, den die Mehrheit der Gefangenen ohne Nahrung bewältigen musste, soll es gemäß dem darüber verfassten Bericht »keine Verluste« gegeben haben, »weder Tote noch Verwundete auf unserer oder auf der gegenerischen Seite«. In Zagreb und den umliegenden Lagern wurden die Gefangenen verhört – einige wurden Militärgerichten überstellt, kleinere Gruppen wurden ohne Gerichtsverfahren hingerichtet, manche Häftlinge wurden in die Freiheit nach Hause entlassen, einige kamen in Gefängnisse des Geheimdienstes. Viele Mitglieder der

Heimwehr und andere Zivilisten wurden zum Militärdienst bei der Jugoslawischen Armee eingezogen, und die große Mehrheit wurde auf weitere lange Fußmärsche zur Zwangsarbeit in Lager geschickt. Auf eine ähnliche Weise wurden die Lager in Maribor aufgelöst, große Kolonnen marschierender Gefangener machten sich auf den Weg nach Srijem, Osijek und in die Vojvodina. Beaufsichtigt wurden sie dabei von den regulären Einheiten der Jugoslawischen Armee. Diese hatten den schriftlichen Befehl erhalten, die Gefangenen streng zu beaufsichtigen, und wahrscheinlich hatten sie mündliche Weisung bekommen, sofort Hinrichtungen vorzunehmen, wenn sich jemand aus der Kolonne entfernte oder zu weit zurückblieb. »Bleiburger Kreuzweg« – das ist eine angemessene Metapher für das Leiden dieser Gefangenen, die zu Fuß, hungernd und durstend, eine Strecke von mehreren hundert Kilometern bewältigen mussten. Viele hielten nicht durch, viele wurden erschossen. Wie brutal die Behandlung im Einzelnen war, hing vom jeweiligen Truppenkommandanten ab, der auch über die Hinrichtungen entschied. Oft spielten dabei Willkür und Rache eine Rolle, und es gab auch Fälle von Raub. Solche Ausschreitungen wurden in der Regel nachträglich bei Brigade- und Divisionstreffen auf Parteikonferenzen kritisiert. So musste sich eine Brigade meiner eigenen Division einer solchen Kritik stellen, weil einige Truppenmitglieder Bauern hingerichtet hatten, die in einer Kolonne marschierenden Heimwehrsoldaten und Ustasche etwas zu essen und zu trinken gegeben hatten. Zu Maßregelungen kam es selten, nur in Ausnahmen wurden Disziplinarstrafen verhängt, strengere Bestrafungen gab es, soweit mir bekannt ist, nicht.

17. Am schwersten fällt es mir, eine Einschätzung über die Opferzahlen der Kriegs- und Völkermordverbrechen abzugeben. Ich weiß, wie viel böses Blut mit den politisch manipulativ eingesetzten Opferzahlen verursacht worden ist: Willkürlich vorge-

nommene Übertreibungen haben zu verantwortungslosen Anklagen gegen ganze Nationen geführt, heuchlerische Untertreibungen haben das Ausmaß des Verbrechens verschleiert und die Nachfahren der Opfer zutiefst verletzt. Exzessiv übertriebene Zahlen der Opfer von Bleiburg und des »Kreuzweges« dienten der politischen Manipulation, sie sollten wiederum die Wahrheit über die Opfer von 1941 verdecken und alles in Vergessenheit geraten lassen, was in den vier Jahren vor Bleiburg geschehen war. In Slowenien wurde in Bezug auf Opferzahlen ebenso scharf polemisiert, so lange, bis eine detaillierte und präzisere Liste aller Namen erstellt wurde, die verlässlichere Zahlen lieferte: Im Frühling und im Sommer 1945 wurden zwischen 14 000 und 15 000 Mitglieder der slowenischen Kollaborationsarmee getötet. Die kroatische Regierung müsste sich ein Beispiel an dieser Vorgehensweise nehmen. Bis dahin, so mein Vorschlag, sollten wir uns an die Schätzungen halten, die meiner Auffassung nach der Wahrheit am nächsten kommen und von zwei gewissenhaften Forschern stammen – Jozo Tomasevich und Vladimir Žerjavić. Unabhängig voneinander und anhand von unterschiedlichen Methoden sind sie zu identischen Zahlen gelangt. Ihrer Schätzung nach gab es in Bleiburg und auf dem »Kreuzweg« 70 000 Opfer, von denen mehr als 20 000 Slowenen, Serben und Mitglieder der Bosnischen Legion waren – und an die 50 000 waren Soldaten, Offiziere und Unteroffiziere der NDH-Armee sowie kroatische Zivilisten.

18. Nach den Aussagen vertrauenswürdiger Zeugen (Milovan Đilas, Stjepan Steiner u. a.) soll sich Tito im Mai und Juni 1945 in privaten Gesprächen und im engsten Führungskreis der KP darüber beschwert haben, dass man es bei den Exekutionen derart übetrieben hatte. Auf seine Initiative hin wurde am 28. Mai der interne Befehl erteilt, Mitglieder der kroatischen Heimwehr nicht mehr als Gefangene zu behandeln. Sie sollten freigelassen werden

und entweder nach Hause geschickt oder für den Militärdienst in der Jugoslawischen Armee rekrutiert werden. Einige mussten sich dem Urteil eines Militärgerichts stellen und wurden für kurze Zeit zur Zwangsarbeit in Lagern inhaftiert, aber man durfte sie nicht mehr hinrichten. Doch in der Zwischenzeit waren bereits fast alle Heimwehrsoldaten ums Leben gekommen, weil man sie zwangsweise in Ustascha-Uniformen gesteckt hatte, nachdem Pavelić am 11. Dezember 1944 die Weisung gegeben hatte, alle militärischen NDH-Einheiten in der kroatischen Heimatarmee zu bündeln. Die bereits erfolgten Hinrichtungen segnete Tito aber am 27. Mai bei einem Treffen in Ljubljana ab: »Was diese Verräter betrifft ... das ist eine Sache der Vergangenheit. Die Hand der Gerechtigkeit, die Hand der Vergeltung für unser Volk hat schon die große Menge erreicht.« Die Hinrichtungen auf den Fußmärschen und in den Lagern wurden noch den ganzen Juni über fortgesetzt, wenn auch in geringerem Ausmaß. In dieser Zeit wurden die zentralen Regierungsstellen immer häufiger von Vertretern der Gemeinden vor Ort gewarnt. Diese berichteten, dass die Menschen sich über die Regierung beschwerten und ihnen sagten, sie sei genauso wie die Ustasche und die Tschetniks. Verdächtige Bürger würden ohne Gerichtsverhandlung und im Geheimen getötet. Ebenso willkürlich, aber in aller Öffentlichkeit habe man die Gefangenen auf dem »Kreuzweg« töten lassen. Selbst das Zentralkomitee der KP Sloweniens beschwerte sich beim Zentralkomitee der KP Jugoslawiens über das Verhalten der Geheimpolizei. Der Wissenschaftler Petar Strčić behauptet, er habe in den 1980er Jahren in den Archiven des Präsidialamtes der Sozialistischen Föderativen Republik Jugoslawien einen Brief vom Juni 1945 gefunden, der persönlich an Tito und Edvard Kardelj adressiert gewesen sei. Darin habe sich Vladimir Bakarić besorgt darüber gezeigt, dass ihn »eine konstant zunehmende Zahl von Nachrichten über die sehr schlechte Behandlung von Zehntausenden von Menschen erreicht, die in Häftlingskolonnen aus Österreich und Slowenien kommen«. Und er fügte an: »Damit erschaffen wir uns jetzt zusätzlich Abertausende neuer Feinde.« Bei der ersten Sitzung des kroatischen Geheimdienstes im Juli 1945 beendete der damalige Leiter der Behörde Ivan Krajačić-Stevo seine Rede mit dem Satz: »Genossen, stellt endlich die Liquidationen ein!« Ebenfalls im Juli wurden neue Abteilungen innerhalb der Staatsanwaltschaft eingerichtet, um die Tätigkeiten des Geheimdienstes zu kontrollieren. Kurz darauf wurde ein Gesetz verabschiedet, das Amnestien und Begnadigungen ermöglichte. Damit endeten die Gruppenhinrichtungen, und es kam nur noch in Ausnahmefällen zu Exekutionen. Es war jedoch strengstens untersagt, Nachforschungen anzustellen oder darüber zu sprechen. Durch das verordnete Schweigen wurde das mit Bleiburg und dem »Kreuzweg« verbundene Trauma vertieft. Unter den Emigranten wurde die Erinnerung daran für politische und propagandistische Zwecke kultiviert. In den Familien der Getöteten war Bleiburg eine Quelle selbstgestrickter, privater Mythologien. Als sich nach über 45 Jahren die Gelegenheit ergab, brach all das auf, und es kam zu einer fehlgeleiteten Rache an den in Kroatien lebenden Serben.

19. Die Mehrheit des kroatischen Volkes hat am nationalen Befreiungskampf teilgenommen. Damit hat Kroatien die Gefahr umschifft, nach dem Krieg zwischen dem größeren Serbien und dem kleineren Slowenien in eine Pufferzone gedrückt zu werden. Zugleich führte der Sieg über die Ustasche und die Tschetniks zur Gründung eines kommunistischen Kroatien im jugoslawischen Verbund, mit allen Folgen, die wir in den letzten sechzig Jahren erlebt haben. Aus dem antifaschistischen Sieg im Zweiten Weltkrieg sind wir direkt in den Stalinismus geschlittert. Den Grundstein dafür legte Tito, der in den Vorkriegsjahren die Kommunistische Partei Jugoslawiens und die Kommunistische Partei Kroatiens kompromisslos bolschewisierte. Diesen Prozess hat er

selbst im Frühling 1940 in seinem berühmt gewordenen Artikel »Für die Säuberung und Bolschewisierung der Partei« beschrieben, in dem es abschließend heißt: »Heute, da es notwendig geworden ist, alle Kräfte zu bündeln und eine starke und monolithische Partei zu erschaffen, die in der Lage sein wird, eine führende Rolle bei den anstehenden Ereignissen einzunehmen, steht jeder, der diese Arbeit nicht unterstützt und diesen Aufgaben nicht diszipliniert nachkommt, auf der anderen Seite der Barrikade, das heißt auf der Seite der Feinde der Arbeiterklasse. (…) Unsere Partei wird mit jedem Tag stärker. Sie ist in der Lage, alles zu zerstören, was sich ihr in den Weg stellt und ihre Entwicklung behindert. Schon heute kann sie sich geschlossen allen Schwierigkeiten stellen und den gleichen Weg einschlagen, den auch die heroische bolschewistische Partei der Sowjetunion gegangen ist.« Viele junge Menschen, die vor dem Krieg in die Kommunistische Partei eingetreten waren, weil sie glaubten, diese stehe für Freiheit und soziale Gerechtigkeit, mussten sich nun einer bolschewisierten Partei unterwerfen, die das Gegenteil ihrer Ideale verkörperte. Sie beschwichtigten sich selbst mit der klassischen Rechtfertigung, es gehe um »einen höheren Zweck«, und dieser »höhere, edelmütige Zweck« rechtfertige auch ein paar »unerfreuliche Mittel«. Aber diese Mittel haben den Zweck erstickt und zu verschiedenen Deformationen geführt, beim Einzelnen wie auch in der gesamten Partei. Die frühen Ideale sind bald unter dem Druck der Parteidisziplin und angesichts der Versuchungen der Macht mehr und mehr in den Hintergrund gerückt und zum Teil vollständig verlorengegangen.

20. Eine solche Partei war effizient in Krieg und Revolution, aber sie war nicht in der Lage, eine gesunde Gesellschaft und einen modernen, funktionierenden Staat aufzubauen. Nach Kriegsende inkorporierte Stalins UdSSR sehr schnell den Süden und Südosten Europas in ihren Einflussbereich und brachte – außer in

Griechenland – in diesen Ländern die Kommunistische Partei an die Macht. Die Ausnahme war die KP Jugoslawiens, die nicht mit Hilfe der Roten Armee, sondern aus eigener Kraft an die Macht gekommen war und im Volk bei weitem größere Unterstützung erfuhr, als es bei den winzigen Parteien in den anderen Ländern der Fall war. Die KPJ hatte zu Beginn des Krieges 9000 Mitglieder (von denen zwei Drittel ums Leben kamen), den Sieg feierte sie als machtvolle Organisation mit 141 066 Mitgliedern, die sowohl im politischen Kampf als auch im Krieg erprobt waren. Anstatt diese guten Voraussetzungen zu nutzen und einen eigenen Weg für die Nachkriegszeit zu gestalten, nutzte die KP Jugoslawiens und Kroatiens ihre Macht dafür, das Land so schnell wie möglich und gründlicher als alle ihre Nachbarn im Sowjetblock zu bolschewisieren. Jugoslawien entwickelte sich zum lautstärksten Antagonisten der westlichen Verbündeten und wurde in den westlichen Medien zu Recht als Satellitenstaat Nr. 1 bezeichnet. Die Entwicklung in Jugoslawien ist umso unbegreiflicher, wenn man weiß, dass sich Tito und einige seiner engsten Mitarbeiter zur Zeit von Stalins großen »Säuberungen« in Moskau aufgehalten und mit eigenen Augen die abgründigsten und brutalsten Ausformungen des stalinistischen Bolschewismus gesehen haben. Dennoch sind sie »wie Gänse im Nebel« dieser Linie von 1944 bis 1948 blind gefolgt.

21. Die jugoslawische und die kroatische KP haben ihren absolutistischen Ein-Parteien-Machtanspruch in der Zeit des Krieges erprobt. Ungefähr die Hälfte der Mitglieder im Antifaschistischen Landesrat der Volksbefreiung Kroatiens waren zugleich auch Mitglieder in der Kroatischen Bauernpartei oder in der Serbischen Demokratischen Partei, die übrigen waren parteilos, wie Vladimir Nazor, der Präsident des Landesrates. Aber alle Entscheidungen unterstanden dem Vize-Präsidenten Andrija Hebrang und anderen führenden Kommunisten. Ähnliche Struk-

turen herrschten im Antifaschistischen Rat der Nationalen Befreiung Jugoslawiens. Hinter der Fassade, die sich »die Macht des Volkes« nannte, wurde jede Gemeinde vom örtlichen Partei-Komitee regiert, das jeweilige Nationale Befreiungskomitee war für die KP-Vertreter nichts weiter als deren verlängerter Arm. Die Geheimdienstzentren führten in den vom Krieg befreiten Gebieten bald erste »Säuberungen« durch. Bevor sie eine Stadt betraten, hatten sie bereits Listen für die bevorstehende »Säuberung« angefertigt. Aus der Geheimpolizei Jugoslawiens, die seit 1944 bestand, ging schließlich 1946 der jugoslawische Staatssicherheitsdienst hervor. Dessen Agenten haben als Erstes die »Besatzungskollaborateure« und andere »Volksfeinde« ins Visier genommen.

22. In der Bevölkerung und auch in der KP gab es wahrscheinlich sehr viele Menschen, die dachten, die neue Regierung würde nach dem Sieg und im darauffolgenden Frieden ihre revolutionären Methoden abmildern. Doch das Gegenteil trat ein: In der Ein-Parteien-Diktatur trat die KP noch weit unnachgiebiger und rücksichtsloser auf als während des Krieges. Sie hatte ganz offensichtlich die Absicht, alle Ebenen der Gesellschaft unter ihre Kontrolle zu bringen. Milovan Đilas hat in seinem Buch »Gespräche mit Stalin«[51] die paranoide Grundlage einer solchen Kreml-Politik beschrieben: Die krankhaften Verdächtigungen gegen alles und jeden und die Annahme, der Krieg gegen den äußeren Feind müsse nun nach dem Sieg in einen internen Krieg gegen den »Klassenfeind« übergehen, mündeten in eine »furchteinflößende, endlose Schlacht«, die kein Innehalten und keinen Abschluss kannte. Als »permanente Revolution« war die Revolution nicht mehr ein Mittel, mit dem große Ideale verwirklicht werden sollten, sie wurde selbst zum Ideal – heilig und unantastbar. Alles was im Namen der Revolution getan wurde, war jetzt wertvoll, fortschrittlich und positiv, denn der Wert und der

Fortschritt der Revolution waren nicht hinterfragbar. Sie war ein unantastbarer Fetisch, ein Kult. Im Krieg war Mut die wichtigste Eigenschaft jedes KP-Mitglieds, nach dem Krieg musste man »Revolutionär« sein. Und das bedeutete konkret, dass man bereit war, kompromisslos und rücksichtslos die Beschlüsse der Partei umzusetzen, ganz gleich, ob sie mit den eigenen Überzeugungen übereinstimmten, ob sie schädlich oder nützlich waren, klug oder dumm. Es spielte keine Rolle, ob sie das Gute oder das Böse unterstützten. Eine solche Revolution – und das gilt vielleicht für alle Revolutionen – trägt bei ihrem Sieg schon den Stachel des Todes in sich.

23. In den ersten vier Jahren nach dem Zweiten Weltkrieg führten die KP Jugoslawiens und die KP Kroatiens auf ihrem Territorium systematisch und nahezu vollständig das stalinistische System ein, davon ausgenommen waren einige extreme Ausformungen der Paranoia wie die kontinuierlich vorgenommenen »Säuberungen« in den oberen Regierungsetagen und Stalins monströser Antisemitismus. Mit großer Leidenschaft fingen die Kommunisten an, das zerstörte Land wiederaufzubauen, sicherten sich aber mit der gleichen Verve die Macht als alleinherrschende Partei, in der Unterwerfung ein ungeschriebenes Gesetz war. Noch vor Ende 1945 wurden in Kroatien die zaghaften Versuche der übrig gebliebenen Vertreter der Kroatischen Bauernpartei, zumindest eine rudimentäre Form des Pluralismus zu etablieren, niedergeschlagen. Die Vergeltungsmaßnahmen der Sieger in den ersten Nachkriegswochen mündeten bald in systematische politische Repression, von ihr betroffen waren die »Kollaborateure«, »Kriegsprofiteure«, »Ausbeuter der Arbeiterklasse«, »Großbauern«, »Schmuggler«, »Bürokraten«, »Saboteure« und politisch Verdächtige jedweder Couleur. Die katholische Kirche war besonders stark von den Repressalien betroffen. Die Gerichte wurden zu Dienstleistern der Regierung gemacht. Die Effizienz der In-

dustrie und des Handels wurde durch massenhafte Enteignungen und undurchdachte Verstaatlichungen nachhaltig zerstört. Die erzwungene Einführung von landwirtschaftlichen Genossenschaften nach dem Vorbild der sowjetischen Kolchose beschädigte die Agrarwirtschaft. Die Nachkriegsbegeisterung eines Großteils der Bevölkerung wurde durch den Terror der politischen Konformität zunichtegemacht; der anfängliche freudige Tatendrang wich willenlosem Gehorsam. Aus dem respektierten Befehlshaber einer Armee, der Tito im Krieg gewesen war, wurde eine unanstastbare Ikone. In nur vier Jahren richtete man einen immensen Schaden an, von dem die Bevölkerung und das Land sich in den folgenden vierzig Jahren nicht erholen konnten. Diese vier Jahre nach dem Krieg sind die größte historische Sünde der Partisanen-Generation unter den kroatischen und jugoslawischen Kommunisten.

24. Ich bin überzeugt davon, dass viele damalige KP-Mitglieder mit dem Verhalten ihrer Regierung nach dem Krieg unzufrieden waren. Diese Unzufriedenheit spiegelte sich in den Gesprächen einstiger Kriegsteilnehmer, die zusammen gekämpft hatten, und sie zeigte sich in dem, was enge Freunde einander im Geheimen anvertrauten. Darüber öffentlich zu reden konnte fatale Folgen haben, besonders für Mitglieder der KP. Man erwartete von ihnen bedingungslose Treue, selbstaufopfernde Ergebenheit für die Partei, für ihre Ziele und für ihre politische Linie, die von der »klugen Führung« angeordnet wurde. Wenn sich ein Parteimitglied dennoch herausnahm, auf einem Parteitreffen größere Zweifel vorzutragen oder auch nur winzige ketzerisch anmutende Bemerkungen zu machen, war das kleinste Übel, das ihm danach widerfuhr, vor den anderen als »schwacher revolutionärer Geist« zu gelten oder als jemand mit »unkommunistischem Verhalten« gebrandmarkt zu werden. Während Selbstvertrauen und Eigeninitiative seitens der örtlichen Parteiorgane und einzelner Personen im Krieg eine Notwendigkeit waren und sowohl Kritik als auch

freie Rede bis zu einem gewissen Grad toleriert wurden, konnte man in den ersten Nachkriegsjahren den Eindruck gewinnen, der Geist von Titos bereits zitierter Vorkriegsdrohung sei zurückkehrt. Die Partei und die Geheimpolizei wurden zu den wichtigsten Instrumenten der staatlichen Diktatur. Konformismus in der Partei bedeutete Konformismus in der ganzen Gesellschaft. Ohne innere Kritiker und ohne eine politische Opposition in der Öffentlichkeit vergrub sich das Regime in einer Form der Selbstsucht.

25. Stalins persönlicher Angriff im Jahr 1948 gegen Tito, dessen engste Mitarbeiter und die Unabhängigkeit der Republik Jugoslawien leitete eine Phase der Ernüchterung ein. Der Moskauer Zentrale reichte es nicht, dass die kommunistischen Parteien Jugoslawiens und Kroatiens ihren Führungsanspruch akzeptierten und ihrer politischen Linie in der Außen- und Innenpolitik folgten. Sie verlangte bedingungslosen Gehorsam, eine willfährige, unterwürfige Beziehung, wie sie es von den anderen kommunistischen Regierungen innerhalb des Sowjetblocks gewohnt war. Doch es war ein kapitaler Fehler der Kreml-Führer, selbstbewussten Siegern eines Krieges erniedrigendes Duckmäusertum abzuverlangen. Unbedacht warf Stalin sie damit wieder auf den besseren Teil ihrer Tradition zurück, die aus der Zeit des Partisanen-Krieges rührte. Der hauptsächliche Träger dieser Tradition war niemand anderes als die gesamte Partei-Elite, jene 3000 Vorkriegskommunisten, die überlebt hatten, die »Kämpfer der ersten Stunde« von 1941. Sie hatte man in den Schlüsselpositionen des Partei- und Staatsapparates platziert, und sie setzten alle Entscheidungen der Parteiführung um, sie regierten also de facto das Land. Die große Mehrheit von ihnen blieb mit ihrer Führung solidarisch und trug auf diese Weise entscheidend dazu bei, dass sich Tito und die KP Jugoslawiens dem mächtigen Verbund der kommunistischen Länder und aller kommunistischen Parteien weltweit entziehen

konnten. Das war ein weiterer Sieg, der zugleich auch der letzte war, den die Generation der Anführer des Aufstands von 1941 für sich verbuchen konnte.

26. Den Widerstand, den der angegriffene Tito und seine Gefolgsleute Stalins Angriff entgegensetzten, nahm die Bevölkerung als gelungene Abgrenzung gegenüber dem fremden Herrschaftsanspruch wahr. Es gab keine demokratischen Wahlen und keine genauen Untersuchungen der öffentlichen Meinung, deshalb kann man darüber nur auf der Grundlage persönlicher Erfahrungen sprechen. Ich glaube, dass die Sieger von 1945 in den ersten Monaten nach dem Krieg auch überzeugende Gewinner erster freier Wahlen mit mehreren Parteien in Kroatien und Jugoslawien hätten werden können, aber sie hätten danach sehr schnell die Unterstützung der Bevölkerungsmehrheit verloren. Eine herrschende Minderheit hat nach dem Krieg gewaltsam rigide Maßnahmen gegen den Willen der Mehrheit durchgesetzt, und erst der stalinistisch-sowjetische Angriff gegen Tito, die KP Jugoslawiens und das ganze Land brachte die kommunistische Führung und die Bevölkerung einander wieder näher.

27. Mit einer aktiven, aber schweigenden Mehrheit hinter sich bediente sich die Führung der KP stalinistischer Methoden, um den Stalinismus bei einer Minderheit in ihren eigenen Reihen auszumerzen – an die 15 000 Menschen waren auf den Inseln Goli Otok (für männliche Strafgefangene) und Sveti Grgur (für weibliche Strafgefangene) inhaftiert. Ohne eine glaubhafte Distanzierung zum Stalinismus aber war die Ächtung Stalins nicht aufrechtzuerhalten. Die totale wirtschaftliche Blockade seitens des Ostens ging mit militärischen Drohungen einher und führte schließlich zu radikalen Veränderungen in der Außenpolitik – vor allem im Verhältnis zu den Westmächten, den einstigen Kriegsverbündeten USA, Großbritannien und Frankreich. Unter dem wachsenden Druck, den die ernste wirtschaftliche Lage und

verschiedenste Spannungen innerhalb der Gesellschaft mit sich brachten, wurden Reformen unausweichlich. Damit der Widerstand gegen Stalin glaubwürdig war, musste man sich aber von Stalin unterscheiden. In den höheren Kreisen des Parteiapparats begann man im Sommer 1949, intern über »Dezentralisation und Liberalisierung« und über »neue Wege im Sozialismus« zu sprechen. Offiziell – wenn auch mit einiger Zurückhaltung – wurde davon erstmals auf dem Dritten Plenum der KPJ im Dezember 1949 auf den Brioni-Inseln gesprochen.[52] Dann wurden 1950 die ersten Gesetze über Arbeiterräte und die Selbstverwaltung verabschiedet, die zeigen sollten, dass trotz des harten Kurses der Regierung nach wie vor freiheitliche Bestrebungen mit einem demokratischen politischen Potential möglich waren. Nichtsdestotrotz setzte genau diese Partei in den nächsten vierzig Jahren alles daran, die Idee der Selbstverwaltung und andere pluralistische Tendenzen im Keim zu ersticken.

28. 1951 und 1952 wurde spürbar, dass die Regierung und die Kommunistische Partei im kulturellen und öffentlichen Leben langsam die Zügel lockerten: Innerhalb weniger Monate konnten wir in Zagreb bei verschiedenen Ausstellungen[53] den endgültigen Bruch der kroatischen Malerei mit dem auferlegten sozialistischen Realismus erleben. Kunst, Kultur und Wissenschaft, die ohne Freiheit undenkbar sind, machten die ersten Risse im großen Monolithen sichtbar und kündigten seismographisch genau die Veränderungen in der Politik an. Eine Generation junger kroatischer Schriftsteller gründete die Zeitschrift *Krugovi (Zirkel)*, in der die freie Meinungsäußerung Programm war; eine Gruppe Intellektueller von der Zagreber Univeristät brachte das Blatt *Pogledi (Ansichten)* heraus; Ive Mihovilović und Frane Barbieri reformierten die kroatische Zeitungslandschaft und gaben das wöchentlich erscheinende Magazin *Vjesnik u srijedu* und die Tageszeitung *Vjesnik (Der Bote)* heraus. Am Kiosk auf dem

zentralen Platz der Stadt konnte man plötzlich Zeitungen wie *Le Monde*, *The Guardian* und den *Corriere della Sera* kaufen; studentische Exkursionsgruppen fuhren zum ersten Mal in westliche Länder, und bald darauf erhielten wir Pässe und konnten reisen, wohin wir wollten. Im Organ der KP Kroatiens, dem Wochenblatt *Naprijed*, erschienen kritisch angehauchte Artikel, die von einer nach mehr Freiheit strebenden Gruppe Intellektueller lanciert wurden, aber es zeigte sich bald, dass sie dabei nicht von der oberen Führungsetage unterstützt wurden. Die Kommunistische Partei ließ bis zu einem gewissen Grad liberale Bestrebungen im Alltagsleben zu, war aber dann selbst die wichtigste Bremse, wenn diese Tendenzen eine gewisse Grenze zu überschreiten drohten.

29. Die 141 066 Mitglieder, die die KP Jugoslawiens bei Kriegsende hatte, wuchsen bis zum Fünften Kongress im Juli 1948 auf 468 175 Mitglieder an, und im Herbst 1952 waren es schon 600 000 Mitglieder. Das war nicht mehr die Partei der sich aufopfernden, kampferprobten Enthusiasten und disziplinierten Revolutionssoldaten. In ihren Reihen befanden sich jetzt Opportunisten, Karrieristen, Machthungrige, Schmeichler, berechnende Persönlichkeiten. Sie vermischten sich mit der jungen Generation, die noch immer der optimistischen Parole »Wir werden eine neue Welt bauen« Glauben schenkten. Obwohl verstreut und in sich heterogen, griff die Partei mit ihrer massiven Präsenz in alle Bereiche der Gesellschaft ein und kontrollierte sie letztlich streng. Gestützt auf eine rigide Hierarchie, führte sie routinemäßig alle Direktiven »von oben« aus und blockierte jedwede Initiative »von unten«. Solange eine solche Partei monopolistisch das Land und die Gesellschaft im Würgegriff hielt, waren Liberalisierung und Demokratisierung im vollumfänglichen Sinne nicht zu verwirklichen. Die an sich überzeugende Idee eines föderativen Staates konnte so nur rudimentär bleiben, denn sie war nicht mit einer zentralistisch geführten Partei in Einklang bringen.

30. Allen Widerständen zum Trotz breitete sich die Welle der Liberalisierung vier Jahre lang aus. Im Juli 1953 schöpften wir Hoffnung, dass wir Teil von etwas sein würden, das wir heute euroatlantische Integration nennen. Die jugoslawische Diplomatie unterzeichnete den »Balkanpakt«, ein Militärbündnis mit den NATO-Mitgliedern Griechenland und der Türkei, die enge Partner der im Entstehen begriffenen westeuropäischen Wirtschaftsgemeinschaft waren. Man konnte den Eindruck gewinnen, dass Jugoslawien sich über einen Umweg in Richtung Westen bewegte. Schon im Herbst desselben Jahres befürwortete der Partei-Chefideologe Milovan Đilas im Partei-Tagesblatt *Borba (Kampf)* den Pluralismus und den Prozess der Demokratisierung des politischen Lebens sowie in letzter Konsequenz auch ein Mehrparteien-System. Bis Ende des Jahres waren achtzehn Artikel von Milovan Đilas erschienen, und mit jedem Text, den er publizierte, wuchs die Begeisterung unter jenen Intellektuellen – Parteimitgliedern und Parteilosen –, die bis dahin unter den Bedingungen der Diktatur ihren Wunsch nach freier Meinungsäußerung unterdrückt hatten. Velika Steiner-Singer – eine langjährige Freundin meiner Mutter, die damals im Ministerium für Sozialpolitik arbeitete – kam auf der Straße zu mir gelaufen, umarmte und küsste mich mit Tränen in den Augen und flüsterte mir ins Ohr, dass es sich jetzt, nach Milovan Đilas' Artikel, wieder zu leben lohne. Eine Umfrage über Đilas' Texte, die ich als Redakteur im *Vjesnik u srijedu* verantwortete, zeugte von Enthusiasmus oder zumindest Zustimmung, aber es gab bereits ein erstes unheilvolles Signal. Zvonko Brkić, der das Zentralkomitee-Sekretariat des Bundes der Kommunisten Kroatiens leitete und davor mehrere Jahre Kabinettchef unter Präsident Tito gewesen war, lehnte es ab, die Umfrage zu veröffentlichen. Seinem alten Kriegskameraden und unserem stellvertretenden Herausgeber Zlatko Glika erklärte er kühl, er denke nicht daran, die Publikation zu erlauben, weil er

mit Đilas' Ideen ganz und gar nicht einverstanden sei. Einige Tage später lasen wir in der Zeitung die knappe Mitteilung, am 16. Januar 1954 werde ein außerordentliches Plenum des Zentralkomitees des Bundes der Kommunisten Jugoslawiens »über den Fall des Genossen Đilas« beratschlagen. Die große Welle der Liberalisierung war damit zu Ende.

31. In den drei, vier Monaten, in denen der Fall Đilas in aller Munde war, brach sich der Wunsch nach Freiheit, den vor allem die Vorkriegskommunisten hegten, ein letztes Mal Bahn. Obwohl man innerhalb der Partei versuchte, diese Ideen mit dem Fetisch der Revolution und der Parteidisziplin abzutöten, überlebten sie als schemenhaftes Ideal, als eine verbotene Frucht, die mit einem Mal zum Greifen nah zu sein schien. Das außerordentliche Plenum war ein trauriges Begräbnis aller erwachten Illusionen. Der staatliche Rundfunk übertrug alle Sitzungen der zweitägigen Konferenz. Es war traurig, Milovan Đilas zuzuhören und mitzubekommen, wie er schwankte, einknickte, nachgab und sich am Ende dem Druck der Dogmatiker beugte und alles bereute – und zu erleben, dass auch in ihm der Dogmatismus weiterlebte. Noch trauriger war es, die führenden intellektuellen Köpfe der Partei zu hören, die noch wenige Tage zuvor Đilas' Ideen öffentlich unterstützt hatten und ihn nun anklagten, diffamierten und intellektuell und persönlich auf die niederträchtigste Weise angriffen, um der Partei und Tito ihre Treue zu beweisen. Uns allen, die wir am Radio zuhörten, machten sie überdeutlich klar, wo sich die Grenze zum Abweichlertum befand.

32. Vor, während und nach dem Plenum war Josip Broz Tito der große Vermittler. In »Krieg und Frieden« versucht Tolstoj zu analysieren, bis zu welchem Grad Napoleon seinen Sieg auch Kutuzov und allen anderen Beteiligten zu verdanken hatte. Er ist natürlich genauso wenig zu einer abschließenden Antwort gekommen wie andere Schriftsteller, Historiker und Philosophen, die sich mit der

»Rolle des Einzelnen in der Geschichte« befasst haben. Aber Josip Broz Tito hat auf unser aller Leben eindeutig einen enormen Einfluss ausgeübt. Es hing keineswegs alles allein von ihm ab, denn wie er selbst sehr genau wusste, sind Ambitionen und Pläne immer durch die äußeren Bedingungen begrenzt, deshalb passte er seine Entscheidungen den Gegebenheiten an. Zwischen 1950 und 1953 tolerierte er die dosiert voranschreitende Liberalisierung, weil sie ihm in einer Zeit der Krise in die Hände spielte und ihm sowohl die Unterstützung der Bevölkerung als auch die der demokratischen Welt sicherte. Er erfasste genau, dass er anders sein musste als Stalin. Als er sah, dass die Liberalisierung für die Alleinherrschaft des Bundes der Kommunisten Jugoslawiens und damit für seine eigene Unantastbarkeit zu einer Gefahr werden könnte, stoppte er diesen Prozess mit Entschiedenheit. Dennoch nahm er die Freiheiten, die uns die erste Welle der Liberalisierung gebracht hatte, nicht ganz zurück. Er setzte seine Strategie des Erst-hüh-dann-hott-Regierens fort, erhöhte ein wenig die Dosis an Freiheit und festigte dann wieder seinen Griff, wobei er mal Samthandschuhe trug, mal mit eiserner Faust klammerte. Er war ein Hedonist, der im Luxus schwelgte, fühlte sich aber zugleich für den Lebensstandard der Bevölkerung veranwortlich und strebte danach, ihn zu erhöhen. In der Nachkriegseuphorie der Sieger hat er die Massenverbrechen an der besiegten Armee durch die neu an die Macht gekommene Regierung gutgeheißen. Später hat er dann als erster Kommunist weltweit serielle Todesurteile bei im Vorfeld abgestimmten Gerichtsprozessen und andere politisch motivierte Tötungen abgeschafft. Er liebte es, Straßen bauen zu lassen und das Schulwesen zu verbessern, achtete aber weder die sozialen noch die politisch-bürgerlichen Rechte. Er hatte Ambitionen, als Politiker weltweit Einfluss zu erlangen, was ihm teilweise auch geglückt ist. Mit dem Zugeständnis kleiner Freiheiten hat er uns glauben lassen, dass wir unter seiner Führung auf mehr hoffen könnten, aber sein regelmäßiges Durchgreifen machte uns klar, dass die exakt abgesteckten Grenzen unserer Freiheit unüberwindbar waren. Man hatte sie auf dem Plenum des ZK im Januar 1954 endgültig festgezurrt. Es hieß oft, der »Titoismus« sei »ein Sozialismus mit menschlichem Antlitz«, was mir als ein zu schön geratenes Bild erscheint. Mir wäre es lieber, von einem milderen Kommunismus zu sprechen. Bei einigen Gelegenheiten war das Antlitz dieses Kommunismus alles andere als menschlich und hat vielen Menschen ein bitteres Leben beschert. Und doch hatte sich der Kreis der Freiheit langsam, aber merklich erweitert. Aus dem »Satellitenstaat Nr. 1« war das liberalste unter den kommunistischen Ländern geworden, aber wir blieben dennoch ein kommunistisches Land. Der Lebensstandard stieg schneller als in den anderen Ländern des Sowjetblocks, aber das war immer noch langsam im Vergleich zur wirtschaftlich freien Welt und zu den liberalen Demokratien. In der unfreien kommunistischen Welt waren wir trotz allem eine glückliche Ausnahme, das einzige kommunistische Land, das sich nicht hinter den Gittern des Eisernen Vorhangs und nicht in einem kollektiven Gefängnis mit anderthalb Milliarden Menschen befand – ein Land im Dazwischen, in dem es aber gefährlich war, eine andere Freiheit zu fordern als jene sorgsam dosierte, die man uns verordnet hatte.

33. Kommen wir am Schluss zur Anfangsfrage zurück: Was für ein Erbe haben uns die Partisanen und die Kommunisten hinterlassen? Wie viel Gutes, wie viel Böses steckt in diesem Erbe? Nur wenig in der Geschichte ist eindeutig böse und noch weniger eindeutig gut. Noch während die große Französische Revolution im Gange war, wurden zahlreiche Verbrechen in ihrem Namen begangen, aber sie hinterließ jede Menge Gutes. Auf die Zeile von T. S. Eliot »Nur durch die Zeit lässt sich Zeit überwinden« zurückgreifend, denke ich heute, dass die Partisanen in den Kriegs-

jahren von 1941 bis 1945 mehr Gutes als Böses geschaffen haben. In den ersten Nachkriegsjahren überwog das Böse, zwischen 1950 und 1953 versuchten sie dann zumindest stellenweise, das getane Böse wiedergutzumachen, und so gab es vielleicht mehr Gutes als Böses. Für die gesamte Periode unseres milderen Kommunismus ein ausgewogenes Urteil zu sprechen ist sehr schwierig. Denn die Nachwirkungen sind noch immer zu spüren, und es ist noch nicht möglich, ein Fazit zu formulieren. Unsere Erfahrungen sind vielfältig, ebenso wie unsere Ansichten, und ich erlaube mir an dieser Stelle, meine persönlichen Einschätzungen niederzuschreiben.

34. Der mildere Kommunismus unter Titos Regierung und in den zehn Jahren nach seinem Tod ist nicht vergleichbar mit dem Kommunismus in der Sowjetunion und den Ländern, die in ihrem Einflussbereich lagen. Es gibt einige wesentliche Überschneidungen (das Ein-Parteien-System und eingeschränkte politische und bürgerliche Rechte), aber auch markante Unterschiede, so dass unser Leben anders war als in den übrigen Ländern des sogenannten Ostblocks. Ich denke, dass die harte Verurteilung des Kommunismus als soziale Ordnung, wie sie 2005 vom Europarat vorgenommen wurde, nur teilweise auch für das ehemalige Jugoslawien gelten kann. Wir haben im Schatten des Eisernen Vorhangs gelebt, unter fortwährender Bedrohung, aber wir haben uns ihr immerhin vierzig Jahre lang entzogen.

35. Eine Generation fanatisch-mutiger Vorkriegskommunisten hat den Aufstand von 1941 angeführt und im Krieg einen im damaligen Europa in vielem einzigartigen Sieg davongetragen. Im Bewusstsein dessen bäumten sie sich einige Jahre später gegen Stalin und die gesamte kommunistische Welt auf und ermöglichten dem Land, das sie regierten, einen unabhängigen Status. Josip Broz Tito schlingerte geschickt auf seinem mittleren Kurs durch die Klippen, und es gelang ihm sogar, zum Anführer der block-

freien Länder zu avancieren. Aber das war ihm nur deshalb möglich, weil er sich auf die Ergebenheit jener Generation der Vorkriegskommunisten verlassen konnte, mit denen er als Sieger aus dem Krieg hervorgegangen war. Doch diese Anstrengung hatte das Potential dieser Generation und ihres Anführers Josip Broz Tito erschöpft. Es zeigte sich, dass die meisten von ihnen im Wesentlichen Gefangene jener hartnäckigen Bolschewisierung der Vorkriegszeit geblieben waren, die in starren, konformistischen Dogmen und in den Kategorien der Komintern dachten. Mit derart verbarrikadierten Köpfen und Seelen konnten sie den Weg zu vollumfänglichen bürgerlichen und politischen Freiheiten nicht finden, den einzigen Ausweg aus der Falle des abgemilderten Kommunismus. Ende der 1960er Jahre ahnten die freiheitsliebenden Angehörigen der jüngeren Partisanen-Kommunisten-Generation dies bereits. Sie waren nicht durch die Schulungen der Komintern verblendet, und der praktizierte mildere Kommunismus erlaubte ihnen eine gründlichere Bildung und einen weiter gefassten Blick auf die Welt. Der Kroatische Frühling, die serbischen Liberalen, die slowenischen Straßendemonstranten und Unterstützer von Reformen und weiteren Liberalisierungen machten nun von sich reden. Sie forderten in aller Öffentlichkeit Verfassungsreformen, eine Ausweitung der bürgerlichen Rechte und weitere Demokratisierungen des öffentlichen Lebens. Doch Josip Broz Tito und seine regimetreuen, gehorsamen Dogmatiker bremsten sie aus. Damit wurde unter der kommunistischen Ägide die letzte Chance auf Reformen vertan, mit denen die Kriegsgeschehnisse von 1991 bis 1995 hätten vermieden werden können. Wahrscheinlich wären dann auch friedliche Vereinbarungen für die einzelnen Abspaltungen der jugoslawischen Republiken oder ein gemeinsam vorgenommener Übergang in ein demokratisches Europa möglich geworden. Der nichtreformierte jugoslawische Kommunismus war nicht in der Lage, die aufkommende

Krise zu meistern, und fiel so in die hoffnungslose Agonie der 1980er Jahre. Mit seinem Scheitern in der multiethnischen Sozialistischen Republik Kroatien und der Sozialistischen Republik Jugoslawien bereitete er den Weg für die kommenden Nationalismen vor, mit allen Folgen, die daraus erwuchsen. Die Jahre 1991 und 1995 warfen uns wieder auf die Jahre 1941 und 1945 zurück, über deren Nachwirken auch der mildere Kommunismus keine Kontrolle hatte. Die Gefahr weiterer Wiederholungen ist nicht gebannt, solange in den Köpfen und Herzen der Menschen die Vorstellung existiert, dass Menschen verfolgt und getötet werden dürfen, nur weil sie als Angehörige einer anderen Nation oder Religion das Licht der Welt erblickt haben – oder es sich herausnehmen, anders zu denken.

20 Befreiung

»Deutschland hat kapituliert! Der Krieg ist vorbei!« Der Satz hallte um die Mittagszeit des 8. Mai 1945 durch die Bataillone der Karlovac-Stoßtrupp-Brigade. Man hatte uns in den Häusern und Höfen an der Straße von Karlovac nach Zagreb zwischen Draganić und Jastrebarsko untergebracht, und wir befanden uns gerade im Aufbruch. Wir waren angewiesen worden, »Banditen zu jagen«, irgendwo hinter dem Žumberak-Gebirge in Richtung Slowenien, wo die Kämpfe immer noch anhielten. Die Nachricht über das Ende des Krieges vernahmen wir ohne übermäßige Begeisterung, denn was für ein Ende sollte das sein, wenn doch noch gestern beim Übergang in Draganić auf uns geschossen worden war und man morgen in Slowenien wieder auf uns schießen würde. Erst zwei, drei Tage später, als unsere Brigade vom Divisionsstab nach Karlovac zurückbeordert wurde, brach die Freude explosionsartig aus uns heraus. In zügelloser Feierstimmung schossen die Männer Salven in die Luft, bis ihnen ein strenger Befehl Einhalt gebot. »Hört mit dem Feuer auf! Seid ihr alle verrückt geworden? Ein Mann ist verletzt worden, sofort mit dem Schießen aufhören!« Eine verirrte Kugel hatte einen jungen Mann aus Duga Resa erwischt, und die Sanitäter eilten herbei, um ihn zu versorgen. Der Verwundete grinste dabei über beide Ohren: »Ach, das ist doch gar nichts! Wenn es nötig ist, gehe ich bis nach Karlovac zu Fuß und von mir aus auch nach Duga Resa! Hauptsache, wir können nun nach Hause!«

Karlovac war an die zwanzig Kilometer entfernt, aber die Brigade marschierte singend ohne Pause und voller Freude. Zwölfhundert junge Männer kehrten zu ihren Familien und in ihre Häuser zurück, in ihre Stadt, die schon zwei Tage zuvor befreit worden war. Vor drei Nächten, an den Ufern der Kupa unterhalb von Ozalj, hatten wir aufgeregt dem Nachhall des Artilleriefeuers um Karlovac gelauscht. Als ich unter dem nächtlichen Beschuss in einen abgelegenen Bunker kroch, kam mir die Eingebung, das hier könnte mein letzter Einsatz in diesem Krieg sein. Plötzlich erfasste mich die kalte Angst, in dem Bunker könnten Minen verlegt worden sein und ich könnte auf eine von ihnen treten, jetzt, wo ich doch fast schon auf der Schwelle unseres Hauses stand, jetzt, so kurz vor dem Ende des Krieges. Während ich in der von der Brigade gebildeten Kolonne Richtung Stadt marschierte, spürte ich mit Erleichterung, dass nun wirklich endlich alles vorbei war, vorbei die Schüsse, die an meinem Kopf vorbeizischten, vorbei die Zeit der Bunker an der Kupa, die voller Minen waren.

Sechs Wochen vor Kriegsende war meiner Mutter ein großer Krankentransport mit verwundeten Partisanen aus den Krankenhäusern der Petrova Gora anvertraut worden, sie sollte sie in »richtige« Krankenhäuser im bereits befreiten Dalmatien bringen. Als Belohnung wurde ihr anschließend erlaubt, mit den ersten Etappentruppen in das befreite Karlovac zurückzukehren. Natürlich nahm sie Danko mit. Sie kamen am 7. Mai vormittags in der Stadt an, gerade mal zwölf Stunden nach dem Abzug der Deutschen und der Ustasche und sechsunddreißig Stunden vor dem Eintreffen meiner Karlovac-Brigade. Sie machten sofort Frau Vine und unsere Jaga ausfindig. Dann gingen sie mit Jaga in unsere Wohnung. Dort trafen sie niemanden an. Franjo Družak und seine Frau hatten allem Anschein nach in großer Eile die Stadt verlassen, denn sie hatten einige Kleider und Gegenstände zurückgelassen. Jaga und meine Mutter stellten zufrieden fest, dass nur wenige unserer Sachen fehlten: Fast die gesamte Einrichtung war noch da, die Bilder und die meisten Teppiche, das Küchengeschirr und die Vasen, auch ein Großteil der Bücher. Als meine Mutter sah, dass Franjo Družak in einige der schöneren Ausgaben, ja sogar in eine bibliophile, in Frakturschrift gedruckte Goethe-Gesamtausgabe seinen Namen geschrieben hatte, grummelte sie verärgert: »Das wäre ja nun nicht nötig gewesen.«

In den ersten Tagen nach der Befreiung herrschte in der neuen Stadt-Kommandantur ein unbeschreibliches Chaos, Massen von Menschen waren auf der Suche nach Informationen über ihre Kinder, Ehemänner, Schwestern, Brüder und Freunde, die bei den Partisanen-Truppen und somit im ganzen Land verstreut waren. Meine Mutter erfuhr hier als eine der Ersten, dass meine Karlovac-Brigade am 8. Mai in die Stadt zurückkehren würde. Sie wartete an jenem Abend an der zerstörten Brücke in Banija auf die Ankunft der Brigade. Es war schon fast Mitternacht, als sie Boris-Boca Balaš, den Kommandanten unserer Truppe, vorneweg auf seinem Pferd erblickte. Als sie von ihm erfuhr, dass ich mich irgendwo in den hinteren Reihen befand, gesund und am Leben war, war sie überaus erleichtert. Boca konnte meiner Mutter die Bitte, mich sofort nach Hause mitnehmen zu dürfen, damit ich die erste Nacht in Karlovac in unserer Wohnung verbringen konnte, nicht abschlagen.

Als wir uns Karlovac näherten, ahnte ich schon, dass meine Mutter irgendwo auf mich wartete, und als sie mich umarmte, war ich sehr glücklich, aber auch etwas verwirrt, weil sie mich »auf Anordnung des Brigadekommandanten« aus der Reihe zu sich zog. Ich hatte nicht im Traum daran gedacht, noch in dieser Nacht in meinem eigenen Zimmer, in meinem eigenen Bett schlafen zu können. Jaga hatte schon einige der Sachen geholt, die wir bei Frau Vine untergestellt hatten. Danko half ihr, die Wohnung fast genauso wieder herzurichten, wie wir sie vier Jahre zuvor verlassen hatten. Danko und ich bezogen unser altes Kinderzimmer, Jaga ihr kleines Dienstzimmer, und meine Mutter ließ sich im Schlafzimmer nieder. Sie hatte nun dieses Zimmer, in dem sie früher nie allein gewesen war, ganz für sich, und vielleicht konnte sie hier nachts ihre Trauer zulassen, die sie tagsüber mit unermüdlicher Aktivität in Schach hielt. Viel zu viel erinnerte sie in dieser Wohnung an ihren Ivo. Wir alle, Jaga, Danko und ich, spürten die Lücke, die mein Vater hinterlassen hatte. Über diese dumpfe Leere sprachen wir kaum und mussten mit dieser Wunde leben.

Die folgende Woche über musste ich mich jeden Morgen zum Dienst in der Polit-Abteilung meiner Brigade melden, wie andere Brigadisten aus Karlovac schlief auch ich in diesen ersten Tagen zu Hause. Ich war in der Redaktion der Brigadezeitung und für die Wandzeitung des Bataillons verantwortlich. Einer meiner Vorgesetzten trug sich mit dem Gedanken, mich als Zukunftskader für eine höhere Militärschule in Belgrad und in der Sowjetunion vorzuschlagen, aber der Gedanke gefiel mir nicht, und ich lehnte ab. Drei Monate vor Kriegsende hatte in Slunj der Politkommissar unseres Stoßtrupps diese Idee schon einmal geäußert. »Slavko, wir bereiten uns darauf vor, in die Städte einzumarschieren. Bei der SKOJ steht für Karlovac schon ein Stadtkomitee auf dem Plan. Was sagst du dazu? Soll ich dich ins Komitee schicken, oder willst du in der Armee bleiben?«

Ich sagte, dass ich lieber bei der Brigade bleiben wolle, aber nur bis zum Ende des Krieges, das damals ohnehin schon absehbar war. Ich hätte mich wie ein Deserteur gefühlt, wenn ich meine Truppenkameraden verlassen hätte, mit denen ich so viel überstanden hatte. Zudem war der gemeinsame Einmarsch nach Karlovac zum Greifen nah. Ich erklärte Veco, dass ich auch nach dem Krieg nicht für das Komitee arbeiten, sondern die vier Jahre in der Schule nachholen wolle, um später an die Universität zu gehen. Holjevac gefiel meine Antwort. Er gab mir die Hand, und damit schienen wir eine Abmachung besiegelt zu haben.

Ich blieb bis zum 15. Mai in der Armee, seit unserer Rückkehr in die Stadt war also gerade mal eine Woche vergangen. Ich war der erste Kämpfer, der demobilisiert wurde, weil er wieder in die Schule gehen würde. Eine Zeitlang paradierte ich noch in meiner Uniform mit dem Offiziersabzeichen durch die Stadt, weil ich keine zivile Kleidung besaß, bis mich eines Tages Herr Plavetić, der vor dem Krieg unser Schneider gewesen war, zu sich rief: »He, Slavko«, sagte er, »ich kann dich nicht mehr kleiner Goldstein nennen, du bist ja schon ein Offizier! Aber ich habe noch einen Stoff von deinem Vater, den ich aufbewahrt habe. Komm doch mal vorbei, dann näh' ich dir einen Anzug.«

Nach dem Krieg war das Land verwüstet und verarmt, die Menschen hungerten. Sie hatten vier Jahre lang zwei Besatzungsarmeen und vier einheimische Armeen durchfüttern müssen, und die besten Arbeitskräfte befanden sich noch auf den Schlachtfeldern, in Gefängnissen und Konzentrationslagern, oder sie waren bereits unter der Erde. An die 200 000 arbeitsfähige Männer aus Kroatien und Bosnien hatten in Deutschland für Hitlers Kriegsmaschinerie schuften müssen, während bei ihnen zu Hause niemand mehr da gewesen war, um auch nur den Rasen zu mähen. Das Schienennetz war lahmgelegt, die Hälfte aller Eisenbahnbrücken gesprengt. »Die Bevölkerung in der Stadt Zagreb beginnt, rationiertes Brot entgegenzunehmen«, meldete die Zeitung *Vjesnik* am 16. Mai 1945. Es handelte sich um Tagesrationen von 150 bis 250 Gramm, an anderen Lebensmitteln fehlte es fast vollständig. Erst einen Monat später berichteten die Zeitungen, dass »erste Lebensmittellieferungen für die Stadt Zagreb eintreffen«, es handelte sich um fünfzig Waggons Mehl, fünfzehn Waggons Kartoffeln und sieben Waggons Bohnen – konkret bedeutete das ein halbes Kilo Kartoffeln und ein viertel Kilo Bohnen pro Einwohner. Der *Vjesnik*-Redakteur schrieb am 6. Juni 1945, dass die »Menschen in Karlovac die Bevölkerung im Kordun großzügig unterstützen werden«. Aber die Unterstützung blieb bescheiden, weil die Bedürfnisse der geschundenen Menschen in der Region Kordun groß und die Möglichkeiten der Menschen in Karlovac sehr begrenzt waren.

Die deprimierendsten Texte in den Zeitungen waren damals die vielen privaten Annoncen: »Ich bitte alle einstigen Häftlinge, die bis zum Ende des Krieges in Lepoglava waren, sich zu melden, wenn sie etwas über Josip Grdenić wissen, bitte kontaktieren Sie seine Ehefrau, Jurijevska-Straße 31, Zagreb.« Oder: »Wir bitten alle, die etwas über unseren Sohn Marijan Borčić sagen können, es seinen Eltern mitzuteilen.« Diese Hilferufe überschwemmten die Zeitungen in den ersten Nachkriegsmonaten regelrecht. Meine Mutter leitete die Waisenhäuser in Karlovac und Ozalj und schaltete oft solche Annoncen auf Bitten der Kinder, die ihre Eltern suchten, obwohl sie genau wusste, dass der Erfolg nur mäßig sein würde.

Aus Sarajevo erreichte uns die Nachricht, dass meine Tante Danica Grof, geborene Goldstein, den Krieg bei den Partisanen überlebt hatte und mein Cousin Mirko und meine Cousine Ita Haler in den italienischen Internierungslagern. Ihre Mutter Valika, die älteste Schwester meines Vaters, kam im Lager ums Leben, und ihre kleinere Schwester Ivana-Seka, die mein Jahrgang war, starb als Krankenschwester bei den Partisanen an den Folgen einer Verwundung, die sie sich 1944 bei der Schlacht um die Halbinsel Pelješac zugezogen hatte. Die restliche Verwandtschaft meines Vaters kam in den Konzentrationslagern der Nazis und der Ustasche um – von ihrem Schicksal haben wir weiter vorn in diesem Buch schon gehört. Die Überlebenden aus der Familie meiner Mutter waren in der ganzen Welt verstreut. Nach vielen Schwierigkeiten fanden sich die meisten von ihnen in Israel ein, was den unermüdlichen Bemühungen von Mutters Geschwistern – ihrer Schwester Rut und ihres Bruders Oto-Jehošua Bril, die beide palästinesische Veteranen waren – zu verdanken war. Ihre Mutter, meine Oma Sabina, starb 1942 im Exil in dem ukrainischen Dorf Dzhuryn nahe Mogilev, wohin sie die faschistische rumänische Regierung vertrieben hatte, zusammen mit der älteren Schwester meiner Mutter, Elza, und deren Ehemann Moše Greif und ihrer Tochter Gerda. Greif starb im Exil, aber Elza und Gerda schafften es, nach allerlei Nöten, die sie in Bessarabien durchlitten, sich nach Bukarest durchzuschlagen und von dort, mit dem erfindungsreichen Beistand meiner Tante Rut, 1949 über Paris nach Israel zu gelangen. Šošana, der jüngsten Schwester meiner Mutter, gelang es durch die Fügung glücklicher Umstände, mit ihrem Mann und ihrem Sohn den Krieg in Bukarest zu überleben, und mit Hilfe ihres Onkels Oto siedelte sie 1951 nach Israel über. Das tragischste Ende von allen ereilte Mutters jüngsten Bruder Berthold-Holcju Bril, seine Frau und ihre zweijährige Tochter. Die Deutschen brachten sie im Zuge ihrer »Juden-Säuberungen« von Czernowitz in ein Konzentrationslager in der von ihnen okkupierten Ukraine, wo ihnen zuerst das Kind vor Krankheit und Hunger starb. Dann erschoss die Gestapo vor den Augen meines Onkels seine Frau. Darauf riss er, rasend vor Schmerz und Wut, dem Gestapo-Mann die Waffe aus der Hand, rannte auf den Stacheldrahtzaun zu – und wurde von den Schüssen eines Maschinengewehrs niedergestreckt. Meine Cousine Gerda Greif hat mir erzählt, dass der rumänische Schriftsteller und Maler Arnold Daghani Augenzeuge dieses Vorfalls war. Er hat ihn in seinem Buch »Lasst mich leben« beschrieben. Mutters ältester Bruder Herman hat sich mit seiner Frau und seiner Tochter Rut in die Dörfer bei Czernowitz gerettet, wo es ihm unter der rumänischen Besatzung gelang, als Händler den Krieg zu überleben. Als die russische Armee 1944 nach Czernowitz zurückkam, blieb Herman weiter als Händler tätig, was der kommunistischen Obrigkeit nicht gefiel – sie bezeichnete sein Geschäft als »illegale Spekulation« und schickte ihn in ein Strafgefangenenlager »zur Besserung durch Zwangsarbeit«. Als er nach anderhalb Jahren aus dem Lager entlassen wurde und nach Hause kam, erlitt er einen Herzinfarkt und starb noch am selben Tag. Seine Tochter Rut, die ich 1978 in New York kennengelernt habe, war davon überzeugt, dass ihr Vater sich im Lager eine schwere Herzerkrankung zugezogen hatte.

Mutters Bruder Šajo hatte den längsten Leidensweg zu erdulden. Er war von Beruf Uhrmacher, die Russen erklärten ihn 1940, als sie Czernowitz besetzten, zum »bourgeoisen Element« und deportierten ihn zusammen mit seiner Frau und dem einjährigen Dani in die sibirische Taiga. In einem weltabgewandten Dorf dreihundert Kilometer nördlich von Tomsk verbrachten sie ganze sechzehn Jahre. Sie überlebten nur durch die »goldenen Hände« meines Onkels Šajo, mit denen er in den Häusern der sibirischen Bauern alles reparierte, was man reparieren konnte. Er wurde dafür mit Essen bezahlt. Der Familie halfen auch Pakete aus Israel, die ihnen Tante Rut und Onkel Oto trotz erheblicher Komplikationen immer wieder schickten. Mit Hilfe von Golda Meir, der ersten israelischen Botschafterin in der Sowjetunion, und nach Überwindung einer Fülle sowohl absehbarer als auch unerwarteter Schwierigkeiten, gelang es Rut und Oto, ihren Bruder Šajo aus Sibirien zu befreien und nach Riga zu bringen. Nach weiteren Komplikationen, die sich insgesamt über zehn Jahre hinzogen, schafften die beiden es dann endlich, für Šajo und seine Familie Ausreisepapiere zu beschaffen und sie nach Israel zu holen. Onkel Šajo und Tante Erna konnten im Alter endlich ein sorgloses Leben genießen und erlebten noch mit, dass ihr Sohn Dani in Raanana – eine der grünsten neueren Städte Israels – eine eigene glückliche Familie gründete.

Von den 330 Mitgliedern der Jüdischen Gemeinde von Karlovac kamen nach dem Krieg insgesamt nur 53 zurück. Vielleicht haben noch zehn, fünfzehn irgendwo an fernen Gestaden überlebt und wollten von dort nicht zurückkehren – oder nach ihrer Rückkehr keinen Kontakt aufnehmen. Von den 2750 serbisch-orthodoxen Bürgern der Stadt Karlovac erlebten 1196 das Ende des Krieges nicht. Die meisten von ihnen wurden in den Lagern der Ustasche in Jasenovac, in Jadovno und auf der Insel Pag getötet, viele starben als aufständische Partisanen auf den Schlachtfeldern, 200 kamen im Exil, auf der Flucht oder in Gefangenschaft ums Leben. Aber auch die kroatischen Familien aus Karlovac sind nicht verschont geblieben: Nahezu alle hatten einen Verwandten oder Freund zu beklagen, der als Partisan, Heimwehrkämpfer oder Ustascha, im Gefängnis, im Lager oder im Exil gestorben war. Und hinter vorgehaltener Hand machten erneut Gerüchte die Runde, dass die Gefängnisse wieder voll seien und Menschen über Nacht verschwinden würden.

Wenn ich heute an die Zeit vor sechzig Jahren zurückdenke, verstören mich die Paradoxien der Nachkriegszeit noch immer. Die Freude über den Sieg kollidierte mit den ersten Enttäuschungen, die Trunkenheit großer Erwartungen mit der ernüchternden Wirklichkeit. Es schien, als ob die Traurigkeit und die Not sich im Aufschwung der neuen Zeit auflösten, aber diese neue Zeit brachte neue Kümmernisse und neue Nöte mit sich und konnte uns nur scheinbar, oder nur zeitweise, von den alten heilen. Charles Dickens schrieb in »Eine Geschichte aus zwei Städten« (Paris und London) sechzig Jahre nach der Französischen Revolution: »Es war die beste und die schlimmste Zeit, ein Jahrhundert der Weisheit und des Unsinns, eine Epoche des Glaubens und des Unglaubens, eine Periode des Lichts und der Finsternis, es war der Frühling der Hoffnung und der Winter der Verzweiflung, wir hatten alles, wir hatten nichts vor uns …«[54]

Ein großer Teil der Bevölkerung widmete sich enthusiastisch dem Wiederaufbau des Landes, und für viele war der Satz »Solange der Wiederaufbau dauert, wird nicht geruht!« keine leere Phrase. In Fabriken, die noch über ausreichend Rohstoffe verfügten, wurden alle Kapazitäten ausgereizt und massenhaft Überstunden geleistet. Massenhaft folgten die Leute dem Aufruf zu freiwilliger Arbeit, Wettbewerbe wurden ausgetragen, bei denen immense Rekorde aufgestellt wurden. All das war nicht nur der Propaganda geschuldet, die Menschen fühlten sich von sich aus verpflichtet, ihren Beitrag für den Wiederaufbau zu leisten. Von dieser Mischung aus Verpflichtung und Freiwilligkeit, dem Organisierten und dem Spontanen waren auch die unzähligen Vergnügungsveranstaltungen geprägt, die in einem fort stattfanden. Im Karlovacer Kulturzentrum, das immer überfüllt war, wurden Liederabende, Rezitationen und Auftritte von Laientruppen dargeboten (und jeden Abend gab es dazu mindestens eine langweilige politische Rede), die in rauschende Feste bis in die frühen Morgenstunden mündeten.

In der Zeitung *Vjesnik* war am 27. Mai 1945 zu lesen, dass »bei einer feierlichen Veranstaltung in Karlovac die kroatische und die serbische Bevölkerung aus der Region Kordun, Karlovac und Umgebung gemeinsam den Geburtstag von Marschall Tito gefeiert haben«. Der Berichterstatter hat gewiss übertrieben, als er schrieb, dass daran 35 000 Menschen teilgenommen hätten, aber die Kolonnen der Fahnen- und Transparentträger waren tatsächlich unüberschaubar lang und bestimmten das gesamte Stadtbild. Lautstark sangen sie Lieder zu Titos Ehren, lobten seinen heldenhaften Mut und die Gerechtigkeit, die dank Tito über das Unrecht gesiegt habe. In den Gruppen, die zur Union der Kommunistischen Jugend Jugoslawiens gehörten, erkannte ich auch einige Mädchen aus Prilišće und Hrašće, die ich ihm Krieg kennengelernt hatte, und ich fragte mich, ob sie diese Parolen auf Anordnung der Partei skandierten oder weil sie sich freuten, dass sie an der Rückeroberung der Stadt beteiligt gewesen waren. Ich denke, es war ein bisschen von beidem, denn so war die Zeit, eine Zeit miteinander verwobener Kontraste. Auf endlosen, ermüdenden Treffen, die das ganze Land überschwemmten, wurde in einem fort in sinnentleerten Phrasen unsere leuchtende Zukunft beschworen. Die Bevölkerung ließ das großzügig über sich ergehen, auch weil es viele gab, die an diese leuchtende Zukunft wirklich glaubten. Viele Redner hingegen beschworen zwar diese Zukunft herauf, doch sie glaubten daran in keiner Weise. Der siebenundsiebzigjährige Schriftsteller Vladimir Nazor war einer der seltenen Redner, die über eine immense Rhetorik verfügen, und es gelang ihm, die Bevölkerung von Zagreb zu begeistern. Am 16. Mai 1945 strömten die Zagreber massenweise zum Hauptplatz der Stadt (der heute Ban-Jelačić-Platz heißt), um ihn reden zu hören:

»Zagreb, wir bringen dir einen neuen Geist, ein neues nationales Leben, (…) Freiheit und Gleichheit für alle Menschen. Wir bringen dir eine Jugend, die bereit ist zum Widerstand und zum Kampf gegen das Böse. Wir bringen dir unseren Glauben an unsere Fähigkeiten und den Glauben an unsere Ideale. Wir bringen dir unsere Liebe für jeden Kroaten, für jeden Menschen, ganz gleich was seine Sprache, sein Glaube, sein Beruf, seine soziale Stellung oder die Farbe seiner Haut sein mag. Unsere Moral, unsere Ethik sind nicht die Moral und die Ethik eines Besatzers oder einheimischer Spekulanten oder Verräter. Kroatische Bürger von Zagreb und alle Völker dieses föderalen Landes Kroatien, wir, die Kämpfer, die den Volksbefreiungskampf geführt haben, wir, die sogenannten Partisanen, bringen euch das, was in den Bergen am meisten fühlbar ist – es geht um den wahren Kampf des Menschen um seine Freiheit. Unser Wunsch ist es, dass sich auf den Straßen der Städte und auf den Dorfplätzen keine Arbeitslosen, keine vernachlässigten Alten, keine verwahrlosten Kinder, keine Lahmen und keine Hungrigen mehr herumdrücken müssen. Ein jeder von ihnen und andere von welchem Unglück auch immer Gezeichnete werden ein Recht darauf haben, durch das Kollektiv unterstützt zu werden. Almosen mögen einen Mann demütigen, aber um all das zu erreichen, Kameraden, brauchen wir eure Mitarbeit, wir brauchen euren Fleiß und eure Geduld, denn nach all diesen Verwüstungen und Zerstörungen lässt sich nicht alles einfach über Nacht wieder aufbauen. (…) Unter großen Leiden und mit unserem Blut haben wir die Ehre des kroatischen Volkes gerettet. Wir haben einen autonomen Platz im Kreis der brüderlichen Völker Jugoslawiens und Europas erhalten. (…) Aber es gibt noch etwas, das wir euch bringen. Wir bringen euch die Zusicherung, frei von jedem rachsüchtigen Hass zu sein. Es wird nur über jene gerichtet werden, die eindeutig Schuld auf sich geladen haben, über Verräter und Ausbeuter, die anderen Schaden zugefügt haben. Allen, die bereit und fähig sind, für das föderative Land Kroatien zu arbeiten, und die nicht der Versuchung krimineller, politischer oder sozialer Untaten erlegen sind, steht der Weg weit offen zur gemeinsamen Arbeit für ein Heimatland, in dem sie frei ihren Glauben ausüben und ihr ehrlich erworbenes Eigentum weiter genießen dürfen.«[55]

Auf solch große Versprechungen und Erwartungen folgten die unvermeidlichen Enttäuschungen.

Mit der Rückkehr in das zivile Leben kehrte ich auch zu meinem alten Freundeskreis zurück, zu der Buchhandlung, dem Lernen in der Schule und den Spaziergängen an der Promenade und am Ufer der Korana. Ich spielte mit den Jungen wieder Fußball und Pingpong. Schon in diesen ersten Tagen nach dem Krieg hörte ich viele Klagen über die neue Regierung: Warum werfen sie die Menschen derart rücksichtslos aus ihren Wohnungen? Warum besetzen sie wichtige Positionen mit unfähigen Menschen »aus den Wäldern«? Warum haben sie diesen oder jenen verhaftet, der doch nie ein Ustascha war, noch nicht einmal einer ihrer Sympathisanten? Besonders viele Klagen hörte ich von unserer Jaga, die einiges an der neuen Regierung auszusetzen hatte, so wie sie auch schon bei den früheren Regierungen immer kritisch gewesen war. Nun war sie umso kritischer, da sie diese Regierung als ihre eigene empfand. Einen Teil dieser Beschwerden trug ich bei der ersten Nachkriegskonferenz der Kommunisten in Karlovac vor, die Anfang Juni stattfand. Ich sprach vor allem über die ungerechte Situation auf dem Markt, wo sich die Bauern aus Rečica und Draganić unter Androhung strenger Strafen an die hohen vorgegebenen Preise halten mussten, während die Behörden bei den Bauern aus den Partisanen-Gebieten der Region Kordun ein Auge zudrückten. Mane Trbojević, der Mitglied im Bezirkskomitee und von Beruf Lehrer war, gab mir damals zur Antwort: »Es tut mir leid zu hören, dass unser Genosse Slavko so schnell dem Einfluss der Bourgeoisie von Karlovac erlegen ist und nun auf dieser Konferenz deren Ansichten vertritt.« Er fügte noch etwas Belehrendes hinzu, ich sei ja ein guter Kämpfer gewesen und ein vielversprechender Kader dazu, deshalb solle ich mich nicht mit meiner bourgeoisen Herkunft belasten, denn nun gehöre ich der Partei an.

Als ich im August 1944 sechzehn Jahre alt geworden war, informierte mich der stellvertretende Politkommissar der Partisanen-Bewegung von Karlovac, Rudolf Pruner, dass ich nun Mitglied in der Kommunistischen Partei Kroatiens war. Ich fühlte mich unendlich geehrt, denn damals waren die wichtigsten Kriterien für eine Aufnahme Mut im Kampf und gutes kameradschaftliches Verhalten in der Truppe und im Bataillon. Ich war hochmotiviert und glaubte, zu meinen kommunistischen Aufgaben gehöre es, auf Parteitagen und Konferenzen alles offen anzusprechen und auch unsere eigenen Schwächen zu thematisieren. Außerdem war von dieser Pflicht im Handbuch aller KP-Mitglieder unter der Rubrik »Kritik und Selbstkritik« ausdrücklich die Rede.

Im Frühling 1945 absolvierte ich ein Volontariat im Agitprop des Stadtkomitees der KP. Ich organisierte Kurse für neue Mitglieder und Kandidaten und schrieb Texte für städtische Bekanntmachungen. Meine Arbeit machte ich sorgfältig und gewissenhaft, aber nicht mehr mit derselben Begeisterung wie in den Kriegsjahren. Mich interessierte jetzt viel mehr die Rückkehr in das normale Leben: die Arbeit in der Buchhandlung, von der wir lebten, das Lernen für meine Schulprüfungen, mit denen ich die verlorene Zeit im Krieg nachholen wollte. Und doch war in diesem Frühling für mich alles leichter und schöner, weil ich zum ersten Mal glücklich verliebt war.

Spätabends in einer warmen Sommernacht ging ich mit Ljiljana über den leeren Zrinski-Platz nach Hause. Wir blieben stehen, weil vom Fluss her, wo sich der Sitz des Geheimdienstes OZNA befand, eine seltsame Gruppe von Leuten auf uns zukam. Fünf oder sechs Männer, die sichtlich niedergeschlagen wirkten, wurden von drei, vier bewaffneten Soldaten vorwärtsgetrieben. Die Szene wirkte umso beunruhigender durch die Bajonette, welche die Soldaten auf die langen Läufe ihrer Gewehre gepflanzt hatten und die bedrohlich in die Höhe ragten. Einer aus der Gruppe winkte uns verzweifelt. Zu unserer Überraschung erkannten wir Professor Gorodecki, den Vater von Ljiljanas Freundin Ljalja, der vor dem Krieg ein Stammkunde in unserer Buchhandlung gewesen war. Ganz offensichtlich hatte auch er uns oder zumindest Ljiljana erkannt, denn er versuchte, uns etwas zuzurufen, wurde aber von einem Soldaten grob zurechtgewiesen und in die Gruppe zurückgestoßen. Es war eine schmerzlich anzusehende Szene. In der Stille der Nacht blickten wir der Gruppe nach, und es schien uns, als drehe sich Professor Gorodecki immer wieder nach uns um und versuche, uns durch Zeichen etwas mitzuteilen.

Am nächsten Tag machte ich mich auf den Weg zu einem Mann aus Karlovac, den ich aus dem Krieg kannte und von dem ich wusste, dass er bei der Geheimpolizei arbeitete. Ich fragte ihn, was mit Professor Gorodecki geschehen war, aber er zuckte nur mit den Schultern. Trotzdem machte ich ihn darauf aufmerksam, dass Professor Gorodecki allgemein geschätzt war, ein gebildeter Mann und ein überzeugter Antifaschist, und dass seine Tochter in der Union der Kommunistischen Jugend Jugoslawiens arbeitete. Der Offizier öffnete sich mir dann doch und sagte: »Man kann nichts mehr machen, es ist wie es ist, er ist ein russischer Emigrant. Man kann nichts für ihn tun, so ist die Anweisung.« Obwohl es mir dieser Mann nicht ausdrücklich gesagt hatte, ahnte ich, dass Professor Gorodecki nicht mehr am Leben war. Niedergeschlagen ging ich fort. Vor dem Krieg war Gorodecki mein Französischlehrer gewesen, und ich hatte ihn sehr gemocht. Es tat mir sehr leid wegen Ljiljana, aber noch mehr traf mich wohl die Erkenntnis, dass Menschen einfach so und ohne Beweis für ihre Schuld umgebracht wurden, ohne ein Gerichtsverfahren, nur auf Anweisung, die keinen Widerspruch zuließ.

Bald darauf erschütterte mich der Fall der Familie Veličković über alle Maßen, obwohl es dabei nicht um Leben und Tod ging. Freunde, die mir und meiner Familie in den allerschwersten Zeiten beigestanden hatten, waren der Willkür meiner Partei und Regierung ausgesetzt, und ich konnte ihnen nicht helfen. Als realistische und gut informierte Menschen wussten sie, dass sie in einem kommunistischen

Regime ihre Anteile von 66 Prozent an der größten Lederfabrik der Region nicht würden halten können. Sie bereiteten sich deshalb darauf vor, die Fabrik samt Inventar dem Staat als Schenkung zu übergeben, was damals keine Seltenheit war. Sie wollten aber darum bitten, bis zu ihrer Pensionierung ihre Stellen als Technischer Direktor und Finanzberaterin behalten zu dürfen. Mit der Schenkung hätten sie sich die Unannehmlichkeiten eines juristischen Enteignungs- oder Verstaatlichungsverfahrens ersparen und gleichzeitig in der Fabrik weiterarbeiten können. Sie hatten keine Kinder, die Fabrik war ihr Lebenswerk.

Meine Mutter und ich waren gerade bei den beiden zu Besuch und lasen ihre Stellungnahme zur Schenkung durch, als Stevo Tomić mit schlechten Nachrichten zu uns stieß. Bevor er sich den Partisanen angeschlossen hatte, war Stevo als Meister in der Fabrik beschäftigt gewesen. 1943 war er in Karlovac Sekretär des im Untergrund agierenden Stadtkomitees der KP Kroatiens gewesen. Die Polizei hatte davon Wind bekommen, und eines Tages erschienen zwei Polizisten in der Fabrik, um ihn zu verhaften. Sie befahlen dem Direktor Veličković, sie zu Tomić zu bringen. Aber der umsichtige Veličković behauptete einfach, sein Meister sei just heute nicht zur Arbeit gekommen. Tomić machte sich noch am gleichen Abend auf den Weg zu den Korduner Partisanen. In das befreite Karlovac kehrte er als Sekretär des temporären Nationalen Volksbefreiungsrates der Stadt zurück. Bei einem Treffen des Stadtkomitees der KP Kroatiens hörte er schließlich von der Notwendigkeit beschleunigter Enteignungsprozesse in Karlovac. Die erste Fabrik, die erwähnt wurde, war die Lederfabrik von Mia und Aleksandar Veličković.

Nach einem im April 1945 erlassenen Gesetz zum »Schutz der nationalen Ehre« war »eine wirtschaftliche Unterstützung für den Besatzer und seine Hilfskräfte, insbesondere die Indienststellung von Wirtschaftsunternehmen für die Besatzer«, ein »Verbrechen oder Vergehen gegen die nationale Ehre«.[56] Das Dekret sah den Entzug der Bürgerrechte, Zwangsarbeit und die teilweise oder vollständige Beschlagnahmung des Eigentums vor. Aufgrund der allgemein gehaltenen Formulierungen des Gesetzes war es den Gerichten möglich, das Eigentum jedes Geschäftsmannes zu beschlagnahmen, dessen Produktions-, Handels- oder Bankunternehmen während des Krieges auf dem Territorium des Unabhängigen Staates Kroatien in Betrieb gewesen war.

Die Lederfabrik, die vom Ehepaar Veličković geführt wurde, arbeitete im NDH mit einer verkleinerten Belegschaft von höchstens zweihundert Arbeitern. Natürlich führten sie auch Bestellungen für staatliche Institutionen des NDH aus, vielleicht sogar für die Armee. Gleichzeitig fanden sie einen Weg, um den Partisanen heimlich Leder zu liefern. Ich selbst war bei einer solchen Lieferung als Mittelsmann beteiligt gewesen. Noch viel wertvoller war aber, dass die beiden vielen verfolgten Menschen finanziell unter die Arme griffen und einigen das Leben retteten. Allein der Gedanke, dass Menschen wie sie wegen Beleidigung der nationalen Ehre angeklagt werden könnten, dass man ihnen die bürgerlichen Rechte entziehen und sie zur Zwangsarbeit verurteilen könnte, war beschämend. Wer würde dann überhaupt noch in Karlovac oder in ganz Kroatien ungestraft davonkommen? Nur wir, die wir bei den Partisanen waren? Oder nur die Menschen, die keinerlei wertvolles Eigentum besaßen, das man beschlagnahmen konnte?

Mia versuchte, die Situation rational und strategisch anzugehen. Was konnte man tun? Konnte man die Behörden dazu bringen, ihre Schenkung zu akzeptieren und auf den gerichtlichen Weg der Enteignung zu verzichten? Stevo Tomić versprach den beiden, sich beim Stadtkomitee und beim Geheimdienst für ihren Vorschlag einzusetzen. Das letzte Wort hatte in alledem aber das Gericht für den Schutz der nationalen Ehre, eine Einrichtung der Bezirksregierung. Stevo schlug vor, dass ich bei den führenden Köpfen des Bezirkskomitees vorsprechen solle, die mich kannten und bei denen ich in gutem

Ruf stand, und auch bei anderen Bezirksinstitutionen. Er war überzeugt davon, dass man mich anhören und vielleicht sogar auf unsere Argumente eingehen würde. Meine Mutter war einverstanden und wollte selbst nach Zagreb fahren und sehen, ob sie etwas für die Veličkovićs tun konnte.

Ich sprach mit einigen wichtigen Bezirksvertretern. Immer wies ich darauf hin, dass die Veličkovićs eine Schenkung vornehmen wollten, und überall trug ich dieselben Argumente vor: Diese Menschen hatten nie die nationale Ehre beleidigt, im Gegenteil, sie hatten alles getan, um in Not Geratenen zu helfen. Wäre es nicht besser, die Fabrik als Schenkung zu akzeptieren, anstatt die beiden zu Unrecht anzuklagen, dass sie mit den Besatzern zusammengearbeitet hätten? Wäre es nicht sinnvoller, von ihren fachlichen Kenntnissen zu profitieren, statt sie wie Feinde zu verjagen und auf diese Weise das Gericht zu kompromittieren?

Keiner meiner Gesprächspartner hatte etwas gegen meine Argumente vorzubringen. Es bestand noch eine Chance, über die Schenkung zu verhandeln, falls die Staatsanwaltschaft bei der Erhebung der Anklage noch nicht zu weit gediehen wäre.

Milutin Košarić, der Staatsanwalt des Bezirks, war sehr direkt zu mir: »Das Gericht für den Schutz der nationalen Ehre ist ein revolutionäres Gericht! Warum sollten wir Geschenke von der Bourgeoisie annehmen, wenn wir dieses Gericht haben?« Dann erläuterte mir Genosse Košarić etwas ruhiger die Lage, in der er sich befand: Er könne die Anklage nicht fallenlassen, die Staatsanwaltschaft sei bereits dafür kritisiert worden, die wenigsten Anklagen in ganz Kroatien vorzuweisen. Aber er werde versuchen, mildernde Umstände für die beiden zu erwirken: Ob Schenkung oder Gerichtsverfahren, das Egebnis sei jeweils das gleiche. So oder so würden die Veličkovićs ihre Fabrik verlieren.

Mehr konnten wir nicht erreichen. Košarić aber hielt sein Wort. In der öffentlichen Verhandlung gegen Mia und Aleksandar Veličković verlas er eine kurze Anklage, in der einige mildernde Umstände geltend gemacht wurden. Im Gerichtssaal waren nicht viele Menschen anwesend. Stevo Tomić und ich saßen in der ersten Reihe und meldeten beim Richter unseren Wunsch an, als Zeugen auszusagen. Nachdem die Anklage verlesen worden war, erteilte der Richter Aleksandar Veličković als Hauptangeklagtem das Wort. Er war überraschenderweise völlig durcheinander. In den Händen hielt er irgendwelche Papiere, die er vorbereitet hatte, aber seine Hände zitterten so stark, dass es ihm nur mit Mühe gelang, etwas von seinen Notizen vorzulesen. Der Genosse Staatsanwalt unterbrach ihn schließlich: »Angeklagter Veličković, sagen Sie mir bitte, ob Ihre Fabrik in der Zeit der Okkupation in Betrieb war und Lederwaren ausgeliefert hat oder nicht?« Aleksandar stotterte in seiner Verwirrung ein »Ja, aber …«. Der Staatsanwalt nahm das zum Anlass, sein Schlusswort zu sprechen.

Der Richter stellte fest, der Angeklagte habe in den wesentlichen Punkten seine Schuld eingestanden, so dass sich weitere Beweise oder Zeugenaussagen erübrigten. Danach verlas er ein ganz offensichtlich schon im Vorfeld beschlossenes Urteil: Aleksandar Veličković wurde mit dem Verlust seiner Bürgerrechte für einen Zeitraum von zwei Jahren bestraft und verlor seine Anteile an der Lederfabrik. Die Verhandlung hatte gerade mal zehn Minuten gedauert. Immerhin blieb dem Ehepaar Veličković die Zwangsarbeit erspart, und auch ihr Privateigentum tastete man nicht an. Sie hatten nichts weiter verloren als ihre Fabrik. Aber der Traum von einer anderen, einer gerechten sozialistischen Gesellschaft war zerstört worden.

Nach der Urteilsverkündung breitete sich unbehagliches Schweigen im Raum aus. Niedergeschlagen hatte sich Aleksandar neben Mia gesetzt, die liebevoll seine Hand hielt und ihn zu beruhigen versuchte. Ich glaube, sie hat nicht einmal hingehört, als das Urteil gegen sie gefällt wurde, das genauso wie das ihres Mannes ausfiel, nur dass man ihr lediglich für ein Jahr die Bürgerrechte entzog.

Interessant ist das Nachspiel: Mia und Aleksandar Veličković kannten viele Menschen in Slowenien und genossen dort einen guten Ruf. Mia bewegte sich in linken Intellektuellen- und Künstlerkreisen, und Aleksandar stand mit vielen Industriellen und Lederhändlern in Kontakt. Mia reiste nach Ljubljana und sprach mit Josip Vidmar, dem damaligen Präsidenten der Slowenischen Nationalversammlung, der sich mit Luka Leskovšek in Verbindung setzte, der Industrieminister und Sekretär des Zentralkomitees der Kommunistischen Partei Sloweniens war. Er lud Aleksandar nach Ljubljana ein. Nach einem einstündigen Gespräch mit Aleksandar und einer weiteren Beratung mit seinen engsten Mitarbeitern ernannte Leskovšek Aleksandar zum Sonderberater für die Leder- und Lederbekleidungsindustrie im slowenischen Industrieministerium. Er genoss das Vertrauen des Ministers Leskovšek, der ihm weitgehende Vollmachten übertrug. Als in den Jahren 1948/49 wegen des Abbruchs der Handelsbeziehungen mit den sowjetischen Blockstaaten ein Mangel an Rohstoffen herrschte, gelang es Aleksandar, seine alten Geschäftsverbindungen in Argentinien zu aktivieren und Rohleder auf Kredit einzukaufen. Auch schloss er Verkaufsverträge für fertige Produkte mit Abnehmern aus der Schweiz und anderen Ländern ab. Die slowenische Lederindustrie konnte damals die schwere Krise jenes Jahres durch die immense professionelle und geschäftliche Kompetenz Aleksandar Veličkovićs meistern, und bis heute ist sie ein florierender Wirtschaftszweig. Die einstige Lederfabrik »Podvines« hingegen existiert nicht mehr.

Im Frühling 1946 zog auch Mia nach Ljubljana. Man teilte den beiden eine Zweizimmerwohnung zu. Aleksandar erholte sich schnell von den schmerzlichen Erlebnissen in Karlovac, doch Mia zog sich in sich selbst zurück. Sie nahm keine Arbeit mehr an, obwohl sie verschiedene Angebote erhielt. Sie freute sich immer, wenn Freunde von früher vorbeikamen, aber sie verließ von sich aus kaum mehr die Wohnung. Nach Karlovac kam sie nie wieder zurück. Mia starb im Frühjahr 1960 an einem Herzinfarkt, als sie am Tisch sitzend ihre dreißigste Patience legte und ihre dreißigste Zigarette rauchte. Aleksandar überlebte sie um sechzehn Jahre.

Ich hörte zum ersten Mal von Zvonko Pasek und Borivoj Kasumović über das, was im Mai 1945 geschehen war und später unter dem Namen »Bleiburg« in die Geschichte eingehen sollte. Beide waren Mitglieder in der Union der Kommunistischen Jugend Jugoslawiens. In den letzten Apriltagen 1945 wurden sie mit zwanzig anderen Gymnasiasten aus Karlovac von den Ustasche zwangsrekrutiert, die sie gewaltsam mit sich nahmen, als sie sich Anfang Mai aus Stadt zurückzogen. Unterwegs steckten sie sie in neue hellblaue Ustascha-Uniformen. Diese zwanzig Karlovacer Gymnasiasten, unter denen sieben oder acht Mitglieder der kommunistischen Jugend waren, fanden sich bald darauf in einem Vorort von Zagreb in einer riesigen Kolonne von Soldaten und Zivilisten wieder, die sich auf den Weg nach Österreich gemacht hatten. In dieser Menschenmenge befanden sich auch viele kroatische Heimwehrsoldaten, die man, ähnlich wie die Schüler, zwangsrekrutiert und gezwungen hatte mitzumarschieren. Die meisten in der Kolonne aber waren Ustasche mit ihren Familien und andere Flüchtlinge, die aus gutem Grund den anrückenden Partisanen entkommen wollten. Zwei der Schüler aus Karlovac wurden von den Ustascha-Soldaten erschossen, als sie zu fliehen versuchten. Stanko Lasić und Velimir Zgaga gelang es in dem Dorf Pojatno zu entkommen, Lasić hat ihre Flucht und ihr anschließendes Herumirren ausführlich in seinen »Autobiographischen Notizen« beschrieben. Pasek und Kasumović konnten in Slowenien mit einigen anderen Mitgliedern der kommunistischen Jugend fliehen, wo die Kolonne langsam zu bröckeln begann. Vier unserer Gymnasiasten aus Karlovac kamen nach Bleiburg, überlebten den »Kreuzweg« und die Lager und kehrten ein, zwei Monate später nach Karlovac zurück.

Im Juni 1945 erfuhr meine Mutter von Bleiburg. Frau Družak stand plötzlich mit ihrer kleinen Tochter an der Hand vor unserer Tür. Sie bat darum, ein paar Dinge mitnehmen zu dürfen, die sie in der Wohnung gelassen hatten, als sie Karlovac überstürzt verlassen hatten. Meine Mutter war anfangs kühl und reserviert, ließ sie aber dann doch in unsere Küche eintreten. Frau Družak erzählte ihr nun einiges über Bleiburg und die Geschichte ihrer Flucht. Sie war mit ihrem Mann bis nach Österreich gekommen, wo man sie voneinander trennte. Sie und ihre Tochter legten einen qualvollen Fußmarsch nach Maribor zurück und verbrachten mehrere Tage in einem Lager, bis man ihnen erlaubte, wieder nach Hause zurückzukehren. Es ist gut möglich, dass Frau Družak damals mehr vom Schicksal ihres Mannes wusste, als sie erzählen wollte. Er war damals noch am Leben gewesen und wanderte später nach Argentinien aus, wo er den Rest seines Lebens verbracht hat.

Dann kam an einem heißen Sommertag mein Freund Joško Hagendorfer aus Topusko zurück. Dem sonst fröhlichen, humorvollen Joško war an diesem Tag nicht nach Scherzen zumute. In Topusko hatte er als Schreiber des Volksverteidigungskorps Jugoslawiens gearbeitet. Es konnte aber diese Arbeit nicht länger ertragen und bat mich, ihm dabei zu helfen, alles hinter sich zu lassen, Topusko, das Volksverteidigungskorps und die Armee.

Joško war einer jener Jungen, die mich 1941 in ihren Freundeskreis aufgenommen hatten und mir beigestanden waren, als sich meine Lage verschlimmerte. Sie halfen mir, die Bücher aus unserer Leihbibliothek herauszuschmuggeln, die auf dem Index der Ustascha-Regierung standen oder bald darauf stehen würden. Den meisten Jungen aus dieser Gruppe bin ich später bei den Partisanen wiederbegegnet. Joško war von ihrer Formierung im August 1944 bis zu ihrer Auflösung im April 1945 Mitglied in meiner Kompanie. Von allen Freundschaften, die ich in den drei Jahren bei den Partisanen geschlossen habe, ist die mit Joško für mich am kostbarsten. Wir haben gemeinsam schwierige Zeiten gemeistert, und in einem überaus gefährlichen Moment haben wir einander im wahrsten Sinne des Wortes das Leben gerettet.

Wenn es ruhig war, sprühte Joško vor Witz, wenn geschossen wurde, hörte man nichts mehr von ihm. Als der Krieg zu Ende war, fiel es uns allen schwer, Abschied voneinander zu nehmen. Joško ging damals zum Volksverteidigungskorps in den Kordun. Er kam in eine Gruppe von Soldaten, die als Wachen im lokalen Gefängnis eingesetzt und für »spezielle« Aufgaben zuständig waren. Nachts bekam er schreckliche Geschichten mit, sie brachten ihn um den Schlaf, und morgens bekam er keinen Bissen herunter. Immer bei Einbruch der Dunkelheit kam ein Dienstoffizier zum Wachhaus und forderte sie auf, sich freiwillig für die Durchführung von Hinrichtungen zu melden. Wer sich nicht freiwillig meldete, wurde gezwungen. Joško war als Schriftführer von den Wachdiensten und den »speziellen« Nachtaufträgen ausgenommen. Allerdings musste er morgens für die Einheit jeweils einen Bericht schreiben: »Fünf Banditen liquidiert, zwei Kugeln verbraucht.«

Im Krieg war ich mehrfach Zeuge geworden, wie Ustascha-Gefangene zu Hinrichtungen abgeführt wurden. Mehrmals habe ich die Salven solcher Exekutionen gehört. Das belastete mich, aber ich redete mir ein, dass so etwas im Krieg wohl unausweichlich sei. Doch es war überaus qualvoll für mich, die Geschichten über die Massaker zu hören – meistens ging es um die Verbrechen der Ustasche, später auch um die der Tschetniks. Ich malte mir immer wieder diese schrecklichen, barbarischen Taten aus, und es war nicht leicht für mich, diese Bilder wieder loszuwerden. Mindestens hundertmal habe ich für mich ein Gedicht von Ivan Goran Kovačić aufgesagt, »Jama« (»Die Grube«). Später habe ich als Verleger eine Sonderausgabe dieses Gedichtbandes publiziert, aber es war mir nie wieder möglich, das Gedicht in ganzer Länge zu lesen, die Bilder, die es in mir hervorruft, ertrage ich nicht mehr. Der Leser dieses Buches wird bemerkt haben, dass ich das Wort »massakrieren« nicht benutzt habe – und zwar mit Bedacht. Ich habe miterlebt, wie sich der Kommissar unserer Kompanie, mit dem ich mich bis dahin gut verstanden hatte, damit brüstete, bei einem Angriff einem verletzten und am Boden liegenden Ustascha die Kehle durchgeschnitten zu haben. Ich hielt mich danach von diesem Mann fern. Es war schwer für mich, damit zu leben, dass wir in unserer Brigade einen Offizier hatten, der genau das tat, wovon ich glaubte, dass es nur die Ustasche und die Tschetniks taten.

Mit jeder neuen unangenehmen Erkenntnis in diesen ersten Monaten nach dem Krieg fühlte ich mich stärker ernüchtert. Mindestens ein Jahr lang versuchte ich, mir einzureden, all das sei in dieser neuen Zeit eine Art Kinderkrankheit, die schmerzhaft sei, aber vorübergehen würde. Dann kam eine Phase, in der ich meine Freunde und mich selbst davon überzeugen wollte, dass der Fehler nicht im System, nicht in der an sich sehr schönen sozialistischen Idee begründet lag, sondern in den Menschen mit leitenden Funktionen, die sie umsetzten. Die erste Liebe vergisst man nicht so schnell, wir brauchen oft viel Zeit, um nach einem Verlust unser Gleichgewicht und unsere Gesundheit wiederherzustellen.

Ich hatte nur eine vage Vorstellung von dem, was in Bleiburg und auf dem »Kreuzweg« 1945 geschehen war, aber ich ahnte, dass es ein Trauma von großem Ausmaß sein musste. Auch als ich an die zwanzig Jahre später in Paris und London in Texten von Emigranten darüber las, blieb das Bild unvollständig. Die Texte waren überwiegend einseitige Darstellungen, die zwar viele glaubhafte und erschütternde Einzelheiten über die Morde wiedergaben, aber kein objektives Bild des gesamten Geschehens lieferten. Am meisten verstörte mich, dass darin die Wurzeln des Leidens in Bleiburg und auf dem »Kreuzweg« beharrlich verschwiegen wurden, das Jahr 1941 kam nicht vor. Mein Eindruck war, dass um dieses Verbrechen ein politisierter Mythos geschaffen worden war, um das noch größere Verbrechen von 1941 vergessen zu machen. Als Journalist und Verleger, der am öffentlichen Leben teilhatte, wusste ich, dass ein solches Trauma ohne eine öffentliche Aufarbeitung und ohne eine Offenlegung aller Fakten nicht überwunden werden kann. Und wie schon gesagt: Man kann über das Jahr 1945 nicht losgelöst von 1941 urteilen, genauso wenig wie ein abschließendes Urteil über 1941 möglich ist, wenn man 1945 nicht mitbedenkt. 1969 habe ich als Herausgeber des Verlags NIP »Stvarnost« und 1979 als Leiter des Universitätsverlags Liber versucht, durch diskrete Gespräche mit Menschen in führenden politischen Ämtern objektive Forschungen und Publikationen zu Bleiburg anzuregen. Aber beide Male ist man mir sehr ablehnend begegnet. Das Tabu war absolut. Ich nehme an, dass sich dahinter eine klare Anordnung der obersten Führungsebene verbarg. Das verordnete Schweigen brach erst 1989/90 langsam auf. Aber für besonnenes Recherchieren und umsichtige Diskussionen war es damals bereits zu spät.

Paradoxerweise gibt es in der riesigen Menge an Literatur über Bleiburg nicht eine einzige Studie, die umfassend, objektiv und auf wissenschaftlicher Grundlage die Tragödie erforscht und dabei alle Quellen unter Berücksichtigung der verschiedenen Aspekte und Komponenten der Ereignisse einbezieht. Dennoch muss man erwähnen, dass in den letzten Jahren einige Veröffentlichungen erschienen sind, die einen zwar nur teilweisen, aber doch gründlicheren Überblick über die Ereignisse geben. Besonders hilfreich ist das herausragende Werk von Jozo Tomasevich »War and Revolution in Yugoslavia, 1941–1945«. Erwähnenswert ist aber auch, dass die antifaschistischen Veteranen nach sechzig Jahren freiwilligen oder erzwungenen Schweigens endlich beschlossen haben, sich dem Trauma des kroatischen und jugoslawischen Antifaschismus zu stellen. Zum Thema »Bleiburg und der Kreuzweg« fand 2006 in Zagreb eine Diskussion am Runden Tisch statt, den der Verein der Antifaschistischen Kämpfer Kroatiens organisiert hatte. Neben einigen selbstreferentiellen Beiträgen, die der Veranstaltung nicht gerecht geworden sind, gab es auch mehrere sehr umsichtige und gewissenhafte Referate, die überwiegend von jüngeren Autoren gehalten wurden, die sich als Antifaschisten verstehen, denen es aber vor allem um die Wahrheit geht.

———

Mein innerlicher Bruch mit der Partei zog sich über zwei, drei Jahre hin, aber meine Unzufriedenheit wurde im Frühling 1946 auch nach außen sichtbar. Vlado Sokač, der Sekretär des Stadtkomitees, schickte mich als politischen Aktivisten in den Vorort Hrnetić, damit ich dort Lebensmittel eintrieb. Er gab mir eine Liste mit den Namen der Bewohner und genauen Angaben, was ich ihnen jeweils »abkaufen« sollte. Ich setze hier das Wort »abkaufen« in Anführungszeichen, weil es faktisch gesehen eine erzwungene Beschlagnahmung war. Ich sollte den ohnehin armen Bauern etwas für einen lächerlich niedrigen Preis abnehmen. Mir war sofort klar, dass ich für so etwas nicht der Richtige war, was ich Sokač auch sagte. Er blieb aber bei seiner Forderung, bearbeitete mich hartnäckig und betonte, dass diese Aktion geradezu lebenswichtig sei und dass wir uns alle dafür engagieren müssten. Es hieß, ohne diese Maßnahme wären wir nicht in der Lage, die städtische Bevölkerung bis zur nächsten Ernte zu ernähren, und es sei wichtig, den Bauern klarzumachen, dass wir alles zwangsweise beschlagnahmen und sie mit Zwangsarbeit bestrafen müssten, wenn sie das Geforderte nicht freiwilig abtraten.

Wir hatten schon von diesen unerfreulichen »Beschaffungsaktionen« gehört, doch Jaga wusste von ihren Verbindungsleuten aus dem Dorf mehr darüber. Sie sagte, die Abverkaufslisten seien willkürlich zusammengesetzt, alte Geschichten aus der Vergangenheit kämen zum Tragen, oder es solle politisch »Unerwünschten« geschadet werden. »Es ist schlicht und ergreifend Plünderung, lass bloß die Finger davon, Slavko«, sagte sie zu mir, »so etwas darf kein anständiger Mensch machen.«

Als ich am nächsten Tag mit dem Fahrrad des Stadtkomitees nach Hrnetić fuhr, war mir übel wie selten zuvor, nicht einmal bei den Aufgaben, die ich im Krieg zu erfüllen hatte, habe ich mich je so unwohl gefühlt. Ich besuchte einen Bekannten in Hrnetić, Mića Katarančić, um ihn um Rat zu fragen. Er stand nicht auf meiner Liste, deshalb ging ich davon aus, dass er sich bei seiner Antwort um eine objektive Einschätzung bemühen würde. Er war erschüttert, als er die Namen auf der Liste sah: »Was ist das denn hier, seid ihr total verrückt geworden?«, sagte er. »Das sorgt für böses Blut zwischen den Menschen – will sich etwa deine Partei und Regierung das Dorf kollektiv zum Feind machen?« Nach Mićas Auffassung war derjenige, der die Liste zusammengestellt hatte, entweder total uninformiert oder durch und durch bösartig. Einige Leute auf der Liste sollten glimpflich davonkommen, anderen wollte man derart viel abverlangen, dass sie sich hätten verschulden müssen, um der festgelegten Quote gerecht werden zu können. Viele würden verarmen und die Lust an der Landwirtschaft verlieren. Und alle würden verbittert sein.

Vor dem Krieg war Mića Katarančić Gewerkschaftssekretär gewesen, ein Maurer, der sich selbst viel beigebracht hatte und leidenschaflich las, Literatur, Politik, Marxismus – er konnte mit linken Intellektuellen aus Karlovac auf Augenhöhe diskutieren. Er heiratete eine Frau aus einer Arbeiter- und Bauernfamilie in Hrnetić. Mitte oder Ende der 1930er Jahre war er Mitglied in der Kommunistischen Partei gewesen, wurde dann aber 1940 ausgeschlossen, weil er sich an die Seite des Schriftstellers Miroslav Krleža und seiner Unterstützer stellte. Mit der Partei im Zwist, kam Mića relativ spät zu den Partisanen, doch seine früheren Freunde von der Gewerkschaft verhalfen ihm trotz allem nach dem Krieg zu einem kleinen Posten. Er bezog ein kleines Gehalt, betrieb ein wenig Landwirtschaft und konnte, wenn auch etwas isoliert, ganz gut davon leben. Nachdem er seine Polemik über meine Aktionsliste beendet hatte, fiel Mića die Quote für einen seiner Nachbarn auf. Im Vertrauen erzählte er mir, dass dieser Mann nicht einmal annähernd so viel Weizen besaß, wie er der Liste gemäß abliefern müsste. »Ihr werdet einen Menschen ruinieren, der euch im Krieg von größtem Nutzen war«, sagte Mića. Dieser Mann habe den Partisanen immer geholfen, und sein Haus sei ein Versteck für ihre Kundschafter gewesen.[57] »Als Partisanen habt ihr noch auf eine menschliche Weise mit den Bauern hier gesprochen, die euch bei all ihrem eigenen Kummer ernährt haben, aber nun habt ihr gesiegt und seid an der Macht und fallt gnadenlos über das Dorf her, als würdet ihr es nicht mehr brauchen – das wird euch noch teuer zu stehen kommen!« Mića hatte sich in die Sache hineingesteigert, dabei musste er mich überhaupt nicht mehr überzeugen. Ich setzte mich aufs Fahrrad, fuhr schnurstracks zum Stadtkomitee und gab Vlado Sokač die unbearbeitete Liste zurück. Ich sagte ihm, ich könne dieser Aufgabe nicht nachkommen und er solle mich innerparteilich, wie auch immer ihm der Sinn danach stand, dafür bestrafen.

Sokač bestrafte mich nicht und begegnete mir weiterhin freundlich, vielleicht wegen unserer gemeinsamen Zeit bei den Partisanen, vielleicht aus Verständnis für meine Argumentation im Interesse der Bauern. Er sagte, ich sei eindeutig nicht für Aufgaben zu gebrauchen, bei denen man einen Sinn für das Revolutionäre mitbringen müsse, deshalb werde er sich jemand anderen suchen, der dazu in der Lage sei. Und so hörte ich mit dem Einverständnis des Parteivorsitzenden von Karlovac auf, mich als kommunistischer Aktivist zu betätigen.

Als die Eisenbahnlinie Brčko – Banovići ausgebaut wurde, habe ich mich nicht wie der Großteil der Karlovacer Jugend daran beteiligt, auch bei anderen Arbeitsaktionen war ich nicht mehr dabei. Die Verantwortlichen im Komitee ließen mich weiterhin in Ruhe, damit ich meine Prüfungen am Gymnasium meistern konnte. Als es im Sommer 1946 schließlich so weit war, dass wir unsere Buchhandlung an das Unternehmen »Kultura« übergeben mussten, hielt ich nach einer neuen Arbeit Ausschau, um meine Mutter bei der Miete und den Haushaltskosten zu unterstützen. Ich wurde zum Direktor der Karlovacer Kinos »Edison« und »Banija« ernannt und machte diese Arbeit gern. Das Wichtigste für mich war damals allerdings Ljiljana, und wir unternahmen viele Spaziergänge in Karlovac und an der Korana. Ich weiß nicht, wie es mir damals gelungen ist, eine Unmenge von Büchern zu lesen. Ich habe sie gierig verschlungen, um die verlorenen drei Jahre nachzuholen. Ljiljana zeigte mir die Gedichte von Dobriša

Cesarić und Tin Ujević, und in kürzester Zeit war ich zutiefst von Miroslav Krleža eingenommen und bin bis heute einer seiner Anhänger geblieben.

All das führte mich rasch von der starren Parteideologie und der Tagespolitik fort. Es war die Zeit des fünfjährigen jugoslawischen und kroatischen Stalinismus, eine Zeit unerträglicher Konformität, strengster Kontrolle und Repression des kulturellen, politischen und öffentlichen Lebens, eine Zeit, in der eine abstoßende Propaganda den Platz der Weltanschauung übernommen hatte. Die Regierung verlor schnell die Unterstützung der Bevölkerung, die Leidenschaft der einstigen kommunistischen Visionäre war erheblich abgeklungen, aber über all das sprach man nur im engsten Familien- und Freundeskreis, denn jeder Verrat konnte damals tödlich enden. Abtrünnige wurden sofort suspekt und waren verschiedensten Diskriminierungen am Arbeitsplatz und im öffentlichen Leben ausgesetzt. Es war die Zeit eines beschämend um sich greifenden Gehorsams und einer Heuchelei, die mich anwiderte, eine Zeit der Lügen, in der wir uns selbst und den anderen etwas vormachten. Es gelang mir, Funktionen und Aufgaben in der Partei zu umgehen, aber ich ging immer noch zu den Treffen meiner Parteizelle. Zum einen hatte ich Angst, sonst Diskriminierungen zum Opfer zu fallen, und zum anderen benutzte ich vor mir selbst die kleinmütige Rechtfertigung, es sei doch besser, von innen heraus und wenigstens im Kleinen etwas zum Besseren zu gestalten, als von außen überhaupt nichts tun zu können.

Als wir im Herbst 1947 nach Zagreb umzogen, kam ich auf den Gedanken, in meiner neuen Umgebung, also auch an der philosophischen Fakultät und im Filmstudio »Jadran«, wo ich damals arbeitete, mein Parteibuch einfach zu verschweigen und meine Mitgliedschaft in der Kommunistischen Partei Kroatiens auslaufen zu lassen. Das wäre eine riskante und mutige Strategie gewesen, die ich aber trotz allem nicht verfolgt habe. Opportunistisch ging ich weiterhin zu den Parteisitzungen und hielt meinen Mund. Ich fühlte trotzdem deutlich, dass ich dieser Partei nicht mehr angehören wollte. Ich vertraute mich nur meinen neuen engen Freunden an, die ich in Zagreb beim Film kennengelernt hatte. Und dann kam es zum Bruch: Im Herbst 1948 muteten die KP Jugoslawiens und die KP Kroatiens ihren Mitgliedern und dem ganzen Land drastische stalinistische Methoden zu, um sich gegenüber der Kominform, der UdSSR und Stalin persönlich zu verteidigen. Man konnte wegen einer kleinen Anspielung oder eines harmlosen Witzes auf der Strafgefangenen-Insel Goli Otok oder in einem anderen Gefängnis landen. Freunde wurden gezwungen, einander zu verraten, Frauen mussten sich von ihren Ehemännern trennen, Kinder bespitzelten ihre eigenen Eltern. Natürlich hatte ich nicht einen Moment lang Sympathien für den Kominform und Stalin, im Gegenteil, all das war unausstehlich, besonders als irgendwann auch die philosophische Fakultät davon betroffen war und die Filmleute, mit denen ich befreundet war, mit hineingezogen wurden.

Auf einer Parteisitzung beschuldigte ein Drehbuchautor meinen Freund Drago Zdunić, den künstlerischen Direktor von »Jadran Film«, sich über Tito lustig zu machen und Witze auf dessen Kosten zu verbreiten. Zdunić wurde noch auf derselben Sitzung aus der KP Kroatiens ausgeschlossen und zu zwei Jahren Zwangsarbeit auf der Insel Goli Otok verurteilt. Er musste danach »zur Läuterung« als Nachtportier in einer Fabrik arbeiten, bevor man ihm erlaubte, mit seinen schönen innovativen Ideen nach und nach in das öffentliche Leben zurückzukehren. Die Leute, die sich für Zdunić eingesetzt hatten, indem sie für seine Redlichkeit gebürgt und auf die Harmlosigkeit seiner Witze verwiesen hatten, wurden genauso wie er aus der Partei ausgeschlossen und zu mehreren Monaten Zwangsarbeit in einer Ziegelei an der Peripherie von Zagreb verurteilt.

In den folgenden Tagen erzählten mir meine Freunde in allen Einzelheiten, was auf dieser Sitzung vorgefallen war, die alle als entsetzlich in Erinnerung behalten hatten. Mich bestätigte der Vorfall in meiner Entscheidung, die ich einige Tage zuvor gefällt hatte: In einem solchen

Kommunismus, sei er nun auf Tito oder auf Stalin ausgerichtet, wollte ich nicht mehr leben. Meine Mutter unterstützte mich aus vollstem Herzen, als ich mich im Herbst 1948 entschied, nach Israel auszuwandern, was allen jugoslawischen Juden damals erlaubt war. Ich hatte auch noch einen anderen, privaten Grund. Ljiljana hatte mich nach dreieinhalb glücklichen Jahren verlassen. Im Sommer 1949 bestieg ich mit meiner Mutter und meinem Bruder Danko in Rijeka das riesige Frachtschiff *Radnik (Arbeiter)*, und wir machten uns auf den Weg in ein neues Leben und in eine neue Welt. Meine Mutter war glücklich, weil zwei ihrer Schwestern und einer ihrer Brüder in Israel lebten und zwei weitere Geschwister nachkommen wollten. Sie war mit ihnen wie sonst mit keinen anderen Menschen in Kroatien verbunden. Danko teilte die Freude unserer Mutter nicht, denn er hatte seine erste Liebe in Zagreb zurückgelassen, aber auch er hoffte auf ein besseres Leben in Israel und darauf, dass ihm seine Liebste bald folgen würde, was dann später auf tausend verschlungenen Umwegen auch wirklich geschehen ist. Ich hatte meinen Parteiausweis des KP-Bezirkskomitees bei mir, mit dem ich mich bei der Kommunistischen Partei in Israel melden sollte, um gleich in das politische Leben des Landes einbezogen zu werden. Als wir die Meerenge von Otranto passierten, warf ich nach kurzem Zögern den Ausweis ins Wasser und sagte mich für immer von einer Mitgliedschaft in der Kommunistischen Partei gleich welchen Landes los.

Ich lebte fast zwei Jahre in Israel. Anfangs arbeitete ich auf Baustellen im Wohnungs- und im Straßenbau, dann redigierte ich für kurze Zeit kleinere Reportagen in einer Filmzeitschrift und erhielt schließlich ein Stipendium, mit dem ich zwei Semester an der Universität von Jerusalem studieren konnte. Ich lernte die Familie meiner Mutter besser kennen, vor allem meinen Onkel Oto-Jehošua, der Kultur- und Bildungsbeauftragter für den Bezirk Petah Tikva war. Ich begriff sehr schnell einige für mich wichtige Dinge, die mein Leben in den darauffolgenden Jahren stark beeinflusst haben:

Erstens lernte ich die Demokratie als politisches System kennen und erkannte sofort ihre Vorzüge im Vergleich mit einem Einparteiensozialismus. Bei den Wahlen nutzte ich meine Stimme, um eine der beiden israelischen sozialdemokratischen Parteien zu wählen. Zweitens bewunderte ich den Enthusiasmus der ersten israelischen Pioniere, und es tat gut zu sehen, dass die vielen neuen Immigranten nach all den Verfolgungen und Leiden im Zweiten Weltkrieg endlich ein Zuhause gefunden hatten. Drittens hörte ich mir alles über den Krieg an, aus dem das gerade erst gegründete Land hervorgegangen war, und natürlich las ich auch alles darüber. Ich sah die anfänglichen Probleme, die Massen neuer Einwanderer, die nun in Dörfer und Stadtviertel zogen, aus denen 1948 an die 600 000 Araber geflohen waren – ein deutliches Vorzeichen künftiger Schwierigkeiten. Viertens hatte ich eine große Kiste mit kroatischen Büchern nach Israel mitgebracht, die ich eifrig las, vor allem Miroslav Krleža, was mich permanent daran erinnerte, wie sehr ich von der kroatischen Kultur geprägt war. Die jüdische und israelische würden für mich nie an sie heranreichen, obwohl ich auch sie sehr liebe und schätze (mein bester Freund in Israel, Harry Frank, hat mich einmal im Spaß einen kroatischen Nationalisten mit einer jüdischen Identität genannt, und ich nannte ihn, der ursprünglich aus Belgrad kam, einen serbischen Nationalisten, der sich in Israel verliebt hatte). Fünftens schließlich verstand ich, dass meine Arbeit und meine sozialen Beziehungen in Kroatien und Jugoslawien für mich besser waren als in Israel und dass ich mich dort besser würde entfalten können. Doch ich war entschlossen, nicht in jenes Jugoslawien zurückkehren, das ich verlassen hatte.

In Israel hatte ich Zugang zu vielen Büchern, die mir über die UdSSR, über den Kommunismus Stalin'scher Ausprägung und bis zu einem gewissen Grad über die sozialistisch-kommunistische Ideologie die Augen öffneten. Besonders beeindruckt war ich von den Büchern Arthur Koestlers, die ich in einem Zug las und die sich nachhaltig auf einige meiner Überzeugungen auswirkten. 1951 entnahm ich den Briefen einiger Zagreber Freunde, dass sich die Verhältnisse in Jugoslawien langsam zu ändern begannen, und ich entschied mich, die Sommerferien in Rom und in Zagreb zu verbringen. Mit dem guten Gehalt, das ich als Nachtwächter in der entmilitarisierten Zone von Jerusalem verdiente, konnte ich mir diese Reise leisten. Mit einem israelischen Pass in der Tasche verbrachte ich im Juli 1951 eine Woche in Rom und setzte mich dann in den Zug über Triest nach Zagreb.

Im Zugabteil von Triest nach Ljubljana saßen nur ich und ein Slowene, der fließend Kroatisch sprach. Wir vertieften uns schnell in ein Gespräch. Der Reisende war sichtlich gut informiert, ein Geschäftsmann oder Diplomat vielleicht, und erzählte offen, dass sich die »kontrollierte Liberalisierung« in Jugoslawien bestens entwickle. Er nannte auch einige Beispiele. Er war überzeugt, Jugoslawien sei auf dem besten Weg in eine Zukunft, die uns zeigen würde, dass Freiheit und Sozialismus sehr wohl miteinander vereinbar sind.

In meiner zweijährigen Abwesenheit hatte sich Zagreb in eine vollkommen andere Stadt verwandelt. Ich erlebte die Veränderungen sicherlich besonders intensiv, aber sie waren ganz offensichtlich. In den Straßen ging es lebendig zu, Menschen füllten den zentralen Platz, eine fröhliche Stimmung überwog, und man sah viele lächelnde Gesichter. Die Kaffeehäuser waren überfüllt. Selbst die Schaufenster der Geschäfte hatten schon ein bisschen mehr zu bieten, denn das Land befreite sich langsam aus der Wirtschaftskrise, in die es durch die Blockade der UdSSR und ihrer Satellitenstaaten geraten war. Die rationierten Lebensmittelkarten waren abgeschafft worden, und ein etwas freierer Handel hatte gerade begonnen. In den Tageszeitungen nahmen sachliche Informationen mehr Platz ein als krude, stereotype Propaganda. Die Bekannten, die ich auf der Straße traf, sprachen freier und offener, einige waren sehr optimistisch, andere skeptisch, denn: »Ja, ja, es entwickelt sich schon alles zum Besseren, aber man weiß doch nicht, wie lange und ob es dann nicht doch irgendwann zurück zum Alten geht.«

Bei diesem Aufenthalt wurde ich in der Novakova-Straße von der Familie unseres Partisanenfreundes General Franz Kleinhappel warmherzig empfangen und in einem Zimmer mit einem wunderschönen Balkon untergebracht. Ich traf mich mit meinem alten Freundeskreis und versuchte in den langen Gesprächen mit meinen engeren Freunden, die neue Stimmung im Land zu erfassen und zu verstehen, in welche Richtung die von der Politik versprochenen Entwicklungen sich wirklich bewegten. Ich spielte mit dem Gedanken, wieder zurückzukehren, ich wusste, dass ich mich in Zagreb mehr als in Tel Aviv zu Hause fühlte. War mein Platz also hier? Würde sich die Liberalisierung in diesem Land weiterentwickeln? Dann wäre auch für mich eine neue Form von Freiheit möglich, an der ich schon in Israel Geschmack gefunden hatte. Und vielleicht konnte ich doch gerade hier für mich, meine Familie und meine Ideen mehr als an irgendeinem anderen Ort tun? Israel war mir ans Herz gewachsen, deshalb zögerte ich. Außerdem wollte ich sicher sein, dass die unerträglichen Repressalien, aufgrund deren ich Jugoslawien verlassen hatte, das Land nie wieder heimsuchen würden.

Die entscheidenden Gespräche führte ich mit Veco Holjevac und seiner Frau Nada sowie mit Maca Gržetić und ihrem Mann Joso. Ich kannte die vier sehr gut aus unserer Partisanenzeit. Veco war 1951 Minister in der kroatischen Regierung, Maca war Mitglied im Zentralkomitee der KP Kroatiens, Joso war stellvertretender Innenminister der Republik Kroatien. Sie verstanden sofort die Zwickmühle, in der ich mich befand, und rieten mir alle mit nahezu identischen Argumenten, in Zagreb zu bleiben. Sie versprachen mir, bei der Arbeitssuche und allem Nötigen behilflich zu sein und auch meiner Mutter und meinem Bruder beizustehen, wenn sie zurückkehren wollten. Der Platz der alten Partisanen war hier, in diesem Land, und nicht irgendwoanders auf Welt. Mit Nachdruck behaupteten sie, dass die Liberalisierung ein langfristiges strategisches Ziel der Führung sei und eine Rückkehr zum Stalinismus die Führung selbst gefährden werde. Das Ganze wirkte sehr überzeugend auf mich, ganz besonders weil es von Joso kam, denn ich wusste, dass sein Bruder als Abgesandter des Zentralkomitees der KPJ bei den Komintern 1937 den stalinistischen Säuberungen in Moskau zum Opfer gefallen war.

Wenn mich die Erinnerung nicht trügt, habe ich meine Entscheidung bei einem Mittagessen mit Krešo Golik getroffen. Von allen meinen damaligen Freunden bedeutete Krešo mir am meisten. Er war schon damals ganz verrückt nach der Welt des Films und hatte nichts mehr mit der Politik zu tun, wir sprachen kaum über politische Themen. Während ich ausführlich seine Fragen über Israel beantwortete, schoss es mir plötzlich klar durch den Kopf: Ich liebe Israel, aber es ist nicht mein Zuhause. Mein Zuhause war eindeutig hier.

Am nächsten Tag ging ich mit Joso zum Ministerium für Innere Angelegenheiten, innerhalb von vierundzwanzig Stunden bekam ich meine jugoslawische Staatsbürgerschaft zurück und erhielt alle notwendigen Dokumente. Ohne Aufschub stürzte ich mich in die Welle der Liberalisierung, die bereits in vollem Gange war. Aus Israel brachte ich meinen Freunden Arthur Koestlers »Sonnenfinsternis«, Alexander Weissberg-Cybulykis »Im Schmelztiegel« und Margarete Buber-Neumanns »Als Gefangene bei Stalin und Hitler. Eine Welt im Dunkel« als Geschenke mit. Frane Barbieri, der damals der Chefredakteur der Zeitung *Vjesnik* war, ließ mich diese Bücher rezensieren, und ich übertrug Auszüge daraus ins Kroatische. Meine Übersetzung des zentralen Kapitels aus »Sonnenfinsternis« erschien in *Naprijed*, dem Parteiorgan der KP Kroatiens. Bei einem Kaffee in der Theaterkantine warnte mich der erfahrene Dichter Ive Mihovilović im Scherz davor, es mit der drastischen Demaskierung des stalinistischen Sozialismus nicht allzu sehr zu übertreiben, sonst könne »der falsche Eindruck« entstehen, etwas davon ziele auch auf Jugoslawien ab. Ich war zufrieden mit dem Gefühl, aktiv an der Entwicklung der Freiheit in einer

Gesellschaft teilzuhaben, die mich mit offenen Armen wieder aufgenommen hatte. Meine Glückssträhne setzte sich fort, 1952 nahmen mich Ive Mihovilović und Frane Barbieri als Gründungsmitglied in die Redaktion der Wochenzeitung *Vjesnik u srijedu* auf. Wir brachten Bewegung in die kroatische Zeitungslandschaft und erweiterten im uns gegebenen Rahmen die Grenzen der Freiheit im öffentlichen Leben.

Danko war glücklich, dass auch er nach Zagreb zurückkehren konnte, auch meine Mutter war nicht unzufrieden, als sie sah, dass sich ihre Söhne gut zurechtfanden. Eine Zeitlang pendelte sie zwischen Israel und Jugoslawien, und als dann ihre Enkel zur Welt kamen, zog sie dauerhaft zu uns nach Zagreb um. Sie starb 1974 an einer Herzkrankheit, die während des Krieges entstanden war.

Wir genossen die jugoslawische Liberalisierungswelle volle zweieinhalb Jahre. Im Spätherbst 1953 erreichte sie ihren Höhepunkt mit den visionären Beiträgen von Milovan Đilas, die in der Parteizeitung *Borba* erschienen waren. Kaum hatte ich gedacht, dass wir uns unumkehrbar auf dem Weg der Demokratisierung befanden, traf es uns wie ein Blitz aus heiterem Himmel. Auf dem dritten Plenum des Zentralkomitees vom 16. und 17. Januar 1954 ließ uns die KP Jugoslawiens deutlich wissen, dass die Liberalisierung an eine Grenze gekommen war. Damals, als man Milovan Đilas den politischen Todesstoß versetzte, bereute ich es das erste und einzige Mal, nicht in Israel geblieben zu sein.

Ich zog mich aus der Schusslinie des politisch exponierten Journalismus zurück und fing an, im relativ geschützten Raum des Zagreber Rundfunks zu arbeiten, schrieb für *Vjesnik u srijedu* Beiträge über kulturelle und unterhaltende Themen und fing an, Filmdrehbücher zu verfassen. Das entsprach nicht meinen wirklichen Talenten, aber ich musste von irgendetwas leben, und ich muss auch gestehen, dass die Arbeit keineswegs unerträglich war. Meine politische Haltung demonstrierte ich passiv, indem ich es ablehnte, wieder in die Kommunistische Partei einzutreten. Das wurde mehrmals an mich herangetragen, am nachdrücklichsten von Joža Vrhovec, als er Redakteur beim *Vjesnik u srijedu* war, und von Predrag Vranicki, als er in den 1960er Jahren mein Vorgesetzter im Verlag Liber war. Damals wünschte ich mir eine Stelle als *Vjesnik*-Korrespondent in Bonn oder London, aber Vrhovec ließ mich ziemlich unverblümt wissen, dass für eine solche Position nur Parteimitglieder in Frage kamen. Er war davon überzeugt, dass ich als KP-Mitglied früher oder später Direktor des Verlags Liber werden und damit zum Leiter eines erfolgreichen Unternehmens avancieren würde. Ich war erleichtert, dass Vranicki und Vrhovec keine weiteren Erklärungen von mir dafür verlangten, dass ich der Partei nicht beitreten wollte. Auch ohne einen Parteiausweis kam ich zweitweise in den Genuss einiger Privilegien, die den jungen Partisanen-Veteranen zustanden, was in schwierigen Situationen nützlich war und mir Türen bei alten Kameraden öffnete. Aber auch mein kroatisch-jüdischer Hintergrund war manchmal hilfreich, als ich etwa in Maßen meine Sympathie für die Bewegung »Kroatischer Frühling« in der Zeitschrift *Kritika* zum Ausdruck brachte – man konnte mich als Juden nicht des kroatischen Nationalismus bezichtigen.

Ende der 1960er Jahre, in der zweiten Phase der Liberalisierung des jugoslawischen »abgemilderten« Kommunismus und nach dem Sturz des Innenministers Aleksandar Ranković gelang es mir, das Verlagshaus Liber (später folgte Novi Liber) zu gründen und einen Beruf zu ergreifen, der wie für mich geschaffen war. Seit vierzig Jahren gebe ich nur Bücher heraus, die ich liebe. In einem abwechslungsreichen Berufsleben gibt es in der Regel immer glorreiche Zeiten, meine zwölf Jahre als Verleger von Liber und des Liber Wissenschaftsverlages waren solche Zeiten. Ich beschäftigte zweihundert Menschen, die dadurch alle eine gesicherte Existenz hatten. Wir gaben zusammen Bücher heraus, die im Dienst der Freiheit standen und die damals niemand sonst in Jugoslawien zu publizieren wagte. Außerdem konnten wir auf diese Weise Menschen, die gerade aus dem Gefängnis kamen, und andere politisch gebrandmarkte Personen übergangsweise mit bezahlter Arbeit versorgen, so dass sie einigermaßen über die Runden kamen. Ich glaube, ich war damals der Einzige weit und breit, der nicht in der Partei war, aber eines der wichtigsten Verlagshäuser in Jugoslawien leitete.

Das Eigenlob muss dennoch ein bisschen relativiert werden. Ich musste auch Kompromisse eingehen und war kein angstfreier Held. Ich musste einige Autoren mit wichtigen Ideen oder einem bereits fertigen Werk ablehnen, weil sie die Grenzen der erlaubten Freiheit überschritten. Auch meine eigenen Ideen musste ich manchmal zügeln, weil sie zu wagemutig waren und das Verlagshaus gefährdet hätten. Einmal musste ich den bereits eingeleiteten Druck eines sehr wichtigen Buches einstellen (was mir gegenüber dem Autor sehr unangenehm war), weil ich Drohungen aus dem Stadtkomitee der KP Kroatiens erhielt. Aus Verantwortung für das Unternehmen und die Existenz meiner Mitarbeiter habe ich mich in der Öffentlichkeit jeglicher provokativer Äußerungen enthalten. Ich vollzog einen Balanceakt zwischen Kühnheit und Vorsicht, zwischen Treue zu meinen Ideen und den notwendigen Kompromissen innerhalb der Grenzen der genau kontrollierten Freiheit. Erst als ich 1982 nicht mehr Verlagsleiter war, formulierte ich meine lange in mir gewachsenen Vorstellungen radikaler Reformen des gesellschaftspolitischen Systems in der Öffentlichkeit, die ich im Geist eines freien Marktes, innerhalb einer politischen Demokratie und einer europäischen Ausrichtung verortete. Das brachte mich 1989/1990 für kurze Zeit in die aktive Politik, ein Ausflug, der nicht besonders erfolgreich war und dem weitere zehn Jahre in der Publizistik folgten, in denen ich als Verleger und Herausgeber für das Recht auf freie Meinungsäußerung kämpfte. Ich will nicht behaupten, dass mir das restlos gelungen ist und dass es von übermäßigem Erfolg gekrönt war, aber es erfüllte mich, und ich hatte, anders als im Kommunismus, immerhin die Möglichkeit, meine Ansichten frei vorzutragen, auch wenn sie den Regierenden und der

Mehrheit der kroatischen Öffentlichkeit nicht behagten. Aber das ist schon Gegenstand eines neuen Buches, das die Zeit zwischen 1989 und 2005 beleuchten müsste und das ich gerne schreiben würde, wenn ich noch Kraft und Zeit dafür finde.

In Israel bin ich Hilel Livni begegnet, dem Gründer des jugoslawischen Kibbuz Sha'ar HaAmakim, und Zvi Rotem, dem Redakteur der Tageszeitung *Davar*. Beide kannten meinen Vater aus seiner Zeit in Palästina in der zionistischen Bewegung und konnten mir einiges über die Gründe erzählen, die ihn dazu bewogen hatten, sich enttäuscht von seiner Gruppe in Palästina abzuwenden. Rotem hatte in seiner Bibliothek alle Ausgaben der Zagreber jüdischen Zeitschrift *Gideon* aus den 1920er Jahren, in denen auch einige Texte meines Vaters abgedruckt waren, unter anderem ein Vortrag, den er 1920 in Slavonski Brod auf einer Versammlung der zionistischen Unterstützer hielt:

> »Die jüdische Jugend bereitet sich darauf vor, ihr Werk zu vollbringen. Die Arbeit daran ist herausfordernd, und es warten noch viel schwierigere Aufgaben auf sie. Eine körperliche und geistige Erneuerung harrt ihres Volkes. Sie muss ihrem Volk eine neue Heimat in Palästina erschaffen, eine aufstrebende Heimat, die sich einer solchen Höhe vergewissert, dass sie an andere Völker heranreicht und ihnen ein hilfreiches Beispiel bei der Erfüllung des biblischen Wortes ist, das da heißt: ›Denn von Zion wird Weisung ausgehen und des Herrn Wort von Jerusalem.‹«

Der leidenschaftliche Enthusiasmus meines Vaters und seiner zehnköpfigen Gruppe kühlte sehr rasch ab, als sie mit den Schwierigkeiten und Nöten der um sich greifenden Krise im damaligen Palästina konfrontiert wurden. Die jungen Menschen waren offensichtlich nicht gut auf die Situation vorbereitet, und die Organisation für die Aufnahme neuer Einwanderer war noch nicht gut genug ausgebaut. Unter dem Druck solcher Schwierigkeiten brachen in der Gruppe Konflikte aus, die ihre Zerrüttung beschleunigten. Mein Vater hatte aber noch andere, tiefer gehende Gründe für seine Rückkehr aus Palästina, von denen ich selbst erst erfuhr, als ich auf seine Briefe an meine Mutter stieß, die zugleich sehr reflektiert und sehr emotional waren. Im Straßenbau und auf den Feldern hatte mein Vater oft mit Arabern zusammengearbeitet und war mit einigen von ihnen befreundet. Er lernte ihre Lieder kennen und sprach ihre Sprache so weit, dass er sich mit ihnen einigermaßen gut verständigen konnte. Damals hatten sich die ersten arabisch-jüdischen Konflikte gerade etwas gelegt, aber es kündigten sich schon neue an. In den Gesprächen mit den Arabern bekam mein Vater ein Gefühl für ihre Situation und entwickelte ein Verständnis für ihre Argumente. Ich nehme an, dass er damals zumindest ein bisschen an der zionistischen Idee eines nationalen jüdischen Staates in einem Palästina voller Araber gezweifelt hat. Hätten wir uns nicht zuerst mit den Arabern darüber verständigen und sie von der Idee eines möglicherweise gemeinsamen Staates überzeugen sollen, eines gemeinsamen, binationalen demokratischen Staates, der zu den wirtschaftlich und politisch fortschrittlichsten im gesamten Nahen Osten hätte aufsteigen können, ein Beispiel für andere in einer Gegend, die von Rückständigkeit und Armut geprägt war?

In einem der Bücher des Dichters Silvije Strahimir Kranjčević, die mein Vater besaß, und in einem seiner eigenen Tagebucheinträge hatte er im Gedicht »Moses« diese Verse angestrichen: »Sterben wirst du, wenn du anfängst allein / an deinen Idealen zu zweifeln.« Als mein Vater mit diesen Zweifeln aus Palästina zurückkehrte, hatte er sich nicht vollständig von den zionistischen Idealen distanziert, aber er war kein leidenschaftlicher Aktivist mehr. Als er sich 1933 mit der Flut der jüdischen Flüchtlinge aus Nazideutschland konfrontiert sah, kehrte mein Vater wieder zu seiner zionistischen Überzeugung zurück, dass die Juden einen eigenen Staat brauchten. In einer seiner Notizen von 1932 habe ich den Satz gefunden: »Vielleicht kommt allem zum Trotz das Licht aus dem Osten, d.h. aus Russland.« Menschen, die eine enttäuschende Erfahrung mit ihren ersten politischen Idealen erlebt haben, können sich schwer für neue erwärmen, was auch meinem Vater widerfahren ist. Seine Sympathie für den Kommunismus hat sich in Grenzen gehalten, und ich denke, dass sie nach den Moskauer Säuberungen von 1936 bis 1938 und besonders nach dem Hitler-Stalin-Pakt im Sommer 1939 vollständig verschwand. Ich weiß, dass er nach seiner Rückkehr aus Palästina Großbritannien Misstrauen entgegenbrachte, dessen imperialistische Politik ihm nicht gefiel. Einmal hörte ich ihn im Sommer oder Herbst 1940 sagen, wie traurig es sei, dass unsere einzige Hoffnung die Engländer seien (damals kämpfte außer ihnen niemand gegen Hitler).

Jetzt, da ich den wechselhaften Weg meiner politischen Ideen und Ideale niederschreibe, kommt es mir so vor, als hätte ich in vielem die oszillierenden Erfahrungen meines Vaters wiederholt und mich wie er zweifelnd und zögernd zwischen Enthusiasmus und Abkühlung bewegt. Auch ich hatte 1947 das Gedicht von Kranjčević immer wieder regelrecht in mich aufgesogen, es fast auswendig gekonnt, und bin in Gedanken immer wieder zu der Zeile »Sterben wirst du, wenn du anfängst allein / an deinen Idealen zu zweifeln« zurückgekehrt.

Aber ich habe inzwischen fast doppelt so lang gelebt wie mein Vater. So wie ihm ist auch mir genug Zeit geblieben, um an meinen eigenen Idealen, aber auch an Kranjčevićs Versen zu zweifeln. Das 20. Jahrhundert hat die größten Hoffnungen der Menschheit hervorgebracht, aber es hat die meisten von ihnen unter sich begraben. Es ist ein Grabmal für große Ideale geworden. Es hat uns gelehrt, dass die Ideale meistens verführbare Chimären sind und dass der Zweifel keine unverzeihliche Schwäche, sondern ein notwendiges Aufbäumen gegen verhängnisvolle Überzeugungen ist. Und mit dieser Erkenntnis wurde dieses Buch geschrieben.

Anmerkungen

I MEIN VATER

1 Anmerkung Übersetzerin: Ursprünglich einfache Turnvereine, die mehr und mehr einer Jugendmiliz mit vormilitärischem Erziehungsprogramm glichen.

2 Stanko Lasić, »Autobiografski zapisi« (»Autobiographische Notizen«), Zagreb 2000.

3 Anmerkung Übersetzerin: Als Frankisten bezeichnete man die Anhänger von Josip Frank (1844–1911), Begründer der extremen kroatischen Rechten, einer separatistischen Bewegung zu Beginn des 20. Jahrhunderts.

4 Eugen Dido Kvaternik, »Sjećanja i zapazanja« (»Erinnerungen und Beobachtungen«), Zagreb 1995, S. 30. Anmerkung Übersetzerin: Eugen Dido Kvaternik war der Chef des Ustascha-Nachrichten- und Geheimdienstes sowie der Polizei, bis es zum Zerwürfnis mit Ante Pavelić im Herbst 1942 kam. Kvaternik unterstanden bis dahin die zweiundzwanzig Konzentrationslager des Landes, er trug maßgeblich die Verantwortung für die Terrormaßnahmen des Unabhängigen Staates Kroatien gegen Serben, Juden und Roma. Kvaternik starb 1962 bei einem Verkehrsunfall im argentinischen Exil.

5 Anmerkung Übersetzerin: Der Schriftsteller Miroslav Krleža (1893–1981) ist eine bedeutende Persönlichkeit des literarischen Lebens im 20. Jahrhundert. Er war von 1919 an Mitglied in der kommunistischen Partei, verließ diese aber in den 1930er Jahren wegen seiner liberalen Ansichten über Kunst und weil er Stalins Säuberungen politisch nicht unterstützen wollte. Während des Krieges weigerte er sich entschieden, mit den Ustasche zusammenzuarbeiten. Nach 1945 vertiefte er seine Freundschaft mit Tito,

kooperierte mit der kommunistischen Regierung und schrieb seine wichtigsten literarischen Werke.

6 Milan Radeka, »Erinnerungen an 1941«, in: *Jahrbuch*, Zagreb 2000.

7 Anmerkung Übersetzerin: »Jugosokol« war ursprünglich ein mit den Pfadfindern vergleichbarer Turnverein, strukturierte sich aber um und avancierte zur Jugendmiliz mit vormilitärischem Erziehungsprogramm. Sokols gab es bereits in der Zwischenkriegszeit. Sowohl Serben als auch Kroaten hatten ihre eigenen Sokol-Gruppierungen, in denen in der Regel politische und kulturelle Themen der jeweiligen Ethnie betont wurden.

8 Radeka, Erinnerungen, S. 24 f.

9 Anmerkung Übersetzerin: Mihajlo Mihajlov (1934–2010) war ein bekannter jugoslawischer Dissident. 1966 wurde er für dreieinhalb Jahre in Haft gesetzt, weil er einen Artikel über ein Dissidentenlager in der Sowjetunion geschrieben hatte, was in Jugoslawien »als Angriff auf die Reputation eines fremden Staates« gedeutet wurde und unter Strafe stand. Er wurde 1975 erneut wegen »Verbreitung feindlicher Propaganda« angeklagt und zu sieben Jahren Gefängnis verurteilt, kam aber schon 1978 wieder frei. Er lehrte in Harvard, Yale und an der Ohio State University sowie der University of Virginia bis zu seiner Rückkehr nach Serbien im Jahr 2000.

10 Radeka, Erinnerungen, S. 31.

11 Radeka, Erinnerungen, S. 34.

12 Radeka, Erinnerungen, S. 37 f.

13 Anmerkung Übersetzerin: Ivan Šibl (1917–1989) war ein kroatischer Politiker, Literat und Partisan, der in Jugoslawien als Volksheld galt. Er war nach dem Zweiten Weltkrieg Mitglied im Zentralkomitee der Kommunistischen Partei Kroatiens und Generaldirektor der Radio- und Fernsehanstalt in Zagreb.

14 Anmerkung Übersetzerin: Karlo Štajner war ein jugoslawischer Kommunist, der 1936, als Stalins »Großer Terror« begann, verhaftet und in den Gulag nach Sibirien deportiert wurde. Er schrieb nach seiner Freilassung das Buch »700 Tage in Sibirien«, das großes Aufsehen erregte.

15 Radeka, Erinnerungen, S. 38.

16 Radeka, Erinnerungen, S. 48.

17 Diese und die Mehrzahl der allgemeinen Informationen über das Lager Danica entnehme ich der Arbeit von Dr. Zdravko Dizdar »Ljudski gubici

logora ›Danica‹ kraj Koprivnice 1941–1942«, »Časopis za suvremenu povijest« br. 2, Zagreb 2002 (auch als »Human Losses at the ›Danica‹ Camp Near Koprivnica, 1941–1942«, in: *Journal of Modern History* 2, 2002). Während ich das hier niederschrieb, bereitete Dr. Dizdar ein Buch über das Lager Danica vor. Ich danke ihm, dass er mir in kollegialen Gesprächen geholfen hat, mein Wissen über das Lager zu vervollständigen.

18 Siehe vorige Anmerkung.

19 Anmerkung Übersetzerin: Das Zitat ist entnommen aus: Primo Levi: »Ist das ein Mensch?«, Übersetzung aus dem Italienischen von Heinz Riedt, dtv, München 2007.

20 Mein Vater war nicht gerade ein »reicher Jude«, auch wenn er, wie ich glaube, etwas Geld bei sich hatte. Ich erinnere mich gut daran, dass meine Mutter in dieser Zeit alles Mögliche veräußert hat, sie verkaufte das Mobiliar aus der Buchhandlung und verwendete für Vater auch das Geld aus dem Geschäft. Außerdem hatten uns unsere wohlhabenden Freunde Mia und Aleksandar Veličković damals angeboten, uns immer so viel Geld zu leihen, wie wir brauchten.

21 Đuro Zatezalo, »Radio sam svoj seljački i kovački posao – Svjedočanstvo genocida« (»Ich tat meine Arbeit als Bauer und als Schmied. Genozid-Zeugnisse«), Zagreb 2005, Seite 206.

22 Anmerkung Übersetzerin: Der 13. Juni ist ein wichtiger katholischer Feiertag in Kroatien, der Todestag des heiligen Antonius von Padua, der in Kroatien ein beliebter Heiliger ist und den man im ganzen Land liebkosend Ante nennt, was sich mit dem Vornamen des faschistischen Führers deckt.

23 Anmerkung Übersetzerin: Vinko Nikolić (1912–1997) war Mitglied der faschistischen Ustascha-Bewegung, ein Schriftsteller und Journalist, der nach dem Zweiten Weltkrieg in die Emigration nach Buenos Aires ging, wo viele Ustasche Zuflucht fanden. Von Argentinien aus betrieb Nikolić ungehindert faschistische Propaganda und gab mehrere nationalistische Zeitschriften heraus, die Titel trugen wie *Für Gott und Kroatien* und *Kroatische Revue* und die von der kroatischen Diaspora finanziell unterstützt wurden. 1991, als Jugoslawien auseinanderbrach, kehrte Nikolić nach Kroatien zurück.

24 Anmerkung Lektorat: Eine Organisation kroatischer Nationalisten im Ausland.

II DIE WURZELN DES BÖSEN

1 Das Dossier von Dr. Vladimir Židovec befindet sich im Kroatischen Staatsarchiv (MUP SRP 013.0.56) und enthält einen an die 330 Seiten langen autobiographischen Bericht mit dem Titel »Meine Teilnahme am politischen Leben«.

2 Dušan Lukač, »Ustanak u Bosanskj krajini« (»Aufstand in der bosnischen Krajinam«), Belgrad 1967, S. 60–62.

3 Kroatisches Staatsarchiv, Dossier Dizdar, MUP SRH, 013.0.3,64.

4 Peter Broucek, »Ein General im Zwielicht, Die Erinnerungen Glaises von Horstenau«, Wien 1988, S. 431. Glaise von Horstenau war ein hervorragend informierter Beobachter aller Vorkommnisse im NDH. Er gehörte einer Gruppe hoher deutscher Offiziere an, die sich für Mäßigung der terroristischen Ustascha-Methoden einsetzten. Sie argumentierten, diese Methoden könnten die ganze Region ins Wanken bringen und Deutschland zwingen, dort einige Divisionen an Streitkräften abzustellen, die sie dringend an anderen Fronten benötigten. Die aufschlussreichen Tagebuchnotizen und Memoiren über die NDH-Regierung sind im oben zitierten Buch abgedruckt. Die offiziellen Berichte und Dokumente sind auch im Buch von Vaso Kazimirović zusammengestellt: »NDH u svetlu nemačkih dokumenta i dnevninka Gleza fon Horstenau 1941–1945« (»NDH im Licht deutscher Dokumente und des Tagesbuchs von Glaise von Horstenau 1941–1945«), Belgrad 1987.

5 Gemäß der Zeitung *Jutarnji list* vom 30.7.2003 gibt es darüber eine Notiz im Dossier von Eugen Dido Kvaternik, das seit einem Beschluss des damaligen Präsidenten Néstor Carlos Kirchner im April 2003 im Staatsarchiv von Argentinien der Öffentlichkeit zugänglich ist.

6 Židovec, II. Teil, Seite 59–60.

7 Über Kvaterniks missionarischen Eifer schrieb 1961 im Exil Dr. Branko Pešelj. Dido Kvaternik befreite Branko Pešelj, mit dem er schon seit Studentenzeiten befreundet gewesen war, am 21. April aus dem Gefängnis. Sie besprachen alles ungewohnt offen miteinander. Es war die Rede von einem »von den Serben bereinigten Terrain«, worauf sich Pešelj auch konkret bezieht, wenn er schreibt: »Ich konnte nicht an mich halten und musste ihm sagen, dass das zu nichts Gutem führen konnte und dass uns eine solche

Politik eines Tages teuer zu stehen kommen würde, denn jetzt sei der Krieg noch nicht vorbei, niemand könne wissen, wer ihn am Ende gewinnen würde … Überraschenderweise blieb Kvaternik ruhig und antwortete: ›Ich weiß, dass du davon ausgehst und es erwartest, dass die Engländer den Krieg gewinnen werden. Und ich sehe es genauso wie du, auch ich denke, dass sie den Sieg davontragen werden, aber dann wird es keine Serben mehr in Kroatien geben. So gesehen muss, wer auch immer den Krieg gewinnt, die Situation so nehmen, wie er sie dann vorfindet.‹«

8 Das Tagebuch des verstorbenen Đoko Starčević befindet sich im Besitz seiner Familie, die mir Teile davon zur Verfügung stellte.

9 Der Bericht von Kasche über Lorkovićs Intervention wird von Jozo Tomasevich in seinem Maßstäbe setzenden Werk »War and Revolution in Yugoslavia, 1941–1945«, Stanford University Press 2001, S. 398, thematisiert. Als Quelle gibt der Autor eine Dokumentation des deutschen Außenministeriums im Dritten Reich an, die sich als Mikrofilm im Nationalarchiv der USA befindet und unter der Nr. T-120, Rolle 5787 Fr. E301, 722 abgelegt ist.

10 Für den 27. April wurden ihm noch zwei Kroaten und ein Serbe namentlich genannt, die an dem Tag getötet worden waren.

11 Bis heute ist nicht geklärt, wer die Mörder der Familie Mravunac waren. Die einen sind sicher, es habe sich um einen Mord aus Habgier gehandelt, aber niemand kann etwas über die Identität der Mörder sagen. Die anderen gehen von einem politisch motivierten Verbrechen aus – womit der Bezug zu den Serben aus dem Kordun im Raum steht. Eine dritte Version gründet auf der Annahme, der Familienmord sei eine geplante Provokation einiger Ustasche aus Karlovac gewesen. Sie hätten, heißt es, das Verbrechen begangen, um einen triftigen Grund für eine Vergeltungsmaßnahme zu haben. Kurz darauf erfolgte tatsächlich eine Massenhinrichtung der Serben in der Region Kordun. Bis heute führen die Menschen, die in dieser Gegend leben, polemische Diskussionen über den Vorfall, doch ob Historiker oder Memoirenschreiber – keiner hat konkrete Beweise. Nach Einsicht einiger Dokumente, nach all den Gesprächen, die ich mit den Leuten aus der Gegend von Veljun und Hrvatski Blagaj geführt habe (vor allem mit dem Ermittlungsrichter Nikola Lasić und seinem Stellvertreter Milan Stilinović sowie der Tochter Milka, die überlebt hat), gehe ich davon aus, dass es zwei, drei Mörder waren, die der Familie Mravunac die Kehlen durchgeschnit-

ten haben. Ihre Motive ähneln denen von Räubern und Dieben. Ich kenne aber die Ustasche, ebenso wie die Tschetniks, die in der Gegend so manche Untat begangen haben, und es gibt einige Aspekte, die eine Verschwörung plausibel erscheinen lassen. Doch Verschwörungstheorien stehen immer auf tönernen Füßen.

12 Erstmals schrieb ich über das Verbrechen in Hrvatski Blagaj als Beitrag im Buch »Okrug Karlovac 1941« (»Der Bezirk Karlovac 1941«), Zagreb 1965, S. 42–45. Ich hatte nur unvollständige, einfache Dokumente zur Verfügung und stützte mich v. a. auf eine Aussage, die – wie ich später erfuhr – unter Druck erfolgt und daher unzuverlässig war. Die Reaktionen auf dieses Buch ermutigten mich, mit den Menschen in Veljun und Blagaj zu sprechen und nach weiteren Dokumenten zu forschen. Das Ergebnis war eine zehnteilige Reihe von Artikeln über Veljun und Blagaj in *Politika*. Während der Vorbereitung dieses Buches erhielt ich Zugang zu jüngst erschlossenen, umfangreicheren Dokumenten im Kroatischen Nationalarchiv, so dass ich meine Zahlen damit abgleichen, sie erweitern und korrigieren konnte. Auf Basis der gewissenhaften Forschungen meines Freundes Tomo Zalac begann ich, die Zahl der auf dem Friedhof begrabenen Toten (520) anzuzweifeln. In diesem Kapitel nenne ich eine Zahl, die mir realistischer erscheint, aber sie ist noch immer mit Vorsicht zu genießen.

13 Juraj Rebok, »Sjecanja« (»Erinnerungen«), in: *Marulic* 2 und 3, Split 2000, S. 118 f.

14 Über die Morde an den Glinaer Serben ist viel geschrieben worden. Die aussagekräftigsten Fakten wurden von Duro Roksandić zusammengetragen, in »Ustaški zločini u glinskom kotaru od 1941 do 1945, Zbornik Glilna«, Glina 1988, S. 283–304, und im Artikel »Glina 13 May 1941 – U povodu 60. Godišnjice ustaškog zločina«, in: *Ljetopis* 6 (2001). Ich habe auch die in der vorigen Anmerkung zitierten Erinnerungen von Juraj Rebok berücksichtigt, das einzige Zeugnis eines Ustascha über das Verbrechen. Reboks Beschreibungen sind sehr rudimentär, aber sie bestätigen die grundlegenden Fakten. Er versucht, seine persönliche Verantwortung zu mindern und die Opferzahlen herunterzuspielen, aber ich denke, einige der Einzelheiten sind glaubwürdig und bieten eine interessante Ergänzung des Gesamtbildes.

15 *Marulić* 6 (1991). Diese Krankheit, die den Verstand umwölkt und das Bewusstsein blockiert und die ich in diesem Buch bereits als Fetischismus

des Staates bezeichnet habe, hat die Autorin auch in ihren späteren Jahren nicht losgelassen. Trotz ihrer eindeutigen Kritik an der Ustascha-Führung für ihre politische Angepasstheit, den genozidalen Terror und den Verrat durch das Abtreten von kroatischen Gebieten zeigte sie sich in Artikeln in *Marulić* von 1991 und 2000 immer noch sehr stolz darauf, dass sie so eifrig bei der Errichtung des Ustascha-Staates geholfen hatte. 2005 las ich in der Zeitung, dass sie eine Gruppe von Einwohnern Zadars zum Gefängnis in Glina geführt hatte, wo sie General Mirko Norac besuchten und ihm ihre Sympathie bekundeten. Er war zu zwölf Jahren Gefängnis verurteilt worden wegen des Genozids an den Serben der Stadt Gospić während des Kroatien-Krieges 1991–1995.

16 Vlado Singer, der im Frühling und im Sommer 1941 Chef des Ustascha-Geheimdienstes war, war naiv genug zu glauben, trotz seiner jüdischen Herkunft seinen hohen Posten innerhalb der Ustascha-Führung auf Dauer behalten zu können. Pavelić erließ jedoch schließlich einen Haftbefehl gegen Singer mit der Begründung, dieser habe sich für einen kommunistischen Freund verwendet. In Wirklichkeit versuchte Pavelić damals, bei Heinrich Himmler und seinen SS-Repräsentanten in Kroatien einen guten Eindruck zu machen, die mit einem Juden nichts zu tun haben wollten. Singer verbrachte etwas mehr als ein Jahr in einer speziellen Mission im Konzentrationslager Jasenovac. Von dort schickte er an Pavelić, immer noch in seiner Naivität gefangen, geheime Berichte über Vladko Maček, der sich im Lager in einer ähnlichen Situation wie er selbst befand. Schließlich ordnete Pavelić Ende 1942 an, Singer zu töten. Ohne zu zögern, übernahm Maks Luburić diese Aufgabe – er soll ihn mit einem Messer umgebracht haben.

17 Hermann Neubacher, »Sonderauftrag Südost 1940–1945«, Göttingen 1956, S. 18 und 31.

18 Radeka, Erinnerungen, S. 43.

19 Nationalarchiv Split, Sammlung des Bezirks des NDH in Dalmatien, Box 4.

20 Der Schriftsteller Ervin Sinko lebte als jüdischer Emigrant zu jener Zeit in Drvar. In seinen Tagebucheinträgen vom 3., 8. und 13. Juli beschreibt er die Ankunft der Flüchtlingskolonnen in Drvar und den Eindruck, den dies bei der lokalen Bevölkerung machte. Siehe »Dvrarski dnevnik« (»Drvar-Tagebuch«), Bd. 19, Zagreb 1987, S. 470 f.

21 So schreibt es jedenfalls Jakov Blažević in seinem Buch »Prva godina na-

rodnooslobodilačkog rata« (»Das erste Jahr des Volksbefreiungskrieges«), Karlovac 1971, S. 663.

22 Ivan Nikšić, »Spomenici o župi Slunjksoj« (»Zeugnisse aus dem Bezirk Slunj«), Zagreb, *Jahrbuch* 2007, S. 575–577. Niksic und seine »Zeugnisse« werden ausführlicher in Kapitel 16 besprochen.

23 Židovec, Meine Teilnahme am politischen Leben, S. 24–36.

III EIN FRÜHLING IN KARLOVAC

1 Anmerkung Lektorat: Deutsch im Original. Der *Kulturbund* war ein Verein der in Kroatien lebenden Deutschen und Deutschstämmigen.

2 Elias Canetti, Masse und Macht, Kapitel »Zerstörungssucht« (erster Passus), Frankfurt am Main 1989, S. 14.

3 Die Passagen aus den deutschen Berichten sind zitiert nach Vasa Kazimirović, »NDH u svetlu nemačkih dokumenta i dnevnika Gleza von Horstenau 1941–1945« (»Der NDH im Licht deutscher Dokumente und des Tagebuchs des Generals Glaise von Horstenau 1941–1944«), Belgrad 1987. (Anmerkung Lektorat: Laut Slavko Goldstein stammen sie teilweise auch aus Peter Broucek, »Ein General im Zwielicht. Die Erinnerungen Edmund Glaises von Horstenau«, Wien 1988, doch konnten die entsprechenden Zitate dort nicht gefunden werden. Sie wurden daher aus dem Kroatischen übersetzt.)

4 Anmerkung Lektorat: Slavko Goldstein schreibt für die Zeit nach 1945 meist von der Jugoslawischen Armee – offiziell hieß sie Jugoslawische Volksarmee (JNA) bzw. zwischen 1945 und 1949 Nationale Volksbefreiungsarmee.

5 Am 6. Dezember 1946 trat dann das von uns antizipierte Gesetz über die »Nationalisierung des Privateigentums« in Kraft. Mit der vorab abgewickelten Schenkung waren wir einer neuerlichen Enteignung unserer Buchhandlung zuvorgekommen.

IV JADOVNO

1 Für die meisten von Kuhns Kollegen – allesamt Zagreber Anwälte jüdischer Religion – war die Freilassung von kurzer Dauer. Sie waren so naiv

zu glauben, nun sei alles vorbei. Als bald darauf eine neue Verhaftungswelle erfolgte, fand man sie alle in ihren Häusern vor und deportierte sie direkt in die Lager nach Pag, ins Velebit-Gebirge oder nach Jasenovac. Nur einige wenige konnten sich in die von den Italienern besetzte Zone retten.

2 Nachträglich und auf indirektem Wege erfuhren wir, warum Mutter und unsere Jaga mit einigen anderen Frauen aus Karlovac ausgerechnet am 14. Juli, dem Tag der Französischen Revolution, verhaftet worden waren. Eine detaillierte Benachrichtigung Nr. 1 (Obvjesni broj 1) über die »Ausschreitungen der Kommunisten und der Tschetniks« vom 6. August 1941 beginnt mit den folgenden Worten: »Um den 10. Juli herum begannen einige englische Radiosender, die Nachricht zu verbreiten, am 14. Juli käme es zu einem Aufstand in allen Ländern, die sich im Krieg gegen die Achsenmächte befinden.« Obwohl ein so grundsätzliches Aufbegehren in Europa überhaupt nicht geplant war, wollte der Zufall es, dass die Inhaftierten im Lager Kerestinac in der Nacht vom 13. auf den 14. Juli die Wärter entwaffnen und aus dem Lager fliehen konnten. Das wird der Grund für die übereilten Verhaftungen gewesen sein, die auch meine Mutter und Jaga trafen. Jaga hatte zudem noch ein anderes Problem. Mit den am 30. April 1941 erlassenen Rassengesetzen war es zum Schutz des arischen Blutes und der Ehre des kroatischen Volkes weiblichen Personen unter 45 Jahren mit »arischen Wurzeln« untersagt, einer Beschäftigung in jüdischen Haushalten nachzugehen, was Jaga komplett ignoriert hatte.

3 Siehe Seite 201.

4 Ivo Goldstein, »Holokaust u Zagrebu«, Novi Liber, Zagreb 2001.

5 Ilija Jakovljević, »Konclogor na Savi« (»Konzentrationslager am Fluss Sava«), Zagreb 1999.

6 HDA, USIKS 337/41.

7 Zitiert in Jakovjlević 1999.

8 Nach dem Erscheinen der kroatischen Ausgabe meines Buches im Februar 2007 publizierte Đuro Zatezalo seine kompletten Forschungen in »Jadovno – Kompleks Ustaških logora«, Belgrad 2007. Hier beziehe ich mich auf die vor 2007 in diversen Zeitungen und Zeitschriften publizierten vorläufigen Ergebnisse seiner Arbeit.

9 HDA, Kroatisches Nationalarchiv Karlovac, Akte Jadovno.

10 Franjo Zdunić Lav, »Kotar Gospić i kotar Perušić u Narodnooslobodilač-

kom ratu 1941 – 1945« (»Der Landkreis Gospić und der Landkreis Perušić im Volksbefreiungskrieg 1941–1945«), Karlovac 1989, S. 195 f.

11 Lav 1989, S. 168–200.

12 Mirko Peršen geht in seinem Buch »Ustaški logiri« (»Die Ustascha-Lager«) von einer Opferzahl zwischen 15 000 und 25 000 im gesamten Lagerkomplex von Gospić aus, Đuro Zatezalo hingegen schätzt die Opfer auf mindestens 40 000. Folgt man den Aussagen von Rubinić, die Ilija Jakovljević festgehalten hat, so hat die Kreisverwaltung von Gospić über alle Gefangenentransporte in Stara Gradiška genau Buch geführt, allein zwischen dem 18. Juni und dem 23. August 1941 wurden hier 28 700 Menschen eingesperrt. In Anbetracht der Tatsache, dass Ende August schätzungsweise 3500 Gefangene aus Gospić auf andere Lager (Jastrebarsko, Jasenovac, Loborgrad) umverteilt und einige hundert Menschen (höchstens 500) wieder freigelassen wurden, kann man herleiten, dass im Lagerkomplex Gospić – Velebit – Pag mindestens 24 000 in Haft gesetzte Menschen in dieser Zeit ermordet worden sind; die Hälfte davon dürfte in den Höhlen des Gebirges und im Lager Jadovno umgekommen sein.

13 Lav 1989, S. 191 f.

14 Die Berichte zweier italienischer Desinfektionsgruppen sind in Gänze im italienischen Original und in kroatischer Übersetzung zu lesen bei Ante Zemljara, »Haron i sudbine« (»Charon und Schicksale«), erschienen 1988, S. 222–248.

15 Pavle M. Babc, »Velebitsko podgorje« (»Podgorje im Velebit-Gebirge«), Belgrad 1965 (CD-Ausgabe 2003).

V MEINE MUTTER, DIE USTASCHE UND DIE PARTISANEN

1 Veco Holjevac, »Zapisi iz rodnoga grada« (»Notizen aus meiner Geburtsstadt«), Zagreb 1972.

2 Vgl. zu ihm S. 24 f. u. 203.

3 Siehe S. 23.

4 Siehe S. 100.

5 Jakša Kušan, »Bitka za Novu Hrvatsku« (»Der Kampf für das Neue Kroatien«), Rijeka 2000.

6 Der Titel *prvoborac* (»erster Kämpfer«) war im Jugoslawien der Nachkriegszeit eine Ehre und mit zahlreichen Privilegien verbunden.

7 Wir sichteten gerade Materialien für das Buch »Okrug Karlovac 1941« (»Der Bezirk Karlovac im Jahr 1941«), das 1965 vom Institut za historiju radničkog pokreta herausgegeben wurde.

8 Abgedruckt in *Zbornik Glina* (Jahresschrift Glina), 1988, S. 225.

9 Milan Bekić, Ivo Butković, Slavko Goldstein (Hg.), »Okrug Karlovac 1941« (»Der Bezirk Karlovac im Jahr 1941«), Karlovac 1965, S. 79 f.

10 Stanko Bjelajac in: *Zbornik Glina*, S. 226.

11 V. Židovec, »Moje sudjelovanje u političkom životu« (»Meine Teilhabe am politischen Leben«), S. 86.

12 Von den Dokumenten, die ich eingesehen habe, ist das hier vorliegende das einzige, in dem die Anwesenheit von Kvaternik in diesen Tagen im Kordun erwähnt wird. Aber um welchen Kvaternik handelt es sich? Ist Eugen, Slavko oder Ljubomir gemeint? Eugen Dido Kvaternik, der Architekt des Vernichtungsplans, war schon bei früheren »Säuberungen« und »Vergeltungsmaßnahmen« für einen Tag »im Feld« aufgetaucht – wie etwa in Grubišno Polje, Gudovac oder Grabovac Banski. Vielleicht war das auch am 31. Juli im Kordun der Fall, aber ich kann es nicht mit letzter Sicherheit sagen.

13 Đuro Zatezalo, »Radio sam svoj seljački i kovački posao« (»Ich habe meine Arbeit als Bauer und Schmied getan«), Zagreb 2005, S. 66–68.

14 Veco Holjevac, »Notizen aus meiner Geburtsstadt«. Đuro Zatezalo, Milan Romčević, Mirjana Peremin (Hg.), »Kotar Vojnić u narodnooslobodilačkom ratu« (»Der Bezirk Vojnić im Volksbefreiungskrieg«), Karlovac 1989.

15 Ivan Nikšić, »Spomenici o župi Slunjskoj« (»Zeugnisse aus dem Bezirk Slunj«).

16 Vgl. Kapitel 6, S. 125 f.

17 Tatsächlich handelt es sich um Ventura Baljak, der 1932 am Aufstand von Velebit teilnahm und der als dreizehnter Ustascha im Emigranten-Lager in Italien eintraf.

18 Ivan Nikšić, »Spomenici o župi slunjskoj« (»Zeugnisse aus der Gemeinde Slunj«), S. 95–96.

19 Đuro Zatezalo, »Kotarevi Slunj i Veljun u narodnooslobodilačkoj borbi i socijalističkoj revoluciji« (»Die Bezirke Slunj und Veljun im Volksbefreiungs-

kampf und in der Sozialistischen Revolution«), herausgegeben von Đuro Zatezalo, Karlovac 1988.

20 Abgedruckt in: »Zbornik dokumenata i podataka o NOB« (»Gesammelte Dokumente und Informationen aus dem Nationalen Befreiungskrieg«), Bd. 5, Buch 1, Belgrad 1979, S. 340–343.

21 Diese Angaben beruhen auf den Informationen des hervorragend informierten Gelehrten Augustin Juretić, der als junger Gemeindepfarrer von 1925 bis 1928 in Lađevac, Bezirk Slunj, tätig gewesen ist.

22 Siehe Čedomir Višnjić, »Kordunaski proces« (»Der Kordun-Prozess«), Zagreb 1997.

23 Siehe hierzu ausführlich Kapitel 19.

24 Milovan Đilas, »Wartime«, übers. aus dem Kroatischen von Michael B. Petrovich, New York 1977.

25 V. Maček, »Memoari« (»Memoiren«), Seite 170–172.

26 »Jasenovac – žrtve rata prema podacima Statističkog zavoda Jugoslavije« (»Jasenovac – Kriegsopfer nach den Angaben des Amtes für Statistik in Jugoslawien«), Zürich / Sarajewo 1992, S. 1079.

27 Dušan Korać, »Prkos u plamenu« (»Prkos in Flammen«), Zagreb 1989, S. 245.

28 Jedes in diesem Kapitel genannte Datum, das mir hilft den Verlauf der Ereignisse zu strukturieren, habe ich mit den damaligen Partisanen- und Gendarmerieberichten sowie dem oben erwähnten Buch von Dušan Koralić abgeglichen.

29 Anmerkung Lektorat: Sie war Teil der »Kroatischen Legion«, die aus kroatischen Soldaten bestand und unter dem Befehl deutscher Offiziere stand. – Anmerkung Slavko Goldstein: Joco Eremić gelang es nach dem Krieg, nach Kanada zu entkommen, wo er sich in den Kreisen der emigrierten Tschetniks engagierte – 2005 starb er dort in hohem Alter.

30 Wie Anmerkung 9 zu diesem Kapitel.

31 All das wurde von Nikola (Mika) Orečić festgehalten, der von Luburićs Ustasche, zusammen mit etwa zwanzig anderen Kroaten aus Lasinje und Umgebung, für Hilfsarbeiten angeheuert wurde, zu denen u. a. das Abdecken der in Gruben geworfenen hingerichteten Serben gehörte. Orečić verbrachte mit Luburićs Ustasche und den lokalen Gendarmen ungefähr eine Woche und bekam viel mit, er schrieb später alles auf, was er gehört und

gesehen hatte. Sein Zeugnis ist nach meinem Dafürhalten sehr glaubwürdig. Seine Erinnerungen »Wie ich als Kroate den Ustascha-Terror und die Abschlachtung der Serben erlebte« sind in dem Werk »Svjedočenja učesnika NOB 1941/1942« (»Zeugnisse von am Volksbefreiungskrieg 1941/1942 Beteiligten«), Bd. 6, Belgrad 1975, veröffentlicht. Orečić war der wichtigste Verbindungsmann der Partisanen am Fluss Kupa und in seinem Heimatdorf Desni Štefanski.

32 Diese Angaben zu Pavelićs Inspektion in Kordun stammen von Ante Moškov (der sich 1947 in Zagreb Befragungen durch die UDBA stellen musste) und sind Berichten in der Ustascha-Presse und der Dokumentation der Partisanen entnommen.

33 Dušan Korać, »Prkos u plamenu«.

34 Abgedruckt in »Srpska strana rata« (»Die serbische Seite des Krieges«), Belgrad 1996, S. 639.

35 Die Territorialen Verteidigungskräfte waren ein eigener Teil der Streitkräfte des ehemaligen Jugoslawien. Sie waren als militärische Reserve vorgesehen, die im Fall eines Krieges irreguläre bzw. Guerilla-Operationen durchführen sollten, die stark auf den Erfahrungen des Partisanen-Kampfes im Zweiten Weltkrieg beruhten. Jede der jugoslawischen Teilrepubliken hatte ihre eigenen Territorialen Verteidigungskräfte.

36 Ich fühle mich an dieser Stelle dazu verpflichtet, auf zwei andere Generäle zu verweisen, die damals eine andere Einschätzung als Pekić und Jakšić hatten. Mein Freund Dr. Gojko Nikoliš, der Sohn des bereits erwähnten orthodoxen Priesters Mihajlo Nikoliš aus Sjeničak, der im Krieg der Chef des Medizinischen Korps der Partisanen war, gehörte zu den ersten Akademikern, die sich gegen die Mehrheit der Mitglieder und den Vorsitz der Serbischen Akademie der Wissenschaften und Künste stellten, als diese damit anfingen, die aggressive Politik von Slobodan Milošević zu unterstützen. Als dann der offene Krieg gegen Kroatien seinen Lauf nahm, verließ Gojko Serbien und emigrierte nach Frankreich. 1994 erhielt ich einen Brief von ihm, in dem es heißt: »Für meine Leute in Belgrad bin ich ein Ustascha. Für deine Leute aus Zagreb bin ich ein Tschetnik. Was bleibt mir anderes übrig, als hier in Frankreich zu sterben?« Und der Montenegriner Veljko Kovačević, mein erster Partisanen-Kommandant, den ich kurze Zeit begleitet und für den ich als Kurier gearbeitet

habe, konnte es nicht ertragen, dass seine JNA – die Jugoslawische Volksarmee – sein Gorski Kotar und sein Slawonien angriff. Er war damals schon schwerkrank und nahm sich 1993 in Belgrad das Leben. Man hat mir erzählt, dass er im Abschiedsbrief an seine Töchter genau diese beiden Faktoren hervorgehoben hat – eine unerträglich gewordene Krankheit und eine unerträglich gewordene Politik, die am Ende zum Krieg zwischen »seinen Leuten« und »seinen Leuten« führte.

37 Anmerkung Lektorat: Diese internationale Streitmacht wurde am 21. Februar 1992 vom Sicherheitsrat der Vereinten Nationen aufgestellt und in den serbischen Gebieten in Kroatien und Bosnien-Herzegowina stationiert.

38 »Srpska pobuna u Hrvatskoj 1991–1995«, Zagreb 2005, S. 384.

39 Nach dieser Aussage wurde Radovan Jović zu einigen internationalen Symposien, runden Tischen und anderen Veranstaltungen eingeladen, wo er immer wieder für eine Verbesserung der Beziehungen zwischen den Kroaten und den Serben in Kroatien eintrat. Deshalb wurde er in Glina mehrmals zu informativen Gesprächen vorgeladen und von der Polizei verhört. Auch versuchte man, sein Haus mit Plastiksprengstoff in die Luft zu jagen. 1994 wurde er aus dem Dienst entlassen, verlor seine Immunität als Richter und musste einen Monat im Glinaer Gefängnis verbringen. Nach der Operation Oluja nahm ihn die kroatische Polizei fest und beschuldigte ihn der Spionage für die Republik Serbische Krajina. Von 1997 bis Ende 2003 arbeitete Jović als juristischer Berater bei der OSCE-Mission in Sisak, Petrinja und in Zagreb und war dann einer der internationalen Richter bei der UN-Mission im Kosovo. Als er sich 2004 für das Richteramt in Gvozd ins Spiel brachte, entschied man sich für einen Kandidaten mit einer deutlich geringeren Qualifikation. Er kandidierte noch einige Male für andere Richterämter, immer mit dem gleichen Ergebnis.

40 Anmerkung Übersetzerin: Die deutsche Übersetzung erschien unter dem Titel »Ein Jahrhundert wird abgewählt«, enthält aber noch andere Texte.

41 Anmerkung Übersetzerin: Timothy Garton Ash, »Zeit der Freiheit. Aus den Zentren von Mitteleuropa«, aus dem Englischen von Susanne Hornfack u. a., dtv München 2001, Seite 199–202.

42 Anmerkung Lektorat: Die internationalen Helsinki-Komitees wurden nach der KSZE-Konferenz in Helsinki von 1978 in mehreren Ländern gegründet. Das kroatische Komitee wurde 1993 ins Leben gerufen.

43 Anmerkung Lektorat: Dies ist der Stand zum Zeitpunkt, als Slavko Goldstein diesen Text verfasst hat, also um 2007 herum.

44 Alojz Buljan, Franjo Horvat, »Žrtve Drugoga Svjetskog rata i poraća na području bivše općine Novska« (»Opfer des Zweiten Weltkriegs und der Nachkriegszeit auf dem Gebiet des ehemaligen Bezirks Novska«), Novska 2006.

45 Ich habe dazu einen Artikel in dem Buch »Obitelj« (»Familie«) verfasst, das 1996 vom Kulturverein »Miroslav Šalom Freiberger« in unserem Verlag Novi Liber publiziert wurde. In der Liste der Opfer von Jasenovac fand ich dann Jahre später den Namen meiner Tante Alma Rosenberg, ihres Mannes Aco und ihres elfjährigen Sohnes Feliks aus Vinkovci, aber die Namen meines Großvaters, meiner Großmutter und meiner Tante Berta fand ich nicht.

46 Ebenfalls für das Buch »Obitelj« (»Familie«).

47 Die vierte Anti-Partisanen-Offensive, von den Partisanen als vierte Feindes-Offensive, manchmal auch als Schlacht von Neretva bezeichnet, war ein gemeinsamer Angriff der Achsenmächte Anfang 1943 gegen die Partisanen in ganz Jugoslawien.

48 Als Weiße Garden bezeichneten die Partisanen antikommunistische, paramilitärische Gruppen, die in Slowenien nach der Invasion der Deutschen gebildet worden waren.

49 Die Angaben über Bleiburg und den Kreuzweg stammen aus: Jozo Tomasevich, »War and Revolution in Yugoslavia, 1941–1945« (Schlusskapitel); Franci Strle, »Velike finale na Koroškem«, Ljubljana 1977; Milan Basta, »Rat je završen 7 dana kasnije«, Zagreb 1977; Roman Ljeljak, »Teharske žive rane«, Ljubljana 1990; Sammlung mit Dokumenten »Partizanska i komunistička represija i zločini u Hrvatskoj 1944–1946«, herausgegeben von Zdravko Dizdar, Vladimir Geiger, Milan Pojić und Mate Rupić; »Otvoreni dossier Bleiburg« einer Gruppe von Autoren, herausgegeben von Marko Grčić, 2. Auflage, Zagreb 1990; »Bleiburška tragedija hrvatskog naroda«, herausgegeben von Vinko Nikolić, Zagreb 1993; Jera Vendušek Starič, »Kako su komunisti osvojili vlast 1944–1946«, Zagreb 2006; Josip Jurčević, »Bleiburg«, Zagreb 2005; Simo Dubajić, »Kočevski rog«, Ljetopis SKD Prosvjeta, Zagreb 2007. Hinzu kommen die Referate, die beim Symposium »Bleiburg i Križni put 1945« im Juni 2006 gehalten wurden, das die Vereinigung antifaschistischer Kämpfer Kroatiens organisierte – das Buch zum Symposium ist Anfang 2007 erschienen; Dokumente aus dem militärhisto-

rischen Archiv in Belgrad, die mir von dem inzwischen verstorbenen Jure Bilić zur Verfügung gestellt wurden; viele Erinnerungen Einzelner, die in Zeitungen und Zeitschriften erschienen sind, und persönliche Gespräche, die ich mit Betroffenen geführt habe.

50 Das bestätigt auch Milovan Đilas auf den letzten Seiten seiner Erinnerungen: »Wartime« (Originaltitel »Der Krieg der Partisanen«), aus dem Kroatischen übersetzt von Michael B. Petrovich, New York 1977, S. 449.

51 Milovan Đilas, »Conversations with Stalin«, aus dem Kroatischen übersetzt von Michael B. Petrovich, New York 1962. Dt. Ausgabe: »Gespräche mit Stalin«, aus dem Amerikanischen übersetzt von Hermann Junius, Stuttgart / Hamburg 1963.

52 Mein Bruder Danko, der nach dem Krieg im Gedenken an unseren Vater den Vornamen Ivin annahm, hat 1965 zur Vorbereitung auf seine Doktorarbeit am damaligen Institut für die Geschichte der Arbeiterbewegung Kroatiens eine historiographische Analyse dieses Plenums verfasst. Seine kritische Haltung wurde als abweichlerisch eingestuft, und sein Text konnte nicht in Zagreb publiziert werden, deshalb erschien er erst 1968 in einer deutschen Übersetzung im schweizerischen Ost-Institut in Bern als Broschur von 85 Seiten.

53 So Ausstellungen der EXAT-Gruppe und des Künstlers Stančić-Vaništa sowie die Austellung »Die amerikanische Erfahrung« von Murti.

54 Charles Dickens, »Eine Geschichte aus zwei Städten«, aus dem Englischen von Carl Kolb, Insel Verlag, Frankfurt am Main, 2011

55 Abgedruckt in der Tageszeitung *Vjesnik* vom 17. Mai 1945.

56 Siehe »Partizanska i komunistićka represija i zloćni u Hrvatskoj 1944–1946« (»Kommunistische Repressionen und Verbrechen in Kroatien 1944–1946«, wie Anm. 49), Dokumente, S. 94-96.

57 Ich habe mich selbst davon überzeugt, dass Milutin Košarić die Wahrheit sagte. Nachdem ich den im Buch »Partizanska i komunistićka represija« (wie Anm. 49) abgedruckten Bericht des Justizministeriums vom 18. September 1945 gelesen habe, ist mir deutlich geworden, dass die dreißig vom Gericht in Karlovac erlassenen Urteile verglichen mit anderen dieser Gerichte tatsächlich zu den niedrigsten Urteilsquoten zählen.

ANMERKUNG ZUR DEUTSCHEN AUSGABE

Für die deutsche Ausgabe wurde der Text in Absprache mit Slavko Goldstein leicht gekürzt. Stellenweise wurde zudem auf die 2012 erschienene englische Übersetzung zurückgegriffen, für die der Autor bereits einige Änderungen gegenüber der kroatischen Ausgabe vorgenommen hatte.

NACHWEIS ZUM ZITAT AUF S. 460f.

Timothy Garton Ash, »Zeit der Freiheit. Aus den Zentren von Mitteleuropa«, aus dem Englischen von Meino Büning, Matthias Grässlin, Marion Kagerer, Reinhard Kaiser, Philip Laubach, Udo Rennert, Peter Torberg. © 1999 Carl Hanser Verlag GmbH & Co. KG, München
Das Original erschien 1999 unter dem Titel »History of the Present. Essays, Sketches, and Dispatches From Europe in the 1990s«.

Der Unabhängige Staat Kroatien 1941
DEUTSCHES REICH
Maribor
Drau
Celje
Laibach (Ljubljana)
Deutsch-italienische Demarkationslinie
Varaždin
Danica
Loborgrad
Koprivni
Save
Bjelova
Gudo
Zagreb
ITALIEN
Krka
Golf von Triest
Trieste
Kupa
Jastrebarsko
Banski Kovačevac
Pisarovina
Garešni
Karlovac
Sjeničak
Sisak
Petrinja
Rijeka
Kraljevica
Crikvenica
Ogulin
Kordun
Petrova Gora
Vrginmost
Grabovac Ba
Glina
Jasen
Hrvatski Blagaj
Kostanjnica
Novi Vinodol
Pavlovac
Velika Kladuša
Krk
Senj
Slunj
Krstinja
Pula
Cres
Una
Rab
Otočac
Bihać
Korenica
Sanski Most
Stupačinovo
Lošinj
Karlobag
Gospić
Metajna
Slana
Jadovno
Pag
Bos. Petr
Donji Lapac
Gračac
Bosansko Grahovo
Zadar
Dugi Otok
Italien. Zone 1
Krka
Knin
Drniš
Sebenico
Split
Omi
Adriatisches Meer
Šolta
Brač
Hvar
Vis
Kor
ITALIEN
Grenze der italienischen Zonen II und III
Großgespanschafts-hauptstädte
Lager
Wald
0
100 km

Kaposvár
UNGARN
Pécs
Donau
Theiss
Szeged
Subotica
RUMÄNIEN
Drau
Grubisno Polje
ilogora
Osijeko
(Osijek)
vska
Požega
Nova Gradiška
Brod
Vinkovci
Vukovar
Novi Sad
ra
diška
Bosna
Save
Brčko
Banja Luka
Belgrad
Gracanica
UNABHÄNGIGER STAAT KROATIEN
Drina
Tuzla
Jajce
Travnik
Morava
Srebrenica
Kragujevac
Sarajevo
(Sarajvo)
SERBIEN
Kraljevo
Ibar
Mostar
karska
Neretva
Gacko
Herze-gowina
Novi Pazar
MONTENEGRO
Mljet
Dubrovnik
Priština
Kotor
Podgorica
Cetinje

Register